# わが町はいかにして先進自治体となったか

## 交響する地域自治と生活保障

大本圭野【編著】

日本経済評論社

# 目次

資料

総論

# 市民社会と生活保障

## ——日本の都市と農村から市民自治モデルを探る

大本圭野

# 一　はじめに

## 研究の主旨

戦後、福祉国家は、中央政府による中央集権的な社会保障を中心とする政策体系を形成してきた。戦後六〇年を経た現在、従来つくってきた福祉政策をはじめ社会政策は、ホームレスを大量輩出させ、しかも市民の権利である法的利益にあずかることのできない社会的排除をこうむっている人びとを生みだし機能不全をきたしている。そのうえ、3・11東日本大地震および原発震災により東北・北関東の住民が莫大な被災をうけ、生活、人生を喪失、永年住みなれた地域を喪失した。そこで、いま生活の復興・再生、人生の復興・再生、地域の復興・再生が問われている。

こうして二一世紀初頭にあたって人民主権・市民主権にもとづく分権型福祉社会の生活保障をなしうる地域をどう構築するかが緊要な課題となっている。この課題は、被災地、被災者だけの問題ではなく、中央集権的福祉国家そのものの改革・再編を問うている。

北欧をはじめヨーロッパ諸国では、社会保障は自治と関連させて展開している。とくに一九八〇年代の高齢社会にむけてた福祉政策は、市町村に権限と財源を返還することで市民自治を強化した地方分権改革によってすすめられた。福祉国家の中央集権的福祉から地方分権的福祉に転換したのである。ルソーによる「一般意志」を共同社会の意志・利益と理解すると、共同社会の意志・利益を実現するために行動するのが〝市民〟であり、そういう人間が織りなす社会は〝市民社会〟とみなしうる。したがって、都市に住んでいようが農村に住んでいようが、そういう人たちが地域をつくっていくことにより市民自治による市民社会が形成されるのである。

これまでのわが国の社会保障研究は、制度論の解説、研究が主流で、地域と社会保障についての実態分析的論文は若干あるものの、管見の限り自治と関連させた研究はほとんどみられない。もっとも類似の問題意識からまとめられた研究に槌田洋『分権型福祉社会と地方自治』（桜井書店、二〇〇四年）がある。そこではスウェーデンにおける中央集権型福祉国家から分権型福祉社会への転換が自治体改革に焦点をあわせて追跡されている。ただし実例研究としては大阪府吹田市の子育て支援事業・育児教室の一事例に留まっている。

わが国でも、一九九〇年代から二一世紀にかけて二〇〇〇（平成一二）年の地方分権一括法、二〇〇三（平成一五）年～〇七（平成一九）年にかけての平成合併など、ここ一〇年～一五年に地方自治法が改正され、地方自治制度が変わってきたが、実際にはほとんどの自治体の現実の姿容は明らかになっていない。自治が希薄では震災復興にも大きな期待はできない。ここにいま、日本が直面している問題そのものがある。

わが国における生活保障を実現していくには、市民自治が必要であること、自治の担い手である市民をどのように育成するか、その実践事例を調査・研究することを通して生活保障の担い手＝主体と自治の関係を解明できる。生活保障は目的でありまた自治形成はその結果であり、手段でもある。目的と手段の相互の関係のなかで住民・市民が住みやすい自分たちの地域、まちをつくるのである。

社会保障がたんなる制度ではなく、住民の生活に役立つ生きた制度になるには、地域に市民自治が必要である。研究仮説として「市民自治の発達した地域では、福祉・医療・保健をはじめ生活保障が充実している。逆に、福祉・医療・保健をはじめ生活保障が充実している地域では、市民自治が発達している」という相互浸透の仮説をたてた。

この総論のタイトルに市民社会を付したのは、市民社会には市民が主体となり、市民の意思が政策に反映される仕組みである自治があり、その仕組みによって地域に居住する住民・市民が住みよいまちをつくっていくという認識であるからである。そしてそれを実証すべく先駆的実践に取り組んでいる自治体に系統的なヒアリング調査をおこなった。

本研究の調査は、都市型モデルとして三鷹市、中山間地モデルとして旧八千穂村（現、佐久穂町）で、また過疎地モデルとして藤沢町（現、一関市藤沢町）という三つの自治体を取り上げ、住民・市民自治と生活保障の関係について明らかにしていこうとするものである。これらの地域自治体は、①住民・職員の潜在的能力を引き出し、育て、発展させることを前提に、②責任意識をもった住民・市民と行政の協働によって地域コミュニティを形成し発展させている、③住民・市民の生命・健康・福祉・環境、および地域産業の発展を中心に住みやすい地域社会をつくっている。

そのさい、とくに留意したのは、到達したシステムの紹介ではなく、どのように自治を形成してきたのかという点であり、そのため、福祉・医療・保健の仕組みとその方法の形成過程にかかわった主要な人物に詳細なインタビュー調査をおこなった。

先駆的事例を他の地域が学び実践するには、その形成プロセスを知らなければむつかしいであろう。その点、本研究は、自治形成のプロセスと住民の福祉・医療・保健形成のプロセスが分かるように配慮している。

二一世紀の日本における民主主義を、市民の参加による市民自治にもとづく直接民主主義を根底におき、従来の代議制民主主義＝間接民主主義を再活性化させるには、新しい市民社会の形成が求められるであろう。そしてその形成にあたっては、これらの事例が参考となるであろう。

**オーラル・ヒストリーによる研究方法**

研究方法としてはオーラル・ヒストリー（口述資料）を用いた。オーラル・ヒストリーは、フェビアン協会の設立に尽力し、福祉国家の理念となるナショナル・ミニマム（国民的最低限）の発想者であり、イギリス社会民主主義―労働党の理論家でもあったウエッブ夫妻が方法的に確立したもので、膨大な社会調査をもとに英国のおかれていた当時の実態を明らかにして多くの著作を刊行し「社会調査家から社会主義者へ」（M・コール『ウェブ夫人の生涯』原書一九四五年。久保まち子訳、誠文堂新光社、一九八二年）とまでいわれたが、夫妻は『社会調査の方法』（原書一九三二年。川喜多喬訳、東京大学出版会、一九八二年）のなかで調査方法の一つとして、インタビュー法＝オーラル・ヒストリーを取り上げている。

日本では社会調査においてあまりこの方は取られていないが、政治学の領域では御厨貴氏などが精力的にオーラル・ヒストリーの方法で研究を進めている（『オーラル・ヒストリー――現代史のための口述記録』中公新書、二〇〇二年）。

社会科学研究におけるオーラル・ヒストリーの方法と意義に関して法政大学大原社会問題研究所が『大原社会問題研究所雑誌』（五八五号、二〇〇七年）で歴史研究（伊藤隆）、社会学（江頭説子）、大原社会問題研究所（吉田健二）などの各領域からその取り組みについて特集している。また最近、社会政策の領域においてもオーラル・ヒストリーの手法が取り入れられつつある。二〇一一年の社会政策学会においても、労働分野の歴史的研究におけるオーラル・ヒストリーをもちいて発表がなされるようになってきている。

オーラル・ヒストリーには文字に書かれた資料では窺い知れない事実が明らかとなる利点がある。他方、話された言葉は過去の記憶によるため正確性において問題がある。その問題を極力克服するには、事前の調査、およびヒアリング後の確認の意味で事後フォロー調査をおこなうことで埋めることが求められる。本研究においても発言内容に対してできうる限りドキュメンツ、史料、統計などの関連文書をフォローして裏打ちし証言（エビデンス）としての価値を高めるように意を用いている。

**本書の構成と概要**

それでは本書の構成と概要についてあらかじめ述べておこう。

第一章。三鷹市は、鈴木平三郎、坂本貞雄、安田養次郎の三市長のもとでほぼ半世にわたって日本でもっとも進んだ市民自治と日本一の「住んでみたいまち」を形成している。その仕組みについていうと、まず三鷹市内を中学校区を一つの単位とする七地区にわけ、そこに体育館、プール、テニスコート、集会・会議室、厨房、レストランをもつコミュニティ・センターを設置し、そのなかに地区住民組織から選出した人びとから構成される住民協議会を置いている。建設費および管理運営費は自治体が負担するが、実際の管理運営は住民協議会によって運営され、地域住民の活動・学習の場であり交流の場となっている。また住民協議会は自治体の基本計画策定に地域の課題を提起し、計画策定過程に参画して基本計画案を作成している。こうして真に住民主体のまちづくりが実践されている。

理論的にいえば直接民主主義（参加民主主義）と間接民主主義（代議制民主主義）の両者による民主主義を形成している。現在問われているのは、住民・市民主体のまちづくりの主導性であり、その過程で住民の生活保障が実現されるのである。

第二章。佐久病院の若月俊一院長は戦後の昭和二〇年代から旧八千穂村の全住民に健康検診を実施し、健康手帳をつくり住民の健康を旧八千穂村と病院との協働によって実現し、疾病予防、住民の健康づくりにつなげている。それには旧八千穂村の歴代の村長が住民の健康政策に尽力してきたことがある。住民のなかから衛生指導員を選び、また各地区の自治会から保健推進員を選び、両者が協力し住民の健康検診、健康管理をサポートし、佐久病院スタッフとともに健康学習をおこなってきたのである。

その結果、住民の疾病の発症率が減少し自治体の医療費支出を軽減させ、住民主体の健康のまちづくりが実現されている。旧八千穂村の住民たちの町を守る意識は強く、佐久町と合併したさいの町長選では小さな村の八千穂の佐々木定男村長が選ばれ、総務省を驚かせた。

第三章。藤沢町では、五期二〇年間の佐藤守町長のもとで「依存的住民では、町行政は不可能」というスタンスで全町を四一の自治区にわけて自治会館の管理運営を住民にまかせ住民主体の自立した市民づくりの町を形成してきた。また無医村であった町に町立の藤沢病院をつくり、医療・保健・福祉を一体化し、住民が支える病院であるがゆえに黒字基調の病院となり厚生労働省から表彰されたほどである。病院は、毎年、佐藤元美院長が中心となって住民との対話の機会となるナイトスクールを設け、全町を五地域単位にわけて巡回し、住民と病院の間で意見交換をおこない、住民が若い医師を育てる仕組みまでつくっている。その結果、住民がここでみとられるようになり町の医療費支出を軽減させている。そこには住民と職員のたえまない学習と、それにもとづく自治意識の向上がある。

## 二　事例研究の理論的検討

### 人民主権による分権と自治による地域づくり

政治の主要な目的は、人びとの福祉（ウェルフェア）、安心して生活できる生活保障を生み出すことである。ここで地域自治を取り上げる理由は、自治と生活保障が直接的に結びついているからである。

『アメリカのデモクラシー』（原書一八三五年。松本礼二訳、岩波文庫、第一巻上、二〇〇五年）の著者であるトクヴィルは述べている「ヨーロッパでは時として為政者自身が地域自治の精神の欠如を悔やむことがある。なぜなら、誰もが認めるように、自治の精神こそ秩序と公共の安寧の大きな要素であるからである〔……〕。ヨーロッパの為政者は地域自治体に力をもたせ、独立を認めることによって、社会の力を分裂させ、国家を無政府状態にさらすのではないかと恐れるのである。ところが、地域自治体から力と独立を奪うならば、そこにはもはや被治者しか認められず、市民はなくなるであろう」（同、一〇八ページ）。

だが、一九世紀中期以降、「地域自治体から力と独立を奪う」中央集権を強化する政治がおこなわれてきた。戦後、欧米先進国において福祉国家が確立されたが、それは中央集権による福祉を実現する国家体制であった。

トクヴィルが指摘するように、中央集権制には政治的中央集権と行政的中央集権との二種類がある。その場合、トクヴィルは「行政的中央集権に馴らされると、人びとは自分の意志を捨て去り、すべてにおいて服従する習慣を身につける。そればかりか国民を無気力にし、国力を弱め、長期的には、人民の持続的繁栄に貢献しない〔……〕、なぜなら、行政的中央集権には国民の公共精神をたえず減退させる傾向があると考えるからである」（同、一三七〜一三八ページ。訳文は若干改めてある）とすら指摘している。

　前藤沢町長の佐藤守氏は〝政府の言う通りにすると失敗する。政府が言うことの反対をすれば成功する〟とまで語っているが、地方自治にたずさわる首長が行政的中央集権に対して強く反対していることがよく理解できる。

　トクヴィルは人民主権についていう。「人民主権の原理はほとんどあらゆる人間制度の根底に多少は見出されるものであるが、通常は底深く埋もれている〔……〕。国民の意志という言葉は、あらゆる時代の陰謀家や専制君主が最大限に乱用したものの一つである。ある者は権力の手先に買収された投票にその表現を見出し、他の者は利害や恐怖に動かされた少数者の投票にこれを見出した。人民の沈黙にその完全な定式を発見し、服従の事実から命令の権利が生じると考えた者さえある」（同、八九ページ）。

　日本国憲法では「主権は国民にある」として明治憲法の天皇主権から国民主権へと大きな転換をなし、その国民主権のもとに地方自治が規定されたとされている。しかし、日本国憲法の根本原理は、人民主権に近いものであると杉原泰雄氏は指摘している。なぜなら「国民」が英語版日本国憲法では「people」と表現してあるからである。杉原泰雄氏は「日本国憲法の国民主権は、people主権と訳されていますし、「人民主権」に相当すると解されます」（『憲法読本　第三版』岩波書店、二〇〇四年、二一一〜二一二ページ）としている。

　では国民主権と人民主権はどこが異なるか。国民主権は「国民代表とよばれる国民の一部に、その行使をまかせざるをえません。統治権は全国民だけのものであり、国民は、個人としてはそれについていかなる権利ももっていないから、国民代表のおこなう政治に注文をつけたり拒否をしたりする権利も持っていません。個々の国民は、同様にして、統治権の行使（政治）に当然に参加できるわけでもなく、また、選挙を当然に認められるわけでもありません［……］。

これに対して、「人民主権」のもとで「人民」の意味での国民は、その構成（市民の集まり）からも明らかなように、自分で統治権を行使し、意思決定をすることができます。そこでは、国民（人民）の利益や意志は、それを構成している個々の市民の利益や意志を集めたものと考えられます。したがって、国民（人民）を構成しているすべての市民が統治権の行使に参加する当然の権利をもち、直接民主制が政治の原則となります。代表制を取る場合でも、代表は国民（人民）の意志にしばられ、国民（人民）の意志に当然にしたがわなければなりません」（同、二三〜二四ページ）としている。

それでは人民主権と地方自治とはいかなる関係にたっているものであろうか。杉原氏はいう。「中央政府の政治は、国民の手に届きにくい代表制になっているわけで、しかも、行政の対象が広いですから、各地域の独自性を無視した、画一的な行政にならざるを得ません｛……｝。私は戦後憲法の最大の失敗の一つは地方自治を確立できなかったことにあると思います｛……｝。地方自治が壊れることは、全国民の代表がいなくなると言う意味で、中央の政治も壊してしまうことになります。その点からすれば、地方自治を再建するということは、実は中央政府の再建の問題でもあって、そのとき初めて戦後の国民主権に基づく政治が戻ってくるのではなかろうかと思います」（「人民主権と地方自治」『月刊自治研』二九巻一号、一九八七年、四三〜四四ページ）。

以上、国民主権、人民主権、地方自治の関係について基礎的了解をうるため、杉原氏の所論を略述してきたが、トクヴィルは、また人民主権のもとで自由で地方自治に慣れた国民の方が地域を発展させることを明らかにしている。そしてそれに近い形で実践しているのは本書で取り上げている三鷹市および藤沢町、八千穂村であると考えられる。

ヨーロッパでは一九八〇年代に高齢社会に向かい、地方分権化が進められ、生活に身近なサービスを実施する基礎自治体に権限、財源委譲をおこなった。北欧では、自治体内にさらに日常的生活圏域（living area）といった地区に分けて分権化がおこなわれた。

わが国では、遅きに失するが、二〇〇〇年に地方分権一括法が制定され基礎自治体に一定程度権限が委譲されたが、それ以上の分権化はなされなかった。だが、本書で取り上げた自治体では、地域内において独自の分権的試みがおこなわれている。

篠原一氏が二一世紀の民主主義のあり方について『市民の政治学――討議デモクラシーとは何か』（岩波新書、二〇〇四年）のなかで、「討議民主主義」は「第二の近代」を意味するという提起をし、「一九九〇年前後から、参加だけでなく、討議の重要性が再認識され、とくに政治の世界の討議だけでなく、市民社会の討議に裏付けられない限り、デモクラシーの安定と発展はないと考えられるようになった［……］。こうして代議制デモクラシーに加えて、参加と討議を重要視するもう一つのデモクラシー論の時代となりつつある、「第二の近代」は「参加デモクラシー＋討議デモクラシー」が要請される時代となった」（同、一五六ページ）と述べている。

この討議民主主義は、すでに三鷹市の「市民21会議」で始められ次期基本計画作成にあたり二〇一一年一一月に開催された「みたかまちづくりディスカッション」では吉田純夫氏が委員長をつとめNPO法人「みたか市民協働ネットワーク」によっても実践されている（篠藤明徳／吉田純夫／小針憲一『自治を拓く市民討議会――広がる参画・事例と方法』イマジン出版、二〇〇九年。吉田純夫「自治を拓く市民討議会」『とうきょうの自治』八二号、二〇一一年、September）。

## 新しい公共性と公的幸福による地域づくり

三鷹市、八千穂村、藤沢町はまた、新しい公共性といわれるものをすでに実践しているともいえる。

新しい公共性への最初の理論的な問題提起をおこなったのは山口定・佐藤春吉・中島茂樹・小関素明編の『新

しい公共性――そのフロンティア』（有斐閣、二〇〇三年）である。そこでは、その序章で山口氏が「「一般性」と「（建前としての）公平性」＋「権力性」を「公」とし、これから「権力性」を除き、「市民性」、「公開性」、「共同性」、「多様性」と「討議」を加えて新しい公共性が成立するとして、「私」と「公」の媒介を機能的特性とする重層的空間を「公共空間」もしくは「公共性」の空間とすることを提唱したい」（同、一〇ページ）といわれている。そして「公共空間」と「公共性」は区別されるとして、八つの公共性基準を示している。すなわち①「社会的有用性」もしくは「社会的必要性」、②社会的共同性、③公開制、④普遍的人権、⑤国際社会で形成されつつある「文化横断的諸価値」、⑥集合的アイデンティティの特定レベル、⑦新しい公共争点への開かれたスタンス、⑧手続きにおける民主性である。

また同書のなかで「公共事業の公共性」を執筆している宮本憲一氏は、公共性について欧米諸国で共通しているのは「分権化をした自治体とNPOやNGOのパートナーシップによって、多様化する社会サービスを進めていると言うことである〔……〕。こんご日本のパートナーシップでは、改めて公共性が問われるだろう。それは官僚的な統制というのでなく、住民の協働社会形成のための自発的な活動がどのくらい保障され、進んでいるかである」（同、一九〇ページ）とする。つまりパートナーシップによる分権的協働社会を提起している。

それではパートナーシップによる分権的協働はいかにしたら可能か。安田養次郎三鷹市前市長はこう語っている。「協働の実現には、市民と行政との間の信頼関係がなければなりません。市民のより高いコミュニティ意識が必要です。協働の市民参加の推進には、リーダーが必要ですが、カリスマ性は必要ないし、強力なリーダーシップも必要ない。持続する意思が強く、じっくりとコーディネートできればよいと考えます」。

日本国憲法第一三条には、幸福追求権が規定されているが、幸福といっても個人的な私的幸福と公的幸福がある。現在では、通常、幸福というと私的幸福と考えがちであるが、ハンナ・アレントは『革命について』（原書一九六三年。志水速雄訳、ちくま学芸文庫、一九九五年）のなかで公的な仕事に携わるのは公的幸福であるとしている。

住民・市民が住民参加・市民参加というボランタリーな活動をすることが犠牲ではなく公的幸福であると考えられ、活動すること自身のうちで幸福感をえるのである。利他精神にもとづく活動の根底には、公的幸福がある。その実践が住民に住みやすい地域をつくることを可能にしているのである。

三鷹市の住民協議会を支えている市民、三鷹市民協働センターに集まりNPO活動をする市民、佐久病院の「人民とともに」の精神をかかげた松島名誉院長をはじめとする病院のスタッフおよび八千穂村の活動家、藤沢町病院の精神「忘己利他」（己を忘れて他を利する）をめざして献身的活動するスタッフ、そして本書のインタビュアである三鷹市・井口住民協議会の海老澤誠氏、八千穂村の衛生指導員の高見沢佳秀氏・内藤恒人氏、保健推進員の島崎規子氏、藤沢町の自治会協議会会長の小野寺恒雄氏などは、いやいやながらではなくまさに公的幸福を感じながら利他の精神を発揮されている方々であると考える。それゆえに活動が永く継続するのである。

## 生命・健康・福祉の予防原則を軸とする地域自治と生活保障

近年、東日本大震災の復興をめぐり様々な諸提案が出されているが、復興でまず最初に必要なことはすべてを失った生活の再建であろう。二〇世紀末、とくに二〇〇五年以降、製造業に非正規労働が取り入れられて、雇用不安、失業、低賃金、労働格差が所得格差の拡大をもたらし、社会的排除がとくに女性において顕著に現れた時期に相応して、にわかに労働を含めた社会保障にかかわって生活保障の概念が盛んに用いられるようになった。

代表的なものとして大沢真理、宮本太郎氏が挙げられる。大沢氏は『現代日本の生活保障システム』（岩波書店、二〇〇七年）、『いまこそ考えたい　生活保障のしくみ』（岩波ブックレット、二〇一〇年）のなかで、生活保障とはジェンダーを基軸に税制、社会保障・社会サービスおよび雇用政策・労働市場の規制などを含めた枠組みであるとし、それをシステムとして捉えている。そして生活保障の基本を社会保障におき日本の社会保障の実態を明らかにしているが、そのさいジェンダーの側面から捉えていった点は大きな前進である。つまり雇用および賃金・社会保障の面で女性が差別的状況におかれていることを分析し提起した点で高く評価できる。

また宮本太郎氏は『福祉政治――日本の生活保障とデモクラシー』（有斐閣、二〇〇八年）、『生活保障――排除しない社会へ』（岩波新書、二〇〇九年）、『弱者九九％社会――日本復興のための生活保障』（幻冬舎、二〇一一年）のなかで、生活保障とは雇用と社会保障との連携をとらえる概念であるとして、震災復興との関係でも生活保障を捉えているが、大沢氏と同様の視点である。その生活保障の概念で日本の実態をみると、日本型生活保障は解体し、非正規労働者は「生きる場」を喪失し、社会的排除がなされているという指摘には賛成である。新たな生活保障としてベーシックインカムの可能性と排除のない社会を追求しているが、これらの指摘は二一世紀の方向を示すもので高く評価したい。しかし、社会から排除されるとは地域からの排除であり、その排除のない社会とは地域に住む地域社会のことであるはずで、地域との関係についての視点が希薄であるように思える。

両氏の生活保障は、経済生活の基礎である労働と社会保障・社会サービスを統一して捉えていて、現実の生活に則しており従来の縦割り的捉え方に対して合理的であり、一歩前進である。しかし、個々人の生活は地域に根ざしたもので、地域自治との関係で生活保障を捉える視点が必要ではないであろうか。とくに生活保障の担い手は誰であるのか。ホームレスの人びとが直面している問題は就労以前の問題であり、住居を失い住所が特定されていないから再就職、また社会保障から排除されているのである。それゆえ生活保障を実現していく主体が誰であるのか示されていない点に不満が残る。

政策決定にさいして行政と地域における主体者である住民・市民の協働による政策づくりがないところでは従来の代表制民主主義を踏襲するにとどまり、住民の直接参加による政策形成にはならず、右に述べた国民主権にとどまることになる。

生活保障概念を最初に提起したのは筆者の『生活保障論』（ドメス出版、一九七九年）であるが、そこでは生活保障の基礎は、住居であるとして日本の住居の実態を分析したもので、生活の経済的側面である家計から分析した居住の保障を中心とする概念として捉えた。本書における生活保障とは、生活のトータルな必要要件を住民が自治体と協働してつくりあげていくものと考える。

生活保障とは、人間の尊厳を充たす生活の基礎的条件をつくることである。東日本大震災、原発震災で直面しているようにその枠組みは、(1)生命――自己実現の欲求を実現する主体が生命、(2)居住――雨露、寒暖を防ぐ、人間の尊厳を実現する場、人間発達の場、コミュニティ形成、自治の形成の場、(3)労働――経済生活の前提であり、労働を通して社会的関係、自己の発達を実現していく、(4)福祉・教育――生活の基本的基盤（ケア、生活支援）であり、子どもの発達を伸ばす基本、(5)健康――もともと種は健康に生まれている。それが外的・内的環境条件により健康を害していく。不健康、疾病を修復・予防していくのが保健・医療である。

これらの条件がすべて破壊、喪失したのがこの度の東日本大震災であり福島原発震災である。その状況をたどれば生活保障の構図が明確となるが、それは以下の過程をとって再建・再生していくことになる。

第一段階は緊急的避難所生活（雨露をしのぐ）＝緊急的対応として、生命維持の原点である①食事・医療・介護、②福祉（日常の身の周り品、衣類など）、③教育（学校、文房具など）、④健康（保健）の確保である。

第二段階は生活復帰の準備段階＝一次的対応として仮設住宅における生活の再建である。日常生活の基礎的要件として①雇用（生活の経済的基盤）の創出、②日常生活の買い物などのアクセスへの交通・通信手段などの復旧・復興である。

第三段階では居住を中心とする地域コミュニティの再形成である。喪失した本来の住居の再建、崩壊したコミュニティの再生である。

二〇〇八年のサブプライム・ローン問題に発するリーマンショック以来、日本の多くの非正規労働者に大量の失業が発生し、住居を失いホームレスとなった。住居を喪失したことから、住所が特定されないため再就職の機会を失い、また生活保護をはじめとして社会保障の受給を得られないという状況となった。また、東日本大震災および原発震災によって、まず住居を喪失し、緊急避難し、仮設住宅に一時的に住んでいる。今後、住居の再建が問われるがその見通しは立っていない。旧来、このような極端な状況におかれたことはほとんどなく想定外であったかもしれないが、居住の重要性が等閑に付されてきた。しかし、居住さえ社会的に確保されれば自立した生活が可能となるが、これまで住居は自己責任であるとして政策的・社会的に対応してこなかったがゆえに、復旧・復興・再建・再生にさいして非常に大きな社会的コストを要する事態になっている。

## 三　市民自治と生活保障の先進事例（三鷹市、八千穂村、藤沢町）
### ——事例相互の共通点と到達点

### 理念と目標の明確なまち——首長の政治理念と政策目標

まず三つの事例の共通していることは、①住民主体であること、②生命と健康、福祉を高めること、③主体者である住民・市民の育成と役所職員の教育など、自治を担う人を育てていること、④参加と協働の民主主義、をめざしていることである。

現在の三鷹市をつくりあげたのは鈴木平三郎市長であった。八千穂村の健康システムをつくりあげたのは若月俊一院長と協働した八千穂村の村長の方々であり、鈴木氏も若月氏もすでに他界され直接にお話をお聞きできなかったので、本人の書かれた文書から政治理念を引用させてもらう。というのも明確な政治理念があってこそ、確固たる政策目標を立てることができるからである。

鈴木市長が二〇年間の市長職を担った時代の発言をみると、氏が明確な理念と信条の持ち主であったことがうかがえる。氏はいわれる「東京都三鷹市長としてつとめてきた二〇年間、私の脳裏をひとときも離れなかった政治理念は「生命の尊重とその生存の平等の享有」ということであった。一方、市役所の長として私が一貫して推しすすめたことは『非能率行政の打破』――すなわち役所の〝親方日の丸〟追放と、地方自治体行政への企業性の導入――であった。この二つの信条を柱として、私は市民の福祉、生活文化の向上のために誠心誠意、学問と良心に従って行動したつもりである」（鈴木平三郎『挑戦二十年――わが市政』一九七四年、非売品、五ページ）。「市長の任務は、上下水道の完備、清掃業務の円滑な実施、教育施設、体育、文化施設を整備、運営し、住みよい環境をつくるとともに社会保障業務を実施して、地域住民の福祉を守ることです〔……〕。私も人間の最大の幸せは、健康にして長寿であることと考えます。市長はあらゆる努力を払って、地域住民の長寿を守らなければなりません。長寿を守るには、まず住民の健康管理は個人の責任でしょうが、住民が健康で文化的な生活を営むには、その地域の行政担当者に大きな責任があります。理想的には、地域住民の健康管理を公共団体で責任をもつことでしょう」（同、一〇一ページ）。

下水道完備を達成した後の課題は、市民の形成の場であるコミュニティ・センターの建設であった。「コミュニティ・センター計画の願いは、せんじつめれば「市民相互の連帯・良き近隣関係の樹立・人間復活の場」の建設である。断絶・疎外・孤独の現代社会における市民の人間性回復の場となり、社会的連帯を取り戻す媒体の場となるものであり、さらに市民各人が積極的に社会参加する場であります」（同、一五五ページ）。

若月俊一氏がめざした理念は、医療の民主化である。それは、「いつでも、誰でも、どこでも、人間的医療が受けられる社会をつくることであり、それには地域と一体となった医療であり、そのために住民のなかに積極的に入り住民のニーズを引き出し、住民とともにつくりだす医療であった」（「いまを生きる――ヴ・ナロードを求め続けて八九歳」『月刊総合ケア』九巻八号、一九九九年、二七ページ）。また、「長野県中にある保健指導員の「指導員」というのは、ロシア語の「アクチーフ」の訳として考えた。はじめは、八千穂村で井出村長さんらとともにに、「全村健康管理」に取り組んだときにこの組織をつくった。われわれ専門家が指導員になるのではなく、村民のなかから村民によって選ばれるという形で、「保健指導員」といっていました。しかし、医療の民主化をするには医療だけではできませんね。住民の民主化ができなければ、国全体の民主化もできない、本当の医療の民主化も不可能です」(同、三一〜三二ページ)。

このように若月氏は地域コミュニティにおける自治が形成されていないと真の医療は進まないことを認識しておられる。もっとも若月氏自身のその理念の達成率は、二〇%〜三〇%であると語っておられる。

藤沢町を過疎から再建させたのは佐藤守前町長であった。インタビューのなかで佐藤守氏が熱く語っておられる。「過疎というと世間では人口減をもっておっしゃるようですが、実は〔……〕、地域社会のすべてが崩壊していく過程だということなのです。だがその部分の認識が薄い」、「いままでは中央が管理・支配する地方自治みたいなものが何とかしてくれるだろうという、あなた任せのところがあったのですが、それが結果としては何も実りあることをしてくれなかったということを知ったわけですから、教訓として学んだのが、地域は地域に住まう自分たちで責任をもってつくるという本来の自治をやっていく以外にどうにもならないということだったのです」、「地域再生のエネルギーをどこに基礎を置くか、残った住民を基礎に置いて地域を再生していく以外にはないわけですから、精魂をそこに据えてやってきたのだということなのです」。

この発言のなかに自治の本質をみることができる。そして住民ニーズ調査の結果、住民の生命を守り、地域で死を迎えられること、そのために町立の病院の建設、医療・保健・福祉の一体化をはかり住民福祉を実現したのであった。そのために住民の力で地域民主主義を形成し、自分たちのまちをつくるために自立した住民を育て、支援していったのである。

## 学習のまち——人事改革を先行させ、学習による市民の潜在能力の発展と責任意識ある市民へ

三鷹市および藤沢町においてはまずもって人事改革をおこなっている。両首長は、役所の職員が同族の親族で固められていること、また住民は「総論賛成」、「各論反対」で政策が前に進まない実情に対し、住民にまかせ住民に責任をもたせることにしたのである。

三鷹市では安田前市長がインタビューのなかでこういっておられる。「市役所のなか、地元の人たちの強固なコミュニティ集団があった。おじさん、おばさん、甥っ子、姪っ子、みんないるんです。だから悪口なんかいえないんです。みんなつながっているんだから、鈴木市長は偉かったんです。この状況を断ち切らない限りは、将来の三鷹の行政はたちいかないと言い切ったんです。他人の血を入れるんだと言う発想から、大胆な人事政策を打ち出し実行していくわけです〔……〕。鈴木市長は庁内世論を無視して、若い地元出身でない職員をどんどん登用していくわけです。不協和音が絶えませんでした〔……〕。それで私たちは思いきっていろいろなことをやりました。それが、今までの人づくりの基礎となったわけです」。

安田氏は、また「鈴木市長は、口ぐせのように〝他流試合のできる職員になれ〟、〝市役所のなかで通用するだけの職員では駄目だ〟といっておりました」、「ドラッカーをよく読んでいて、職員にも勧めました。ドラッカーは、マネージメントの要諦は、人の能力を引き出すことといっています。そういう人たちが何人もでるくらい育ちました」と述べておられる。

住民との関係についても「「総論賛成」、「各論反対」で住民が直接、参加することによって責任をもつようになるなら、総論と各論のギャップが埋まってくる」、「コミュニティ・センターに五〇〇〇万円金をだした。金を出すけど、口は出さない。「自由に何でもやって下さい。けれど責任は取って下さい」ということです〔……〕。伝統的な町会などは町づくりについての意思はないのですが、住民協議会は意思をもっている」と発言されている。

藤沢町でも同様に、「いままでの人事というのは町長がやるのではなくて、お偉方がやっていたのです。議員の旦那がいて、あの職種はこの職員にという形でやっていたのです」。それで佐藤守氏が助役の時代に人事改革をやり八割の職員を一気に動かしたのである。

そして「とにかく何をやっても〝町が〟、〝役場が〟と、それこそ役場というのは物とサービスの供給機関で住民はただの受益者だった。そこには自治もなにもなかったということです」、「骨格にあったのは、〝あの町、この町、日が暮れる〟の想いだね。わが町の再生は容易じゃない。おれは他所のあり様も見てきたから、この町の再生のエネルギーはただ一つ、住民の意識をどうするか、住民のなかに入って交流するしかない、それ以外どんな人がきて治めたって治まるはずがないとは思っていました」。それで「まず学習しなければ駄目だ。それからあらゆる物が始まったのです」。

そして職員には、町民懇談会の場に、役場の全職員、それこそ小使いさんから運転手さんまでが地域に出向き住民に町の施策を説明していったり、「恐らく町おこしのシンポジュームの始まりではないですか」といっているように東北の有名な町村長を集めて体育館でまち起こしのシンポジウムをやったり、また各課においても専門の学習会をやり、職員の学習機会をつくっていったのである。町民には、学習するために研修バスを購入し、東北一帯の先進的試みに挑戦している地域におもむいて実体験を積んで学んでいったりもしている。

### 自治活動が根づいたまち――市民自治を育てる地区自治会、住民協議会、非営利組織

三鷹市の住民協議会とコミュニティ・センター、藤沢町の自治会と自治会館などは、住民の自主管理のもとに地区自治を形成していったのである。

三鷹市では、中学校区を一地区として全市を七地区にわけ、各地区に住民の構成による住民協議会をつくりコミュニティ・センターの建設を住民が計画し、住民による自主管理の仕組みをつくった。つくる過程で住民協議会のなかに入った市の職員が体調を壊していったことまで大石田久宗氏によって語られている。物事、スムーズ

にはいかないのである。

藤沢町では、自治会をつくるにあたり、町長は「まず学習がすべてのアクションの基礎です。まず、運動ありきではなくて、まず学習ありきです。これからやらないとね。そういう下地の上に自治会をつくったのです」という主旨で前記の学習活動から始めて、それから全町を四一の地区（集落単位）に自治会をおき、住民が集まる自治会館を建設した。住民の資金で建設し住民による自主管理の仕組みをつくり、住民の自主性を醸成したのである。さらに役所が住民に信頼されるには「自治会、地域づくりの問題以前に職員が本当にみんなと一緒にやるのだという姿勢をみせなければ駄目だということなのです。職員が全部消防団に入って法被を来て走り回る。女子職員も婦人消防協力隊をつくった」と佐藤守氏が語っておられる。若月院長にしても「住民のなかに」を一歩進めて「住民とともに」をかかげて医師、保健師、職員が地域住民とともに歩んでいったからこそ、住民の健康づくりに成功したのである。佐藤前町長の先の言葉は、若月氏の思想にも通ずる自治づくりの原理であると考える。

一般的に多くの市町村では、コミュニティ・センターは市民の交流の場として娯楽系の施設が多いが、三鷹市および藤沢町では住民自治・市民自治を形成する拠点としてつくられた。

八千穂村では、地域内に四六の地区＝自治会があり、そこから女性の保健指導員を一人ずつ選出する。それら自治会を六地区にグループに分けして、衛生指導員を選出して住民の健康活動を支えていった。佐久穂町になってから、五八地区＝自治会から衛生部長と保健指導員、食生活指導員などを出し、自治会を束ねた八地区からそれぞれ健康づくり員を選出して、地域コミュニティの住民の健康づくりを支えていったのである。

自治会・町内会はどこの地域にもあると考えがちであるが、東京のベッドタウンなどでは町内会のない地域もあり、あっても活動は停止状態にあり町内会費の徴収と市役所からの市民運動祭、消防などの情報伝達にすぎない状況にあるか、かつては自治会があったが廃止したり、自治会の形は残っていても積極的活動はほとんどみられない状態にある。このような状況のなかで、近年の高齢化の進展にともなって、また東日本大震災・原発震災による被災を契機に、災害時および高齢化による要介護高齢者や障害をもつ人など住民の安否を確認できないことを強く感じ、住民の間に不安が起きている。

三鷹市、藤沢町の首長が、かつて都市化の進展で隣人関係が薄れて住民の孤立化を危惧して地域＝コミュニティの近隣人間関係をつくることに尽力した。それらが住民協議会や自治会の形成につながったが、地域の人間関係を面倒くさがり、住民自身が地域の人間関係を絶ち切ってきた結果に対する危惧を、住民自身が感じるようになっているのが現在である。

## 信頼と協働のまち——市民と行政との協働による基本計画作成

⑴コミュニティ・カルテの作成

一九七一（昭和四六）年の地方自治法の改正で各自治体は基本構想・基本計画を作成することが義務づけられた。三鷹市では計画行政への市民参加をどうするか、市民の意見をどうやって集約するかというさい、各住民協議会ごとに地域の実態を把握しアンケート調査をおこない、その結果をコミュニティ・カルテという報告書に作成され、それを行政に反映させるプロセスをとった。同様に藤沢町においても、住民と役所の職員と一緒に各自治会ごとのコミュニティ・カルテを作成している。

⑵市民と職員との協働による基本計画の作成

三鷹市では、住民にアンケート調査をおこない、アンケートで出てきた市民の要望を市民と職員が一緒に町を歩き問題ポイントを地図に落としていく作業をおこない、「まちづくりプラン」を作成し、行政に提案するというやり方をとった。

藤沢町では、同様に各自治会の住民に自分たちの希望、たとえばどこの土地に何がほしいかなどを地図に落としてもらう。それにもとづいてすぐ実施できる事項、中長期計画が必要なものに分けて基本計画にのせていった。具体的には、以下の通りである。

三鷹市の協議デモクラシーによる基本計画づくりの実践として、市民から構成される「みたか市民プラン21会議」（略称「市民21会議」）と三鷹市とが協約をつくり、「市民21会議」で基本計画を作成し、市長に提案し、市長と市民の応答によってつくりあげていった。

藤沢町では、「地域ミニ振興計画」にさいして行政と住民（地区自治）の協働によって計画づくりをおこなったのであるが、これに関して、佐藤守前町長が「地域計画を誰がつくるという以前に、住民が行政を信頼していない現状で、住民が計画をつくるとか言ったって、最初は政策的に何もでてこない。それどころか、われわれ住民に責任を転嫁するためにこんなカッコのいいことを言うのだという反応です。これにはわれわれも歯を食いしばってこらえましたね」と語られていることは、傾聴に値することだと思う。自分たちの将来の方向づくりでありながら、最初からスムースに住民が参加することはないのである。住民・市民参加と協働作業といっても、行政との信頼関係が形成されていないところでは、参加の形はつくれたとしても、実のある内容にならず、行政主導の計画になりかねない。

そこで、住民が地区プランをつくるにあたり、佐藤氏は「事業実施の優先順位も自分たちで決める、それは地域の課題を全体で共有するためである。地域同士の相互の理解がないまま、地域行政をやってもまちづくりにならない」と指摘している。

このようにしてつくられた藤沢町の基本計画『豊かな自然　こころ安らぐ　やさしいまち藤沢』（二〇〇七年度～二〇一六年度）の一〇カ年計画作成は、基本方向として、①自ら考え、自ら創り、自ら経営する町、②共に生きる喜びに満ちあふれる町、③資源をいかし、豊かで活力ある町、④恵まれた農村景観の中に快適な生活空間を形成する町、⑤豊かな人間性を育み、誇りある文化を創造する町をつくるとしている。そして、基本計画策定にあたり①住民主体のまちづくりとして住民と協働によるまちづくりの推進、住民自治の強化充実、多様な地域づくり活動の推進、情報の公開と共有化の推進、自治会活動との連絡・支援、男女共同参画の推進――主要事業として、自治会総合補助金交付事業、住民活動推進事業。②支え合う、喜び合える健康と福祉の里づくりとして包括医療・健康診査・予防の充実・健康づくり推進、高齢者・母子・父子・児童・障がい者福祉・地域福祉、医療体制・地域医療の充実――主要事業として健康づくり推進事業、藤沢病院施設設備整備事業など。③地域の特性をいかした産業の振興、④自然と共生する快適な生活環境づくり、⑤未来を支える人材の育成と個性ある地域文化の創造を重視するとしている。

旧八千穂村はどうかといえば、佐久病院と八千穂村職員・住民（組織）との協働による健康管理は、保健委員会―健康管理合同会議―健康管理事務局会議―衛生指導員会という健康づくりの協議組織によって運営されている。そこの活動内容は以下の通りである。

保健委員会（年数回、保健委員会九人――議会二／農協一／住民代表三／村医一／病院医師二、村役場代表――村長／助役／担当課長／係）、健康管理合同会議（役場――村長／議長／住民課長／保健婦／事務、住民組織――保健委員／衛生指導員／衛生部長代表、病院――健康管理部／出張診療班、関係団体――農協／公民館／校担当者の小中学校）、健康管理事務局会議（月一回、役場――保健婦／事務、病院――健康管理部／保健婦／事務）、衛生指導員会（月一回、衛生指導員八～一五人、役場――保健婦／事務、病院――健康管理部ほか）（JA長野厚生連佐久総合病院『健康な地域づくりに向けて――八千穂村全村健康管理の五十年』、二〇一一年、四五ページ）。

**利他精神と自発性のある市民のまち**

当初、首長をはじめ自治体自体が市民を育成するために自治会や住民協議会、およびＮＰＯなどを積極的に支援していくが、時間とともに住民・市民は活動を通して利他の精神が育っていく。そうすると自発的に市民が積極的に地域貢献活動をはじめていく。

その結果として三鷹市では、市民の組織を束ねたNPO法人「三鷹市民協働センター」に福祉・健康・教育・環境・スポーツなどに関する一〇〇以上のNPO組織が加入している。これらの市民組織も市の政策策定に参加していくのである。

藤沢町においては福祉の自発的住民活動組織をまとめているNPO法人「ボラントピアセンター」を設立し、会員登録者数約二三〇〇人にサービスを提供している。サービスの内容は、ヘルプサービス事業（訪問介護、訪問入浴介護、外出支援サービス事業、軽度生活援助事業）、生きがいと健康づくり事業、宅老所、身障者のホームサービスなどである。

旧八千穂村では、年に一回催される「福祉・保健まつり」には五〇以上の健康関連の住民組織が参加し研究発表をおこなっている。佐久町と八千穂村の合併にさいし、八千穂の保健・福祉を失わないために八千穂住民の熱心な選挙活動によって、小さな村の村長が大きな町の町長に選出されていくのであるが、これこそ住民の意思の表明である。旧八千穂村の衛生指導員をされた高見沢氏は、インタビューのなかで「佐久町の住民は人に何かをすることを好まないのでやりにくい」と語っておられることに示されるように、旧八千穂村の住民にとっては利他精神があたりまえのようになっていることが分かる。

## 福祉政策と地域産業政策との統合

壮年期における生活の経済的基盤は、労働による収入である。そのため住民に労働の場を整備するのもまちづくりの主要な課題である。自治体の立地する地域によって大きな相違があるが、首都に位置する三鷹市ですらも、安田養次郎前市長が「三鷹の町を高環境・高福祉の町にする。それが三鷹市のまちづくりの基本です。そうかといって、産業をカットするのではない〔……〕。三鷹の農業は、都市農業なのです。これを何とか守る。工業では、戦前は企業城下町だったのです。それでも歴史・伝統が残っていて〔……〕三鷹光器という企業は、小さな企業ですが、技術的な面では日本でも一位、二位の企業もある。これを大事にしたい」、「勤労者の町だとすれば、買い回り品はしっかり三鷹の商業地区で用がたせるようにすることが必要だから、そのための街並みをちゃんと確保していく。高環境・高福祉といっても産業をみんな切り捨てて、緑と太陽と福祉をやっていればいいというものではないんです」と語っておられように、目的意識をもって福祉政策と地域産業政策とを統合したまちづくりを実践している。

藤沢町では、住民の要求で「農業の町」と位置づけているが、農家の農地が広くないため国有林の払い下げによる農地の拡大、三カ所におよぶ農業用水用の灌漑ダムを建設、有機農業の振興への支援、住民の要望に応えて農家の子弟が働ける企業の誘致に努力を払ってきた。畠山博前町長（現・一関市藤沢地域自治区長）は、かつて若き役所職員時代に先頭にたって奔走し、一〇企業を誘致している。これらによって地域の雇用を増大させている。また、医療・保健・福祉の一体化によっても、地元住民の雇用も増大させている。しかし、人の職業ニーズは多様であり、そのニーズにすべて応えることは非常に難しい。大都市には多様な雇用機会があるが、小さな農村地域では難しいことを佐藤守氏は語っておられる。

東京都や地方政令都市への一極集中がはげしく進む国土で、地方がいっそうの過疎化に追いやられている状況にあって、農村地域の若者が雇用を確保するのは困難を極め、地域の努力にもかかわらず地域を離れているのが現実であり、限界集落の大量出現という現象まで生じている。

佐久総合病院では、健康管理部を設けて住民の健康づくりに寄与しているが、他方、高齢者のケア部門をもち、まさに医療・保健・介護に関して統一的・総合的に対応している。北欧では、高齢者医療を市町村が所管（日本では県が所管）としているが、佐久病院は、自治体的機能に加え、地域産業政策的機能をも果たしている。佐久病院は旧臼田町（現・佐久市）に立地しているが、総合病院としての医療・保健・福祉活動が、臼田町とその周辺地域の雇用創出に大いに貢献しているのである。

## 四　三鷹市・八千穂村・藤沢町のその後

### 住民の行政参加度、首位の三鷹市

『日本経済新聞』によると、住民の行政参加度について全国七八六市と東京二三区を対象とした調査で東京・三鷹市が首位であったとして報告されている（二〇一一年一二月二一日付）。

また、「市民21会議」にひきつづき三鷹市では、二〇一一年に第四次基本計画策定にむけて市民のなかから無作為に一〇〇〇人選んで、そのなかから会議への参加を承諾する九〇人が「市民討議会」に出席し、テーマ別に七〜八人の単位に分かれて二日間にわたり討議がおこなわれ、意見がまとめられた。今後、基本計画案が市民によって策定される予定となっている。

かつて「市民21会議」の委員長でもあった清原慶子現市長は、『三鷹がひらく自治体の未来』（三鷹市発行、二〇一〇年）のなかで三鷹市の自治を進めるには、参加と協働のまちづくりを進める「市民力」と自治体経営改革を進める「職員力」によって、三鷹市がめざす自治と民主主義の向上を進め、「都市の再生」・「コミュニティの創生」を実現するとしている。

### 佐久総合病院と「佐久医療センター」への二分化

従来から巨大化した佐久総合病院（病床数八〇〇床）をどうするかが課題となっていて、手狭になった病院の移転が検討されていたが、二〇一二年一月二七日に新設「佐久医療センター」（三〇〇床、佐久市中込地域へ移転）の起工式があり、旧来の「佐久総合病院」（四〇〇床に減らす）との二本立ての病院へと本格的に再出発することになった。「佐久医療センター」は長野県の東信地域（人口約六〇万人）の医療を中心に急性期疾患、外来、入院、高度医療部門を担当する。佐久総合病院は、健康管理部、地域医療など従来の医療活動をおこなうという体制で、この地域圏における新たなあり方を模索することになった。

そうした時期だけに、若月精神を失わないために旺盛な出版活動がなされている。一つは、前掲『健康な地域づくりに向けて――八千穂村全村健康管理の五十年』、二つは、若月先生がつくられた衛生指導員の活動史である、松島松翠・横山孝子・飯島郁夫氏らによる『衛生指導員物語』（JA長野厚生連佐久総合病院、二〇一一年）である。この両書によって八千穂村全住民の健康をつくるにあたり、いろいろな住民組織と佐久病院と行政との協働によるプロセスがよく理解できる。

## 藤沢町――一関市へ合併、「新しい医療のかたち」賞の受賞

二〇一一年九月二六日に藤沢町は一関市と合併して一関市藤沢町となり、役所名は一関市藤沢支所で、藤沢町長の名称は、一関市藤沢地域自治区長となった。合併直後の一一月一九日に「医療の質・安全学会」から一関市国民健康保険藤沢病院へ「新しい医療のかたち」賞が贈られた。

畠山一関市自治区長は、合併の必要性を①家族の変化。町の活性化を担う現役世代が四八〇〇人となり自治の形が継続できるか問題である、②地域間競争に打ち勝ち新たな魅力をつくるために、強い自治体が求められている、とくに産業力を強める意味で、新たな雇用を確保するには一定規模の自治体が必要、③教育力の増進。子どもの本来の資質を伸ばせる条件づくりをするために、④財政的問題。藤沢町は社会資本整備を先行してやってきたが、小泉内閣の三位一体改革により従来の交付税が変更されたことから、周辺自治体に比べて財政的に困窮した、⑤合併したらよくなるというものではないので藤沢町は提案力で勝負したいという意向である。

佐藤守前町長は「藤沢モデルを一般化することで一関市全体に普及させる」ことを構想している。役人が地域住民から信頼を得ないかぎり行政は成り立たないし、また進められない。その意味で役場の職員教育をおこなってきたが、一関市役所が住民からどれだけ信頼を得るかが今後の課題である。

藤沢町が築いてきた一次医療、医療・保健・介護の一体化、オーストラリアと国際親善、幼保一元化などは、〝一関市を藤沢化する〟―藤沢町がやってきた施策を守るだけではなく一般化すること、つまり藤沢モデルを一般化し、一関市に継続を実現することを期している。フロンティア・スピリッツを発揮して藤沢町の自治を普及し日本の地方自治を立て直す構想など、自治に対する思いは強烈であり意気軒昂である。

藤沢町の自治会活動についていえば、小野寺恒雄自治会長は「災害時こそ、自治力が発揮される」という立場にたっているが、東日本震災への支援を通して、改めて自治力の必要性を発見している。すなわち東日本大震災にさいし、藤沢町では三月一一日の夜、緊急に自治会会議を開き、翌日一二日朝から有線放送で住民に被災支援を呼びかけ、午後に早々と当日、雪が降ったので、そうしたときに一番必要な物資を集めて四トントラック二〇台分を現地に送った。その迅速な対応は、住民自治の底力を発揮したといえる。住民の利他的精神が大いに発揮され、その後も寄付金二十数万円が集まり、呉服屋に頼み夏用の下着類も送っている。

また藤沢町では原発の放射能物質について、測定器一〇万円台のものを自治会に貸し出し、放射線量を測定したが、雨樋に線量が高かったという。小野寺氏は危機のときこそ自治の力がわかる。意識の共有ができることが重要であると、改めて強く感じたといわれている。

現在の、三鷹市は、先にふれたように〝日本一住んでみたいまち〟、〝日本一行政への市民参加の多いまち〟と評価されている。佐久総合病院は、長期にわたる〝住民の健康づくり〟の努力によって信州の住民に日本一の長寿をつくってきたことが政府統計でも現れている。藤沢町は、先行投資によって、次代、次々世代が豊かに暮らせる〝一〇〇年の計〟のまちをつくっている。

R・D・パットナムは『孤独なボウリング――米国コミュニティの崩壊と再生』(原書二〇〇〇年・柴内康文訳、柏書房、二〇〇六年)において、地域のなかに「社会資本」(=社会的関係資本)である住民の自発的組織が多いほど、その地域は安全で福祉度(=well-being)が高いことを実証したが、三鷹市、八千穂村、藤沢町では、市民の自発的活動によって生活ニーズに応える安心して住める地域社会が形成されているといえる。

市民自治そのものは、目に見えない、手にとってこれだといえない形のないもの、一見してわかりにくいが、〝人びとの意識、振る舞い〟にあり、それをつくっていくことが自治であると思う。主観的な感想では、三つの事例のまちは、共通してまちの雰囲気がいい、まちの人びとに親切さを感じる。お役所の職員の振る舞いもいい、何かを聞いたさいけっして〝たらい回しにしない〟。〝何かお役に立てないか〟という表情がみてとれ、いろいろと思案してくれる。とても気持のいいまち、できれば住んでみたいと思うまちをつくっている。

## 五　まとめに代えて

近年、周知のようにわが国の政権は自民党から民主党に転換し、菅直人内閣は「地域主権」を改造内閣の課題の一つとしたが、ナショナル・ミニマムの保障を後退させ欠陥をもち挫折した。とはいえ、戦後の福祉国家が築いてきた中央集権から、二一世紀が直面している人間の尊厳にふさわしい高齢社会の構築のために、改めて人民主権・市民主権にもとづく市民自治によって市民社会を形成することが最重要な課題となっている。

さらに東日本大震災および原発震災によって既存の生活保障システムは崩壊したが、その後の復興・再生にさいして本書で明らかにした先行三事例のモデルから学ぶべきものは大きいといえる。

まずもって原発被災地における土地をどうするか。地域居住をいうには土壌汚染をどうするのか、土壌汚染をなくさなければどのような生活保障の施策をとっても結局は安心して住めないのである。そういう意味では、生活保障の基底として地・空気・水の自然環境が人間居住にかなっているという前提条件がまず再構築されなければならない。それとともに政府や自治体の上からの復興計画にたよるだけではなく下からいろいろなアソシエーション（協働体）をたばねた総活的組織をつくり、市民の総意を集めた計画をつくることが必要であろう。役人によるリーダーシップ頼りではなく、イニシアティブグループ＝発起人会をつくり、そしてたたき台をつくるワーキング・グループをつくり討議民主主義を発揚させ、そうしたさい、三鷹市モデル、八千穂モデル、藤沢町モデルから学び、地域の実情にあわせて創造すること、いま、そのことが求められているのではないであろうか。

本書の主旨は住民自治・市民自治がどのように形成されつつあるのかその過程を明らかにすることであったが、究極のところ住民・市民にとって住みよい地域が形成するには自治が必要であるというメッセージを伝えることにある。

# 第一章　自治先進都市三鷹はいかに築かれたか

## ――高環境・高福祉のまちへのたえざる挑戦

解　題　35
一　鈴木平三郎三鷹市政とコミュニティ政策　前三鷹市長　安田養次郎　61
二　三鷹市のコミュニティ・センターと住民協議会　三鷹市都市整備部部長　大石田久宗　91
三　三鷹市住民協議会のコミュニティづくり　井口コミュニティ・センター事務局長　海老澤　誠　129

# 解題

本章は、三鷹市の先進的自治を築き上げた初代の鈴木平三郎市長、それを継承・発展させた二代目坂本貞雄市長、住民参加の新展開を実現させた三代目安田養次郎市長までの半世紀にわたる住民参加自治の形成・発展・展開の歴史的経過をフォローするものである。なお、四代目・清原慶子市政は現在進行中であるため、期待をこめて次の機会に研究させていただくつもりである。

## 1　三鷹市の概要

三鷹市は、東京都の中央に位置し、隣接自治体には東は世田谷区、杉並区、北は武蔵野市、西は小金井市、南は調布市に接している。人口は一八万二八五九人（二〇一〇年五月）、人口の高齢化率は一七・三％で、高齢社会に入りつつあるが、日本全体の高齢化率二五％に比べるとやや若い層が多い。財政的には、一般会計の歳入では市税が五八・二％で、その内訳は個人市民税が四三・七％、固定資産税が三八・六％、都市計画税七・三％（二〇〇五年度）で、一般市民の税収が高く、比較的高い所得者が多いことが想像できる。

三鷹市は、高度成長期にはベッドタウン的機能の役割をになった都市といえ、多くの公共団地および民間の集合住宅が建設され人口が急激に増大し、学校をはじめ上下水道など都市インフラの整備が追いつかないほどであった。都心勤務のサラリーマン層の多い、新住民といわれる世帯が多いまちである。

近年の人口の増減においては、自然増では、日本全体と同じく毎年減少傾向にある。しかし社会増の転入・転出では、一九九六年までは転出が転入より多かったが、九六年以降、一貫して転入が多く社会増となっている。三鷹市に移り住む人が多くなっているのである。東京への一極集中化は郊外都市にも及んでいるが、三鷹市の住みやすさをつくってきた歴代の市政の成果でもあると考えられる。

今後、団塊の世代のサラリーマンが退職していく時期をむかえ、高齢者世帯の多い地域に変化していくことになろうが、三鷹市の高齢化は全国都市に比べなお緩慢な傾向にあるといえよう。

戦後の三鷹市にあって特徴的なことは、一つには、一九五五年から公衆衛生学専門の市長によって、住民の健康をもっとも重視してきた市政であったこと、その典型的実践として下水道普及率一〇〇％を早い段階の一九七一年に達成していることである。第二に、住民のコミュニティ活動の推進から出発して、市政への市民参加、行政・市民・事業所との協働が進んでいる市民自治の先進的都市をつくりあげていることである。それは、長期にわたって自律した市民を育ててきた帰結である。第三に、行政の合理的システムを追求し、実践的に挑戦していることである。第四に、これらの市政を歴代の市長が継承・発展させてきていることである。

**三鷹市の歴代市長の変遷（在任期間）**

| | |
|---|---|
| 1950 年 11 月 | 三鷹市制を施行、初代市長に吉田賢三郎 |
| 1951 年 4 月 | 渡辺万助市長、無投票で当選（1 期 4 年間） |
| 1955 年 4 月 | 鈴木平三郎市長（5 期 20 年間） |
| 1975 年 4 月 | 坂本貞雄市長（4 期 16 年間） |
| 1991 年 4 月 | 安田養次郎市長（3 期 12 年間） |
| 2003 年 4 月 | 清原慶子市長（現在） |

三鷹市が市制を施行したのは一九五〇年で、同年から一九五五年の五年間は特徴的な市政はみいだせないが、一九五五年に社会党左派から立候補して市長になった鈴木平三郎氏が、五期二〇年間の在任期間に現在の三鷹市の礎を築いている。鈴木氏のつぎの坂本貞雄市長は、労働組合出身の社会党員で四期一六年間を在任し、鈴木市長のコミュニティ政策構想を引き継ぎ、六つのコミュニティ・センターを完成させたのである。坂本市政を引き

継いだ安田養次郎市長も、三期一二年間の在任期間にコミュニティ政策をもとに新たな市民自治に発展させたといえる。安田氏は、鈴木平三郎市長の直弟子でもあり、大学を卒業後そのまま三鷹市に入庁して、鈴木市長、坂本市長の収入役、助役などの役職に就き、永年、よく二人の市長を支えてきたのである。その点で、三鷹市の生き字引のような存在で、三鷹の歴史を誰よりもよく知る存在である。

三鷹市に関する研究はすでに多くなされている。都市計画学から市民参加型都市計画のモデルとして三鷹を取り上げた研究（松行美帆子、大西隆、城所哲夫）、経営学から地域産業政策のモデルとしての三鷹市の研究（関満博）、市民参加型の産業振興としての三鷹研究（小谷紘司）、都市化に伴う経済構造の変化を三鷹市をモデルにおこなった計量経済学的分析研究（福地宗生）、三鷹市を事例とする地方財政の計量経済学的分析研究（山口誠）、三鷹市を事例とした市民意識の研究（井出嘉憲）、市町村総合計画策定における住民参加システムの研究（熊谷智義、広田純一）、三鷹市の人口学的研究（松本康、安田三郎）、近郊化による地域構造および住民組織の変化・変質に関する研究（森岡清美、中村八郎）、市民的公共圏の醸成について「みたか市民プラン21会議」を事例とした研究（齋藤康則）など、多分野からの多様な研究が三鷹市を事例としておこなわれてきたが、三鷹市独自につくられた「住民協議会」に関する研究は等閑視されている。

本章では、コミュニティ・センターの自主管理・運営を出発にしてつくられた「住民協議会」に視点をあわせて、三鷹市における自治の形成・発展には住民協議会が基軸になっていると考え、協議会の機能と意味を明らかにするものである。

## 2　戦時から戦後復興期の三鷹市政

日本が戦時体制に入っていく一九三一年の満州事変を契機に、従来低迷していた軍需産業が好況となり、さらに一九三七年の日中戦争の勃発によって総動員態勢に入ると飛行機、自動車、兵器、機械類生産にたいする民間産業への依存度が拡大し、多数の企業が軍需工場へと転換し、拡張を始め、東京市部から三多摩へと軍需工業が移転した。三鷹村では、一九三三年に、正田飛行機製作所、三鷹航空工業㈱、千代田製作所光学工場が、一九三七～三九年にかけては日本無線電信電話㈱、中西航空機製作所、東邦製作所、中央航空研究所が、さらに一九三九年には東京航空機、中島飛行機など一三社が進出し、三鷹・武蔵野地域は一大軍需工場地帯となった。勤務する従業員の住宅、寮なども建設され農業地帯が一変してしまった。人口も一九四二年には一九三〇年の五倍にも増大した。

戦後、GHQによる軍需工業の解体を命じられ、工場は閉鎖されたが、平和産業に転換し名前を変えて再発足して、再度、三鷹は活況をおび、三鷹の工業は日本無線、富士重工業、富士精密の三大工場を頂点に、中小の多数の工業が集積した。そこでは、生活危機や工場閉鎖による解雇に直面し、労働組合が多く結成されていった。

戦後、日本国憲法公布とともに新しい地方自治法が施行され、第一回の地方選挙が一九四七年におこなわれ、三鷹町では労働組合、農民組合を中心とする革新勢力が連携して、農民組合長であり三鷹町役所税務職員の吉田健三郎氏が町長となった。三鷹町議会では社会党から鈴木千代子（鈴木平三郎氏の妻）が女性として唯一かつ初の議員として当選し、厚生委員長、総務委員長などを務め、その後の女性市議の活躍に先駆的な役割を果たした。

三鷹をもっとも有名にしたのは、国鉄合理化にかかわる三鷹事件であった。

一九五一年四月には、市政施行初の市長・市議選がおこなわれた。市長には、名望家で「市制協力促進会」の座長をつとめた渡辺万助が無投票当選を果たした。しかし、武蔵野市との合併否決の責任をとって選挙直前に辞職した。次の市長となる鈴木平三郎の選挙ではじめて投票がおこなわれた選挙となった（『三鷹市史・通史編』、二〇〇一年、一九八ページ）。

## 3　鈴木平三郎市政――健康都市・コミュニティ政策のはじまり

### (1)　鈴木氏の思想形成過程

鈴木氏は、祖父が長崎のシーボルト塾に学び、北白川宮の個人侍医であったので、それを継ぐため、父の命により不本意ながら医学の道に進む。「無理に押し込まれたので医学には興味がなく、ただドイツ語だけは熱心に身を入れて勉強した。たまたま当時ドイツから洋行帰りの先生にマルクスの『資本論』の原書を与えられ、学習の指導をうけた。熱心に取り組んだのはその本の内容ではなく、ただドイツ語の学習のためであった。しかし、その数年間の学習は、大きく私の将来に影響を与えることとなった」（『挑戦二十年――わが市政』非売品、一九七五年、三一三ページ）と記している。

一九三〇年に日本大学医学部を卒業するとただちに母校の産婦人科教室に入って助手となり、そのかたわら公立病院で臨床にも従事していた。「最初の患者が、方面委員患者（＝民生委員が受けもっている患者）で、医療扶助患者であった。昭和初期の江東地区の貧民窟と言われた地区の患者であったのでひどく貧困であった。これが私の病人とのつきあいの初めである」（『非能率行政への挑戦』第一法規、一九八〇年、一九八ページ）。その患者の入院、治療、死亡、埋葬までに深くかかわり、埋葬費を鈴木氏が支払ったりしている。そこで貧困の実態を克明に知り、「貧困な者には病人が多い。病人を抱えると貧困に陥る。環境の悪いあばら家に住むと、病人が多くなる。同じ人間でありながら……考え込むことが再々であった」（同、一九九ページ）ということを感じ、貧困と環境の関係を身をもって学んでいったようである。

一九三三年、三鷹下連雀に産婦人科医院を開業する。

一九三七年三月、三鷹村村会議員に当選、同時に社《マ》会《マ》党の中村高一氏のもとで政治活動に入る（『非能率行政への挑戦』年譜、および七年祭発起人会『炎の人　鈴木平三郎』三鷹婦人会館、一九九一年、四四ページ)。

翌一九三八年一月に軍医予備員候補者として立川陸軍病院に入隊する。一九四〇年一一月に臨時召集により近衛歩兵第四連隊補充隊に応召、同年一二月に中国山西省に転属、終戦の一九四六年四月まで軍医大尉として北京をはじめ天津、蒙古の平地泉など中国大陸を転属している(『挑戦二十年』年表、iiページ。鈴木克巳「父を偲ぶ」前掲『炎の人　鈴木平三郎』所収、五七五〜五八〇ページ)。

戦前から社会党員で社会主義を標榜する村会議員であったことが、戦前の治安維持法のもとで実質的に日本から追放されて、蒙古など中国の辺境の地へ追いやられたのではないかと想像できる。当時、国家に対して批判的な発言をする者は戦地の最前線にやられたが、それは死を意味しているため多くの知識人は口をつぐんだなかだけに、鈴木氏の信念の人となりがうかがえる。

一九四六年四月に博多に帰還、再び中村高一氏との友好が実り日本社会党に入党し、北多摩支部長を歴任する。

戦後、貧困と疾病の実態を統計的・学問的に調査したいと思い、出身大学の産婦人科教授を訪ねるが、訪ねた先生は「おまえのようなヘボ医者が、いい年をして医学博士の学位を取ると、知らない人が名医だと思ってかかるから止めた方がいい」と取り合ってくれない。「私は考えるところがあって罹病統計の研究をしたいのです。学位は開業の飯の糧には決して致しませんし、学位を取ったら医業は止めますと誓った」。それで公衆衛生学教室に紹介され疫学研究に取り組むことになった。一九五四年末、研究が終了し「貧乏と疾病等の衛生統計」という論文で公衆衛生学の医学博士号を取得した。年齢は四八歳であった。その翌年一九五五年四月に市長に就任した。

鈴木市政の基本理念として「生命の尊重とその生存の平等の享有」をめざし高環境・高福祉のまちづくりを進めていった。その実現のため、まず第一に市民の健康予防のため生活環境整備を充実させていった。具体的には、住民の平等な健康づくり、下水道整備、住民によるまちづくりの場であり、また市民の育成の場であるコミュニティ・センター建設であった。鈴木氏の思想形成は、理論的には公衆衛生学、実践的には患者の生活実態を通してつくられていったものと考えられる。

### 鈴木・坂本・安田市政の主な施策

| | |
|---|---|
| 一九六五年五月 | 市議会が下水道受益者負担金制度採用を可決 |
| 一九七〇年一二月 | 市民健康手帳の配布と検診を開始 |
| 一九七一年二月 | 「近代衛生都市への近道・第二次中期計画大要」 |
| 同年三月 | 市議会が三鷹市「健康都市宣言」を可決、制定 |
| 一九七二年九月 | 「三鷹市老人憲章」可決 |
| 一九七三年一〇月 | 「下水道完成記念式典」 |
| 同年一一月 | 大沢住民協議会発足、 |
| 一九七四年二月 | 大沢コミュニティ・センター開館 |
| 一九七八年四月 | 牟礼コミュニティ・センター開館 |
| 一九七九年四月 | 井口コミュニティ・センター開館 |
| 同年一〇月 | 井の頭コミュニティ・センター開館（分館） |
| 一九八一年六月 | コミュニティ・カルテ報告書が各住区の代表から市長に提出 |
| 一九八二年四月 | 新川中原コミュニティ・センター開館 |
| 一九八四年六月 | 連雀コミュニティ・センター開館 |
| 同年七月 | 第二回コミュニティ・カルテ報告書が各住区の代表から市長に提出 |
| 一九八七年七月 | 井の頭コミュニティ・センター開館（本館） |
| 一九八八年一月 | 「三鷹市女性憲章」制定 |
| 同年六月 | 情報公開制度・個人情報保護制度スタート |
| 一九八九年七月 | 各住民協議会から「まちづくりプラン」最終報告書を市に提出 |
| 一九九〇年一一月 | 「三鷹市基本構想」可決 |
| 一九九二年一月 | 三鷹第二次基本計画策定 |
| 一九九三年三月 | 「みたか福祉プラン21」策定 |
| 同年一二月 | 三鷹市コミュニティ・プラザ（三鷹駅前コミュニティ・センター、国際交流センター、女性交流室）がオープン |
| 一九九四年三月 | 第二次実施計画（平成六～八年度） |
| 同年九月 | 三鷹市第二次基本計画（改定）素案まとまる |
| 同年一〇月 | 三鷹市長期計画案検討市民会議が発足 |
| 一九九六年四月 | まちづくり条例施行、「財団法人まちづくり公社」を設立 |
| 一九九七年二月 | 丸池復活プランづくりワークショップ始まる |

同年四月　健康福祉総合条例制定
同年九月　三鷹市が日本経済新聞・日経産業消費研究所の「効率的で開かれた自治体」調査で全国一位
同年一〇月　福祉オンブズマン制度スタート
同年一一月　市民一〇〇〇人の参加したワークショップの「丸池復活プラン」完成
一九九八年一月　二四時間巡回型ホームヘルプサービス開始
一九九九年五月　二一世紀市民プランづくり準備会発足（五八人）
同年九月　「株式会社まちづくり三鷹」を設立
同年一〇月　「みたか市民プラン21会議」設立全体会議
二〇〇〇年一〇月　「みたか市民プラン21」最終提言書を市長へ提出
同年一一月　総合オンブズマン制度
二〇〇一年四月　基本構想素案（第一次、第二次）が市から提示される
同年六月　「みたか市民プラン21会議」は意見書を提出
同年一一月　「第三次基本計画」策定される
二〇〇五年三月　「第三次三鷹市基本計画（改訂）」策定される

## (2)　鈴木市政が達成した諸業績

### 健康都市の形成＝健康への予防政策

当選後、近代衛生文化都市建設を目標に、三鷹市のまちづくりの原則として、第一に健康であるとした。「当市のまちづくりの大原則は、健康・安全・向上・効率化と市民参加である。原則の第一は健康である。健康とは、WHO（世界保健機関）の宣言にあるように「肉体的・精神的に単なる異常がないということではなく、人間生活が、社会的・経済的に良好の状態でなければならない。如何に生産が向上し、如何に便利であるよりも、多少の不便でも、不満があっても、健康である方が望ましい」（『これからの職場における健康管理』第一法規、一九七二年、一一六ページ）と述べているように、鈴木氏の学問的・実践的経験から健康を第一とする考えから、健康都市をめざした。

そこで、これからのまちづくりを、生態学の視点で捉えていくとしてエコロジーの原則、生態系の再現と公害対策、駅前再開発、交通対策、水資源確保、スポーツの振興、市民健康管理（市民健康手帳配布）などをかかげて健康への予防施策を実践していったのである。

昭和四〇年代、高度経済成長による公害被害が社会的に大きく問題になっていた時期だけに、自然の破壊に対する自然の再生、公害の抑制など社会的に共通した課題の取り組みであったが、早い段階から市民の健康管理の手段として健康手帳制度[1]をつくり、それを配布したのは先駆的であったと思われる。

「上医の悲願・市民健康手帳」（『挑戦二〇年』、九九ページ）と述べているように、住民の健康のための予防に重点をおいていたのである。上医とは、『管子』にある「世に上医、中医、下医あり、病みたるを治すを下医、今や病まんとするを治すを中医、いまだ病まざるを治すを上医という」に由来する。私もまた、つねに自ら上医たらんと志してきた者の一人であるとして、「人間の最大の幸は、健康にして長寿であることと考えます。市長はあらゆる努力をはらって、地域住民の長寿を守らなければなりません。長寿を守ることは、まず住民の健康管理が必要です。個人の健康管理は個人の責任でしょうが、住民の健康で文化的な生活を営むには、その地域の行政担当者に大きな責任があります。理想的には、地域住民の健康管理を公共団体で責任を持つことでしょう」（同、一〇一ページ）と述べている。

健康手帳の配布に至るまでには、入念な調査活動がなされ、そのうえで制度化されたのである。まず、一九六九年八月に、市民健康手帳編集研究委員会が設置され、市長が同委員会に諮問、その後、調査・研究がすすめられ、一九七〇年三月に健康手帳の大綱が示され、同年四月に市民健康手帳制度の発足となった。

制度の主旨は、①市民一人ひとりの一生の一貫した健康状態を記録する、②市民の自主的健康管理の一助とし、疾病のさいの治療、療養の資料とする、③手帳を常時携帯し、急病のとき役立つようにする、④将来は、コンピュータ化により、疾病統計、市民健康管理と予防医学などに役立たせる。制度の対象は、一五歳以上の女性全員

と国保加入の男性とし、五カ年計画で一巡し、年齢区別にしたがい六年目に改めて手帳保持者を検討する。(2)

鈴木氏は、「厚生省へ市民の健康管理について助成をお願いに行ったら、健康管理を取り扱う担当もないのに驚いた（……）。これは問題だ。市民の健康管理を改めて真剣に考えさせられた。私の具体策が『市民健康手帳』という形で実ることになったのは、五選早々の昭和四五年度からである」（同、一〇〇ページ）と述べている。「長寿でもめざす日本一」として「市民の健康管理と市民の体力づくり」を重点施策として、スポーツの振興をはかり、(3) 他方、人間の生命を守るうえに都市づくりに生態学の視点から捉えるとして交通公害の抑制、および三鷹市を緑の多いまちにつくることを実践していった。(4)


下水道普及率一〇〇％の達成と受益者負担制

一九四五年から一九五〇年代半ばは全国的に下水道・上水道をはじめ都市インフラの整備はいまだ立ち遅れていた。三鷹市も同様であった。三鷹市に下水道を敷設する必要性は鈴木市長の「貧困と疾病」の予防思想からであるが、他方、一九五五年頃の市内の地盤や水位状況は「大雨の時は、井の頭病院付近などは床上浸水、便所の汚物が床下いっぱい、一部では座敷の中まで広がったし、中原、新川、井の頭地区でも浸水騒ぎがしょっちゅう、といった具合であった」(5) という実情にあり、下水道の整備を緊要な課題とする条件が存在してもいたのである。

「地上にいかなる文化施設、公共施設をととのえ、繁華街を発展させても、公共下水道の完備していない都市はスラムにすぎない」という命題は、鈴木氏が市長就任以来とり続けた主張である。

寿命と健康の基盤は公共下水道の完備にあり、疾病予防のための環境整備であるとして「下水道事業の完成によって人びとの寿命が三年延びるといわれているので、人びとの生命を尊重するためには下水道事業の推進は不可欠な条件です」(6)。〝寿命が三年延びる〟を口癖に説得して下水道完備を実現したのである。

貧困は疾病を多発させる、その原因は環境の不備による伝染病疾病であり、富裕層は自己防衛できるが、貧困層はそれが不可能である。したがって公共下水道完備が必要であるとした。福祉国家といわれている北欧のスウェーデン、デンマークを三回にわたり訪問し、社会保障を充実する前に環境整備が完了していたことを視察して、環境整備が寿命の基盤であることを知ったのである。上下水道の完備、全家庭水洗化、ゴミの袋収集と完全焼却、住宅の完備、家屋のセントラル・ヒーティングによる防寒施設の完備、都市公園、自然保護、道路の整備、病院の完備をみたが、ひるがえって日本の状況は、全家族一室雑居、くみ取り便所、石油暖房、これでは寿命を保てない。「〝夫婦一室なくして福祉なし〟と断言したい」（『これからの職場における健康管理』二一ページ）と述べるほど、生活環境の整備が重要であることを発見する旅をしている。

「疾病、とくに伝染病疾患の退治は公共下水道の推進以外に方法はない」（同、三八ページ）とし、パリ、ロンドン、シカゴ、ボストンを回って、一〇〇年前に下水道を完備させ「下水道のないところに家は建てられない」という都市計画の実際にまで踏み込んだ観察をし、予防は疾病からの解放であるとして三鷹市に下水道完備の市政を実践していったのである。

一九七一年、日本で初めて下水道普及率一〇〇％を達成したが、その過程のなかでその資金の捻出が問題となったさい、市の自助努力として市の財政を切り詰める方法として少数精鋭主義人事および受益者負担金制度の導入などをおこなうとともに、(7) 当時のわが国では稀にみる方法で国および都からの補助金を導き出すとともに、(8) 行政改革を実行していった。(9)

市政の合理化と企業化――市政の経営と資金確保(10)

利潤を追求する企業と利潤を追求しない公共団体とは異質のものであるが、マネージメントとしてみれば経営合理性の追求には共通のものがある。行政の効率化、原価計算、少数精鋭主義などによって人件費を抑制し、経常費をできるだけ圧縮し、住みよいまちづくり、街路、公共下水道などの都市再開発、環境整備に資金を回すべきであるとした。

非能率的行政への挑戦をする動機となったのは、一九五九年に下水道事業一〇カ年計画に着手して六年が経過しても、計画の一〇分の二しか進捗しなかったことにある。その理由は、補助と起債が予定より少ないためであり、〝百年河清を俟つ〟状況にあった。

それで中学の先輩で当時、建設大臣であった河野一郎氏に陳情した。そのさい、河野氏から「思い切り財政を引き締めて、建設資金を捻出しろ。市民にも受益者負担をお願いしろ」。そのように心機一転するなら、私も思い切って援助しようと約束された。そこで「方針を一八〇度転換し、行政に企業性を導入し、〝職員の少数精鋭〟・〝起案三行〟・〝ハンコ三つ〟の合理化を断行し、人件費と経常管理費を圧縮して、新規事業費の二分の一を下水道へ投入した」と述懐している（『非能率行政への挑戦』一〇～一一ページ）。

能率行政への具体的手だてとしては、

一つは、少数精鋭主義人事、

二つは、権限の分権化＝下部委譲、仕事がスピード化し責任を感じることとなった、

三つは、事務の合理化と市民サービスの向上として「動く市役所」、

四つは、原価計算、

五つは、現業の民間委託―電話交換、清掃、電子計算機、その他、

六つは、職員管理―①たばこを吸わない市役所、②勤務中の茶・菓子・新聞読みの禁止：各課、各係にはお茶汲み女子職員がいてお茶汲みに半日以上を費やしていた。この職員にも市費が払われていた。お茶汲み禁止によって十数人の女子職員が仕事に専念できるようになった。朝、出勤したらお茶を飲み新聞を読むのが管理職の特権であったが、これを禁止した。休息時間中の碁・将棋・編み物の禁止、③出勤簿（タイムレコーダー）の廃止：タイムレコーダー係二人が不要となる。

七つは、仕事中心の組織—市政経営も一つの企業として、経営管理費はできうる限り圧縮し、市民サービスに振り向ける。①組織の簡素化、②スタッフとラインの確立、③職員の流動性など。行政における官僚制の問題に象徴されるように、行政の非合理的な部分について行政改革を実施していく必要性は、古今東西の共通の課題である。現在、新自由主義のもとで効率化を追求するあまり、その行き過ぎが問題化している。しかし、組織における非合理な部分を改善していくことは公共、民間企業を問わず共通の課題である。企業であれば、直接、経営の存続に反映し倒産につながる。だが、公共は倒産はしないとされてきた。その点、鈴木市長は、行政の合理性を徹底的に追求し、市民サービス向上に向けた政治を早くから実践していたといえる。

### コミュニティ政策——「三鷹方式」自治の形成と市民の育成＝ゴールデンプラン

鈴木市政の目標であった下水道整備が一九七一年七月に普及率一〇〇％を実現し下水処理が開始されたのち、同年四月の市長選挙での五選を機に、住民参加によるコミュニティ政策を新たな市政方針とした。すでに一九七一年二月、ドイツ視察から得た知見をもとに「三鷹市ゴールデンプラン」として第二次中期計画（一九七一〜七五年度）を策定していたが、そのなかにコミュニティ構想が示されている。具体的計画が一九七一年からねられ、第一号コミュニティ・センターとして開館するのが一九七四年の大沢コミュニティ・センターである。同時に、基本構想策定にむけて「まちづくり市民の会」が発足し、一九七五年三月に基本構想が市議会で可決される。その基本構想のなかにコミュニティ・センター構想が盛り込まれており、鈴木市長は同年三月に市長を退任されたが、その後のコミュニティ政策は、基本計画にもとづき次期市長である坂本貞雄氏に引き継がれる。

鈴木市長の構想したコミュニティ政策は三鷹市のコミュニティ政策の原型を形成したもので[11]、その原型が坂本市長により全市内に発展的に継承・確立されていったのである。

では第一号大沢コミュニティ・センターのできるまでの経緯を追ってみよう。

大沢地区に第一号が設定されたのは、インタビューで語られているように、まず土地が確保できたということであった。五〇〇〇平方メートル近い敷地を確保するのは容易ではない。

コミュニティ・センターの開設までの手順は、以下のように行われた（三鷹市市民部コミュニティ課『みんなで築こうコミュニティ～みたかのコミュニティ活動一〇年の歩み～』一九八五年一月、一〇～一五ページ）。

i　コミュニティ研究会の立ち上げ

まず、住民のなかから呼びかけ人七〇名を選び「コミュニティ研究会」を立ち上げ、そこでコミュニティ・センターのプランを作成する（一九七七年一二月～七八年七月）。

ii　コミュニティ・センターの建設プランづくり

①「コミュニティ研究会」による建設の基本プランのたたき台作業のための前段作業、②「コミュニティ研究会＋設計業者」による基本設計図の作成と検討、③（同）基本設計図の承認、④（同）実施設計図の検討・承認、④（同）建築確認・工事着工。

iii　住民協議会設立準備委員会

「コミュニティ研究会」は建設プランをつくりあげたあと発展的に解消し、その後、住民協議会設立準備会委員会が組織され、そこで正式に住民協議会の組織づくりの骨格作業がすすめられた。①設立《ママ》する住民協議会の会則案づくり、②住民協議会構成員の選出枠の決定（自治会、町会、各種団体、文化・スポーツサークル、個人など）、③②の委員候補者の選出作業。

以上の住民参加による住民協議会の設立、コミュニティ・センター建設の手順は、以降も同様な手順でもってなされた。

iv　住民協議会の設立と活動準備

①住民協議会の組織体制づくり（会則案承認、役員人事、コミュニティ・センターの各部部会への所属、セン

ター運営委員会規則、事務局設置、住民協議会結成届けの提出）、②コミュニティ・センター開館、管理運営のための作業、③コミュニティ活動の立案と実施。

v　住民協議会の位置づけ

地方自治法第二四四条の二の三による「公共団体」として市が認知する。

vi　コミュニティ・センターの管理・運営

コミュニティ・センターの施設については、行政は「金を出すが、口は出さない」ことを基本方針として地域の住民によって管理・運営された。一般に「住民参加という言葉に行政の逃避の場を求めるのはあまりにも無責任であり、（……）真の意味での住民自治を回復するために、〝市民コンセンサス〟を得て行われるような新しいルールづくりを個々に求めるものである。次の目標は、地域住民自らが行いうる生活環境整備は、自らの手で行うための認識を醸成しようとするものである」[12]として、地域住民の認識を高め、役割分担を担いながら快適な生活環境づくりを行政と一体となってすすめていく真の住民自治を期待し実践したのである。

住民参加によるコミュニティ・センター建設、コミュニティ・センター条例の制定、住民協議会によるコミュニティ・センターの管理・運営が、その後、「三鷹方式」の市民自治と呼ばれ、市民の自主管理と地域のまちづくりを通して市民を育成し、市民参加によるまちづくりを醸成していくことを主眼として行政が行われていった。なお、コミュニティ政策に対して市民からの批判的意見も出されたのでその内容について参照されたい[13]。

## 4　鈴木市政の継承・発展、新たな自治の展開

### (1)　坂本貞雄市政——三鷹コミュニティ政策の継承・発展

坂本市政の理念は「私の市政の革新は、市政を市民の手に戻すことだと考えている。いうまでもなく市政の主

## センター施設概要一覧

| 井の頭コミュニティ・センター | | 新川中原<br>コミュニティ・<br>センター | 連雀<br>コミュニティ・<br>センター | 三鷹駅前<br>コミュニティ・<br>センター |
|---|---|---|---|---|
| 本館 | 分館 | | | |
| 井の頭 2-32-30<br>44-7321 | 井の頭 5-10-24<br>49-0557 | 新川 1-11-1<br>49-6568 | 下連雀 7-15-5<br>45-5100 | 下連雀 3-13-10<br>71-0025 |
| 三鷹市井の頭地区<br>住民協議会 | | 新川中原<br>住民協議会 | 連雀地区<br>住民協議会 | 三鷹駅周辺<br>住民協議会 |
| 昭和 62.6.28 | 昭和 54.10.1 | 昭和 57.4.11 | 昭和 59.6.10 | 平成 5.12.1 |
| 1,953.61 $m^2$<br><br>339,154 千円<br>昭和 54.3.27 | 198.93 $m^2$<br><br>45,077 千円<br>昭和 53.3.31 | 4,297.52 $m^2$<br><br>（代替地）<br>昭和 53.5.19 | 2,220.30 $m^2$<br><br>（都有地） | 922.75 $m^2$<br><br>3,525,716 千円<br>平成 4.12.15 |
| 1,032.48 $m^2$<br>1,032.48 $m^2$<br>—<br>— | 351.47 $m^2$<br>351.47 $m^2$<br>—<br>— | 3,700.01 $m^2$<br>2,016.98 $m^2$<br>555.75 $m^2$<br>1,127.28 $m^2$<br>（本館に含む）<br>94.30 $m^2$ | 3,454.85 $m^2$<br>2,296.28 $m^2$<br>560.00 $m^2$<br>598.50 $m^2$<br>（本館に含む）<br>225.72 $m^2$ | 2,631.40 $m^2$<br>2,631.40 $m^2$<br>—<br>— |
| 286,295 千円<br>286,295 千円<br>—<br>— | 68,000 千円<br>68,000 千円<br>—<br>— | 665,297 千円<br>421,100 千円<br>181,950 千円<br>62,247 千円 | 672,500 千円<br>672,500 千円<br>（本館に含む）<br>（本館に含む） | 2,374,096 千円<br>2,374,096 千円<br>— |
| 昭和 61.6.18～<br>62.3.30 | 昭和 53.12.5～<br>54.7.31 | 昭和 55.12.17～<br>57.2.27<br>体育館・プール<br>昭和 58.6.21～<br>59.2.28 | 昭和 58.3.24～<br>59.3.30 | 平成 5.10.29<br>取得 |
| 昭和 55.10.9～<br>61.2.27<br>42 人<br>（本館建設委員会） | — | 昭和 53.9.28～<br>56.1.27<br>70 人 | 昭和 55.7.30～<br>58.5.15<br>55 人 | 昭和 59.10.8～<br>平成 5.3.31<br>20 人 |
| 昭和 53.11.7～<br>54.12.3<br>85 人 | — | 昭和 56.1.28～<br>56.11.28<br>60 人 | 昭和 58.5.16～<br>59.3.24<br>62 人 | 平成 5.4.6～<br>5.6.30<br>38 人 |
| 三鷹市井の頭地区<br>住民協議会<br>昭和 54.1.24 発足<br>102 人 | | 新川中原<br>住民協議会<br>昭和 56.11.29 発足<br>102 人 | 連雀地区<br>住民協議会<br>昭和 59.1.24 発足<br>127 人 | 三鷹駅前周辺<br>住民協議会<br>平成 5.7.12 発足<br>98 人 |

**表1　コミュニティ・**

| 区分＼施設名 | | 大沢コミュニティ・センター | 牟礼コミュニティ・センター | 井口コミュニティ・センター |
|---|---|---|---|---|
| 所在地<br>電話 | | 大沢 4-25-30<br>32-6986 | 牟礼 7-6-25<br>49-3441 | 井口 1-13-32<br>32-7141 |
| 管理団体名 | | 大沢<br>住民協議会 | 三鷹市東部地区<br>住民協議会 | 三鷹市西部地区<br>住民協議会 |
| 開催日 | | 昭和 49.2.24 | 昭和 53.4.16 | 昭和 54.4.1 |
| 敷地面積<br><br>買収額<br>買収年月日 | | $5,427.30 m^2$<br><br>27,731 千円<br>昭和 46.12.10 | $4,259.45 m^2$<br><br>416,004 千円<br>昭和 48.4.12 | $5,028.43 m^2$<br>(テニスコートを含む)<br>298,285 千円<br>昭和 47.3.28 |
| 総面積<br>本館<br>体育館<br>プール・プールサイド<br>更衣室，便所 | | $3,730.81 m^2$<br>$2,249.88 m^2$<br>$570.00 m^2$<br>$724.18 m^2$<br>$186.75 m^2$ | $3,520.14 m^2$<br>$2,002.63 m^2$<br>$482.51 m^2$<br>$1,035.00 m^2$<br>(本館に含む)<br>$168.00 m^2$ | $2,864.07 m^2$<br>$1,763.92 m^2$<br>$560.15 m^2$<br>$540.00 m^2$<br>(本館に含む)<br>$154.25 m^2$ |
| 建築総工事費<br>本館工事費<br>体育館工事費<br>プール工事費 | | 300,568 千円<br>300,568 千円<br>(本館に含む)<br>(本館に含む) | 410,500 千円<br>308,700 千円<br>62,646 千円<br>39,154 千円 | 413,461 千円<br>341,071 千円<br>72,390 千円<br>(本館に含む) |
| 工期　第1期<br><br>工期　第2期 | | 昭和 47.11.26～<br>48.12.25 | 昭和 52.2.18～<br>53.1.31<br>体育館・プール<br>昭和 53.9.26～<br>54.5.30 | 昭和 53.3.27～<br>54.2.28<br>体育館<br>昭和 54.9.1～<br>55.2.28 |
| 組織作りの状況 | コミュニティ研究会<br>(センター住民プラン作成) | 昭和 47.12～<br>48.7<br>70 人 | 昭和 49.12.9～<br>51.10.28<br>50 人 | 昭和 49.8.21～<br>52.5.22<br>50 人 |
| 組織作りの状況 | 住民協議会設立準備会<br>(会則案等作成) | 昭和 48.8～<br>48.11<br>70 人 | 昭和 51.10.29～<br>53.1.20<br>60 人 | 昭和 52.5.23～<br>53.11.25<br>50 人 |
| 組織作りの状況 | 住民協議会<br><br>発足 | 大沢<br>住民協議会<br>昭和 48.11.12 発足<br>70 人 | 三鷹市東部地区<br>住民協議会<br>昭和 53.1.21 発足<br>80 人 | 井口<br>住民協議会<br>昭和 53.11.26 発足<br>80 人 |

人は市民であるから、市政のあらゆるところに市民の参加を求め、市民とともに創造する市政、すなわちコミュニティ行政を基本にすることを考えている(14)」と市議会本会議の質問に答えている。

坂本市政の業績は、一つは鈴木市政によるコミュニティの原型を継承し発展させたことであり、二つは、住民によるコミュニティ・カルテの作成を推進し、住民参加の市政を発展させたことである。

六地区のコミュニティ・センター建設

コミュニティ・センターの建設は、鈴木市政から継承し「コミュニティ・センター施設概要一覧」（表1）に示されているように、大沢コミュニティ・センターと同様な仕組みのセンターを建設していった。すなわち牟礼《むれ》コミュニティ・センター（一九七八年四月一六日開館）、井口コミュニティ・センター（一九七九年四月一日開館）、井の頭コミュニティ・センター（一九七九年一〇月一日開館）、新川中原コミュニティ・センター（一九八二年四月一一日開館）、連雀コミュニティ・センター（一九八四年六月一〇日開館）がそれである。

海老澤誠氏とのインタビューは、井口コミュニティ・センターの事例であるが、管理・運営について具体的にその内容、方法、課題がわかりやすく語られ、コミュニティ・センターの日常活動を知るうえで大変参考になる。また、コミュニティ・センター活動と地域自治会を中心とする公民館活動およびＮＰＯ活動などの違いなどもよく理解できる。


コミュニティ・カルテから「まちづくりプラン」、住民参加の「新基本構想」へ

各七地区の住民が「コミュニティ・カルテ」（地域生活環境診断）＝地域診断の作成と「まちづくりプラン」を作成し市に提言した。

住民協議会から選出されたカルテ作成委員会によってコミュニティ・カルテが第一回（一九八一年六月）、第二

回（一九八四年七月）、第三回（一九八九年七月）まで作成された。カルテの内容は、大沢住区、牟礼住区、井口住区、井の頭住区、新川中原住区、連雀住区、三鷹駅前住区の七住区におけるアンケート調査、実地調査、市民集会などをおこない、住区における現状を点検し、現在の問題点を明らかにし、その解決点を提起し、住みよいまちにするために将来どうしたらよいかをまとめ、その結果を実施計画に反映させるものである。

カルテの診断指標は、①安全と快適指標、②うるおいとやすらぎの指標、③豊かさと希望の指標、④ふれあいと活性化の指標という共通の指標をもちいて住区ごとの現況を明らかにし、それをふまえて「まちづくりプラン」を作成し、プランを絵に描き視覚的にわかるようにした報告書をまとめ、市長に提言している。

カルテに参加した人たちは「面識のない人たちとカルテを通じて知り合えた喜び」、「私たちの自治活動だけではどうにもならないと思っていたこと、行政機関の仕事だと考えていたことが住民の意見を土台にした実施計画に結実するのは画期的なことである」とし、「カルテ作成に参加して、初めて市民の自治とは、寛容と調整、決断という政治の宿命、そして現実条件の洞察により政治は決まるものと痛感した」という感想をよせていると大原光憲氏は評価している[15]。

第一回、第二回までは各住区の生活環境診断書であるが、第三回コミュニティ・カルテ＝地域診断からは一応市長に提出するが、その四カ月後、第三回コミュニティ・カルテの第二ステップとして「まちづくりプラン」の取り組みを開始した。それぞれ各地区が「まちづくりプラン」を作成し、『まちづくりプラン――第三回コミュニティ・カルテ最終報告』（一九八九年一一月）を行政への要望提案として提出している。その「まちづくりプラン」は、基本構想（一九九〇年議会を可決）、新基本計画のなかに取り入れられ反映されることになる。

大石田氏へのインタビューのなかで、氏はコミュニティ・カルテは第三回で終わった。それは、住民の要望を出していくが、行政施策としての実効性がないではないかと住民から疑問がだされたので、カルテから「まちづくりプラン」に変えていった経緯を語っている。

## (2) 安田養次郎市政——三鷹自治の新展開＝協働型市民参加

安田市政の理念と政策は、一つは、高環境・高福祉の実現、二つは、協働型市民参加、開かれた自治体の実現[16]、三つは、行政経営品質評価の取り組み、四つは、オンブズマン制度の導入、五つは、新たな地域産業政策などであった。市民参加の新しい展開としては、①みたか市民プラン21会議、②市民と行政のあいだのコミュニティ協定、協働型自治が注目される。行政経営品質評価については、職員の相互派遣などで職員の行政能力の向上につながり、市民参加を支える力となっている。オンブズマン制度は、行政サービスの公正化、透明化につなげており、また地域産業政策についてはインタビューのなかでその核心が述べられている。[17]

安田氏は、すでに述べたように鈴木平三郎市長の弟子であり、鈴木市長および坂本市長との〝二人三脚〟を組み一貫して裏方の下支えをされ、鈴木市政の理念を行政として目に見える形に築き上げた能吏であったと推測される。安田氏なくして鈴木市政のめざしたものが形として実らなかったといっても過言ではない。

それでは協働型市民参加——市と対等な「みたか市民プラン21会議」（以下、略して「市民21会議」とする）の展開プロセスをみておこう。

（一）二〇〇〇年一〇月二八日に「市民21会議」の一年間にわたる討論の集大成ともいえる最終提言『みたか市民プラン21』が安田市長に提出された。

これは「基本構想」の見直しと「基本計画」の策定にむけて、市民の意見を事前にまとめたものといえる。この『みたか市民プラン21』は作成にあたりすべてが市民の手にゆだねられており、この点がもっとも意義あることである。[18]

i　市民参加といっても形ばかりの参加が多いなか、三鷹市での「市民21会議」は従来の参加とは根本的に異なる。主役である市民が一からまちづくりのコンセプトを構築し提示し、市は、後方支援として活動をサポートをしながら、提示された内容を受けて「構想」と「計画」に反映させる。市と市民とが完全にパートナーとして認めあうパートナーシップ協定を結んだのである。

ii　「市民21会議」発足までの準備段階として、一九九八年一二月に市の研究機関である財団法人三鷹市まちづくり公社の「まちづくり研究所」が三鷹市長に、「基本構想・基本計画の策定には、素案策定の段階から主体的な市民参加によって計画を策定すべき」という提言をおこなった。提言を受けて翌一九九九年五月に市が市民参加を呼びかけ、公募に応じた五八名の市民によって準備会が発足した。準備会の段階で、組織やルール、市とのパートナーシップ協定の中身などを検討した。市と市民とのあいだは対等であり、自主性・相互協力という協働の精神をうたい、「市民21会議」と市とのあいだに八つの役割と責務を課している。そのうち市の役割は、情報提供、場所の提供、専門家の派遣や調査活動支援などである。重要なことは、「市民21会議」が作成するプランを「最大限反映して、基本構想、基本計画の素案を作成」することを明文化したことである。

そして「市民21会議」の発足にさいしては、広報誌で市民に参加を呼びかけたところ、ほぼ四〇〇名近くが応募してきた。

iii　一九九九年一〇月に正式に「市民21会議」が発足（会議の会長が現市長である清原慶子氏であった）。会議のメンバーは、一〇の分科会に分かれてプランの内容を深めた。分科会は、「都市基盤の整備」、「安全な暮らし」、「人づくり」、「平和・人権」、「市民参加・NPO」、「情報政策」、「自治体経営」、「地域のまちづくり」などであった。各分科会の開催は、月平均二回であった。

iv　二〇〇〇年一〇月に最終提言をまとめ、市長に手渡す。三鷹市は『みたか市民21プラン』を受けて、内容を最大限反映させた「基本構想・基本計画」の素案の作成に入り、二〇〇一年に構想素案（一次、二次）が提示され、「市民21会議」は素案に対しての意見書を提出した。これを受けて二〇〇一年五月には、「基本計画」の素案が提示される。

三鷹市企画部企画経営室主査という行政における市民参加の総括的立場にある一条義治氏は、「市民21会議」

の形成と活動プロセスを詳細にたどるなか、今後の課題として「短期・中期・戦略的課題とプロセス提示の計画につくり変える、あるいは戦略計画の要素を既存の計画に付与する必要がある」[19]としている。

（二）次に取り組んだ特徴的なことは、財団法人社会経済生産性本部による民間企業を顕彰する「日本経営品質賞」の評価基準をもとに、三鷹市の行政運営に対し市民の視点で捉えて評価する「三鷹市行政経営品質評価基準」（一九九九年六月）をまとめ、評価基準に基づいたモデル評価を実施したことである。具体的には、まず、経営品質評価担当の職員を隣接自治体と人事交流のために相互派遣し、相互に学び行政の向上につなげようとしている。[20]

このことは、基本計画および実施計画の立案・策定には市民参加によって市民があたるが、それを実施に移すには大石田氏も述べているように、行政との協働が必要である。行政側の職員の高度な能力がなければ真の協働は難しいであろう。そういう意味で、行政システム、および職員の品質管理に力を注いできた市政は、市民参加行政を実行あるものにさせる機能を発揮する力となっている。

他方、三鷹市がこれまで取り組んできた施策に対し、三鷹市は行政を市場原理主義に委ねてしまう方向に進みつつあると評価する論者もいる。[21]

## 5　三鷹市政の到達点と意義——自主管理・参加民主主義・協働型自治

近代の政治制度は代議制民主主義といわれ、議会に市民の代表者を送り議会の議決によって制度が決定される。そこでこの形態はまた間接民主主義ともいわれている。それと対置する方法として市民の参加による参加民主主義、つまり直接民主主義が一九六〇年代後半から欧米で議論されてきた。ペイトマン、マクファーソンなどが代表的である。参加民主主義は、実践としては一九六八年にイギリスにおいて都市計画法（スケフィントン報告による）のなかに最初に組み入れられた。

三鷹市では、コミュニティ・センターにおける住民協議会による自主管理を基盤として出発し、広範な住民の意見をどのように政策に反映させるか苦心の試みを展開し、発展させ、現段階では協働型自治を実現している。インタビューで大石田氏が〝いまでは、行政において何を一つつくるにも住民の意見を聞かなければつくれない〟と語っているが、そこまで住民主体の行政が形成されてきていることを意味している。

住民協議会とは、市民の育成の場を意味し、住民協議会による自主管理を基盤に参加民主主義＝直接民主主義をつくっていった。それは参加民主主義を基盤にして新しい代議制民主主義をつくろうとする試みともいえる。

住民参加のまちづくりに関しては、学術的にも多くの研究の対象とされてきている。一つは、政治学・行政学などからの〝ガバナンス〟として評価する研究[22]、第二に都市計画学、建築学から住民参加システムとして評価する研究[23]、都市学からの都市化の発展過程としての研究[24]などがある。

筆者は、三鷹市では、参加民主主義と代議制民主主義の結合を実践し新しい協働型自治を形成している点、日本で誇りうる先進的・先駆的自治体として高く評価したい。

また、すでに『日本経済新聞』の調査で紹介されていることであるが、全国都市の「サステナブル度調査[25]」、つまり経済的な発展と環境保全を両立させた都市についての調査で三鷹市は全国で一位を二〇〇七年、二〇〇八年の連続二冠を勝ちえて、「ＡＡＡ」の総合評価では四回連続五度目のトップである[26]。また他方、公共版「経営品質評価」制度も導入して行政経営の品質評価を試みている。

これらは、一九五五年から鈴木平三郎市長以来の永い自治の形成、市民の育成の成果であろう。筆者は、「自治が形成されているところほど、住民の福祉も厚い。住民の福祉が厚いところほど、自治も形成されている」という仮説を立てているが、三鷹市は他の自治体以上に、その実証例を示しているといえよう。

注

（1）鈴木平三郎「三鷹市における市民健康管理について」（『公衆衛生』（第四六巻第六号、一九七六年）。

（2）三鷹保健チーム『三鷹市における市民手帳事業に関する調査』三ページ。鈴木平三郎『挑戦二〇年』一九七五年、一〇三ページ）。

（3）沢登貞行・村上克己著『コミュニティ・スポーツへの挑戦』（不昧堂出版、一九八〇年）。

（4）鈴木平三郎「三鷹市を緑にするために」（『中央公論』第八九巻第一〇号、一九七四年）。

（5）当時、議会の建設委員長であった坂本貞雄氏は、以上のように述べている。坂本貞雄『自伝　風雪をこえて―触れあいの回想録―』（『ぎょうせい』、一九九五年三月、一三五ページ）。

（6）鈴木平三郎「全国初の下水道百パーセント達成の『三鷹市』―受益者負担制度が大きな推進力」（『都市開発』一二一号、一九七三年）。

（7）同右、五七～五九ページ。「下水道の総事業費は約一一七億円で、うち管渠築造費が七二億円、処理場建設費が一一億円。一方、総財源は約二一三億円で、国庫補助金一六億円、都費補助金九億円、受益者負担金九億円、起債四二億円となっている。これは昭和三三年より一六カ年で実施してきた（…）。この事業の完成を早めるために受益者負担制度を昭和四〇年より実施しましたが、これは大変な苦労でした」と述べている。

（8）「市長二選目に、下水道問題で保革両面から反鈴木の声高く、社会党を離党した（…）。人口の増加と市民のための政策、限られた税金では到底、下水道は達成できない状態にあった。だが、公約である以上、やらなければならない。当時の建設大臣・河野一郎の協力で受益者負担を条件に、五〇〇万円の補助金確保までこぎつけた」（清水實「社会主義者を貫き通したルカ　鈴木平三郎の遺徳を偲ぶ」『炎の人』所収、四七ページ）。また同様に「日本学園の一年先輩になる河野一郎建設大臣に国庫補助の増額を申し入れ相談した。受益者負担制度の導入しかないと判断し、議会に提案した」（鈴木利和「養父から学んだこと」『炎の人』所収、五八一ページ）。

（9）鈴木平三郎「三鷹市の下水道と行政改革」（『建設月報』第三四巻第九号、一九八一年）。この論文では、下水道敷設には行政改革を必要としたとして①機構改革、②少数精鋭、③万能選手職員教育の実施、④職員の能力と待遇、⑤職員の規正を挙げている。

このうち③万能選手職員教育という視点は、慧眼である。住民サービスの向上と職員の休息・年休、両者にとって質のよい環境を実現していくには、職員は万能選手的にならなければ不可能である。近年、〝自分の分担の仕事はわかるが、他者のことはよく知らない〟、〝今日は休んでいるので分かりません、職員が出てきてからお願いします〟という応待が多いだけに首肯できる。

(10) 鈴木平三郎「都市繁栄の目標」(『都市問題』第五九巻第一号、一九六八年)。この論説においても、市政に合理化と企業性を取り入れるとして①人事管理と少数精鋭、②執務環境の整備、③出勤チェック、④職員不採用、⑤職員の教育、⑥責任の下部委譲と給与の改善、信賞必罰、⑦機構の簡素化とスタッフの掌囲、⑧現業の民間委託、⑨動く市役所、⑩市民教育などを挙げている。

(11) 鈴木平三郎「三鷹市のコミュニティ対策について——初めてのコミュニティ・センターの完成にあたって」(『青少年問題』第二一巻第七号、一九七四年)。

(12) 鈴木平三郎「コミュニティ施設の管理運営のあり方~三鷹市コミュニティ・センターの実践」(『都市問題研究』第二七巻第二号、一九七五年)。

(13) 岡田良之助「コミュニティ構想をめぐる疑問——東京都・三鷹市の場合」(『月刊福祉』第五七巻第八号、一九七四年、)。それは、住民への福祉サービスが充分でないにもかかわらず、市民の税金を膨大な費用がかかるコミュニティ・センター建設に費やしているのは問題である、福祉を優先させるべきという論調のものである。

(14) 坂本貞雄『自伝 風雪をこえて——坂本貞雄ふれあいの回想録』(『ぎょうせい』一九九五年)。

(15) 大原光憲「坂本貞雄三鷹市長を訪ねて」(月刊『自治研』第二七巻第二号、一九八五年)。

(16) この高環境・高福祉については、西三郎・大山博・亀谷二男編『新時代の自治体福祉計画—「みたか 福祉プラン21」の策定を追う」—』(第一書林、一九九三年)に詳細に検討されている。

(17) 情報公開制度。自治形成については、市民からの信頼のないところに行政は成り立たない。また、地方分権の時代の都市経営は「開かれた自治体の実現」が必要で、それには行政情報の透明性が肝要であるとして、一九八七年に情報公開条例と個人情報条例を抱き合わせてつくった。一九八八年以降、二〇〇〇年までに、一〇五五件の開示の請求があり、非公開は一一件のみで、『朝日新聞』から三鷹市の情報公開制度はもっとも優れた内容をもっている制度だと評価された。インタビューでは語られていないが、雑誌『議員情報レーダー』(五一号、二〇〇〇年一二月)に述べられているので参照。

(18) 展望編集部「みたか市民プラン21会議の試み」(『展望』第三二巻第八号、二〇〇一年)。

(19) 一条義治「パートナーシップ協定による白紙からの市民参加方式の検証」(『都市問題研究』第五五巻第一〇号、二〇〇三年)。同「三鷹市における協同の軌跡と課題——本格的な『官民競争』と『官民協働』の時代を迎えて」(『政策研究』第一八巻第二号、NIRA、二〇〇五年)などで、清原慶子市政のもとでの「三鷹市の協働」を通して、行政の課題にナレッジ・マネージメントを確立すること、NPO、指定管理者制度など「官民競争時代」を踏まえ新たな行政サービスの提供とそれに対応した人事政策を確立すること、「団塊の世代」を新たな人材として活用し、「新しい公共領域」を確立する必要があることを提起している。

(20) 馬男木賢一「三鷹市における行政経営品質評価の取組みについて」(『とうきょうの自治』第三八号、二〇〇〇年九月)、福田志乃「市民とのコミュニケーションを独自手法で確立――公共版『経営品質評価』も導入」(『地方行政』二〇〇〇年三月一三日)など。

(21) 春海光洋「自治体行政の模索と未来――行政の役割転換をめざす三鷹市の行政計画を中心に」(『住民と自治』第四七二号、二〇〇二年)。

(22) 川田力「東京都三鷹市のまちづくりにおけるソーシャル・ガバナンスの進展」(『地理科学』六二巻三号、二〇〇七年)。

(23) 松田孝信、西川潤、藤元博、初田亨「東京都三鷹市における近代の都市形成」(『工学院大学研究報告』第一〇二号、二〇〇七年四月)。

(24) 清原慶子「行政と市民とのパートナーシップによる自治体の計画づくり―東京都三鷹市：みたか市民プラン21会議の事例―」(NII―Electronic Library Service)。

(25) 「サステナブルシティー調査」はサステナブル（持続可能性）度合いを各都市ごとに深めるために実施した。サステナブル度は環境・経済・社会（公平、平等）のバランスがとれた都市を指す。「特集　全国のサステナブル度調査――トップは三鷹市、地方中小都市も上位に」(『日経グローカル』九〇号、二〇〇七・一二・一七)、「行政革新度と併せ三鷹市が二冠」(『日経グローカル』一一四号、「特集　全国市区の行政サービス調査　行政サービス水準（上）」二〇〇八・一二・一五)。

(26) 「『AAA』は三鷹市、足立区、杉並区」(『日経グローカル』一一三号、「全国市区の行政サービス調査　行政革新度（上）」二〇〇八・一二・一)。

(大本圭野)

# 一　鈴木平三郎三鷹市政とコミュニティ政策

安田養次郎

安田養次郎氏の略歴

一九三〇年　宮城県仙台市生まれ
一九五四年三月　東北大学教育学部卒業
一九五五年四月　三鷹市に入庁
一九七四年四月　三鷹市建設部長、総務部長、企画部長
一九七八年五月　三鷹市収入役
一九八三年七月　三鷹市助役
一九九一年四月　三鷹市市長選に立候補、「公平で民主的な行政運営」、「人に優しい街づくり」を訴えて当選、三期市長を歴任
二〇〇三年三月　三鷹市市長退任、杏林大学、国際基督教大学、中央大学などで非常勤講師
現在、ルーテル大学客員教授、三鷹ネットワーク大学会長

## はじめに

**大本**　戦後の三鷹市の発展にとって鈴木平三郎市長の時代は、その礎を築いた時代だと言えますが、その当時の実情を知る人は今や少なくなっています。

安田養次郎さんは鈴木市長のもとで側近の幹部職員として、また次の坂本市長のもとでは収入役・助役などを務められて、その後はご自身市長にもなられて三鷹市政の内情を知る数少ないお一人と伺っています。そこで、その当時の貴重な記憶が喪失されることは大きな損失だと思われますので、今日はインタビューを申し込みましたところ、ご快諾いただきましてありがとうございます。

お若いですね。しゃんとしておられますね。最初に安田さんの自己紹介と言いますか、ご出身とかご略歴にかかわるお話を、まず最初にお伺いしたいと思います。

## 安田養次郎氏の青春

**大本**　安田さんは宮城県のお生まれですね。

**安田**　私は仙台の北のほうの生まれで、仙台で大学まで過ごしました。

**大本**　東北大学でしたね。学部は。

**安田**　教育なんです。

**大本**　教職課程ですか。

**安田**　教職課程はありますが、教育心理学とか教育哲学というような、教育科学部門の勉学の場です。

**大本**　教育ではどういう人の本を読まれたんですか。ペスタロッチとかいろいろありますけれど。

**安田**　いろいろな人の本を読んだけれど、教育関係の本よりも、むしろ好んで政治とか経済、そして文学の本を読みました。

**大本**　東北大学には、人格者の林竹二先生など、有名な先生がおられましたよね。

**安田**　はい、おりました。私も林先生の授業を受けました。その他にもいい先生がいました。ただ、私はどうも教育というそのことになじまないものがありました。その当時は学生運動が華やかで、イールズ事件に関与して情熱を燃やしたことを覚えております。(1)

**大本**　反イールズ闘争といえば戦後学生運動の大きな記念碑ですね。東北大の教授会がＧＨＱ（連合国軍総司令部）の顧問のイールズ講演をやむを得ないと認めたのに対して、東北大の大学自治会だけが反対の手をあげ、大学教員のレッドパージをくいとめたのですから大変なものですよ。

**安田**　そういうなか、大学三年の時に社会党の国会議員である日野吉夫先生の仕事のお手伝いをすることとなり、選挙運動に係わりました。日野先生は、政治家としてとても包容力のある立派な政治家でした。これが私の政治に対する関心をもつきっかけになったものと考えております。

## 人間陶冶の二つの条件

**安田**　私は二〇歳から二二、二三歳の時に、ある先輩から人間の成長を決定づけるものに二つの要件があると教えられました。一つは肺結核をやることです。肺結核をやって長期間病院に入ることによって忍耐強くなる、人間が陶冶される。

それからもう一つは、共産主義、マルクス、レーニンを学んで、それに傾倒するということです。これが人間の人格形成に大きく影響を与える。われわれはみんな、そういう流れの中にいたんです。しかしマルクス、レーニンを読むというのは、読んで勉強してその時に一生懸命になっても、角帽を取ったら忘れるのが普通なんです。私はこのわれわれはだいたい、みんな、そうなんです。私はこの二つとも経験したんです。

**大本**　私たちの大学生時代にもカリキュラムに、マルクス経済学、近代経済学があったので両方勉強しました。マルクスをやっておくと大所高所というか、大きな話が結構、理解できるようになりますが、近経だけやっていると、そういう方面がよく分からないんです。

東北大卒業後、三鷹に来られる前に一時、民間企業に勤めておられますね。

**安田**　ちょっと民間に籍を置いたことがあります。

**大本**　一九五三年、一九五四年というのは朝鮮戦争の休戦不況で一番、就職が難しかった時ですね。

**安田**　仕事がない時でした。でも、その当時は多くの人が肺結核にかかったんですが、私も企業で働くうちにそれに引っ掛かっちゃったんです。

**大本**　どういう企業ですか。

**安田**　横浜の一般的な普通の企業です。うちの父の弟がたまたま武蔵野市の吉祥寺に住んでいて、東京都の部長職、つまり管理職をやっていたんです。そこに居候していたところ新聞で一般公募の知らせをみて、三鷹市役所の試験を受けたんです。コネもないし、地縁も血縁も何もないわけです。それにこんなことを言っては悪いけれど、私自身も市役所に、本当は長居しようとは思わなかったんです。

**大本**　腰掛けのつもりだったのですね。

## 人生の師・鈴木平三郎市長との出会い

**安田**　二、三年腰掛けて、就職が厳しいから様子を見ようというつもりでした。友達には、〝お前も変わっているな、町役場に入って〟なんて言われました。一九五四年の入庁です。病気の方はまだしっかり治っていなかったのですけれど、まあまあ、なんとか仕事をこなしました。

その次の年の一九五五年に鈴木平三郎さんが市長に当選したんです。当時、社会党左派の頭目の一人が山花秀雄さんですが、その流れの中に鈴木平三郎さんもいて社会党の左派だったんです。鈴木平三郎さんは、三鷹の名望家であり素封家なんです。

**大本**　江戸中期からの三〇〇年地主ですね。

**安田**　日本大学で公衆衛生の学位を取って医者になった。軍属で大陸に行って、それから戻って来て、いろいろな経過を経て、一九五五年に三鷹市の市長になったんです。名実ともに革新市長だったんです。その当時は大変に珍しかったんです。

**大本**　鈴木さんのご本『挑戦二十年――わが市政』（非売品、一九七五年）を読ませていただきますと、自分は医者になることは本意でなかったけれど、お祖父さんが長崎にいってシーボルトの鳴滝塾に留学して医者になったので、その関係で医者になれと言われて、入れられてしまったそうです。御典医だったそうです。「無理に押し込まれたので医学には興味はなく、ただひとつドイツ語だけを熱心に身を入れて勉強した。たまたま当時、ドイツからの洋行帰りの先生にマルクスの『資本論』の原書を与えられ、学習の指導をうけた。私が熱心に取り組んだのはその本の内容ではなくただドイツ語の学習のためであった。しかしその数年間の学習は、大きく私の将来に影響を与えることとなった」(2)（同書、三一三ページ）と書いてあります。

**安田**　そういう方がその通りです。

**大本**　なんで市長選に勝てたのですか。

**安田**　その当時から三鷹は革新的な土壌があったんです。武蔵野市などもそうですが、都市化されているのでインテリゲンチャが多いわけです。そうかといって保守の地盤が弱いわけではありません。地縁・血縁型の集団が強いコミュニティを形成しておりました。

だから何よりも革新というだけでなく、地元三鷹市において名望家、資産家であったことが強みだったと思います。

そういう人が市長になったのですが、だんだん保守化していくわけです。なんで保守化したかというと、公衆衛生で学位を取っている学者でありますから、自分の町づくりの理念を公衆衛生に置いたわけです。そこで第一に下水道事業の建設を取り上げました。〝下水道のない町はスラムである〟と言っていました。〝下水道をやれば寿命は延びる。貧乏人も金を持っている人も、下水道をやれば生命の尊重と生存期間の平等が達せられる〟。

こういうことで受益者負担制度を採用したのです。下水道で受益者負担制度の採用というのは日本で初めてです。(3) 思い切った決断です。先駆的な意味合いで受益者負担をやるから補助金をくれと国に懇請して、その当時で多額な補助金をもらったんです。そうしたら保守から革新までものすごい反発です。そして、下水道建設をやるためには、受益者負担制度を採用すると同時に、思い切った効率化行政をしなければならないといいました。

**大本**　反発の理由は。

**安田**　主には受益者負担、そして合理化政策。

**大本**　要するに負担増ですね。

**安田**　受益者負担金など、普通どこでも取っていないわけです。下水道をやってもいいけれど、税金でやれ、補助金でやれ、われわれから金を取るなんて、そんなのは日本にどこにもないと攻撃された。そんなこんなで初めて受益者負担制度を採用したことによって、鈴木平三郎さんの支持基盤だった革新の人たちも離れていってしまったんです。そのために本人は〝俺は社会党を、おん出た〟と言っていました。しかし社会党は〝追い出した〟と言っていました。

## 鈴木市長の人事改革

**安田**　率直にいいますと、その当時の町役場といったら大変なものです。私はびっくりしました。私は仙台から出てきて、東京だというから、しゃれたいいところだと思って来ました。三鷹市は、一九五〇年に市制施行をしたから、それから五年くらい経過した頃です。庁舎はおんぼろだし、バラックだし、それに一番びっくりしたのは、市役所のなかに地元の人たちの強固なコミュニティ集団があったことです。

**大本**　縁故採用ですね。

**安田**　おじさん、おばさん、甥っ子、姪っ子、みんないるんです。だから悪口なんか言えないんです。みんな、つながっているんだから。鈴木市長は偉かったんです。この状況を断ち切らない限りは、将来の三鷹の行政は立ちゆかないと言い切ったんです。他人の血を入れるんだという発想から、大胆な人事政策を打ち出し実行していくわけです。

こんなことは言いたくないけれど、当時、市役所のなかで大学を出たのはあまり数が多くありませんでした。鈴木市長はインテリだから、学問とか教育とかに何か期待するものを持っていたのです。

鈴木市長は、庁内世論を無視して、若い地元出身でない職員をどんどん登用していくわけです。庁内には、不協和音が絶えませんでした。

**大本**　やっかみですか。

**安田**　うん。しかし何といっても市長が支えなんだから、何をやっても心強いです。それで私たちは思い切っていろいろなことをやりました。それが今までの人づくりの基礎となったわけです。

## 三鷹型コミュニティ政策の出発

**大本**　一九七〇年に鈴木市長がドイツに行かれます。このことは三鷹のコミュニティづくりとどう関係しているのですか。

**安田**　それが実は三鷹のコミュニティ政策のきっかけなんです。というのは、鈴木市長は真っ先に下水道事業をやり、そして一九七三年に下水道普及率一〇〇%を達成したんです。その当時、下水道の普及率は日本全体で二〇%です。東京都区内は最先端の都市ですが、それでも五〇%未満なんです。そういうなかで一〇〇%を達成しました。さっき言ったように市長は、お医者さんで公衆衛生が専門ですから、下水道のない町はスラムである、下水道が普及すれば人の寿命は三年延びると言っていましたから、政治生命をかけて下水道建設に取り組んで、それを成し遂げたんです。

そこでポスト下水道として、次に何の施策を考えるかとなったわけです。〝俺はこう思う。政治家はよく、私はこれをやりました、あれをやりましたと言うだろう。俺はそう言いたくない。これから何をやるのかというのが、政治家たるものの一番大事な市民に対するアピールなんだ。普通はそうじゃなくて、あれをやりました、これをやりましたで選挙をする。俺はそれをしたくない〟。そこで下水道事業をやり遂げたので、今度、ポスト下水道として何をやるのかということで出てきたのがコミュニティ政策なんです。

そのとき、たまたま行政視察に西ドイツに行くことになったんです。そして西ドイツのあちこちの町に行ってみたところ、ある教会か何かに集まって、そこで住民の皆さんが侃々《かんかん》諤々《がくがく》の議論をしていたのを目の当たりに見たんです。税金が高いとか、町のホームルールをつくろうとか、この町をどうするんだとか、そういう熱い議論を見てきて、これだと思って帰ってきたんです。それがコミュニティ政策を決定する契機になったんです。

**大本**　ドイツに行くのはだれが行こうと言い出して、お金はどうされたんですか。

**安田**　自分で決めて行ったんでしょう。

**大本**　鈴木市長さんは海外に頻繁に出かけられましたけれど、全部、自分の費用で行かれたそうですね。

**安田**　だってその当時、公費から金を出して行くなんて考えられませんでしたから。

**大本**　安田さんもご一緒に行かれたのですか。

**安田**　私は行きません。行かないけれど、そのあと、私はすぐに公費で行かせてもらいました。というのは、これからは人づくり、行政でも企業でも人が大事だ。いい職員がいなければ行政は成り立っていかない。とくに三鷹はそうだというので、職員教育にものすごく熱を入れたのです。そして、部課長全員に長文の論文を書かせるんです。その結果を見て、優秀な職員を海外研修にやるんです。そのような枠の中で私は最初に公費研修で初めてアメリカに行ってきました。

**大本**　一九七四年七月から八月にかけて、三鷹市役所職員海外自主研修団という記載があります。

**安田**　それは自主研修です。それは自分たちで金を出して行くんです。

**大本**　公費のもあるわけですか。

**安田**　公費研修というのもあります。公費研修は管理職職員クラスが年に二人ぐらいずつ行くんです。一九七五年ちょっと過ぎぐらいの時期までは、公費で海外研修にいくというのはなかったのです。

**大本**　第一次オイルショックの後ですね。

**安田**　一九七七、一九七八年頃です。

**大本**　なんで鈴木市長さんは視察先がドイツだったのですか。

**安田**　あの人は医者でしょう。医者というのは、ドイツなんです。

**大本**　戦前からの伝統でいえばドイツですね。

**安田**　それからマルクス、レーニンだって、アメリカじゃないんです。そういう意味合いからいって、思想的にも自分のつながりからいってもドイツなのです。だって医師のカルテはみんなドイツ語でしょう。

鈴木市長は地方政治家として、ほんとうにすごい人です。これだけの政治家というのはなかなかいないんじゃないですか。一九六五年の初めに早くもたばこを吸わない市役所に象徴される効率化行政、いわゆる構造改革をやったんですから。一九六六年に新しい庁舎になったら、市役所の中では、喫煙室以外ではタバコをやめさせたんです。(4)そんなことできますか。それから権限の委譲といって、課長あたりに一〇〇〇万円ぐらいまで自由に仕事をさせたりと、すごいものです。

**大本**　信念の人ですね。

ゴールデン・プランに戻らさせていただきますと、一九七〇年にコミュニティ・センターをつくることを打ち出しますが、そのときから住民協議会のやり方を導入するつもりだったのですか。

**安田**　ドイツで見たのはそんなものじゃないんです。ただ、集会を見てきて、これだとピンときたのです。本人が言うには、その集会でドイツの市民がおれらの町をどうしようかとか、ああしようとか、じゃあ、金を負担しようとかという話をしていたらしいんです。これだぞ。これが定着すれば、行政はうまく仕事ができる。そうしなかったら、とてもじゃないけれど〝総論賛成、各論反対〟のギャップが大きくなって、総論は賛成するけれど各論は反対であるということになる。住民が直接、参加することによって責任をもつようになるなら、総論と各論とのギャップが埋まってくる。その埋まらない部分をわれわれがうまく調整していけばいいんだ。だからそんなに深い理論があったわけではないのです。

**大本**　一九六九年に国民生活審議会から、コミュニティに関する報告書『コミュニティ―生活の場における人間性の回復―』（一九六九年九月）が出されています。この報告書は「ゴールデン・プラン」というのが出ていて、鈴木市長はそのプランを最初に持ち出す時に、〝ゴールデン・プラン〟と英語で言っています。この審議会には武蔵野市在住で成蹊大学で行政学を教えていた佐藤竺先生(5)などが入っています。こういう先生方とも鈴木市長や安田さんはお付き合いがあったのですか。

**安田**　とてもありました。私なんかも、その先生方にいろいろなことを指導していただきました。成蹊大学の佐藤竺先生とかＩＣＵ（国際基督教大学）の先生方とか、いっぱいいました。それで、西ドイツに行ってそういうのを見てきた折、自治省から、まだどこもやっていないから国指定のモデル都市になってくれというのです。

**大本**　自治省から、直接いってきたのですか。

**安田**　補助金を出すからどうだというのです。それを鈴木市長はどうしたと思いますか。〝辞退しよう。補助金は要らない〟というのです。というのは、〝国のめざすコミュニティの発想と俺の考えるコミュニティとは違う〟と言うのです。普通、そんなことはいわないです。だってこちらには金はないんだから。

**大本**　もらえるものはもらっておこうですね。

**安田**　私はその時、はっとしました。この人はやっぱり違う。金をもらえば何でもいいというような人ではないと。というのは、国はコミュニティを統治組織の一つとして考えていたふしがあったのです。しかし〝俺が考えているのは違う。その反対なんだ。そこから出発しているんだから、国のモデル都市になって補助金をもらうということは俺は嫌だ〟、こう言っていました。結果的には、一般財源で自前で負担したわけです。

**大本**　めざしたのは、本当の住民自治があるようなコミュニティなのですね。

**安田**　そう。それにはその当時の都市的状況も影響しているんです。東京都においてはとくにそうなのですが、ずっと高度成長期が続いていたので、人口はどんどん増えて都市化が進んでいきます。団地や高層の建物がどんどん建設されるわけです。そうするとその結果、人と人とのつながりが失われるわけです。同じところに住んでいても、隣に住んでいる人を知らないんですから。

ですから、結果的には地域社会が社会として機能しなくなってしまったという状況なんです。だからその当時、流行した言葉は〝東京砂漠〟です。それからもう一つは、〝隣は何をする人ぞ〟です。地域に対する関心が薄くて、総論賛成・各論反対の風潮が横溢して、東京では住民の反対で、ゴミ処理場の建設ができないのです。その当時、〝迷惑施設〟という用語が出てきたんです。

**大本**　杉並区でのごみ処理場が建てられなくなったことが話題になりましたね。

**安田**　そこで、この風潮を変えて本当の意味での町づくりをするためにはいわゆる〝おらが町思想〟。この〝おらが町思想〟というのは、コミュニティ意識を持った市民の思想です。だから〝おらが町思想〟、すなわちコミュニティ意識を喚起する以外にない。このまま放っておいたら絶対に行政は機能しなくなってしまう。市民から〝あれをやりましょう、こうしなければいけないですね〟というコミュニティ意識を醸成して、行政にそういう考え方を取り入れないともうだめだということなのです。そしてそういう理念のもとでいろいろな試行錯誤をしながら、現在の協働型の市民参加まで発展していくという歴史的な経過があるわけです。

## 市民と行政との協働型自治を貫く

**大本**　大石田（現、三鷹市都市整備部長）さんがいわれていましたが、住民協議会を今の形にするまでには職員を付けたらノイローゼになってしまったとか、大変だったように伺っていますが。

**安田**　大変と言えば大変だったけれど、住民協議会が組織し管理するコミュニティ・センターが市役所の出張所ではなく、自主的に主導的に経営管理をしなければなりません。今でもそうでしょうけれど、その当時は、〝自由になんでもやってください。だけど責任は取ってください〟といって一つのコミュニティ・センターに五〇〇〇万程度の金を出したんです。金は出すけれど、口は出さないということです。

ただし、市がぜんぜんその内容を知らないとまずいから、スタッフとして一人、事務局長クラスを送り込みます。これはあくまでスタッフです。スタッフというのは意思なしです。そのスタッフも、はじめはなかなかうまく機能できないでしょう。だって元気のいい地元の錚々たる猛者が住民協議会を開いてやっていることの連絡調整ですから。それにその当時は、あまり慣れていないでしょう。そういう意味で少しギクシャクしたのです。ただ、その程度は住民協議会の代表者の個性などによって、違うんです。

**大本**　住民協議会というのは前近代と近代の二重構造ではないですが、古くからの住民、基層の住民がいて、それは町内会を持っている。新住民が住民協議会に入ってきても、この両者は簡単に融和しますか。

**安田**　しませんな。そう簡単にはしません。質が違います。町内会とか自治会というのは行政の下請的な仕事とか、お祭りをやったりお祝い金を配ったりなんかしている。ところがコミュニティというのは自分たちで自分たちの意思で町づくりに参加する。伝統的な町会などは町づくりについての意思はないのですが、住民協議会は意思を持っているんです。

**大本**　市の総合計画などをプランニングするときに、住民が参加してプランをつくっていくわけですね。そういう意味での参加ですか。

**安田**　それもありです。でも、ウィークポイントもあるんです。結果的にはやっている人が限られてくるわけです。

**大本**　固定化しますね。

**安田**　そうすると、そういう人たちの個性が出てきます。それともう一つは、広がりがないんです。私は、一時、町会などは吸収してなくなったほうがいいと思ったんですけれど、だめなんです。〝我関せず〟と言うのか、そうはなりませんでしたね。

**大本**　コミュニティ・センターをどんどんつくっていき、一つのコミュニティ・センターに年五〇〇〇万円をポンと出すなど、鋭意進めていきますが、財源的にはどういうふうに保障していったんですか。

**安田**　〝五〇〇〇万出す、使い方は何も言いません、どうぞ使ってください〟。

**大本**　プランニングもあなたたちがやりなさいと。

**安田**　〝予算をつくって全部、やりなさい。その代わり、市の職員一人分は、こちらで派遣するんですから、その人件費は市で出しますよ〟ということです。

**大本**　出向ですね。だから給料は市のほうで出すんですね。

**安田**　この職員の派遣がまたおおごとなんです。あまり機転がきいてリーダーシップがあるのはむしろ不向きなのです。むしろ協調型でよく話を聞くほうがうまくいきます。〝よし、これをやりましょう、どんどんやりましょう〟と積極的に関与するというのでは、行政の下請になってしまいます。だから人をみて送らないといけないのです。

**大本**　そのとき、書記などの仕事はだれがやるんですか。住民の方がやるんですか。

**安田**　それには、行政はぜんぜんかかわらない。今でもそうです。

**大本**　そうしますと、住民の方々が専門の人を雇って、その方がやられるわけですね。

**安田**　そうそう。給料を出して。

**大本**　この間、井口コミュニティ・センター（一九七九年四月一日開館）へ行ってきました。

**安田**　あれは第三号です。役所だったらあんな雇用の仕方はできません。地方公務員法の適用がありますと、簡単にはできないんです。

**大本**　三鷹市の労働条件にほぼ準拠していると言っておられました。だから、そんなに待遇は悪くないのでしょうね。

**安田**　だけど勤務時間が変則であるとか、いろいろあるでしょう。でも大事なのはコスト意識です。コミュニティというのはあくまで民のもので官のものではないという思想を貫いて、卑しくも行政の末端組織になることだけは絶対にだめだと気概をもって、コストにも責任をもつということです。

**大本**　おもしろいですね。市長を務められた方がそういうことを言われるというのは、日本でもなかなかないのではないですか。

**安田**　でも鈴木市長がそうだったんです。だからそういう意味では、非常におもしろい発想でした。これは三鷹市だけでなく、神戸市の丸山地区にも有名なコミュニティが一つあったんです。そこでも都市計画の策定のさい、市民会議などから代表を出してもらっていますし、地域での個別事業もやっておりますし、いろいろな施策の展開に協働の役割を果たしてくれているそうです。その場合、協働というのはあくまで対等な地位での協働であって、下請的な協働に絶対にしないということです。そこのところだけは譲れない一線です。

**大本**　本物の協働・コラボレーションですね。そこで二つばかり伺いたいのですが、一つは基本計画とか総合計画をつくりますが、そういうときに住民協議会の方々が提案してその意見を反映されるというのは、結構あるのですか。

**安田**　あります。

**大本**　それからもう一つ、基本計画・総合計画のレベルではなくて、日常的にいろいろな問題があったときに、すくいあげる仕組みというのはどうなっているのですか。

**安田**　基本計画でも地域のことについてももちろん最初から参加をしてもらって議論をし、まとめ上げます。それを市に出していただきます。最初は市が関与しないで、自由にまとめるんです。関与してしまったらだめなんです。

**大本**　行政が関与しない本当の意味での答申ですね。

**安田**　協働の名のもとに行政が最初から関与してつくり上げてしまうのはだめなんです。自由につくらせて市に出してもらって、市がそれを調整する。そういう場合には市民の意思の所在がはっきり分かります。初めから一緒にやっていなければ分かりません。そういう協働をすると、必ず上と下との関係、官と民の関係が出てきてだめになってしまいます。本当の協働をやるには、コミュニティのほうにこういうことをやりますからと問いかけて、協力をもらいます。

**大本**　そうしますと、役人がつくったペーパーをオーソライズするといった審議会方式ではなくて、住民自らにやってもらう。

**安田**　それがあって初めて総論賛成・各論反対がなくなるんです。行政がしやすいように、行政の手足として使うということであれば、先生のおっしゃったような審議会でいいんです。私もいろいろやってきましたけれど、これは壮大なプランです。私はそう思いました。なんといっても新しい行政運営をやるには、こういう方法をとらない限りはだめだということです。まちづくりにあたっては、市民と行政がお互いに責任を分かちあってお互いに取り組むという思想を持っていないといけないのです。

これまでのように行政主導型のまちづくりから市民との協働型のまちづくりへと大きく転換をするというのは、このことです。そうすると、今までのプロセス・過程に比べて時間がかかって大変なんです。しかし結論はすんなり出るんです。どちらがいいですか。内容からいっても、私は後者のほうがいいと思います。

時間といっても二倍も三倍もはかかりません。だけれど、時間がかかることは事実です。手間もかかります。だからぱーっとやったほうがいいという声もある。でもそこは一息、唾を飲み込んで地道に仕事をしていく。そういうものでないと、普段の市民と行政とのあいだの信頼関係は築けない。そういう信頼のうえに立って行政をしていく。

## 「協働」と「新しい公共」(6)

**大本**　そういう協働にさいしてもっとも大事な点は何でしょうか。

**安田**　協働という言葉が多く使われるようになりました。それには参加や参画と比較して、協力関係を前提としながら、各主体がそれぞれの役割を責任をもって行動で示すという意味があります。だから協働には、従来の参画とひと味違ったニュアンスを表現しています。結論的にいえば、参加や参画よりもアクティブで実地の活動の雰囲気が感じられる協働は今や新しい活動となっています。

その協働の実現には普段の市民と行政との間の信頼関係がなければなりません。市民のより高いコミュニティ意識が必要です。また、協働の市民参加の推進にはリーダーが必要ですが、カリスマ性は必要ないし、強力なリーダーシップも必要ない。持続する意思が強く、じっくりとコーディネートできれば良いと考えています。

**大本**　それと関連しますが、最近、新しい公共という言葉を耳にしますが、それと協働とはどう係わり合うのですか。

**安田**　行政のあらゆる分野で協働型の市民参加が進み、行政と市民、企業とのパートナーシップが確立されてきますと、自治体が担うべき役割は大きく変わってくることになります。これがいわゆる新しい公共です。従来、福祉の分野は自治体がほぼ独占的にサービスを行ってきた分野、いわゆる公共の分野でありました。このことを自治体側からとらえますと、自治体は今までのようなサービスを直接提供するという役割が減り、さまざまなサービス提供者の調整とか、各々の提供者が果たすべき基準をつくるというような役割を担うようになります。

このように、状況の変化は保育園などの子育ての分野をはじめ福祉のすべての領域や、自治体の仕事の全般にわたってきております。言い換えれば公共の領域の変化ということになります。ですが、直接サービスを提供することが少なくなったことが「公共の領域」の領域が狭くなったということにはならない。全体としては行政が何らかの形でコミットする公共の領域は、むしろ広がってくるのです。責任もそれに伴って大きくなります。そして、この広くなった領域に対応する方法、基本的な考え方がさまざまな主体との「協働」＝コラボレーションであろうかと考えています。

**大本**　協働に関して伺っておきたいのですが、鈴木さんが市長のとき、市民が市役所に訪ねてきて直接、市長と話したりするといったことはあったのですか。当時はまだなかったのですか。

**安田**　その当時の市長室は、〝ツバメでもスズメでも自由に入りなさい、いつでも自由に会いますよ〟という発想でした。私たちもそうでした。ですから市長室に自由に入れるようなシステムだったんです。広聴はやっぱり必要だから、市民は誰でも自由にお入りください、誰とでも話します、でなければいけない。私もできるだけ嫌だと言わずに、だれとでも話しました。

**大本**　鈴木市長時代にコミュニティ・センターをつくった後は、今度は福祉にいきますね。要するにポスト下水道からコミュニティに行くけれど、コミュニティの中身といったら、スポーツ、健康、究極は市民の福祉向上ですね。

**安田**　行政で仕事をしていくとすれば、そこのところに帰着するんです。

**大本**　でも、そうは言ってもなかなかできないことでもありますね。

**安田**　そういうときに大事なことは、これは反対も受けたのですけれど、行政をやるにあたってはあまりにフローに傾斜してはだめだということです。ストックにならないとだめです。金を使えばいいというのではだめなのです。金を使ったら必ずそこに何かが残る。そういう発想がないと積み上がっていかない。だから私は政府の定額給付金を出すとかいったやり方は好ましくないと思っています。

**大本**　箱物とは違う意味でのストックですね。

**安田**　箱物ももちろんストックだろうけれど、いろいろな仕事を一つひとつするでしょう。その仕事がフローであっても、必ずストックされるものが残るような政策を考えていく。これが大事だということなのです。

**大本**　よく言いますけれど、例えばイベントをやっても一過性のイベントですとフローがフローで終わるだけで、ストックとして何もたまらない。蓄積されて継承されていくということが大事だということですね。

**安田**　そうです。

## 三鷹市の財政と少数精鋭人事

**大本**　もう一つお聞きしたいのですが、三鷹市は住宅都市というか、サラリーマンの町ですね。それはおそらく下水道を先行的につくったから、評判も高くなって新住民が来たという面もあると思うのですが、二〇〇七年問題で団塊の世代が退職していきます。千葉県の我孫子市が典型なのですが、大企業に勤めていたサラリーマンがリタイアしていきますと、それまで個人住民税に頼っていたので財政が大変なのだそうです。そういう問題はここでは発生していないのですか。安田さんが市長時代、産業づくりのほうも同時にやってこられたそうですから、我孫子ほど手傷を受けていないと思うのですが、どうですか。

**安田**　三鷹に中島飛行機[7]があって戦前・戦中は企業城下町といっていましたが、中島飛行機はいまはない。その下請もほとんどなくなっています。三鷹市の商店街の商店主というのには中島飛行機の出身者、それから都市農業者からの転向者という人が多いです。商業でいうと、八王子、立川、吉祥寺までは甲斐商人の血が入っているんです。そこでは商工会議所などの重要ポストはいままでも山梨人の人脈なんです。三鷹はそうではありません。

いま、三鷹にはほとんど大きな企業がないんです。それで税収の八割が個人市民税と都市計画税を含む固定資産税です。だから法人が不況で経営がきびしくなっても、三鷹市の財政はそんなに悪い影響は受けない。厳しくならない。大阪のパナソニック本社がある門真市とか愛知のトヨタ本社がある豊田市などでは法人が不況で経営破綻したら、大変です。市民税個人分が税収総額の二割しかないんですから。

**大本**　ただ、そういう人がリタイアしてしまって年金生活に入ってしまったら、個人収入も入らないではないのですか。

**安田**　三鷹市の租税弾性値は高いのです。固定資産税にしても、景気・不景気の波はそんなにないです。個人市民税にしてもそれほどの影響はなさそうです。法人市民税は影響があってもたいしたことはないのです。

ただ、今後、勤労者の数が減少してくる、そして個人の所得が減少するというようになると影響は出てくるでしょう。

**大本**　三鷹市の財政の四割が市民の税収によって賄われているのは、相当、高いと思います。普通三割自治と言われるなかで、一般財源の四割が市民税からきているというのは、高額所得者が多いということですか。

**安田**　三鷹だけでなくて隣の武蔵野、小金井あたりの中央沿線で二三区に隣接している市は、だいたいそれぐらいです。地方交付税の不交付団体ですから、武蔵野はもっと多いのではないですか。財政的には武蔵野市、芦屋市あたりが最高ではないですか。その次あたりに三鷹がいます。三鷹は四割です。税収総額の四割以上を人件費に出してはだめだという思想を、われわれは鈴木市長時代から持っているんです。

**大本**　人件費比率を四〇％に抑えるということですか。

**安田**　人件費比率は税収の四〇％。そうすると経常収支比率も八〇％ぐらいになるんです。その税収の使い残しの二〇％を投資的経費の財源にできるわけです。だから財政秩序のなかで一番、大事なのは人件費をどう抑えるかなのです。

**大本**　イエローカード、レッドカードの世界ですね。

**安田**　もう一つは、よく給料が国と比較して高すぎるというけれど、これは間違いだと思うんです。いわゆるラスパイレス指数の問題ですね。私は、給料は高いほうがいいんです。私がそういうと、みんながおかしいと反発するんです。おかしくないですよ。考えてみなさい。少数は精鋭をつくる。人件費というのは人数×給与です。少数にして給与を上げて人件費を落としてご覧なさい。そのほうがずっといい仕事ができる、そういう思想を持っています。

**大本**　安田流少数精鋭主義、その通りですね。(8)

**安田**　そうすると、ある程度の公共投資、インフラ整備もできるんです。

## ㈱まちづくり三鷹」にみる人材養成

**大本**　三鷹市の採用人事というのは、前は地縁・血縁でやっていて、それをだんだん変えていったわけですが、優秀な人材を確保するということではやはり試験をやると思うのですが、高校卒とか大学卒とかのいろいろな組み合わせをしているのですか。

**安田**　組み合わせをしています。三鷹は前にいったように一九五二年から公募をやっているんです。私は二回目の一九五四年の入所ですから、東京都内自治体の中でも公募を始めたのは早いほうです。

**大本**　ＩＣＵの行政学の有名な先生方と三鷹の職員とが、一緒に勉強会などをやっていたと聞いておりますが。

**安田**　渡辺保男学長にお願いをしてＩＣＵの構内に、ＩＣＵとの共同研究施設をつくってそこでそういう人たちと一緒に勉強したのです。

**大本**　それはいつ頃から始めたんですか。

**安田**　一九七〇年の基本構想段階からだと思います。

**大本**　一九七五年に三鷹市基本構想が発表されていますす。

**安田**　だからその前です。いろいろな仕事をしましたけれど、あまり派手じゃありません。「株式会社まちづくり三鷹」（一九九九年事業開始）というのがあるのですが、これは何をやるかというと、市の行政支援組織の一つなんです。なんでそうしたかというと、基本構想のときに、ＩＣＵの渡辺保男さんなどが三鷹に産業は要らない、勤労者の町に純化しなさいと言いました。

そういうなかで、農業も工業も、そして商業もそれぞれ地域を活性化するためには大事だという発想からいろいろと考えました。産業課という組織を充実して産業行政をやるといってもどうなのだろうと、いろいろと悩みました。三鷹の農業行政が農協に丸投げで委託していたので、株式会社をつくって、そこに丸投げしようということにしたのです。というのは公共団体、行政がやると、縦割りだし小回りは利かないしコスト意識がないので、産業行政をやってもなかなかうまく機能しません。公社も全く同じです。国の独法＝独立行政法人みたいなものですから。だから、思い切って株式会社組織にしました。

この株式会社も一〇年たって、この一〇月七日・八日に一〇周年のお祝いをやったんです。そこで私に挨拶してくれというので、（挨拶で）このように、話をしました。行政というのはパフォーマンスでなんとか泳ぎ切れます。パフォーマンスが通用します。この「株式会社まちづくり三鷹」にしても、行政の一翼を担う一つの組織と考えてまちがいない。しかしこれは株式会社で、貸借対照表と損益計算書があるのだから、パフォーマンスは通用しない。これだけは皆さん、よく知っておいてください。そういうコスト意識をもたせていますからうまくいっています。

**大本**　権限と金を渡して、やる気のある人が集まれば動くものなんですね。

**安田**　そうなんです。経営能力があって、しっかりとマネージメントできる人間集団でないと乗り切れません。職員にしっかり力をつけさせる。だってこれまでに三鷹市役所出身で大学の先生になった人材が四人いるんですから。山梨学院大学教授で法学部長をやった江口清三郎君というのは、建設部長をやっていました。また福祉で介護保険を一生懸命やっていた高橋信幸君が長崎国際大学人間社会学部教授。沼野みえ子君が新潟県立大学人間生活学部の准教授、熊井利廣君が杏林大学大学院国際協力研究科の准教授をやっております。

鈴木市長は、口ぐせのように、〝他流試合のできる職員となれ〟、〝市役所の中で通用するだけの職員では駄目だ〟と言っておりました。ドラッカーをよく読んでいて、職員にも読むことを勧めました。ドラッカーは、マネージメントの要諦は、人の能力を強く引き出すことといっています。

そういう人たちが何人もでるくらい育ちました。

**大本**　これまでの風雪のなかでそういう錚々たる人材が育ってきたのですね。

**安田**　そうでないといろいろなことをやると言っても、やれません。まず人づくりです。

## 安田養次郎氏の立起の事情

**大本**　このあたりで安田さんの市長時代のことに話を移そうと思います。

まず、安田さんはどういういきさつで市長に立起されたのですか。

**安田**　それには政治のしがらみがからんでいたんです。鈴木市長が五期二〇年で辞めるときに、その後継者として、あちこちから立候補を要請されたんです。しかし、私はその当時はまだ、とても革新勢力が強く、決断することはしないで時期を待つことにしました。そこで鈴木市長の次に、市長に就任したのが社会党の市議会議員だった労働組合出身の坂本貞雄という人でした。

鈴木さんは革新市長としてやってきましたけれど、効率化行政を強力に推進することによって行政の革新を行うということで、徹底した合理化を推進したわけです。そのことによって、労働組合の強い抵抗にあうことになりました。それを私たちは支えてきたわけです。この過程で、労働組合対策には大変苦労させられました。対労働組合対策というのは大変で、国労、全逓、日教組とともに、大変力の強い労働団体である自治労というのは、かつてはものすごい力をもっていたんです。だが私は学連＝全日本学生自治会総連合などで政治活動をやっていたから、少しは、それが役に立ちました。市役所の労働組合というのは所詮、沈没しない船の上での戦いです。口でいろいろなことを言っても、〝やるならやってみろ〟と刺し違えるようになったら、だめなんです。そういうなかで育ってきたものですから、私はずっと鈴木市長に教育されてきたわけです。

坂本市長が四期目に入りますが、市政はいろいろな問題をかかえて、なかなかうまく市政運営ができない。そこで、私にぜひ助役を引き受けて、市政運営をより確実なものにしてほしいという要請がありました。しかし、そのとき私は、イデオロギーを中心にした市政運営は行うべきでないという考えを述べました。

何といっても、行政にとって一番不幸なのは、直接的にイデオロギーを中心にした保守・革新の図式を行政に持ち込むことです。保守・革新はあって当然です。人間というのは、どうでもいいというものではないですから主義・主張は持つべきだと思います。ただ、保守が賛成だから革新は反対、革新が賛成だから保守は反対という行政をやったらだめです。

一番いい例はコンピューターの導入です。いまでこそ自治労でも日教組でも導入していますが、一九七〇年代の頃は絶対に反対でした。それでも東京都知事の美濃部さんの導入するコンピューターはいい。しかし鈴木市長の導入するコンピューターは合理化のためのものだから民衆の敵だと言うわけです。そういう時代ですから大変でした。そのような状況のなかで、何とか市政を建て直したいとの考えから、坂本市長の四期目に私は立起を決意したわけです。

**大本**　一応、禅譲ということになるんですか。

**安田**　禅譲ということにはならないのではないかと考えます。

## 安田養次郎市長の施政方針(9)

**大本**　一九九一年四月に立起されたときは無所属で立

たれたのですか。

**安田**　もちろん。その時に私が一番、市民の皆さんに訴えたのは、今までのように行政のなかでイデオロギーを中心とした保守・革新の図式で、切った、張った、賛成、反対の行政にだけはしたくない。今まで三鷹は革新市政と言われてきたけれど、〝革新とはさようならですよ〟と選挙でいったんです。しかし地縁・血縁べったり型の共同体の思想も持ち合わせておりません。市民党的な立場で仕事をさせてもらいます。市民の皆さんが何を考え、何を望んでいるかをしっかりとフィードバックして市政を運営しますといいました。それが市民にとっては非常に分かりやすかったらしいです。目新しかったんですな。

**大本**　ソ連崩壊の直前で、左翼だ、右翼だといっても始まらないというムードが湧いた時期ですね。

**安田**　それで、その時、なんと四万票取りました。革新から出た候補者の得票が二万何千票ぐらいです。その後の二期目、三期目もすべて四万票以上得票しているんです。三回の選挙とも、あまり厳しい苦労をするような選挙ではありませんでした。だから、選挙には、それほど金を使うことはありませんでした。

**大本**　知名度は高かったのでしょう。

**安田**　市の職員もやったし助役もやったから、みんな知っている。リーダーシップ論でいうと鈴木さんは強力なリーダーシップ、俺についてこいの行政運営ですが、私はそういうのではないタイプです。できるだけ人の話を聞く耳を持ちスタッフの能力を使いこなす。どんなにがんばっても私一人の力は微々たるものですから、何人ものスタッフが私の手足や分身となって仕事をやってくれるようにする。決断するまでには人の言葉を十分聞いて考える。しかし決断したらもうびくとも動かない。こういうスタイルのリーダーシップで私は仕事をするように心掛けたわけです。

ですから職員の質はものすごくよくなった。役所、とくに市町村の役所は年功序列のエスカレーターですから、普通、五〇歳を過ぎないと部課長の役付きになれないのですが、私は、三〇歳後半、四〇歳初めで部長をつくったんです。そういうことが職場のやる気の原動力になったんです。

## 環境・福祉政策と産業政策の統合

**安田**　私は一九九一年から三期一二年、市長をやったのですが、やってみてつくづく思ったのは、行政の仕事というのは何かということです。その一つはどぶ板の仕事です。現実に目を向けて直視をして、貪欲に道路でも、教育や福祉の仕事もやっていくということです。いままで、それらに振り回されてきたわけです。このことを全部間違いとは言いませんけれど、そこには大きな落とし穴があると思うんです。やっぱり理念とか哲学のないところに行政そのものはないと私は思っています。ですから私は場当たりと安易なアイデアとかいうのは嫌いなんですよ。あくまで理念とか信念とがあって、総論部分があって、初めてそこに各論がある。手段がある。

たとえば、三鷹でもＩＴ、ＩＴと良くいわれておりますが、ＩＴというのは行政の目的ではないんです。手段、技術なんです。そこを忘れてはだめです。仕事をするためには、必ず理念、まちづくりの基本があって、ＩＴそのものを手段、技術として使うことによって市民生活がどのように変わっていくか、三鷹市の都市づくりにどのような影響を及ぼすかということになるのです。

そういうことから考えますと、行政のもう一つの大きな役割、仕事というのは、壮大なロマンの追求だと思うのです。これがないところに明日の行政はないと言ってもいいと思うのです。それを忘れて、わんわん言われれば、そこに金を流すことをする。こういうやり方をしていると、結果的に投資効率も非常に低くなるわけです。

都市というのはそれぞれ生きていますから、いろいろな角度のいろいろな各論があるわけです。ばらばらになりがちですから、それをつなぎあわせて総論にもっていくわけです。ですから必ず理念とか信念とかロマンとか、そういうもので総括するなかで、各論が生きてくる。ですから三鷹のコミュニティにしても、まだ十分ではないにしても、金をばらまいて箱物をつくるだけのものとは違って、その理念に近いものになっていっていると思いますよ。

**大本**　それでは端的にいって安田さんの市長時代の理念をどのように表現したらよろしいのでしょうか。

**安田**　三鷹の町を高環境・高福祉の町にする。それが三鷹市のまちづくりの基本です。そうかといって、産業をカットするのではない。基本構想というのは一九七四年につくったのですが、三鷹市のまちづくりのあり方は、高い環境と高い福祉です。前にちょっとふれましたが、ＩＣＵの学者の先生にご指導いただいて、いろいろ議論したのですが、そのなかでこういう意見がありました。戦後、どんどん人口が増えていって三鷹市の納税義務者の八割以上は勤労サラリーマンになっている。税額も総額の八割以上が個人市民税と固定資産税です。比較的所得の多い、学歴の高い市民が多いのです。典型的な生活者の町です。農業、工業、商業でもっている町ではないのです。だから土地の用途も八割以上が住宅で、一種住専、二種住専です。それから考えれば典型的な勤労者の町だから、産業振興といったことは目をつぶって適当にやっていればいいのではないか、端的な表現でいうと、そういうことでした。

しかし、私はそれは間違いだと思いました。都市というのはそういうものではない。きれいにきちんと整っていればよいというものではない。でこぼこがあって、夕方になれば赤提灯も灯るというところに魅力がある。私はそういう思想でしたから、産業などは要らないから切り捨てていいと単純化して、住宅都市、勤労者の町一本で、秩序のある、きれいな高環境と福祉があればよいというのには反論しました。

というのは、三鷹の農業は第一次産業としての農業ではなく、都市農業なのです。しかしこの都市農業は、伝統的な農業と比較しても引けを取らないぐらい環境面で都市にとっては重要な役割を果たしているのです。三鷹は他と比べたら、まだまだ緑被率も高いし、緑のバランスがちゃんとあるわけです。私はこれをなんとか守る。ですから建蔽率、容積率をできるだけ広げない。こういう方策をとったのです。(10)

それから工業についていえば、どんどんサラリーマンが入ってきて、住宅が建ちますと今まである工場はやっていけなくなる。当時、工場再配置法、別名〝工場追い出し法〟と言うのが出てきました。ですが、三鷹はこれはだめだと反対しました。

戦前・戦中には中島飛行機があったので、中島飛行機のいわゆる下請などを含めると、三鷹は企業城下町だったのです。いまはほとんどなくなりましたが、それでも営々とそういう歴史・伝統が残っていて、小さい企業で世界に冠たる企業があるわけです。三鷹光器(11)という企業は、すごいです。小さな企業ですが、技術的な面では日本でも一位、二位の企業です。これらを私は大事にしたいと思って支援もしました。

商業については、大きな商業圏域は隣の吉祥寺にある。いくらがんばって競争しても、伝統があるのだから吉祥寺にはかなわないです。井の頭公園というのはほとんど全部、三鷹なんです。しかし皆さん方が言うには、三鷹ではないんです。吉祥寺なんです。武蔵野だと言うんです。

**大本**　入口が武蔵野市の吉祥寺にありますし。

**安田**　しかし勤労者の町だとすれば、買回り品だけはしっかり三鷹の商業地区で用がたせるようにすることが必要だから、そのための街並みをちゃんと確保していく。高環境・高福祉は、私の時代につくった基本構想のメインなのですが、高環境・高福祉といっても産業をみんな切り捨てて、緑と太陽と福祉をやっていればいいというものではないんです。

## 政治のおもしろさ

**安田**　三期一二年をやってみると、仕事自体は大変だったけれど、おもしろいんです。おもしろくてしょうがないんですよ。私は一番、調子のいい時にスパッと辞めましたけれど、何で辞めたかというと、初期の目的、やるべきことはほとんどやり終えたという充実感がそこにはあったし、株と同じで、株だって一番高いときに売る。それと同じで、とても高い評価のときに身を引く。そうしたら市民がもう一期、やってくれと陳情にきたのです。みんなにおだてられてやったら、絶対にいいことはないんです。というのは、人事の刷新のこともあったわけです。私を支えてきた助役以下の特別職は大体六〇歳を超えていますので、私が辞めれば辞めるわけです。辞めないで、もう一期四年やれば、みんな六五歳ぐらいになる。そうすると人事が停滞します。

みんなに惜しまれて辞めるというのが一番いいんです。辞めろ、辞めろといわれて辞める。選挙に負けて辞めたら、どうしようもないです。いろいろ仲間うちの事情を知っていますが、こうなると本当にみじめなものです。

**大本**　まだ晩節を汚すというほどの年齢ではないけれど、三期でスパッと辞めたわけですね。

**安田**　年も年だし、多選はしないというのが、私の初心でした。三鷹市の名誉市民の武者小路実篤さんが、こんなことを言っております。〝われ、この道しか生きる道なし、この道を歩く〟。私も、そのとおり地方自治のことで生きるしか道がないんです。

**大本**　鈴木平三郎市長のお人柄を彷彿させる数々のエピソード、三鷹のコミュニティ政策の始まりに関わる当事者の直話の披露、ご自身の市長時代における環境・福祉政策と産業政策との統合など、記憶に留めておくに値する貴重なお話を披瀝して下さって誠にありがとうございました。まだまだお元気のことと拝察致しますので、これからのご健勝のほどを願っております。今日は長時間にわたりしましたが、どうもありがとうございました。

(インタビューは、三鷹ネットワーク大学会議室において二〇〇九年一〇月九日午後二時～三時三〇分まで)

**付記**――本稿は安田氏にご一読いただき加筆訂正のうえ、大本の責任で補訂したものである。

**注**

（1）東北大学における反イールズ闘争について、山中明『戦後学生運動史――日本の夜と霧のなかで』（青木新書、一九六一年）では、以下のように記されている。

「東北大イールズ闘争にけっ起、反帝デモの開始　一九五〇年に入るとイールズ博士（CIE大学教育顧問は、一九四九年七月一九日の新潟大学開校式における演説で「共産主義者の教授とスト学生を追放せよ」と勧告した）の講演旅行は活発化し、CIEの反動的政策はますます露骨化した。当時の学生はイールズの講演旅行を「反共十字軍」運動と風刺した。CIE顧問イールズ博士は、二月一四、一五の両日静岡大学で「学問の自由と共産主義」について講演し、四月一〇日九大、さらに五月一日東北大において「学問の自由」というテーマで講演会をすることになった。

東北大での講演会はあらかじめ招待された職員、学生にかぎられていたので、公開を要求した学生一〇〇〇人は会場使用で休講にされた怒りも手伝い、ぎっしり講堂をうめつくし、イールズ博士の講演が始まるや「ノーモア・イールズ」「ノーモア・ヒロシマ」と叫び会場はヤジと怒号で騒然となり、遂に中止せざるをえなくなった。翌二日招待された約五〇名の学生を招いて行われたが、公開をせまる自治会側と対立し、遂に講演会は中止となった。その日全学連書記局は「「イ」ゲキタイ。ハンテイバンザイ」との入電をうけとったのである。

占領軍は直ちに東北民事部司法課長アイオット氏を通じ、仙台市警へ指令をだし、二日五時すぎ岩淵、藤田、木下、中里、四名の英文逮捕状が発せられた。二名は逮捕されたが他の二名は追跡をしりめに、一〇日東大で報告会をやり、占領軍政策を公然と批判した。全学連中執（中央執行部）は五月四日東北大学自治会の反帝平和闘争を全面的に支持し「イールズ声明はポツダム宣言に背反する」とアピールを発するとともに参加各校にたいして支援闘争にたちあがるよう指示し、現地調査団を急派したのである。逮捕についで学校当局は学生の処分を発表し、その処分は退学三名、無期停学三名、停学三名、譴責《けんせき》三名、戒告一名、計一三名にのぼった（……）。東北、北大とあいつぐ日本学生の反撃にたいしてCIEとしてはなす術もなかった」（一〇二～一〇三ページ）。

（2）日大医学部公衆衛生時代について『挑戦二十年』「あとがき」で、鈴木氏は、このように述べている。「感ずるところあって、母校日本大学医学部公衆衛生教室へ入り、主として貧困と疾病、貧困と発育、環境と疾病の相関統計に取り組み、昭和二九年に医学博士の学位を授与された。研究の内容は省略するが、得た結論は、人間の寿命はすべて平等であるべきなのに、人間の生活環境（公共下水道の完備、住宅）、生計状態の良・不良が人の生命（寿命）に大きく差を生じる、ということであった」（三一四ページ）。そしてつづけて公衆衛生時代に得た右の信念が三鷹市長としての氏の理念となったことを、以下のように述懐している。

「昭和三〇年五月三鷹市長に当選してからは、市長の責務は市民の福祉を守ることであり、福祉とは健康と長寿を守ることであり、″生命の尊重とその生存の平等の享有″を理念として、生活環境の整備と社会経済状態の改善に取り組んだ。すなわち高環境・高福祉の町づくりである」（三一四ページ）。

（3）　公共下水道における導入理由について鈴木氏は『これからの職場における健康管理』（第一法規、一九七二年）において、以下のように語っている。

「いま世界で北欧が一番寿命が長いんですね。風土が非常に悪いスカンジナビア半島がなぜいいかって、みなさん行ってみて、社会保障がいいから寿命が長いといっている。そうじゃないですよ。環境整備が完備されたから長くなった。環境整備のいい所は寿命が長い。金持ちは環境整備をある程度自分でやれるし、自己防衛できる。貧乏人は、それができない。そこで市民のために公共下水道をはじめたんです。公共下水道が完備すれば、まずなくなるのが伝染病です。いまから八〇年前にシカゴで公共下水道を完備したら伝染病の発生が一〇〇分の五になった。よくいうんですがね、どんな立派な文化施設を持とうとも、公共下水道が完備しない町村はスラムだと」（一二八ページ）。

当時における受益者負担金制度に関する各政党の動向に関しては、『三鷹市政一二年の歩みとこれから』（小林印刷、一九六六年）を参照。

三鷹市における下水道事業の実施状況と受益者負担金制度の必要性については『挑戦二十年』「I後世に贈る遺産の受益者負担金制度の断行」の項が『市報』昭和四〇年三月七日付「三鷹市の下水道事業と受益者負担制度」を収録して説明を加えており詳細である。そこでは、受益者負担金制度の根拠についてこう述べられている。「私がここで一番いいたいのは、ギブ・アンド・テイクということである。貧弱な自治体財政、それでなくとも三割自治といわれる状況下では、まとまった事業を興すにあたって国や都の補助、起債等の必要はつねについて回る。しかしどんな形にせよ、補助や助成金は座してこれを待つべきものではない。一方的に与えられるものをアテにするほど、虫のいい話はあり得ない。やる気があるなら、まず自分のほうで最善をつくし――この場合はできる限りの自己資金を確保して、しかるのちに補助、起債に訴えるのが道理というものである。正義をはいた河野さんはやはり偉かったし、私も、一も二もなくこのスジ論に従ったのだ」（三七ページ）。

（4）　鈴木氏は、『三鷹市政一二年の歩み』（一九六六年）「鈴木路線」の中の「たばこを吸わない市役所」の「事務室における職員管理」にかかわらせて「禁煙」を掲げている。また、『非能率行政への挑戦』（第一法規、一九七五年）でも「第三章　地方行政における能率化への挑戦　三、能率行政をささえる職員管理」「効率的な執務室・たばこを吸わない市役所」でも禁煙に触れ、両書において、この禁煙措置は「職員の奥さん方には好評」（三〇ページ、八三ページ）だったとしている。

（5）　佐藤竺氏は、鈴木氏の主著の一つ、前掲『挑戦二〇年』に「鈴木市政――その偉大な先見と決断」という序文において、鈴木氏の業績を高く評価している。「私は職業がら、またそれに加えて根っからの旅行好きで、全国各地の自治体を訪ね、ときに施政の衝に当っている方々と接する事も少なくない。その限りで、鈴木さんは、掛け値なしで、まさにその水準において一頭、地を抜いていると断言できる」（二ページ）。

（6）協働（コラボレーション）、新しい公共に関する議論については山口定他『新しい公共性――そのフロンティア』（有斐閣、二〇〇三年）、山口定編『現代国家と市民社会――21世紀の公共性を求めて』（ミネルヴァ書房、二〇〇五年）、西尾勝・小林正弥・金泰昌編『自治から考える公共性』（東京大学出版会、二〇〇四年）などの文献を参照。

「新しい公共」・「協働（コラボレーション）」と関連して「みたか市民プラン21会議」を「協議的な市民的公共圏の萌芽」と捉えている論文に、齋藤康則「パースペクティヴの複数化による協議的な市民的公共圏の醸成―みたか市民プラン21会議を事例として―」（『ソシオロゴス』第二八号、二〇〇四年）がある。

（7）中島飛行機（株式会社）は、昭和・大正期の実業家であり政治家（東久邇内閣の軍需相）でもあった中島知久平によって設立された。中島は海軍機関学校を卒業してイギリス・アメリカ、フランスに飛行機製造研究のために留学。帰国後、横須賀海軍工廠の飛行機工場長となり、一九一六年に大尉で自ら退職。一九一七年に郷里の群馬県に日本最初の民間飛行機をつくり、一九三一年に航空機の機体・発動機メーカーとして中島飛行機株式会社を設立。太平洋戦争中、軍の飛行機製造を中心に準国策会社となった。太平洋戦争期の航空機生産では首位にあり、全体の二八％を占めた。一九四五年四月第一軍需工廠として国営に移されたが、終戦により返還された。三鷹には、現在のＩＣＵ（国際基督教大学）のある敷地に中島飛行機の研究所があり、そこには試作工場、設計本館、格納庫などがあった。戦後、ＧＨＱによって、一二社に解体されたが、現在もその系統が存続している。例えば、富士重工業、ＴＨＫリズム、富士機械、輸送機工業など。

高橋泰隆『中島飛行機の研究』（日本経済評論社、一九八六年）。高柳昌久「中島飛行機三鷹研究所」『国際基督教大学学報Ⅲ―Ａ』（アジア文化研究三四、二〇〇八年）、麻島昭一「戦時体制期の中島飛行機」（『経営史学』第二〇巻第三号、一九八五年）、中塚明「中島知久平」、麻島昭一「中島飛行機株式会社」（『普及新版　日本歴史大辞典』第七巻、四版、河出書房新社、一九九一年、所収）などの文献による。

（8）鈴木市政においては、早くから「高能率・高賃金」説が採用され、少数精鋭主義も実践されている。この点は、前掲『非能率行政の挑戦』の「第三章」「四、能率向上の諸施策」において明快に述べられている。すなわち「高能率・高賃金」の項では「職員の一〇％を減少し給与を一〇％向上させても、退職金、その他の管理経費で四％浮いてくる。その結果、一〇％人員減で結構仕事が間に合う。能率を向上させるためには高賃金でなければならない」（一〇一ページ）とある。

また「職員の少数精鋭主義」の項では「職員の少数精鋭主義の確立には、何をおいても職員教育である。行政に企業性を導入して私が発見した事実は、『少数にすると必ず精鋭になる』ということである。少数は精鋭をつくるという原理を発見した」（一〇三ページ）とある。

また「権限の下部委譲」の項では「私は『ハンコを三つにしろ』と命じた。そして思い切って権限の下部委譲を実施した。その結果、仕事はスピード化し責任を感じることとなった。当市では、私が方針を決め、予算を決定し、その通り実施する場合は、いっさいまかせきりである」（一〇三ページ）とある。

右の諸施策は、下水道の建設資金を生みだすために取られた措置であって、このことを鈴木氏は、同『非能率行政の挑戦』の「改訂に当たって」において、当時の河野一郎建設大臣から「自分の事業と思い、思い切り財政を引き締めて、建設資金を捻出しろ。市民にも受益者負担をお願いしろ」（一〇ページ）と叱咤激励を受けたのち、方針転換をおこない少数精鋭主義などをとり行政に企業性を取り入れた背景について語っている。「ここで私は方針を一八〇度転換し、行政に企業性を導入し、職員の少数精鋭・起案三行・ハンコ三つの合理化を断行し、人件費と経営管理費を圧縮して、新規事業費の二分の一を下水道へ投入した。このことが私の非能率行政への挑戦の動機」（一一ページ）と述べている。

（9）　安田市長の在職時の市政の先進性に関しては、以下の文献がある。

大久保圭二『テイク・オフ1分権時代を拓く自治体先進事例――東京都三鷹市　新しい市民参画手法に取り組み 行政に民間の経営改善手法を導入』（『地方分権』一九九九年一一月）。政治評論家・増田卓二の名物首長訪問⑯「東京都三鷹市　安田養次郎市長」『議員情報レーダー』（五一号、二〇〇〇年一二月）。エクセレント・クオリティ・ガバメント第八回　話し手＝安田養次郎、聞き手＝大滝厚／井田勝久「三鷹市 地方行政改革のリーダーたちにきく　21世紀型自治体は三鷹の森にある」（『Quality Management February』日本科学技術連盟二〇〇二年。）。

このうち、大久保氏の記事は、三鷹市が㈶社会経済生産性本部の「日本経営品質賞」を受賞したことを受けて取材されたものである。そこでは、パートナーシップ協定、みたか市民プラン21会議の創設に安田市長がイニシアティブを発揮したことが語られている。

（10）　安田養次郎「人と水と緑が共生する環境を市民協働でつくるまち～三鷹市」（『河川』第五七巻第五号、二〇〇一年。）。「都市工学からすると、緑被率約三割を確保できる適性水準は一haあたり一〇〇人くらいらしいのですが、三鷹市はこの数値にぴったりです」。「緑と水の回遊ルート整備計画」で、三つの「ふれあいの里」、五つの「市民の広場」、一〇カ所の「出会いのスポット」を整備し、緑と水の拠点を川沿いの遊歩道で結んで、町の回遊性を持たせるものをつくる。三鷹市が、緑と水を中心にした環境づくりに取り組んだのは市民からの要請からです。仙川沿いの「丸池の里」はその典型的な例です、と述べている。

(11) 大澤裕司「ドクソー注目企業　三鷹光器株式会社」(『発明』第一〇五巻三号、二〇〇八年)。三浦勝弘「熟練技能伝承の課題と提言」(『精密工学会誌』六六巻一号、二〇〇〇年)。「探訪小さな巨人 三鷹光器　手作りの町工場から生まれる最先端光学機器」(『週刊ダイヤモンド』第九一巻第一四号、二〇〇三年)。中村義一「ものを考えない社員 今からでも変えられる」(『Wedge』第二一巻第四号、二〇〇九年)。トップ・インタビュー 中村勝重「世界をリードする ものづくり企業の極意」(Insights of Top Management Vol. 63、二〇〇九年)などの資料がある。

三鷹光器株式会社は、中村義一氏によって三鷹市野崎に一九六六年に創業され、最先端医療とナノテク領域で他社を凌駕している。

宇宙観測機の設計製作、高精度天体望遠鏡、光学測定装置、医療機器などを製造し、各界から高く評価されている。現在、会長の中村氏は、かつて東京天文台に技官として就職し、その後、そこで習得した天体望遠鏡や精密測定器の技術をさまざまな分野に適応し新しい独創品を作り上げた。二〇〇八年一〇月に特許活用優良企業として経済産業大臣賞を受賞。

# 二　三鷹市のコミュニティ・センターと住民協議会

大石田久宗

大石田久宗氏の略歴

一九七七年三月　中央大学法学部卒業
　　　　　四月　三鷹市入庁、市民部市民課
一九八三年四月　総務部職員課
一九九六年四月　生活文化部コミュニティ課長
二〇〇四年四月　健康福祉部調整担当部長
二〇〇九年四月　都市整備部部長、現在にいたる

## はじめに

**大本**　三鷹市では一九七一年一月に公衆衛生の研究家で社会党左派から立った鈴木平三郎氏が、市長の時に『ゴールデン・プラン』（黄金計画）を市報で表明し、三月に一九七一年度市政方針でコミュニティ・センターの建設を明示されます。

この構想とその実現は全国からみてももっとも早い取り組みであるとともに、今日の三鷹の住民自治の礎ともなったものだと伺っております。

そこで今日は、当時、コミュニティを所管していた市民部に所属されていて、コミュニティ・センターの建設の事情にお詳しい大石田久宗さんに直接、お話をお聞きするべくやって参りました(1)。よろしくお願いします。

早速、本題に入らせていただきます。

## 三鷹市の自治のはじまり——鈴木市長のコミュニティ政策

**大本**　まず三鷹のコミュニティ政策は、なぜ一九七一年の時点から始まったのでしょうか。

**大石田**　その背景としては、市として下水道一〇〇％のあと市政の目玉をどうするかを模索していた時に、当時の鈴木平三郎市長がドイツに行って、コミュニティ施設を見て、これだと思いついて、それで市の中でもそういうコミュニティ施設を工夫していこうということが一つ。

もう一つは、鈴木平三郎市長にしても坂本貞雄市長にしても革新系の市長だったということです。そうすると市民参加を標榜しているわけです。

**大本**　美濃部都政もそうですね。

**大石田**　そういう流れがありますから、自治の始まりというのは鈴木市長からです。鈴木市長が傑出していたので展開できたのです。実際のプロセスは、一九七一年、地方自治法二条五項の改正が行われて基本構想、基本計画の策定をすることになったので、そのなかでコミュニティ行政というのを位置づけたわけですね。この計画によってコミュニティ・センターをつくり、そこで市民の交流を図るという発想がオーソライズされたのですが、地方自治法の関係で基本構想をつくらざるを得なかった結果、計画の目玉が工夫されたという一面もあるんです。

**大本**　社会党の市長さんを選んでいくというのは三鷹市の市民意識がそうさせたのでしょうね。

**大石田**　一般的に三鷹市はリベラルな市民が多いとか市民意識が高いとか言われますけれど、僕はそれは一面的であって、議会におけるある種の会派の組み合わせがあったということもあると思うんです。保守の自民党がいて、当時は民社党がいて、それから社会党があって共産党がいたわけでしょう。これに公明党がいるわけですね。この組み合わせのなかで市総体の物事が決まっていくわけですが、社会党と民社党と共産党が手を組む、あるいは公明党もそれに乗っかれば保守を凌駕できたわけです。

**大本**　公明党は福祉の政党といっていましたからそれに乗る素地もあったのですね。

**大石田**　公明党の党員の中には、社会党に潜っていた人もいたそうです。公明党の役員などに話を聞くと、当初、社会党員として行動していた人も多いです。政治をどう見ていくかと言ったとき、この三〇年間、公明党がどうだったかを分析するのがポイントです。そこで簡単に言うと、議会が三〇議席だったから、社会党・民社党・公明党という会派の組み合わせでいくと五、五、五で一五になってしまうから、過半数です。だからどんなに保守が強くても議会の多数決では勝てるわけです。

こういう組み合わせの中でいろいろな物事が決められるような関係にあったということと、首長についていえば、かりに市民の中に保守の人が多くて、リベラルな人が少なくてもということではなく、地方政治というのは人物本位で決まってきます。そこで保守のなかにこれといった人物がいなければ、市長というのは人物として評価に値する人、あるいは人気がある人がなるわけですから、鈴木平三郎さんの場合、坂本貞雄さんの場合、ともにそうした人物であり、また、改革の機運にのって支持されたということがあったのではないでしょうか。

**大本**　どういう改革の気運ですか。

**大石田**　自治・分権・参加の推進です。

**大本**　七〇年代初めはそのスローガンで革新自治体が続いて誕生していましたね。翌年の一九七二年に早くも「大沢地区コミュニティ研究会」というのを立ち上げますね。これはどういう契機でできたんですか。どうして大沢地区が最初になったのですか。

**大石田**　コミュニティ・センター向けの用地があったということです。用地があったので面積も広い。だから大沢地区にある第一号のコミュニティ・センターは結構巨大なんです。(2)

**大本**　コミュニティ・センターのエリアはどう決めたのですか。

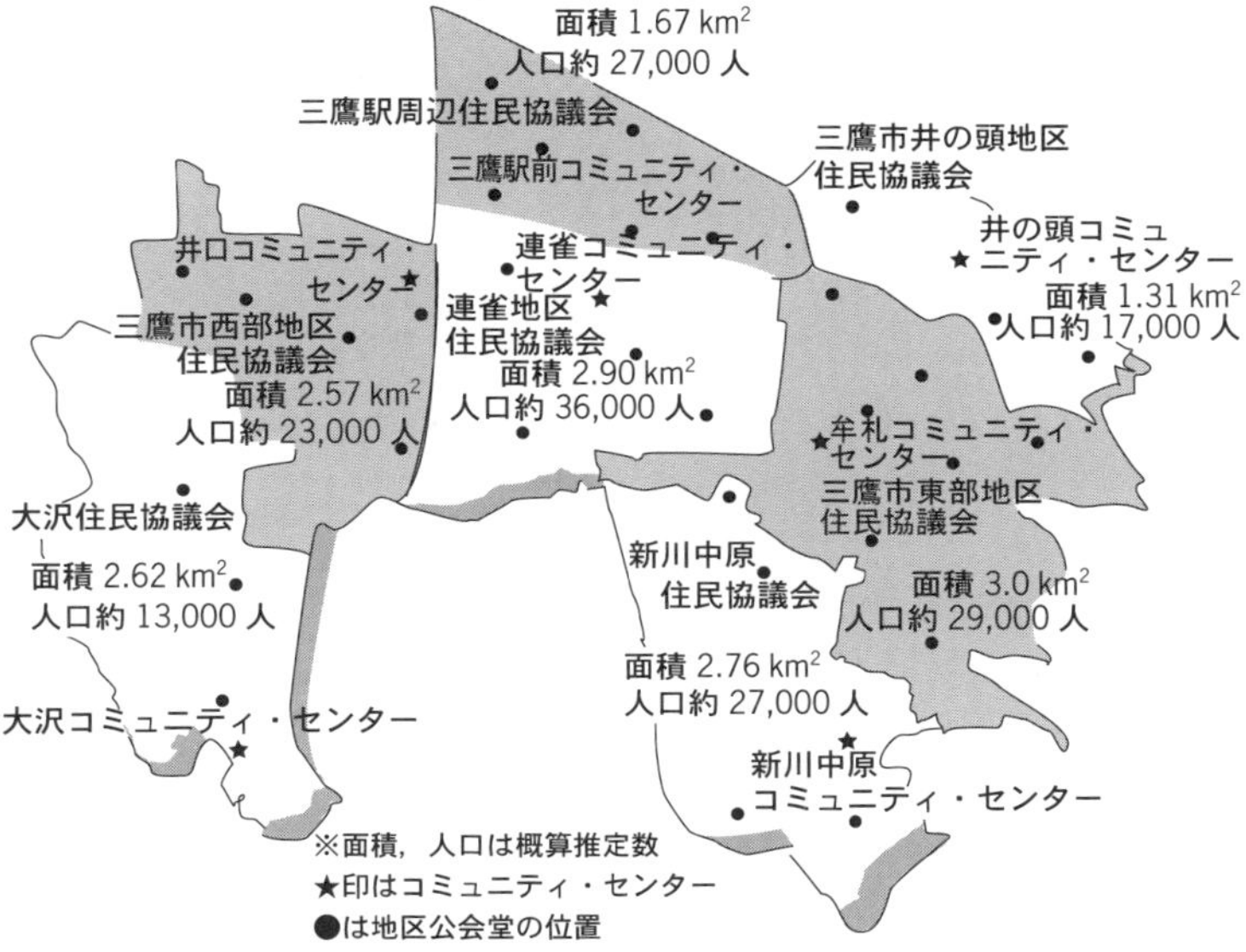


**図1**　コミュニティ住区とコミュニティ施設

**大石田**　隣の武蔵野市は小学校区でしたが、小学校区でやるか、それとも中学校区でやるかは一つの選択でした。中学校区でやると人材とか施設にいろいろプラス、マイナスの影響が出てくるんです。どう影響が出てくるかというと、人材が豊富になります。施設の規模が大きくなります。その代わり、維持管理費は高くなります。そういう問題があるんですけれど、中学校区でコミュニティ行政をやることを決断するんです。それで一五の小学校区の代わりに七つの中学校区でコミュニティを展開することになります。近隣住区というのは大体人口が五〇〇〇から一万人です。その近隣住区の組み合わせとして、結果として二万人~三万人の地域を一つのエリアとして中学校区としたのです(図1、表1)。そして近隣住区の小学校区には活動地点として地区公会堂を核に当てたわけです。

**大本**　いま三二ありますね。

**大石田**　そういうことを決めて、第一号のコミュニティ・センター建設に向けて走り始めたということです。行政が指導してコミュニティ・センターというのをつくりたい、その内容とか在り方について研究したいからぜひ集まってくれということで、町会の役員、それに賛同する志のある人を中心に呼びかけたのです。

**表1**　コミュニティ全体ゾーニング（昭和53年基本計画により設定）
～近隣住区とコミュニティ住区の設定基準～

| 区分 | 人口 | 面積 | 生活圏 | その他 | 目標とシビルミニマム |
|---|---|---|---|---|---|
| 近隣住区（おおむね24住区） | 約5,000人～10,000人 | 約30 ha～167 ha | 徒歩圏10分程度で，町丁，日常の買い物行動，地域活動などを配慮し，コミュニティ活動を通じて設定される． | | 身近な「ふれあい」の拠点施設として，地区公会堂をおおむね24カ所（※）に設置する． |
| コミュニティ住区（7住区） | 約20,000人～30,000人 | 約130 ha～400 ha（2～4の近隣住区を集合したもの） | 歴史性，市民特性，地域特性などを考慮して設定． | 区域設定は，幹線街路，河川などを基準に設定． | コミュニティ活動の拠点施設であるコミュニティ・センターを計7カ所に設置する． |

（※）　昭和60年度基本計画改定での30カ所，平成8年第2次基本計画改定で32カ所に変更．

「コミュニティ研究会」をつくったのはコミュニティ・センターを建てるさいに、行政が、施設管理の在り方、施設の内容は市民の意向を踏まえてつくるべきではないかと考えていたからです。そこにそのあと実際に住民組織の役員になるような人たちが集まってきました。このスタイルはずっと踏襲されていて、コミュニティ・センターをつくる地域に必ず一年ぐらい前から住民に投げかけて「コミュニティ研究会」をつくって、その人たちと管理と施設の内容について議論することになっています。

ただ、施設管理は第一号でスタイルができてしまったので、二号以降は大体施設の内容にシフトするようになっていきます。第一号のコミュニティ研究会には中央大学の出身で僕の友人の石崎明という者が最初から入っていて問題提起をして、管理する組織をつくる作業にたずさわっています。それでできたスタイルというのは、センターの事務局長はあくまでも市民の側の人でいくけれど、行政と管理をする組織のあいだを結ぶのに事務局次長という制度を置こうというものです。この事務局次長がコミュニティ・センターの事務局員と行政とをつなぐ役割をすることになったわけです。要するに住民の自主管理というイメージを標榜したわけです。ところが住民管理・自主管理を標榜したものだから、組織の在り方がものすごく難しくなったのです。当時は、住民に施設管理を任せるなんてとんでもないというのが役所や行政の一般的な雰囲気でしたから、すんなりとはいかない。そこで包括委託という方法を使おうと考えたわけです。そうしたら〝包括委託、それならいいだろう〟となった。けれど、当初は受託する団体との間をつなぐ行政マンが必要ではないかという議論と必要ないという市民の議論とがあったのです。この行き違いが困難な状況を生むわけです。というのは、スタートした三カ月で、ここに行った職員が体調をこわす、そういう悲劇を生むことになったからです。

**大本**　住民側からいろいろな要望が出てくるけれど応対しきれない。

**大石田**　この人が出てきた要望をちゃんと伝えていない、行政とつなぐと言っているけれど、市民を抑え込む役割なんではないか。自主管理と言っているのだったら自由に施設を使わせるべきなのに、どうなんだ、事務局次長というのはお目付け役ではないかという批判があったのです。それで行く人、行く人、みんな調子が悪くなってしまうので、現役の職員を派遣する事務局次長制はやめたんですよ。

そこでどうしたかというと、当該の住民協議会が事務局職員を雇用し、事務局長はOB、行政マンをリタイアした人にするというかたちになったわけです。

**大本**　一九七三年には大沢住民協議会が発足し、コミュニティ・センターが竣工され、一九七四年にコミュニティ・センターが開館されています。

**大石田**　事務局長をOBに変えたのはできてから三年目ぐらいだったと思います。だからその三年間はきびしい日々が続いたわけです。

**大本**　住民の自主管理の発想というのは鈴木平三郎市長の発案だったんですか。それともこれに携わった職員の発案ですか。

**大石田**　コミュニティ・センターができたのが一九七四年でしょう。できた当初は鈴木市長の下でしたから発想としては鈴木市長のなかに主体的な住民の管理による施設運営というのがあったといえます。

**大本**　一九六〇年代に中央大学の学生運動は、全国に先駆けて学生会館の完全自主管理を獲得していますね。

**大石田**　懐かしい話ですね、私も中大ですから（笑）。

**大本**　住民自治というのは大学の自治、学生の自治にもつながるものをもっていますね。自治を肯定的に受け入れる流れも職員のあいだにはあったんですか。

**大石田**　ありましたね。革新の市長だったし、自治・分権・参加というスローガンを持っていたわけですから、革新官僚も改革派の職員もいたんです。そうすると自治・分権・参加を担保するためには、住民が各地域で主体的に行政に対して自立した意見を述べられる拠点が必要だろう。そのためにコミュニティ・センターがある。革新官僚、改革派職員の一部には、間違いなくコミュニティ・センターについては自治・分権・参加の拠点だ、政治そのものを変える力を持つようになるだろうと予見した人もいたはずです。だから、自治・分権・参加を貫徹するためには、当然、市民活動の施設は住民管理、自主管理であるべきだ、こういう発想になります。それは当時の市長も認めた発想だし、それから次の坂本市長、安田市長、清原市長と継承して展開してきたと思います。

**大本**　実際には一九六〇年代の末から取り組んでいるわけですから、早いですね。

**大石田**　早いですけれど、国の動きもにらみながらコミュニティ行政というものが出てきたときに、それの理想型とは何なのだ、市民の自治とは何なのだという議論のなかで、何を標榜するのか、あくまで交流系の娯楽センターでいいのかという問いかけがあって娯楽センターでは意味がないとなったわけですよ。コミュニティ・センターを自治の観点から捉えるか、娯楽の観点から捉えるかではものすごい差です。市長自身も自治・分権・参加という理念の下にある政党に属していたし、その理念を強く持った職員もいたということです。

**大本**　コミュニティ・センターと町内会との関係はどうつくられていったのですか。

**大石田**　町内会・自治会と志の高い市民によって、行政の投げ掛けにより住民管理の組織がつくられていきました。

**大本**　当時から、今の言葉でいうとＮＰＯのような組織も入っていたんですか。

**大石田**　そうです。ボランティア活動団体もありました。

**大本**　地縁組織だけではなかったのですね。

**大石田**　第一号の大沢コミュニティ・センターの「コミュニティ研究会」は地縁組織と一線を画したんですが、これが尾を引くんです。今度は町内会と切れてしまうんですよ。町内会は代表を出さないとか、そういうことが起きてくると、どんなイベントをやっても人が集まらない。片一方でそういう現象も起きながら、それでもこの第一号だけは地縁的な活動団体ではなくて、あくまでも住民管理・自主管理の組織としてあるのだから、町内会、自治会に依拠するのはおかしいとずっと主張しつづけるわけです。だから、大沢地区は理想を見つめてきたんで、第一号はあくまでもコミュニティ研究会の中でも町内会、自治会をベースにした自主管理ではなくて、そうではない自治を求めてこの施設は活用すべきなんだという立場でずっときているわけです。

この大沢コミセンは広いから当初保育園を入れたいといった発想があったんです。でも受け入れられませんでした。とにかく市民が使う施設だけにして行政の出先は一切持たない。そういうことで皆さんの意見がまとまったんです。だから少なくとも次長制度は置きましょうというやり方がすぐ破綻するわけですよ。

第二号のコミュニティ・センター以降はちょっと変わってくるんです。第二号は牟礼《むれ》地区、第三号は井口地区なんですけれど、第三号に至って町内会の連合組織のような形になっていくんです。これが微妙で、中間的な牟礼も町会とはうまくいっている。町会とうまくいったほうが、結果として住民管理の様相を呈してくるんです。逆なんです。これはすごく研究に値する部分だと思うのです。理想そのものと理想を実現するためにどういうかたちをとるのがよいか、というのはまた別なんですね。

**大本**　でも、会議を開けばやはり会議録をつくるとか、決まったことを文書化しなければなりませんが、住民の人はそういうのに慣れていないから、実務的にいえば、事務屋さんというか行政マンがいたほうがいいのではないですか。

**大石田**　そうなのです。しかし、あくまでも現職の職員だと住民組織の言いなりというわけにはいかないでしょう。市の方針を押つけたり、市の方針に沿って行動しようとするでしょう。市の方針と大きく違うわけにはいかないです。ただ、管理をするうえで、行政施設としての特徴というのがあるし、市の施設であることに間違いないとしても利用の仕方についてのきまり一つつくるにしても、公平でなければいけない、透明でなければいけない、ということになる。それで行政マンでも市民の側に立てる人がいいじゃないかといってきたのです。

つまりこの組織で活動する人たちの意向を色濃く出さないといけない、という部分が自主管理だと考えたわけです。それで差が出てくるわけです。そこで意見が違ったときにも、住民協議会という組織をつくっているわけですから、住民協議会の意向で運営されなければいけないとなります。だから、事務局次長という存在はただでさえ挟まれる存在なのに、さらに追求されるので居られなくなるわけですよ。

**大本**　市の現職となれば、そうですね。

**大石田**　居られなくなるので次々と体調を壊してしまう。当時は行政に対する不信の時代でもあったから、市民運動と行政とのあいだで交わされるやりとりでも〝お前みたいな〟とか〝お前は、行政の手先なんだろう〟という言い方が、コミュニティ・センターで飛びかっていたんです。たびたび住民協議会のメンバーのところに話し合いに行きましたが、二〇年ぐらい行政不信というのをぬぐうことはできなかったですね。〝あんたらは自治・分権・参加っていう名のもとに私らに活動させながら、いいように使おうと思っているんだろう〟という考え方が根底にずっとありましたね。

**大本**　今だってあるのではないですか。

**大石田**　今はないですよ。

**大本**　それはすごいことですね。皆様の永年の努力で市民との信頼関係が築きあげられたのですね。大沢のコミュニティ・センターをつくるときから住民協議会というのはセットで考えていたのですか。

**大石田**　施設をつくるときに、住民協議会ができていなければいけないと考えていましたから、コミュニティ研究会を立ち上げたとき、セットで考えていました。

**大本**　それの発想はどこからきたのですか。

**大石田**　当時、盛んだった自主管理の手法からです。

**大本**　当時イタリアはすでに住区協議会をつくっていました。イタリアの影響はあったのですか。

**大石田**　あったんではないでしょうか。自主管理で有名なユーゴスラヴィアも健在でしたし。ユーゴの労働者評議会などを取り上げた書籍がけっこう企画の部屋にはあったんです。そういう理想を描いた節はあるんですけれど、それを先輩職員と語り合うようなことはなかったです。でも自主管理はかなり意識していました。それらを全面的に取り入れるというのではなくて、そういう意見を強く持った職員と、そうは言ってもやれることに限界があるんでないのという職員、それと両者とのバランスをとろうとした職員が相拮抗しながら、この構想をつくっていったというのがうかがえます。

**大本**　当時は普通の大きな書店にはそういう類の本は並んでいましたからね。

**大石田**　ありましたね。

**大本**　アメリカのニューヨーク市などもコミュニティ委員会をつくって地区自治をつくってやっていましたね。

**大石田**　そう、トライしていましたね。

様々な課題によって在り方が違うんでしょうけど、三鷹市はベッドタウンの住宅都市で、公害問題がいっぱいあったわけではないから、何が課題だったかというと、市民の意向が行政に伝わって、市民ニーズに基づいたサービスが行われる自治体でなければいけない、という市民の側からの自治体理想論がある。職員の側にも自主管理がおこなわれるような地域でないと本物の市民参加というのはできない。自治・分権・参加の実現のためには、地域に市民参加型の住民組織がしっかりと根付くことが必要だという理想論があった。それらがお互いに歩み寄って実践を始めた、そういうイメージですね。

**大本**　三鷹市は、高度成長のなかでかなり知識人が住みますね。住民のほう、受け手のほうにもかなり質の高い住民がいたのではないのですか。

**大石田**　一般論では多分そうだったと言えるんですけれど、個別の場面で、知識人というと典型的には大学の先生とか研究者とかになりますが、そういう人たちが発言をしたかというと、そうでもない。

**大本**　そうしますと住民協議会のメンバーになるような住民とは、どういう層なんですか。自営業、それともサラリーマン。

**大石田**　名前を出してくるのは農業者だったり商店主だったり基本的に自営業。最初の大沢地区の町会はけっこう住民協議会に反発していましたから、町会の会長は出てこないでしょう。そうなると、町会の会計とか、町会のなかでは役職ではない人が顔を出してくることになります。だから大沢地区は主としてコミュニティ行政、あるいは自主管理に当初から関心があってコミュニティ研究会に出ていた志の高い個人、関心ある個人といった人たち。こういう市民で構成されたんですね。

大沢地区では地元の商店主や町会の代表と拮抗するぐらい関心ある市民の割合が多かったのです。なかには特定郵便局の局長だった人もいたので、そういう人は行政の在り方について批判的でないんではないかと僕はイメージしたんですが、そうではないんです。批判的ではあるが、行政を批判するだけではなくて、建設的な意見をするようなスタイルを持っている感じの人も入って来たわけですね。

だから、一般論で語れるようなことではなくて、この地域独特の人材の組み合わせですね。これはたまたま起きたことでしょうが、友人の石崎氏は今も大沢地区の副会長で残っていますよ。

**大本**　大沢方式はいろいろ問題があるので、町内会をベースにする方式になったのはどこの時点からなのですか。牟礼地区の第二のコミュニティ・センターが一九七八年で、第三の井口地区が一九七九年ですね。

**大石田**　その辺で次々にできたんですよ。僕もコミュニティ・センターのオープニングに出たりなんかして、いろいろ下働きしたのを覚えています。

二号の牟礼地区の次の三号の井口地区からです。「井口地区コミュニティ研究会」も初めはやはり町会ではなくて、ということで立ち上げたのですけれど、大沢よりはもう少し町会の役員さんもかかわってはいたんです。

**大本**　第三号の井口地区のところでやっていくうちに町内会をベースにするほうに切り替わったのですね。

**大石田**　結果としてシフトした。なぜかというと、井口地区というのは四つの大きな町内会があって、ものすごくしっかりしたバランスを持っているんです。この町内会四つのリーダーシップをとった人が井上五郎(3)という人物なのです。地元の鶏鳴幼稚園の園長さんでかつて教育委員をやった人物ですが、その当時の市政に対し厳しい意見をもっていたわけです。そういう立場もあり、地域をしっかりつくっていかなければいけないという問題意識も強くあって、この人がリーダーシップをとっていたのです。この四つの地域の一つの町会の会長でもあったので、この地域でしっかりとした議論をするためには関心ある個人ももちろん呼んでこなければいけないけれど、四つの町会それぞれ代表が出てくることが重要だと主張して連合組織的な住民組織をつくったわけです。

**大本**　町会連合。井口コミュニティ・センターは西部地区住民協議会のもとにありますが、四つの町会長さんが住民協議会の正副会長になっているのは、そこからきているのですね。

**大石田**　そうです。町会連合会。スーパー町会のようなものですね。

**大本**　先ほど、コミュニティ・センターをつくり住民協議会を組織していく取り組みを続けるなかで行政に対して、〝行政の手先だ〟とかいった言葉は聞かれなくなったとおっしゃいましたが、そのぐらい住民と行政側とのコラボレーションができているということなんですか。

**大石田**　そこはいろいろな評価があると思うんですけれど、行政とのコラボレーションということでは住民協議会には、団体として環境とか、福祉とか、町づくりとか、ものすごくたくさんの事業について審議会の委員になってもらうし、直接参加もしてもらっています。他方、住民協議会もいろいろな取り組みについて提案もあるし、予算も要求してくるという関係では、間違いなくお互いのコラボレーションというのはできているんです。けれども行政が何かを押し付けるとか言われないのは、そういう場面のことではなくて、私の意見では、住民自身が自治とか自主管理ということをあんまり強調しなくなった、という傾向が特徴的にみられると思うのです。

というのは、なんで自治が必要なんだ、どうして自主管理なんだといったときに、最終的にはこの自治・分権・参加というものは結果を求めていくと、それは住み良い地域だったり、いいサービスだったりという自治体の行政サービスの向上ですから、自治体を批判してもしようがないし、すばらしい自治ができたらすぐさまいい行政サービスを享受できる自治体になるわけではないということが判ってきて、自治を強調する市民が少なくなったんです。

**大本**　自治というのは手段ですからね。

**大石田**　そうなんです。やはり環境のいい地域にしてほしいし、高齢者にとって優しい、障害者も生活しやすい自治体にしてほしいし、道路とか広場とか公共施設といった都市装置もほしい。そういうことは言いますけれど、だからわれわれは自治を求めているなんていわないですよ。

**大本**　いまは参加民主主義のようなのはかなり行きわたって、いろいろな事業をやるときにも住民と一緒にやる習慣になっているのでいまさら自治を主張しなくなっている、そういうことですか。

**大石田**　町内会の人たちにとってみると、町内会が地域を支えてきたという自覚がずっとあったと思うんですよ。だから、行政と一緒になって仕事しているつもりだったのに、住民協議会のような新しいものをつくってしまってというのが僕の印象でしたね。

だから、結果としてコミセンが上手に使われて、人が交流して、少しでも住民のハード、ソフトの要望が行政に伝わるんだったら、それはそれでいいんではないのかと、志の高い市民も、町内会を支えてきた市民も、そういうふうに思える状況になってきたんではないですかね。いまは役所がカーブミラー一つ建てるのだって勝手に建てることはないわけですよ。協議型で、いいですかと了解をえる。それはときにはここに建てるのは嫌だ、あそこに建ててくれというトラブルはありますよ。

だから、日本全国そうだと思うんですが、あの当時、自主管理を求めて施設の自主管理とか地域の自立とかいってきたものの、そういうことが理想なのではなくて、なんのことはない市民がタックスペイヤーとして自治体を運営しているわけですから、だとすれば、いい自治体になってくれればいいわけです。いい自治体というのは何かというと、結果としての施設整備や結果としての福祉・教育のサービスがきちっと行き届くということが重要であって、自分たちが一生懸命、行政との関係で自立しているということを強調するために行政を批判して行政とは違うということを証明しても、それに何の意味があるんだということです。行政を批判しても仕様がない、行政は使うものだというふうに住民側の意識が変容したと僕は思います。

**大本**　町内会は戦争中の隣組のように、お上からつくられた要素があるけれど、そうはいっても町内会自体はいろいろな住民の身近な問題を処理しなければいけないわけで、御用団体とは言い切れないし、ことと次第によっては結構自治意識だって出てくることがありますね。

**大石田**　いまどき町内会を御用団体だと思っている人はほとんどいないのではないですか。むしろ、福祉の課題に取り組む町内会とか、連合してホームヘルプサービスをやろうとする長野県の松本市の例に端的に現れているように、町内会自身が変わってきているわけです。じゃあ、町内会はＮＰＯと同じかというと、それは違います。やっぱり地域を持っていて地域を守るという、地域性に固執するわけですから。でも町内会の主体になっているのは商店主だったり、農業者だったり、自営業が中心ですからＮＰＯではないけれど、ＮＰＯのような活動をせざるをえなくなっていて、ＮＰＯ的な要素が強くなっています。

**大本**　町内会というのは結婚して戸主として構えていないと入れてくれないことが多いので、アパートやマンションに住んでいる学生とか単身世帯は入れてくれないでしょう。

**大石田**　入れないし、入らない。

**大本**　そういうグループのニーズというのは、住民協議会のほうですくい取られるんですか。

**大石田**　住民協議会は、当初は本当の市民ニーズを自分たちがすくい取って行政に伝えるという意識でいたんでしょうけれど、本当の市民ニーズといっても、子供二人の共働きの人もいれば、自営業の人もいるし、様々です。最初は、町内会に入れないマンションの住民のニーズなどをすくい取る手段を持てなかったんです。ところが、住民協議会はマンションの管理組合を入れることに成功したんですね。

**大本**　それはいいことですね。

**大石田**　町会にはできないわけです。それをやれたのは連雀地区というところなんですけれど、そこはマンション化が激しかったんです。だからマンションができるとズボッと町会がなくなってしまって管理組合になるでしょう。それで管理組合に声を掛けて懇談会をやったりして、住民協議会に入ってくれと申し入れて入ってもらうことをやり始めたんです。いまは住民協議会はどこのマンション、どこのアパートの住民というのを意識はしているんです。

なぜ、そうできたか。町会は、あくまでも地域の住民組織だから全部包含したいわけです。町会自治というのはそのエリアに基づいた組織だから、行政が希望しているようなことではなくて、自分たちがもともと伝統的にもっているエリアで動いているわけです。錯綜して混在しているところでは、エリア同士の争いもある地域もありますよ。

**大本**　その場合はどうするんですか。住民協議会Aというのがあって、Bというのもあるけれど、建てる施設についてAとBとの意見が違う。その場合の調整は誰がやるのですか。

**大石田**　住民協議会の場合は一応エリアが決まっていますが、境目のどっちかに建つ施設だったらこっち側が中心だからこっちだよと裁くことはできますし、エリアが錯綜しているような場合は、両方の町会の意見を聞けばいい。要するに、意見を聞くということです。公共施設の場合はトラブルのあるときもありますけれど、反対運動とは違うので、そういう場合は、こうしたいという行政側の最終的な案を両方に示して合意を得るということはそれほど難しくない。

**大本**　焼却場とかよく迷惑施設と言われるのがありますね。ああいうような時に反対運動が起きて市と喧嘩するとかという場面は、三鷹は七〇年以降ないのですか。

**大石田**　市の場合あまり迷惑施設はないんですけれど、例えば焼却場の問題がありました。市役所の裏に建てることがあったんです。住民協議会のエリアからいうと、ある住民協議会のエリアに入っているんですけれど、今の住民協議会は行政施策についてクレームをつける立場にないんです。行政サービスについて要望があればもちろん出す。だから、住民協議会として焼却場はここじゃ好ましくないという意見がまとまるんだったら出してくるでしょう。でもまとまりませんね。

おそらくこういう意見が出てくるでしょう。焼却場については行政があそこでやむを得ないという判断をくだしたことについて、おれは賛成だ、いや、おれは反対だ、おれは環境問題があるので絶対だめだ、といろいろな議論が出てくる。じゃあ、住協として行政に反対していくのかとなると、いや、住協というのはあくまで施設管理を中心にしてエリアの意見を行政に伝えるという団体なんだから、この部分について反対を表明するのはふさわしくない、と自制するので意見としては出てこない。
**大本**　そうしますと反対運動というのは起こらない。
**大石田**　起きても住協を通さない。あるいは、住協と無関係に起きることになります。
**大本**　通さないで別の形になる。
**大石田**　〝環境を守る何とかの会〟みたいなNPO的運動団体の形で行政にクレームをつけるということはありうるんです。でもNPOというのはどっちかというと社会貢献事業ですから、社会運動として反対運動として展開するようなときはNPOとは言わないでしょうね。
**大本**　でも、ほかの地域では焼却場などについて、町会が絶対反対だとかいうのはよくありますね。
**大石田**　ここはなかったですね。市役所の裏にもともとごみ処理施設はあったんです。ただ焼却場ではなかったんです。これは一部事務組合がやっていることですけれど、焼却場にするときは高さのこととか施設の内容を各町会や住民協議会に丁寧に説明しました。反対の意見もありました。手厳しいことを言う人は必ずいますからね。行政マンは本当に感情労働を強いられますから、〝あんたら〟みたいな言い方でくるわけで、それはいわれましたよ。

## コミュニティ・カルテの策定

**大本**　住民協議会がいくつかできるなかで、一九八一年に第一回のコミュニティ・カルテが各住民協議会から提出されますね。それから第二回が一九八四年に提出されて、第三回目までですか。
**大石田**　そうです。
**大本**　何でこれをやるつもりになって、何でまたやめたのですか。
**大石田**　住民の意向を把握するには、住民協議会を全地域につくってコミュニティ活動を展開してもらっているわけですから、住民協議会のもう一つの役割である行政への意見への橋渡しということで考えると、住民協議会と一緒になって地域の住民の意向を把握する必要があるだろう。じゃあ、どうやって把握するんだ。カルテといっていますけれど、これはアンケート調査（巻末資料1）なんです。
**大本**　アンケートは誰がつくるのですか。
**大石田**　原則として住民にアンケート項目はつくってもらいました。第一回目はどういうことを聞きたいかということも、各住民協議会でバラバラだったんです。各地域でバラバラに聞いても統計的に処理できないじゃないですか。だから二回目以降は共通アンケートと個別アンケートに直したんです。そのアンケート調査を三回やったわけです。

**大本**　八〇年代を通じてやったことになりますね。

**大石田**　なぜ、こういうことをやらざるをえなかったかというと、計画づくりです。計画行政への市民参加というのをどうするかという議論から来たわけです。法の上でも一九七一年に地方自治法が改正されて各自治体は基本構想にもとづいて基本計画をつくることになりましたので、つくらなければいけなくなった。だが、基本計画をつくるのに、市民の意見をどうやって集約するんだということが問題になり、手法としてつくられたんです。基本計画の改定のさいコミュニティ・カルテがつくられますから、三年とか四年おきにカルテを実施することになったわけです。

**大本**　基本計画をつくる節々に。

**大石田**　カルテが実施されたわけです。参加の手法をいつも工夫したわけです。住民の側は自治を標榜する。自治体は分権と参加を標榜する。そこで参加の手法としてコミュニティ・カルテを工夫して、コミュニティ・カルテに基づいて地域ごとの事業を張り付けていったわけです。だから、そんなに難しいことではなくて、道路が狭いとか、カーブミラーを付けてほしいとか、バス路線がないとか、公共施設が足りないとか、緑を保全してほしいとか、買い物が不便だとか、そういう基本的な項目が要望になるわけです。それでできることというのは限られた部分ですが、そういう要望を計画に載せて、いついつまでに整備しますとか、これこれについてはできませんとか回答するわけです。

**大本**　その場合、たしかに都市計画のつくり方というのは変わってきますが、地区計画をつくるという発想にはなっていないですね。

**大石田**　地区計画というのは、住民合意に基づいて限られたエリアで制限を加えていくというイメージですね。当時はそういう発想にまではまだ全然いっていないです。この時期はとにかく要望を満遍なく吸い上げて、行政サービスとしてできるものは実現していく。くわえて東京都や国に要望しなければいけないものはそちらに要望していくということです。だからコミュニティ・カルテで、市の行政に反映できるものを選別して計画に載せていくという作業をやるレベルです。それでも地域に行ってコミュニティ・カルテをやりたいんでというと、住民協議会で何しに来たとか言われたわけです。日頃お世話になっています。アンケートの項目、〝これでいいですか〟と聞きますと、〝これが入ってないですね〟とか、〝これ入れてください〟という意見を受けてアンケート調査を整えて実施したのです。

**大本**　アンケート調査は報告書のかたちをとったのですか。

**大石田**　報告書にまとめました。カルテの集約されたものがあります。分厚いものです。

**大本**　それは総合計画をつくる審議会にかけるのですか。

**大石田**　そうです。計画への市民参加は六〇人ぐらいの市民会議のかたちを取りました。市民会議という名称の審議会です。

**大本**　委員は公募ですか。

**大石田**　三〇人ぐらいはこちらの指名した団体推薦の人で、公募委員が三〇人ぐらい入っています。

**大本**　普通いう何とか審議会ではなくて、あえて市民会議としたのはなぜなのですか。

**大石田**　決定された審議会ではなく、市民参加のための新しい組織であることが分かるように名称は決めました。商工会の代表とか、体協の代表とか、行政と一緒に活動している様々な団体の代表に加えて住民協議会の代表、それから手を挙げて参加した公募市民の枠を三〇人取って、ザッと六〇人ぐらい集めたわけです。その人たちに行政からカルテの説明をして、カルテにどういう意見が上がったかというのも説明をして、それで原案を示して修正を掛ける。示しては修正、示しては修正を繰り返すというパターンを取ったわけです。

**大本**　今はもうやっていないのですか。

**大石田**　疲れたんですね。というのは、三回目のアンケート調査で要望を挙げたところ、〝ちっとも実現できてないじゃないか〟、〝自分たちのイメージが行政に伝わってないんではないか〟という批判をいただいたので、コミュニティ・カルテを各住民協議会から「まちづくりプラン—第三回コミュニティ・カルテ最終報告書—」（一九八九年）として市に提出することに切り替えたのです。要するに、市民と行政とが共通のイメージパースをつくる市民参加の手法に変えたんです。

## コミュニティ・カルテからまちづくりプランへ

**大本**　具体的にはどういうふうに変えたのですか。

**大石田**　それは今までのアンケート調査は並行してやるんですけれど、アンケートで出てきた要望について市民と行政とが一緒に町を歩くんです。そしてその結果を受けてポイントになるような所を絵にしましょう。これが「まちづくりプラン」。つまり市民が計画を提案する形を取ったわけです。アンケート調査を報告するのではなくて、市民が計画をつくって市に提案するということです。〝そんなこと、できるはずないじゃないか〟という行政内部の批判もありましたけれど、それができたんです。というのは、市民と行政とがチームを組んで、どういうところを歩いて、どういうアンケート調査をやって、どういう計画をつくるかというのを市民に提案してもらって、市の職員のチームがそれを形にしたわけですよ。だから、できたわけです。

**大本**　その場合の住民協議会の役割はどこにあるのですか。

**大石田**　ずばり意見そのものを言うことです。市は作業に徹する。

**大本**　市の職員が一緒に歩くわけですね。

**大石田**　歩く。市民と一緒に歩いたわけです。だから行政マンの活動は夜になるわけです。そのため行政のなかで公募でこれこれのことをやるんですが、超勤になってもやりたい職員は手を挙げてもらって、建設とか水道とか福祉分野とか、いろいろな分野の行政マンが満遍なく入るようにしたわけです。それでないと市民の質問などに答えられないから。福祉のサービスはどうなっていますか、といきなり言われても、すぐにこういうメニューがございますといえないでしょう。

**大本**　それは役所のいわゆる縦割り方式に横穴を開けたということになりますね。

**大石田**　そういう受け皿をつくって横にしたわけです。そして各七つの住協に、課長職をリーダーにして若い職員を配置したわけです。そして夜、住協からもちよったものを議論して計画づくりをしたわけです。

**大本**　残業代はどうしました。

**大石田**　払いましたよ。

**大本**　全部ですか。

**大石田**　そうです。

**大本**　ここは労働組合が強いのですか。

**大石田**　市民参加を進めるために、組合と一定期間、若い職員が超勤をすることになるということについて協議しました。当時、市民参加・分権というのは組合にとっても課題でしたから労働組合は反対しない、組合は行政が市民参加を進めることには賛成である。したがって、この事業について過度な集中による超勤が発生しない限りは反対しない。実際は過度ではないですよ。たとえば一回、午後八時半まで超勤したとしても三時間でしょう。

**大本**　自治労も研究集会とか、そういうのを開いているから正式には反対できない。

**大石田**　僕は積極的な賛成だと読みましたよ。なぜかというと、当時、僕は自治労の組合の役員でもあったわけです。自治労自身が市民と一緒になって、市民要望の実現というのを標榜しているのに、市民要望を実現する仕掛けに反対できるはずがないでしょう。反対するとしたら論理矛盾になりますよ。

**大本**　まして、大石田さん自身がそうやっているから。

**大石田**　企画の場合は、係長職になると組合を抜けなければいけないのです。他の部署は課長になったら抜けるんですけれど、企画の場合は選択・判断をするセクションですから指定職と言われているんですけれど、組合を抜けなければいけない。

**大本**　当初は抜けなくてもよかったのですか。

**大石田**　係長になった途端にです。だから途中で抜けたんです。市長と重要な施策立案の話をするのに、労働組合の役員が入ったらおかしいでしょう。

**大本**　筒抜けですからね。

**大石田**　制度的にそういうことを阻止しているわけです。

**大本**　「まちづくりプラン」のなかではいろいろな提案があったと思いますが、その一つが丸池復活プランですか。

**大石田**　新川中原地区では丸池復活プラン(4)というのは一番有力というか、実現可能性が高くて、これをどう実現していくんだというのには長い物語があるんです。簡単にいうと、自転車とか駐車場の管理をしながら市民と一緒にやる事業、協働事業についてはもう少し市民に近いところで一緒になってやろうではないかというので「三鷹市まちづくり公社」（一九九六年）をつくったわけです。これは当時、はやりでもありました。

公社という形は他の自治体と同じですが、「三鷹市まちづくり公社(5)」というのは市民と一緒に現場に行って、一緒に議論するというスタイルなんですね。だから丸池が注目されたのは、まちづくりプランでも提案された場所について具体的な整備の段階でワークショップという形の可能性につながったわけです。初めてのワークショップなので具体的な内容を詰めるため市の職員が公社に派遣されて、その派遣された職員が一緒になってワークショップを何回も何回もやってみんなの知恵を出しあって、公園の在り方について議論をして、復活させていったわけですね。

これが成功したので、今度は計画づくりはワークショップの塊でやろうというふうになったわけです。それが「みたか市民プラン21会議」（一九九九年一〇月設立）なのです。そうつながっていくわけです。

**大本**　「みたか市民プラン21会議」のことに入るまえに伺っておきたいことがあります。それはコミュニティ・センターを拠点としている住民協議会は、発足当初と比べどのように深化してきているのかという問題です。

**大石田**　その問題を考えるときは、まず近隣住区とコミュニティとは鮮やかに違うということがあります。近隣住区というのは完璧に町会主導です。地区公会堂の管理・運営を含めて町会が中心なんです。そういう意味では古い住民活動と言えるかもしれません。でも、よく研究者は、町会の活動は市民活動ではないといいますが、これは間違いです。活動の内容が自己交流なのか、それとも社会貢献にまで至っているのかということは全然違うことですから、やはり客観的に見ていかなければいけないです。だから町会の自己交流活動を市民活動としてみた場合に、その活動の拠点にしたのが地区公会堂だったということです。

それではコミュニティ・センター＝コミセンのほうが新しい自治を工夫できたかというと、それにはいろいろなパターンがあるんです。最初のコミセンである大沢地区を除いて、ほとんどの町会は連合組織のような体裁になっていったんです。大沢だけが町会の連合組織であることを拒否したんです。分析していくと、自治の理念ですごい勢いで新しいことが展開されたわけではなくて、地味な町会と理念的な自治を標榜する市民との葛藤、地域によっては丸ごと町会の連合組織ということが組み合わされて展開していったのです。このことは悪いことではなくて、きわめて現実的です。

**大本**　現実的には、どう町会を近代的な自治に変えていけるかということを抜きにして、新しく自治組織はつくれないんだろうと思うんです。

**大石田**　そうなんですが、住民協議会という連合組織ができていったわけです。町会の役員がたくさん入ってきてつくられていったんですけれど、関心ある市民も少ないけれど入ったわけです。

こうした市民が入ってくるというのはどういうことかというと、開かれた組織だからです。開かれた組織であるけれど誰もオーソライズしていない。オーソライズされない組織である。確認行為は誰もしていない。その団体がその地域の施設を管理するということが是とされているのは、市が呼びかけてつくった組織だから是としているだけです。だから、関心ある市民がいる開かれた組織ですけれど、オーソライズされていない住民協議会というのができていったわけです。考え方によっては面白いですよ。ただ大沢という地域の住民協議会はずっと自治にこだわったんです。

**大本**　なぜ、そうなったのですか。

**大石田**　最初のコミュニティ・センターだから、一号だから自治の理念に基づいて運営されるべきというふうに、市も説明をしたし、それに答えてくれた市民が二〇人から三〇人ぐらいいたわけですよ。だから、そこを除いてはだいたい町会の連合組織のようなイメージで住民協議会はできていったわけです。そして皮肉なんですけれど、町会の連合組織のイメージから立ち上がったほうが組織の運営やコミセンの運営というのはうまくいったんです。

## 自治とは何をすることか

**大本**　どうしてですか。

**大石田**　それは理念にこだわったほうが理念に依存するからです。自治というのをどう考えたかですね。当初は行政からの独立というふうに考えたんです。そこには自治の理念の取り違えがあったんです。自治にはポジティブとネガティブの方向がある。ネガティブとは変な言い方ですけれど、反行政です。ポジティブにとらえると、自己交流、自分たちの交流でいいではないかとなる。こういうかたちで議論がされたことはあまりないんですけれど、鮮やかですね。反行政、つまり自治体の出先ではない、言いなりになるためにつくられたわけではない。だから、行政の提案に反対するのが自治の証しなんです。一号コミュニティ・センターは、反行政的な色彩が強いです。

**大本**　なるほどね。

**大石田**　一号は自治を体現するためには、自分たちでこの施設を管理するだけではなくて自分たちの活動というのを展開していかなければいけない。とんがった、先鋭的な考え方なんですね。その証しを立てなければいけないから、どうしても行政に対する抵抗というイメージが出てきてしまうんです。けれど二号以降からは、いろいろ考え方があるんだろうけれど、要はこの施設を自分たちで管理して、そしていろいろなことを工夫していいそうだし、お金もくれるし頑張ってやろうではないか。自己交流、陶芸のサークルもあればカラオケもあるし、スポーツもあれば文化もあるから、ではここを使って好きにして市民生活が充実すればいいのではないか。こういう緩い考え方になってきます。

**大本**　それで現在はどうですか。

**大石田**　一号だけは反行政というか、行政からの自立、自治の理念を体現しようとして努力を続けています。その一号以外はもっと緩いですね。要するに、この施設を中心に市民の活動がいろいろやれればいいではないか。自分たちが使いやすいように自分たちで使い方も決定をして、自分たちでトラブルも収拾してということができればいいのではないかという感じですね。だから個々人がリベラルだからとかいうことでコミュニティ行政が進んだわけではなくて、思想もあれば、信条もあれば政党支持もあるわけですけれど、とりあえず自治ということを考えたときに、ちょっと理念にこだわって少し無理がかかったのが一号コミュニティ・センター大沢。それ以外のところは自己交流、交流型コミュニティということを標榜した。これはもう全然無理のないことなんです。でも、これが良かったんですよ。

市民活動にとって活動拠点があるということは、町会に依拠しなくてもいいわけだから。これまでは町会の活動と関連した活動でないと、普通は町会会館とか公民館というのは貸してくれないとか、使い勝手が悪いとかいうことが起きる。いまでも町会の幹部が管理したりするから地区公会堂は使い勝手が悪い側面がある。理論的には使えますけれど定期的に仮予約とかをわりと自由にやっているわけです。それも全部行政がある程度許容している。知っていて放置している。

でも、コミセンはそうはいかない。各コミセンには役員が一〇〇人位いますから利用のきまりをつくって、市民が集団をつくって、部会をつくってそれぞれがその部会のなかで活動もするし、全体の管理・運営もするわけです。それはどういうことかというと、半パブリックと言っているんですけれど、公的な管理を代弁しているわけです。いってみれば、いまの指定管理みたいなものです。指定管理者になっているわけです。交流型コミュニティが少しずつ市民活動の交流を深めて、スポーツ系のサークルとか文化系のサークルとかが、そのコミュニティ・センターの管理・運営をしているうちに社会性をもち社会貢献活動が生まれたんです。

## コミュニティ・センター活動から社会貢献活動

**大石田**　社会貢献活動がなんで生まれたかというと、例えば子供たちの野球のサークルを支えているお父さん方は、子どもたちが野球をやっているあいだは暇なわけです。だからお父さん方が保育をしたりするということが出てくるわけです。多摩市でそういうのがありましたが、お父さん方が保育サークルをつくったという話です。三鷹市にもあります。ですが、子供はすぐ成長してしまいます。そうしたら高齢者、自分たちの親をケアするサークルをつくってNPO化したという事例も出てきました。この人たちがコミセンを利用するようになったところ、たまたま調理室があったので実施した配食サービスが一番典型的です。自分たちはスポーツとか、お花とか陶芸とか、いろいろなことを楽しめるけれど、一人暮らしのお年寄りでお弁当つくるのが大変だとか、寝たきりになっているとそういう人がいるらしいわよということから、自分たちの将来のことだから、自分にしてほしいことを人にするというのはいいんじゃないの、そういう考え方から実施しているわけです。

スポーツや文化のサークルが充実してくると、自分たちでもっと人の役に立ちたいという考え方が出てくるものなんですね。

これは全部のコミセンで行われているわけではないです。慎重なコミセンは配食サービスの利用を拒否しています。調理室を利用して食事をつくるのはいい。けれど、それを持っていくとなると衛生管理上の問題に責任が持てない。だから会食サービスまでで終わりです。会食サービスも、それを受け入れているコミセンとそうでないコミセンがあります。でも配食サービスを認めないのは少数派です。自分たちがしてほしいことを他人にするという考え方は、流れとしていきなり出てくるわけではなくて、地域で、自分の家で〝老い共〟「老いを共に生きる会」ということを始めた人がいたからです。これは福祉のマインドを持ったリーダーがいたからできたのですけれど。残念なことに、えてしてこういう先駆的なことをやる人というのは、地域から排斥されていなくなっていくことが多いです。現実はそうですよ。頑張る人ほどつらいんです。

**大本**　日本的な村八分ですね。

**大石田**　そう思います。

**大本**　排除してしまうのですね。

**大石田**　ぶつかり合いがあって、いつの間にか居なくなっている。

**大本**　居づらくなるのですか。

**大石田**　だいたい仲たがいする。例えば二〇人のグループだとたった一つのメニューを巡って一〇人ずつに分かれる。けれど、こういうドロドロした部分を含んで、遠くからみれば社会貢献活動という大きなテーマに向かって歩んでいるわけです。それでも井の頭の「老いを共に生きる会」から始まった配食サービスは、いま、デイサービスへいこうとしています。

**大本**　すごいですね。

**大石田**　すごい。でも、「老いを共に生きる会」が始めた配食サービスも行政から補助金が出ているんです。材料費ですよ。デイサービスもちょっと元気なお年寄りが来ているという感じ。本当に元気のないお年寄りとか、要介護に認定された人たちが来ているわけではない。だから生きがいデイサービスに近いです。それでもまだまだ課題は多いと思います。

**大本**　でも元気でいられれば病気になりにくいですね。

**大石田**　そうです。だから住民協議会の厚生部が、生きがいデイサービスに近いことをやるようになったんです。

現実だけたどってみると、配食サービスからデイサービスまで来ました。それから地域でみると、社協――社会福祉協議会がいきいきサロン、相談サロンを二八カ所で展開しています。これは地区公会堂を拠点にしているんです。誰がやっているかというと、民生委員と町会の役員です。婦人部。女性中心なんです。男性は黒一点か二点ぐらい。社協が全国で〝いきいきサロン〟運動というのを展開していますから、どこでもそうなんですけれどどうしても女性が中心になります。

いまは地域では配食サービス、デイサービスというコミセンでの支援活動と社協の展開するいきいきサロン、相談サロンというのが重層的に存在しているわけです。

**大本**　一般的に、社協はありますが、重層的というのはすごいですね。

**大石田**　社協の活動はあるんですが、コミセン活動がないんですよ。これは民生委員とは関係なくやっていたりするわけです。志の高い民生委員は両方やっています。だから民生委員はものすごく忙しいんです。厚生労働省が地域包括支援センターなどをつくったものだから、それとも関係しながら、いまどこでもそうですけれど三鷹も地域ケアネットというのをやっているんです。福祉の施策もあり、コミュニティ・センターのサービスもあり、社協もあり、地域ケアネットもありですが、支え合い活動というのは、遠くから見ると複雑にからみ合っているんです。

**大本**　やはり整理したほうがいいですか。

**大石田**　整理のポイントというのは社会貢献活動ですね。社会貢献活動といったら、教育もあれば、環境もあるし、まちづくりもありますけれど、福祉を除いて何の意味がありますか。つまり、今の現実の市民活動のなかで支え合いといった時に、福祉を除いて何が残りますか。だから福祉なんですよ。だから三鷹の地域ケアネットというのは、これらの邪魔をしないようにしながら束ねるというイメージで動いています。

## 福祉を根底にすえたコミュニティ活動

**大本**　福祉が根底にすわっている。

**大石田**　だから、三鷹のコミュニティ行政というのは福祉のうえに立っています。こういうふうにたどってくると、コミュニティ・センターを中心にして、なおかつ住民協議会をワンオブゼムにしながら地域ケアネットという新しいネットワークをつくろうとしているのです。だから壮大な構想なんですけれど、コミセンをつくり地区公会堂を整備しながら至った結論というのは地域ケア、お互いの支え合いというのをどうつくるかというところに至りついたのです。

それは環境問題など他の課題もありますよ。でも、経済的に厳しくなったときに一人ひとりが暮らせる地域社会をつくるにはどうしたらいいのか。それには地域で人と人が支え合う自治の理念というのが必要です。でも、そういう自治の理念はどうやったらできるのか。交流から社会貢献、そして新しい仕掛けというふうに意図的につくっていかなければだめです。だから、これを説明するのにすごく時間が掛かるんです。でもこのことが議論できない市民活動はだめです。簡単にいうと、交流型から課題解決型になって、そしていま地域ケアになっているんです。こういうふうに三鷹のコミュニティが移ったんです。

市民にとってはこんなふうに型にはめて活動を規定されることは意味がないわけですが、ただ、僕は、市民にはっきりいわれました。〝お年寄りや障害を持った人たちのケアができないコミュニティ活動なんて意味がない〟と。

**大本**　核心をついていますね。

**大石田**　〝大石田さん、あなた、施設を整えるだけで意味があるなんて思っているんでしょう。あなたそれ、間違い。こんなに高齢者はいるし、こんなに一人暮らしで困ってる人もいるのに、コミュニティといって一つの施設に一億円も掛けているけれど何の意味があるの〟といって、いや、怒られる、怒られる。めっちゃくちゃ怒られましたよ。〝役所は偉そうにコミュニティ行政なんていっている場合じゃないんじゃないの〟とまで言われました。だからいまは福祉の視点をもってコミュニティも考えることにしています。

**大本**　私は大学で社会保障・福祉論を担当しているのですが、裏返して言えば、結局、自治がないところには福祉は進まないんだと思います。

**大石田**　進められない。

**大本**　言葉でばかりあれこれ言っても受け皿がなくては進められない。やはり市民自体が主体的に動かないかぎり進まないんだと思います。

**大石田**　市民自身が福祉の仕掛けを自分たちでつくらないと、地域でいい暮らしはできないんだと自覚することが重要なんです。でも、すぐにはそんなふうにならない。だから、人はまず好きなことをして生きてみなければだめなんです。そうすると、自分にとってより充実した活動が課題を解決することに思い至るわけです。

市民との関係でいうと、住民協議会があって、町会があります。住民協議会は町会とは関係ない関心のある市民も巻き込んでいますけれど、NPOも存在しているんです。場合によっては、課題によってはNPOも入ったまとまりをつくって課題解決を図るということがそこで現実に起きてくるわけです。そういうとき、住民協議会は行政とのパイプを持っているから強いわけです。

**大本**　これらのステークホルダー（利害関係者）がつながらないで孤立している地域が多いんですね。

**大石田**　千葉県のA市なんかそれで悩んでいるわけです。NPOセンターと市民センターを立ち上げて、NPOのための事務局をつくったのはいいけれど、それだけだと町会の反発もある。町会がくっついてこないでしょう。

**大本**　A市のヒアリングのさい、町会はどうなんですかと聞きましたら、非常にあいまいだった記憶があります。

**大石田**　はっきり言わないでしょうね。僕は、A市にも話をしにいったとき、うまくいかないのではと言いました。あそこには協働センターというのもあるんですけれど、協働センターをわざわざつくっても、それだってNPOセンターですよね。

**大本**　協働センターはNPOセンターですか。

**大石田**　実質、そうなんです。NPOを支援するためだっていうから、怒られちゃうわけです。だから町会も支援する。市民活動全体を支援する。A市も形の上では町会もNPOも差別しないといっているけれど、うまくいっていない。

**大本**　そうしますと、最終的には福祉を中心としても行政とつながらないと、トータルにはどうにも進まないんですね。

**大石田**　社会貢献というのは公的な役割であって、公的な役割を担う総体が自治体ですから。自治体でやれない部分もたくさんあるけれど、自治体と切れて公的なサービスをやるというのは難しいんですよ。

**大本**　ＮＰＯの皆さんも、一所懸命やっているのですが、単独なんですね。

**大石田**　みんな単独です。

**大本**　そうすると、エネルギー・ロスの場合が出てきますね。

**大石田**　それでＮＰＯもだんだん勢いがなくなってくる。資金もない、財源もない、人材もいない。拠点も構えられないというなかでＮＰＯが単独で生き残るのは難しいんです。だから途絶えてしまう。

**大本**　生き残るためにはＮＰＯの多くは行政の下請にならざるをえないということですか。

**大石田**　ＮＰＯも事業を展開するためには委託事業もやらなければいけなくて、委託事業をやるためにはやっぱり行政との関係もつくらなければいけない。しかも業者間で戦うためには安くせざるをえない。だから安上がり行政の下請になりがちなんです。構造的にそうなるわけです。でもそれをしない方法だってあるわけですよ。それをしないためには、ＮＰＯがＮＰＯだけで公的なセクションを担おうとするのは無理があるわけですから、協働センターという枠組みをつくっているのです。この協働センターというのは行政がつくりましたが、運営をしているのはＮＰＯ、行政がつくったＮＰＯです。

**大本**　官製のＮＰＯ。

**大石田**　そこにヒントがあるわけです。つまり官製のものだから市民の自主活動にとってネガティブだと決めつけることに間違いがある。でも、オールＯＫだなんて言いません。だって本来のＮＰＯではないから。ＮＰＯというのはもっと独立したものだし。

**大本**　過渡的には必要なんでしょう。

**大石田**　そういうふうに柔軟に考えるといいです。だって市民自身がすごく自立してあらゆることを自分で担えているわけではないのに、なぜＮＰＯという組織が法人をつくったらそれが自立してあらゆることが担えるんだということになるのか。それは無理ですよ。

**大本**　日本の場合は、無理がある。

**大石田**　そう、日本の場合は。欧米は違います。

**大本**　私はイギリスでボランタリー・オーガナイザー

ション（任意組織）で少し働いたことがあります。本当に独立しています。でも、独立しているというけれど自治体の補助を受けながらやる組織が多いのです。

**大石田**　イギリスにはパリッシュ（教区）の伝統もあるから自治の伝統は日本よりはるかに厚いわけです。でもNPOを日本に輸入した人びと、NPOフォーラムの人びとは分かっているんです。NPOに任せなさいという言い方をしながら、自治体を変えようとしてるわけです。たしかに自治体は変わらなければいけないです。でも自治体の本体は簡単には変わらないでしょう。それはそうですよ。NPOに協働とかいうふうにいって委託とか補助とかをやって安上がり行政を標榜しているわけですから。

　だとすれば、自治体が変わる方法として自治体自身がNPOをつくるというのも可かなと僕は思うわけです。たくさんNPOをつくって、そこと一緒に仕事するようにして自治体がスリムになるのは立派な協働です。そのときに、NPOをつくるのが市民自身にとって難しければ自治体がつくればいいんです。それでもこのことも、もしかしたら隘路かもしれないし、邪道かもしれないです。王道は市民自身が自立することなんですから。だけど、三鷹市は現時点では、片一方でそういう仕掛けをやっているのです。

**大本**　だから、プロセスとして過渡的にNPOが本当の意味で自立したパブリックセクターになる道筋をつけてやる。

**大石田**　金も人もいないところで、いきなり突き放して自立しろといっても無理ですからね。

**大本**　学者の先生方もみんな協働、自治体もみんな協働といって言葉だけが氾濫していますけれど、もう少し実態に即して協働とはどうすることか、安上がり行政のたんなる協力者ではない形にどうもっていくか、協働の中身をもっと明確にしていかないとだめですね。この点、三鷹市は事例研究に値すると思います。

### パートナーシップ協定と市民プラン21会議

**大本**　そこで市民プラン21会議（巻末資料2）の方に戻らせていただきますと、そこではパートナーシップ協定なども結んでいくのでしたね。

**大石田**　パートナーシップ協定（巻末資料3）というのは、人が三〇〇人も四〇〇人も集まったらルールなしにやれない。だから、会議としてはこういうことをやります、行政はそれを受けてこういうことをやりますという約束事をお互いに取り交わしたということです。ルールを決めたということです。

**大本**　人選はどうするのですか。

**大石田**　公募。手を挙げてもらうわけです。

**大本**　全員を公募によって選ぶ完全公募ですか。

**大石田**　完全公募です。

**大本**　座長も公募の市民のあいだから選ぶのですか。

**大石田**　そうです。

**大本**　職員はどういうふうに嚙むわけですか。

**大石田**　企画以外はクローズです。だから、一般職員はあまりかかわらなかったです。企画がお世話役をするのですけれど、市民に任せているから市民から要求があれば必要な資料は出す。説明を求められれば職員が行く。

**大本**　日常的には、職員は議論に入っていないのですね。

**大石田**　入っていません。クローズですから。市民が議論しているんだから職員はちょろちょろするなという感じです。僕はそこに少し行きすぎの面があったと思うんです。だから、どうなったかというと、市民プラン21会議がつくった計画というのは項目がすごく大枠です。細かい項目には触れていません。それは計画づくりのプロの方が見ればすぐ分かるはずです。

**大本**　市民プラン21会議の計画をもとにつくられたのが三鷹市基本計画ですね。どうして大雑把になるのですか。

**大石田**　それは、主要な項目しか議論できないからです。市民は細かいことを知らないわけです。たとえば福祉の項目を出してみましょう。健康づくりとか、障害者福祉、高齢者福祉とありますね。基本的な考え方があって、こういう大項目、中項目、小項目立てになってくるわけです。だが、この先には行かないのですよ。

この先、例えば苦情相談はどんなふうに書かれているか。「充実させる」としか書いてないわけです。こういう背景で進める。その進める中身の主要なものはこうだ。それ以外は書いていない。計画にないのではなくて書いていない。ただ「進める」としか決めなかったわけですね。この計画というのは、基本計画のなかでもやや荒っぽいものです。だから僕はその部分には一定の意見をもっています。ただし基本計画のあり方には様々ありますから一概には言えませんが。

**大本**　つまり実行計画がないのですね。

**大石田**　そうです。だから、細かいことは分野別計画、あるいは予算という計画のなかで生かしていくしかないわけです。

**大本**　大項目、中項目ぐらいですか。

**大石田**　大、中、小あって小項目の一部が書いてある。ですが項目を書いただけでは計画にならないじゃないですか。だから「介護保険事業計画の作成と推進」ということでは年度も書いてあったりするわけですが、あとがない。なぜか。市民も提案しづらいです。分からないから書きにくいのです。

**大本**　でも、最終的には行政の担当者が入るのではないですか。

**大石田**　担当者が入って素案をできるだけ書くのですが、そこにない項目については出せません。だから、あとは予算。すべてが網羅されているという基本計画ではなかったんです。行政組織のほうがどういう議論しているか分からないわけですから。

**大本**　普通は基本計画が出て、これに基づいて実施計画をつくるわけでしょう。実施計画は行政でつくるんでしょう。

**大石田**　今回、実施計画はつくらなかったです。

**大本**　市民の要望が盛られた項目ですけれど、実際には実現できないわけですか。

**大石田**　実現させていったわけですけれど、予算という形に移行させてからです。それで、三〜四年毎に改定しながら実質的にその基本計画の中身を実施計画として応用できるようにしていったわけです。

**大本**　すべてが盛られているわけではないというご指摘ですが、これ以後の基本計画は、また違った形になるわけですか。

**大石田**　それは今検討中です。二〇一〇年までの計画ですから。

**大本**　助言者がいるのですか。

**大石田**　市民プラン21会議の全体の代表者が今の清原市長です。市民プラン21会議はどういうふうにつくったかといいますと、三〇〇人を十数人の分科会に細分化したわけです。細分化して、項目毎にそれぞれが検討して、検討したことについては基本的に尊重をするということにし、その分科会の自立性を認めながら進めていったわけです。

**大本**　その分科会の最終調整は誰がやるんですか。

**大石田**　行政がするんです。呼ばれて〝今、こういう議論をしているんだけれど、どうだ〟という案件は内部で調整するんです。内部の調整というのがどうおこなわれたかといえば、あんまり厳密にはおこなわれなかったのではないかと思うんです。

**大本**　やはり一長一短あるわけですね。

**大石田**　そうです。巨大すぎるでしょう。

**大本**　三〇〇人ではね。

**大石田**　三七〇人ぐらいいました。いい部分もたくさんあるんです。たとえば、手を挙げて住協の役員も入っているわけです。だからいろいろな角度から議論できるというういい面もあったし、行政では思いつかないような提案も入ったりするわけです。もちろん行政の誘導もあります。少なくとも大項目は大きく落ちてしまったら計画がなくなってしまうわけです。だから、大項目から一部の中項目ぐらいは行政の誘導もあるし、市民もサービスの枠組みがなくなってしまったら困るわけだから、そういうものは尊重するんですけれど、自由闊達な議論ということになっていますから、議論が集中するものもあれば、あんまりないものもあるわけです。プロではないわけですから項目だけしか出ていないものもあるわけです。

**大本**　このやり方ですと、分科会で練り上げるとしても疎密が生まれざるをえないわけですね。

**大石田**　そうです。だから、どうしたかというと、あとは分野別計画にゆだねる。たとえば、福祉分野でいえば基本計画をもとにしながらも障害福祉計画もあるし、そこで細かいところは規定していく。緑と水の回遊ルート整備計画のようなものは都市整備部の基本方針にそってすすめる。緑については三鷹市緑と水の基本計画にゆだねる。水の部分の一部は下水道計画にゆだねるとなります。

**大本**　最終的にいえば、住民が提案していってあとで調整するにしても、従来のいろいろな施策に比べてかなり住民の福祉が進んだというふうに評価できるのですか。

**大石田**　住民の参加意識が高揚したことは間違いないです。実行感があったんではないですか。本当にワークショップでやったんですから。

## NPO市民協働センターの設立へ

**大本**　基本計画ができて、次に市民プラン21会議から市民協働センターというのが生まれたと言っていますね。

**大石田**　言っているんですけれど、協働センターとの因果関係は薄いんです。市民プラン21会議の中心メンバーになっている人が協働センターというか、NPOセンターについて提案をして研究会をもって在り方を検討した。そこで提案されてきたのが当初は直営でいきましょうとなったのですが、そのうちNPOをつくってNPOにゆだねるべきだということが決まったのです。このN

POをつくるときに、企画運営委員というのがあるのですけれど、企画運営委員のなかに市民プラン21会議の主要なメンバーが入っていたということです。
**大本**　企画運営委員というのは何のためにつくったのですか。
**大石田**　協働センターを運営していくためです。直営ですから市民が直接やるのではなくて、審議機関を設けて、市民の意見を聞きながら企画を立案したりして運営をしていく。だから実際の運営は、市がやるんです。ですけれど市民の意向を受けてやる。その意向を受けるための組織が企画運営委員会で、これには行政も入っています。これが一般的なやり方です。ですが、それをもう一回変容させてNPO法人をつくって、そこに指定管理したんです。
**大本**　その指定管理を受けられるほどのNPOがあったのですか。
**大石田**　だからつくったのです。
**大本**　NPOもつくったのですか。
**大石田**　NPOをつくったんです。一般的にいう官製NPOと言われるようなつくり方ではあったんです。
**大本**　当初はそれでも後で住民が自主管理していけばいいわけですね。
**大石田**　そうです。だから、しっかりとしたNPOになってもらえばいいわけです。
**大本**　それではなぜ市民プラン21会議のほかにディスカッション2006というのをつくるのですか。市民21会議で対応できないからなのですか。
**大石田**　公募のさいに声の大きい人が手を挙げるというのは、要するに声の大きい人が会議に来るということではないですか。だから委員のランダムサンプリング(無作為抽出)というのは、サイレントマジョリティ(物言わぬ大衆)の意見が反映されていないという批判に対する一つの答えなわけです。
**大本**　なるほど。
**大石田**　といっても、そんなにすべてが理想的なものではないです。参加しませんかといってランダムサンプリングで一〇〇〇人に参加要請を出したとしても、来るのは五〇人ぐらいという話ですから。それでもそれはそれで一つのやり方ということです。本来は声を出さない、積極的には出ない人だけれど、背中を押してあげたら、ではやってみようかという人はいるんですね。この前ですと外郭環状道路について、市民の代表者の意見を聞くというのでランダムサンプリングをやってみました。二〇〇〇人に出したところ一〇〇人ぐらい来ましたので、その人たちに外環について資料を提供し、議論をしてもらってメンバーを次々替えてワークショップで議論してもらいました。

**大本**　市民プラン21会議のような形ですと、メンバーが固定してしまいますね。

**大石田**　それを避けたということです。

**大本**　金太郎飴のようにどこにでも出てくる人がいますからね。

**大石田**　それでも市民プラン21会議の三〇〇人、四〇〇人は、全体と比べればそんなに多くはないですよ。といって一〇〇〇人の市民参加のシステムというのはなかなか構築できない。三七〇人でも十分無理な、厳しいものであったでんすから。だから、当時どう評価されたかというと、素晴らしい市民参加だ、こんなに人が集まる地域はいないだろうと言われたわけです。でも、今はこういうやり方をすれば三〇〇人ぐらいは集まる地域もいくつかはありますよ。だってNPOを考えてみればいいわけです。社会貢献事業、あるいは行政サービスの向上を望むという層はかなり多いわけです。そうすると三〇〇人ぐらい集まる。でもそういう人は課題を持った人、あるいは課題に近い人たちだけでしょう。そうではなくて、もう少し課題から遠い人の客観的な意見というのも求めなければいけない。

**大本**　いろいろ工夫されているんですね。

**大石田**　多くの場合、どこかの自治体が優れているというのは必ずしも正しい言い方ではない。もし優れたシステムを取っているんだったらすぐ真似しているはずだし、僕らも実績が良ければ真似しますよ。独創的なアイデアで三鷹にしかできないものがあるとすれば、それは三鷹市が努力したという証拠になるのでしょうが、そういうものはそんなに多くはないんです。

三鷹がやっていることでどこが違うかというと、市民参加のシステムを早く発想して、ちょっと頑張った所があって先行したとか、コミュニティ・センターは結果として市民がたくさんの活動をすることができて、NPO・市民活動の数がちょっと多いとか、市民活動が交流型になって新旧の市民が融和的になっている部分があるとか、そういうところですよ。

それは先人の、私の先輩方が仕掛けたやり方のなかに、実は意図していないような部分があったということです。交流が新たな市民活動を生んだとか、言いたいことがいえる地域をつくったといったものですが、そのことはとりもなおさず行政に対して辛口だということでもあるわけで、われわれにとっては大変つらいんです。そういう効果があるというちょっとした違いです。でもほかの自治体にしてもいろいろ工夫しているはずだし、別の部分でプラスアルファは出ています。

**大本**　ですけれど多くの自治体はそこまではいっていないのではないですか。

**大石田**　僕は理事者でもないし自慢する立場にもありませんし、もっと厳しい目でみると自治体としての課題や問題点もたくさんあるわけですから、もう少し謙虚でいなければいけないと思います。もちろん批判をする立場でもありません。支えて実施する立場ですから。

**大本**　早い話、リーマン・ショック以降のいまは大不況でしょう。そうすると、安全パイをとって公務員になりたいという大学生がいっぱいいるわけですから。みんながみんな、住民との関係で情熱かけてやるという話ではないと思います。

**大石田**　そうですね。でも、市の基本的考え方としては市民と一緒に仕事をやるんだ、市民の意向を受けてよいサービスをやるべきだと言っているわけですから、市民との接触なしに仕事はできませんね。

**大本**　そのこと自体がすごいことではないですか。

**大石田**　徹底しています。だからつらい側面もあるのです。

**大本**　具体的にはどういう点がつらいですか。

**大石田**　市民の要望のうちには行政にとっては無理な部分もあるわけですから、無理を強いられるわけでしょう。だってA、B、C、三つの意見があって挟まれることもたくさんあるわけですが、どれをやったらいいか分からない。

それにわれわれは市民目線だけを獲得しようとすると、行政組織のなかでは最終的には生きられないということもあります。というのは市民目線だけだったら仕事にならないでしょう。〝それは、われわれが悪いわ〟と自分で言うわけにいかないわけでしょう。だから目線は持っているけれど、行政の執行責任もあるわけです。だから、大変つらい精神的なプレッシャーを受けるわけですよ。そういう生き方というのは公務員にとってはつらいですよ。

**大本**　これだけ長い時間を掛けて、市民参加で行政をやっていこうと努力をされてきたわけですが、当初は市民も素朴であったけれど、だんだんと市民が自分の意見を持って行政に自分たちの要望を出していくということが、以前に比べたら多くなっているわけでしょうし。

**大石田**　日常化したんじゃないですか。ここの住民組織は、何かやるときは、自分たちに関連する事柄には必ず相談があると間違いなく思っています。

**大本**　最後に一つ伺いますが、マスコミに日本一住みたい町に三鷹市が挙がることがありますね。

**大石田**　挙がったり、挙がらなかったりしますね。

**大本**　日本一に挙がらなかったとしても上位に挙がってくることは確かですね。やはり住みやすいわけでしょうね。

**大石田**　だから住みやすいと僕も言いますし、住みやすい、いい自治体だと評価されていますよと対外的には言います。でも、あくまでも一般論であって、そんな単純な構造ではないですよ。本当に大事なのは、一人の市民に対して豊かなサービスが供給できているかどうかというのは、毎日の本当の課題と解決とのつばぜり合いであるわけです。にじり寄りであるわけです。そうやって評価されて良かったねというのは一般論にしか過ぎない。そういう意味では、だからそういう議論というのは、正直いってわれわれにはあんまり意味がない。

**大本**　なぜ、こういう問題を出すかと申しますと、三鷹市には意識が高い人が多いから、いい市政ができるのが当たり前で、ほかの低いところはやっぱり難しいというふうな結論を導かれると困るわけからなのです。

**大石田**　それは都市においては意識が高い人が住んで、田舎にはそうではないという議論に通じるわけですが、それも全く間違いですよ。いま都市でも、田舎でも同じ新聞を読んで、同じテレビを観ているので、意識が高いとか低いではないですよ。自治体の在り方、市民と職員との距離、そういうものがきちんと詰められていたら、そういうことは言えないはずだし、住民一人ひとりに聞いてみたらすぐ分かりますよ。全然変わらないですよ。田舎に住んでいる人が意識が低くて行政サービスに対する要望はないかというと、そんなことはありませんよ。税金を払っているんだし。だから、僕はそういう話は限りなく長い間語り継がれている一般論、幻想だと思います。

**大本**　要はその自治体における市民と職員との関係性がどうかという問題になるのですね。

それにしてもこの度は、度々にわたるインタビューに応じていただきどうもありがとうございました。三鷹市におけるコミュニティ・センターと住民協議会との相互関連、相互発展に関してこれほど詳細に解明したものはおそらくこれまでになかったものと思われます。

とりわけ住民協議会と自主管理論、三鷹市の自治の交流型から社会貢献型への発展、市民プラン21会議のメリットとデメリットなどについては、公式文書ではわからないので興味深く思われます。率直なご意見の開陳に深謝しております。それとともに大石田様の今後のご発展を期待したいと思います。

（インタビューは、二〇〇九年二月二五日、八月二六日の二回にわたり三鷹市都市整備部においておこない、また同年一〇月六日に東京経済大学経済学部大本ゼミにおいてゲスト講師として九〇分の講義をいただいた。本稿は、これらでのご発言をまとめたものである。）

**付記**――本稿は大石田氏にご一読いただき加筆修正のうえ、大本の責任で補訂したものである。

**注**

（1）　現段階の地方自治の全国的動向を踏まえて、三鷹市の実践を位置づけようとした文献として、大石田久宗「変貌するコミュニティ―地域政策の新展開」（地方自治総合研究所『自治総研』第三五巻第一号、二〇〇九年一月）がある。

（2）　小田切洋「いまコミュニティ・センターをどう考える：Ｉ　三鷹市大沢地区コミュニティ・センター」（『建築文化』第三三一号、一九七四年）。この文献は、大沢地区コミュニティ・センターを写真入りで紹介しているが、概要が以下のように記されている。設計／石本建築事務所、監理／三鷹市役所建築課、施工／前田建設工業、工期／一九七二・一〇～一九七三・九、工費／二億六五〇〇万円。

なお、コミュニティ・センターは「徒歩によって集まれる地域センターを形成する」という「考え方」（八九ページ）にもとづいて造られている。

（3）　七年祭発起人会、『炎の人』（七年祭発起人会、平成三年）のなかで井上五郎氏の回想である「新住居表示ができなかったのは残念」の項には、「鈴木さんを忘れ得ない事の一つは、私の鶏鳴幼稚園の認可を市長就任第一号の印を押していただい事だと思います。〝俺が認可したんだから運動会には呼べよな〟と少しうつむき加減で、背を曲げて、息を吸い込むような話し方が印象的でした。

上水道の問題が大きくなり、道で逢ったら、いきなり〝長生きするには水、水が良くなければ長生きしませんよ〟、市議会の流れを知りませんから『そうですね』とあいづちをうちました（……）。

鈴木さんは『ずるい』『強情』『アイディアマン』等々批判されていましたが、どれも当たっているのでしょう。目的達成までは、いろいろ方便を考えられたに違いない。〝目先は見えるが、遠目がきかない人が多くて困る〟と、ポツンと隣の席で話された事がありました（……）。住居表示についてはさすがの鈴木さんも完結できませんでした（……）。もう市民は吸い込み式穴掘り下水に苦しんだ事を知っている人は少なくなり、生放流下水が当たり前の世の中になりました」（二四四～二四六ページ）と、下水事業で有名であるが、公衆衛生からみて当然上水道も問題となるが、市長当選当時の昭和三十二年頃から問題になっていた様子が窺え、当時の鈴木氏をかいま見ることができる。

（4）　伊藤千恵子・須藤哲「『丸池復活プランづくりワークショップ』支援の実際」（『ランドスケープ研究』第六三巻第四号、二〇〇〇年）。一九九七年「丸池復活プランづくり」は地域の人びとによって構成された『丸池復活プランづくり運営委員会』（井上利明委員長）を中心にワークショップ形式でおこなわれた。完成した「丸池復活プラン」は一九九七年一一月にワークショップの委員から三鷹市長に提言され、一九九八年に「丸池実施設計ワークショップ」がおこなわれた。三鷹市は、提言されたプランをもとに実施設計をおこない、一九九九年九月に工事着工、二〇〇〇年三月末に完成。この論文では、ワークショップの支援組織、および支援の内容が記されている。

（5）　「財団法人まちづくり公社」は、「市民が主体的に行うまちづくりを支援する」目的で、一九九四年四月一日に発足し、財団法人として東京都から認可を受けたのは一九九六年四月一日、三鷹市が一〇〇％出資する団体である。

従来、自治体における「まちづくり公社」はハード系の再開発のためにつくられることが多かった。しかし、三鷹市では住民参加のまちづくりを支援することをねらったソフト系の組織として「まちづくり公社」を立ち上げた。東京都の規定では財団法人の公社を設立するには、当初の出資金五億円を積み、そのうえ毎年三億円の運営資金の補助金を出さなければならない規定になっている。三鷹市ではそれを三年間継続したが、一九九七年に国によって地域活性化を狙った「まちづくり三法」が制定され、そのなかに「まちづくり株式会社」をつくり中心市街地を活性化することが可能であるとした。それには経済産業省から補助金を出すというもので、①都市部でも活性化事業をやってもいい、②各省庁の活性化事業を一括で申請ができる、③中心市街地の商業系活性化（ＴＭＯ）のために全国のまちづくり団体に補助金が与えられる、という法律であった。三鷹市では、当時、活性化事業のために公社にするか、商工団体にするか、新しく株式会社をつくるかの選択のなかで、公社では三鷹市地域全体のまちづくりを担えるが、毎年の補助金が必要である。商工団体では、三鷹市の「ＳＯＨＯ」を担うには荷が重いということで、株式会社の形態で新しい産業振興に取り組むことにした。ＴＭＯの企業であれば中心市街地を対象とする活性化であり、公社では市域全体を対象としうるが、当時の安田市長の方針で、経営感覚を取り入れる必要性があるということ、中心市街地といわず狭い三鷹市全域で活性化事業をおこなうこと、株式会社であれば出資金が二億七〇〇〇万円ですみ、それ以外の資金を必要しないことなどから「株式会社まちづくり三鷹」を選択して、二〇〇〇（平成一二）年に「まちづくり公社」を解体したという経緯をへている。

# 三　三鷹市住民協議会のコミュニティづくり

海老澤　誠

海老澤誠氏の略歴

一九四九年五月　三鷹市大沢に生まれる

一九七二年三月　専修大学経営学部卒業

　　　　四月　吉永プリンス株式会社入社

一九八〇年四月　井口コミュニティ・センター事務局長、現在にいたる

## はじめに

三鷹市は、日本の都市部における地方自治の先進都市として定評があります。そこで安田養次郎前市長をはじめ大石田久宗さんなどとヒアリングをかさねてきているのですが、やはり住民協議会の活動舞台であるコミュニティ・センターに出むき、自治に関わる日頃の日常活動の現場のお話を伺わないではこの調査活動も完結しないと思いまして、三鷹市の清水富美夫室長さんの紹介でやって参りました。七つある住民協議会のうち西部地区住民協議会の活動は標準的なものと聞いています。こちらでのお話を伺えれば、他の住民協議会の活動もほぼ想像できるとのことですので、何とぞよろしくお願い致します。

### 住民協議会の事務局組織（巻末資料4）

**大本**　井口コミュニティ・センターのあるこのエリアは二・五七平方キロあって、人口は一九七九年開設の当時、ほぼ二万人が、今はそれより若干は増えているのですか。

**海老澤**　若干は増えていると思います。

**大本**　その二万人の居住者のなかから、住民協議会のメンバーはどのように選ばれ、どういう形で活動しているのですか。

一九七四年に「コミュニティ研究会」ができて、この時そのメンバーは五〇人ですね。海老澤さんはこの時からですか。

**海老澤**　いや、私はもっと後です。ここがオープンしたのはおっしゃられたように一九七九年ですが、私がこちらの職員にさせていただきましたのはその一年後の一九八〇年の四月一日からということになります。

**大本**　海老澤さんはここに入られる前はどういうお仕事をなさっていたのですか。

**海老澤**　前は浅草橋のほうの問屋街で普通の民間のサラリーマンと言いますか、そちらのほうで七年間ぐらい勤めていたんです。それが縁がありまして、こちらのほうに一九八〇年に入りました。その時は職員で、事務局長にしていただきましたのは去年の二〇〇九年からです。

**大本**　雇用形態というのは、このコミュニティ・センターを拠点として活動している三鷹市西部地区住民協議会が海老澤さんを雇っている形なんですね。

**海老澤**　三鷹には住民協議会というのが全部で七つあ

って、基本的にはその七つがそれぞれ独自にやっています。ただ、三鷹市の市の基準にのっとって給料などの内容を決めた会則のようなものは全部、市のほうから来ています。

**大本**　その財源は三鷹市から出ているのですか。

**海老澤**　そうです。

**大本**　全額ですか。

**海老澤**　全額です。

**大本**　そうしますと事務局長さんがおられて、職員の方が四、五人おられる分の費用も全部。

**海老澤**　基本的には市のほうが運営費として全部。正規の雇用で給料プラスのいろいろな諸手当および休暇も、基本的には三鷹市に準じるということになっております。

**大本**　そうしますと、年金は厚生年金ですか。

**海老澤**　そうです。

**大本**　ではボランティアというよりも、きちんとした仕事になりますね。

**海老澤**　そうです。私たちはボランティアということではなくて、職員ということなんです。

**大本**　海老澤さんがこられた頃はどういう勤務形態だったのですか。

**海老澤**　私の時はまだ皆さん、臨時職の関係で、特に男性の方が決まっていなかったらしいんです。その時は市のほうもまだ出向という形をとっていまして、事務局次長という形で来ていました。それが三〇年たって、その間に少しずつ変わってきています。今は基本的に八時間勤務なのですが、昔は五時間で前半、後半ということで動いていたということを聞いております。というのは、主婦の方ですとどうしても八時間、朝から晩までというのは難しいし、ここの場合ですと午前一〇時から夜の九時までということでしたから、五時間、五時間でその間をうまくカバーをしていたという話を聞いています。

皆さん、勤めやすいようにということで、初めは五時間職員ということでした。今もセンターによっては昔の名残りで、何人かが五時間の方がそのままやっているところもありますが、基本的には八時間という方向です。ですから例えば五時間の方が理由があってお辞めになりましたら、次からは八時間対応の方ということになっております。

**大本**　今、何名ぐらいおられるのですか。

**海老澤**　今、私を含めて五名です。会長はあくまでもボランティアです。私がセンターのなかで事務局長、事務局のなかの長で、私を含めまして五人ですから、あとは四人です。それに臨時職員が毎日一人来ています。

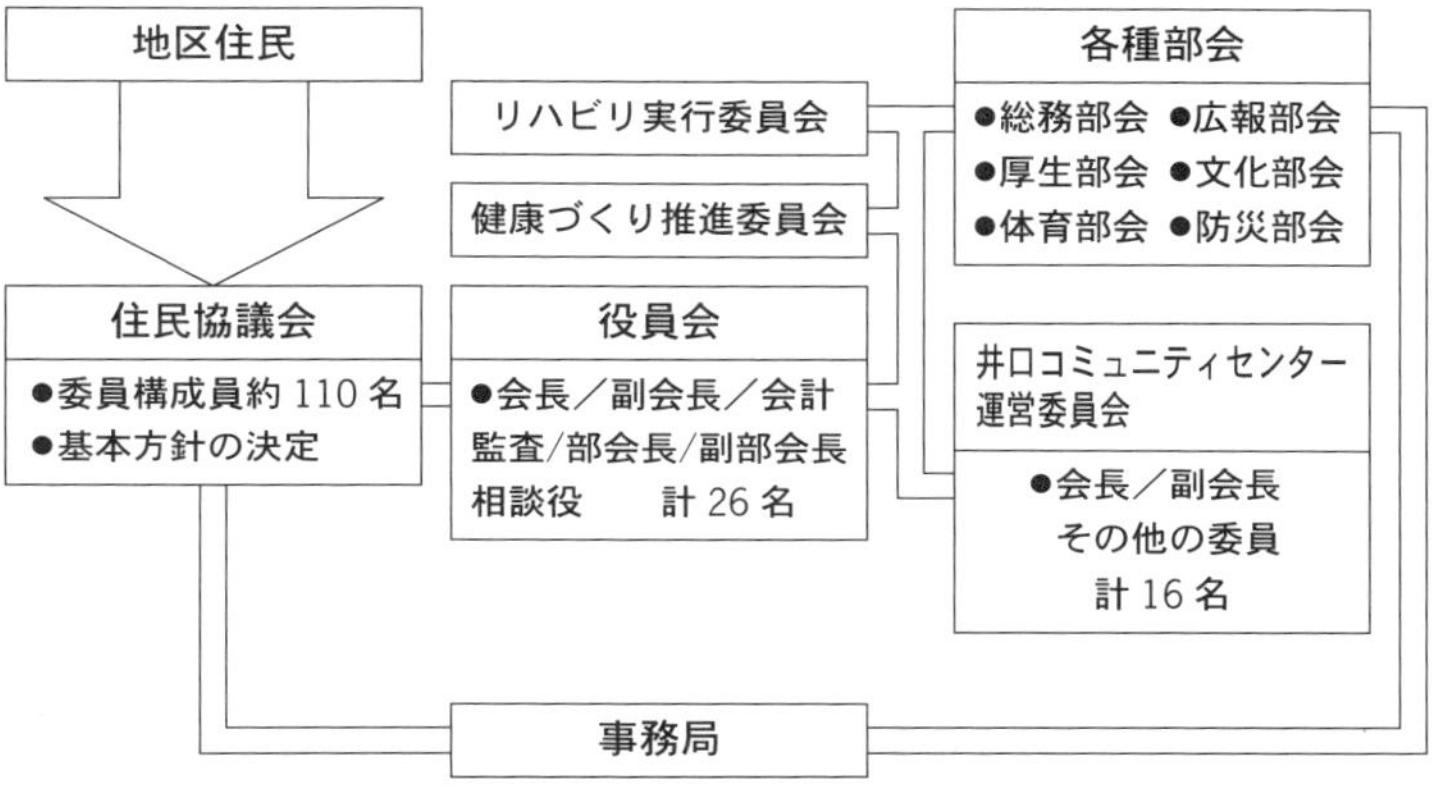


**図１**　三鷹市西部地区住民協議会組織図

**大本**　パートですか。

**海老澤**　時間的には午後一時から午後九時までですから、基本的にはパートです。

**大本**　会長さんは何という方ですか。

**海老澤**　会長は黒川田鶴子です。会長だけではなくて、委員さんは全部、ボランティアです。

**大本**　会長さんは何かご職業をお持ちなのですか。

**海老澤**　女性の方で、もう職業というのは持っていないと思います。

**大本**　年齢は。

**海老澤**　九一。無理してお願いしています。会っていただければ歳よりは全然、若いのですけれど、歳で言うと九一歳です。

**大本**　会長さんはどういうお仕事をされるのですか。

**海老澤**　会長は基本的には西部地区住民協議会のいろいろな決めごと、例えば毎月一回、役員会がありますが、それのまとめ役です（図１参照）。

**大本**　総会もあるのですね。

**海老澤**　総会もあります。総会は年に二回、三月と六月にあります。予算総会と決算総会ということで年に二回。それから毎月一回の役員会。基本的にはこの役員会が、西部地区住民協議会の全体の流れとか決めごとを実施していくことになります。そのほかに運営上の問題では、運営委員会というものがあります。これはだいたい三カ月に一回ぐらいです。

**大本**　たとえばいま、屋上にプールがありますが、役員会でその設置を決めて、事故が起こらないようにいろいろ手配をするとか実務のほうでは海老澤さんの役になるのですか。

**海老澤**　そのほかに六部会という部会があります。

**大本**　六というのは。

**海老澤**　総務、厚生、文化、体育、広報、防災の六部会がありまして、いまのお話のプールに関しては、スポーツの関係ですから体育部会が担当しています。今回の場合、オープンの前に、屋上にプールがあるのを気が付かない方もいらっしゃいますので、まずここにプールがあるということを知ってもらって、遠くに遊びに行くよりも近くのプールを水上運動会など、ゲーム感覚でぜひ利用していただきたいと周知させ、いつオープンにするかといったことを決めます。防災ですと防災部会が中心になって九月一日の防災訓練に、消火器の噴射を体験してもらうことをやりますが、他の委員さんもサポートするという形になります。

**大本**　部会の部員はどうやって集めるのですか。

**海老澤**　防災ですと、部会員、町会消防部や第八・九分団からの人、または女性防災リーダー、日赤奉仕団という方々が中心で、それ以外に住民協議会の自主グループの方々が加わって三〇名ほどいます。

**大本**　各部会のメンバーは、大体、それぐらいいるのですか。

**海老澤**　防災が一番多いです。広報は三名ということでちょっと少ないですけれど、毎月一回、コミュニティ新聞『にしみたか』などを出しております。

**大本**　厚生部会というのは農産物の即売とかもやるんですか。

**海老澤**　地元で採れた野菜のＰＲを兼ねて農産物の即売をやっています。〝まだ、この三鷹の地域でも地物が採れて新鮮ですので、ぜひ食べてください〟という主旨で、このセンターの玄関前で週に二回、火曜日・金曜日に実施しています。

**大本**　地産地消ということですね。

**海老澤**　そうです。

**大本**　評判はどうですか。

**海老澤**　利用者はいつ即売するのか分かっていますので、当日は早く来て野菜を購入してセンターが開館するのを待っています。もちろんわざわざ買いにお見えになる方もいらっしゃいます。

**大本**　この地区外から買いにくる人も結構いるわけですね。

**海老澤**　そうですね。もう二〇年ぐらいはやっているのではないでしょうか。ただ、地産地消で、どこか他所から持って来るのではないので、変わった野菜というのはないんです。ただ、新鮮であるということは間違いないです。だいたい朝採りか、または夜のうちに採ったのを朝、持って来るという形になっています。

## 住民協議会役員の選出方法

**大本**　住民協議会の委員は何人ですか。

**海老澤**　正確には一一四名です。

**大本**　一一四名はどのように選出されるのですか。協議会のメンバーは、団体と個人から推薦ということですね。

**海老澤**　「三鷹市西部地区住民協議会の委員推薦母体と被推薦者定数」（表1、参考1）をもとにします。これは二〇〇八年なので、一年古いですけれど、うちのほうでは基本的にはこのパターンで、委員さんを募集しております。うちには四つの大きな町会がありますので、そこを中心に動いています。最初は町会・自治会からいきますと、例えば井口の協和会、これは町会なのですが、委員は三名という形です。あとは町会に付属して老人会がありますので、その老人会から一名。

また町会の中には子ども会もありますので、子ども会からも地域ごとで一名です。井口には四つの子ども会があるのですが、四つの子ども会から一名ということです。それから深大寺の町会には二つの子ども会があって、その二つのうちから一名ということです。これは輪番制になっています。子ども会によって違うのですけれど、だいたい順番ができています。東野の町会さんには子ども会が一つしかありませんので一名。野崎の町会にも子ども会が一つしかありませんので一名です。

これに付随しまして町会のなかの婦人部、女性部ですが、各地域から一名。あとは交通対策委員会とか青少年対策委員会で、うちには二つの交通対策委員会、青少年対策委員会がありますので、そこから一名ずつ。それから地域には学校が三つ、うち中学校が一つと小学校が二つありますので、そこから二名ずつです。

**大本**　学校というのはPTAですか。

**海老澤**　PTAからということです。中学校一校、小学校二校の各PTAから二名ずつです。

**表１**　三鷹市西部地区住民協議会の委員推薦母体と被推薦者定数（案）

（平成 20 年 4 月 12 日）

| 団体名 | 員数 |
|---|---|
| **★町会・自治会** | |
| 井口協和会 | 3 |
| 深大寺町会 | 3 |
| 東野会 | 2 |
| 野崎町会 | 3 |
| 野崎鷹野会 | 1 |
| 矢ケ崎自治会 | 1 |
| 井口親和会 | 1 |
| 井口５丁目自治会 | 1 |
| 第２都営住宅親睦会 | 1 |
| **★老人会** | |
| 井口協友会 | 1 |
| 深明会 | 1 |
| 東明会 | 1 |
| 野崎長寿会 | 1 |
| **★子ども会** | |
| 井口東子ども会<br>井口西子ども会◎<br>井口南子ども会<br>あおば子ども会 | 1 |
| 深大寺南子ども会◎<br>深大寺北子ども会 | 1 |
| 東野子ども会 | 1 |
| 野崎子ども会 | 1 |
| **★婦人部** | |
| 井口協和会婦人部 | 1 |
| 深大寺町会婦人部 | 1 |
| 東野会厚生部 | 1 |
| 野崎町会女性部 | 1 |
| **★青少対** | |
| 第２地区 | 1 |
| 井口地区 | 1 |
| **★交通対** | |
| 第２地区 | 1 |
| 井口地区 | 1 |
| **★学校等** | |
| ２中 PTA | 2 |
| ２小 PTA | 2 |
| 井口小世話人会 | 2 |
| **★幼稚園** | |
| 鶏鳴幼稚園<br>双葉幼稚園◎<br>みずほ幼稚園 | 1 |

| 団体名 | 員数 |
|---|---|
| **★交通安全協会** | |
| 井口支部<br>深大寺支部<br>野崎支部 | 1 |
| **★農協支部** | |
| 井口(上)<br>井口(中)<br>井口(下) | 1 |
| 深大寺支部 | 1 |
| 野崎支部 | 1 |
| **★商店会** | |
| ２中通り商店会 | 1 |
| 千代の湯商店会 | 1 |
| 西部商店会 | 1 |
| **★体育系自主グループ** | |
| WEST クラブ<br>好卓会<br>井口卓美会 | 1 |
| 井口バドミントンクラブ<br>バドミントン同好会 | 1 |
| 日鋼テニス<br>クラブフライデー<br>トップスピン<br>青い空<br>秋桜 | 1 |
| KING テニス同好会<br>井口軟式テニスクラブ<br>くんしらん | 1 |
| あじさい<br>井口クラブ | 1 |
| ホールインワンクラブ<br>ヒップホップダンスクラブ | 1 |
| 三鷹子ども新体操クラブ<br>エーデル | 1 |
| 井口剣道研究会<br>天然理心流 | 1 |
| エアロビクス同好会<br>ひまわり会 | 1 |
| 陽雅会<br>サンスクリットクラブ | 1 |
| 中国体操サークル<br>気功の会 | 1 |

| 団体名 | 員数 |
|---|---|
| みたかスポーツ少年団<br>深大寺少年野球クラブ<br>井口ヤング<br>野崎シャークス<br>三鷹ゼファー | 2 |
| ストレチア<br>みたか踏友会<br>井口ダンス愛好会<br>月曜会 | 1 |
| **★文化系自主グループ** | |
| こでまりグループ<br>やよい会 | 1 |
| 井口七宝同好会<br>陶好会<br>西部陶友会 | 1 |
| 井口パソコン悠々クラブ<br>パソコンピヨピヨ<br>クリック会 | 1 |
| 英会話 ABC<br>井口英会話クラブ<br>英会話クレス | 1 |
| 如月短歌会<br>井口俳句会 | 1 |
| 松の葉会<br>井口書道クラブ | 1 |
| 井口囃子保存会<br>フリージア | 1 |
| チューリップの会<br>こまどり会 | 1 |
| パンプキンの会<br>シルバークッキング井口 | 1 |
| ラタンの会<br>パステルの会 | 1 |
| **★その他** | |
| つくし会<br>心身障がい者親の会 | 1 |
| 東野クラブ | 1 |
| 井口ふるさと会 | 1 |
| 深大寺青年クラブ | 1 |
| 合　計 | 74 |

◎今回選出母体

## 参考1

**三鷹市西部地区住民協議会**

**▼あなたもコミュニティづくりにご参加を**

三鷹市西部地区住民協議会会則により現在の委員は、来る六月末日を以て、二ヶ年の任期が満了しますので、委員の改選（再任も可）を行います。委員の改選は会則第五条の規定で次により行われます。

**◎団体推せん委員**

左記の三鷹市西部地区住民協議会委員選出母体・定数表により各種団体で委員を選出し推せんして頂きます。各団体宛には別途推薦状を送付します。

**◎公募委員**

一般公募により選出される委員で、応募資格などは後述の「委員公募」掲載の通りです。

**◎第五条一項二号委員**

地域住民で本会が事業運営上必要と認めた者で、役員会で決定されます。

---------- キリトリセン ----------

### 三鷹市西部地区住民協議会委員公募申込書

このたび会則により下記の要領で委員を公募いたしますのでご応募下さい。

○募集人員…6名

○資　　格　●委員の推薦母体に所属していないこと

但し、下記の団体に所属している場合は、所属長の推薦を必要とする

●成人で井口、深大寺、東野、野崎（神社西側）に居住している人

●応募者多数の場合は地区別公開抽選を行います

○募集期間…5月　日（土）まで

○申込方法…当用紙に必要事項を記入して事務局へ。

※結果は6月初旬にお知らせします。

氏　　名　　　　　　　　　　㊞

住　　所

電　　話

生年月日　　大・昭　　年　　月　　日生

性　　別　　男　女

所属したい希望部会に○印

総務・文化・広報・厚生・体育・防災

私儀三鷹市西部地区住民協議会委員に応募します。

推薦を必要とする人は推薦人の氏名

平成　年5月　日

**大本**　子ども会には、親御さんが来られるということですね。

**海老澤**　はい。主としてお母さん方ということになります。お父さんでももちろん構いませんけれど、父兄の方になります。くわえて体育系自主グループと文化系自主グループがあります。体育系自主グループには、たとえばＷＥＳＴクラブ、好卓会、井口卓美会といった卓球のグループがあります。卓球大会などがある時は、こういうグループが中心に動いていただくのですけれど、三つの卓球のグループから一人ずつだとたいへんですので、卓球は三つの団体がありますから、そのなかから一名を上げてほしいといいます。次にバドミントンは、二つの団体がありますので、そこから一名です。テニスのグループには硬式と軟式で五つのグループがあり、その中から二名です。

**大本**　〝日鋼テニス〟という名前がみえますが、日本鋼管のテニス部ということですか。

**海老澤**　部というか、同好会みたいなものです。日鋼さんのアパートがありますので、そこに住まわれている方がつくったグループです。このテニスの方は、たとえば大会をやりたいと言うとき、なるべくダブらないような日にちをお互いに相談しあうために、その代表として一名上がっていただいています。軟式テニスは、三つのグループから代表として一名上がっていただきます。またバレーボールには〝あじさい〟、〝井口クラブ〟がありますが、この二つのグループから一名。同じグループに二つとか三つとか四つとかある場合、そこから代表をという形になります。スポーツ系は、ここのテニスコートと体育館の利用が主です。

つぎに文化系のグループですが、これはセンターのお部屋を利用して活動しているグループです。〝こでまり〟とか〝やよい会〟はカラオケ関係、七宝用の窯とか陶芸の窯とかを利用されている七宝、陶芸のグループから一名。それからちょっと年配の方々なのですけれど、パソコンのグループから一名。英会話のグループから一名。短歌と俳句のグループが一つずつありますので、二つのグループから一名。〝松の葉会〟というのはペン習字なのですけれど、ペン習字と書道は似ていますから、ここから一名。それから〝井口のお囃子〟と〝フリージア〟から一名。

**大本**　〝チューリップ〟と〝こまどり〟というのは何ですか。

**海老澤**　これは編み物のグループです。それから〝パンプキン〟、〝シルバークッキング〟はお料理のほうです。

〝ラタンの会〟と〝パステルの会〟は絵の関係です。

**大本**　たくさんありますね。部屋取りはどうされているのですか。

**海老澤**　基本的にはこれらのグループは、お部屋を早く申し込むことができるんです。一カ月先までお部屋を取ることができるのがこのグループなんです。

## 住民協議会への加入条件

**大本**　そうすると、加入にさいしてはグループ登録をしなければいけない。

**海老澤**　登録をしてもらいます。

**大本**　ここの協議会に加入していない団体の代表は上がってこない。

**海老澤**　基本的にはそうです。その代わり公募というのがありますので、公募で上がって来られる方がいらっしゃいます。

**大本**　公募は個人ですか。

**海老澤**　個人です。うちは毎月、新聞を一万二〇〇〇部、各家庭に配布しております。

**大本**　『にしみたか』ですね。それを参照して公募の申込書に応募すればよいのですね。

**海老澤**　お手元に資料として、去年の活動状況の一覧表「二〇〇八年度事業報告書　三鷹市西部地区住民協議会」（巻末資料5）があります。それの総務の一つ、住協委員研修会ということで記載しているのが視察です。あと、いま裁判員制度が始まりましたので、裁判員制度の話をする予定が立っています。市役所と違って流行に即対応する事業もありますので、ある程度の年間予算はキープしているのですけれど、なかなか予算通りにいかないところがあります。

**大本**　この協議会を構成する諸団体が加入する条件はどのようになっていますか。当然、消えてしまったり、新しく生まれたりということがありますね。そうすると例えば活動実績で、何年間かやったら入れてあげるよか、そういう条件というのはあるのですか。

**海老澤**　それはないです。所定の条件さえ満たしていれば、すぐ入れます。条件というのは最低一〇名以上ということと、住区内、井口、深大寺、東崎、野崎に住んでいる方が過半数以上、半分以上いないとだめということです。ここは場所を貸すだけではなくて、そこでお互いのコミュニケーションをとってもらったり、地域のためにいろいろなことをやってもらうということですので、こういう条件がちょっとあるわけです。

**表2　井口コミュニティ・センター年度別統計表**

○施設の利用状況の推移　（単位：人）

| 年　度 | | 1991 | 2000 | 2001 | 2002 | 2003 | 2004 | 2005 | 2006 | 2007 |
|---|---|---|---|---|---|---|---|---|---|---|
| 総来館者数 | | 81,097 | 79,071 | 76,650 | 79,504 | 79,390 | 77,557 | 72,067 | 72,333 | 73,614 |
| 老人施設 | | 3,883 | 3,165 | 3,244 | 3,047 | 2,754 | 1,979 | 1,738 | 1,941 | 2,007 |
| プール | 団体 | | 4 | 18 | — | }2,624 | 3,235 | 3,772 | 2,533 | 3,345 |
| | 個人 | 3,376 | 3,271 | 2,208 | 3,326 | | | | | |
| 体育館 | 団体 | 11,457 | 10,962 | 10,648 | 10,863 | 11,570 | 11,517 | 10,209 | 10,805 | 10,284 |
| | 個人 | 4,142 | 4,189 | 5,309 | 5,137 | 5,279 | 5,180 | 4,734 | 4,879 | 4,719 |
| テニスコート | | 4,657 | 4,077 | 4,666 | 4,215 | 4,668 | 4,945 | 5,037 | 4,647 | 4,635 |
| 図書室 | | 7,350 | 7,254 | 6,061 | 5,859 | 5,891 | 6,229 | 6,459 | 6,627 | 6,638 |
| その他施設 | 団体 | 40,259 | 40,668 | 39,302 | 41,672 | 41,625 | 39,885 | 36,179 | 38,042 | 35,039 |
| | 個人 | 5,973 | 5,481 | 5,204 | 5,485 | 4,979 | 4,587 | 3,939 | 2,859 | 6,947 |

※ 2003年度～プール団体利用時間は廃止（自主グループ解散のため）

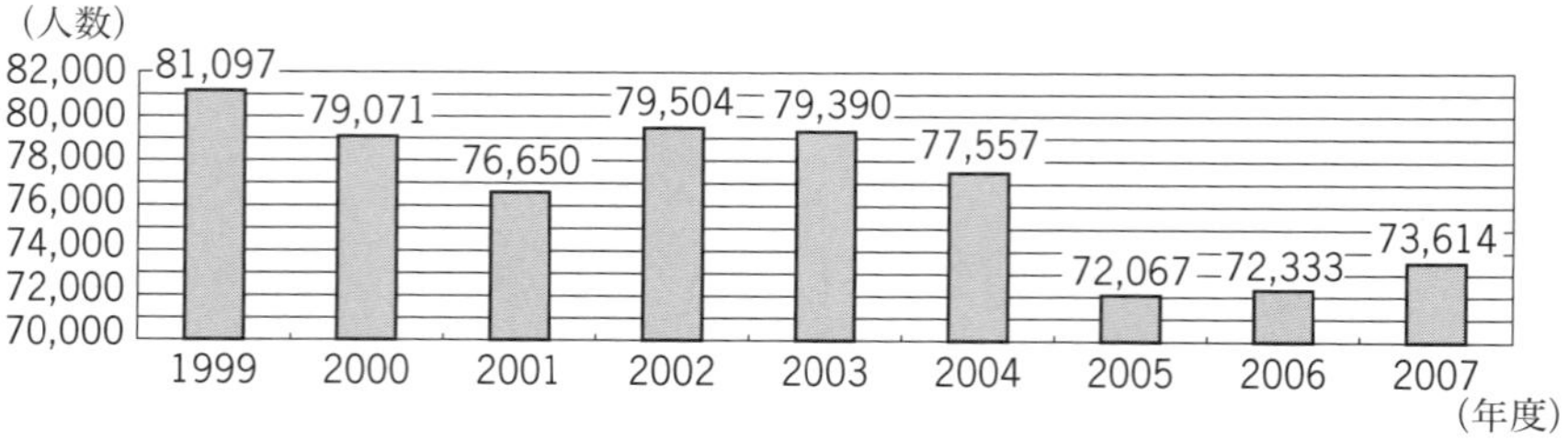


**図2　利用状況推移**

でもいまは、一〇名でもやっとです。昔は一つの団体で二〇人、三〇人という団体があったのですけれど、今は活動するにも七、八名、よくて一〇名ぐらいの団体で、集めるのに精いっぱいという実情ですから、うちは大きな部屋もあるのですけれど、大きな部屋は年に一回とか二回の総会や敬老会などのときしか埋まることはないです。一般的に会議をやるには、いまある小さい部屋があれば十分ということです。

**大本**　利用状況はどのようになっていますか。発足以来の利用状況というのは上昇線でしょうか、下降線でしょうか。

**海老澤**　一回、下降線になって、いま、下降からちょっと上がっている程度です(表2、図2)。コミュニティ・センターが順番にできていって、いま、七つできていますので、ある程度、皆さん、分散されて、近いところのコミュニティ・センターに行ったり、また地区公会堂もどんどんリニューアルされておりますので、地区公会堂にも行っています。地区公会堂が新しくなったなどというと、この地域の利用も減ります。だいたい一つのコミュニティ・センターで公会堂が三つから四つあります。

**大本**　でも公会堂がそれだけ整備されてくると、このコミュニティ・センターも築三〇年でしょう。今度、どうするかという話になったら、公民館があれば要らないんじゃないかという話にはならないのですか。

**海老澤**　中にはそういう意見もあると思いますけれど、地区公会堂ですと公会堂なりのシステムがありますので、年一回の会議のときなどは大勢の人が見えるから、コミュニティ・センターを使いたいということになってきます。

### コミュニティ・センターと公民館活動とのすみ分け

**大本**　一つのコミュニティのなかに三から四ぐらいの公会堂があって、公会堂でも公民活動をしていますね。そうしますと公民館活動でもやっていて、コミュニティ・センターでもというと大変ですね。すみ分けはしていますか。

**海老澤**　それは全然していません。コミュニティ・センターは部屋を使うだけでなくて、コミュニティでお互いに知り合ったり、お隣り同士で勉強会をして下さいというのが目的ですので、コミセンを使っても公会堂を使っても、どちらでもかまわないということになっています。エリア的に井口、深大寺、東野、野崎という地域がまとまって使いたいときは、このコミセンを使う。野崎だけで何かをやるときというのは、地区公会堂を使うということになっております。別にここからこちらがよくて、ここからこっちはだめということはないのですけれど、いま、いいましたように暗黙の了解みたいなのはあると思います。

ですから公会堂で五、六人が勉強会をやっていて、年に一回、発表会のときは、家族ですとか親戚なんかも見えてその場所では狭いから、コミュニティ・センターの大きな部屋を貸してくれと、普段は公民館で活動していても、グループの合同発表会のときにはコミセンを使うとかいうふうになっております。いま、いいましたように線引きは全然していないのですけれど、グループによって、うちはいつも公会堂を使っているけれど、半年に一回とか年に一回、ここを使うということはあります。

**大本**　長野県の松川町というところが、やはり公民館とかコミュニティ・センターのような施設を拠点にして学習運動をやっているんです。ある事例で言うと、若妻会のお母さんたちは、小学校や中学校にいっている子どもを持っていますが、すごく虫歯が多い。なんでそういうことになっているんだろう。どうしたらいいんだろうと話し合うなかで、母親たちが調査するんです。結局、分かったのは、おじいちゃん、おばあちゃんが甘いものを孫にやるのが一番よくない。そういう自主的な学習運動をやってみんなの輪をつくっていっていますけれど、そういう学習運動みたいな活動というのは、ここはどうなのですか。

**海老澤**　話がそれとイコールかどうか分からないですけれど、この地域にもいま、NPOがどんどんできております。NPOの方というのは専門的なノウハウをかなり持っている方が多いので、そういうことでここの所を使わせてくれということは十分あります。住民協議会主催ということではないですけれど、地域のためになるのならということで、そういうグループに勉強会という形で使っていただいていることはたしかにあります。

自主グループは一カ月先まで取れるという話をしましたけれど、それはあくまでも一カ月先が取れるグループで、あとは個人的なグループなので、極端にいうと毎日、やることが違う。人数は少ないけれど、定期的ではないけれど、二週間に一回使いたい、半年に一回使いたいというグループというのがありますので、そういうグループにプラスして、いま言ったNPOの方などが協力もやぶさかでないと言っていただいているケースもあります。

あと、今、うちがやっているものにリハビリがあります。統計的にも三鷹はとくに男性の平均寿命が長いので、自分一人でがんばらなければいけない人もかなりいます。寝ながら長生きしても意味がないので、介護保険を使わずに長生きをしてもらうという願いから、金曜日の午前中から三時頃までかけて、ここに来て足腰を動かすリハビリ事業をやっております。

それから、これからは地域の見守りが大切だということで、いま、まだ活動段階には入っていないのですが、今年（二〇〇九年）の二月から三鷹市と協働でスタートさせまして、会議を四回開きまして、今年いっぱいで地域ケアネットワークを立ち上げる予定です。見守りというのは小さなお子さんが非行に走らないようにする見守りと、逆にお歳を召して自分でいろいろなことができないというのを見守る事業との両面の企画です。七つのコミュニティ・センターでいくと、うちが三番目ということになります。

**大本**　なかなかいいことですね。最近は子どもが危ないでしょう。安全ではないですね。

**海老澤**　もちろん安全に関しましては各地域、ＰＴＡでも独自にやったり、青少対（青少年対策）でも独自にやっていますけれど、それを合同でやって、全体的な見守りをしようではないかということで進めています。時代に即したそういう新たな事業をなるべく取り入れるようにしてやっていますが、やることはいいことなのですけれど、じゃあ、それを誰が動いてやるかとなるとなかなか大変です。

**大本**　だからいろいろな団体やグループの住み分けというか、共存は可能だということですね。

**海老澤**　はい。

## コミュニティ・センター会員の掘り起こし

**大本**　最近は労働組合もパワーが落ちてきているし組合へ入らないし、大学生の自治会にしてもなかなか入らず、消滅しているという状況のなか、こういう協議会の活動状況に関してはどうですか。

**海老澤**　やはりご多聞にもれずという状況です。ただ何年か前から、団塊の世代でリタイアされた方がおられるから、そういう方がうちに入って来てくれるのではないかと期待していたので、コミュニティ・センターを理解してもらうための講習会をはじめ、団塊の世代との交流会もやったんです。でも男性の方は辞めたからと言っても、知り合いがまずいないんです。だからなかなか入りづらい。女性の方はそこへいくと子どもさん同士で知り合いであるとか、前々から地元に住んでいて普段からお母さん同士のお付き合いがありますけれど、男性の方はどうしても朝、勤めに行ってしまうので、地元に住んでいて貢献したくてもできないというのが現状です。だからリタイアしたからすぐにコミュニティ・センターに行って何でもやるよといっても、なかなかつながりができず理想と現実と離れたところがあります。

そういうわけで団塊の世代がばっと入るというのは難しいけれど、何人かずつは入って来ていただいています。

**大本**　千葉県に我孫子市というのがあるのですが、あそこも住宅都市なんです。団塊の世代が辞めると別にやることがないから、〝ぬれ落ち葉〟では嫌だということで来るとしても、男性はだめなんだそうです。例えば、丸の内のどこかの大会社に勤めていて部長さんで辞めましたというと、相変わらず俺は部長だったんだという感じで地域に入ってくる。〝俺は部長経験者だ〟みたいな意識が抜けない。つまり〝ただの一市民なんで、あなた、それは関係ないんだ〟と気づかない限りは、男性はだめなのだそうです。

**海老澤**　うちのほうもそれは確かにあります。特に公募でこられた方のなかには、私は今までの会社でのノウハウがあるから、地元にそれで貢献しようということで入ってきていただいているのですけれど、どこのコミュニティ・センターもそうですけれど、立案から実施まで全部、自前でやらなければいけないんです。〝俺のノウハウでこうやればまちがいないんだから、みんな、やれ〟といい案は出していただけるのですけれど、実際にやるのはボランティアの方がやるので、〝何であなたに命令調で言われなければいけないんだ〟となると、男性はプライドにこだわりますから、〝俺はいいことを言っても、みんながやらない〟となって、各部会は月に最低一回はあるのですけれど、それが二カ月に一回になったり三カ月に一回になって、だんだんと遠のいてしまうという方もいます。そういう方ばかりではないですけれど、元、偉い方のなかには得てして、そういう方もおります。

**大本**　相変わらず人を部下と見るんですね（笑）。そういう人に限って、たとえば会議を一緒にやったあと机なんかを元に戻すという後始末もやらないで、さっさと帰ってしまう。

**海老澤**　会社なんかでしたらそれで済んでいたかも分からないですけれど、ここは何しろ立案して実施するのも皆さんですよということですから、会社で一週間でできることも、ここですと極端にいうと半年ぐらいかかることになるんです。ですからコミュニティが一つのステップに行くにはどうしても五年、一〇年かかるのです。だからうちでも三〇年で三段階、ステップしていればいいところです。これは一人の頭のいい人が来てみんなを引っ張るというのではなくて、地域の皆さんが理解したうえで、〝よし、じゃあ〟というふうにやっているけれど、今度はもう少し別の形でやろうじゃないかとなったとき、そのことを理解していただくには、最低でも半年ぐらいはかかってしまいます。

だから市役所のほうから見ると、歯がゆい面もあるんです。市役所みたいに縦系列で市長から助役、副市長、部長となれば、命令一つで全部やれる。その代わり責任も、万が一、変な方向にいったら市長がとるということがありますけれど、ここは皆さんが、お互いに理解したうえでいろいろな事業を進めていくので、そういう意味では時間的なものはかかると思います。

**大本**　たとえば役員とか運営委員さんとか、役持ちの方々は固定化していませんか。入れ替えはどうなっていますか。

**海老澤**　上のほうは交替します。

**大本**　上というのは役員ですか。

**海老澤**　役員のほうです。

**大本**　運営委員の方は。

**海老澤**　運営委員のほうも、もちろん変わっている方もいます。

**大本**　地域の自治会と住民協議会との関係はあまりないのですか。役員は自治会から出ていますけれど、そのくらいですか。

**海老澤**　今のところはそうです。うちの場合はある程度、しっかりした四つの大きな町会があるから、まだお互いにスムーズに行くのですけれど、自治会単位ですとどうしても自分の自治会がこれをやると損をするか、得をするかという受け止め方があって、なかなかまとまりがつかないところが多いようです。ですからコミュニティ・センターによっては三〇ぐらいの自治会があるところもありますが、そうするとコミュニティ自体も、これはうちのほうにやって欲しいとか、それはうちではやって欲しくないとか、どうしても自分たちのエリア中心に動いてしまいがちです。

人間が自分を中心に損得を考えるのは当たり前なのですけれど、コミュニティは本当をいうともう一歩、全体を見ていただけるといいのですけれど、町会、自治会ですと、比較的年齢が高い方が多いせいもあって、とかく自分の自治会のプラスになるのだったらやろうじゃないか、マイナスになるのだったらやらないという傾向があります。

## コミュニティ・センターにおけるグループ活動

**大本**　部会のなかの委員会の健康づくり推進委員はどういう位置づけですか。

**海老澤**　うちには六部会あるというお話をさせていただきましたけれど、健康づくりはどこの部会がやるというものではなく、全部に関係のあることですので、一般の方と各部会からの代表によって、健康づくり推進委員会を設けさせてもらっています。

**大本**　日常活動としてはどんなことをやっているのですか。

**海老澤**　活動としましては、健康測定は、いま、特別にはないので運動会のときに健康測定をやるなどです。あとは、三鷹市でウォークラリーというのをやっています。うちの場合ですと、だいたい月に一回歩くことをやりながら、年に一回、三鷹市の合同のウォークラリー大会に参加をさせてもらったりしています。

**大本**　福島県の西会津町というところは、推進委員が高齢者の健康具合を知るために電話掛けをするんです。おじいさん、おばあさんがパソコンで自分の健康状態を打つのですけれど、そのパソコンがすごく簡単なんです。〝元気ですか〟といってきたら、〝はい〟と押すんです。それだけなんです。それでその日の健康状況をセンターが全部、把握するわけです。そういうのもあるし、長野県の八千穂村のように佐久病院と提携して健康診断をやって、診断結果について〝あなたはここのところをもうちょっと治さなければいけないよ〟といった個人相談を健康づくり推進委員が手伝ってやるというのもあります。

健康づくり推進委員というのは、保健婦さんのお手伝いをしたり、健診のお手伝いをしたり、いろいろな活動があるんですけど、ここではどうしていますか。

**海老澤**　うちでは三年ぐらい前までは市の方と連携して毎月一回、コミュニティ・センターで健康に関する悩みごと相談とか血圧測定などをやっていたんです。ですが、だんだん来られる方の人数が減ってしまったので、自然消滅というか、やめようということになって、その代わりに健康づくり推進委員会ができたんです。ですから昔は毎月一回、健康相談ということで、向こうから来たさい、個人情報も関係ありますから血圧などのリストをうちのほうに置いて、前回来た時よりも血圧が高いけれど、何かあったんですかというような相談日があったんです。

**大本**　お客さんがいなくなったのですね。でも八千穂村などの例を見ると、〝ここに来てください〟だから減るんです。八千穂の場合には部落まで降りていって、そこで相談するわけです。だから一〇人とか二〇人とか、そういうところに降りていくわけです。だから続くんです。〝来てください〟ではだめなのです。

**海老澤**　それに関係するのですけれど、先ほどから公会堂があるという話をしてましたけれど、コミュニティ・センターは遠くの人、足腰の悪い人が来るにはちょっと不便な面がありますので、その代わり地区公会堂で今、同じようなことをやっています。同じといっても、保健婦さんがいて血圧測定とかをやるのではなくて、〝おしゃべりの会〟という形でお年寄り、いま、とくに一人暮らしの方が多いので、テレビを見て一日過ごすこともできるでしょうけれど、しゃべらないとぼける方もいらっしゃいますので、ぼけ防止のために民生委員の方が中心になって、各公会堂で二カ月に一回か、一カ月に一回、公会堂の利用団体によっても違うのですけれど、〝おしゃべりの会〟をやっております。〝おしゃべりの会〟でお茶を飲みながら、お菓子をつまみながら、いま何か悩みはあるかを聞き、なくてもお話し合いをして帰られるというものです。

**大本**　資料をみせていただきますと、意外に子どもさんの利用が多いんですね巻末資料6)。

**海老澤**　そうですね。ここは皆さんの税金で管理・運営させてもらっているのですけれど、実際に納めていただいている現職というか、二〇歳代から五〇歳代ぐらいまでの方というのは、どうしても利用が少ないです。逆に言いますと、下は中学生ぐらいから、上は六五歳からが多くなるということです。

**大本**　毎日働いていると、来る機会もできないですね。でも、このセンターが立地している場所の前後を見ると、みんなマンションで遊び場などないですね。

**海老澤**　面積によって公園をつくらないといけないことになっているので、公園はあるにはあるのですが、家のなかでゲームをみたりパソコンをやったりしている子が多いので、子どもの声が聞こえてこないというか、閑散としていますね。

**大本**　少子高齢化で、家族の人員が少なくなっていることも響いているのではないですか。

**海老澤**　響いています。逆に、今は若いお母さんで子育ての仕方がよく分からないという方もいますので、前はやっていなかったのですけれど、いまは月に二回か、子どもを持っているお母さんが、この日に集まっていろいろな意見交換をするとか悩み事というか、そういう相談会もやっております。それが「あそびとおしゃべりの会」で、総務部会の中に入っています。そういうのは今までにない新たな事業ということになります。

**大本**　なかなかいいことですね。今はお姑さんも同居していないから、教わるということが。

**海老澤**　できないのです。本当はおばあちゃんと一緒に住んでいると、子どもが泣いても、この泣き方は大丈夫だよとか、いろいろいってくれるのでしょうけれど、今は、アパートが主で、家を買うにしても大きいところはなかなか買えないので、どうしても核家族になってしまいますので。

**大本**　住民協議会というのは中学校区の単位ということですが、中学校区というと、ちょっとエリアの規模が大きすぎないですか。

**海老澤**　三鷹市では中学が七つあるんです。そしてコミュニティ・センターも七つあり、中学校区とコミュニティ・センターのエリアとがドッキングしているわけではないですけれど、お互いにカバーしあってやっています。

**大本**　市役所の方の話では、ちょっとエリアが大きいから、高齢化が進むと活動するにもアクセスするのがだんだん遠くなってくるので、地域の自治会をもう少し活発化するような方向をとっていこうとしていますが、どうなんでしょうか。

**海老澤**　一昨年（二〇〇八年）ぐらいから三鷹市が、コミュニティのほうはある程度、連携がうまくいっているので、今度はもう一つ規模が小さいところで、町会を中心にいろいろな新しい事業をしたら市が補助をするという仕組みをつくって連携を密にするということを始めています。

### マンション管理組合と住民協議会の関係

**大本**　マンションの管理組合は住協に入っていますか。

**海老澤**　マンションの管理組合には声は掛けているのですけれどなかなか難しいところがあります。とくに防災の関係では、こればかりは地域のことですから、あそこは住協に入っていないから、火が出た時に消しに行かないということはもちろんできませんので、お話をしているのですけれど、場所によっては若い人とお年寄りの層がごっちゃになって入っているので、管理組合自体で意見を集約するのが難しいということです。

初期消火訓練の例を取らせていただきますと、自分で一回でも経験してみないと分からないことが多いので、住民協議会の防災部会だけでなくて必要でしたら消防署、消防団とも一緒にやっていますので、そういうところと一緒に訓練をしましょうと積極的に声掛けしております。ただ、必要なこととは分かっているのですけれど、若い人がいても、若い人はいつもお仕事に行ってしまっているからとか、お年寄りは俺たちは体が悪くて動けないからとかいう諸条件もありますので、年に一回か二回なのですが、こちらから出向いて行って、一緒にやることもあります。

**大本**　本当は週休二日制の実施で土・日が使えるはずなのですけれど、その週休二日の土・日も会社の仕事の穴埋めをしていると地域に出てくる余裕はなくなりますね。

**海老澤**　休みに、ボランティアをやるのは良いことと分かっていても自分のことに使いたいと言われてしまいますと、それ以上は言えないですから。センターの開館時間は朝の一〇時から夜の九時までなんです。都内の仕事から帰って来る人にとっては九時に終わるのは早過ぎて会議もできないから、一〇時にしてくれという意見もありました。センターによっては夜一〇時までというのもあったんです。でも一年か二年は実施しましたけれど、一部分しか利用がないためまた元に戻ってしまいました。

**大本**　一時間延ばすだけでも人を配置しておかなければいけないし、その割にはみんな来なかったり。

**海老澤**　部屋をいっぱい使ってくれればいいのですが、ここ一つだけ夜一〇時まで使いたいと言っても、この部屋だけであとは全部、鍵をかけますというわけにもいかないですし。マイナス面が大きくメリットが思ったほどなかったのでやめました。

**大本**　水道光熱費もかかりますね。

## コミュニティ・センターの運営の課題

**大本**　海老澤さんが運営に携わっておられて、今、抱えている問題点とか悩みとかがあるとすれば、どんなことですか。

**海老澤**　単純に言いますと三〇年たちますので、職員のほうも含めてということになりますが、委員さんのマンネリ化ということが考えられますので、それを打破するにはどうしたらいいかということが一点です。あとは委員さんが高齢化しております。いま、不景気な時代といいますか、ここ何年かは、お父さんがリストラにあってしまったので私も遊んでなんかいられないということで、若い方もお勤めとかパートをやっていますから、こちらに入ってくれる方がいないんです。センターによっては年齢制限を設けてもいいんじゃないかという声もあるんですけれど、年齢制限を設けても、新しい方がどんどん入ってきていただければいいのですけれど、辞める人ばかりで入って来る人がいないということがあります。これはうちだけではないんですけれど、町会等も含めて高齢化になってしまったということ。

**大本**　高齢化の一側面として町内会の会長さんなども、だいたい何十年もやっていて、その人たちが住民協議会に来ているわけですから、人的構成としては変わりばえしないから、発想もマンネリ化するわけですね。

**海老澤**　だから痛し痒しというか、いたちごっこというか。お年寄りになるとどうしても若い人の考えというのについていけない。言葉は悪いけれど、高齢の人がいろいろな事業をやると高齢者の方はいいのですけれど、若い人がそこに入ってくる余地がなかなかないということになります。一つ何か両方が満足できるものができると、マンネリ化ということもなくなっていくと思うし、高齢化というのもうまく活用することができるのではないかと探っているところです。

**大本**　そういうこととの関わりでお年寄りの方と子どもたちが交流しあうイベントといったのはあるのですか。

**海老澤**　先ほどお話ししたようにこの地域には中学校が一校、小学校が二校ありますが、小・中一貫校ということが、三鷹の中では一番最初にできたんです。そこで地域のことを知ってもらうために、毎日ということではないですけれど、特定の日を設けて年配の方が子どもに、昔はこうだったとか、昔の遊びはこういうものだよということを伝えあう交流を持っております。

**大本**　二〇年前に、こちらでは『西三鷹むかしむかし』という冊子をつくっていますね。

**海老澤**　それは当時の広報部会長が、昔のことをかなり知っている方だったからです。ちょうど新しいマンションなんかがどんどんできてきた時期なので、入って来ていただくのはありがたいのですが、昔のことは知らない。たとえば昔、ここに川が流れていたという話が出ても、今、住んでいる方はまず知りませんので、その川はどういう川だったかというような話を入れて、井口の生い立ちとか深大寺の生い立ちといったものを書かせていただいたことがあります。シリーズですから一回、二回ではなくて、十何回、書かせてもらったと思います。その縁で学校の先生がその本を買いに来たということもありました。

一〇年と二〇年、それから今回、三〇年ということで、一〇年の節目、節目でつくっているんです。

**大本**　それはそうと各住民協議会は皆さん、それぞれ年史をつくっているんですね。

**海老澤**　ただ、大きいのをつくるか薄いのをつくるかというのは、各センターによって違います。周年事業をやる時には、市から一〇〇万という補助を出していただけるので助かります。

**大本**　三鷹市はこういう歴史の足跡にちゃんとお金を出すわけですから、偉いですね。住民を育てていくということなのでしょうが、これだけのお金を出すという町はなかなかないと思います。

**海老澤**　こちらにしてみたら、本当にありがたいことです。でもコミュニティの方針からしても、三〇年前からみれば世の中も変わっていますから、コミュニティ自体も変わって当たり前ですし、市としての考えも少しずつは変わってきています。やはり自己負担というか、自分でやるものは自分でお金を出す。だから全額でなくても一部負担してもいいのではないかという議員さんらもいらっしゃいます。利用者のほうも、無料がいいかどうかというアンケートを取ったことがあるんですが、自分でやるものにはある程度、負担するのは構わないという意見もだいぶ出ていました。

**大本**　ものによってはそうですね。でも、こういう歴史の歩みを記録して残すという活動を保障するには、何がしかの公的支援はあってもいいのではないでしょうか。それはともかくコミュニティ活動の土台となるところ、あまり知られていない活動の実態について貴重なお話を伺うことができ、大変、勉強になりました。お忙しいなか、わざわざお時間をとっていただきどうもありがとうございました。

（ヒアリングは、二〇〇九年八月二六日午後一時半〜三時まで、井口コミュニティ・センター会議室において）

**付記**―本稿は海老澤氏にご一読いただき加筆訂正のうえ、大本の責任で補訂したものである。

**参考文献**

大沢コミュニティセンター開館一〇周年記念特別委員会編『きのう・きょう・そしてあすへ――大沢住民協議会一〇周年の軌跡』一九八五年、大沢住民協議会。

二〇周年記念事業実行委員会編『二十年の歩み』三鷹市西部地区住民協議会。

大沢住民協議会発足二〇周年記念事業実行委員会編『きのう・きょう・そしてあすへ』第二編（一九八四年〜一九九三年）一九九三年、大沢住民協議会。

大沢住民協議会三〇周年記念誌編集委員会編『きのう・きょう・そしてあすへ』第三編（一九九四年〜二〇〇三年）、二〇〇三年、大沢住民協議会。

# 第二章　戦後日本における予防・健康運動

## ——佐久総合病院と八千穂村との歴史的協働

解　題　155

I　佐久総合病院の予防・健康戦後史

一　病院・自治体・住民との協働による健康づくり　佐久総合病院名誉院長　松島松翠　175

二　若月先生とともに保健婦三四年　佐久総合病院健康管理部・元保健婦　横山孝子　205

三　長野県全域への集団健康スクリーニングの挑戦　佐久総合病院・元健康管理部課長　飯嶋郁夫　241

II　八千穂村の予防・健康戦後史

一　町村合併後の健康づくり活動　長野県佐久穂町長　佐々木定男　369

二　全村民健康管理への保健婦の活動　旧八千穂村・元保健婦　八巻好美　295

三　衛生指導員の活動　旧八千穂村・元衛生指導員会長、元保健福祉大学同窓会会長　高見沢佳秀　佐久穂町・地域健康づくり員会長　内藤恒人　315

四　佐久穂町における保健推進員の役割　佐久穂町保健推進員会長　島崎規子　353

# 解題

## はじめに

今回、私が長野県の旧八千穂村《やちほむら》を調査したいと思った直接的な契機は、町村合併により小さな村の八千穂村村長が大きな町の佐久町《さくまち》町長を破り、小さな村の先進的施策が大きな町の遅れた政策を改善していることを知った時である。日本の平成合併によって、多くの小さな町の先進的政策が潰されていくことを聞くなかで、旧八千穂村の健康増進システムが継続・拡大している実情を知ったときはさらに驚いた。この驚きは私だけではなく選挙後、ただちに総務から直接、佐久穂町長に電話が入り、なぜ、そうなったのか問われ、佐久穂町《さくほまち》（八千穂村と佐久町の合併による新町名）のような逆転は、平成合併後、日本第一号であると伝えられたとのことである。

旧八千穂村については、市民自治・住民自治と社会保障・生活保障をテーマに事例研究をしてきた関係で従来から関心があった。そもそも佐久総合病院の健康管理、健康スクリーニング、住民の健康増進、健康・予防とその成果は、マスコミ界、学会の研究分野においても、政府・行政においても、あまりにも有名で知られている。

私の疑問は、佐久病院における農村医学の確立の基礎は八千穂村での実証にあり、その実証の成功には、旧八千穂村に能動的住民が育成され住民の自治が形成されているのではないか、だから住民主体による健康管理が実現しているのではないかというものである。そのことを確認する目的で調査を開始した。仮説として八千穂村の戦後六〇年は、受動的市民＝依存的市民から能動的市民＝自立的市民に変わってゆくプロセスであったが、その思想的基礎と実践の方向性は、若月俊一先生と佐久病院スタッフにあったと考えられる。そこで現在の旧八千穂村は、能動的住民・市民の存在による農村の市民社会が形成されているのではないかと考えている。

現在、日本の各地域において地域再生、地域創造が問われている。再生の条件は、どれだけ能動的市民が育っているかにかかっているように思える。

もう少し大きく考えるとき、福祉国家から「分権的福祉社会」への転換が提起されているが、それは能動的市民によってしか転換できないのではなかろうか。

## 1　戦後の健康・医療政策と八千穂村

明治以来、日本の健康・医療制度の変遷にあたって医療供給は、開業医制度を中心として大学病院、公立病院、日本赤十字病院、および済生会病院、厚生連病院などの非営利病院によって担われてきた。

他方、医療の需要者である国民は、病気になった場合には全額個人負担で対応していたが、大正期に、資本主義経済の発展をになう大企業の労働者を対象とした健康保険法が制定され、部分的ではあるが医療の社会化が実現された。

昭和一〇年代、日本が日中戦争を皮切りに戦時体制に入るなかで農村青年の体位が低く、兵士として戦場で戦うに耐えうる状態でないことが発見され、その改善のために〝健民健兵〟を育成することをねらい、一九三七年に内務省社会局から独立した厚生省を設置し、健康政策に取り組むことになった。手始めに一九三八年に国民健康保険法を制定し、まず治療費負担の軽減により医者にかかりやすくし、また栄養改善などに取り組むこととなった。日本における国民の健康問題に本格的に取り組んだ最初であるが、それは戦争目的の必要からであった。

他方、底流で昭和の初期から医療の社会化をめざし、医者たちの研究・運動が盛んに行われていた。若月俊一氏も青年期に「社会医学」をかかげた「医療の社会化」グループから影響を受けていたのである。

昭和二〇年代、戦前の長期にわたる戦争体制と敗戦によって国民は疲弊し、生活は貧しかった。物資は不足し国民は食料に事欠き、〝食よこせ〟運動が起きるほどであった。このような国民生活の状態のなかで、佐久病院は診療を通して農民の貧しい状態を知り、まず農民の生命、健康をまもることからこの時代にいち早く地域に入り、出張診療を実施していったのである。

一九四八年、国民健康保険法は市町村公営原則として改訂され、市町村が健康保険の運営主体となった。その後、一九五七年の保険料改訂に八千穂村村長が反対運動を起こしたのも、農民の生活実態からであった。

医療は、本来、予防・治療・リハビリ・ケアの包括医療体制がもっとも望ましいのであるが、わが国では職域別の医療保険によって担われてきた。その医療保険の診療報酬を出来高払い方式でおこなってきたのが世界にまれな日本の特徴である。保険方式で予防をおこなうのが原理的に難しく、永らく国民の医療は治療が中心で予防は等閑視されてきた。そのようななかで、戦後三〇年代の早い段階から予防を重視した医療に取り組んできたのが、岩手県の沢内村であり長野県の八千穂村であり、その成果は、住民の疾病率の減少、平均寿命の延伸、医療費の減少というかたちで現れた。

戦後、欧米諸国の福祉国家成熟の波のなかで、日本の経済発展も軌道に乗りつつあった一九六一年、医療保険制度から洩れていた自営業および農民を含めた全国民を対象とし国民すべてが何らかの公的な医療保険に加入する皆保険体制が形成された。

その後第一次、第二次高度経済成長を達成した日本の経済力も高くなり、福祉元年と呼ばれた一九七三年には医療保険における扶養家族の給付率が五割から七割給付へ引き上げられ、老人医療の無料化が実施され、また年金額も生活に足るものとして大幅アップし五万円年金が実現した。老人医療無料化は、沢内村が実施していた医療にかかりやすくするという予防医療の一環として乳児医療費・老人医療費の無料化政策の成果をふまえて、厚生省が全国民を対象に導入したものである。

だが、〝福祉元年〟宣言もつかの間、第四次中東戦争を契機とする一九七三年の第一次オイルショックによって世界経済は混乱し、一九七九年の第二次オイルショック後、欧米諸国でも福祉国家の危機が唱えられはじめる。日本も例外でなく福祉の見直しがはじまり、老人医療の無料化は困難となった。

一九八三年、従来の医療制度に対し予防医療である保健事業を入れた老人保健法が制定され、老人医療の無料化は廃止され、七〇歳以上の医療給付に一割自己負担が導入された。保健事業は、四〇歳以上の人を対象に市町村が健康検診、健康指導などを行い、疾病の予防や早期発見など健康増進を進めるとするものである。この老人保健法には、佐久病院の実践による八千穂村の健康管理の成果が刺激となり、一部、制度にそのシステムが取り入れられた。この間、健康検診のみならず、各保険において被保険者に対して人間ドックへの補助がなされドックが普及することになる。

一九九〇年代は、〝失われた一〇年〟と呼ばれるほど八〇年代バブル崩壊の痛手は大きく、日本経済は不良債権の回収に振り回され、新たな政策と言えるものは何一つ打ち出されなかったが、一九九四年に、旧来の保健所法が地域保健法に改められて、母子保健などの住民に身近なサービスは市町村の保健センターに移管され、保健所はエイズや精神保健などの専門的・広域的な仕事を担うことになった。

だが、二一世紀に入ると、政府の政策方針に新自由主義思想の政策が本格的に導入され、そのもとで市場原理主義の政策が実施されてきた。そのことは健康・医療政策においても例外ではない。

他方、日本の少子・高齢化は急速に進むなか、政府は国民医療費の増大に危機意識をもち、医療の市場化、医療費の抑制策が取られていく。同時に健康予防を促進する方向もとられ、二〇〇〇年、「健康日本21」を決め国民健康運動に力をいれるようになった。二〇〇三年には健康増進法の施行で、国民の健康増進に関する基本方針作成、市町村による生活習慣相談や生活習慣病の健診などの実施、国や自治体が基本目標や基本計画を策定し、医療保険の保険者や市町村、学校なども共通の健康診査の指針を定めることとなった。

もっともこの間の二〇〇二年に老人保健法改定により医療給付は七五歳以上に引き上げられ、老人医療は患者一割負担となる。

しかし、老人保健法による健康検診の成果は芳しくなく、二〇〇六年に一二に及ぶ医療関連の法律が一括して廃止され医療関連改革法が新たに制定された。

この医療関連改革の制定により老人保健法が廃止されたが、二〇〇八年度から国と都道府県が生活習慣病対策などの医療費適正化計画を策定するほか、医療保険者に対して四〇歳以上の被保険者を対象にするメタボリックシンドロームの予防を中心に特定健診と保健指導の実施が義務づけられた。

## 2 八千穂村全村健康管理の先行研究

旧八千穂村は、一九五九年以来、病気の早期発見・早期治療と健康の向上をめざして全村民を対象に健康管理を実施している。実施にあたっては佐久病院の若月俊一院長の思想と献身的な協力により、行政と病院と住民の三者が対等な関係のうえで協働して実現してきた。この予防による健康管理の成果として住民の健康の増進と医療費の減少が実現されていった。現在でこそ健康スクリーニングは当り前となっているが、一九五九年という早い段階で全村民に実践されたのはわが国において最初である。その後八千穂モデルとして研究がなされ、国および多くの自治体においても行政の政策に取り入れられていく。そこで以下、代表的な研究をフォローし、本研究の位置づけをおこなっておこう。

旧八千穂村の健康管理に関する研究は、主に医療および保健の領域においておこなわれてきた。

医学領域からの代表的な研究の一つは、一九七一年に刊行された若月俊一『村で病気とたたかう』[1]である。この著書は、佐久病院の先駆的な健康・予防医療活動の苦闘史であり、学問的には農村医学の確立の提起である。八千穂村については健康管理に取り組む過程、およびその実施による成果、つまり病気の減少を実証し、健康・予防に対する財政・費用効果の計算がなされている。

近年では、一九九九年から二〇〇三年にかけて厚生科学研究として調査研究がなされた成果である松島松翠氏の『農村における健康増進活動の費用・効果分析に関する研究』[2]では、健診群と対照群にわけて北は北海道の鷹《たか》栖町《すちょう》、東神楽町《ひがしかぐらちょう》から長野県で八千穂村、臼田町《うすだまち》、川上村《かわかみむら》、南牧村《みなみまきむら》、小海町《こうみまち》、佐久町、高知県では檮原町《ゆすはらちょう》、安田《やすだ》町《ちょう》などを対象にした大規模な調査研究がなされている。健康増進の予防活動はどのような経済的・社会的な効果があるのかを測定した研究であり、〝予防に勝るものなし〟の原則が実証されている。従来、若月氏を中心とした八千穂の研究では健康管理による予防の医学的な効果は実証されているが、予防の経済的効果については充分ではなかった。だが松島氏の一連の研究は、予防による健康増進が医学的側面ばかりか経済的側面、社会的側面でも多面的な効果を上げていることを実証したもので、大きな意義のある研究であると評価できる。もっとも全体の研究結果は普遍的意義をもつとしても、八千穂村はこの研究において健診群の一つの対象であり、八千穂村そのものの研究ではない。

保健分野からの研究では、杉山章子氏が佐久病院健康管理部スタッフの協力をえて、住民の健康増進活動がどのように形成されたか、八千穂村における栄養改善運動を中心に多くのヒアリングによる実態調査によって研究をおこなっている。[3]この研究では、厚生省から賞を授与されるほど戦後初期から自発的な栄養改善活動が行われ、現在に至っている過程を、住民のとりくみを中心に明らかにしている。本インタビューで、横山孝子氏が、八千穂村の住民参加による健康活動は栄養活動から出発していることを指摘されているが、その栄養活動について杉山氏が研究されているのである。

以上が、旧八千穂村の健康管理に関する主要な先行研究であるが、これらの研究は、医学における医者および保健領域からの研究である。これらの研究を踏まえて本章では、地域住民が健康増進、健康予防を実現するために住民のリーダーとして活躍している当事者および行政、病院などの実行過程に直接かかわった関係当事者からヒアリングをおこない、旧八千穂村において能動的市民＝自立的市民がいかに形成・発展してきたかを明らかにすることを主眼としている。

## 3　予防・健康運動をつくった若月俊一氏

### (1)　若月俊一氏の思想と八千穂村の先駆的実践

若月俊一氏が戦前の学生時代、東京大学医学部の学生たちの間で社会医学研究会をつくり、労働衛生、労働生理、職業病問題などに関して医学と社会科学とを結びつけた社会体制問題として捉える、社会医学を課題として学修をおこなっていた。つまり若月氏は、社会医学の影響を受けて医学を学ばれたのである。それゆえ、戦前、最初に勤務した軍事工場の小松製作所において労働災害の実態調査をおこなっている。その調査がもとで治安維持法を適用され投獄されている。

戦後、長野県の臼田町の小さな病院に赴任して、そこで医者が地域のなかへ出向いて診療をする出前医療をおこなった。八千穂村の井出幸吉村長が住民の医療保険半額負担に対する反対運動をしており、住民の医療について悩んでいたところ、若月氏は八千穂村において全住民の健康管理を提起していくことになる。八千穂村と佐久病院の協働のもとで予防思想の実践に取り組んだのである。その実践方策は、一つは「住民のなかに入ること」、「住民のニーズを捉えること」、二つは、病院は住民を育てる役割があるとして地域住民のリーダーとして健康管理を担う衛生指導員を養成していったこと。三つは、全体としてヒューマニズムと徹底した民主主義を実現することを根底においたものであった。

住民の病気を予防するには、まず、健康検診を通して早期発見・早期治療に持っていくことが必要であった。とはいえ、ただの「検診屋」になってはならないとし、検診活動を運動として捉え、検診活動を通して健康教育活動をおこなうという原則を貫いたのである。

検診の方法としては、①検診前に「地区懇談会」をおこなっている。これは役場・農協・病院の三者が地区の住民といっしょに話し合う会合である。役場は、主旨説明をし、病院は検診の内容について説明する。病院から医師、保健師、事務員が参加する。②検診の後には、「結果報告会」をおこなう。結果報告はただ郵送するだけでは不十分であるとして、「結果報告会」を通して健診表の見方と結果の内容をよく説明する。③地域全体の集計データを説明して地域の健康状態が今どうなっているのか、どんな病気が多いのか、それに対して地域としては今後どのように取り組んでいったらよいか話し合うという徹底して住民サイドにたったやり方がとられた。

そのさい、佐久病院側はできるだけ全職員が交代で参加する方式を採っている。「多くの職員が交代で地域へ出ることは、多くの職員が地域の現場を知ると言うことで大きな意義がある」(4)と捉え、現場主義を重視しているからである。

### (2)　地域住民リーダーの養成と学習活動

一九七三年に長野県全地域における集団健康スクリーニングがなされるようになったが、そのときの佐久病院の検診活動の主柱は、一つは、自治体・農協・佐久病院の協働による健康検診活動、二つは、若月氏の思想を継承し、検診が検診技術にとどまるだけでなく、運動として検診活動を捉えること、三つは、学習活動を通して住民のなかに地域のリーダーを育てることにおかれ、八千穂村の実践の経験が引き継がれている。

地域保健福祉セミナーの支援活動

住民を育てる具体的方法として、まず住民のなかに地域の活動家を育てることを重視し、佐久病院は、「地域保健福祉大学」を支援している。地域保健福祉大学は、一九九〇年二月に「地域保健セミナー」として発足し、その後「地域老人ケア」と合体して現在の名称となった。セミナーの内容は、定員三〇人で一〇回の講座を一カ月に二回、土曜日の午後開講している。卒業後は、同窓会を結成し「セミナー同窓会」として発展した。一九九一年六月に、第一期卒業生の補講がおこなわれた時、参加者の提案により同窓会に食と環境班、高齢化社会班、演劇班、機関誌班の四つの班が結成され、地域での「班活動」が始まった。例えば、「食と環境班」は地区を廻って料理講習会のほかに千曲川のウオッチングをやるなど。

佐久総合病院名誉院長・松島松翠氏は、地域保健福祉大学の活動について、①健康知識・技術の習得。②地域での組織活動をするための理念とその実践方法を学ぶ。③卒業生は「同窓会」をつくって、各町村で活動をおこなう。④病院は、地域の活動家を育てるのを病院の役割と考える。病院には、多くの専門家、技術者がいるので、講師には事欠かない。⑤単なる技術者の講師では困る。同時に運動家の精神をもたなければ、住民を育てることはできない。それには、病院職員がこのことを認識し、住民と一緒に地域保健活動をやるという職員の意識改革が先決であると指摘されている。(5)

学習の場として「地区ブロック会」活動

一時期、健診の受診勧誘、希望者のとりまとめなどの健康管理の実務はすべて「女性の健康づくり推進員」の手に移り、「衛生指導員」の活動は宙に浮いてしまった。そこで新しい指導員規約には、健康管理のなかでリーダーシップをとることが書かれているが、どうすればよいのかが改めて課題となった。

一九八八年に新しく衛生係になった須田英俊さんは悩み、衛生指導員が責任をもってやってもらう場をつくることとして、「地区ブロック会」が考えだされた。すなわち一四人の衛生指導員の担当地区を中心に、全村を一四ブロックに分ける。それにブロックから出ている四二名の「女性の健康づくり推進員」をそれぞれ二名から五名ずつ割り当てて、各ブロックの衛生指導員をリーダーに地区毎に活動をするという仕組みをつくった(6)。

## 4　佐久病院と八千穂村との協働――インタビューの要約

### (1)　佐久病院から八千穂村への働きかけ

若月思想・精神の共有者であり継承者である松島松翠氏

松島松翠氏は、佐久病院初代若月俊一院長を継いだ第二代目院長で、現在は名誉院長として病院運営に目を光らせておられる。松島氏は、もとは若月氏と同じ外科医であったが、一九六三年、健康管理部が設置されたさい兼任で部長となってリーダーシップをとってこられた。旧八千穂村の健康管理および集団健康スクリーニングに技術面のみではなく運動家としても尽力された。

松島名誉院長の印象は、温厚でどんな危機的状況でも平然と飲み込んで対応できる海のような大きな存在のようにお見受けした。若月先生とは正反対のご性格で、若月先生がマルクスとすれば、松島先生はエンゲルスのような存在のように思える。

松島氏のインタビューのポイントは五つあった。その一つは、佐久病院の役割は、第一線医療（プライマリー・ヘルスケア）を重視し、その人材を養成することを第一目的としているのであるが、その実状はどうかということである。

現在、佐久病院では専門医化と第一線医療との二本立てで進んでいるが、専門医化の領域では胃がん、肺がん、食道がんに関して、日本を代表する三〇病院の上位に位置する存在であり、専門家が育成されている(7)。救急医療においても東信地域の全域をカバーする活動がなされている。

第二に、医療において予防を重視し、佐久病院の経営資源配分を入院、外来、予防活動のそれぞれを5対3対2方式をとって健康管理に五分の一を目安として人材、資金などを配分して赤字のない経営をおこなっている。第三に、医者、職員は必ず住民健診に出向くことを義務としている。住民のなかに入ることにより、健診の現場の実態を知り、実態から治療につなげ、改善する可能性を考えている。第四に、佐久病院の経営は労働組合との対等な関係によって支えられている。第五に、住民健診後の相談説明を重視し、住民、行政、病院の関係者との懇親をおこなう。また合同協議会を通して民主主義を実現していくとしているが、それらにまつわる当事者ならではの工夫と苦心のほどを明らかにしてもらうことに重点をおいている。

健康管理部と苦楽をともにした保健師・横山孝子氏

横山孝子氏のインタビューで印象的なことは、第一に保健師として実際に住民のなかに入られた強みから現場での健康検診活動が具体的にかつ詳細に浮き彫りにされていることである。誰が、何を、どのように動くのかなど、他の地域で同じ活動を再現できるほど具体的である。佐久病院の住民の健康問題への取り組みは、農村医学の観点から課題を明示したうえでの徹底した実証的調査にもとづいた科学的な知見であることが証言されている。第二に、長野県全域に集団健康スクリーニングを拡大していく方法として、検診の事前の準備と事後の住民への結果報告の過程が、地域の保健補導員の協力をえながら行政、病院、住民＝補導員の三者の協働＝コラボレーション関係によって実施されていることが明快に語られている。

集団健康スクリーニングを開始するまでの準備に二年間をかけているが、その大変さは尋常ではなかった様子が述べられている。結局、健康スクリーニングのシステムが軌道にのり成果がでるまでには一〇年の歳月を要していることも明らかとなった。

第三に、八千穂における健診過程での「うどん会」の廃止をめぐって、若月先生は職員のやる気を問うたが、真の原因は、兼業・共働きの増加に由来する女性からの要望であった。住民健診が終わった後の説明相談会をやると夜遅くなることから地元の保健推進員の協力で夕食として「うどん」をつくって食べるのがならわしであったが、夜遅くまで家を空けるので女性にとっては負担となっていた。それらの意見を汲み取り病院の保健師である横山氏が廃止を提案したのである。第四に、予防原則を取り入れた老人保健法が一九八二年に制定されるが、佐久病院の健康検診の方法と成果が先進事例として老人保健法につながっていった。つまり「定期健診の継続が結果的に住民の医療費を減少させると言うことを実証したことから法律に位置づけられた」ことが語られている。

第五に、健康スクリーニングを実施していく過程において、準備、実施、事後対応など、職員に相当な労力が必要であったことが生々しく語られている。また、一般的に〝医者は短命〟といわれているが、新しいことを先頭に立って行動していく者への外部からの圧力、嫌がらせなど多くの困難に立ち向かわねばならなかった佐久病院を守り、かつ病院内部の統一をはかっていくには相当なストレスがあったであろうと想像される。なお若月氏が長寿であられた秘密は何であったか前々から私は知りたかったが、横山さんの証言により、健康の自己管理もやられておられたが、強烈な若月精神が肉体を引っ張り長寿に導いていたのではないかということがわかった。

健康管理部課長としてシステムづくりを担った飯嶋郁夫氏

飯嶋郁夫氏は、健康管理部の課長として旧八千穂村にかかわり、八千穂の隅々まで知り尽して住民とともに歩まれた。同時期、衛生指導員であった高見沢氏が「八千穂の猫の子一匹まで知っていた」と語られているが、それほどまで地域に密着して住民の健康管理にかかわってこられた方である。その姿勢は、若月精神の影響であり、若月精神に育てられたプロセスが語られている。

インタビューで明らかになったことの一つは、飯嶋氏が、健康管理部に配属され若月先生に直接触れ、現場にでて住民の中に入り、その関係のなかでご自身が人間的な成長を遂げていく過程が読みとれること、二つは、衛生指導員の役割は、行政と住民と病院をつなげることであるとしたこと、三つは、健康づくり推進協議会を年一回開催し、地域担当者連絡会をつくるプロセスを明らかにしてくれたこと、第四は、「地域保健セミナー」（現保健福祉大学）を発案し、実施する過程が語られていることである。設立の狙いは、健康づくりの目標を病気の早期発見、早期治療、健康づくりを高めることにおき、実践するにあたっては市町村単位に支部をつくりそこで衛生指導員のような活動家を育てたい、セミナーで学習し卒業したら地域の健康づくりのリーダー役として活躍してもらいたいという思いがあり、他方、セミナーには、班活動（高齢社会班、機関誌班、食と環境班、演劇班）があったので、飯嶋氏をはじめスタッフおよび衛生指導員が支部の範囲を越えて班活動をすることを考え、組織をつくっていった過程が語られている。第五に、若月精神の情熱のほとばしりが語られていること、〝若月先生は、どんなときも、どんなことにも決して手抜きしなかった〟とも述べられた。若月氏は、真の誠実な人物であられたことをお聞きして「本当に、すごい人物なんだ」と、私自身、自分の胸に深く刻んだ。若月先生の人柄に接した直話をお聞きできたことは大きな励みになった。

### (2) 八千穂村、佐久穂町の対応

町村合併で住民の健康管理を延伸した佐久穂町長佐々木定男氏

佐々木定男氏は、現在、旧佐久町と旧八千穂村が合併してできた佐久穂町の町長である。

佐々木氏のインタビューで明らかになったことは、一つは、八千穂村では、全村健康管理を始めた初代町長から歴代町長すべてにわたって、住民の健康管理を佐久病院と協働し継続していくことはゆるぎない指針であったということである。首長がかわれば、政策も転換していくのが常であるが、旧八千穂村では、歴代、中止を考えたことはないというのである。全村健康管理をすることで八千穂村にとって失うものは何もないはずだが、他の

町村では首長の交代で先進的施策がつぶされた事例は多々ある。これには八千穂村の住民自身のうちに住民自治が育っていったこともあるが、他方、佐久病院の若月院長をはじめ医師・職員の献身的な活動に動かされたと考えられる。第二は、平成合併によって旧八千穂村の健康管理システムを継承して拡大する過程が明らかとなったこと。八千穂村の全住民の健康管理システムが半世紀をかけて形成されたことに比べて、旧佐久町はこれから新たにシステムを普及させて住民を育てていくことが課題であるため、今後多くの困難に直面するであろうが、その乗り越えは佐久穂町における住民の主体的力量にかかわると考えられる。

八千穂村で保健師として大活躍された八巻好美氏

八巻好美氏は、旧八千穂村で保健師として八年間活躍された方である。衛生指導員の高見沢佳秀・内藤恒人・篠原始の三氏が共通して、私の方からお聞きしたわけでないのに八巻さんの名前が出るととっさに、保健師としての活躍ぶりを高く評価された。よほど印象深かったのであろう。〝八巻さんは率先して大変積極的に行動する方で、私たちは八巻さんの手の上で泳いでいるようなものでした。八巻さんが退職された後、八巻さんほど地域に積極的に出ていかれる保健師さんはいない〟とまで語られている。

インタビューで明らかになったことは、一つは、保健師として八千穂村の一つひとつの世帯の健康状況を知らないことがないほど丹念にみてまわるという、若月先生の〝住民のなかに〟を地でいく活動をされた保健師さんが八千穂村に育っていたことである。第二は、保健師さんは各地区（四四地区）の学習活動に出席する回数は、年間に一八〇回を超す。それ以外にも演劇の練習など、数えれば相当の学習がなされていることが明らかとなり、私の想像を超えていたことである。学習会では健康に関するアドバイスも求められ、日常的に自己学習も必要となる。保健師さんの学習能力は相当なものであり、地域のプロの健康アドバイザーであることがわかった。第三に、健康管理について佐久病院と行政と住民のあいだに毎月事務局会議が開かれ、ありかたの方向を打ち合わせている。それによって、円滑に活動が進められていること、第四に、八巻氏自身の自戒として、住民の要求を先取りして八巻さんが直接行政に掛け合うなどしてきたことに対して、〝住民が自発的に行動することを疎外してきた〟と反省していると語られたこと。このような住民自治にとって基本的に重要なことを気づく感受性をもった担当者が八千穂村に存在することから能動的市民が育ってきたのだといえよう。

衛生指導員会長・同窓会長としてリードした高見沢佳秀氏と内藤恒人氏

高見沢佳秀氏は、衛生指導員を二〇年やられ、会長もされたリーダーである。内藤恒人氏は、現在の地域健康づくり員（旧・衛生指導員）の会長でリーダーシップをとっておられる。現在、八千穂村は佐久町と合併して佐久穂町となり、旧佐久町に旧八千穂の健康管理システムを導入して普及させている過程である。インタビューは、その過程について語っていただいたが、もっとも印象的なことは、佐久町の人は、〝自分のことはやるけれど、人のことはやらない。人のことでも一生懸命やるという体制がなかなかつくれない〟と共通して語っておられたことである。この人間の精神のありようの部分が、若月精神の洗礼を受けたか否かの違いではないかと感じた。

具体的に明らかになったことは、一つは、衛生指導員のご両人とも職業は、自営業であり、小なりといえど会社経営をされている社長さんであること。自立的職業をもち、かつ村の衛生指導員としてボランタリー活動をされている。このような健康管理活動を通して能動的市民として育っていき、自分たちの村づくりを担っていると考えられる。第二に、衛生指導員は、住民と行政・病院をつなぐ役割を担っており、健康管理に関する地域のリーダーの役割を担っているが、それはたゆまぬ学習活動によって成り立っていることである。月に一度以上は必ず学習会をもち、学習をする。年に一度は、先進地域に見学に行くなどがそれである。第三に、任期は四年であるが、多くの指導員は一〇年以上の期間を務めていること、衛生指導員の行動原理は利他的精神であり、人に対する無償の貢献が当たり前となっている。

保健推進員会長として活躍中の島崎規子氏

島崎規子氏は、佐久穂町の保健推進員会長として、また地域をよくする様々な運動にもリーダーシップをとっておられる方である。インタビューでは、保健推進員の現場における役割が具体的に語られている。一つは、住民の健康健診にあたり、地区住民への呼びかけ、健診表の配布、健診終了後の健診結果報告会の会場設営などを準備する役割など。また保健推進員の選出方法は、二年ごとの交替で区長によって地区から選出されること、その選出は機械的におこなわれるのでなく、その世帯の事情を勘案しながら推進員として活躍しやすい年代を見計らって選出していることなど、ヒアリングしなければ分からないことである。第二に、保健推進員の会長の選出の仕方、役割などが明らかとなったこと。また、推進員会長には、どのような人物が選出されるのかも明らかにされている。島崎会長は、居住する地区をよくする住民活動のリーダーとしても活躍されている。地域に対して献身的に貢献する人であり、このような能動的住民が旧八千穂村において育てられ、八千穂を支えてきたのだと思われる。

## おわりに

旧八千穂村の住民および佐久病院の現場に密着した職員の方々へのインタビューをして感じたことは、若月思想が浸透していることであり、第二の若月思想を受けつぐ人たちが多いことである。半世紀以上に及ぶ六〇年間の若月思想のシャワーのような洗礼が、第二の若月をつくり上げてきたのだという思いである。人を育てるとは、こういうことなのだと理解できた。若月精神・思想、その強い情熱と実践力が佐久病院にかかわる多くの人を育ててきたのだと思われる。第二に、佐久病院の役割は、人を育てる＝地域で活動するリーダーを育てることを目標の一つにしてきたが、衛生指導員、保健推進員、保健師、職員および医師のそれぞれの方々に共通していることとは「人に対する利他的精神のもち主」であり、真の品格のある人たちであることであり、そのような人びとが地域をつくってきたことが確認でき、毎回、気持ちのいいインタビューをさせてもらった。

とはいえ、そこには学習→地域活動、地域活動→実践の蓄積にもとづく、らせん的上昇の好循環がある。そのようなサイクルで鍛えられたからこそ一定の能動的市民＝自立的市民の層が生まれたと考えられる。

健康・医療・社会保障・社会福祉などの生活保障は、能動的住民・市民によって主体的に担われることが基本であり、受動的住民・市民＝依存的住民・市民が大多数であるところでは安上がり行政どころか、赤字財政にもなりかねないであろう。それには旧八千穂村の人びとが実践しているような絶え間ない学習活動が必要であろう。その意味で、今回のインタビューは当初の仮説を一定程度検証できたのではないかと考えられる。のみならず、このよう方々に出会えたことは、私にとってこの上ない贈り物をいただいた思いである。

（大本圭野）

**注**

（1）若月俊一『村で病気とたたかう』岩波新書、一九七一年。
（2）松島松翠「農村における健康増進活動の費用効果分析に関する研究」（『日本農村医学会雑誌』五一巻六号、二〇〇三年三月）など日本農村医学会雑誌に一九九九年から二〇〇三年までに一連の研究が掲載されている。
（3）杉山章子ほか「住民主体の健康増進活動の形成」（『日本農村医学会雑誌』五五巻四号、二〇〇六年）。
（4）松島松翠「検診活動から健康教育活動、さらに予防活動に取り組む佐久病院」（『農村医学会雑誌』五四巻五号、一九九五年一二月）。
（5）同右、一一二三ページ。
（6）「衛生指導員ものがたり」（三四）、佐久総合病院「農民とともに」（一一九号、二〇〇三年一月）。
（7）『手術数でわかるいい病院全国・地方別ランキング』（『週刊朝日』臨時増刊二〇〇七年三月五日）。

# I

# 佐久総合病院の予防・健康戦後史

# 一　病院・自治体・住民との協働による健康づくり

松島松翠

松島松翠氏の略歴

一九二八年　神奈川県に生まれる
一九五二年　東京大学医学部卒業
一九五四年　長野県厚生連佐総合病院に赴任
一九九四年　同病院長に就任、現在名誉院長

著書

『農村保健』（共著、医学書院、一九六九年）
『農協の生活活動――健康問題編』（共著、家の光協会、一九七八年）
『農薬中毒――基礎と臨床』（共著、南江堂、一九七八年）
『農薬中毒――健康管理』（日本成人病予防会、一九七八年）
『老年期の生きがい』（共著、家の光協会、一九七九年）
『主婦農業と健康管理』（日本成人病予防会、一九八五年）
『環境問題と保健活動』（一九九〇年、共著、医学書院）
『農村医療の現場から――農薬・健康管理・食生活』（勁草書房、一九九五年）など

## 第一線医療の養成をねらった佐久総合病院

**大本**　松島先生の戦後の医療・保健活動の集大成のようなご著書・論文等を読ませていただきましたが、学術的にも高い業績をおつくりになっておられるので勉強させていただいております。とくに「農村における健康増進活動の費用・効果分析に関する研究(1)」は、あざやかな実証的研究であると思います。

先生のこのご研究は一九九〇年末から二〇〇〇年初にかけてですからパットナムより早いのですが、パットナムもソーシャルキャピタル（＝社会的関係資本）というアプローチで同じような結論を実証的に出されています。パットナムは、地域のなかに住民組織、団体など人間の社会的諸関係、諸活動が多いほど、住民の満足度、地域住民の健康度が高く、子どもの学力も高いうえ、地域の犯罪は少ないことなどを明らかにしています。先生のご研究は地域に保健師の数が多いほど住民の健康度が高く、住民組織の多いほど満足度が高いだけでなく、そのことはまた医療費と負の相関があることを実証されています。これはすごいです。

若月俊一先生の時代というのは医療と健康との関係を中心にやられていたと思うのですが、松島先生の時代というのは医療・保健・介護に病院・行政・住民の三者が協働して住民の健康の向上を総合的にはかることが課題になりました。その課題を果した実績というのは先生の業績だと思います。

先生のご本『農村医療の現場から―農薬・健康管理・食生活』（勁草書房、一九九五年）は佐久病院の検診隊の組織づくりと地域での検診活動が詳細に述べられていてよく理解できます。そこで、初歩的な疑問を述べさせていただきたいのですが、佐久総合病院の医師、看護師をはじめ、全職員が地域の健康予防活動に参加する体制をとっておられますが、そういう参加体制を取られたきっかけは何でしょうか。また、誰がこのようなシステムを決められたのでしょうか。それから専門医からの不平というのは出てこなかったのか。とくに最近、縦割りの専門性が強く自分の専門に閉じこもるという傾向が強くなってきているなかで、地域に出ていくことは余計な事だと考える人は出なかったのですか、そこら辺のところはどういう状況だったのでしょうか。

**松島**　まず現在の状況から申し上げますと、おっしゃった専門医の不平のこともあります。また基準看護が厳しくなりまして、現在は七対一の看護をやっています。

今は休みの人とか当直明けでいない人とか、そういう人を抜かした実働の人員が七対一いなければいけないというのですから、これはとても厳しい。

**大本**　人員増になるわけですね。

**松島**　したがって、看護師の人員はふえたのですが、今はなかなか看護師が交代で外へ出るというのはできなくなってきました。当時はまだ、基準看護がそう厳しくなかったからできたのです。

**大本**　そういう基準看護のもとでも継続して検診隊を地域に出されていられるのですか。

**松島**　そうです。事務局とか検査室などはそういう人員的な基準がないですから多少は出られますが、看護師だけは非常に厳しい基準が出てきましたので、それだけやりにくくなっています。

一九五九年の当時、なぜやれたかというと、大体健診はスタッフが一八人ぐらいで行かなければいけないのですが、それだと健康管理センターの人員だけではとても足りない。だから、センターから一〇人ぐらい出るけれど、院内から八人ぐらいは応援してもらっていたということが一つはありますね。

もう一つは、外へ出るのは健康管理センターという専門の部門だけではなくて、職員全体が地域を見るために出るのが大事だという点があったと思います。

**大本**　そのこと自体は、若月先生が八千穂で健康管理システムをつくったときから強調されていることですね。

**松島**　そうです。できるだけ地域へ出て、農村の現場を見ることが大事だという若月先生の考えにもとづいていました。

**大本**　松島先生は、そういう現地・現場主義を集団健康スクリーニングの時にも生かしていかれている。

**松島**　ええ、ずっと受け継いできたわけです。昔はスタッフが非常に少なかったから十何人かという出張診療班を組むときは、入院を担当する人だけは残して、ほとんど全員が出ていったと思います。ただ、そのご、だんだんスタッフも増えてきて、交代で出るのが普通になってきたわけです。

**大本**　先生はいろいろと論文に書いておられますが、やはり農村に出たほうが成果があるのでしょうか。先生は、どう評価されますか。

**松島**　とくに医者が出るということは大事ですし、昔は内科といってもなんでもやったものですから出ることにとくに抵抗はなかったですね。専門の各科、皮膚科でも泌尿器科でも耳鼻科でも、その先生も余裕があれば出る。一科一人だとなかなか無理ですが。二人とか三人の医者がいる科では一人ぐらいは出るということでやってきました。

## 何故、八千穂村だったのか

**大本**　佐久病院は最初の時から八千穂村でずっと通しておられますね。八千穂の井出幸吉村長が必要があって若月先生と出会われたからですか。

**松島**　それもあります。そのことは『衛生指導員ものがたり』に詳しく書いてあります。

**大本**　ただ、継続して八千穂にずっとこだわってやられてきましたね。八千穂村以外に他の町村もあっただろうと思いますが、なぜ八千穂だったのでしょうか。

**松島**　若月先生は臼田でやりたかったようですが、臼田町は財政整備とか合併問題を控えていて、そちらが忙しくて役場の係や町長のほうでそういう考えがなかったということがあります。もう一つは、病院が近いということでは、具合が悪くなったら病院へ行けばいいという考えになってしまうのです。なぜ、健康な時に検診を受けなければいけないのかという人も多かったと思います。むしろ、病院から遠い所のほうが関心があったわけです。

**大本**　医療過疎のほうが切実度が高かったのですね。

**松島**　八千穂村で始めた一つのきっかけはその二〜三年前に赤痢の大発生があって、住民がものすごく罹患したことがあります。

**大本**　罹患者だけで一九五三年から一九五六年にかけて二二二人位になった事件ですね。

**松島**　だから、衛生的な観念がだいぶ高まっていた。もう一つは、八千穂村に村営の診療所がありまして、若月先生が毎月一回は行っていました。

**大本**　定期的に行っていらしたのですね。

**松島**　そうです。それで村との関係ができたわけですけれど、診療が終わったあと必ず村長と一杯酒を飲むということもあって、村長とのつながりができてきたのです。直接のきっかけは国保窓口半額徴収の問題です。それまでは窓口で現金を払わなくて良かったんです。ところが一部払うとなると、具合が悪くても病院に行かない「がまん型」が増えてしまう。それではかえって手遅れの人が増えるのではないかということで村長が反対したのです。窓口徴収反対運動というのがだいぶ続いたのです。

**大本**　あれは全国的な運動だったですね。

**松島**　ええ。村長もだいぶ反対運動をやったのですが、これは法律で決まったものなので、八千穂村も確か二〜

三年遅れですが、窓口徴収をやることになったのです。その代わりというわけでもないけれど、若月先生の助言もあったと思いますが、手遅れにならないように予防をやろうということで村ぐるみの健康管理が始まったわけです。

**大本**　八千穂村がやったあと、小海町には分院がありますね。あの地域でも、なぜ、うちらもやってもらえないのかといって広がっていかなかったのでしょうか。

**松島**　おそらく町に金がなかったんですね。

**大本**　首長のほうのやる気より財政が許さない。

**松島**　八千穂村は、割合、村有林があって、村の木を売ってお金をつくろうという計画をたて、実際にも少し売ったと思います。

**大本**　たしかに八千穂は木を売りましたね。

**松島**　だから他の地区ではなかなか踏み出せない。もっともその当時の検診料は一人一〇〇円です。個人負担が三〇円で、あとの七〇円は村で出す。その頃は老人保険なんかはできいないので保険で払ってくれないから、どうしても村で補助をせざるをえない。

最初一〇〇円だったのが、そのご検査項目も増えたし、物価が上がってきたので、集団健康スクリーニングを始めた一九七四年の時は三〇〇〇円ぐらいになりましたね。

**大本**　八千穂村にはいろいろな調査でも関わってこれましたが、それは八千穂村が検診をやっているのでデータもそろうし、やりやすかったということですか。若月先生の学術論文は大体八千穂村のアンケートなど実態調査がベースになっていると思いますが。

**松島**　そういう面もありますが、冷えの研究(2)とか農民体操の研究は大体八千穂村でやりましたね。

## 佐久総合病院の精神

**大本**　結局、佐久病院はいろいろな面で非常に優れたことをやってこられたと思います。〝住民の力〟を育てていったということが一番基本的ではないかと思います。

**松島**　私もそうだと思います。検診だけならずい分やっている所がありますから。

**大本**　全国的に検診をやっています。しかし、佐久地域との違いといえば、健康に対する住民の主体性がどのぐらい育てられたかというところだと思います。住民が育つにあたっては佐久病院の従業員の方々がみんなで健康教育に出かけたことが大きいと思います。こういう出張というのはボランティアですね。

**松島**　まあボランティアです。

**大本**　そういうことをやる病院というのは日本ではきわめて少ないです。いくら厚労省が全国民の検診といっても、そこがないのですね。

**松島**　どうしても時間外が多くなりますからね。それでも行く人は出るのが楽しいという面もあります。医者も職員もね。村へ出ていろいろ話をして、最後はお酒を一杯飲んで帰ってくる。それが職員としても楽しいのです。運動というのは楽しい面がないと発展しません。そこで映画をやったり、劇をやったりする。劇をやるということは練習から入れると相当な労力がいるものです。でもやる人はみんな満足して帰っていきます。

**大本**　ですから、残業代ください、でなければやらない、という人ばかりでは絶対に佐久のようにはできない。

**松島**　それはだめですね。

**大本**　残業代をもらわなければ行きたくないというエゴイストの人たちもいただろうと思いますが、その人たちも変わっていったということなのですか。

**松島**　そうですね。

**大本**　若月先生がやっていた初期の頃、佐久病院の理念と精神からして、病院に勤務したいといって来る人で残業代が欲しいからという人はまず来ないでしょう。

**松島**　労働基準法はあったが、昔は時間外をきちっと払わなければいけないというようなことはあんまりよく知らなかった。

**大本**　意識していなかったのですね。

**松島**　もう一つ、若月先生が道を切り開いていった頃は食糧難の時代だったので、地域に出ていってご飯をご馳走になるというのも楽しみの一つだったんです。私がここに来た一九五四年はもうそうでもなかったけれど、そういうことで、〝今日は出張診療に行こう〟というと志望者が大勢バッと出てくる。そうすると、だんだん外へ出て行って、村の人と話しているうちにお互いに仲良くなって満足感をもてる。だから、行くことにだんだん抵抗がなくなってきたわけです。

**大本**　先生は『農村医療の現場から』でご自身、負担だということを全然考えたことがないと書いております。

**松島**　だいたい医者なんていうのは昔から往診はあるけれど、時間外というのはあんまり考えないでしょう。いつでも患者が来れば診なければいけないし。

**大本**　専門科の先生にしても出たほうが現場を見て、いろいろなニーズを知って治療に生かしていくということができるのではないですか。

**松島**　そうですね。現場の状況にあった治療ができるようになる。これは医師にとっては大きなプラスになります。また専門の先生がいらしたということで、よい機会なので、とくに聞きたいことも出てくる。

**大本**　講話をなさって、それから質問を受け付けて相談コーナーに聞くということですか。

**松島**　健診が終わったあとで村の婦人部などの人をまじえて反省会をやるのです。そのときいろいろ具体的な質問が出るので、それに答える。そのとき専門の先生がいれば、それだけ専門に関する質問が多く出ます。

だいたい、住民が自分の考えを出したり質問をしたりするまでには相当時間がかかりましたよ。最初は医者や保健婦さんの話を聞いているだけの段階があるわけです。質問などはなかなか出ない。それでもやっているうちにだんだん関心をもってきて質問をするようになる。現在は、自分たちで健康になるにはどうしたらよいかということを自分たちで考えるようになっています。そういう方向に来ていますね。

**大本**　地域に出るということの趣旨が分かればいいのですが、近年、専門科が特化してきているなかで、そういうことに対するスタッフからの不満などは出なかったのでしょうか。

**松島**　いや、だいぶ出ましたよ。病院だからやっぱり病院のなかで専門的技術を駆使して治療をしたいと。

**大本**　時間的にも、エネルギー的にもそちらにシフトしていく。

**松島**　そのうち、医者のほうも二つに分かれてきました。一つは、第一線医療でなんでもやる〝なんでも屋〟の医師です。若月先生にしても、ここで第一線医学をめざして、第一線でなんでも対応できる、そういう医者をつくろうと志していましたし、何でもできる医者というのを私どものところで育てなければならないという信念をもっていましたから、そういう希望の研修医もだいぶ出てきているわけです。もう一つは専門医です。そういうこともあって、第一線医と専門医の二つに分かれてきたのです。といっても、全くスパッと分かれているのではなく、専門医もたまには健診に出かけたり、衛生講話をやってもらっています。

**大本**　ヨーロッパなどではちゃんと分かれていて、第一線医たちも一つの専門医として育てられています。北欧のデンマークでは最低一〇年の経験と試験にパスしないとなれないのです。

**松島**　若月先生のいちばん最初の思いにはそのこともあったと思います。

**大本**　今のお話の続きなのですけれど、川上武先生が『農村医学からメディコポリス構想へ　若月俊一の精神史』（川上武／小坂富美子、勁草書房、一九八八年）のなかで、松島先生が「総合診療科」を提唱されたさい、青年医師の意識革命いかんが佐久の分かれ道だと書かれています。先生はもちろんそういうことを受けてやってこられたと思いますが、実際のところ、いま二つに分かれる傾向がみられるとすれば、青年医師の意識革命はうまくいっているのでしょうか。どういう評価なのですか。

**松島**　一〇〇％うまくいっているとは言えないんですが、とくに検診となると、なぜ、専門医が外へ出なければならないのかという意見も出てきます。しかし、総合診療科を確立したところ若い医者がだいぶそこに参加しましたし、研修医は毎年一五人採用していますが、分院や村の診療所へ積極的に行きたいという医師も増えています。

## 佐久総合病院の経営と労働条件

**大本**　他の病院は経営が難しくて産科や小児科がなくなったりして、お医者さんもだんだん抜けていくということが起こっています。佐久病院のお医者さんの給料はそんなに高くないと聞いていますが、どうなのでしょうか。

**松島**　厚生連は給料が安いでしょうね。

**大本**　給料が安くても医者が来るというのはそこに魅力があるからだろうと思いますが。

**松島**　そうでしょうね。

**大本**　その魅力とは基本的には何でしょうか。

**松島**　一つには、第一線で住民のためにやっているということ、つまりプライマリ・ヘルスケアに取りくんでいることに他の病院にはない満足感があるのでは。

**大本**　住民に役立っているなら、五万や一〇万円そこら少々安くても長い目で見て楽しいというのはあるんでしょうね。それも若月先生の協同組合精神を引いているのですか。

**松島**　忙しいことは忙しいんですけれども、それもあるかと思います。研修医にしても朝七時から夜一〇時ぐらいまでやっています。だから給料をもっと高くしないといけないのでしょうけれど、年度末の三月に出た黒字分は職員で分けるというシステムがありますから、うんと稼げば職員の収入も若干は増える。

**大本**　四対六とか三対七という分配方式があると書いてあります。そういう点では、自分たちの実績が経済的にも反映してくるということはあるのですね。

**松島**　それから専門医については、やはり高度な技術でがんを発見して治すといった喜びがあるでしょうね。だから専門医にとっては、ここで食道がんの初期段階のときに内視鏡で切除してがんを治す技術を手に入れたいということがあるかと思います。(3)

**大本**　それは若月先生ご自身が外科医としてカリエスなどの手術を先駆的にやってこられたという技術の高さというものが伝統的にあるのですか。

**松島**　そうでしょうね。僕も最初は外科だったんです。

**大本**　そうですね。松島先生がいくつか問題提起をしておられますが、その一つにセクト主義、官僚主義を打破しなければいけないと再三言っておられますが、その辺はどうなのですか。

**松島**　病院が大きくなればなるほど、セクト主義、官僚主義が生まれてきます。これは若月先生が一番注意したところです。一〇〇〇ベッドというと、この町では病院としてはちょっと大きすぎるのではないでしょうか。本当は四〇〇ぐらいがいいところでしょう。小諸寄りにもう一つ四〇〇床ぐらいの病院があってというような配置の仕方がいいんでしょうけれど。

**大本**　大きくせざるを得なかったという必然性があって。

**松島**　若月先生は、住民の要望に応じて、ここで、東京まで行かずに、難しい病気でも診断でき治していきたいということで、いろいろ科を増やしたり病棟を大きくしてきたのです。もっとも晩年は、あまり大きくしたのはちょっとまずかったなとは言っていましたけれど。

**大本**　若月先生はある科をつくって、一時的には赤字でもトータルバランスで黒字を取ればいいという考えの持ち主だったので総合的になっていったということですか。

**松島**　科によっては赤字にならざるをえない科だってあります。収入が多いのはやはり内科とか外科などの大きい科です。小さい科はどうしてもその科だけでは採算が合わない。だから全体として合っていればいいのです。

**大本**　でも住民から見たら、あそこに行ったら何でも対応してもらえるという安心感につながりますね。痛しかゆしですね。

**松島**　そうです。

**大本**　これだけの技術蓄積と住民に対するニーズに応える病院の機能をもって、しかも赤字にもならないで繁栄してきている。いま日本に置かれている病院の状況といったら、これと反対の方向にあります。医者も少なくなる。経営が成り立たなくなるから縮小してサテライト方式で対応するといった状況ですが、こういう病院経営がどうして日本全体に普及していかないのでしょうか、そこら辺はどうですか。

**松島**　佐久病院は時間外を含めてよく働いていると思います。必ずしも正確に時間外手当を払っていませんから、これをきちんと払えばきっと赤字になるでしょう。労基法違反になりますが、今の医療保険の点数では、時間内の仕事だけでは皆赤字になってしまうでしょうね。国立病院がすぐ赤字になってしまうというのは、時間内の仕事しかしないからです。

**大本**　地域医療もやらないし。

**松島**　医療という仕事は工場の仕事と違うんです。五時になったからパッと終わりというわけにはいかない。協同組合病院という点もありますが、そこをみんなが自覚しているかどうかです。そうでないと赤字になってしまう。

**大本**　最近、お医者さんがすごいオーバーワークになっていると聞きます。マスコミなどで過労死、過労自殺（4）になるということも報じていますが、佐久病院は給料もそれほど多くないのに、管理者もよく働いてくれていると認めるぐらいよく働いている。そういうなかで従業員としてみたら、いくら住民と接して住民の役に立っていると言いながらも、また自分の仕事のやりがいは認識しつつも、しかし、ちょっと仕事がきついのではないかということは出てこないのですか。

**松島**　それは出てきますね。科によっては先生方がとてもきつい科があります。とくに産科とか小児科はきついですね。

**女性**　やはり広域的に集まってくるので。

**松島**　他の病院に医者がいなくなってきましたから、患者がこっちへ集まってきますから休む暇がない。産科は日曜だからといって休んでいられませんし、しょっちゅう出ていなければいけない。科によってはなかなか休めません。

**大本**　ですが医師過剰だからといって抑制した時代もありましたね。

**松島**　そう、そう。大学の医学部の定員数を抑制した時代があった。今度また増やすと言っているけれど、それでも効果が出るには一〇年ぐらいかかります。人口当たりの医者の数は先進国のなかで日本は最低ですが、それが都会へ偏在してしまっている。

**大本**　都会は過剰なぐらい。佐久病院では、なぜ、俺たちだけがこんなに過重な労働負担なんだといった不満があった場合、労働組合がパイプになっているのですか。

**松島**　ええ、労働組合で議論します。

**大本**　そういう不満・要求をみんなが組合で議論する。

**松島**　議論するなかで、お互いに相談しながら改善するところは改善していくんですけれど、ここの管理者というのは院長、副院長、看護部長、事務長などで数人しかいないんです。あとの一六〇〇人は組合員です。ここは、他の厚生連病院も同じですが、経営参加というかたちでやっています。だから普通の企業の経営者対労働組合とはちょっと違う点があるのです。

**大本**　経理公開もかなり完全に。

**松島**　ええ、これはもうきちんとやっています。若月先生は、医療職員の生活を苦しくしているもとは、やはり資本であり政・官・財の癒着であるとよく言っていましたが、そのところを理解することが一番の問題です。管理者も雇われているわけですし、内部の狭い範囲で管理者と労働組合が闘ってばかりいるんではとてもだめです。

**大本**　若月先生が初代の従業員組合の委員長でもありましたが、松島先生のほうもご苦労なさっていますね。例の〝地下水〟グループと矢面に立って議論されたのは先生だったですね。

**松島**　健康管理というのは労働過重であるし、お金も十分は取れない。病院のなかにたくさん患者がいるのになぜ地域へ出ていくのか、労働過重で大して収入がないのに出て行くということは、今の政府の至らない面を助けているんではないかというのが〝地下水〟グループの主張です。(5)

そういうことで、八千穂村の健康管理をやるのはインチキだといっていた時代がありましたが、今は反省しているようです。〝地下水〟の一人であった清水茂文先生は、僕のあとに院長になりました。

**大本**　長野厚生連は全国の厚生連からすると相対的に賃金・生活条件としては悪くないのではないですか。

**松島**　同じぐらいでしょうか。高いのは国立や日赤です。それらに比べると厚生連は少々低い。

## 若月精神の継承・発展のために

**大本**　こちらでは通常の『病院年報』や病院医師の『業績集』のような分厚いもののほかに、『農民とともに』、『病院祭』の記録をはじめ農村医療の原点を問うシリーズものを出しておられますが、これはすごいことですね。

**松島**　病院祭の記録も含めて、記録はずい分たくさんとっています。いまはあまり撮っていませんが、昔は写真だけではなくて映画も撮っていました。フィルムは全部保存してありますが、いまそれらの編集を始めていま す。一六ミリで二万フィートもあるので、これを全部見るだけでも何日かかかるらしいのですが。

**大本**　こういう資料を残していく活動というのはどういう狙いでやっておられるのですか。

**松島**　記録をきちんととっておかないと、あとの人に伝えられないでのす。

**大本**　二つ、質問があります。記録保存の意識は最初からあったのかということが一つです。

**松島**　最初からあったかどうか分かりませんが、昔、労働組合――佐久病院従業員組合が『従組ニュース』というのをずっと出していたんです。途中から『農民とともに』になったのですが、そのニュースが今日役に立っています。

**大本**　全部そろっているのですか。

**松島**　出す予定なのが出せなかったという欠号が二、三あります。本当のことをいうと、若月先生の原稿を待っていたのですけれど、なかなか先生の原稿が出なくて欠号になったということもあります。例えば「年頭あいさつ」というのを毎年出すんです。だから当然二月号と三月号あたりを予定しているわけですが、その号だけ開けておいたのに出なかったという場合があるんです。

**大本**　一旦発刊したものがどこかへ消えたということではなくて。

**松島**　そういうことではありません。

**大本**　もう一つは、二一世紀になって『農村医療の原点』第I集、第II集、第III集、第IV集、第V集を出版するというのは若月先生の佐久病院精神というべきものを、いま、きちんと若い人たちに伝えておかないとだめだという思いがあってのことなのですか。

**松島**　そういうことです。ですから、それらは全部職員向けにつくったのです。外の人のためではなくて職員がよく読んで勉強してもらいたいという主旨なのです。若月先生は亡くなられてもう直接話を聞く機会もないので、できるだけ昔の話も編集して載せてあります。

**大本**　若月先生は現代の〝赤ひげ〟ですね。先生は、結構、〝赤ひげ〟がお好きだったのでしょう。

**松島**　そう、〝赤ひげ〟は好きでしたね。

**大本**　山本周五郎的世界なのですね、

**松島**　そのことは『若月俊一先生の遺言』のなかに書かれてあります。

**大本**　そういう若月先生のヒューマニズムの精神を受け継いでいきたいということなんですね。

**松島**　そうです。『若月俊一の遺書』を刊行したのも、そういうことからなのです。

**大本**　読みました。松島先生が編集されたものですね。

**松島**　私が中心になって編集したのですが、そのほか若い医師たちに何人か入ってもらいました。

**大本**　専門の先生と接触していろいろ質問してという活動を長年続けるならば、住民の方たちの健康、あるいは病気に関する関心度、認識度というのは相当上がるのではないかと思います。いかがですか。

**松島**　それはまず知識が少しずつ上がってくるでしょうね。

**大本**　松島先生は若月先生とともに八千穂にずっと取り組んでこられましたが、八千穂村の住民の力というのは高くなったと評価されますか。

**松島**　合併前の旧八千穂村の住民の意識はかなり高くなったといえます。以前から「健康と福祉のつどい」というイベントを年に一回やっていたのですが、現名称「地域健康づくり員」（旧「衛生指導員」）のほかに現名称「保健推進員」（旧「女性の健康づくり推進員」）というのもできていて、いま共同で自分たちでいろいろ研究して、それを年に一回発表するということをやっています。

**大本**　先生がお調べになった厚生科学研究のアンケートでは、「健康知識」と「健康意識」が分けられていて、健康意識がまた「個人的健康意識」と「社会的健康意識」に分けられて統計をとられて、「社会的健康意識」は一〇年や二〇年ではだめだということをお書きになっておられますが、それでも先生が『佐久病院史』に書かれた「あとがき」では八千穂が一番意識が高くて沢内村が意外と低いといわれています。河合克義さんたちの調査の統計[6]をみますと、そういうことが出ております。そういう点では長年の努力で成果というのも出てきているといってもよいように思います。

**松島**　佐久町と合併する前の八千穂村の一九九五年度の年間一人当たり総医療費の比較表[7]をみると、全国平均の一五万三〇五八円に比べて八千穂村は一一万五六八五円ですからだいぶ国保医療費が減っている。とくに老人医療費では全国平均が六一万八五九一円であるのに対して八千穂村では四一万三四五円ですから二〇万円弱も減っています。

**大本**　医療費がすごく減少していますが、厚生労働省が大変喜ぶところですね。

**松島**　老人保健法の後のデータです。

**大本**　老人保健法は一九八三年ですから、その後のデータでもそうなっていますが、予防を丁寧にやればこれだけの差が出るということですね。厚生労働省の資料をもとに全国平均と長野県平均、南佐久平均、それから八千穂村平均の四者の比較をみると日本で医療費がもっとも低い県は長野県ですが、とくに八千穂村はダントツに低いですね。

**松島**　そうです。

**大本**　それにしても医療費が高騰しているなかで、政府を助けているのではないかといわれるぐらいの健康管理のシステムをつくることによって医療費が抑えられている。医療費の適正化に貢献しているわけです。そういう点では厚生労働省の期待通りのことが結果としてなされているわけですね。佐久病院という優等生にならって、こういうシステムをいろいろなところにつくることができれば、厚労省の思うとおりの適正化の実施ができるのではないかと思いますが、そうはいかない。

**松島**　国は老人保健法で検診を始めたけれど効果がないといって、今度また特定検診というのを始めますけれど、検診だけをいくらやってもだめです。保健指導できちんと説明する、あるいは本当は住民自身が自ら動いていかないと効果は上がりません。とくに後者がとても大事なのです。

## 病院機能の量から質への転換

**大本**　松島先生が八千穂村の健康管理から全県集団健康スクリーニングに移ったときには、若月先生が直面したのとは質的に違う問題に突き当ったと思われるのですが、いかがですか。

さきほどのお話にも出ましたが、とにかく研究室というか病院内でもっといろいろなことを研究したいという傾向というのが出てきます。それでも集団健康スクリーニングを組織化していくというのは若月先生のレベルと違う論法を生み出して松島先生なりに説得なさったのだと思うのですけれど、そこのところはどうなのでしょうか。量から質への転化があったのではないかと思うのですが。

**松島**　やっぱり検診の質は変わりましたね。

**大本**　八千穂村の集団健康スクリーニングの検診項目は、私がかかっている人間ドックの項目とつきあわせてみましたが、今の人間ドックの項目とほとんど同じですね。

**松島**　血液自動分析装置というのがあって、〇・一ccの血液で二〇項目も分析できるとか、コンピュータがだいぶ発達してきたのでかなり大勢の人の調査結果をコンピュータ処理でできるようになったのです。そこで村の人には、これは〝動く人間ドックなんだ〟という説明もしてきました。

**大本**　私が毎年かかっている人間ドックでは、乳がん、子宮がん検診などのオプションを付けるとすぐ七～八万になります。それが八千穂村の検診でしたらたったの一万円ぐらいでやってもらえます。

**松島**　村もだんだん補助するようになりましたからね。

**大本**　まず最初、一九五九年に八千穂村から全村民健康管理を始めますが、一九七三年に健康管理センターを開設して松島先生が中心になられて長野県の全県にわたる集団健康スクリーニングを普及させていきますね。

**松島**　そうなったのは、一つは八千穂村での取りくみがだんだんみんなに分かってきて、八千穂村のような形の検診をぜひ自分たちの村でもやってもらいたいという住民の要望が出てきたからです。しかしその当時はまだコンピュータもないし、血液の分析機械もないわけですし、八千穂村だけでも午後から出かけて全部終わるのに三カ月かかっていたんです。そんなことでとても他の町村にはできなかったわけですけれど、ちょうどその頃そういう機械でできるようになったことと、もう一つは全国農協婦人部の大会で、農業協同組合の婦人部――いまは女性部といっていますが――その女性部が年に一回の健康診断をして下さいと国に対して要望したのです。

**大本**　農協本部ではなく女性部が国に対して言ったのですか。

**松島**　そうです。農協中央部に対しては、農協は物の売り買いばかりではなくて、もっと健康管理に力を入れよという要望を出したんです。それで農協が全国大会で決議して、あちこちの農協でやるようになったんです。女性の力はとても大きかったと思います。

**大本**　先生の『農村医療の現場から』の九八、九九ページに掲げられている生活基本構想というのは今の農協では考えられないような格調の高いすばらしい文章ですね。(8)

**松島**　その文章はとてもいいと思っています。一九七〇年でした。それを全国農協大会で決議したんです。そこで長野県も農協が中心となって、組合員の健康管理をやろうということになりました。そこで全県の組合を回って健診をはじめたのです。

**大本**　それは長野県農協に属する全厚生連病院でやるということですか。

**松島**　ええ。厚生連の病院は一〇ぐらいありましたが、各病院が全部参加して、血液を採って佐久病院の健康管理センターへ持ってきて分析するんです。

だから、各病院も大変です。遠いところは何時間もかかってセンターへもってきて、それを分析してすぐまた報告書をつくって送るわけです。だから最初は農協の組合員の範囲だけということでした。ところが、町村でも今までろくな検診をやっていなかったので、やっぱりこの集団健康スクリーニングをやりたいというようになり、組合員以外の人も増えてきました。それでは町村と共同でやろうということになったのです。共同でやることになると町村も検診料の個人負担の一部を負担することになりましたので、個人が負担するお金も安くなります。

そして、検診後の事後指導はその地域の保健師さんにもお願いする。そして報告会も、私どもといっしょにやるわけです。

**大本**　結果報告会というものですね。

**松島**　そうです。遠い所もありましたけれど、こちらからもちろん行くわけです。報告書をわたしてその読み方を説明して、そのあとのことはまた地元の町村の保健婦さんにお願いしてやる。最初は組合員のために農協組織だけでやっていたのがだんだん広がって、こういう市町村と共同でやる形というのがだんだん増えてきました。

**大本**　自治体と提携してやるようになったのですね。

**松島**　ええ。ですから現在は年間に約一〇万人を検診しています。

**大本**　自治体も老人保健法で定期検診を義務づけられて以降、やらざるを得ない。だから先生方と協働するしかないわけですね。ただ『佐久病院史』（勁草書房、一九九九年）の最後の第一〇章「佐久病院の二一世紀への道」のなかで、川上先生が、とりあえずは佐久病院が中心的な役割を果たすとしても、今後は各地域も力を付けてくると述べられていますが、今後の展望はどのように考えられておられますか。

**松島**　検診へ出るといっても、検査をやるだけでは検診屋になってしまいますし、民間でも自動分析装置で検査するだけの検診屋も増えてきました。事後指導をしっかりやることが大事ですね。

**大本**　人間ドックでもそうです。検診してもらうと医者が身体を診てくれますが、詳細な項目の説明はなく、そのあと検診結果が郵送されてくるだけで、何のことかよくわかりません。

**松島**　それでもお医者さんの診察はあるわけでしょう。

**大本**　少し診察はありますが、全体の結果を見ながらの診察ではないです。やはり検診後の丁寧な結果説明が必要です。それには、事前の検診に関する知識が必要です。だから今も集団検診でないと地域医療が変わらないという問題はずっとあるわけです。

**松島**　そうですね。人間ドックというのはだいたい任意ですし、その個人データというのは秘密ですから、市町村には分からない。

**大本**　そうです。

**松島**　ところが集団健康スクリーニングで農協も町村も共同でやるとなると、そのデータは町村にも行くわけです。それはある面では保健婦さんが事後指導に利用できるデータとなりますし、もう一つは地区診断ができるということですね。集計して統計を出して、この村にはどういう病気が多いとか、そういうことを報告会で住民に知ってもらうことが大切です。人間ドックですと、そうはいかないのです。

**大本**　老人保健法で四〇歳以上は無料で検診できるようになりましたが、一つは、自治体によっては住民に通知しないところが多くあります。これはスクリーニングの内容ややり方がどうだという以前の問題です。二つは、集団検診してもその町全体の健康状態がどうかという分析を聞いたことがありません。三つは、自分の結果の数値が一般的な平均値のなかに入っているか出ているかしかわからず、平均値より外れるとどういう意味があり、どういうことをすればいいのかが分からないというのが実態です。

**松島**　それはちょっともったいないですね。

**大本**　そうなのです。

**松島**　そのデータを出して、住民自身がそれをもとに考えるとか、あるいは報告会の時に一緒になって討議するとかの機会になればよいと思うのですが。

**大本**　ですから佐久病院がやられている健康管理の内容を知り驚きでした。ここまでやってもらえる住民をとても羨ましく思いました。

老人保健法というのは八千穂村の経験を踏まえて、この佐久地域を参考にして法律ができたのだと思います。それでスクリーニングを全国民にかけることになりましたが、八千穂村がやっているような丁寧なやり方はやられていません。ただ機械的です。

**松島**　医者が足りないところではとてもできないでしょう。やはり、あとの指導をきちんと丁寧にやらないと効果が上がらない。県南の下伊那郡に最近、厚生連の病院ができましたが、かつて厚生連病院は県の北側に偏っていたので南信地区にはなかったのです。ただ松川町には松下拡《ひろむ》さんという社会教育者がいて、住民自身が自分でデータを見ながら、それを治すにはどうしたらいいかというのを保健婦が教えるだけではなくて、住民自身が自主的にいろいろ勉強して自ら見つけ出していって、それを実行するというすばらしいやり方を採っております(9)。

**大本**　佐久のこちらでも松川町の取り組みを活用させてもらっているんだそうですね。

**松島**　そうなんです。松川町には何回か八千穂の衛生指導員が勉強に行きました。やっぱり住民自身が主体的に活動していかなければ効果が上がらないですよ。

**大本**　住民自身が動くというのは、たとえばどういうことをすることですか。

**松島**　松川町のことは『衛生指導員ものがたり』にも書いてありますが、全県的に回ることによってわれわれもいろいろな町村の取り組みを知るようになり、とても勉強になりましたね。松川町の人口は一万五〇〇〇ぐらいですが、すごいのは学習グループが五〇か六〇ぐらいもあるんです。小さいグループは五人か一〇人ですけれど、そういうのも入れて五〇以上ある。農薬のグループもあれば、成人病のグループもあるし、食生活のグループ、あるいは環境改善のグループなどいろいろある。

グループのネーミングも〝血圧を楽しむ会〟とか〝通風（つうふう）の会〟とかなかなか考えています。普通は「つうふう」というと、「痛い風」と書きますね。それを「通る風」と書いて通風の会と称しているのです。

そのなかでも若妻会というグループは、子供の虫歯について取り組みをしたのです。これはある日の若妻会の集まりで、あちこちから子供の虫歯が多くてどうも困っているという悩みが出たそうです。そうすると、実は私の子供もそうなんだという声が次々と出てきた。じゃあ、みんなで自分の子供の歯を調べてみようということになったんですね。そして調査してまとめてみたら三歳児で七〇％、四歳児で九〇％あった。七歳児で一〇〇％が虫歯保有率だった。

まず自分たちでそういう調査をしたというのがすばらしいことで、普通は保健師が調べて保健師が数値を出すのですが、あの人たちは自分たちで調べた。そして、なぜ、こんなに高いんだろう、原因は何だろうということで各人がまた調べた結果、どうもおやつではないかと思い至って、今度はおやつの実態調査をやったのです。調査した結果、おやつの与え方で甘い物が四八％を占めている。与えているのは母親が七〇％、祖父母が二〇％だったんです。だから、ほとんど母親、おじいさん、おばあさんが与えているんですけれど、一番与えているのはともかく母親だということが分かった。しかも子供のおやつをコントロールできるのも自分たち母親なんだということが分かって、自分たちがもっと考え直そうということになったのです。

だが、そうはいっても近所の人にも協力してもらわないと完全にはできない。つまり子供に対して近所の人が甘い物を与えてしまう場合もある。それでおやつの与え方についての調査をはじめ、自分たちが図書館に行って砂糖の害や甘い物を食べるとなぜ虫歯ができるんだろうという原因まで調べたところ、砂糖がやっぱり虫歯の原因になるということが分かってきた。そこで若妻会自身が予防のためのスライドづくりをやったんです。そして、それをもって町全体を歩いて回った。そういうグループがいるのです。

**大本**　先生の『農村医療の現場から』ですと八七ページに八千穂村が「松川町の健康を考える集会」での取り組みに大きな示唆を受けていると記されております。

**松島**　あそこは社会教育が盛んで、その担当の教育主事が指導しています。

**大本**　やはり極立った実践が生まれるのには、異色の仕掛け人がいるのですね。

**松島**　医者だけだったら、なかなかそこまでできなかったと思います。

**大本**　しかし松島先生は病院の役割・機能として人を育てていくということをしきりに主張していらっしゃって、病院の機能としても住民そのものを育てていく機能をもたなければいけないんだということをおっしゃっておられますね。そして実際に佐久病院は住民たちの育成にかなり努力され、衛生指導員の学習に尽力されていますね。そういうことによって衛生指導員のレベルもすごく上がっていっていると思います。ですが、それとは別に松川町の社会教育の方面からの実践も吸収されている。各地で思いがけないいろいろなユニークな取り組みというものが生まれるんですね。

**松島**　そうです。とくに伊那地区は昔から教育活動が盛んでしたから。

**大本**　地元との密着ということでいうと、佐久病院の先生方は有機農業研究会を臼田で立ち上げていますね。当時の臼田農協、今はJA南ですか、いま小学校とか中学校に給食を地産地消で提供してやらせるというのは結構あります。一〇〇〇床ある病院で有機農業関係の地産地消の食材を佐久病院ではどのぐらいお使いになっているのですか。

**松島**　全部とはいかないと思いますが、病院自体もかなりやっています。

それと佐久病院では看護学生の農場実習というのがあります。去年（二〇〇七年）から医者の農場実習も始めました。医者といっても研修医です。研修医だから大学を卒業して初めてきた若い医師で、都会からきた人もいて農業を全然知らない人もいますが、農場実習がとてもおもしろかったと言っています。

## 入院・外来・予防5対3対2の病院活動

**大本**　若月方式というのでしょうか、佐久病院方式というのでしょうか、入院・外来・予防の比率を五対三対二というふうに分けてやっておられますね。それは今でもそういうかたちでやっているのですか。

**松島**　いまでもそういう考えでやっています。これは別に予算をそう振り分けるとか、人員をそう振り分けるとかということではなくて、大体の感じです。

**大本**　そういう大体の感じで五対三対二と出されたというのは財政的な配慮ですか。

**松島**　病院というのは、本来は入院患者をきちっと診るところでしょう。しかし、農村だと入院患者は少ないのでどうしても外来が多くなるのです。だから、入院が五とすれば外来は三ぐらいの力が必要です。残りの二を予防活動に充てようというのが若月先生の考えなのです。

**大本**　それで予防活動、要するに地域に出かけて行ってやられるわけですね。そのエネルギーとしては二ぐらい。それで経営上も成り立つということですね。

**松島**　二だけでは赤字でしょうが、全体としては成り立っているということです。

**大本**　ということは、佐久病院だけではなくて、他の地域でも丁寧なスクリーニングの結果説明とか学習などといったことを、こういう割合でやればできるわけですね。

**松島**　この割合というのはかなり大ざっぱなもので、きちっと数字的に分けられるものではないですけれど、そういうことです。

**大本**　心構えがあれば、大体できる。経験的にもやってきたということであれば、他の地域での他の病院でもスクリーニングしたあとの事後指導ということも、やる気になれば経営上は可能なわけですね。

**松島**　ただ五対三対二でやれば経営がよくなるというわけではないと思うのです。病院の経営の一番の中心は入院です。その次が外来。だから逆に言えば五対三対二をやると、ちょっと経営上苦しくなるのではないですか。

**大本**　予防の二の部分も入院と外来に振り分けたほうが利益率は高くなる。

**松島**　経営的にはそうでしょう。経営的にいえば、入院を六にして外来四ぐらいでやる。二はやらない。

**大本**　そういう病院が圧倒的ですね。

**松島**　そのほうが本当は経営的にはいいはずです。外へ出るというのは、収入はあんまりないのに人数が要りますから。

**大本**　同じ長野県の厚生連の協同組合病院でしたら、他の病院でもそのぐらいのことはかなりやっていますか。

**松島**　ある程度はやっています。検診、ヘルスクリーニングを全部いま、同じ方式で取り組んでいますから。

**大本**　そうしますと、やり方として事後説明会も開く。

**松島**　そのやり方もみんな同じようにやっているんですが、病院によっては医師が少ないところもあるので、なかなか一年中やっているわけにはいかないところもある。

**大本**　そうだとすると、佐久病院依存からなかなか脱却できないですね。

**松島**　遠い所はね。ともかく自分の病院の周辺地域はやったほうがいいし、やらなければいけない。また、周辺地域をやることによって患者も増えますからね。だから、各病院とも少なくとも自分の病院の近くはやっています。ただ、佐久病院のほうは三時間も四時間も掛かる南信まで行っています。そういう点ではちょっと他の病院ではできないところもあるのです。

**大本**　二〇〇八年三月二〇日のNHKニュースの放送によると、東信地域の救急医療は佐久総合病院が全部引き受けざるを得なくなっていると報道されていました。

**松島**　東信地区はそうです。長野県は広いので、北信地区、中信地区、南信地区とあわせて、救急の拠点が四つになるわけです。

これはまだ他の病院にないと思いますが、佐久病院ではドクターヘリを二年ぐらい前から導入しています。ドクターヘリだと松本まで一五分で行けます。南信でも二〇～三〇分あれば行けますから、あちこちから頼まれれば、東信を越えて行かなければならないし、実際に行っているわけです。

**大本**　救急を全部こちらがもたなければならないので佐久病院はヘリまで持つというかたちですが、財政的に成り立つのですか。

**松島**　いまは成り立っています。黒字経営になっています。

**大本**　ほかの病院は結構赤字のところが多いのに何が

違うと思われますか。

**松島**　やっぱり医者がいないところはどうしても赤字になっていますね。

**大本**　患者さんが来ない。

**松島**　患者が来なくなるか、あるいは制限したりする。いまのところ、佐久病院では医者がいるからあっちからもこっちからも患者が来るわけです。

## 組合員が支える協同組合病院

**大本**　病院には国公立病院とか日本赤十字病院、済世会病院、私立病院などがありますが、佐久病院は協同組合精神にのっとった典型的な病院として経営されています。協同組合病院の機能、病院のあり方をどのように評価されますか。

**松島**　診断機能では国立病院などとはあまり変わりはないでしょう。

**大本**　そういう技術的な機能は変わらないとしても、どういうところで違いが出てきますか。

**松島**　やはり組合員が農民ですから、それとのつながりで、割合、親密だということでしょうか。いわば住民とのつながりがあるということです。

**大本**　病院と住民とのつながり。住民というのはまずは組合員ですね。

**松島**　そうです。農協病院はいわば組合員の病院なものですから、患者がいろいろと意見をいう機会が他の国立とか日赤よりは多いのではないでしょうか。ただ、まだ農協も完全に民主化されていませんから、組合長が農民の意見を代弁しているかというと、必ずしもそうでない場合もあります。

**大本**　他に比べれば組合員中心というか、農協という協同組合の病院なんだから、組合員もわれわれの病院だという意識が相対的にあるということですね。

**松島**　そうです。

**大本**　患者としてもコンスタントに診療に来てくれるから、財政的にも一般病院よりは安定するというところもあるのではないですか。

**松島**　「おらが病院だ」という意識はありますね。ですが、佐久病院のもう一つの顔としては地域の病院でもありますから組合員でなくても自由に診ています。それから農協病院は、佐久病院だけではなく、いまではどこでも病院祭りをやるようになりました。病院祭りというのは、病院を開放してやる一種の衛生展覧会です。長野県ではいま各病院もやっていますが、長野県以外でもあちこちで佐久病院の真似をしてやるようになりました。

**大本**　農協病院以外もですか。

**松島**　いや、他県の農協病院がです。

**大本**　病院祭りをやることの効能というのは何ですか。前には病院が主体でやっていたのが、今は変わってきて実行委員会形式でやっていますが。

**松島**　最初の佐久病院の病院祭りはいわば衛生展覧会です。医学的知識を分かりやすく解説して、みんなに知ってもらう。今は住民自身がポスターを描いて、自分たちの研究を発表しています。「健康と福祉のつどい」という祭りは旧八千穂村がやっているのですが、村内のいろいろな団体が参加して一緒にやっています。だから、現在は病院だけが企画してやっているのではないのです。

自分たちが企画して、今度はどういう劇をやろうかとか、どういう研究をやろうとかいろいろやっています。また衛生指導員（現名称、地域健康づくり員）が必ず毎年一回、演劇をやるんです。

**大本**　この『衛生指導員ものがたり』を読みますと彼ら、彼女らが大変勉強していることがわかります。

**松島**　そうです。勉強しましたよ。

**大本**　今でも佐久の病院で。

**松島**　今はあんまり。病院で勉強したグループ組はだいぶ古い人たちです。でも、ときどき村に医者が行ったり保健師が行ったりして、教育の機会はつくっています。昔は病院でやったり、役場でやったりしていました。

**大本**　昔のほうが情報の入手ルートが少ないので知識に対する絶対的な飢えというのがあった。今のようにテレビをつければ年がら年中、健康番組をやっているようなことはなかったから。

**松島**　今はテレビでもずい分やっていますね。

**大本**　健康とお料理志向です。料理は世界各国のものをやっているし、健康も最近は体を動かすこともＮＨＫ３チャンネルでかなりやっています。映像ではだめですか。それよりも演劇ですか。

**松島**　映像でもいいですけれど、こちらでつくって見せるというよりも、住民自身が自分たちでつくるという方向にきていますから、その方を主に進めています。だから、演劇の脚本もみな住民が書いていますよ。

**大本**　今までは若月先生の脚本が多かったですね。

**松島**　最初は若月先生の脚本でやっていたけれど、だんだんみんながそれを習って、自分たちでまずどういう問題を取り上げようかという話し合いをしてからつくる。それで衛生指導員のなかに脚本家が生まれました。

**大本**　高見沢佳秀さん。

**松島**　高見沢さんが主に書いていますが、演ずるのは他の衛生指導員たちです。「健康と福祉のつどい」に向けてだいたい少なくとも三週間ぐらいは練習するんです。そういうことも本当に自主的にやっています。

**大本**　一九四五年以降、佐久病院はいろいろな試みをやってこられましたが、そういう佐久病院の技術や思想が住民に移転していっている。

**松島**　しかし、若月先生は五〇年やってきましたが、医療の民主化が十分達成できたかというと、せいぜい二割から三割と言っていました。

**大本**　西欧でも民主主義を実現するのに二、三百年かかっていますので、半世紀で二～三割というのは大変効果が上がっているといえるのではないですか。

**松島**　「佐久地域保健福祉大学」というのを一九八九年につくってから、今年で二〇周年になります。一〇回の講座コースがあります。それを卒業した人が同窓会をやっています。このOB会がすごいのです。毎月機関紙を出す機関紙班のほかに、高齢社会班、食と環境班、音楽班、人形劇班、リホームつくし班などがあり、日常活動として、学習活動をしながら病院祭りにも参加しています。そういうのを自主的につくってやっています。われわれがつくれと言ったわけではないんですが、面白いというか、みんなでやるのが楽しみのようです。

## メディコ・ポリス構想と佐久総合病院の未来

**大本**　若月先生も松島先生も、高度医療とか専門医療の発達も住民の要求なんだからやるべきだ、外に出るのもやるべきだ、だから、これはけっして二者択一ではなくて、両方ともやるのがパワーを強めるという思想の持主だと思います。それでもここ臼田の佐久病院の建物の改築との関係でセパレートすることになるのですか。専門の医師は別のところにいってしまうということもありうるのですか。

**松島**　いや、ここだけでは敷地も足りないので、ここはプライマリーケア第一線医学の部門となってやっていく。この建物のコンクリート部分はもっと持つんですけれど、施設部分は改築しないとボロボロになってきているのです。一〇年ぐらい前に新しく追加した部分もありますが、古い部分はもう四〇年、五〇年たっていますからね。いま、臼田町は過疎化であまり患者がいないので上田市とその周辺地域からの患者が四〇％ぐらいになっているのです。南部に佐久病院の小海分院ができているわけですから、専門医療をやるのはできるだけ北のほうに移すのがよいのです。東信地区を中心に佐久病院が担当せざるを得なくなってきたということでしょうか。それで建物の改築に合わせて、こちらは「地域医療センター」、向こうは「基幹医療センター」と名付けて両方に分けてやることにしています。

**大本**　佐久の発展過程からするとやむを得ないということですね。ある人口圏というか医療圏でもってキャパシティを満たすとすれば、上田市のほうも取り込んでそちらのほうにも便宜を図るということには一定の合理性があるということになる。

**松島**　上田市にも国立病院があるのですけれど、あそこは産科はやめになるとか、だんだん医者が辞めていっているのです。それでも佐久病院には医者が二〇〇人います。

**大本**　佐久病院では辞めていくお医者さんはいないということですか。

**松島**　いますけれど、辞めても地域で開業される方が多いのです。

**大本**　最後に一つだけお伺いしたいのですが、メディコ・ポリス構想というのは実行段階に入っているのでしょうか。

**松島**　それはいま、佐久の南部地区で進んでいます。

**大本**　問題提起されてから、最初、先生方もなかなか進まないとおっしゃっていましたが、最近は少し動き出しているのですね。

**松島**　小海中心の南部地区で動き出しています。詳しくは『農村医療の原点』第Ⅳ集に清水茂文先生[10]が書いています。

**大本**　メディコ・ポリス構想では医療関連産業を呼び込む構想もあったと思いますが、そういう産業振興のようなことはそのご進展をみているのですか。

**松島**　いや、まだです。産業を呼ぶというのはなかなか大変でしてね。若い人がかなりそこに定着するということになりますから。

**大本**　安心して住める条件としては、生命や健康が守れる組織があるということ、生活の基盤である雇用があることです。この二つがないと人が地域に住めない[11]。

**松島**　あと教育施設ですね。川上武先生はこの三つを挙げています。いま大学進学というと東京に行ってしまうので若い人が地域にいなくなってしまうわけです。

**大本**　地域に大学があると、学生が生活するので相当お金が落ちます。佐久病院のような一〇〇〇人をこえるスタッフがいる大きな病院があるということ自体、人の出入りも多くなるし地元に経済的に貢献している。そういう点では雇用も創出されるし、一つの産業になりえます。

**松島**　そうです。医療も産業ですから。普通の工場だとあんまり期待できないですが、福祉施設とか医療施設とかはまだまだ足りない地域があるのでつくろうと思えばつくれるわけです。

**大本**　そういう意味では、こういう施設があることは地域にとっては雇用創出効果が大きい。

**松島**　そうですね。うちはいま職員が一八〇〇人いますから。

**大本**　おそらく今後は、佐久病院が地域づくりの核として加わっていかなくてはならなくなると思います。

**松島**　そうですね。

**大本**　質問の主意はだいたい伺えたと思います。長時間にわたりお疲れのことと思います。どうも、お忙しいなか本当にありがとうございました。

（インタビューは二〇〇八年二月二八日午後一時～二時三〇分まで、佐久総合病院応接室において）

**付記**——本稿は、松島先生にご一読頂き加筆修正のうえ、大本の責任で補訂したものである。

**注**

（1）松島松翠「農村における健康増進活動の費用・効果分析に関する研究」『日本農村医学会雑誌』五〇巻四号、二〇〇一年一一月）。「農村における健康増進活動の費用・効果分析に関する研究」『日本農村医学会雑誌』五一巻三号、二〇〇二年九月）。「農村における健康増進活動の費用効果分析に関する研究」（『日本農村医学会雑誌』五一巻六号、二〇〇三年三月）。

（2）松島松翠「若月俊一と農村医学——その理念と方法をどう受けついでいくか」（『農村医療の原点Ｖ』二〇〇八年五月）。

（3）佐久総合病院は、全国の病院のなかでもがんに関して優秀な病院として評価されている。朝日新聞社『手術数でわかるいい病院　全国・地方別ランキング二〇〇七』（『週刊朝日』臨時増刊号、二〇〇七年三月五日）によると、「食道がん内視鏡治療」において全国トップ三〇のなかで佐久総合病院は第六位であり（二〇一ページ）、「胃がん内視鏡治療」においては第一〇位である（二〇一ページ）。「肺がん手術」では地方別ランキング北陸・信越トップ五のなかで佐久総合病院は第四位である（一一七ページ）。全国の病院のなかで、「食道がん」、「胃がん」、「肺がん」などの三項目にわたり三〇位以内にある佐久病院は、がん関係の専門病院を除いて一般病院としてきわめて優れた病院であることがわかる。

（4）岡井崇・川人博・千葉康之・塚田真紀子・松丸正『壊れゆく医師たち』（岩波ブックレットNo.七一八、二〇〇八年）では、勤務医の労働現場の状況と過労死、過労自殺の実態が生々しく報告されている。

（5）　松島松翠「はたして『改良』か『改革』か八千穂村健康管理とその意義」（佐久病院・従業員組合『佐久病院』第二号、一九七五年三月）。

一九七五年一二月に、八千穂の健康検診にたいして佐久病院内では地下水グループが「私達は八千穂検診に関して、基本的に反対する態度を表明します」（同、一八五ページ）という声明を出している。反対の理由は次の通りである。「現実の問題として、昭和四二年度の会計によれば八千穂検診ひとりあたり一九一二円の費用がかかります。しかるに病院に入る金は、今年は五〇〇円（自己一五〇円、村三五〇円）であり、残り一四〇〇円あまりは、病院持ち出しです。病院持ち出しとは具体的に何をさすのかと言えば、収奪された労働（つまり無賃労働）であり……」（一八七ページ）とある。

これに対して松島松翠氏は、以下のように答えている。「八千穂村の健康管理で財政的な面で病院に大きな負担がかかっていることは彼ら（地下水グループ）が指摘する通りである。そのしわよせはすべて従業員にくる。これは検診費が安いためで、それがまたかえって村民の意識の向上を妨げている。これもたしかにその通りである。

しかし、この活動はそれでは全く無駄であるのか。否、この八千穂村での検診データは、全国に広くつたえられ、各地の健康を守る運動に大きな根拠を与えている。全国農協婦人部は、このデータをもとに国保の予防給付を毎年要求している。また八千穂村以外の町村で、このような形の健康管理を要求する声が年ごとに高まっている。むしろこのような要望に答えられないのは医療機関の方である。

そもそも、健康管理活動は経営的にマイナスであり、また従業員の過労をともなうので、普通の病院では二の足を踏んでいる。国立、県立などの公共病院ですらそうである。聞くところによると、組合も労働過重になるから反対だという。しかし私たちは、組合こそその困難な活動に飛び込むべきだと考える。ただ自分たちのことだけでなく、働くもの同士のお互いの連帯のために、組合としてそのような要望にできるだけ答える必要がある」（一八八ページ）。

（6）　河合克義、矢島香子「地域医療と住民参加――沢内村・松川町・八千穂村調査（中間報告）」、（国民医療研究所『所報』四二号、一九九九年三月）。

（7）　松島松翠「若月俊一と農村医学」（『農村医療の原点Ⅴ』、二〇〇八年五月）。

（8）　「生活基本構想」の前文の一部「本来、人間の幸福に役立つべき経済の発展が、逆に人間の幸福をそこなうものとなってはねかえり、今や人間性の尊重の社会を築くことが、国民生活にとって最大の課題になっている。しかし個人個人の力だけでは、われわれの生活を守り、高めていくことは困難である。農協は本来、公正と平等を基礎に、組合員が互いに助け合って、自らの生産と安定・向上をはかる組織である。人間性を喪失させる恐れのある経済社会の変化のなかにあって、農協は人間が人間らしく生活をしていくための運動の中核となり、人間連帯にもとづく新しい地域社会の建設をめざして運動しなければならない」（『農村医療の現場から』九八ページ）。

（9）二〇〇八年四月一〇日、松川町の松下拡先生および町役場の西浦実香保健師さんを訪問して実情をヒアリングし、また「松川町健康を考える中年の会・八健会」の研究会にも参加させていただいた。

松川町では、現在、住民による健康づくりの学習会は継続しているが、松下拡先生が公民館主事として活躍された当時と比較すると住民組織の数は半減し、また住民の活動への参加も低下傾向にあった。しかし「健康を考える中年の会」の学習ぶりは自発的であり議論も活発であり、食事とお酒を飲みながら楽しく進められていた。西浦保健師のアドバイスを受けながら健康に関する新しい課題に取り組んでいた。また、毎年、健康を考える集会運営委員会によって「松川町健康を考える集会」を開き、各地区からの健康状況の取り組みの実態報告と研究発表がなされている。

（10）清水茂文「南部地域における「メディコ・ポリス構想」の実現」（『農村医療の原点Ⅳ』、二〇〇七年五月）。

（11）医師であり、日本を代表する医事評論家。『日本の「医療の質」を問いなおす』、『戦後医療史序説―都市計画とメディコ・ポリス構想（勁草医療・福祉シリーズ）』、『農村医学からメディコ・ポリス構想へ―若月俊一の精神史（勁草医療・福祉シリーズ）』など著書多数がある。

## 参考文献


佐久総合病院健康管理部『八千穂村健康管理　五年のあゆみ』（長野県厚生農業協同組合連合会、一九六四年一〇月）。

八千穂村『村ぐるみの健康管理二五年』（一九八五年）。

『若月俊一著作集』全七巻、（労働旬報社、一九八六年）。

松島松翠『農村医療の現場から』（勁草書房、一九九五年）。

松島松翠編集『佐久病院史』（勁草書房、一九九九年）。

松島松翠・横山孝子・飯嶋郁夫「八千穂村衛生指導員ものがたり」（一～四八）。「農民とともに」（八五号～一三三号、二〇〇〇年四月～二〇〇三年三月）。

佐久総合病院『創立六〇周年記念誌・別冊　農村医療の原点Ⅰ』（二〇〇五年五月）。

佐久総合病院『創立六〇周年記念誌・別冊Ⅱ　農村医療の原点Ⅱ』二〇〇六年五月。

佐久総合病院『農村医療の原点Ⅲ　若月俊一の人と思想』（二〇〇六年一〇月）。

佐久総合病院『農村医療の原点Ⅳ　若月俊一から何を学ぶか』（二〇〇七年五月）。

佐久総合病院『農村医療の原点Ⅴ　地域医療の未来に向けて』（二〇〇八年五月）。

# 二　若月先生とともに保健婦三四年

横山孝子

横山孝子氏の略歴

長野市生まれ
一九六〇年　長野県公衆衛生専門学校卒業
一九六〇年一二月　佐久病院に就任、健康管理部に所属し保健婦として活躍
一九九八年三月　同病院を定年退職
二〇〇一年二月〜二〇〇三年三月　ＪＡ長野八ケ岳生活企画指導課課長
二〇〇一年四月〜二〇〇六年三月　長野大学福祉学部准教授、介護概論・介護技術論を担当
二〇〇六年四月　同大学地域共生福祉研究、客員研究員
現在、二〇〇八年四月から佐久大学非常勤講師、佐久病院、国立長野病院などの看護学校で講師を務めるほか、大学の公開講座、地域の各種講座などで講演活動をされている。

## はじめに

**大本**　先般、松島先生にインタビューしてまいりましたが、佐久病院関係者のうち長らく保健婦を勤められた横山さんにお話を伺わないと現場のところがわからないと思いまして、お忙しいなかインタビューをお願いいたしました。快く応じていただきありがたく思っております。

**横山**　八千穂村だけではないんでしょうけれど、地域の健康を守るということは、私たちが前面に出てはいけないと思って、いつも一緒にやろうという考え方でやってきました。

**大本**　横山さんのもともとのご出身はここの地元なのですか。

**横山**　長野市です。

**大本**　横山さんご自身は若月先生とはどのぐらいの期間、お仕事を一緒になされたのですか。

**横山**　勤めていた全期間です。

**大本**　若月先生が赴任されたのが。

**横山**　昭和でいえば、二〇（一九四五）年でしょう。私は昭和三五（一九六〇）年からです。初めて就職して、ほとんど定年退職までいましたから人生の大部分ですよ。

**大本**　では若月先生の最初の一五年を除いてずっとおつきあいなさった。

## 住民参加の発祥は栄養グループ活動から

**大本**　八千穂村のシステムで一番大きいのは衛生指導員を置いていることですね。

**横山**　住民参加の代表という考えで衛生指導員（現名称、地域健康づくり員）の声を大切にしてやってきたことは重要な柱です。一番身近な集落のなかで暮らす方々に、みんなの意見の代表になっていただくということです。

**大本**　住民といっても一人ひとりが動くということは難しいわけですね。やはり住民組織のリーダーがいる。

**横山**　そこで住民の思いに近づいて、よりよい対策を一緒に考えようという考えでしたから。

**大本**　八千穂では男性の衛生指導員の方と女性の保健推進員（県では保健補導員と呼んでいる）の方とが組になっていますね。

**横山**　行政が母子保健などについては集落ごとにもう少しきめ細かくやろうということで、衛生指導員の役割とは違った仕組みが必要ということで保健推進員の組織をもう一つつくったというかたちです。これは衛生指導員よりかなり後になって、役場の方の必要性から置かれたものです。

**大本**　そうですね。ですから最初にリードしていったのは衛生指導員の方々。

**横山**　大きな流れからいいますと衛生指導員の前に栄養グループというのがありまして、あの人たちもなかなかでしたよ。

**大本**　旧厚生省などからいろいろな賞をもらっておられましたね。

**横山**　昭和三〇年代の頃ですから、栄養不足の時代です。豆からお豆腐にしようとか、いろいろなものを手づくりしたり、ニワトリを飼って子どもや病人に卵を食べさせましょうといった普及活動を集落ごとにやっていました。

どっちかといえば後に明確になってくる食生活改善普及員さんの仕事のお手本になったと思うのですが、このグループの人たちが、それこそ自主的に勉強して真剣に地域のなかで、鍋釜背負ってマヨネーズのつくり方まで伝達するわけです。非常に自主的な栄養指導組織でしたね。そういう前史も入れていくと、五〇年近くの住民の自主的な姿勢という積み重ねには大きいものがあります。

## 横山さんのキャリア形成

**大本**　横山さんが就職された一九六〇年という年は佐久病院の歩みからいうとどんな時期でしたか。

**横山**　健康管理部ができて二年目の年です。一年目は八千穂村の健康管理を始めた時で、私が入ったときはまだ部屋もなかったんです。でも病院を建て替えなければいけない時期だったので、屋根裏部屋のような変なところに部屋がもらえて、先輩保健婦と二人で、松島先生は外科医であり健康管理部を兼ねるという勤務形態をとっていました。

**大本**　兼務していたのですね。

**横山**　私たち保健婦二人以外はみんな兼務です。亡くなられましたが、井出秀郷課長も医事課という課の職員で健康管理部の事務局を兼務というかたちでした。

**大本**　衛生指導員の高見沢佳秀さん、内藤恒夫さんもおっしゃっていましたが、衛生指導員がいろいろな企画を進めるときに、これをやりたいというのまでは分かるけれど、そのためにどんな方をお呼びしたらいいかといったことは保健婦さんと相談してやっていたんだと言っておられましたが、そうなのですか。

**横山**　そういうことはかなりあったと思います。衛生指導員自身は衛生指導員会をもっていて、そこへは私も時々は顔を出すし、村の保健係なども出てきますから、どうもこういうことが気がかりだよねということになったら、ではこれをもうちょっと探ってみようとか、ここへ行ってみようかということになるときに、保健婦というのは村のことだけではなく全県の様子も把握していますし、公衆衛生的なことを公的にも私的にも知るチャンスやネットワークがありますから、視野が大きいわけです。ですから、あっちでああいうことをやっているとか、佐久病院自体も全国的な厚生連の動きから国の法律の改悪の様子とかいろいろ分かるわけですから、アンテナが高いわけです。しかも気がかりなことは住民組織にも投げかけたりしているわけですから、どうしたって相談をもちかけてくる。一緒の仲間という感じで私たちはやっていましたから。

**大本**　そのようですね。健康管理部ではどういうお仕事をされたのですか。

**横山**　入りたての頃は、八千穂村の健康管理が一番のお仕事でした。台帳を作ることから台帳整備まで。台帳には三種類あり、個人のものと家族のものと集落のものがあります。それらを満たしていくという仕事。というのは、それがそのまま私たちが地域を知る一番の勉強になるものですから手作業で整理したり、統計をとることは大切でした。個人のは健康診断である程度分かっても家族、まして集落となると分からないことがいっぱいでした。

昭和三〇年代というのはまだものすごく貧しい時期だったでしょう。八千穂村だけの問題ではなく、栄養も、衛生も、赤痢・回虫も、その時代の健康問題が山積です。そんなようですから生活改善そのものが重要になります。そういうこと全部、どうなっているんだろうということになりますでしょう。ですから、調査のための調査ではなく、なんとかしなければならないから知ろうということで、いろいろ調査をやりました。

**大本**　若月先生の「冷え」とか「農夫症」などの研究ですね。そういうのはみんな現実の問題から迫られてやったものなのですね。

**横山**　そうです。現実の問題なのです。高血圧、脳卒中の統計を取れば佐久地方は一番悪い。それで、なんだろうといろいろ調べると塩分や食生活ばかりでなく、この冬の寒さはなんだというわけです。今よりもよほど寒かったですから健康と大いに関係がありそうだと。

**大本** 北海道の「北海道式炊飯兼用貯炭式」を使って「冷え」の研究をしますね。(1)

**横山** あれは「冷え」の研究が始まってストーブを入れた家と入れない家での違いをみる実験でした。それを三年続けたんですけれど、そのため私どもは冬の期間、毎月、生活や気分、風邪をひかなかったとか医療費まで聞いて回りながら対象群と比較するわけです。

**大本** では、若月先生がいろいろ発表されている調査に横山さんはずっとご一緒だったのですね。

**横山** ほとんど裏付けは私どもの健康管理部でやっていたと思います。もちろんそこに目をつけて、これはえらいことなんだということをちゃんと言われる若月先生はすごい。私どもだって寒いというのは健康に悪いなとは思っていましたけれど、そのことで思い切って予算を工面してしっかり調査をして学問的に証明していくということを発想するのは若月先生でなければできないと思いますよ。

**大本** 若月先生は戦争中から労働災害の研究をやっておられましたからね。

**横山** そうです。それでそういう問題視点から「冷え」を研究していくんです。

**大本** 普通でしたら、冬なんだから冷えなんて当たり前だということで終わりですね。

**横山** ええ。それに地理的にしょうがないんだと思うのではないかしら。

**大本** 農業も勉強しなければいけなかったのではないですか。

**横山** 稲刈りを機械化したら大きなケガや死亡事故が増大しはじめるので、どうしてケガをするかを知るために、田植えの時期になれば八千穂村へ出かけていって、耕運機の帰ってくるのを待っていて、今日はどうでした、どこのところでおっかない目に遭うのですかと聞いたりもするのですよ。

**大本** 保健婦さん自身がすごく勉強になりますね。

**横山** 大部分が勉強です。農業労働の姿勢と環境は腰痛やケガの仕組みがわかるので、どうしなければいけないかを知り、自分自身の役割も見えてくるのでむしろ楽しかったくらいです。みんなの苦労の実態が分かるということは、なんとか対策を打つうえで役に立てるかもしれないという思いがあるから楽しかったですよ。だから私も続けてこられたんだと思うのです。

**大本** それにしても、最初は医学会などからはあまり問題にされなかったのではないですか。

**横山** その時代の医学は生活実態の調査なんかやりま

せんし、予防というのが嫌いだったんです。とくに医師会は治療中心でしたから。〝予防して、病人が減ってはお前たち食っていかれると思うのか〟という感じでしたから。

**大本**　それにあの頃、お医者さんは威張っていましたしね。(2)

**横山**　まあ、そうですね。

**大本**　〝診てやる〟という感じですね。

**横山**　だから、病院にいて〝やって来い〟と言うだけでしょう。それを若月先生は、こんなことしていたらだめだ。盲腸を手遅れにさせてから、さあ助けろといったって金はかかるんだし、とてもかわいそう過ぎる。その知識をみんなに知らせて、早めに直すということをやることがお前たち健康管理部の仕事だぞとなるわけです。保健師ですからほんとに学んできたこと、まさにそのことをやれと言ってくださるんですから、私たちもまっしぐらになるわけです。

## 知られざる若月先生の一面

**大本**　そういう点では若月先生は先見力があったといえますね。

**横山**　時代を読めるんですよ。

**大本**　そして実践される。

**横山**　いろんなところに網張って、実践できちゃうんですよ。実践力はどうしたってあの方のようにはなかなかできない。かつては今のような時代と違うからできたということもありましょうけれど、これは重要な問題だとなったら、いろいろな上部組織、全国厚生連、農村医学会、農林省や厚生省、自転車振興会などの資金力を活用して取り組むことになる。

**大本**　補助金も。

**横山**　それもあるし、知恵も使う。考え方の裏付けをちゃんと取っておくわけです。というか、創意を裏付ける過去からのいろいろな組織とのつながりがあったと思うんです。

**大本**　そういうネットワークをつくってこられていた。

**横山**　そうです。八千穂村の健康管理もいきなり生まれたわけではなくて、佐久病院に来る前からの公衆衛生的なつながりとか、社会医学研究会や労働科学研究会など、農村の仕組みを良くしようという医師の会だとか、いろいろなものとつながった過去があって、研究もなされていたと思うんです。そういう蓄積にたって、もし、やれるならこうやりたいなというものをポケットにいっぱいもっていて佐久病院に来られて、ああ、村ってこういうものかというふうになるわけでしょう。労働衛生の時代もあって、工場労働とは何なのかと同じように、たくさんな視点をいっぱいもっていらっしゃるから、八千穂村からやってと言われれば、じゃあこうしようという貯めていた思いが湧き出てくるわけですよ。老人保健法の頃には、老健法につながる健康手帳や健診など「保健」の部分はむしろ八千穂村の仕組みが手本になったわけで、そういうふうにバリアをいっぱい張ってあったと思うんですよ。そういう社会的な力をもっておられる。

私たちは先生から大きな課題をいわれて、では具体化するにはどうしたらよいか、しこしこやるというのが私らの役割ですから、私なんてもう怒られっぱなしでしたよ。こういうふうらしいことを先生がおっしゃるから、こうしてみよう、ああしてみようといっても全然考えが浅かったりするわけですからね。

**大本**　すごい人ですね。

**横山**　だから、すごいと思いますよ。

**大本**　若月先生はすごくお酒も飲まれたし、ご苦労も大変多かっただろうと思うんですけれど、長寿だったですね。かなり日常的に健康管理をしていらしたんですか。

**横山**　精神構造がストレスに強いというか、仕事、大好き人間でいらしたので出来たのだと思います。

**大本**　物事にあんまりストレスを感じない。

**横山**　ストレスに感じても、むしろそれが新たな仕事をつくる喜びになっていたんじゃないかと思います。

**大本**　いろいろな方から伺いますと、お酒がお好きで飲み方からしてすごい。コップ一杯をもってみんなのところにいき、ワインだの、ビールだの、焼酎だの、日本酒だのそれぞれ違った酒を一つに入れてもらっても、それをワーッとお飲みになったと聞きますが、そうなのですか。

**横山**　私はあまりお酒のおつきあいは多くはありませんが、ガーッとは飲まれないんですよ、飲んだふりをする。まあ、飲んだ時代もあったでしょう。こんな片田舎で昭和二〇、三〇の年代の時代に一緒に酒を飲まなきゃやれないのは事実でしたからね。しかもアカっぽいんだから地域になじむのは容易じゃなかったはずですよ。だから若い頃は飲まれたと思います。でも、ある時期、かなり早い時代から飲み方上手になられていたと思います。「飲まれたらおしまいだ」ということはよく言われていましたから。

**大本**　そこら辺はやはり心得ていらしたのですね。

**横山**　だから飲まなきゃいられないといった大好きで

はないと思うんですよ。むしろ飲ませ上手ではなかったかと思います。

**大本**　マイペースの健康管理をしていらしたんですね。

**横山**　そうだと思いますよ。

## 農村医学の構築とその必要経費

**大本**　保健婦さんといっても八千穂村の保健婦もおられるし、佐久病院の担当保健婦もおられますが、基本的には同じようなことをやっていたのですか。

**横山**　基本路線は同じですが、村の保健婦は村民に関して母子から成人・老人問題や精神障害関連まで幅広く、年間計画や村の予算に従って仕事します。佐久病院は、八千穂だけではないわけです。近隣市町村からもいろいろなことを頼まれるし、それから農村医学的観点からの課題に取り組みます。脳卒中、貧血や農薬中毒などについて調査や対策を考えたり実践する。昭和四〇年代の頃の話題は貧血でした。農家の嫁たちが貧血だということでしたので、それも取り上げる。いろいろ文献検索をやってみると農村医学の同じ仲間の系列の先生方もやられている。臼田の町で貧血対策を要望してきたので、採血による貧血健診を入れた実態調査もしました。貧血というのがその頃、健康管理の指標の一つになっていて、五%を超えるような住民集団は健康管理が悪いんだと、共同研究機関の先生方と言い合っていたんです。それが、臼田町では三〇%とかでずいぶん悪かったのです。そこで初めて住民健診で血液検査をやることになったんです。一九六五年に入るか入らない前後でしたから、多分アメリカのライシャワー大使のB型肝炎事件が起きて血液を見なければだめだという風潮が出てきたときです。私たちは本当に健康管理をするなら血液検査をやらなければだめだとはじめから思っていましたけれど、その時代の住民感覚として〝血を採られるのだけは勘弁してくれ〟というのがありましたから、私どものほうからなかなかいい出せない。それに金もかかるわけでしょう。だから、それまでの一〇年間ぐらいは血液なしの健康管理でした。ですけれど、臼田でやったらこんなになっていたとか、野辺山でやったら四〇%もいたが、これではだめらしいと判ってきた。そこで、貧血というのは村の健康管理を評価する一つの方法にもなると、悪くいえば衛生指導員や補助員さんをたきつけることになったわけです。

**大本**　たしかに女性にとっては栄養と労働の交点の表現ですからね。

**横山**　そういうわけで八千穂村の健康管理でもいよい

よ血液検査をやることになったんです。その時は、せっかく採るんだから貧血だけではなくて肝機能などいくつかの項目も入れたかと思います。これが一九六五年から七一、七二年の間の話です。

**大本**　だからこの地方では血液検査はわりあい早かったんですね。

**横山**　どっちかといえば公衆衛生の興味から他地域でぼつらぼつら断片的にやられていたのを、私どもが健康管理の一環に組み入れたというのは早い取り組みだったといえます。やってみたところ、実をいうとものすごくうれしかったんですが、八千穂村だけは貧血者率が五％を超えなかったんですよ。すごいでしょう。

**大本**　それはすごいですね。栄養バランスがよかったのですか。

**横山**　健康調査のなかで、日頃からあえて肉、魚、卵をどのくらい食べていますかと聞くようにしてあったのです。

**大本**　当時は、卵はまだ貴重品だったので虚栄心を張って食べているなどと言う人もいたとか。

**横山**　そういう人もいっぱいいましたよ。月に二回ぐらいとか答えるわけですよ。

**大本**　でも子供に聞くと、いや、全然とかいうそうですね。

**横山**　それでもその質問自体がいつの間にか刺激になるわけです。ああ、食べなければいけないなと思うわけです。そういうことで初めて血液をとってみたら正確には五％もいないんですよ。三％とか四％なのです。しかも分母は全村民ですから正常な姿です。ところが他の所では、だいたい貧血のことが気がかりだから、お前、行けといわれた人が来ることになるでしょう。だからベースの分母があやふやなままの割合ですから、三〇％、四〇％になるのは私たちも承知のうえなんですが、採血検査の必要性を判ってもらうにはとても便利でした。

**大本**　行きたがらない住民を説得するのには効果があったわけですね。

**横山**　それに、当時はそれしかデータがなかったんです。

**大本**　そういう点では、八千穂は全村民でやっているし、過去のデータもあるので非常に正確なモデルになる。だから八千穂村にこだわっていらっしゃったんですね。

**横山**　もちろんですよ。だって健康管理の分野でどのように農村住民の健康を守ったらいいのかを探る大事なフィールドです。だけど、そのことばかりを言いたてるのは村の人に失礼でしょう。そうではなくてもモデルだって言われていたんですから。

**大本**　村民のなかにはモルモットだって言っていた人もいたようですね。

**横山**　言っていたでしょう。私たちは、村の人と一緒に考えたいからやらせてといっていました。私は病院の保健婦ですけれど、村の保健婦と同じくらいに自分の村というほどに好きな村でした。

**大本**　科学的調査をやるうえでどうしても必要なフィールドだったので、佐久病院も持ち出しがあっても全村民の健診をやったわけですね。

**横山**　医師や保健婦の人件費と時間を計算すればもちろん高いものですよ。人手を出した、知恵を出したという点では、それが農村医学の方向性を決めていくことにもなったのですから当然必要経費だったといっていいと思いますよ。

**大本**　やはり日本の農村医学の基礎を確立していくうえには、どうしても八千穂村の実例が必要だったのですね。

**横山**　絶対、そうだと思います。だって誰もそういうことをちゃんとやってくれている世界がなかったわけですから。村が私たちとの関係でやったことがベースになって日本の国民の健康のあり方が左右されるのだから、ちゃんとやろうねということになるわけですよ。

**大本**　そういう自覚をその当時からお持ちになっておられたんですか。

**横山**　一応はそう思っていました。私たちがたずさわっているいわゆるモデルが国民の健康問題に大きくかかわっていると思っていましたもの。

## 「うどん会」事件の真相

**大本**　八千穂村にしろ佐久病院にしろ辞める保健婦さんが結構多いと聞いたのですが、いかがですか。インタビューで八巻（好美）さんが、八千穂村では保健婦さんは二年ぐらいしか勤めてもらえないと言っておられました。八巻さんが入ってからずっと続くようになったということです。その前までは、志を高くして一生懸命やってくれるんだけれど、大体二年ぐらいしか続かなくてということです。佐久病院の保健婦さんのほうはどうだったのですか。

**横山**　入れ代わりは結構ありましたが、看護師さんと同じではないですか。特別、健康管理部だけが変わるといった問題ではなかったと私は見ています。

**大本**　健康管理部の保健婦さんで定年退職まで勤めら

れたのは、横山さんがはじめてですか。

**横山**　そうです。だけど今の人たちも大部分そうです。その前というのは何せ厳しかったですからね。だって昼といい夜といい、長時間の仕事が健康管理部の特徴みたいでしたから。

**大本**　やはり労働条件。

**横山**　辞める理由というのはそれですよ。病棟での夜勤も厳しいですが、まだ夜勤明けがある。けれど私たちもなるべく夜勤明けをとろうよと言っても、翌日次の計画が入っていて八千穂村だけでも四〇日も五〇日もやるわけでしょう。それだけ人手がないわけです。今日は夜九時までやったから明日休みますなんて言えないほどの人手のなさですからね。物理的にも結婚すれば辞めざるを得ない事情は初期の頃はいくらでもあったわけです。

だから、私もそうですが、それとの闘いもあったわけですよ。なんとかそうならないように当たり前にいい仕事をしながらも、自分も仲間も守れるようにどうするかというのは本当に大変でした。充分な配慮ができなくて辞めるなんて言われると本当に情けない気がしました。

**大本**　農閑期の一二月から一月までずっと八千穂村内を回るんでしょう。

**横山**　そうですよ。炭の暖房で一酸化炭素中毒になってみたりしながら。

**大本**　おまけに健診が終わったあとは、うどん会。うどん食べて懇親ですね。それからお酒を飲んだりもする。

**横山**　うどん自身は懇親というより夕飯ではあったんです。夜六時から七時ぐらいまで健診をやって、夕飯を食べて帰るしかない状況でしたので、〞じゃあ、うどんをもっていくからつくってください〞なんていうことがいえた時代なのです。昼間のんびりやれた時代から兼業化が進んで、午後しかだめ、さらに夜しか嫌という集落が出てくる時代になっても、そういうふうにみんなが対応してくれたわけです。

**大本**　一九七六年の一一月に開かれた佐久病院と八千穂村との健康管理に関する合同会議で、病院保健婦が恒例になっている「うどん会」を廃止したらどうかと提案をしたところ、若月院長から雷が落ちたそうですね。「〝何だ、この間の提案は！　これで健康管理部もダメになった。運動精神がなくなった。君たちはとうとう健診屋になりさがったか〞と大声でどなりつけた。その後も若月院長の健康管理部に対する批判は、あらゆる機会を通じて行われた」[(3)]ということですが。真意はどうなのですか。

**横山**　落ちましたよ。本当は伝えられている話と違うのですけれど、私はまあいいやと思っているのです。

**大本**　本当のところはどうだったのですか。

**横山**　佐久病院と八千穂村の合同会議の前には、必ず村の保健婦や事務局と私たち健康管理部とで、今年はどういうふうに進めようかといったことで会合をもつわけです。そうしたら村の保健婦から、本当のことを言うと健診が終わって夜の六時過ぎになって、女性の人たちが夕飯をつくったりして遅くなることに〝お母さんたちもきつくて困っているんですよ〟という声が伝えられたわけです。〝やっぱり、もう、そういうわけにはいかない時代なんですね〟ということで、夕食のうどんづくりをやめる提案をするかということになったわけです。

**大本**　そういう下からの声があった。

**横山**　ええ。時代が兼業化しているなかで、女性が順番にその集落の衛生担当になっていくじゃないですか。

**大本**　二年に一回とかの順に。

**横山**　そうすると、夜まで当番でそういうことに十分対応できる人もいれば、そうできない人も出てくる。

**大本**　専業の主婦がいなくなって。

**横山**　そうできない人たちがいっぱい出てきた。そういう声を村の保健婦さんは家庭訪問などから聞いてくるわけです。それで、その辺りを聞かされれば、私たちにすれば、そんなことしてまでご飯を出してもらうなんて申し訳ないと思えてくるわけですよ。それで、ああ、これはまずいなと私は考えたんです。

**大本**　それは女性の立場からしたらそうですね。

**横山**　それでも、そのことを村の人から言わせるのは気の毒と思い、それはいけないと思って私が言ったんです。そうしたら、〝おまえたちは遅くまで仕事するのが嫌だからか〟と若月先生は大怒りされたわけです。

**大本**　若月先生の志というか情熱は、住民のなかに入って献身的につくすこと。

**横山**　時代が変わりつつあるのに、私たちはおんぶして夕飯をいただいてまでというのはやはりいけないなと思ったのですが。

**大本**　この事件を契機に、結局、うどんの夕食はやめることになったのですか。

**横山**　いや、しばらく続きます。というのは、合同会議に出ていた男の人が〝いや、私たち、そんなに大変なことはありません。一向に構いません〟なんていうものですから。だから、言い出しっぺの私はもう、ぺちゃんこです。

**大本**　なるほど。男性は自分で家事などやったことがないからそう言えるのでしょうね。

**横山**　それは衛生担当として自分もやっているでしょうが、主婦のことにまで思い至らないわけです。私はもう立場がないわけです。それこそ村の保健婦の定着や自分のスタッフのことを考えたりすることと村の人びととととことんつきあうこととの板ばさみですよ。そういうことを踏まなければ物事は進まないからそれでもいいやと思っていました。いいわけがましいし、誰かの顔をつぶすみたいになるような気がして、これまでどこにも書かなかったわけですよ。

**大本**　若月先生からすれば一番よく知っている横山さんの発言で〝ブルータスよ、お前もか〟のような気分にならられたのでしょうね。

**横山**　ええ、なるわけです。

## 集団健康スクリーニング開始にむけて

**大本**　佐久病院が集団健康スクリーニングに取り組む契機は何だったのでしょうか。また、どのようにして長野県全域に約一〇万人ものスクリーニングを実施するようになったのですか。そのプロセスをお聞かせ下さい(4)。

**横山**　日本は行政がかなり早い時期から成人病健診というのを住民に対してやっていましたが、町村ごとでしたから内容に非常なバラつきがありました。私たちは意識して農協の役割は生産だけではない、農民の健康を守らなければ絶対だめなんだ、それが農協というものだとしょっちゅう言っていたわけです。

**大本**　そうすると、農協の女性部とはかなり。

**横山**　つながっています。

**大本**　だから農協の女性部が全国大会の時、厚生省に要求を出していくわけですね。

**横山**　それで昭和四〇年代には県の農協大会で農民の健康を守ることを厚生連がやってくれという案が出たわけです。佐久病院が八千穂村だけをやっているのではおかしい。農協組織として全県に健康管理をやってほしいというのです。これを受けて、そういう意向が示されたのですが、それだって若月先生の働きかけがあったと思います。

**大本**　だから長野県の農協は、保健・福祉について先進的だという評価があるんですね。

**横山**　集団健康スクリーニングが始まってから健康管理部は健康管理センターと兼務になります。それでスクリーニングに当たる職員がワッと増えます。飯嶋郁夫さんも入り、今いる保健師たちもみんな入ってきます。

一九七二年から始まる二年間ぐらい前から、徹夜でスクリーニングの仕組みをつくらなければいけなかったんです。八千穂村の健康管理にかかわってきた私たちのノウハウを入れて、何をどうコンピュータに教え、打ち出させるか試行錯誤でやったのです。

**大本**　長野県全域でやるヘルススクリーニングにしても佐久病院に集中するのでしょう。

**横山**　そうなんです。佐久病院でシステムをつくるしかありませんから。

**大本**　いきなり全県になったのですか。

**横山**　いきなりはできませんが、一応、全県というわけでしたから、それを目的にやるわけです。ヘルスを実際にピタッと一九七三年から始めるためには、それができる仕組みをつくらなければならない。先生方のほうは診断ロジックで、血圧がいくつで、貧血がどうで、訴えはこうで、治療状況がこういうときにはどう診断を打ち出すかというのをコンピュータ言語に翻訳する。私のほうは保健指導ロジックですから、食生活がどうの、塩分は多いわ、労働はどうのという保健指導のことを診断名ごとにコンピュータのイエス、ノー、イエス、ノーのなかへ入れていかなければならないわけです。そのため六〇〇、七〇〇も言葉をつくりました。

**大本**　当時は大型コンピュータでソフトをつくるんでしょう。

**横山**　血圧が高い、イエス、ノー。高いなら高い人に対して、ほかの診断結果はある、ない。それに対して食生活の塩分はどうの、タンパク質系はどうの、野菜はどうのというのをコンピュータの仕組みも知らないのにギザギザの言葉に置き換えるわけです。だから、えらいことでしたよ。

そのうえ健診結果を示す結果報告書をコンピュータから出すフォームも三年間分の経過がみられるようにするなど、大変です。本当に毎日、毎日、この言葉でいいのかしら、あの言葉でいいのかしらって、コンピュータのプログラマーの人たちとやっていくわけです。

それでふたを開けたって完全ではない。ふたを開けると、今度は佐久病院だけのスクリーニングではなく、全県厚生連の一〇ぐらいの病院の健康管理部もそれに従って健診をやるわけですから、こんなふうに出るのは困る、保健指導をどうしようかといった検討も共同でやることになったのです。

**大本**　そうするとデータの解析はみんな佐久病院の健康管理センターに集中することになりますね。

**横山**　そうです。

**大本**　今も、そうですか。

**横山**　基本的にそうです。それでも年に数回、厚生連病院の保健婦会をやって内容や仕組みの検討を入れた勉強会をやってみんなのものにするようにしてきましたので、今は一緒に修正するようにしているはずです。

**大本**　そのこともすごく重要ですね。ここの特徴をつくっているのは、一つはシステム検討会でしょう。だから、検診する以上はきちんとしたデータを出さなければいけない。

**横山**　それで公平な、どういう条件にも耐えられるシステムをつくっておかなければならないわけです。

**大本**　八千穂村の場合は結果検討会で丁寧にやっていますけれども、他の地域についても全部やるわけですね。

**横山**　そうです。ヘルスは個人の結果と同時に地域の結果をみる大切な資料ですから、検討会は大切です。事前説明会と、やっている最中のいろいろな配慮、健診後の報告会で検討します。だから住民の方とのコンタクトは最低でも三回はあるわけ。さらに、これを土台に地域の、A村ならA村の健康管理をどのようにどう進めるかということも働きかけなくてはならない。行政にお金がない、人手もないなかでやるので、農協の組織を活用しながらやりましょうとなって村と農協と健康管理センターなどで合同的な取り組みを仕掛けることになるわけです。それでそれぞれの立場から年間活動計画をつくって、その結果を持ち寄り経年的な変化や課題を上げ、住民に働きかけるために健康祭をしようとか、そういう企画をたてることになるわけです。

**大本**　健診一つ準備するにも、いろいろな組織と関係をつくっていかなければならないのですね。

**横山**　そうです。とくに農協が大事なので初めの頃、私たちは厚生連のほうから健康の指定地区というのを農協にもっていってそこに健康を守る推進員を置こうということを言ってきました。

**大本**　農協でも組合長に訳のわからないがんこおじいさんがいたら、なかなかそう簡単にはいかないでしょうね。

**横山**　村長と農協の組合長とが手を結べないところは進展しにくいです。

**大本**　村長と農協の組合長がチャンチャン、バラバラやっているところは協力体制がとれない。

**横山**　ええ、過去のしがらみもあるようです。それでもだんだん世代交代していって、隣村はいいかたちをやっている。では、そろそろどうかという雰囲気も出てくるわけです。私たちもそういう大事な地域に資料持参で行ってみたりもしました。

**大本**　なかなか一筋縄ではいかないものですね。

**横山**　いかないですよ。

**大本**　その仕組みをつくっていくのは大変ご苦労な話ですね。となると保健婦さんは大車輪ですね。

**横山**　スクリーニングのための健康管理センターになったときに、松島先生と一緒になって〝これは運動なんだ、技術者だけがなんとかいう問題ではないんだ、専門職だけがやる問題ではないんだ〟と言いあっていました。そこで健康管理部のなかに北信地区担当、中信地区担当などの地域担当を置くようになったのです。

**大本**　四ブロック制。

**横山**　ええ、四ブロックに分けて、そこの担当になったからには事務であろうが補助担当の人であろうが、南信地区担当であれば全権大使として南信地区のA村のヘルスのための打ち合わせにいくという仕組みをとったのです。

**大本**　その運動としての発想はどこから。

**横山**　佐久病院は最初から専門バカにならないように、とやっていましたから。日本の健康予防というのは本当にお粗末でしたから、これを良くするのは運動だというわけです。

**大本**　農協そのものも運動だから無縁ではない。

**横山**　だから、農協も農協本来の協同組合運動をやろう、自分たちだけでちまちまやるんではない、行政と手を組んでもうすこし筋の通った健康管理活動をやろうということになり、その一環としてヘルスがあったり、健康祭があったり、事後指導のいろいろな貧血予防のための教室だのなんだのという年間を通じた取り組みがやれるようになったわけですが、そのなかで農協はどういう役割をするのか考えて下さいと働きかけるのです。

**大本**　集団健康スクリーニングを全県に導入するということは大変な事業だったのですね。これをやるためには、職分というか、医者だからとか保健婦だからとかと言っていられない。

**横山**　言っていられないの。これは土台づくりなので、一番いい組織をつくっておかなければだめだという認識でしたから。私たち病院内部にしても昭和四七年ぐらいから職員が増えるわけです。もともとやっていた人間はある程度は分かっていますが、増えた職員をどうしたらよいか、これがまた大変だったのですよ。だって村になんか出たこともないような給食の助手さんであったり、営繕課の助手であったり、運転手さんの入りたてだったりというなかで患者さんの相手をしたことのないような職場にいた人、何も知らない人も健康管理担当になるんですから。

看護師さんとか医事課の窓口なら患者さんと話をしたことがあるでしょう。でも栄養課は、全然患者と話す必要がなかった時代でした。今でこそ栄養士さんも患者と話しますけれど、そういう人たちを院内募集するわけですよ。それでも多少とも厚生連のことが分かるほうがいいから。外からの専門技術者や保健師ももちろん入れなければいけない。そういう人たちも入れないわけにはいかなかったわけですよ。

そうすると、自分たちの仲間内だけの〝おめえ、そんなことやっててていいのか〟というような言葉をしゃべっていた人たちが、今度は地域の人相手に組織人にならなければならない。ですから、お互いにそれはそれは大変でしたよ。だから、さっそく地域から批判を受けましたよ。初めてヘルスに行ったときなど、窓口であんな言葉を使う職員が佐久病院にいるんですかって言われたわけです。そういうふうでしたから内部学習もえらい大変なわけです。

**大本**　学習はどういうふうにやられたのですか。現場に行っても、ある種、運動感覚を身につけてくれないと困りますね。

**横山**　そうなんです。

**大本**　それなりに人前でもお話できるように。

**横山**　ただ来ましたというわけにいきませんから、背負ったものを持っていってもらうように育てなければならないわけです。ですから、スクリーニングとは何か、何のためにやるのか、ブロックに分けたときにもブロック活動とは何かからやらなければならない。健診というのは、ただ診断をやるだけではないんだということから始めて、連携して地域全体の力でみんなが健康になるように育てる役割なんだというようなことをきちっと勉強してもらわなくてはならないわけです。

健康管理部会議のときは、もう本当に毎週そういうことばかりやっていました。

**大本**　勉強していないで住民のところに行ったら泣かされて帰ってくることだってあるでしょう。

**横山**　それほどではないまでも、帰ってきてから会議で質問攻めにあうこともありうるわけです。

**大本**　ある意味では、松島先生と一緒に横山さんも開拓者ですね。

**横山**　一種、そうだとは思います。そういう時代を背負ってきたんですね。その時は辛かったけれど振り返れば、いい時代を楽しくやったなという気になっているんです。

子育てもあるのに夜は遅いわ、もう、ぼたぼた、おっぱいが出ちゃうのに置いてくるわけですよ。そんなふうでしたので、〝ごめん、お母さん、忙しくて今日も遅いから、あんた、おじいちゃんと何かご飯食べて寝ててくれない〟なんていう電話をすることになるわけです。

**大本**　そういうご苦労をしてもヘルスの開始まで大体二年ぐらいかかったのですね。

**横山**　始める時期は決まっているわけですから、健康台帳や問診票をつくったり、結果報告書の形をつくったり、それを印刷できるようにしたのです。

**大本**　横山さんを中心としてそういうことをやられたのですか。

**横山**　松島先生、私、事務局、それとコンピュータ係とで手分けしてですが、もう本当に大変でした。

**大本**　だけど調査票、問診票ができれば、大体七割はできたことになりますね。

**横山**　そうです。段取り八分と言われるぐらいですから。でも、募集の仕方、行政と農協の連携、結果の返し方など課題は山積でした。

**大本**　そういう点ではまたとない総合研究プロジェクトだったのですね。

**横山**　ない知恵を絞って今までのいろいろなノウハウを活用して、総力でやるしかなかったから、そう言われればそうかもしれませんね。

**大本**　松島先生の役割というのはいかがですか。健康管理についてはずっと松島先生が中心になってやってこられましたね。

**横山**　そうです。院長先生といつもつながっていましたから、もっとも近くで若月先生の考えを知っているし、それへとつながる組織をご存じだという点で貴重な存在です。

**大本**　すごく温厚な方ですね。

**横山**　だからやっていけるんでしょうね。ガーなんて怒ったりすればなかなかうまくいかないけれど、ああ、そういう考えもあるかといろいろ受け入れながらやられるから。

**大本**　スクリーニングを一応全県で施行しはじめたあと、どういうトラブルがあったのでしょうか。

**横山**　いろいろな意味でみんな初めての仕事ですから、最初は、たとえば健診が一〇時から三時までですという と、一〇時にワーッと一〇〇人も集まったりしたことがありました。最初はそれが何日も続き夜も五時に終わらなくて六時、七時となってしまうわけです。そこでこれではだめだ、住民の人にも失礼だしということで、受付を時間制にしました。

つまり一〇〇人の申し込みがあったとすれば四分割ぐらいにして、あなたは何時から何時の間に来て下さいとある程度決めよう。それにはどういう通知を出すか、健康台帳を配るのも時間を指定する形にして配るか、それを配るにはどういう組織を使うかということなど。みんなが初めてなので担当の農協、町村の担当者と私どもで試行錯誤して一つひとつつくり上げていったのです。

**大本**　なるほどね。最初はどの位の人数だったのですか。

**横山**　一日に一〇〇人から一五〇人くらいですかね。年間では一〇万人ぐらい。もっとも一九七三年、七四年、七五年ぐらいまでは〝この指、とまれ〟でしたから、そんなにはいなかったのですが、少しずつ力を入れたい重点地域を拡大していきましたので増えていきました。その点では佐久エリアは早かったです。もともとが成人病健診などで保健婦同士の交流が長くありましたから。むしろ八千穂村は旧の仕組みを持っているだけにヘルスという健診方式を取り入れることに工面がいりました。臼田町の場合は新たに始めるので、行政と農協とが連携して共同の仕組みづくりから始めました。

行政と農協との共同のとりくみによって、さらに事前の学習会をどうするか、ヘルスだけでなく胃健診を一緒にやるにはどうしよう、婦人健診はどうやるかというふうに拡大・発展していくわけです。

## 住民組織と連携したとりくみ

**大本**　そういうことからスクリーニングに今のドックと同じような項目が合わさっていくわけですね。

**横山**　住民の人の忙しさを考えると、一緒にやれるものは組み合わせようと工夫して、市町村によっては、人間ドック並みの中身になるように位置づけられました。

**大本**　スクリーニングが始まってからは全県的にやらなければならないので、保健婦さんもたくさん入ってこられたわけですね。

**横山**　人の工夫は大変でした。総婦長にしても人手対策をどうしようかというのは悩みの種なわけです。もともと八千穂村の健康管理においては看護学生をなるべく勉強の一環として行かせる、一緒に連れていくという仕組みがありましたから、ヘルスになったときも佐久病院に入ってきた新人看護婦を、一～二年は研修期間だからヘルスにも行かせようということになって、二～四人ずつ三カ月ぐらいは健康管理部に籍を置いて健診やら、統計やら、台帳処理やら、事後指導やらを自由に学ばせるようにしてくださったのです。よい方法でありがたかったです。

**大本**　事後指導はどういうふうにやっていったのですか。

**横山**　最初から全部の地域はできないんです。健診に常時人手がいるうえに、さらに後追いで事後指導があるわけですが、人手はそうは出せない。そこでしばらくはやらなければいけないけれどと言いながら様子見をしていたんです。

もちろん事前に事後のことも話し合っておくんです。結果は一カ月後ぐらいにこう出るはずだから、役場のどういう組織で配ってもらえるかと決めておくわけです。けれど役場が郵送しようが、事後指導の会をやろうがお任せみたいな面がありました。

**大本**　それにしても全県的にやると保健婦さんだけではとても人手が足りないわけですね。

**横山**　やはり事後が大切だということで、行政と農協と私どもで事前に話し合って、どんなプログラムで事後指導をするかなどを決めてゆきました。

今まで保健婦がしこしこ統計をとったりしていたのですが、コンピュータでほしい統計はすぐとれますよということで、全県との比較のなかで村の位置が分かる表をつくったりして事後の健康教育にうまく使ったりしました。

**大本**　八千穂がやっている事後指導や健康教育の仕組みがかなり参考になったのですね。他の地域の事後の住民の健康学習とか健康教育というのはどのようにされたのですか。

**横山**　いろいろです。それぞれの町村の意向によるわけです。事前の話し合いのなかで、その村の最近の経年変化で気がかりなことがあれば、それを示して重点テーマにするように働きかけをしました。臼田はその辺は組織力を使ってばっちりやろうということでしたから、かなり力を入れました。私たちは、この東信地域には、職員がそのために話し合いにいったりする町村担当を置いたりしました。中・南信地域にも、最初は私たちも行きましたけれど、だんだんブロックとして事前に事後のことまでの対応を話し合うように任せていきました。

**大本**　ところで、町村では保健補導員さんをかなり活用しているのですか。

**横山**　もともと長野県内では須坂市が発信元で、保健補導員という住民組織の参加で健康づくりをしようとしてきていました。健診の募集だけでなく、貧血が多いから事後指導のなかで貧血予防の食生活をやりたいとなれば、保健補導員さんや農協の女性部の皆さんに出てもらえませんかという話し合いをして、たとえば牛乳を使った料理などを試食する形で事後報告会に協力してもらうわけです。

**大本**　食生活については栄養士の方も入るのですか。

**横山**　初めは町村には栄養士はまずいませんでしたから、補導員と保健婦と農協の生活指導員が中心で内容を考えます。農協の生活指導員は事務局的役割を担っているので女性部のまとめ役なんです。ですから、その人たちと連携して村全体の健康管理を一緒に考えあうということになるわけです。

**大本**　スクリーニングのシステムがスムーズにいくようある程度整備されていくにはどのぐらいの期間が必要ですか。

**横山**　町村バラバラですけれど、私どもセンターでも五年くらい試行錯誤が続きましたし、地域は地域で人の入替えもあったりして一〇年がかりというところもあります。

**大本**　やはり、そのくらいかかる。

**横山**　時代が変わるし、制度が変わるし、人びとの生活が変わるしですから、日々、チェックです。高齢化はどんどん進んでいますから、これで絶対などということはまずないのでいつも課題を背負っていると思います。

**大本**　集団健康スクリーニングが始まり、地域的にも拡大し仕事量も増え、組織も大部隊になったのではないでしょうか。

**横山**　健康管理部の一番の特徴は、ドクター、看護婦さんだけでなく保健婦もいれば、事務や検査担当もいれば、コンピュータ係もいる、そういうのがごっちゃに一つのところにいることです。

だから地域に出るときは、組み合わさっていくわけです。ほかの課内では医事課といえば事務局だけ、内科、外科はドクターと看護婦さんぐらいだったりしていたのに、ほとんどの職種が一緒になっているという辺りがいい意味でよかったと思います。いろいろな立場の人間がいて、しかも男も女もいるでしょう。看護婦さん集団の病棟はやっぱり女性だけの集団みたいなきらいがあって、こまこましたことになりやすい。ところが男性がいたり、いろんなふうでしょう。それで地域相手で課題はいっぱいでしょう。だからつまらないことでいじいじしている暇はない、共同で取り組む問題が多いので、そういうのに左右されたり神経を使ってはいられないという感じでした。

看護婦さんたちもときどきは病棟から少しずつ変わって交代するということがあるんですが、健康管理部に来たあと、看護婦さんが言うんです。こんなふうに事務局やらいろいろ人が入っているとつまらないことでいがみ合わないという点がすごくいい。男の人が一緒にいるチームというのはいいわねと言うんです。変な足の引っ張り合い、それが原因で仕事が面白くなくなるなんていうことはないわけですよ。

## 老人保健法と佐久システムとの調整

**大本**　一九七三年ぐらいに一応このシステムをつくりますね。そして一九八三年に老人保健法で四〇歳以上の人に健診をすることになります。そのさい参考になったのは、やはりこちら佐久病院のスクリーニングシステムだったのですか。

**横山**　そうだと思います。定期健診の継続が結果的に住民の医療費が減らせるということを実証したことから、法律に位置づけられたと考えてもよいと思います。しかし、ようやくヘルスが少しかたちになって落ち着いてきたと思っていたら老人保健法でしょう。それでまた、それにあうように、また町村が困らないようなかたちの仕組みにヘルスを修正していくわけです。

**大本**　どういう点を修正するのですか。

**横山**　市町村のほうはすぐ法律通りにしようと四〇歳以上のみにしたり、内容も決められた通りにしようとしやすいので、老人保健法だけでは非常にお粗末な健診内容になってしまうのです。それでも住民のために町村がヘルスはやめて安上がりな検診にするなんて言わせないようにもっていく。

**大本**　ヘルスのほうがずっと内容は濃いわけですね。

**横山**　老人保健法では血液検査といっても貧血とコレステロールがあったかどうかぐらいでしたから、法律がそうなっても農家は農薬を使うんだから従来通り肝機能を診ましょうよ、コリンエステラーゼも大事ですよともちかけるのです。

**大本**　そういうちゃんとした理屈で説得していかないと通らない。

**横山**　そうです。それでもこれでやっと老健法で健診が受けられる時代になりましたから、それを大事に住民のなかに生かして健康管理の内容をよくすることを考えましょう、というふう仕掛けていかなければいけないわけです。

**大本**　それはすごいですね。そうしますと、老健法ができて以降、スクリーニングの項目を落とさないようにするだけでなくプラス項目をつくっていった。

**横山**　国がつくった法律を大切にしつつ予防事業を広げる。だから高脂血や肥満に警告を出すような結果の示し方などをする。また、その頃、多分に無責任な健診不要論を唱えるお偉いさんがいたりしたので健診の成果を形として見えるようにするのが今度私たちの課題になって、どういう方法で健診の意義を数字で見られるようにするかというのに頭を痛めたものです。

**大本**　いまでも人間ドックはあまり意味がないから不要だという医者がいますね。

**横山**　乳がん健診は効果がないとかの論もありました。そういうのがしょっちゅう出てくるわけですから、それとも闘わなければならないんです。ですから、それに負けない証拠というかデータを示していかなければならないんです。

**大本**　そういう歴史に揉まれて長野県は住民の健康データを相当整備してきているのではないですか。

**横山**　他県に比べればやっているので長寿ですし、医療費がかからないという大きな意味のある結果も出ています。それはこういう運動が陰の力として大きいと自負はしています。

## 日本一長寿と高齢者医療費の少ない長野県

**大本**　長野県は厚生省の統計でも医療費も下がっているし、長寿だし、現在日本一というのが出ています。これをつくり上げたというのは、基本的には佐久病院を中心とした予防原則にもとづく健康スクリーニング活動ではないかと考えますが、そのように受け取ってよいでしょうか。横山さんは「与えられる健康から獲得する健康へ」と、人の意識が変わるきっかけづくりが私たちの仕事です。長野県が高齢長寿県で、医療費が低いのは、ヘルスによる健康と健康教育の力も大きく関係していると述べておられます。(5)

**横山**　県側はあんまり評価していないかも分かりません。というのは、県などは国保（国民健康保険）を中心にかなり力を入れたつもりでいるわけです。町村の保健婦をまとめているのは国保だと考えているし、保健補導員を活用して医師会を大事にしながらやってきたという思いが非常にあるわけです。でも、もうちょっと大きな目線で考えている人たちはいまのように言ってくれます。

**大本**　私は県側がいう気持も分かりますが、佐久病院のあの活動が一方であるから対抗としても刺激を受けざるを得なかったと思うのです。

**横山**　そうです。非常に刺激になっていると思いますよ。

**大本**　それでやらざるをえない。

**横山**　厚生連の病院はもちろんのこととして国保にも刺激なっているし、諏訪中央病院とか浅間病院と同じ歩みでやって行こうとしていますから。だから、医療全体の仕組みのなかで切磋琢磨するよう刺激になっているのは事実です。

**大本**　それでも佐久病院の功績を最低限でも、評価しないのはフェアーではないですね。

**横山**　まあそうですね。そうでなければ全県レベルの成果にはなれなかったわけですから。健康管理なんておれがやるからいい、訪問看護もやるし、村の健康管理なんて全部やるからおれに任せておけというお医者さんもいますが、それはその地域だけのものに終わってしまう。永続的なシステムとして継続できるようにしておかない限り、その人が亡くなってしまったら終わってしまうのではだめだと思っています。

**大本**　切磋琢磨の大きな刺激のお手本みたいなものに旧佐久町にある町立病院の千曲病院がありますね。最近、あそこの先生方が変わってきて、地域に入るようになってきたということを聞きましたが。

**横山**　そのようですね。昔は、千曲病院はびくともしないほど予防をやらなかったんです。佐久町にある農協女性部のほうから、ここは〝花さく町〟といって花やらりんごやらをやって農薬をいっぱい撒くので千曲病院として予防健診をやってくださいと申し入れてもやらなかったんです。私たちも佐久町に関しては病院は町立があるからあまり出しゃばって入っちゃいけないというふうにしていたんです。病院も町民は千曲病院しか使っちゃいけないみたいなことをうたっていたんですよ。

**大本**　町立だから。

**横山**　でも最近は、八千穂村と合併したこともあるし、院長先生が交代されたこともあり、予防に力を入れるようになったそうです。今の院長先生はなかなか素敵ですよ。

**大本**　一つの変化、いい意味での前進ですね。

**横山**　そうだと思います。

**大本**　同じ地域のなかでもそういう影響、変化というのが出てきていると同時に、日本全体からみた場合に、長野県で全県的な効果が出てきているわけですね。そういうのはそれなりの努力でつくったシステムがあるから出てくるわけですが、そういうシステムをもっと全国に移転したりできないのか。そういう一種の技術移転についてはどう思われますか。

**横山**　日本の医療制度は地域で予防をやれるような仕組みになっていないので、その制度にのっとらないようなことをやるゆとりがないのだと思います。佐久病院と同じように健康管理部を設けて予防するというのは仕組みとしてないわけです。だから、かなりの持ち出しをしてやっているのは事実で、そんなことを請け負う専門職はいないから、それだけに私たちは苦労を背負ったわけです。

**大本**　短期的にみると持ち出し分があって経費がかかるし、労力も馬鹿にならないから、それらを換算すると莫大な投資だと思うのですが、長期的に見たときには投資効果は大きいと思います。

**横山**　今度のメタボを中心とした特定健診や保健指導は、健保組合ごとの責任でする仕組みに大きく変わりましたが、これでまた人手も経験も医療との連携ルートももたない健保が下請に出す形をとったりするので、システムづくりからやり直しです。また一歩後退なんですよ。厚生省にしろ、牛耳っている人は本当に切り張りすれば変えられるとでも思っているのですかね。

**大本**　現場を見ていないんでしょうね。

**横山**　いないんですよ。

**大本**　机の上でプランを立てる。

**横山**　ええ。予防は大事だと頭で判っていてもシステムに関しては全然分かっていない人間が携わっているから、無駄をしているわけですよ。

**大本**　さいの河原の石積みみたいなロスですね。

## 「種蒔く人」を育てる地域保健セミナー

**大本**　「地域保健セミナー」が一九九〇年二月に開設され(6)、そこで学んだ人たちが、地域に帰って住民の健康活動を担うリーダになるようセミナーを通して学習してきましたが、現在では「お年寄りのケアセミナー」と合体して地域保健福祉大学と名称変更されていますが、この一八年の経過のなかでセミナーおよび保健福祉大学の取り組みをどのように評価されますか。

**横山**　地域保健セミナーでは〝種を蒔く人になろう〟というのが私たちの合言葉だったのです。それぞれの地域に帰っても〝卒業してからがあなたたちの出番よ、それには今度は知った知識と関連させて自分の地域を見ようね〟と言っていたわけなんですが、世代交代しているでしょうから、いま、どの程度に佐久病院の職員たちがセミナーの役割を位置づけているのか、私はちょっと形骸化してきていはしないか、心配はしています。

**大本**　形骸化というと、どのようにですか。

**横山**　形だけはやるけれど、自分たちは自分たちの住んでいる町をよくするための一種の選手の一人だという意識がどこまで植え付けられているかという点です。つまりセミナー一〇回なら一〇回と決まっていて、それぞれ手分けしてコーチを頼んでいるにすぎなくなっていて、皆さん、学ぶなかから自分の役割が分かるように教わっているかというあたりが心配なのです。知識として一〇回分講師からいろいろ聞けてよかった、ためになった。そのなかから〝役に立つことを少しやるか〟ぐらいの気持で同窓会活動をやる。それだけになっているんじゃないかしら。

だって、どこの社会だってそうなりやすいじゃないですか。よっぽど本気で地域のあり方を一貫して考える人が何人かいないと形骸化しやすい。いま見ていると、担当しているメンバーはかなり若手になって私も知らない人たちが大勢やっているわけです。そうすると、自分が学ぶのに精いっぱいで運動的に地域をつくろうという思いがどの程度入っているか、ちょっと不安というのがあります。

**大本**　組織を担ってコア・リーダーシップをとるような人がいないとなかなか動くものではないですね。

**横山**　人間、そう簡単に自然発生的には動くものじゃないですから、組織が自然的に維持・継続なんかするはずはないと思うんですよ。

私はスウェーデンでしたか、北欧へちょっと視察に行ったときに、ごみの問題で家庭からの分別が当たり前のようにやられていてゼロに近いように出すような仕組みになっているから、これだけちゃんと管理されていればもう万々歳ですねと感想を述べたら、〝とんでもありません。日々、人は生まれています。日々、新たな家庭をつくっています。そういう人たちがどうやるかというのが一番課題ですから、絶対、手を抜けないほどやることはあるんです〟と言われましたもの。

**大本**　根本は同じなんですね。

**横山**　育てるということは何か、ただ担当させれば育つというものではない。そこが問題なんです。

**大本**　やっぱり思想・精神が浸透していかないと。

**横山**　精神をしっかりとやりとりしないと駄目なんですね。

## 大学への転身

**大本**　これまでいろいろやってこられた蓄積があったから大学の先生になられたと思うのですが、佐久病院から大学へはいつ出られたのですか。

**横山**　定年退職してからで、二〇〇〇年に長野大学のほうに行っています。

**大本**　大学ではどういう科目を教えておられるのですか。

**横山**　福祉学部で介護概論や介護技術などです。

**大本**　実践ではもうベテランでいらっしゃるわけですからこなせますね。

**横山**　私、技術なんてないのに介護技術もやって下さいといわれたのですが、地域における保健・医療の視点から介護問題をとらえてほしいということなので、お引き受けしたのです。相手は高校を終わったぐらいで、まるで福祉も医療も分からない若者なわけですから、細かいノウハウではなくいのちを守るとはどういうことか、地域では健康の実態や福祉の仕組みがどうなっているのかという基本的なことを中心にやってきました。

**大本**　運動論ががっちりしていらっしゃるから、素晴らしいですね。

**横山**　大学の教授はあまり地域に出ません。私はゼミで、住民の方々、高齢者の方々と交流させましたし、老人クラブの人たちが一五〇人ぐらいいますので「ご用聞き訪問」という形式で担当させて、そういう人たちと自由にかかわりあうように学生を連れ回したりしたのです。

**大本**　だいたいこれまで社会保障とか社会福祉には地域の認識というのは希薄でしたからね。

**横山**　そうなんですよ。だから大学にいって、私は福祉の制度などを勉強するいいチャンスになるし、あとはもともと必要だと思っている地域への思いをプラスすればいいという感じでしたから、大学も面白かったです。

今は、客員教員というのになって、去年（二〇〇七年）まで授業は持っていましたが、文科省科学研究費の研究がこの春の二〇〇八年三月で終了したので、もう大学にはほとんど行っていません。

## 集団健康スクリーニングの成果と今後

**大本**　スクリーニングを広げ、充実するには旧八千穂村がやっている衛生指導員のような活動が必要のように思いますが、いかがでしょうか。

**横山**　ヘルスの仕組みで全県に健康管理を進めていくに当たって、八千穂村には衛生指導員がいてある程度住民参加があるけれど、各町村というか、全体はなかなかそうならないし、お役でやっていると二年交代で終わっちゃう。もうちょっとずっと一緒に考える人間を住民の中に増やさないとだめだというのが病院側の発想です。

**大本**　佐久病院は八千穂村に対してかなり丁寧に対応してこられましたね。スタッフの方々も住民の方々も大変な努力をされてきました。その成果として、あれだけ医療費を下げて、健康人をつくり、そして住民自身の意識水準を高めていったと思います。長野県全体あるいは他の地域にも八千穂方式の仕組みを普及させていくことがなんでできないのか不思議に思っているのです。八千穂方式、あるいは佐久穂方式の仕組みが普及していけるのか、そこら辺の可能性はどうですか。

**横山**　八千穂村なりこの佐久エリアでやってきたいろいろなノウハウが全県の市町村に移っていってそれなりの方法で取り入れられているから成り立たっているのは事実です。

ですけれど衛生指導員は絶対ではないと私は思っています。衛生指導員という大きい目線で見る組織ができてよかったと思いますから、八千穂村にとっては大変重要なんです。とはいっても、どこでも補導員のほかにそれもつくれというのはちょっと無理があるんです。だから普及はしないのはしょうがないかなとは思います。

**大本**　補導員をもう少し強化するといったことのほうが可能性はある。

**横山**　そのほうが可能性はあるし、補導員という組織自身も非常に勉強している組織なんです。県大会までいって勉強しているほどだし、地域のなかでも、二年間、補導員になることは自分たち自身も勉強するチャンスだと思っています。そのうえで地域のお手伝いを少ししてくださいねという位置づけになっているのです。保健師は補導員が地域の健康問題をちゃんと見ていく役割を担うように仕向けているわけですから、二年やって、はい、さようなら、私はもう知りませんとならないように、終わりの時にも、これからこそ自由に健康問題を一緒にバックアップしてくださいねという思いで運営しているわけです。

## 老人保健法廃止と医療改革法によるメタボ対策

**大本**　二〇〇八年から、また老人保健法が変わりましたね。二〇〇六年六月に「医療関連改革法」（一二本の医療関連法の一括改革）が制定され二〇〇八年四月から施行されています。いま課題となっているメタボリック症候群対策についてどのように考えられていますか。

**横山**　これには一番悩まされています。

**大本**　変えた一つの原因は、全国的に老人保健法の予防をやったけれど効果が上がらないという声に押されたことがあったのではないかと思いますが。

**横山**　そう簡単に効果が出るものではありませんよ、高齢化も進んでいますしね。だから、私たち長野県の保健師からすれば、こんなに長寿で健康な人たちを支えてきたというのに、何で効果が上がっていないといって大怒りなんです。

結果評価に関しては、公衆衛生として地域が連携して頑張って長寿県をつくってきたことは客観的な事実なはずなのにデータ的なものをちゃんとしてこなかったばっかりに、保健師の保健指導はだめだみたいないい方をされているという面があると思います。公衆衛生というのは大学みたいなところにつながっているわけではないので、保健師がいい活動をしてもそれをデータにして学会発表といったことをしていないというのが予防事業の一番の弱いところなのです。

残念ながら今の動きというのはそうなのです。栄養はかなり大学出の方が研究もやっていらっしゃるけれど、保健師はそんな研究を出している暇がないほど現場に追われて、データをきちんと出してその予防効果はこれこれですよという実証をやっていなかったのが大きかったんです。私はそう思っています。

**大本**　そういう点からみると、佐久病院の調査にもとづいたいろいろな施策はすごく科学的ですね。

**横山**　国立がんセンターなどと連携して、健康と生活の関連を一〇年もの長期で追跡するコーフォート調査などでもよい結果が立証されています。

私は、今回の特定健診・特定保健指導はとても気がかりで課題が多いと思います。

一つは、健康管理が医療保険者の責任で実施され、取り組みに大きな格差がでることです。健康管理者がおかれている大手の企業はよいのですが、農村部の多くで中小企業に働く労働者は、健診や保健指導の機能も経験もない政府管掌健康保険組合に属しています。政管健保は企業ごとにばらばらで特定保健の健診も指導も、外部委託で処理しようとしています。だから取り組み方に大きな格差ができると思います。市町村は国保のみを請け負い、しかも年齢を四〇～七四歳と限定してしまっているので、地域全体を見るゆとりはなさそうです。

対象者を四〇歳から七四歳と限定するのも問題で、むしろ二〇～三〇歳代で生活習慣が固定化されるし、生活リズムの乱れが多く食生活に問題を起こしています。また、七五歳以上では脳卒中やがんの発症が多くなり健康管理が重要になります。それでも八〇～八五歳くらいまでは農業や道路・建築などの労働にかかわり、第二の働き盛りとさえいえますし、この年齢層によって国はたもたれているとさえいってもよい状況にあるわけですから、〝努力義務〟などといって切り捨てるのはおかしいです。

二つめは、健康管理の内容がメタボ関連に限定されることです。

肥満・高脂血・糖尿病や運動不足・食のバランスなど、日本人全体に問題が多く、メタボという言葉で意識づけできたことは、実行させるための第一歩としては成功でした。模索としてはよいのですが、時間外労働などが多い企業戦士に運動や食生活を改善するゆとりや条件があるか、厳しい経営を迫られる企業側も福利厚生の改善は求めにくい時代であるだけに成果を求めるのは酷な気がしてなりません。一方、企業に働く若い女性には貧血が多いのに年齢的に特定健診に入らないし、どのような支援がされるのか。また企業にはメンタル的な課題も多いので、これがどうなってゆくのかも気がかりです。

それにメタボの原因について個人の生活習慣に絞って改善を迫る仕組みの問題性もあります。労働環境、ストレス、家族条件、社会的責任の重責など、四〇～五〇歳ともなれば生活習慣改善を阻む社会的要因が多すぎて、これらへの考慮のない状況のなかで評価判定される仕組みやペナルティーのかけ方がまた――結果を見る期間も短さも含めて――気がかりです。

三つめは、これがもっとも「異議あり！」なのですが、地域ぐるみで〝揺りかごから墓場まで〟を保障する住民参加による健康なまちづくりという基本的な地域の健康管理の仕組みをめざし、地域のヨコの広がりをつくってきたわけですが、メタボの解消による医療費削減のみを目的に、これにタテのメスを入れて分断・破壊するのが果たしてよいかということです。保健所も自治体も部分的責任を負うのみで、長期的な視野から地域全体を経年的に見てゆく機能が失われ、実態把握も不完全になって針路を見る羅針盤がない状況になりかねないのです。

従来、地域特性を重視し、例えば貧血が多ければその原因を追及しつつ、食生活や環境などを地区毎に診断し、対策を皆に投げかけ、地域全体の問題として予防的に工夫して成果を喜び合ったものでしたが、この課題をどうしたら切り抜けられるか、新たな問題です。

いまは兼業の時代ですから行政責任を国保だけに限ってはだめなんです。それは絶対、間違いだと思います。いまさらろくに人手もない健保組合に責任を負わせてもろくなことはできないから、結局、パート的・請負式的に人を雇って適当なことをやらせるにすぎなくなるでしょう。しかも、上から押しつける形ですから、いい結果が出るはずはないんです。それなのに、今までの保健師のやり方がだめじゃないかなんて言われている。保健指導がだめで効果がでなければペナルティーをかけるといい、もう予防活動に予算を出さないぞと言いかねない。そういう流れが一番怖いと思います。だから今回の仕組みは福祉的にも問題です。国民の健康を守るという仕組みとしてはマイナスだと思います。健保に押し付けて誰が責任を持つかが見えなくしてしまっているんです。それというのも今まででも国の仕組みは健保組合にそれなりの人手を確保し保健指導をするという仕組みにまったくなってないないでしょう。

そんなことをして本当に憲法第二五条をどうしてくれるのといいたい気持です。私は憲法を大事にしなければ絶対だめだと思っているんです。

**大本**　いま生存権そのものを脅かされていますからね。

**横山**　個人責任にすりかえられてね。

**大本**　佐久病院は病院の機能として原則的に明確に予防原則にたち、住民の中に入っていって住民に健康教育をおこなってこられましたが、全国的に病院の仕組みとして予防の体制はよくなってきているとみていいですか。

**横山**　昔に比べればよほどよくなっているのではないですか。人間ドックを置くようになったり糖尿病教室などで予防的なことをやるところは多くなっています。地域に支えられないと病院というものもだめだということが分かってきているみたいですし。

もう一つは、介護保険制度ができて、高齢化のなかで訪問看護とかステーションの配置も必要となり地域に入って往診をやる地域ケア科などを院内にも設置するなど、地域を意識しないわけにいかなくなっている。

病気をいっぱいもって退院するので医療的な管理が必要で、往診も必要な患者ですと月二回ぐらいは主治医と看護師さんが行きます。地域包括支援センターとか他の訪問看護などの介護を利用して、さらにデイサービスも使って在宅でいきましょうという時代になっているでしょう。そうなってきていますから地域とつながる病院のシステムをつくることは不可欠ということではないですか。

**大本**　時代、時代に佐久病院というのは健康スクリーニングをやってきたりケア科をつくって対応するようなことを先取りしてやってこられましたが、今後二一世紀、超高齢化になるなかで佐久病院の今後についてはどう考えておられますか。

**横山**　私はもう現役ではないので、私が考えるというのはおかしいわけですが、近年は法律ががらがら変わっていくことに少し振り回されすぎたかなと思うんです。医師や看護師不足が深刻なうえに高度医療も求められ、一方で、在宅ケアや健康管理などもやるので、機能分離は必要不可欠ですね。人手はないわ、予算はないわというので、ついつい目の前のことだけに対応するのが精一杯になってしまう。そうすると、従来大切にしてきた農村医学的な追究がおろそかになったりする。本当をいうと、健康管理センターはこれからは新たな健康づくりをやるときではないかと思います。健診のみでなく、運動トレーニングを実践的に指導する設備や料理指導もできる実習室を備えて糖尿病教室を開き住民の人が積極的に食生活や運動トレーニングに通えるようにする。

**大本**　スクリーニングして自分をチェックする。それを改善していくのに食生活にくわえて運動。八千穂では初期の段階からやってこられていますね。

**横山**　農民体操などをやったでしょう。

**大本**　それの延長ですね。

**横山**　そうなんです。延長線。ここに来ればいつも水泳ができたり運動指導もしてもらえたりという場所をもっている健康管理センターになるとどんなにいいか。それから調理室があって糖尿病食もつくれるし、メタボのための料理教室を開けるような仕組みがあったらどんなに住民にプラスになるかと思うのです。

**大本**　運動といっても、ただ素人が身体を動かすというのではなくて、人間の生理学的なところを原理的に把握したうえでやる。

**横山**　人体の仕組みをちゃんと理解して、そういうものをやる拠点になるといいなと思っていますよ。

**大本**　八千穂では、医療と保健と福祉の統合に役立つ補助器具を充実させて自立した生活を可能にするとか、それから身体を動かすことによってより健康を増進するといったことは試みられていないのですか。

**横山**　体育センターみたいな体育館はあるけれど、健康管理や福祉と結びついてはいないと思います。地域ごとに身近にそういう機能があるといいですね。それと同時に私は厚生連の健康管理センターとして地域の困り事になっている問題をいち早く取り上げてやれたらどんなにいいかとも思っています。

**大本**　なるほど。それにしても長時間にわたり保健師のベテランでなくてはとても知り得ない貴重なお話の数々、本当にありがとうございました。

（インタビューは、二〇〇八年五月五日午前九時三〇分〜一二時まで、臼田町清集館にて）

**付記**―本稿は、横山氏にご一読いただき加筆訂正のうえ、大本の責任で補訂したものである。

**注**

（1）『衛生員ものがたり』（一三）、『農民とともに』（第九七号、二〇〇一年四月）。

（2）佐久病院の勤務医が住民の視点で医療を捉えようとしているがゆえに、偉ぶらないことについては、佐久病院の医師である作家、南木佳士《なぎけいし》氏も「患者と等身大の医者」（『医者という仕事』朝日文庫、一九九七年）で、次のように述べ、確認している。

「先日、文藝春秋に連載されている司馬遼太郎の『この国のかたち』というエッセイを読んでいたら、江戸城内において御典医の官位はふつうの幕臣よりもずっと高く、小さな大名なみのものだった、とする記述があった。作者はさらに、明治後も、大学・病院の勤務医に御典医の気分が伝承され、患者を下々とみなす風が残ったとする説もある」、という事実を紹介している。

「日本の医者がお高くとまっているルーツは、たしかにこの辺にありそうである。私の勤めている病院には今、百三十名の常勤医がいるが、その出身地は沖縄から北海道まで様々である。彼らが病院を辞めて他府県に赴任すると必ず言ってよこすことがある。信州ほど医者が偉くないところはない、と。

私の勤める病院は住民の必要としている医療を提供しようとして、常に住民の視点からものを考えて発展させてきたところである。だから、医者は住民と同じ視点に立つことを余儀なくされる。医者は偉くないのである。おまけに給料も安い。

この環境に慣れた医者たちが外に出ると、まだまだ『お医者様』がふんぞり返っている日本の医療現場の現実に驚かされるのである。こんなことではいけないと最初は思うらしいのだが、朱に交わればなんとやらで、彼らもすぐにそんな医者に変身してしまうようであるが。

患者と等身大の医者であろうとすること。これは言うは易く、行いが難い課題である。ベッドサイドにしゃがみ込んで、患者と同じ視線で話をしたからそれでいいというものではない。病む人の心を理解しようと努め、最後には自分も病んでしまうかも知れない危険と隣り合わせで診療に臨む覚悟が必要なのだ」（一四三〜一四四ページ）。

（3）この事件の前後に関することは『衛生指導員ものがたり』三七号に記されているが、本証言では、当時「うどん会」廃止を提案した横山さん自身の真意が語られている。

（4）長野県全域に集団健康スクリーニングを実施するにあたり、一九七三年一〇月に健康管理センターを開設し、センターを中心にした広域的な血液自動分析装置とコンピュータを使っての基礎的・多相健康スクリーニングをおこなっていった。スクリーニングの実施の立ち上げから軌道にのる一九八二年までと、一九八三年厚生省が老人保健法を制定し佐久方式を参考に予防の保健事業を行うまでの経過は、長野県厚生農業協同組合連合会・健康管理センター『集団健康スクリーニングのあゆみ 第一集』(一九七六年)から、同・第二集(一九七八年)、同・第三集(一九八〇年)、同・第四集(一九八二年)までに詳細に記録されている。

(5) 横山孝子「一生懸命の厳しくも楽しい日々——佐久病院での保健婦三八年の経験から」(『農民とともに』第七四号、一九九五年五月)。この論文のなかに、集団健康スクリーニングの結果分析から、健康の意味を示すいくつかの研究結果が指摘されている。「五年間連続受診する人は、非継続の人に比べ、肝機能障害が減っています。また、なかなか改善しにくい肥満や高脂血が、継続受診者では減っているか、減らないまでも非継続群より増加しないのです。継続受診していると生活改善を示唆されて、ライフスタイルを変え、肥満や高脂血の改善した人が多くみられたものと推察され、健診の効果と評価できると思われます。またがん検診においても費用効果が大きい。また、八千穂村における村ぐるみの健康管理では、結果的に脳卒中や貧血・糖尿病が減り、医療費が他町村に比べかなり抑えられ、『予防は治療に勝る』を実証しています」(同、一八一～八二ページ)。

また、横山さんは今まで雑誌に書かれた評論文、論文を集めた論集『私が関わった地域活動の断片——おかげさまで四五年～感謝に替えて～』(二〇〇六年六月)を自費出版されている。保健活動以外に横山さんの一面として、多くの作詞を手がけられ、それに松島松翠先生が作曲されている曲が掲載されている。横山さんの作詞が素晴らしい。佐久病院では、医療・保健活動だけではなく、職務を離れて時間外に職員の文化活動が地域の人びとと一緒になっておこなわれている。本文中に保健文化活動といわれている意味がよく理解できる。

(6) 「うどん会」事件後、佐久病院健康管理部の飯嶋郁夫氏を中心に高見沢佳秀・衛生指導員などの協力をえて佐久地域保健セミナーを開設していく経過が、佐久病院『農民とともに』一一四号、『衛生指導員ものがたり』(三九)に詳細に記述されている。「うどん会」事件以来、若月院長の信用を獲得し承認を得るまでに数年の時間を要したようである。若月先生の信頼回復のきっかけをつくったのが、地域保健セミナーの提案である。

# 三　長野県全域への集団健康スクリーニングの挑戦

飯嶋郁夫

飯嶋郁夫氏の略歴

一九四六年　長野県南佐久郡野澤町（現佐久市）生まれ
一九六九年　國學院大學経済学部卒業、佐久総合病院に事務職として入職
一九七三年　同病院健康管理部に長野県厚生連健康管理センター発足に併せ兼務で異動、健康管理活動等に従事
一九九三年　同職課長
一九九八年　同病院地域ケア科課長、介護保険施行に併せ高齢者福祉活動等に従事
二〇〇一年　同病院事務長
二〇〇四年　同病院美里分院調査役
二〇〇六年　同病院退職

## 健康づくり・健康増進システムの形成

**大本**　若月俊一先生をはじめ松島松翠先生も、佐久病院は住民を育てる役割を担うといわれています。住民主体の健康づくりの方法として地域のリーダーを育成していく。その育成を佐久病院が担うということです。病院多しと言えどもこういうことを考え実践している病院はほとんどありません。佐久病院がまれだと思います。

そこで質問なのですが、地域住民の健康をつくる上で、どういうシステムでやってこられたのか、どういう課題を克服されてきたのか、今までやってこられた方法、システムをどのように評価されているのか、またどのような問題、課題があるかという論点などをお聞きしたいと思います。

一九八三年に老人保健法が制定され、公共が予防としての健康管理をやることになった。しかし、それはスクリーニングだけで、丁寧な事後の指導はありません。佐久病院は健康を自覚し実践できる住民を育てるということで、若月先生は、まず住民の中からリーダーを育てるシステムとして衛生指導員を中心とした活動を支援するという文章を書いておられます(1)。また松島先生も、地域の健康管理推進委員会が主体になってそれを実践していくということを書いておられます(2)。

また健康管理部のリーダーシップを取ってこられた飯嶋さんご自身も、住民の中に地域の活動家を育てるということ、そのためにはどういうことをやるかということをずっと述べられています(3)。そこで佐久病院では、当初、地域保健セミナーを開設し、現在では保健福祉大学という名称になっています。セミナーで一〇回講座をうけて学習して、卒業した人たちがOBとして同窓会をつくり、OBが各地域活動を展開していくというやりかたをとったと『衛生指導員ものがたり』のなかに書かれている。

一方、地域にリーダーをつくっていくことと、他方で健康を担う病院や自治体などの機関が連携をとる委員会をつくり、管理者相互に協議し調整していく仕組みをつくられた。

それと関連して、地域にリーダーをつくる場合ですが、昭和二〇年代の後半から三〇年代にかけて八千穂村では当時赤痢の蔓延などから環境衛生員を県から勧められてつくり、現在まで発展してきます。しかし他の町村では一応形はつくられますが、以後発展しなかったということがやはり『衛生指導員ものがたり』に述べられています。衛生指導員の役割というのは本当に必要なのか、その機能は実際何か。他の町村では女性の保健推進員、呼び方として健康補導員が設けられて活動しますが、それらの人たちの役割はどんなところに限界があるのか。

つまり八千穂村でしたら男性と女性を分けて両方あります。『衛生指導員ものがたり』（二五）のなかで、衛生指導員の機能をめぐって危機的な時期があったさい、〝衛生指導員は、役場や病院の使い走りではなく、住民の代表である。だから住民の意見や状況を役場や医療機関に持ち上げなければならない役割なんだ〟と飯嶋さんご自身が高見沢さんに語り、高見沢さんはそれを聞いて発憤され、変わっていかれる。(4) もう少し具体的に、衛生指導員の役割は何か。現在、その機能は果たされているのか。どう評価されるのか。私は大変大事な仕事だと思っています。これをもっと多くの地域に普及していく必要があるのではないか。とくに超高齢社会において、いまこそ農村にも都市にも必要なように思えます。

それから八千穂村の健康管理の実践の効果をもとにして、一九七六年から始まる集団健康スクリーニングが長野県全域に拡大して実践されています。その際、普及にどういう方法を取られたのか。

また、集団健康スクリーニングの特徴が挙げられています。①巡回方式である、②自覚症状の問診を重視する、③自動分析器を使用する、④医師が直接出向いて診察する、⑤健康相談を重視する、とあります。(5) マニュアルが『集団健康スクリーニングの歩み』第一集（一九七六年）のなかに詳細に書かれてあり、これを見れば誰でも少し学べば実践できるような形になっています。

このような手のかかる活動を地域に広げて実践していくには財政的に出費も大変であったろうと想像します。健康管理センターの運営収支状況をみますと、実際に佐久病院から費用が繰り入れられている。(6) また専門家および関係者の労力も多く導入されています。佐久病院の方針として財政的にどういうふうに考えられていたのでしょうか。

それから一九八三年に老人保健法が制定されて、自治体が保健事業として健康スクリーニングを実施するようになりますが、佐久病院が実践されたことと自治体がスクリーニングをやっていく間の調整はどのようにされたのでしょうか。長野県において佐久病院と同じ系列の厚生連病院があり、また自治体病院、国保病院などもありますから、どのように調整されていかれたのでしょうか。

一般の病院では患者さんが来てくれて、治療をする。保険は病気という事故、障害が起こったことに対して対応していきます。予防は、公的なシステムでないとできにくいです。日本の医療は保険方式ですから、保険方式で予防をやっていくというのは保険のシステムからして無理のように思えます。それでも佐久病院は、日本の保険方式のもとに予防を実践されていることは、大変なことだと思います。

これらが私の質問ですが、あまりこだわらずに、ご自由にお話をお聞かせください。

**飯嶋**　もう退職して二年たちますから、どれだけご質問に対しお話しできるか分かりません。

**大本**　佐久病院については医療の専門家が多く取り上げ、文献もたくさんあります。私は医者でも保健師でも医療技術者でもありませんので、予防を原則として住民の健康をどのようにつくっていかれたのか、そのシステムについて研究したいと考えています。健康になるには、まず住民自身が健康に対して自覚的になることが重要だと思います。自覚的になるにはいろいろと仕掛けが必要のように思います。

住民自身が動き出せば、あとは側面的に支援していけばいいのではないかと考えます。自覚して実践することが、自分たちの地域をつくっていく自治につながっていくのだろうと考えます。ですから最初から自治があるというより、健康にしろ、ある課題をきっかけに住民が自分たちで問題解決に取り組んでいくことが重要であり、それが地域で生活ができる力になっていくのではないかと思います。

**飯嶋**　若月先生は医療の本質として、医療とは何のためにあるか、というところから出発されていたように思うんです。最初はそこらへんを分からなかったのですが、何十年か教えていただいてお付き合いしているうちに、ああそうかという部分があったりしたんです。

集団健康スクリーニングというのが一九七三年に始まりますが、私は医療技術者でも何でもない一介の事務屋ですけれど、院内でそのときに募集があったので、応募したところ、私の場合は、八千穂村に行ったという経歴があったので採用されて、この健康管理センターという組織に参加できたんです。

最初は何も分からなくて、私はとにかく長野県中を健康診断をやって歩くだけみたいな意識だったんです。集団健康スクリーニングの発想自体は若月先生とか松島先生がいろいろお書きになっていますから、そちらを読んでいただければいいのですが、最初、私の認識では、ただ健康診断をする、いわゆる健診屋みたいな意識だったんです。

でもそれらをやっていくなかで、若月先生とか松島先生から教えられていた〝医療は何のためにやるのだ〟という問いかけが頭の片隅にあったと思うのですが、なんとなくこのままでいいんだろうかと思いはじめたのです。健康診断を朝から晩までそれこそ泊まりがけで、日曜の午後に出て金曜の夜中に帰って来るという生活を一週間単位でやっていました。二週間病院にいて一週間は健診にでかける。そういう生活を一〇年近くやったのです。だから半分ぐらい家にはいなかったので、うちのワイフも子供も本当に母子家庭のようなものだったんです。

そういう生活をやっていくなかで、そこにやり甲斐とか生き甲斐とかを見つけたいという自分自身の問題と健康診断をやるだけでも病気を早く見つけるという効果はあったのですが、果たしてそれだけでいいのだろうかという思いがあって、では組織づくりをやろうということで、仲間たちと始めたのです。その頃は健診が終わると夜中まで酒を飲んではけっこう議論をしたんです。遊びに行ったこともありますけれど、宿屋でも議論をして、喧嘩になったりいろいろありました。

そういった仲間が何人かいて、医者と保健婦などが一緒になって、地域ごとに健康を守ったり増進したりする組織づくりをやろう。健康診断をやると同時に、そういう組織づくりをやっていくことが私たちの役割ではないか。つまり仕事の二本の柱みたいに思ったんです。だから健康管理センターの役割というのは健康診断をやって、病気を早く見つけて医療に結び付けていくという役割。もう一つは健康づくりをもっと高めていくために、地域の中で組織づくりをやっていくという役割がある、と考えたのです。

そのときいろいろな経験をしました。当然健診の事前の会議とか、健診を終わった後の会議とか、いろいろな会議に行くわけです。長野県下をいくつかのブロックに分けて担当者を決めて、この地区の会議のときには誰々が行くといった内部での分担を組み立てて、しょっちゅういろいろな地域に通ったんです。最初はあらゆる健康や医療に関わるいろいろな住民組織や行政団体の代表に集まってもらいました。当時そういう組織は何もなかったんです。後になって国が健康づくり推進協議会というのは言い出しましたけれど、その前だったんです。

それらの代表が集まって、こういった組織がこの地域の中にできたよと分布を地図に落としてみたりしたこと自体は効果があったのですが、でもそれにも限界を感じるようになりました。

**大本**　あんまり動かなかった。

**飯嶋**　ある意味では代表者のお偉いさんの集まりでし

たから。必要は必要なんだけれど、なかなか機能しないというジレンマに陥ったのです。

その次に議論のなかで思ったのが、それらを支えている実質的な担当者の協力を仰ぐことです。例えば役場の保健師さんとか、農協で言えば生活指導員とか、公民館の方とか、地域の中にそれぞれ健康を課題にして取り組んでいる担当の方がおられるわけです。だけど、それらの人はみんな縦割りの仕事をしていたんです。保健師なら行政縦割り、生活指導員なら農協の縦割り、公民館なら公民館の縦割りでヨコのつながりがない。

そこである地区にそれらの皆さんに寄り集まってもらって、縦割りを乗り越えながら何とか担当者同士で、お偉いさんが集まった大きな組織をどうやって動かしてやろうとか考えていたところ、そういうことをやっていた地域があったんです。これはすごいなというので、地域の中で当初は「担当者連絡会」と称していましたので、担当者連絡会づくりをやろうというところにいったんです。それで健康づくり推進協議会のような組織を一年に一回の代表者会議だけではなくて、日常的に動いていける部分で、自主的に「担当者連絡会」が核として機能していけるように働きかけるところにいったんです。

ただ、途中で気が付いたのです。「担当者連絡会」のような形で長野県のなかの経験例を広めたりするのはよい。でもその地域の問題を私たちが住民になり代わって健康の活動家としてやろうとするということは間違いではないか。われわれの限界はその辺にあるのではないかと思ったんです。

なぜ、長野県下で衛生指導員の方法が取られなかったのかというご質問がありましたが、われわれは長野市なら長野市の地域の健康の問題について責任をもって一緒に活動していく立場ではない。やはりそこに住む皆さんが自分たちの問題として、健康の問題なり福祉の問題なりを自分たちで悩んで考えて実践していって、初めてその地域の問題になる。

われわれが外人部隊みたいな格好で上からバッと入り込む、いってみればときどき七夕様みたいに入り込んで、かき回すということではなくて、その地域の問題はそこに住んでいる皆さんの問題だということです。

そのときにもう一つ思ったのが住民参加ということです。それは若月先生がすでに地元で実践されてきたことに立ち返ったところがあるのですが、そういうふうにぐるぐるっと回ってきたものですから、初めて八千穂村の衛生指導員の存在を考えたときに胸に落ちたんです。

つまり住民参加の一つの有効な手段として、住民のなかのリーダーづくりということがあるだろう。そういう意味では若月先生がモデル的につくられた衛生指導員だって、リーダーづくりを通しての住民参加の一形態だったと思うんです。

　私自身は健康管理の仕事を始めたときに、住民参加というのを教えてもらってはいたのですが、言葉としては分かってもよく理解できていなかったんです。だから酒を飲んだときに若月先生や松島先生に私には分かりませんと喰いついたことがあるんです。住民参加ってどういう意味ですかって何回も喰いついたことがありました。今になってみれば、結局それは自分の経験不足というか、考え方不足だったのですが、ああそうだったんだとセミナーの活動を始めて思うようになりました。その当時は住民参加とはいったい何なのかが分からなくて、とてもイライラした時期もありました。

### 地域保健セミナー（現・保健福祉大学）の発案

**大本**　若月先生は住民参加ではなくて住民主体だということをかなり書いていらっしゃいますね。参加というのは甘いものではない。住民が主体になる、それを支援していくんだということを縷々《るる》書いておられます。

**飯嶋**　そうですね。「農民とともに」というスローガンも、最初は「農民のために」だったらしいのです。たしか僕が病院に入った頃はどこかに「農民のために」と書いてありました。何かの会で若月先生から、昔はそうだったけれど、今は「農民とともに」なんだよと聞かされたことがあります。そういう意味ではたしかに変化している、実践の哲学ですからいろいろやるなかで変わってきているし、私自身もこういった経験のなかで勉強することができました。若月先生は八千穂村でこういうことをされた、だったら佐久地域というレベルで考えてみたいという発想のなかから、地域保健セミナーが始まったんです。

**大本**　保健福祉大学ですね。

**飯嶋**　今は保健福祉大学ですね。私はそのセミナーのもともとの担当の一人だったんです。

**大本**　名称が変わるんですね。

**飯嶋**　ええ。一〇年たったところで変わるんです。私が関わったのはセミナーのほうで約一〇年間です。その発想の原点は、ヘルスクリーニングで、回り道をして組織づくりをやるなかで、「担当者連絡会」から住民のリーダーづくりに想い至った頃なんです。八千穂村での衛生指導員さんとのお付き合いも並行してやっていたんですが、佐久地域でやっぱり始めようということになったのです。忙しくて大変だったけれども、この頃が一番楽しかったです。

**大本**　相手が人間づくりでしたら手応えがありますね。

**飯嶋**　高見沢佳秀さんなどと本当に仲良くなれて今でも仲がいいんです。知り合ったのはその頃です。酔っぱらった勢いで生意気なことを言ったんだろうと思いますれけれど、あんまりかっこいいことなんか言ってないですよ（笑）。

## 衛生指導員の役割

**大本**　〝衛生指導員というのは使い走りではないんだ。もっと主体的なことをやるんだ〟と言われたということですが、具体的にはどういう内容のことですか。

**飯嶋**　いや、それらしいことをお酒を飲んで言っていたのでしょうけれど、そんなかっこいいことは言っていません。私も新米でしたが、あの頃、高見沢さんは衛生指導員の成り立てでした。そういうとき佐久病院のクリスマス会というのがありました。地域の皆さんを招いての忘年会ですね。衛生指導員は必ず全員招待するので成り立ての高見沢さんも来て、あまりよく知り合ってはいなかったのですが、二次会、三次会と飲み歩くうちにだんだんお互いに興奮してきたんでしょうか。あの頃、高見沢さんの頭のなかは、とにかく健康検診の受診率を上げようというのがあったと思うんです。

**大本**　衛生指導員としては受診率を上げることが役割だと。

**飯嶋**　そういうふうにおっしゃっていたと思うんです。だから健診の会場にむりやり連れていくみたいなところもあったかもしれません。八千穂村の健診の受診率が落ちているなかで、それは一つの効果があったかもしれませんが、それは一時的なもので、普通ですと、無理やり連れて来られた人は次の年はおそらく来ません。それで衛生指導員の役割には健診の受診率を上げるということもあるけれど、村民の皆さんが自分から健診を受けようということになっていく、そう仕向けるところに役割があるのではないかというようなことを言ったと思うんです。

**大本**　動機づけ。

**飯嶋**　もっと普通の言葉で言ったと思うんですけれど、要は役割のことです。

**大本**　高見沢さんが衛生指導員の時代に八千穂村が衛生指導員を廃止するという話があってそれでどうするか

ということで、三年か四年相当混乱した状況もありましたね。

**飯嶋**　そうです。ずっと後のことですが、それからも う一〇年以上はたっています。たまたま村の担当者の方針でもって衛生指導員をなくすということが出てきたのです。

**大本**　それからというもの、また衛生指導員の活動がいろいろと活発に始まるんですね。

**飯嶋**　その前から演劇活動を中心にしてやっていました。ただ、それが一つのきっかけになって、衛生指導員のまとまりがよくなったのはたしかです。

**大本**　使い走りではないんだ、住民のニーズを汲み上げて、それを医療機関などにつなげていくというもっと主体的な役割があるのではないかといっても、なかなか難しいですね。

**飯嶋**　そうです。そこらへんは永遠の課題かもしれません。何が役割か、そのときどきで変わるかもしれませんし。

**大本**　逆に、住民は一人ひとりでは、いきなり病院、あるいは自治体にストレートに意見を言えない人もいるわけですね。だけど沸々と住民の中で起こっているニーズを病院あるいは自治体といった実施機関に反映させていかなければ不満がたまりますね。だからその間に立って、ニーズを汲み上げて、それを当局に提起していく。両者をつなぐ役割というのは、今でもあると思いますが、多くの自治体では両者を媒介していく機能というのはなかなかないですね。ですけれど八千穂村では健康について高見沢さんなどの衛生指導員さんは、そういうことを自覚してやるんだとおっしゃっています。

それは大事な役割だと思います。その人たちがいなければ見落とすということも多々ある。

**飯嶋**　おっしゃりたいことは分かります。住民の声といっても、そんなに急には出てきませんもの。これが住民の声だってなかなか言えないですよ。

**大本**　いろいろなアンケート調査をやるといろいろな数値が出てきますが、果たしてそれが本当の住民の声といえるのか。行政のアンケート調査といっても質問はかなり漠としています。それで実際に行政ができるのかなという感じがしないでもない。むしろきめの細かな心情を汲み上げていって、それを伝えていくほうが分かりやすく伝わるのではないかと思います。

衛生指導員の機能として、当時の時代の課題がいろいろあったと思いますが、現在、その役割をどのように評価されますか。他方で、女性の保健補導員というのもありますね。

**飯嶋**　保健補導員も長野県から生まれているようです。長野県の北のほうにある須坂市が発祥の地だと言われていますが、出てきたのは衛生指導員の後だそうです。

これは普通の住民の主婦の皆さんが中心で、二年任期が多いです。ほとんど隣組同士の次から次への持ち回りで交代していきます。衛生指導員は働き盛りの男性になっていただくのですが、任期は最初はまったくなくて、なったらいつ終わるか分からない。それではあんまりだというので、四年に途中からなったそうです。四年といっても再任は妨げないという規定だから、西垣良夫先生(前健康管理部長)の調査では、平均十何年、二〇年以上やった人がいるとありましたね。

**大本**　そう、一〇年、二〇年とやっていらっしゃる方がおられますね。

**飯嶋**　長くやっていただくのは教育の問題があるからです。リーダーになるためにいろいろな学習をして知識や技術やものの考え方を身に付けた人になっていく。いわば住民の中の核になっていただきたいというねらいがあります。そういう意味では保健補導員とはちょっと違うんです。保健補導員さんは二年でどんどん替わっていって、たくさんの方に経験をしに来ていただく。これも発想としては、それはそれでいいところですね。

**大本**　十分ではないけれども一応の知識は得る。

**飯嶋**　ただ決定的に違うところがあります。そういう皆さんがしょっちゅう専門家と言われる医者とか医療機関の職員やそれから行政の担当者、プロと日常のお付き合いしていく。しょっちゅう会議をやったり、何かの仕事を一緒にやったり、地区の中にこういう方がいるということで一緒に訪問をしたりとかいうなかから、地域の問題点が伝わってくることが多いです。

そういう意味で住民のなかの問題点が医療機関や行政に伝わってくる。住民主体というところまでいくか分からないですけれど、住民参加の一つの形態ができてくると思うんです。現実にもそういうことはいくつもあったんです。そういえば具体例のひとつですが、いま福祉の分野で訪問看護ステーションをたくさんつくっていますけれど、それも衛生指導員の人がそういうのをつくってほしいというニーズがあるといってきたからです。病院に来る患者さんを見ていただけでは気付かないのをいちはやく気付くことができたのは、やはりそういう方々とつながっていたからだと思うんです。

**大本**　衛生指導員のアンテナが大事であり必要だという具体例ですね。

**飯嶋**　それにはお互いの感度が必要だと思うんです。衛生指導員の方がいうから一〇〇％正しいとは限りませんし、接する側もそこのところの感度が必要だし、衛生指導員さんも質の問題を問われると思うんです。そういう感度を磨いていただくために普段一緒に学習したりするわけです。ただ悲惨だよ、大変だよということを伝えていただくことも大事かもしれませんが、そこからもう一歩踏み込んだ社会的な視野も求められている。それはお互いの感度の問題ですが、そのことは佐久病院としても今でも大きな課題ではないですか。

## 地域保健セミナーづくり

**大本**　八千穂村については、やってみないと分からないという意味でいえば一つの先進的試みの場というか、実験の場といえます。八千穂村も積極的に住民の健康のために協力的にやりましたが、他の地域でなかなか衛生指導員という仕組みができないのは、なぜなのでしょうか。

**飯嶋**　おそらく佐久病院側の視点で言えば、遠いところの地域の問題についてはなり代わってやるべき問題ではないということがあります。しかし八千穂村に関してはモデル的な事業として始めた。佐久病院のパワーは当時、それをやるのが限度というくらいの力だったと思うんです。でも病院も大きくなってきて、数百人程度の職員から一〇〇〇人以上にもなって、佐久地域は自分たちの生活圏・医療圏の範囲だという意味で責任をもって活動する場じゃないかと展開していったのが、佐久地域保健セミナーだったんです。

**大本**　活動の場が広がっていったことの帰結なのですね。

**飯嶋**　ええ。だから市町村単位に支部をつくって、そこで衛生指導員のような、いわば活動家になっていただきたいとお願いしたかったのです。

**大本**　ですからセミナーで学習していただいて地域に入ってもらう。

**飯嶋**　それを卒業したら、ボンとお互いに手放すのではなくて、それ以後も学習を続けながらコンタクトを取っていく。

**大本**　衛生指導員に代わるような形ですね。

**飯嶋**　自分たちが生活している佐久地域という範囲でやりたいというのが、当時われわれの発想の原点にありました。ただ、最初、若月先生は私たちのことを信用してくれなかったんです。私たちのようないい加減な健診屋が何を考えたのかと思ったんでしょうね。それでこういうことをやりたいんだと申し上げたんですが、最初は認めてもらえなかったんです。

**大本**　「うどん会」廃止で、おまえたちはやる気があるのかってすごく怒鳴ったというお話ですね。

**飯嶋**　うどん事件もありましたし、現実の問題としてもいろいろなことがありましたから、信用していただけなかったんだと思います。〝よし、やろう〟と先生がおっしゃるまで一年ぐらいかかったですかね。でも松島先生には最初から理解していただいて、一緒に考えていただきました。

**大本**　保健福祉セミナーというのは飯嶋さんたち、要するにスタッフのところから発案したのですか。

**飯嶋**　そうです。若造たちが考えるわけがないと思ったのかも知れませんけれど、この件に関しては当時、長野県のなかで健診をめぐって泡を飛ばして議論をやった仲間たちから始まったんです。

そのためにはこういうことをやろうということで、だんだん発想が固まってきました。健康管理センターでも部長、課長がいて、その下に主任が一〇人ぐらいいて、主任会議みたいなのがありました。

**大本**　飯嶋さんは主任でいらしたんですか。課長さんでいらしたんですか。

**飯嶋**　当時は主任だったですね。泊まりがけで主任会議をやって議論したこともありました。

**大本**　そういう発想があって具体的に考えていかれたわけですね。

**飯嶋**　もちろん最初からアイデアとして今の形が出てきたわけではなくてもっと素朴なものだったと思いますが、議論するうちに保健師とかそういう専門家たちが、〝じゃあこういうカリキュラムにしたら〟とか言ってくれてだんだん練られていったんです。それでも結局一年ぐらいかかった。最初の発想を若月先生にダーンとはねられたときには、高見沢さんの力なんかも大いに借りたんです。〝高見沢さん、こういうことをやりたいんだけれど、住民の立場でもって言ってくんない〟とか、裏で手を回したのですが、若月先生はそれを見抜いていたと思うんです。高見沢さんは、その時の先生の目が怖かったって言っていました。

**大本**　高見沢さんも先生に何かおっしゃられたのですね。

**飯嶋**　住民の要望があるからやらせてほしいと言ったら見抜かれたらしいと。

**大本**　『衛生指導員ものがたり』（三八号）に出てきま

すね。

**飯嶋**　本当にその事実はあったんですよ。

**大本**　すぐにはオッケーは出なかった。

**飯嶋**　若月先生のところへ何回も行ったり来たりしたのですが、松島先生はいつも応援してくれてました。あまりしつこかったからか一年ぐらいたって、この若造たちは少し信用してもいいかなと思われてオッケーが出たのです。われわれが先生から少し信用を得たということかもしれません。それはわれわれの八千穂村の活動や衛生指導員との付き合い方を見ていたからだと思うんです。こいつらは、本当に生活をなげうってまで一緒にやっているなというところを見ておられたと思うのです。

　一度、八千穂村の活動が地盤沈下したときがありましてね。活動自体が低迷した時期があって、その頃「うどん事件」が持ち上がっているんです。それで若月先生は健康管理部はなってないと爆発したのですが、私たちはちょうどその頃、いろいろ少しずつ目覚めてきた頃で、〝なにくそ〟と思って、それだったら衛生指導員と徹底的に付き合ってやるという意地もあったんです。だから何かというとしょっちゅう八千穂村に行っていましたし、とくに衛生指導員とはプライベート的なところまで踏み込んででも徹底的に付き合ってやろうと思ったんです。

**大本**　それは住民の代表という意味での衛生指導員の位置づけですね。

**飯嶋**　そうです。若月先生は衛生指導員をかなり評価されていて、そのとき、今の佐久病院のスタッフはほとんど付き合ってないじゃないかというようなことを言われたと思うんです。だったら、評価はよく分からないけれど徹底的に付き合ってやろうじゃないか。それを若月先生に見せてやろうというのもあったですね。そういうわけでクリスマス会の後の二次会、三次会、四次会まで付き合って、午前様まで一緒に飲んだりしました。

**大本**　飯嶋さんご自身も変わっていかれるわけですね。

**飯嶋**　そういうなかである意味、実践哲学みたいなものを勉強させてもらいました。

**大本**　飯嶋さんが書かれた「住民の保健・福祉リーダーづくり」はすごくよく分かります。

**飯嶋**　いやいやお恥ずかしい。

**大本**　要するに健康管理部の下からの発想として、地域保健セミナー（現、保健福祉大学）をつくられたということですけれど、今年で二〇周年。

　一〇年の間にご自分たちがつくってやってこられた活動の成果というのはどうみておられますか。

**飯嶋**　ちょうど一〇周年が終わる頃、別な職場に移り組織としてのお付き合いは離れたものですから、最近の一〇年間はよく知りません。

ただおそらく組織というのは、どこでもそうかもしれないですけれど、出来て上り調子のときはかなり活性的ですし、いろいろなことがうまくいくし、新しいことをどんどん切り拓いていく。だからある程度できてからどうやって維持して次の段階に上れるかどうかというのが組織の次の課題だと思うんです。おそらくその課題に直面しているのではないでしょうか。

**大本**　今はともかくとして当時、地域のなかでリーダーにどういう活動をやってもらうことを期待されていたのですか。

**飯嶋**　われわれの発想の基にあったのは、市町村単位で支部をつくっていただいて、その支部活動を活発にやってもらうということです。その支部活動の中身というのを「住民の保健・福祉リーダーづくり」に書いております。

**大本**　佐久市、臼田町、小海町、佐久町、八千穂村、北相木、南相木、南牧村、川上村。

**飯嶋**　こういう単位で支部をつくって、支部長を選んでもらって、そのなかでいわば衛生指導員のような格好になって活動していただこうというものだったのです。それは今でも続いていると思うんです。

**大本**　この間、同窓会に出させて頂きました。同窓会には多くの支部がありました。

**飯嶋**　私らの発想のなかには最初、班という発想はなかったんです。班をつくるというのは高見沢さんの発想です。

**大本**　地区のなかにまた班をつくるのですか。

**飯嶋**　そうではなくて佐久地域全体として自分の興味の範囲といったもので結びつく。

**大本**　人形劇の班とか。

**飯嶋**　最初は高齢社会班と機関紙班、食と環境班、演劇班。この四つだけだったんです。とくに高見沢さんは八千穂村で演劇活動をやっていたから演劇班をつくりたいっていうのもあって一緒にやりましょうということになったのです。支部は支部でやりました。班は班活動として、それぞれ支部の範囲を越えて寄り集まっていただく。こういう二本立てで始まったんです。班はいま増えて七つか八つでやっているらしいです。

**大本**　班というのは支部活動の活性剤みたいなものですか。

**飯嶋**　それはそれで全体を盛り上げていく意味で大いに役割はあったと思います。だから自分たちが住む村とか町とかいった単位で、たとえば行政の保健師なんかも一緒になって活動する。こういう住民の皆さんがいること自体、たぶん行政の保健師も助かっていると思うんです。うまく一緒にやっていけば強力な味方になりますから。現に私が知っている範囲でも、同窓会員を味方に付けている行政の保健師は何人もいますよ。ここの支部活動は保健師が主体になっていて、ある意味保健師さんにお任せしますよということだってありますが、それでいいと思うんです。

**大本**　全体としての地域の発展の問題だから。

**飯嶋**　ええ。同じわれわれのテリトリーなんですけれど、市町村には市町村単位の問題がありますから、佐久病院の職員には入りきれない。むしろそこの保健師なんかが中心になってやったほうがうまくいく。

**大本**　行政が出ていかなければいけないこともある。

**飯嶋**　ええ。対立関係ではなくてね。首長のうちにはもしかしたらなかなか理解してくれない人がいるかもしれません。でも市町村単位の担当者というのは保健師をはじめ、本当に住民の健康や幸せを考えています。そういう意味では住民の代表と一緒になる可能性は大いにあるし、現になっています。

**大本**　この場合は任期がないわけですか。

**飯嶋**　ないですね。

**大本**　セミナーへの参加者はどうやって地域から選ぶわけですか。

**飯嶋**　地域保健セミナーを募集するときに、〝同窓会活動をやっていただきます〟というのを条件にしています。だから死ぬまで同窓会員です。ただ、その後一〇年たって、〝それではあんまりだ〟ということで変わったらしいです。脱退自由になっていました。卒業生が六〇〇人だか七〇〇人位いるうち、同窓生は四五〇人と書いてあります。

**大本**　四〇〇何人という人たちだけでも、人材としてはすごいですね。その人たちが各地域に帰って活躍をする。

**飯嶋**　それだけに問題点も芽生えていると思います。今度はどう活性化させていくかということもあるようです。会員がどんどん増えていきますと、一期生と一〇期生とでは経験なども違うわけです。

**大本**　そのセミナーには何回参加してもいいわけですか。

**飯嶋**　半年間の通しで一〇回講座をやって、一〇回出席していただく。

**大本**　それを卒業して五年たってまた行くというのは。

**飯嶋**　それは自由です。あまりいらっしゃらないと思いますけれど。

**大本**　費用は無料なんですか。

**飯嶋**　半年間で六〇〇〇円ですかね。

**大本**　お安いですね。

**飯嶋**　ほとんどただみたいなもんです。

**大本**　持ち出しですか。

**飯嶋**　完全に持ち出しです。四〇人が集まって六〇〇〇円、二四万円でしょう。二四万円でできるわけがないですから。会場から人件費までほとんど佐久病院の持ち出しです。

**大本**　事務所は内に置くということで、今も会場設定とかいろいろ事務的なことを佐久病院でやっておられるわけですか。

**飯嶋**　そうです。だから人によっては、佐久病院が病院の配下に置いているという見方をする方もいないではなかったんです。

**大本**　あり得ると思います。

**飯嶋**　今でも病院が関わっていますが、残念ながら病院の事務局的機能がなければまだこれは独り立ちできない。しかし若月先生がおっしゃったように、各地域でもってもっとよい医療を自由に受けられる、もっと住みよい福祉の向上した地域にしていきたいということなのであって、そんな配下に置くといったものではないですよ。

**大本**　言い出しっぺと言いますか、先鞭を付けたのは佐久病院だけれど、場合によっては、そういう病院がなかったところでは、健康意識のある自治体の首長がおられるなら、連合することも可能なわけですね。たまたまこの地区は佐久病院が手を付けてやったのですが、長野県では自治体の連合をたくさんつくっておられる。

**飯嶋**　いま長野県の厚生連はそういう活動を始めています。

## 地域保健セミナーのモデル

**大本**　地域保健セミナーをつくるにあたり、何かモデルがありましたか。

**飯嶋**　われわれにもモデルは実はあったんです。

**大本**　どこですか。

**飯嶋**　二つあったんです。利根の保健医療生協というのがありましてね。民医連だと思いますが生協病院です。最初は実際に行って見たわけではなくて、木村朝次郎『草の根の地域医療』(あゆみ出版、一九八一年)という本で読んだんです。

**大本**　そこの生協がこういう地域活動をやっておられたわけですか。

**飯嶋**　何とかという講座をつくって、その卒業生を地域医療の手伝いをする。これは保健補導員的発想のようです。われわれのセミナーの同窓会で一回視察に行きましたが、そのときに何千人かいると言っていました。それだけ大勢いてどうなんだろうって思って帰って来たんです。それは発想がたぶんわれわれと違うと思うんです。

もう一つは、非常に近いところで、小諸厚生病院の実践保健大学です。『在宅ケアの活きるまち　小諸・北佐久の挑戦』（自治体研究社、一九九一年）という本を編集された依田発夫さんという方がやっておられました。その方をこの会の講師にも呼んだりしました。

**大本**　この方がそこの実践保健大学を中心になってつくっておられたんですか。

**飯嶋**　はい。私個人としては依田発夫さんの影響のほうが大きかったです。

**大本**　小諸厚生病院というのは。

**飯嶋**　やはり厚生連です。昔は佐久病院の小諸分院と呼んでいた時期があったのです。

**大本**　志のある自治体では、こういうことをやっているところはけっこう出てきていますね。中山間地域のなかで講座を一クールやって、そして地域に出てもらって活動するという形ですね。

**飯嶋**　いいことじゃないでしょうか。

**大本**　こういう人たちがいなければ行政官だけがやることになるわけでしょう。手が回らないですね。回らなければ手薄になってやらないことにつながる。そういう点でも保健師さんの活動を支援していくことになるわけですね。

**飯嶋**　大事なところはそこらへんで、行政の使い走りではないし、医療機関の使い走りでもないんです。

**大本**　そこのところの自立的な独自なポジションの確立。

**飯嶋**　そこまでどうやって持っていくか、今でも課題だと思います。

**大本**　そういう点では今はやりのＮＰＯというか、ＮＧＯというかは別として、これは住民のボランタリー。任意な自発的活動なのですね。

**飯嶋**　それが原点にないと、どこかの出先機関の使い走りだといわれてしまう。

## 地域保健セミナーの同窓会づくり

**大本**　いま日本のＮＰＯといったらほとんど行政の下請け的な機能になってしまっていること自体が問題なわけで、本来独立した組織で、むしろ行政を監視したりあるいは行政を支援したりといった機能を果たさなければならないのですが、日本では非常にそれが弱い状況にあることはたしかです。

「健康な地域づくりの画期的存在となって住民の声のまとめ役の活動をできる保健と福祉のリーダーを育成する。二番目が、毎年の卒業生は市町村単位などで同窓会をつくり、自分たちの住む町や村の保健、福祉、医療、環境をよりよくする活動に関わる。住民にとって本当によい健康な地域づくりにつながるようにする」と飯嶋さんは述べておられます。

**飯嶋**　かっこいい言葉ですけれど。

**大本**　言えばこういうことですね。自分の健康は自分で守るという意識を住民一人ひとりが持ち、さらに高齢者福祉の活動に助け合いの精神をもって地域ぐるみで取り組む。そのための具体的な活動を住民みんなで考え自立する。

**飯嶋**　かっこよく言っていますね（笑）。

**大本**　目標としてはそういうことでしょう。そういう点では近年だんだんに広がってきて、やらざるを得なくなってきている。なぜなら医療にしても福祉にしても切り下げがひどいですから、お金のない人は死ぬしかないわけ。その中でどうするかということが問われているので、結局、住民一人ひとりが自覚的にとはいっても、一人ひとりがバラバラで活動しても何かを変えることは非常に難しいので、組織としてやっていかないと生きられないんです。

**飯嶋**　ほんとですね。

**大本**　今は、以前よりももっと必要性があるという感じがします。そういう点で、こういうことがやられてきているということは、一つの先進的なモデルになると思います。自分たちがやっていくときの手がかりになる。

**飯嶋**　二〇年前に考えたことは間違っていなかったと思っています。

二〇年前にどうやってそれができたかというと、やはり佐久病院の歴史がさせた。とくに若月先生です。

## 若月先生の職員教育

**大本**　若月先生の情熱はすごいですね。至命感による情熱ですね。

**飯嶋**　二〇年以上前からそれに感化された職員が何人もいた。今さらながら感心しますね。

**大本**　飯嶋さんもそれでずっと変わっていかれるわけですね。

**飯嶋**　私自身も変わりました。

**大本**　この地域のリーダーの方たちにいろいろヒアリングして感じることは、若月先生と同じことを言われるのです。これはすごいと思う。

**飯嶋**　若月先生は晩年におっしゃったんです。本当にできたのは二割か三割だと。

**大本**　一〇〇％できるなら歴史は要らない。

**飯嶋**　そういうことからすれば二割、三割できたのだってすごいことかもしれません。

**大本**　新しい地平を切り拓いたと思いますよ。

**飯嶋**　そこらへんの評価はわれわれは分からないですけれど、そういうふうにおっしゃっていただくと、若干の効果はあったかなと勇気づけられます。

**大本**　『農村医療の原点』というシリーズものを出しておられますね。そこには知名度の高い方も書いておられますけれど、一番おもしろく読めるところは、偉い人が書いているところではなく、佐久病院の各セクションのスタッフの方々が書いているところです。思い出とか、こうだったという秘話がすごくおもしろい。具体的にセクションでどうやっていたのかということがすごくよく分かります。

次におもしろいなと思うところは、この佐久病院の職員の方々はすごい能力を持っておられると感じます。それに文章がうまい。

私、佐久病院の長純一先生に、このシリーズは松島先生が編集されていますが、松島先生の手がたくさん入っているのではないですかと申し上げたら、いやほとんど入ってないですと言われました。各課の職員が書かれている文章が上手です。読んで、なるほどと納得できる文章を書かれています。それだけすごくレベルが高いのです。

**飯嶋**　そうなんでしょうか。

**大本**　そうしたら長先生が、病院祭のとき、今はワープロで書いたものでしょうが、当時は紙に自分のセクションの取り組みをいろいろ書いた。そうしたら若月先生が来て、〝なんだ、こんなの、分からんじゃないか〟と言ってものすごく直されたと言われました。

**飯嶋**　私もそういう場面にあっています。先生が墨汁と筆を持って、直しを入れちゃうんです。

**大本**　ショックですよね。

**飯嶋**　それも前の晩の夜中ですよ。

**大本**　全部点検されるわけですか。

**飯嶋**　そう。だいたい院長の回診みたいなのが始まるのが一一時とかですからね。

**大本**　夜中の一一時ですか。

**飯嶋**　だいたいもう飾り付けを終わっている頃。

**大本**　病院祭の前の晩に院長さんがずっと見回る。

**飯嶋**　始まるのがだいたい、夜一〇時過ぎです。スッとは見て歩かない。ゆっくり見て歩くんです。このパネルの高さが高過ぎる。農村のおじいちゃん、おばあちゃんが来ても、腰が曲がっている人たちだったらこんなに見上げられるか、この高さじゃなきゃダメだとか、ここは絶対間違っているとか言って、何人か付いて歩くなか、墨を入れられちゃう。これは大変ですよね。

**大本**　徹底していますね。

**飯嶋**　今にして思えばすごい教育者だったんだなと感心します。

**大本**　それはすごくありがたいことと思います。病院祭のときの壁紙を全部直していくって、そのときはすごくプライドがつぶされたと思うでしょう。この年になってなんでこんなに直されたってカチンとくるときもあると思います。でもそうやってしか人は成長しないんでしょうね。

**飯嶋**　私もエピソードを一つ、『農村医療の原点』第Ⅳ集（「健診屋になりさがったか」）に若月先生の思い出を書いたんです。叱られた思い出です。あとあとまですごく強烈に印象に残っています。満座の中で叱られてそのときは嫌だったですけれど。

**大本**　大恥かかされても身の内に収める。

**飯嶋**　それというのは若月先生の場合、そのあと必ずフォローがあるんです。

**大本**　どういうふうなフォローですか。

**飯嶋**　人によって違ったらしいんですけれど、この間は悪かったねとか謝りに来たりとか。でも僕の場合は、八千穂の衛生指導員に関わっていたものですから、衛生指導員たちとけっこう自腹を切って飲んでいたんですよ。君、あちこちで飲んでいるらしいけれど、お金は病院から出すからというような意味合いのことをわざわざ言いに来たんです。どこかから聞いてきたんでしょうね。必要なものは経費で出すから松島先生と相談したまえ、みたいなことを言ってきたりしているんです。

**大本**　人に怒っているのではないのですね。

**飯嶋**　だから若月先生に認められているからお前は怒られるんだよとなぐさめられたりもしました。そのときはそんなふうに思えなくて、廊下で見たら逃げるようなときもありましてね。顔を合わせると必ず目を止めて怒るんです。〝君、ちょっと来い〟って。なんでこんなに叱られるのかなっていう時期がありました。「うどん事件」の頃もそうでしたね。うどん事件は私が起こしたわけではないんだけれど、それを種に、〝君たちは何だ〟っていうわけです。

**大本**　言われるうちが花で、長い人生のなかではすごく得している。

**飯嶋**　そういうふうにすごくなぐさめられたこともありました。

**大本**　そんなに世の中、言ってくれる人はいないです。大体は黙って無視ですよ。だけどそういう試練がなければ長い人生の中で必ずつまずく。若いときはなかなか気がつかないけれど、ありがたく受け止めて成長の糧にしたいものですね。

**飯嶋**　それにしても月並みな怒り方ではなくて本気で怒るんです。だから若月先生に怒られると強烈に印象に残るわけですよね。

並みの怒り方じゃないですもん。もう震え上がっちゃう。怒るときは〝貴様〟ちゅうようなもんで、信じられないでしょうけれどやくざみたいですよ。目を見れば分かります。

**大本**　あの目ね。私は一度お会いしてご馳走になりました。すごくやさしく応対してくださったのですが、〝あの目は何だろう〟という思いがありました。外に出たらいつもにこにこしていらっしゃるけれど、あの目は、内面ではいつもすごく緊張していらっしゃったのではないでしょうか。やはり病院内をまとめて高めていくには時には鬼のようにならないとできないのではないでしょうか。

**飯嶋**　先生は職員にとっては、一面、本当に怖い存在でした。

**大本**　若月先生に対して一つだけ不思議に思っていたことがあります。あれだけお酒を飲まれ、並はずれた活躍をされて、ストレスもかなりおありだったと思いますが、九八歳まで生きられた。〝医者の早死〟といって、結構、早く亡くなられる方が多いですね。それにもかかわらずあれだけ長く生きられたというのは、よほど上手に健康管理をされていたのか、またストレスを発散するのがお上手だったのか、多分、強い使命感をもった精神が、肉体を健康に引っ張っていったのでしょうね。

**飯嶋**　『原点』第Ⅳ集でも書いているのですが、叱られた方はみんな共通して、若月先生にこんなに叱られたってうれしそうに話すんです。不思議です。ここに秘密があるような気がする。

**大本**　何でしょうか。やっぱり若月先生の思いが伝わっていたのでしょうね。

**飯嶋**　職員もみんな分かっていたんです。

**大本**　一刻者だと言うことが判っていたのでしょうか。

**飯嶋**　第一、職員に接するにしても住民に接するにしても、このときは適当に流そうというのを見たことないんです。

**大本**　手抜きしない。そのときそのとき、一生懸命。

**飯嶋**　何十年見ていて手抜きしている先生を見たことがないです。そういう意味では、自分に対するエネルギーだけでもすごいです。自分を考えたら、抜くときありますもん、会議でも何でも。先生は、会議のときに居眠りすることはけっこうありましたけれど、でも居眠りしていても不思議とちゃんと分かっているんです。必ず的確なことを言うし、おっしゃることが手抜きではないのです。誰のときでも、大勢でも、少人数でも同じように情熱がこもっているんです。だから何の時でもご一緒していると引き込まれちゃう。

**大本**　内側から出てくる先生の思想の迫力というのでしょうか。

**飯嶋**　自分の生き方が本物なんでしょうね。なかなか真似できない。

## リーダーづくりは学習活動から

**大本**　地域住民自体が自分の健康に対して自覚的になる精神をつくっていくために、まず、リーダーをつくるといいますが、それを可能にするのは基本的には学習活動ではないでしょうか。それによって住民も育つし、リーダーも育つのではないか。ただ学習といっても時代が変わるから、時代の課題に応じた学習の方法をやっていかなければいけないわけですね。

**飯嶋**　基本は勉強会、ですが学習をやるだけの勉強会だけではなく、実践を通じて学ぶことを若月先生はすごく大事にしていたから、そのへんも手法として習ったところはありますね。

**大本**　保健福祉セミナーをつくるときですか。

**飯嶋**　学んだものをどうやって普段の生活と結びつけるか。だからいつもカリキュラムのなかで提示したのは、ワークショップでした。二〇年前はまだめずらしかったんです。

**大本**　どこから学ばれたんですか。

**飯嶋**　当時の日本企業です。なぜか松島先生がトヨタの始めた品質管理の手法の一つだった3D運動というのを持ってきてやったことがあるんです。その後QC（品質管理）になっていきましたが、それを佐久病院の健康管理部の職場で一時QCサークルをつくって何回かやったんです。そこらへんの手法をちょっと勉強したことがあったから、ワークショップをカリキュラムのなかに毎回入れようと考えて、カリキュラム自体に、できれば手で触れたり五感で感じられるような学習方法を入れたんです。そういうふうにして本当に理解するということはどういうことなのかを議論したことがありました。本当に胸に落ちる、分かるということは頭の中で理解するだけではなくて、〝ああ分かった〟という感情を伴って理解することではないかといった議論をしたのです。

**大本**　それは私がいつも学生に思うことなのです。学生は単位を取るためにまず試験を受けなくてはいけない、パスしなければいけないのですけれど、本当に分からないと身につかないです。覚えてもすぐ忘れるのです。

**飯嶋**　感情を伴って本当に身に染みて分かったよというものは、その人の身から離れないですよね。

**大本**　セミナーのプログラムをつくるときにそこまで考えられたわけですね。

**飯嶋**　ええ。じゃあワークショップからまず入ろう。できるだけ実物を目の前におくようにしようとやったんですけれど、なかなかうまくはできていません。

**大本**　最初から一〇〇％ではなくてもまず試みる。

**飯嶋**　あの頃、ワークショップなんて、こんな田舎では全然なかったんです。それを松島先生がどこかから持って来たんです。もともと実践を通じて学ぶということは若月先生の手法でしたが、ワークショップ自体は松島先生から学びました。

**大本**　松島先生のお手並みもなかなかのものですね。飯嶋さんでなければお聞きできないことが知ることができました。長時間にわたりありがとうございました。

（インタビューは、二〇〇八年五月一八日（日）午前九時三〇分～一一時三〇分まで、臼田町・清集館においておこなった。当日は臼田町のお祭りであり、また前日から佐久病院の病院祭りが開催されており、道路はクルマの通過を禁止するくらい町中が賑やかであった）

**付記**――本稿は、飯嶋氏に読んでいただき加筆修正のうえ、大本の責任で補訂したものである。

**注**

（1）「医者や保健師が、村の中に入って住民に衛生教育をするだけでなく、住民の側から選ばれた代表を教育し、これの自主活動として衛生教育を行わせる方法は、特に効果があると思われる。八千穂村では、これらの選ばれた者達を「衛生指導員」と名づけ、毎月一回私どもの病院に集めて、農村医学の初歩的な知識や技術を教えている。これを毎月くりかえしているうちに、素人の「衛生指導員」もそうとうな知識者になる。単に私どもが医者の立場から農民を「上から」指導するのではなく、村民自体が、自分たちの立場から健康を反省するという教育の形は、たいへん効果がある」（若月俊一「序――農村の健康管理」、長野県厚生農業協同組合連合会・健康管理センター『集団健康スクリーニングのあゆみ』第五集、一九八四年、一二ページ）。

（2）「住民が主体的に活躍することが、健康管理を推進していく大きな原動力になる。そういう意味で、自治体としての市町村の役割は大きいし、協同組合としての農協が健康管理に力を入れなければならない理由もそこにある。具体的にいうならば、各市町村あるいは農協単位で、地域の健康管理推進委員会ができて、ここが主体となって活動を進めていくことが望ましい。もちろん、この中には、地元医師会代表・保健所地区担当者・市町村衛生担当者・農協生活指導員・農業改良普及員などが当然含まれるが、そのほかに住民代表がぜひ参加することが必要である。そして、この計画の中に住民の要望が充分生かされることが大切である」。松島松翠「第八章　集団健康スクリーニングの今後の課題」『集団健康スクリーニングのあゆみ』第一集、一九七六年、一二八ページによる。

（3）飯嶋郁夫「住民の保健・福祉リーダーづくり」『農民とともに』四七号、一九九七年三月。

（4）佐久総合病院『農民とともに』一一〇号、「衛生指導員ものがたり（二五）」。

（5）『集団健康スクリーニングのあゆみ』第一集、一九七六年、二〇ページ。

（6）同右、四九ページ。

# II

# 八千穂村の予防・健康戦後史

# 一　町村合併後の健康づくり活動

佐々木定男

佐々木定男氏の略歴

一九三九年生まれ

一九五八年　野沢北高等学校卒業。卒業後、食品卸会社（東京都）勤務を経て農業、酪農経営、八千穂きのこセンター経営

一九九三年五月～二〇〇三年七月　八千穂村会議員

一九九三年五月～九七年四月八千穂村監査委員

一九九七年五月～二〇〇一年四月　八千穂村村会総務委員長

一九九九年五月～二〇〇一年五月　八千穂商工会長

二〇〇一年五月～〇三年四月　八千穂村議会議長

二〇〇三年九月～二〇〇五年三月　八千穂村村長

二〇〇五年四月一七日から現在、佐久穂町町長

## はじめに

**大本**　お忙しいなか、インタビューのお時間をとっていただきありがとうございます。

さっそくお話に入らせていただきます。ご質問したい第一点は、八千穂村が何故全住民の健康検診に取り組むことになったのか。佐久病院は何故八千穂村だけを対象にしたのか。

二つ目は、住民にどのようにして健康管理を普及させていったか。全村民の健康検診にさいして、衛生指導員をはじめいろいろな方々が地域に入り込んで普及させていきますが、どういう協力体制でそういうことが実現されたのでしょうか。

三点目は、佐久町と町村合併して佐久穂町が誕生しました。いろいろと合併した町々のことを聞きますと、合併すると今までやってきたことが切り下げられる傾向が多くみられると聞きますが、佐久穂町では旧八千穂村の進んだシステムを旧佐久町にどのようにして普及させて、システムとしてどのようにやっておられるのか。旧佐久町でどの程度健康管理がなされていたのかよくわかりませんが、八千穂村ほどやられていないと伺っています。八千穂村と同じようなシステムを導入されているのではと思いますが、それをどのようにやっておられるかということをお伺いしたいと思ってやって参りました。

佐々木町長さんのお父様の庫三さんは全村健康管理を始められた井出幸吉村長の後を受けて一二年間、旧八千穂村の村長をやってこられましたね。

**佐々木**　一九六四年から一九七六年までです。

**大本**　その頃は、定男町長さんは何をやっておられましたか。

**佐々木**　お百姓です。農業で、山の上で酪農、牛を飼っていたんです。このあいだ、八千穂村が健康管理二五周年に出した記念誌『村ぐるみの健康管理二五年』(八千穂村、一九八五年)(1)がありますが、ちょっと見直していたら、そこに私の書いたのが出ているんです。ちょうどこの頃、私は酪農をやっていたのです。

**大本**　役場にお勤めであったといったことはなかったのですか。

**佐々木**　行政の経験はまったくないです。ただ、一九九三年から村会議員をやったのです。だから村長になるまで一〇年間、八千穂村の議員をやっていました。

**大本**　二〇〇三年九月に高橋秀一村長にかわって定男さんが村長に就任されます。親子二代は珍しいと話題になりました。八千穂村『衛生指導員ものがたり』（四八）によりますと、「佐々木村長さんは、就任にあたって、『健康で長生きするために佐久病院とともに歩んできた村ぐるみの健康管理には、長い歴史と村民の熱い想いがある。衛生指導員を中心に、推進員、住民のみなさんといっしょにさらにこれを進めていく。そのために、これからの組織はずっと堅持していきたい(2)』と述べた。ご父君と似て、もの静かな語り口だが、その奥底には、固い信念と決意が伺えた」と書かれています。

**佐々木**　そうだったのですが、八千穂村村長になって一年半ほどで合併したのです。

## なぜ、八千穂村だけが健康管理を導入したのか

**大本**　そういうご前歴を念頭において最初の論点に入らせていただきます。お父様の佐々木庫三村長時代から直接お父様に接しておられて状況をよく理解しておられると思いますが、なぜ、初期の段階、八千穂村だけが佐久病院に協力して全住民の健康検診を導入したのでしょうか。財政的にも大変であったろうと思いますが。

**佐々木**　財政的にも持ち出しはあったんです。でもおそらく、私はまだ若くてよくわからなかったんですが、住民というか、村民の気持として最初から皆でやろうよというのがあったと思います。

ちょうどこれが始まった一九五九年といったらまだまだ農村はものすごく貧しかったんです。ちょうどあの頃、国民健康保険法が変わって窓口で五割も負担しなければだめだという。それまで農家というのはお金がないから、半分の負担でも夏か冬の繭とお米の売れたとき、役場へ持っていけばよかった。それがいきなり窓口で半分負担しなさいと言われたら、病院にいけない。だから当時の井出幸吉村長さんはその法律に大反対をして、さかんに県へ反対運動に行ったという。しかし、それは国で決めたものだからだめだよということで始まってしまった(3)。

じゃあ何とかしなければということで若月俊一先生と始めたんですが、若月先生は実はこの方法は自分の病院のある臼田町でやろうとしたんです。だけれどどんなに農協に話しても町のトップに話してもぜんぜん通じなかった。がっかりして二年くらいだめかと思っていたというんです。それをあるとき、うちの幸吉村長さんとお酒を飲んでいるときに、こんなことはどうだろうなと言ったら、うちの村長がそれをおれの村でやろうじゃないかと賛成、それで始まったんです。

**大本**　やはり村長の決断。

**佐々木**　決断です。お医者さんにかかれない農民がかわいそうだと思っているところへ、それなら病気にならないようにしましょうという若月先生の言葉に飛びついた。〝じゃあいっしょにやるよ。おれの村がやるよ。臼田が嫌だというなら、おらっちでやろうよ〟、そういうことだと思います。

**大本**　臼田に限らず、この佐久平界隈にはいろいろ他の町村があるわけですね。井出村長さんはかなり見識のある方だったと思いますが、他の町村でも、あの町がやっているんだったら、うちも導入してやろうという形でもっと普及してもよかったのではないかと思いますが、ずっと八千穂一村だったですね。(4)

**佐々木**　村長が言ったあと、村の議会が反対したときもあったみたいです。議会の皆さんが、なんだ、病気をほじくり出して逆に病人に仕立てて病院にお金をもうけさせるのかと言って反対した時期もあったみたいですね。それから役場の職員などからも毎晩駆り出されて大変だからそんなことやめようというのもあっただろうし、それから若月先生の本を読んでみると佐久病院のなかの職員や医師たちのうちにも、こんなバカなことやめてしまえというようなこともあったみたいですね。

**大本**　ただ、若月俊一『村で病気とたたかう』(5)は、佐久病院のお話は比較的くわしく記述されていますが、八千穂村の住民の話は少しありますがあまり詳細には書かれていないですね。若月先生は、いろいろな調査をされますが、ほとんど八千穂ですね。その調査からいろいろな結論を導き出して提案されたと思います。

**佐々木**　「こう手」にしても「腰曲がり」にしても「農夫症」にしても、食べ物から来ているのか、部屋の温度から来ているのか、労働の過酷さから来ているのか、みんなそういうものの要因をだんだん調べていったんですよ。

**大本**　その調べる土台というのは、八千穂の村が協力して。

**佐々木**　そうです。井出村長に限らずずっと協力的だったということです。

**大本**　資料を見ますと、八千穂の村民が、なんだ、おれたちを実験台にするのかという意見まで出たというようなことも記されています。

**佐々木**　はい。そういうことを言う人もいたのです。

**大本**　そういうことを言う人がいるぐらい八千穂村での調査が中心だったのですね。

**佐々木**　かなり多かったと思います。そういう反対する人もいましたが、それよりももっと、いいよ、モルモットでも何でも構わないよ、どんどん調査してくださいと言う人のほうが多かったということです。

**大本**　佐久病院にしても試行錯誤しながら。

**佐々木**　はい。だんだん農村医学にとって一番いい方法を追求してきて、気がついたらもう来年で五〇年になるんですから。その間にいろいろなことを佐久病院といっしょにやってきた。近隣の町村のうちには、なんだ、八千穂というのは佐久病院に利用されてきたじゃないかと言う人もいっぱいいるのです。いや、それは違うよ。われわれはそんなこと、これっぽっちも思っていないよ。いっしょにやってきたんですよ。たとえば秋に「健康まつり」（いまは「健康と福祉のつどい」といっています が）というのをやってきたのですが、そういう人には来て見てよ。本当にわれわれがただ利用されてきただけか。そうでなくて自分たちも一緒にやってきたことなのです。来て見てもらえばわかるよと言っています。

**大本**　何事も労を惜しんでは学べないですね。

**佐々木**　ないです。

**大本**　八千穂村というのは五〇〇〇人ほどの住民がいますので、統計の母集団になりうるだけの規模をもっていたといえますね。ですから農夫病にしろ何にしろ、八千穂村で調査してわかってきたものは一応これくらいだったらこういうふうに考えてもよかろうという検証が得られるわけではないですか。それは一〇〇や二〇〇では全然だめなのであって、その面でいえばむしろ八千穂村での調査のお陰で日本中の多くの人たちが救ってもらったという側面がありますね。

**佐々木**　だから老人保健法にしても今度の後期高齢者医療制度にしても、その原型は永年にわたる八千穂村での実態調査に負うところ大なんで。

**大本**　若月先生もいろいろ多方面の知識があっても、それを試してみる地域がなければ自分の思いというのは実現しないわけですね。それをやらせてもらえるところがあったということでは、八千穂村との出会いはきっと若月先生ご自身にしても生涯かけてすごく大きな喜びだったと思われます。

**佐々木**　かもしれないですね。だから代々の村長も、井出さんのあとうちの親父がやって、そのあと出浦公正先生というお医者さんがちょっとやったんですが、そのあとまた、うちの親戚なのですが佐々木澄雄さんがやって、高橋秀一さんがやって、私が二〇〇三年にやってということですから、私は六代目なのですが、全部支援したわけです。

**大本**　日本の農村医学の基盤は八千穂村にあったので

すね。ですが、そのことはあまり表に出てこない。

**佐々木**　住民は別にそういうことは誇りにすることでもないし、外へ向かって騒ぐことでもないから、住民はまったく当たり前に生きていればいい。ただ佐久病院のほうは若月先生などがいろいろなところで発表したり、どんどんどんどんやってきた。

**大本**　岩手県の沢内村は深沢晟雄さんが亡くなられてからは、八千穂村のように代々継承していないのです。

**佐々木**　沢内村は深沢さんが亡くなられて、あとちょっとやりましたがだめでしたね。終わりましたね。深沢さんも八千穂村へ来たことあるのですよ。

**大本**　そうですか。

**佐々木**　幸い、うちは今でも終わらないでやってきています。

## 住民の健康を支える衛生指導員の役割

**大本**　八千穂村における健康管理の最大の特色は衛生指導員が活躍していることだと思いますが、衛生指導員というのはどういう考え方から設けられたのですか。

**佐々木**　最初に衛生指導員をつくったのは、昭和二〇年代の後半に農村に赤痢がうんと流行ったことからです。まだ上水道があまり普及されていませんでしたから、川の水を使って食べる物を洗ったり洗濯していたから、二〇人とか三〇人とか、多い集落ではわずか一年で二〇〇人も出たんです。結局、伝染病を出さないようにする。また出たとき、その防除をするために中心になって消毒機器を担いで歩く若い屈強な若者が欲しかったのです。石灰やクレゾールをまいて歩く役割をする人ですね。

**大本**　消毒器は、結構、重量がありますね。

**佐々木**　はい。そういうことで各集落のめぼしい者に衛生指導員になってくれやということで始めたのが衛生指導員の最初なのです。

**大本**　だから〝衛生指導員〟という名前がつけられ、しかも全員男性だったのですね。

**佐々木**　はい。それが今度は全村健康管理へ移っていくときに、お前たちが中心になって佐久病院とやれやということになり、それで勉強をさせていったんです。

**大本**　転用していったわけですね。

**佐々木**　転用したんです。だから最初の八人の衛生指導員は赤痢退治で一生懸命消毒をした人と同じなんです。健康検診でじいちゃん、ばあちゃんをリヤカーに乗せて会場まで連れてくる係と同じだった。

**大本**　そうしますと最初は比較的若い男性を選んだの

ですね。

**佐々木**　青年団の指導者。いわゆる各集落の青年団長です。

**大本**　あの頃、全国的に青年団活動が盛り上がっていましたが、とくに長野県は活発だったですね。

**佐々木**　昭和三〇年代の初めまでは、まだ活発だったですよ。

**大本**　だから男性ばかりで女性が一人もいないんですね。

**佐々木**　どうしてなのかと思うでしょうが、消毒機器を担がないといけないので体力がないとやれないし、リヤカーへ大きな樽で積んで二〇〇キロも三〇〇キロもある薬液を運ばなくちゃならない。

**大本**　しかも航空写真で見ると八千穂村というのは険しい山並みではないですか。

**佐々木**　そこを上り下りするのですから、女性では務まらない。

**大本**　なるほど。そういうことだったのですか。私は農村ではまだ封建性が残っていて男性優位社会だから、知的な活動をするというので男性が選ばれたのかと思ったのですが、違うのですね。

**佐々木**　違うのです。昔は健康検診でも夜遅くまでやったりしていましたから、その点でも女性では務まらなかったのです。(6)

**大本**　でもある時期からだんだん女性のウエイトが高くなっていきますね。

**佐々木**　女性は保健推進員のほうです。これは全部女性です。一戸一戸回って〞おじいちゃん、おばあちゃん、検診に行こうよ、もし何だったら私が軽乗用車で会場まで乗せていってあげるよ〞というように、こまめに一戸一戸宣伝をして歩くのには女性のほうが、断然、向いています。

**大本**　そういう声掛けをしてやってくれるというのは女性のほうが。

**佐々木**　ずっといいですね。

**大本**　任期制というのはあるのですか。

**佐々木**　地域健康づくり員（旧、衛生指導員）のほうは四年ですが、再選によってはまたやれます。保健推進員（旧、女性の健康づくり推進員）のほうは二年です。

## 住民の健康学習への熱意

**大本**　いろいろな資料を読ませてもらいましたが、旧八千穂村の学習への取り組みはすごかったですね。佐久病院も熱心だったし。

**佐々木**　ええ。佐久病院で勉強会があったとき、農村医学会があったとき、それから農村医学夏季大学講座のときは必ず行って勉強していましたからね。

**大本**　衛生指導員を置くというのは旧八千穂村が日本での一番の源ですが、行政コストがかからないわりには住民にまかせたほうが効果がありますね。

**佐々木**　行政コストはかからないです。この人たちのお手当といっても本当に微々たるものです。だから昔は飲んだり食べたりした費用を、ある程度町も補助したのですが、今は飲食に関してはまったく補助はありません。

**大本**　官官接待以来、うるさいですからね。

**佐々木**　やれないです。そうすると自分たちの自費でみんなやっているんです。かわいそうですけれど。

**大本**　『衛生指導員ものがたり』（一二）によりますと、「役場と佐久病院の会議室で交互に学習会をやり、講師は佐久病院の医師や保健婦たちでやった。基本的な点から始まり、人体の解剖や具体的な病気の症状や予防についての知識を学んだ」と書いてあります。

**佐々木**　そこまでやったと思います。

**大本**　すごくレベルが高いのですね。

**佐々木**　病気に対する知識はすごいですよ。

**大本**　だから患者さんが出たとき、ずっとみて、これはこうじゃないかという判断がつくようなレベルまで上がっていたという。

**佐々木**　そうなんです。だから保健師にちょっとこういう症状だから何かかも知れないよ。だから先に病院のほうに言っておいてくれと衛生指導員がまず言って、すぐその科へ連れていって一命を取り止め、ああ、早く連れてきてよかったという話はたくさんあります。たとえば脳卒中だとかで倒れたときにはどうすればいいかというのはみんなわかっていますから、これは動かしちゃいけないよとか、頭を低くしろとか指示しています。

**大本**　それで住民の方々から信頼を獲得していったのですね。

**佐々木**　はい。みんなけっこう長くやってくれています。普通、役というのは嫌がるじゃないですか。だいたい役が来ると自分の当てられた二年とか四年とかが過ぎると、すぐ誰かに回す。だが、衛生指導員だけは絶対嫌がらない。

**大本**　一方でご自分で職業を持っていらっしゃるわけですから、大変なのにがんばっていますね。

**佐々木**　みんな職業を持っているんです。自営の人が多いのですが、住民のなかから選ばれて自発的に一〇年、二〇年なんて当たり前に続ける人がいるんです。

**大本**　それは自分でも学んで高められ、かつ他者の役に立てるということが喜びになるからでしょうか。

**佐々木**　そうです。喜びなのですね。結局、地域のなかで保健衛生活動のなかで頼られる、信頼される。それなのですね。

**大本**　本人も生きがいになるだろうし、予防といっても実際には初期の適切な措置と迅速さで救ってもらう人のほうから感謝される。

**佐々木**　はい。病気というのは最初にどれだけ早くどれだけ的確に判断して手当てをするかが勝負です。たとえば肺にちょっとした影が見えた。早くラセンCTを撮ったほうがいいよ。早く見つかったらちょっとの入院で治っちゃうし、一年たち二年たってからいったらもう大変なことになっちゃう。

**大本**　認知症にしても早期発見が大切だといいますね。いろいろ病院に行くけれど何でもないと言われて、かなり時間がたってやってくるからなかなか治りにくい。

**佐々木**　二年位前に治療を始めていたらそんなに進まなかったものを、はっきり誰がみても痴呆とわかってから行くから。

**大本**　家族もおかしいと思って行ったけれど、医者のレベルで何でもないと言われるというのが多く、それで遅れていったという例がたくさん出ています。

**佐々木**　ボケだとみんな心療内科なんかに回されて、たいした病気じゃないですよといわれているんですね。

**大本**　そういう意味ではこういう衛生指導員の方というのは、かなり学習してレベルが高くなっていないとだめですね。

**佐々木**　だめなんです。だから皆さんもちゃんと自覚していますから、何か勉強会がある、講習会があるというと、よくよく自分の仕事が忙しいとかのっぴきならないこと以外はよく来ているなと思うほど、ちゃんと来て勉強しています。

**大本**　でも一番得するのは自分自身なんですけれどね。それだけ勉強できるのは大変な宝です。

**佐々木**　逆に考えたらすごい幸せなんですよ。みんな言っていました。おれらみたいなものが佐久病院に来て、院長先生でも副院長先生にも平気で何でもしゃべれる。何でも聞ける。こんな幸せなことはないよ。若月先生はじめ佐久病院の先生方も本当に分け隔てもなくまったく当たり前につきあってくれました。だからあの先生が本当はあんなに偉かったなんて、おら知らなかったのは申し訳ないなんていうのですね（笑）。

**大本**　あまり気安く接してくださるものだから。

**佐々木**　いっしょに肩組んで焼酎飲んでいるんだからつい気安くなる。

## 集団健康スクリーニング方式へ

**大本**　一九七四年から健康スクリーニング方式が取り入れられますね。これは人間ドック並みに相当の項目（図1）が入っていますが、直接的な契機は何だったのですか。それまでは全村の健診はあったにしろ、こんなに多くはなかったわけでしょう。

**佐々木**　いろいろな医学の進歩でもって、たとえば血液一本から中へポンと入れればこれだけの項目が出せるようになってきた。それも安い費用で。一番は医学の進歩ではないですか。

**大本**　血液検査は若月先生が早くから重視されていましたね。

**佐々木**　ものすごく早かったです。

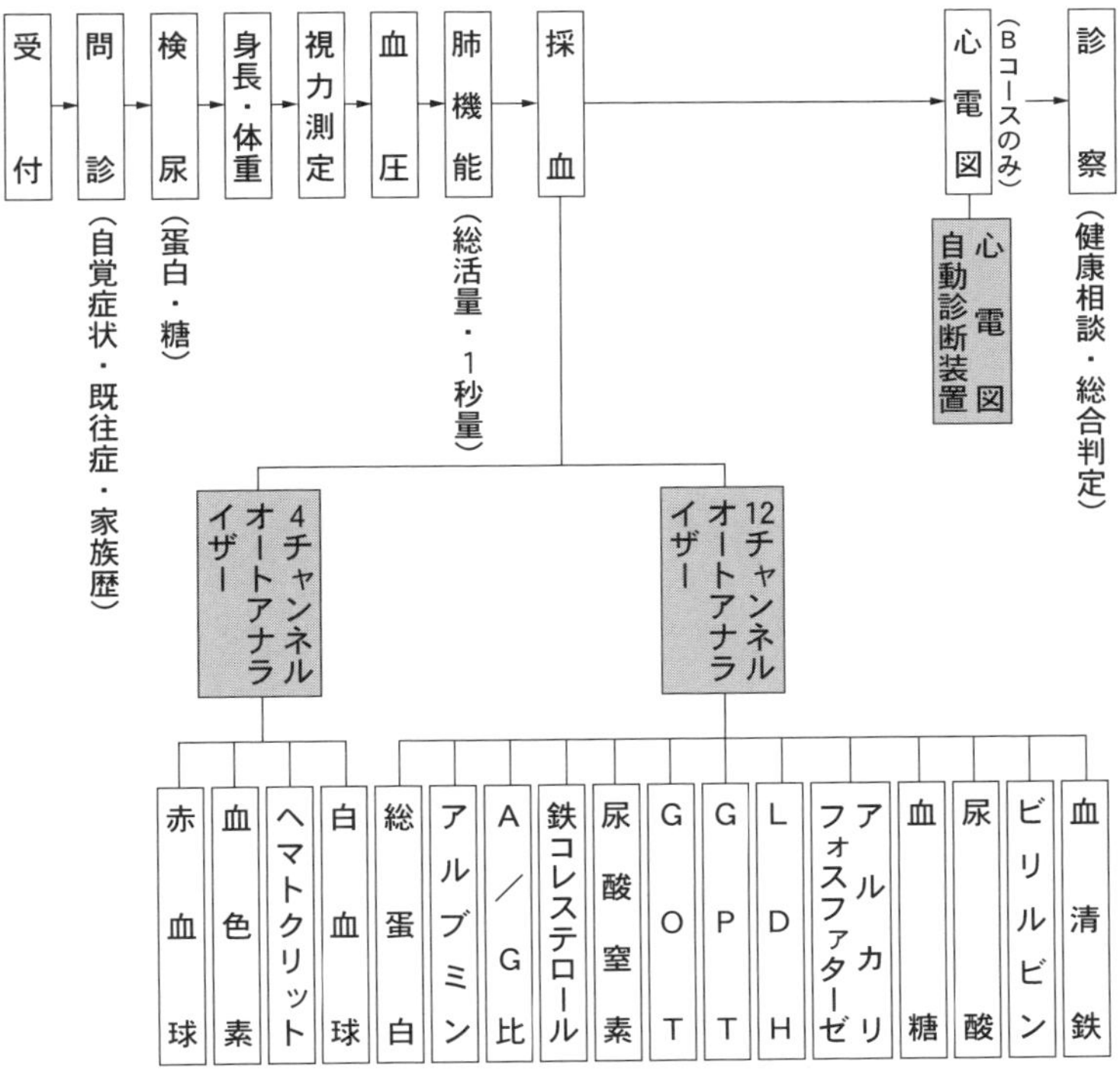


出典：八千穂村『村ぐるみの健康管理』1985年より.

**図1**　集団健康スクリーニングの検査項目（1974年から実施）

よそでまだやらないうちに佐久病院はどんどんそれを進めていったのですから。

**大本**　着眼が早くて実行も早い。

**佐々木**　それをともかく一番先にやっていったのがこの八千穂村なんです。だからこれまでと違いいきなり二〇チャンネルとか二五チャンネルとか検査できる項目がどんどんどんどん増えてきました。

**大本**　そういう意味では実験的だった。

**佐々木**　でもいい実験です。私はすごくいいと思ったのですが、最初は反対した村民もいましたし、議員さんのなかでもなんでそんなことに大事なカネを使うんだというようなことを言う人もいたようです。でも、だんだん言わなくなりましたね。われわれが世の中に出てくる頃は、そんなことを言う人は一人もいなくなりました。だからあったといっても始まって一〇年ぐらいの間じゃないですか。

**大本**　八千穂村でそういうお仕事をなさっていた女性の方とお会いして話したこともありますが、そのときに見せていただいたものでもすごい検査項目が多いですね。それで各人がみんな健康手帳で自己の状態を知っているということになるのですね。

私は東京の職場で毎年人間ドックを受けていますが、八千穂の検査項目は、私の職場の人間ドック並みの項目です。

**佐々木**　ほぼ人間ドック並みなのです。いま健康管理事業の検査項目に胃カメラ、胃のレントゲン、エコーなどを入れたらおそらくドックとまったく同じになりますね。

**大本**　財政的負担はどうだったのですか。

**佐々木**　大変と言えば大変だったでしょうね。当初は健康検診にかかる費用の三割は自分で出してください、七割は村が持ちますということだったんですから。それではその一〇割で全部できたかというとそうではないです。その倍ぐらいかかっていたと思います。その分を佐久病院がもっていたということなんです。

**大本**　三方一両損ということですか。

**佐々木**　佐久のほうは三方一両だけでなく二両も損していると思います。

**大本**　そうしますと八千穂村は大得していますね。

**佐々木**　すごい得。佐久病院もいろいろなデータなりそういうものが欲しいから、八千穂村に関してはちゃんとやるんです。

佐久病院さんは今まで赤字を出したことがなくずっと黒字ですからそれができたんです。赤字決算をしていたら、労働組合でも何でもきっとおそらく突き上げられたと思います(7)。これは若月先生のすごいところで、あれだけ大きくしながら経営はつねに黒だったというのは並みではないです。

**大本**　佐久病院のほうの負担というのも相当あったんですね。

**佐々木**　今でもかなり負担していると思います。

**大本**　そんなにまでして八千穂にお金をかけるメリットは何ですか。旧八千穂の人たちがあれだけの多くの検査項目で協力してくれているのですから、データとして何でも抽出できますね。肝臓なら肝臓関連でこれだけの蓄積があるわけだから。データとしてはすごい。そういう点があるのでしょうか。

**佐々木**　それはものすごいと思います。だって検診はずっと続いているのですから。ひとりの人をずっとみれるではないですか。たとえば私は一九五九年に始まった翌年の六〇年の検診からずっと受けているわけです。そうすると私のデータも全部インプットされてあるわけですから、調べようと思えば全部出てきます。それが全村民分あるわけです。

**大本**　いろいろな新たな研究をするときの貴重な基礎データになりますね。

## 町村合併後、八千穂村の村長が佐久穂町の町長となる

**大本**　それでは第三の論点、町村合併後の取り組みに移らせていただこうと思います。まず確認しておきたいのですが、人口規模からいうと八千穂村のほうが佐久町より大分少なかったはずですね。

**佐々木**　四〇〇〇人くらい少ないです。

**大本**　佐久町が八六〇〇人で、八千穂村が四七〇〇人ですから、相当な開きですね。そうしますと、人口規模の大きい方のところから町長さんが選出されるのが普通ですね。

**佐々木**　だいたい九〇何パーセントは、そうです。合併して小さい方が首長になるというのは日本で私が初めてなのです。私のあと、二、三ありましたけれど。

**大本**　では小さい村から町長になられたというのは、どういういきさつがあったのでしょうか。

**佐々木**　まず、合併というのに住民の皆さんは嫌がるじゃないですか。

**大本**　ええ、嫌がりますね。

**佐々木**　合併はしたくない、今のままがいいとみなさ

ん言うのですね。それでも、八千穂村だとか佐久町みたいな財政基盤の弱いところは合併をしてある程度体質を強くして、住民の皆さんのサービスを落とさないほうがほんの少しだけれどいいよという話をして歩いたんです。それで住民の皆さんも最後に納得をして、たったわずかでもサービスを落とさないというなら合併しようということで事を決めたんです。

合併を決める段階の合併協議にさいしては、二年も三年も住民の皆さんとの説明会やら話し合いやらがありました。その間、議長をやって村長をやって住民の皆さんに繰り返し繰り返し話して合併するということになったんです。

そこで新しい町になったのですから当然、選挙で長を出しますね。私は、こちらは小さな村ですから、最初から次の長をやろうなんていうことは思ってもいませんでした。

そういうわけで八千穂村長になったその晩のうちに、後援会は解散しました。もう選挙はありませんから後援会はやめましょうと解散しちゃったんです。だから自分自身はまったくやる気はなかったのですが、住民の皆さんが〝おらとうが嫌だという合併をお前は勧めて合併させておいて自分は逃げるのか〟、〝いや、おれは逃げないよ。逃げないし、一生懸命、あとをお手伝いします〟と言ったんですが、それではだめだ。それでは承知しない。〝おらとうの気持ちがともかく納まらない。選挙に出て負けてもいいからどうでも出ろ〟というのです。

じゃあ出ますが、出れば負けますよ。四七〇〇人と八六〇〇人の町ですから、九九・九％、おれは負けますよ、負けたときに怒らないでくださいと言ったんです。〝出ろ〟と言ったのは皆さんなんだから、おれが嫌だと言うのに皆さんが〝出ろ〟と言うからおれは出て、それで負けたといって怒られたんじゃ、間尺に合わない。怒らないと約束してくれるかいとみんなに言ったら、〝いや、出て負けたって、そのときはおらとうは怒らないよ〟といったやりとりをしていたのです。

そうしたら佐久町からも毎日、八千穂の村役場へ三人とか五人とかが来て、〝お前さん、出ろ〟と言うんです。それは困る。佐久町の皆さんに言われたから出るというわけにはいかない、だけれど住民の皆さんが気持がすっきりするためにどうでも〝出ろ〟というなら〝出ます〟と言って、旧佐久町の町長さんに断りを入れて、〝こういうわけだから申し訳ないけれど、形だけ選挙に出させてもらうけど〟と言ったんです。だから私は選挙中も当然、自分が当選しようなんていう気もないし、したいとも思わなかったのですが、いざ、ふたを開けたら勝っちゃったんです。

**大本**　八千穂村のほうの住民の方々が推したということはわかりますが、佐久町の方々も支援されたのですか。候補者は何人ですか。

**佐々木**　佐久町の町長さんと八千穂村村長の私の二人だけ。だから現職同士でやったんです。そうしたら私が六七八六票で勝ちました。

**大本**　それはすごいですね。

**佐々木**　佐久町の町長さんは二五四二票しかなかったのです。だからもうちょっとで三倍くらいの差なのです。

**大本**　ということは佐久町の住民の方もかなり支援されたということですね。

**佐々木**　そうですね。八千穂の方は全員入れても三五〇〇ちょっとしかないですから。

**大本**　佐々木さんへの支援というのは、どういう点からなのでしょうか。

**佐々木**　話がわかりやすかったんではないかと思うんです。

**大本**　どういうことを話されたのですか。

**佐々木**　ごく当たり前のことしか話せないですよ。私はただのお百姓さんですから難しい言葉も使えないし難しい事柄も言えないので、なぜ合併をしたのか、これからどういう町にしていかなければならないかというようなことを話したんです。選挙は二〇〇五年四月一五日にあったのですが、二月二十何日かに、〝選挙に出ます〟と言ったんですが、そのとき、〝三人でも五人でもいいですよ、もし何か私に聞きたいようなことがあるなら言ってください〟とお願いをして、それから四月の初め頃まで、そうしたミニ集会に五十何回か出ました。

**大本**　出前のミニ集会。

**佐々木**　そう、出前ミニ集会です。

**大本**　集落単位くらいですか。

**佐々木**　集落単位というか、最初は仲間単位の七人とか一〇人くらいだったんです。だけれど、だんだん、だんだん、今度はおれのところへ来い、私たちのところへ来てよと言われていくうちに、一五人になり二〇人になり三〇人になり、最後は八〇人以上なんです。これ、ミニ集会じゃないよと言ったんですが、ほとんど毎晩空くことがないぐらい呼んでもらって話したんです。きっと、それがわかりやすかったのかなという気がします。

**大本**　そうするとファンと言いますか、勝手連みたいのがだんだんできあがってきたのでしょうね。

**佐々木**　そうです。もう完全に勝手連です。地方の小さな町村選挙では選挙期間の日数というのは五日間なんです。一応、選挙事務所みたいなものはあるのですが、毎日毎日、おばちゃんたちが割烹着を持ってぞろぞろぞろぞろ来るんです。それで煮物をつくったり饅頭をつくったりして、もう最後は勝手連というか、そんなおばちゃんたちでいっぱいになるぐらい。

それで選挙期間の最後の二日か三日間は、自然にそのおばちゃんたちが自分たちでチームをつくってあそこには私の親戚があるから、向こうには私の同級生がいるから行ってくるだとかいって集落を歩いてくれたんです。

**大本**　八千穂村では昭和三〇年代から健康管理システムをつくってやっておられたので、住民の方々もそれなりの結集力をもっていてそれが発展したということですか。

**佐々木**　それもあったと思います。

**大本**　都会ではインテリの女性たちがそういうことをやりますが、村で女性がそれほど活発に動くというのは、相当意識が高いといえるのではないですか。

**佐々木**　旧八千穂の皆さんにはやはり健康検診というのが頭にあったんだと思います。どうしても続けたい。私がもし新しい長にならなかったとしたら下降線をたどると思ったのでしょう。私は新しい町になっても必ず続けます。佐久の町の人たちも巻き込んでやります。まったく同じようにやりますと話しましたから、そういうことへの懸念というのは相当あったと思います。

**大本**　佐久町のほうは全住民検診というのはなかったのですか。

**佐々木**　いや、やっていたみたいです。町には千曲病院という町立病院があるんです。そこが中心になってそこでやっていたんです。

**大本**　それは一九八三年に老人保健法ができて、四〇歳以上の人にスクリーニングをかけるというのが全国民無料でできるようになりますね。それをやっていたということですか。

**佐々木**　それに近いようなものでしょうね。だから八千穂村の健康検診とはまったく異質です。

## 選挙になぜ勝てたのか

**大本**　選挙結果で三倍もの開きが出たとなると、何か下からのうねりみたいなものができたように思いますが、どうでしょうか。

**佐々木**　総務省のほうでも、小さなところが大きいところに勝ったのは初めてだから、どうして勝ったのかと聞いてきたんです。だから、私にもわかりませんとお答えしたんです。

**大本**　小が大を飲んだのですね。

**佐々木**　普通ではありえないですよね。逆の三〇〇〇票で私が負けて当たり前ですから。

**大本**　それはやはり健康づくりでめざめた住民が育っていた。その人たちが支援に立ち上がって佐久町の住民の方も、私たちにもやはり健康づくりをやって欲しいということだったんだろうと思いますね。

**佐々木**　それもあったでしょうね。

**大本**　佐々木さんの支持者のほうが信念の人が多かったのではないですか。どうしても勝ってもらわないと大変なことになると危機感をもった人が結集したのではないですか。

**佐々木**　そうかもしれないですね。

## 新しい町への健康検診の導入

**大本**　ともかく佐久穂町の町長さんになられたわけですが、旧佐久町のほうの住民健康管理システムは公約通り旧八千穂村のシステムと同じですか。

**佐々木**　同じです。合併するときに合併協議の会議をしますね。たとえば健康管理事業については新しい町になったとき、どういう仕組みにしようかという話は、二年以上やったんですが、合併協議会のなかで健康検診については八千穂村の今までの方式を取り入れていこうということが決められたんです。ですから佐久穂町になっても、まったく同じにやっています。

**大本**　佐久町でも、やはり地区別あるいは集落別の衛生指導員のような人を置いているのですか。

**佐々木**　つくって置いています。

**大本**　人間ドックも同じようにやっておられるのですか。

**佐々木**　同じですが、ドック検診の回し方がちょっと違っています。旧八千穂村のほうは三五歳から七〇歳まで隔年、一年おきでした。ドックの隔年の間の一年はスクリーニングでやってくださいというやり方だったのですが、今度は毎年でもいいよということになったのです。だから受けたい人は毎年受けられる。

**大本**　料金はどうなっていますか。

**佐々木**　もともと佐久町は一人一万二〇〇〇円、八千穂村は八〇〇〇円だったんです。一万二〇〇〇円というわけにもいかないし、八〇〇〇というわけにもいかないので、中を取って一万円にしたのです。

受診率も旧佐久町のほうはそんなによくなかったと思います。実際にドックを受けている底辺がうんと広かったかというと、そうじゃない。それから健康管理もみんなが受けていたかというと、そうでもない。それもあって佐久町の住民からすれば低目の一万円にしたのです。

**大本**　日本の国でもいま問題になっているのは、スクリーニングを受ける受診率がかなり低い。制度はあるけれど低い。厚生労働省はそれをどうやって上げるかということを気にしているようですが、旧八千穂村は高いですね。ただ、最近はだんだん下がってきたということのようですが。

**佐々木**　下がってきました。今は旧八千穂村がいくら、旧佐久町が何パーセントと分けてやっていないからちょっとわからないのですが、健康管理、ドックも含めて受診する人は五〇％位になっちゃったでしょうね。

**大本**　八千穂にして、そうですか。

**佐々木**　一九五九年に始めて最高時には九〇％にもなったものです。(8)

**大本**　多様な職業の人が入り混じると、やはり下がりますね。

**佐々木**　ええ。農家が七〇％も八〇％もあったころは高かったんです。でも住民もだんだんサラリーマン化してきましたから。

**大本**　勤め先でもできますしね。

**佐々木**　それが相当ありますね。

## 新たな健康普及活動への取り組み

**大本**　旧佐久町のほうに健康管理を普及させることはやはり大変ですか。

**佐々木**　大変ですね。

**大本**　どういう点が大変なのですか。

**佐々木**　まず意識の差があります。健康に対する認識が全然違うのです。旧八千穂の人たちというのは、来年で五〇年になりますから高いです。わかっているんです。だから言わなくていい。こっちの人たちは言ってもわからないし。

**大本**　ということは、八千穂村でやってこられた、みんなで一緒にやっていくというシステムがなかなか理解されないということですか。

**佐々木**　八千穂村では住民も佐久病院も役場も一緒にやっていく。一緒に相談をして、じゃあ一緒にやろう。それに自分も参加しているんだという意識がすごく強かったですね。

**大本**　それに学習会で知識を獲得している。

**佐々木**　ひっきりなしに学習会をやります。だからそれに何年も繰り返し繰り返し出ているおばちゃんたちは、かなりレベルが高くなるんです。そうすると自分の身体のこともわかるし、家族の健康のことも考える。

**大本**　周りの人の健康にも気をかける。

**佐々木**　そうすると食べる物から住宅の室温だとか湿度だとか、そういうことまで全部考えてくれるようになるんです。

**大本**　すごい認識度、意識も高くなる。

**佐々木**　意識が高いんです。

**大本**　そうすると佐久町のほうはこれから住民の意識を高めていかなければいけない。

**佐々木**　だから担当の者に旧佐久町で健康管理に出かけた人たちはどのくらいか、調べてくれといって調べてもらったら、やはり人口の割に少ないのです。

ここに二〇〇五年のヘルス（集団健康スクリーニング、ヘルスは通称）の数字がありますが、全然違う（表1）。

**大本**　半分しかない。

**佐々木**　はい。本当は一〇〇〇人を超えていなくてはいけないのです。こんなに違うんです。二〇〇七年のデータでも大きく変わっていません。

**大本**　難しいですね。

**佐々木**　だから焦点はこの人たちをこの一・五倍にするにはどうやっていくかということなんです。

**大本**　そこのところをどういう点に力点を置いてやろうとされているのですか。

**佐々木**　もともと健康管理事業をやるときに、佐久病院がこうすればいいと教えてくれたのは各集落に衛生指導員をつくろうということです。最初は八人だったのですがだんだん増えて一四人にまでなったのです。もっとも、去年（二〇〇七年）から〝衛生指導員〟という言葉はやめました。〝地域健康づくり員〟にしたのです。旧佐久町のほうにもその人たちを各集落ごとに置こうよということで去年から始めて、いま、この佐久穂町に二六人いるのです。

そこでその地域健康づくり員たちをトップとして、旧八千穂にもいたのですが、集落単位でもって保健推進員というおばちゃんたちも、この町に置こうということで、いわゆる町会単位に一人ずつ置いていますから、一一五人ぐらいいると思います。

そのうえで地域健康づくり員と推進員の皆さんを中心にして、とにかく集落のなかで健康についての啓発活動をしようということで町立病院も巻き込んで、いま、一

**表1　佐久穂町の集団健康スクリーニング（2008年2月）**

| | | | | |
|---|---|---|---|---|
| 集団検診（ヘルススクリーニング）厚生連 | | | | |
| 料　金 | | | | |
| Aコース | 5,985円 | 基本検診（39歳以下は心電図を選択） | | |
| Bコース | 7,455円 | 〃　＋心電図 | | |
| Cコース | 6,720円 | 〃　＋眼底 | | |
| Dコース | 8,190円 | 〃　＋心電図＋眼底（40歳以上） | | |
| 大腸（便替血） | 1,575円 | 1人当り検診料 14,000円 | | |
| 骨密度 | 1,890円 | | | |
| 健康度評価 | 357円 | | | |
| 歯科1人当り | 2,000円 | | | |
| 検診受診者数（ヘルス） | | | | |
| | | H.17 | H.18 | H.19 |
| 旧佐久町 | | 406人 | 660人 | 497人 |
| 旧八千穂 | | 697人 | 777人 | 680人 |
| 計 | | 1,103人 | 1,437人 | 1,177人 |
| 町民ドッグ | | H.17 | H.18 | H.19は H.17より多い |
| | （料金） | | | |
| 千曲病院 | 43,050円 CT 7,750円 | 665人 | 368人 | |
| 八千穂クリニック | 37,800円 | 280人 | 228人 | |
| 佐久総合病院 | 38,900円 CT 7,350円 | 318人 | 456人 | |
| 計 | | 1,263人 | 1,052人 | |

◎基本的にヘルスとドックの隔年受診としている．（1,700人希望者）
資料出典：佐々木定男町長の提供による．

生懸命やっています。そのため八千穂村でやっていたように保健師さんも集落にどんどん入り込ませて意識を高めていくようにしています。

**大本**　地域健康づくり員のほうはやはり男性ですか。

**佐々木**　はい。推進員のほうは女性です。

**大本**　地域健康づくり員、保健推進員の方たちも、ともども学習されるわけでしょう。

**佐々木**　前は佐久病院で徹底的に勉強しましたが、いまは佐久病院で勉強するとともに、ここでの保健師と勉強したりするということで両方です。相当勉強していると思います。

## 町村合併後の前進にむけて

**大本**　どんなにいい技術があっても最終的には住民のものにならないと住民自身も健康にならない。一時的になったとしても長くは続かない。しかし旧八千穂村では健康管理を住民たちのものにしていった。どのようにして実現できるのかということがわかれば、どこの地域でもそれを実践できますね。そういうことでもう一度八千穂の地域を掘り起こしてみたいという思いがあります。

それに加えて合併後、保健・医療・福祉の面で後退するところが多いのですが、佐久穂町では高い水準を継承して低いレベルのところを高めていこうという試みをやられているというのも非常に啓発的だし学ぶべきものが多いと思います。

北海道の瀬棚町も先進的な保健・医療をやっていましたが、合併してから保健師が減らされてしまい、全部だめになりました。

**佐々木**　瀬棚はそうなのですね。うちはこんな小さな町ですが保健師は一三人います。一万三〇〇〇人で一三人ですから一〇〇〇人に一人、保健師がいる。そんな町、ないですよ。

**大本**　日本にないですね。

**佐々木**　おそらくないと思います。町の保健師が八人で、それから千曲病院に三人います。それから佐久病院の保健師が二人います。佐久病院の宅老所に一人、地域包括支援センターに一人、ケースワーカーも一人います。

**大本**　それだけ手厚くやられるというのはどういうスタンスからですか。先ほど八千穂のなかですら病気をあぶり出しているだけだと反対する人がいたということですが、村の予算のなかでの医療費関係のウエイトというのは高かったのですか。

**佐々木**　それほどでもないですね。よその町村に比べれば別にやっていたのですからその分はあったのですが、健康管理事業をやっているから他の事業ができないとか、他のものを削ってこれをやったとかいうのはなかったですね。歴代の村長はこれにお金をかけるのは当然、教育や老人福祉にかけるのとまったく同じ考えでやっていましたから。

**大本**　義務的経費だと考えておられる。

**佐々木**　とっくにもう義務的経費の中に入ってしまっていましたよ。佐久穂町にしてもだいたい年七三億ぐらいの予算を組んでいましたが、健康管理、ドックと合わせてその予算の一〇〇分の一です。一%です。一%が多いか少ないかというのが問題になってくれば、けっしてわれわれは多いとは思わないです。老人医療費が国の平均に比べて一人一〇何万円も少なくなったとすれば、何でもないじゃないですか。

**大本**　おつりが出ますね。

**佐々木**　本当におつりが出る事業です。

**大本**　佐久総合病院名誉院長の松島松翠先生の研究では、保健師の数が多い地域ほど住民の健康度が高く、医療費も少なくてすむことを実証されています。(9)ですから今後、佐久穂町の住民の健康度も高くなり、医療費も減少していくはずです。

## 老人医療・子ども医療の無料化

**大本**　一九六五年に八〇歳以上の老人医療の無料化、一九七二年には七五歳以上の老人医療の無料化、くわえて一九七一年に乳児医療の全額無料化ということをやられましたが、これはどういう意図からですか。

**佐々木**　前のほうの二つは国の政策でやったことですが、ちょうどその頃、八千穂村もまったく同じことをしたのです。国と少し違うのは子供の医療費です。国は三歳かそのへんですが、長野県は小学校入学まで無料化しています。佐久穂町はこれまで小学校六年生まで無料でした。今年二〇年度からは中学三年生まで無料にします。

**大本**　そこまで延長されるのはどういう理由からですか。

**佐々木**　生まれてくる子供が少ないのです。それに道路も良くなったり仕事場が佐久市だったりして、隣の佐久市へ移りたいという人たちもいるんです。ですが、町としては子供はここで育ててくださいよ、だったらこのくらいのことをしてあげますよということです。いわゆる子育て支援です。

**大本**　こういうエリアでも一極集中に似たことがあるんですね。

**佐々木**　全部、一極集中ですよ。東京ばかりじゃなくて、地方でも中核都市に向かって一極集中があります。佐久市というのは伸びている都市です。高速道路は通っている。新幹線はある。また中部横断道も通る。だから佐久市の中心部はどんどん成長しているんです。ですから佐久市のほうへ目が向くと思うんです。

**大本**　放っておけばそうなりますね。だけど中学校までとなると子供はこの町で育ったのだということを一生記憶しますね。

**佐々木**　そうなんです。だから親も子供を育てるのは佐久市より佐久穂町のほうがいいよと認識してもらいたいのです。

**大本**　本物の自然もこちらの方がまだあるし。

**佐々木**　どっちに住もうかと思ったときに、佐久穂町のほうが子供を育てるのに育てやすい環境がある。じゃあ、こっちの町に来ようというのを促す狙いはあります。

## 町村合併によるグレードアップ・モデルにむけて

**大本**　最後にお伺いしたいのですが、若月先生はつねづね住民自身の自主的活動を期待しておられましたが、半世紀を経て住民の健康に対する自発性・自主性、さらにはまちづくりにおける自治能力の向上というのはどのように変化してきたと思われますか。

**佐々木**　基本的な理念は変わらないでしょうね。私は同じだと思います。ただ、住民の生活のレベルが四〇年、五〇年前からずいぶん変わってきました。

**大本**　生活水準も違います。生活様式も違ってきましたね。

**佐々木**　それに人とのつきあいも教育もみんな変わってきましたから、その時代なりの変化というのがありますす。その変化というのは結局どこに現れているかというと、まずは受診率に現れていると私は思います。その裏には今は自分勝手な時代になってきて、自分の言いたいこと、主張することはどんどんするけれど、なかなか責任は果たしてくれないという風潮というのもあるのかなという気がします。

**大本**　自治能力の向上というのは、八千穂の健康システムを失いたくないということから佐々木定男町長を推していった住民たちがいるといううちに現れているようにも考えられます。いざとなったら自分たちでやっていこうという、そういう力がつくり上げられてきたことは事実ですね。

**佐々木**　それはたしかにそうだと思います。

**大本**　若月先生もどこかでいっておられたと思いますが、昔は農家というのは貧しかった。助け合わないと生きていけなかった。だから健康管理も全村でやろうということになったのでしょうが、だんだん生活が豊かになって、長野県でもいろいろ工場が移ってきて働く場所ができ、農業だけでなくても食えるというふうになると、都会型の〝おれさえ良ければいい〟といった風潮がかなり出てきます。おれさえ良ければでは社会がだめになるんだから、もう一度連帯しなければいけないというふうになればいいんですが、なかなか、そうもいかない。

**佐々木**　そのチームワークが四〇年前のようにはなかなかいかないんですが、それでも自分自身の健康に対する意識というのは持ってほしい。だから昔のように、みんなを一堂に集めて話をしたら聞いてくれるというのはもうないですね。だからまずもってあなたがやれば、あなた自分自身の得ですよ。あなたの得にもなるし家族の得にもなる。回りまわって町も得ですということです。そういう思いでやっていくしかないのかなと思います。

**大本**　そういう思いでもって、大変だけれど佐久町の住民と八千穂村との住民の健康意識格差を解消していくということですね。

**佐々木**　合併して三年たって住民の皆さんもわかってきてくれているので、お願いをした地域健康づくり員（旧、衛生指導員）も保健推進員（旧、女性の健康づくり推進員）の皆さんも活発に動いてくれるようになりました。だからもう二、三年したらずいぶん変わるだろうなと期待をしているのです。

**大本**　桃、栗三年といいますから、これから花が咲くように祈っております。

いま、各地の町村合併でいろいろぎくしゃくしたことが起こっておりますが、佐久穂町が合併をやってもこれだけグレードアップできるというモデルを創造されることを期待しております。長時間にわたりどうもありがとうございました。

（インタビューは二〇〇八年二月五日午後一時三〇分から二時三〇分まで、佐久穂町長室においておこなった。）

**付記**―本稿は、佐々木町長にご一読いただき加筆訂正のうえ、大本の責任で補訂したものである。

**注**

（1）八千穂村編『村ぐるみの健康管理二五年』（一九七五年、二〇九ページ）。

（2）『八千穂村衛生指導員物語』四八号、佐久総合病院『農民とともに』（一三三号、二〇〇三年三月）。

（3）この経過については、若月俊一先生も『村で病気とたたかう』（岩波新書、一九七一年）のなかにも紹介されている。

（4）八千穂村の健康管理の成果が上がるなかでその影響もあって、一九七三年に佐久病院に健康管理センターが開設され集団健康スクリーニング方式がとられようになり、地域ぐるみの健康管理が長野県の全域で展開されるようになった。

（5）前掲『村で病気とたたかう』（一五五～一八三ページ）。

（6）前掲『村ぐるみの健康管理二五年』。初期の時代の衛生指導員の活躍状況が『村ぐるみの健康管理二五年』のなかに描かれている。

当時どこの村も以下のような環境状況であり衛生指導員が必要であった。「村長の任命により昭和三二年に衛生指導員が編成された。八千穂村では当時八名が選ばれた。仕事は環境衛生が主であった。伝染病赤痢が頻繁に発生し、食物にハエが止まるのは当たり前で、お茶を呑むにもウチワでハエを追うのが常であった。家の中にはノミもいたし、検便をすれば回虫卵も受検員数の約五〇%が保有していた。どこの部落でもこんな環境の中で生活していたから、環境衛生に主力を注いだ理由もここにあった」（三七ページ）。

衛生指導員の具体的活動はこのようなものであった。

「当時村と保健所の指導をうけて、まず、伝染病を媒介するハエの駆除から始めた。……昼間はハエを駆除するため、駆除薬品を一戸一戸散布して歩いた。ノミ駆除のために油化した消毒、回虫卵駆除のため駆虫薬品の配給、伝染病が発生すれば患者の家はもちろん近所周辺まで役場衛生担当者の指導を受けて、消毒に明け暮れた毎日であった」（同、三八ページ）。

（7）従業員組合のなかの一部の組合員から八千穂村の健康管理廃止要求まで出されたこともあった。松島松翠「八千穂村健康管理とその意義」（『佐久病院』佐久総合病院・従業員組合、一九七五年第二号）。

（8）『村ぐるみの健康管理二五年』に衛生指導員の指導力の判定が受診率であったため、各衛生員は受診率をあげるために相当頑張った様子が以下に述べられている。その結果が九〇%近い受診率に達成したものと考えられる。

「衛生員の指導力は、担当する区域の検診の受診率によってきまった。受診を受けない人の中には病気のため検診場まで歩けない人もあった。時には背負って連れてきたこと、リヤカーに乗せて検診場まで運んだこと、所用で出かけた人に電話して連絡したり、受付簿を見てまだ来ない人の家を回ったり、あらゆる手だてをして検診率の向上につとめた」（同、三九ページ）。

（9）松島松翠「農村における健康増進活動の費用・効果分析に関する研究」（『日本農村医学会雑誌』五〇巻四号、二〇〇一年一一月）。

# 二　全村民健康管理への保健婦の活動

八巻好美

八巻好美氏の略歴

一九七一年三月　長野県公衆衛生専門学院保健婦科卒業
一九七一～七三年　長野県南牧村役場勤務
一九七三～七五年　高森町役場勤務
一九七五～九四年　臼田町役場勤務
一九九四～二〇〇五年　八千穂村役場勤務

## 地域のなかでの保健活動と学習活動

**大本**　保健師さんになられて勤続何年になられますか。

**八巻**　私は八千穂村では一一年間です。それ以外に南牧村というところで二年。佐久病院のある臼田町で一九年間、トータルで三四年間です。

**大本**　臼田町がやはり中心ですか。

**八巻**　松下拡先生の住む松川町の隣町の高森町でも二年やりました。

**大本**　保健師さんにも転勤があるのですか。

**八巻**　異動はないです。自分の意思です。南牧村は保健婦学校を卒業してすぐの新卒時でしたが、たまたま先輩がいたうえに私は八ヶ岳の山に惚れてここならいいと思って南牧村で二年。夫が教員でたまたま下伊那のほうに転勤になったので、私も一緒に行って高森町で二年。八千穂村が私の嫁ぎ先なのですが、たまたま臼田町が空いていたのでそこで一九年間やりました。八千穂村はたまたま保健師がいなくなって、誰かいないかという話があったとき、私も最後は八千穂でという感じで受けました（二〇〇三年から法的に保健師と名称変更された）。

**大本**　ベテラン中のベテランですね。

**八巻**　それも辞めて、今年で四年目になります。

**大本**　すごいですね。

**八巻**　ありがとうございます。

**大本**　保健師のお役所での仕事は、ゼロ歳健診、三カ月健診と、健康に関することは赤ちゃんから高齢者まですべての年齢層をみますね。三四年間やられたなかで、とくに八千穂村での活動には他の町と違ったところがありましたか。

**八巻**　八千穂の場合は、夜、やることが多いのです。

**大本**　どういうことですか。

**八巻**　衛生指導員という住民組織がありますが、その人たちとの勉強会が必ず月に一回はあります。勉強会は、必ず夜の仕事です。それから「福祉と健康のつどい」という住民のお祭りのためにも、地域で勉強会をやるのです。衛生指導員さんたちが主になって地域で勉強会をするといっても、夜でないと地域の人が集まれない。それから「福祉と健康の集い」に向けて、年に一回ですが劇をやるのです。その準備としてまず地域の勉強会をやります。

**大本**　そうすると地域の勉強会は、どれぐらいの頻度でやることになりますか。

**八巻**　一つの地区でだいたい年に五回か六回、その地区の人たちを巻き込んで勉強会をやります。

**大本**　八千穂村に地区はいくつありますか。

**八巻**　八千穂では六地区ありましたから、それが夜の仕事になります。

**大本**　六地区×五回で、三〇回ですね。

**八巻**　それに劇の練習一四日間、衛生指導員の学習会一二回合わせると六〇回くらいですかね。

**大本**　月にすると何回もやることになりますね。

**八巻**　だからしょっちゅう夜の仕事があったのです。要するに昔から佐久病院の方針で、ただのお説教ではだめだ、劇を通じて地域の皆さんに健康について考えてもらいましょうということです。

それは衛生指導員という男の人たちがずっとやっていました。だから夜の仕事が他の町村より多いというのが八千穂村の特色です。それから八千穂村は佐久病院との関係で保健師たちもすごく意気込んで来るのですけれど、だいたい二年ぐらいで辞めていっています。私が一一年やって歴代二位だったのです。今はもう私と一緒にやった後輩たちが私を越えるようになりましたが、二年ぐらいで辞めていく人もいたのです。

**大本**　それは夜の仕事がきついからですか。

**八巻**　それも一つあると思います。それと、みんな理想を持ってきたのですが、理想と違っていたということもあったのではないでしょうか。普通、保健師は長いこと勤めるのですが、私が行く前には一七年間に二八人の保健師が入れ替わった村ということです。

**大本**　八巻さんは定年退職までおられたのですか。

**八巻**　孫が生まれたりして五六歳で辞めました。私も、おじいちゃん、おばあちゃんがいてくれたので保健師を三四年間やれたのです。たまたま嫁さんたちが勤めたいということもあり、では私が辞めるということで辞めました。

**大本**　三四年間勤めることは大変なことです。八千穂村では一般的に二年ぐらいで交替するところを一一年間もおられたというのは、どういうことですか。

**八巻**　自分もある意味で歳を取っているし、子どもたちも大きくなっていたから夜の仕事に出られたというのもあったし、それから私は臼田町などいろいろなところで経験をしていましたから。

**大本**　臼田町ではどうでしたか。

**八巻**　臼田町では今の夏川周介院長と一緒に〝胃袋学習会〟といって、夜も一緒に出てやりましたから、そういう意味で佐久病院と住民の関係が同じです。

**大本**　胃袋学習会というのは何ですか。

**八巻**　今の院長は外科の先生なのです。臼田町の時に胃の検診の受診者が少ないので胃袋の勉強会をしようということで、やっぱり夜、地域でやりました。そういうわけで佐久病院の先生方にはいろいろな面で本当に助けられました。とくに八千穂村は佐久病院との関係が強いのですが、佐久病院の先生方をほとんど知っていたので、病院の人たちとの関係がうまくいきました。そんなこともあって、私は八千穂村で大変だと感じなかったのだと思います。

**大本**　佐久病院の先生方と話をしたりすることで、先生方と触れない場合と比べて学習する機会、自分を高めていく機会というのが多いと思いますが、いかがですか。

**八巻**　それは、そんなに変わらないと思います。でも気軽に地域に先生たちが出て来てくださるから、地域の人たちにとってはすごくありがたいし、病院の人たちが地域のほうに来てくださるから病院との関係がうんと深くなったのです。何しろ佐久病院と八千穂村との関係はそろそろ半世紀にもなりますからね。

**大本**　検診によく来るようになったということですか。

**八巻**　検診ばかりではなくて、夜の勉強会にも出てきてくれました。だからテーマによって、例えば胃のことを勉強したいというと健康管理部の松島松翠先生の部下たちが、どういう先生たちがいるからその先生をそこへやりますとか、内科、外科のことを勉強したいと言えば、内科、外科の先生をやりますといってくれるのです。

**大本**　すごくありがたいですね。

**八巻**　ありがたいです。いまは、八千穂村はとくに佐久病院のありがたさというのをあまり感じていないようですが、他の地区からすればすごいことだと思います。

**大本**　一九五九年からの全住民検診も現在までずっと続いていますし。

**八巻**　そうです。そういう意味では病院が村に入って来てくれることで、一般に村といえば閉鎖的な雰囲気がありますが、八千穂村の住民はそうではなくて、人を受け入れられる態勢があります。それには病院の力が大きいと私は感じています。

**大本**　八巻さんは保健師さんですから、学習会は職務以外のことですね。

**八巻**　でも、これも仕事なのです。

**大本**　仕事といえば仕事ですが、日常の業務といったら、ゼロ歳健診、三カ月健診、何とか健診とそれからスクリーニングのお手伝などがありまね。そういう業務と関連しますが、夜の学習会というのは勤務外ですね。

**八巻**　でも活動の柱は訪問活動です。どこに誰が住んでいて、どういう人がいてという訪問活動が大きいし、それから地区活動。その地区活動のなかに夜の勉強会が入ります。

**大本**　地区活動というのはどんなことをやるのですか。

**八巻**　それぞれの地区に出かけていって公民館に集まってもらい血圧を測ったり健康の話をしたりという地域に出向く活動です。集まってくる人はそこで状況がみれるのですが、公民館まで来られない人の家庭には公民館の帰りに訪問して状況把握をしていました。

## 日常の保健師の仕事

**大本**　保健師さんのもともとの業務は何ですか。

**八巻**　母子とか成人とか高齢者とかいろいろあります。そういう方の所に、まず訪問します。母子でしたら、生まれた赤ちゃんは一人残らず訪問します。だから全部、把握しているのです。どこの家には誰が生まれて、誰がいてというような把握は訪問活動でやります。とくに新生児の全員訪問と四カ月、七カ月、一〇カ月、一歳半、二歳児、三歳児の健診と相談を全部やっています。母子保健法でいっているのは一歳半と三歳なのですが、それ以外に四カ月、七カ月、一〇カ月、二歳も入れています。それには健診ばかりでなくて相談ということもあります。

それから子どもたちの子育てランド、要するにお産したお母さんたちの場所とか、その上の一歳から三歳ぐらいまでの保育園に行く前の子どもたちの場としては遊びの広場という形をとって遊び方だとかしつけのことなどを一緒に考えます。こんなことが保健師の普通の業務です。

成人だったらヘルスクリーニングとか、検診を受けただけではだめですから報告会とか、そういうのも全部をやる、ただの検診で終わらせないというのが八千穂村だと思っています。だから私も来た人たちの血を採って、はい、終わりですよではなくて、そこでお茶を飲んでいただいて衛生教育をしたりしました。

**大本**　健康検診後の報告会はすごく大事ですね。

**八巻**　健康検診の場面で一人ひとりをとらえ、報告会は報告会でまたやるということができるのもやはり病院との関係です。

**大本**　そういう活動をしていますと全住民のほとんどは把握できますね。

**八巻**　だいたいどこに誰が住んでいるか、どういう状況にあるかが分かります。それは八千穂村の良さだと思います。

**大本**　訪問には法律で定められた活動と八千穂の独自の業務がある。それ以外に地区活動もありますね。

**八巻**　地区活動は衛生指導員さんたちとの夜の会議のほか、四四地区（集落）に出向いていって身体の相談にくる人への応対、こちらからのお知らせの伝達などを地区ごとに四、五回はやっていました。トータルにすると四四地区×四～五回＝一七六～一八〇回となり、すごいです。それをあの当時、保健師三人でやっていました。それから高齢者の人にお達者でいてもらう「お達者教室」をやったり、健康増進の「ヘルスアップ」教室をやったり、プールがないのでクアハウスにいって皆さんに「水中訓練」をしてもらいました。

**大本**　健康運動指導士の資格ももっていらっしゃるのですか。

**八巻**　それはないけれど、そういうのは村でお金を払って健康運動指導士に頼みます。私たちはみんなをそこに連れていったり、血圧を測ったりして健康状態をみて、運動指導士にはそっちの専門のことをお願いします。それからもう一つは「相談事業」です。健康相談ということで、週一回は福祉センターの保健室に詰めて、ドックを受けた人の結果の見方だとか母子手帳を出したりしてやっています。

**大本**　すごい仕事量ですね。

**八巻**　仕事量はすごいと思っています。平成一九年度までの『健康管理事業年報』（佐久穂町、第一八号、二〇〇七年）の資料がありますが、このなかに活動が書かれてあります（表1）。いま、私がいった健康相談は毎週水曜日。月、水となっていますが、これは町村合併をしたからで、私たちの時は水曜日だけでした。母子手帳をやったり検診の報告をしたり、予防全般のことで家庭訪問を随時やったりします。他に病院と一緒に健康管理の事務局会をおこなっています。

**大本**　数えただけでもすごいですね。

**八巻**　保健予防事業は妊娠、それから乳児期、成人、老人などに分かれています。

## 役場と佐久病院と住民の協働

**大本**　役場と佐久病院と住民の三者は、お互いにどのように連携をとっているのですか。

**八巻**　役場と佐久病院との関係は切っても切れない、病院とは持ちつ持たれつというか、四六年間一緒にいろいろなことをやっていたという、いい関係ではないかと思います。

防事業の概要

| | 事業名 | 年度実績(人) | 日程 | 内　容　等 |
|---|---|---|---|---|
| 成人 | 健康手帳交付 | 300 | | 検診結果，相談等健康記録 |
| | 肺レントゲン検診 | 1,292 | 町内9日間 | 肺レントゲン検査　個人負担金　無<br>喀痰検査者のみ個人負担金　500円<br>(75歳以上個人負担金　無) |
| | 肺ポータブル検診(訪問) | 54 | 年6日間 | 在宅障害者等に対する訪問検診 佐久保健所 |
| | 乳房・子宮がん検診<br>(集団) | 子宮 609<br>乳房 605 | 年13日間 | 個人負担金　セット　1,500円<br>(75歳以上個人負担金　無) |
| | 胃カメラ検診(個別) | 491 | 年間 | 35歳以上町民ドックを受けない人<br>個人負担金　5,000円 |
| | 集団健康検診（ヘルススクリーニング) | 1,436 | 年17日間 | 厚生連Dコースに歯科・骨密度・大腸検診をセットで実施．個人負担金　1,300円<br>(75歳以上個人負担金　無) |
| | 集団検診結果報告会 | 889 | 年20日間<br>47会場 | 個別相談，試食，運動教室等　千曲病院，佐久総合病院，支援センター　保健師，衛生指導員，保健推進員，食改協会員 |
| | 町民ドック(個別) | 1,061 | 年間 | 35歳～75歳　隔年補助　個人負担金 10,000円 |
| | ドック内〔節目〕(個別)<br>(肺ラセンCTセット) | 〔135〕 | 年間 | 節目年齢（40・41・45・46・50・51・55・56・60・61歳）　個人負担金　15,000円 |
| | ドック結果報告会(個別) | | 随時 | 要指導者(C・D・E)の個別相談と健康指導 |
| | インフルエンザ予防接種 | 2,362 | 10月～1月 | 65歳以上及び法に規定された者　一律1,500円を助成 |
| | 生活習慣病予防教室 | 延べ303 | 年3回 | 高血糖，高脂血，高尿酸，肥満の要生活指導対象者(C判定)　採血，運動・栄養教育 |
| | 個別健康教育 | 6 | | 生活習慣病に対する要生活指導者の個別指導 |
| | ヘルスアップ教室 | 延べ652 | 年22回 | 理学療法士，運動指導士による運動指導<br>保健師，公民館 |
| | お達者教室 | 延べ3,179 | | 各地区公民館及び施設で実施　理学療法士，作業療法士による指導　支援センター，保健師 |
| | 訪問リハビリ | 延べ18 | 随時 | 理学療法士指導　地区お達者教室後に訪問リハ |
| | はつらつ機能訓練教室 | 延べ101 | 月1回 | 65歳未満の障害をもっている人の機能訓練教室　理学療法士，保健師 |
| | 認知症家族教室<br>家庭介護教室 | | 年数回 | 認知症高齢者を介護している家族を対象<br>悩みを吐き出す場づくり |
| | 男の料理教室 | 58 | 年2回 | 主に一人暮らし高齢者を対象とした料理教室　栄養士，保健師，支援センター |
| | 障害者デイ・ケア | 315 | | 製作活動を中心に学習会等　保健師 |
| | ケース会議 | | 月2回 | 施設利用者の情報交換とサービスの調整<br>医療機関スタッフ，社協，支援センター，保健師 |
| | 献血 | 11 | 年2回 | 全血　400 ml，200 ml |

備考：平成19年度の保健予防事業重点目標
①生涯を通じる健康づくりの推進．乳幼児から高齢者に至るまでの健康で安心して生活を送れるよう支援．
②守る健康からつくる健康への意識の醸成．
③評価につながる保健活動．

出典：佐久穂町『健康管理事業年報』vol 18，2007，平成19年度発行．

**表1　保健予**

| | 事業名 | 年度実績(人) | 日程 | 内　容　等 |
|---|---|---|---|---|
| 保健予防全般 | 健康相談 | 540 | 毎月・水曜 | 母子手帳交付，不妊，健康，子育て，介護，検診結果相談等 |
| | 家庭訪問 | 延べ 609 | 随時 | 保健・福祉活動の中心 |
| | 健康管理データバンク | | 随時 | 母子・成人保健，予防接種業務等のデータ管理，検診結果，予防接種情報のデータ蓄積 |
| | 健康管理合同会議 | 318 | 年 2 回 | 保健衛生行政に住民意見を吸い上げる 毎年度テーマを決め意見交換 |
| | 福祉と健康のつどい | 1,500 | 年 1 回 | 地区ブロック会の研究発表，健康づくりの啓蒙，演劇の上演，参加団体数 61 団体 |
| | 健康管理事業年報 | | 年 1 回発行 | 事業実績・評価の検討 |
| | 健康づくり推進協議会 | | | 保健衛生行政の協議の場 |
| | 衛生指導員 (定例会) | 〔15〕 | 月 1 回 | 地域保健活動の推進 衛生指導員，千曲病院，佐久総合病院，町 |
| | 保健推進員 | 〔116〕 | | 地域保健活動の推進 |
| | 健康管理事務局会 | | 月 1 回 | 健康管理事業全般の事務局検討会議 千曲病院，佐久総合病院，町 |
| | 地域ブロック会 | 延べ 491 | 年 5～7 回 | 衛生指導員と保健推進員の地区学習研究会 |
| | 支援会議 | | 年 4 回 | 住民支援の調整会議　支援センター，町 |
| 妊娠期 | こうのとり支援事業 | 2 | 随時 | 不妊治療助成 |
| | 母子手帳交付 | 74 | 毎月・水曜 | 手帳交付と保健指導 |
| | 妊婦教室 | 18 | 年 3 回 | 歯科検診・生活指導，母乳・栄養相談等 |
| | 両親学級 | 22 | 年 3 回 | 妊婦と夫を対象に相談・指導 |
| | 妊婦一般健康診査 | 延べ 210 | 通年 | 受診票 前期1回，後期2回(35歳以上超音波) |
| 乳幼児期 | 新生児訪問 | 68 | 通年 | 出生児すべてを対象　乳児，産婦の観察保健指導　健診，予防接種の指導・案内 |
| | 乳児一般健康診査 | 73 | 通年 | 受診票　1 カ月健診 |
| | 3～4 カ月健診 | 74 | 年 12 回 | 小児科医師，看護師，栄養士，歯科衛生士，保健師 |
| | 7～8 カ月相談 | 68 | 年 6 回 | 看護師，栄養士，歯科衛生士，保健師 |
| 乳幼児期 | 9～10 カ月健診 | 76 | 年 12 回 | 小児科医師，看護師，栄養士，歯科衛生士，保健師 |
| | 子育てランド (0 歳児と保護者の育児) | 延べ 529 | 年 24 回 | 赤ちゃんと保護者の育児教育　保育士，栄養士，助産師，保健師，ボランティア |
| | お誕生相談 | 71 | 年 4 回 | 看護師，栄養士，歯科衛生士，保健師 |
| | 1 歳半健診 | 75 | 年 6 回 | 小児科医師，歯科医師，看護師，栄養士，歯科衛生士，心理相談員，保育士，保健師，食改推進協議会員 |
| | 2 歳児相談 | 68 | 年 6 回 | 看護師，栄養士，歯科衛生士，保健師 |
| | 3 歳児健診 | 92 | 年 6 回 | 小児科医師，歯科医師，看護師，栄養士，歯科衛生士，機能訓練士，心理相談員，保育士，食改協会員，保健師 |
| | 予防接種 | 延べ 761 | | 集団：ポリオ，二種混合　　個別：三種混合，麻しん風しん混合，BCG |
| | あそびの広場 | 延べ 589 | 年 20 回 | 保育園入園前の子どもを対象としたふれあいの場　保育士，食改協会員，栄養士，保健師 |
| 保小中 | 保育園歯科指導 | 園児 | 年 2 回 | 保健師，歯科衛生士 |
| | 学校保健委員会 | | 年 4 回 | 小学校関係者と医療関係者の連絡会 |
| | 健康問題連絡会 | | 年 4 回 | 保育園，小学校，中学校，教育委員会，佐久保健所，千曲病院，佐久総合病院，JA 佐久浅間，町 |

**大本**　佐久病院の検診隊が地域におりていって、先生方とか看護師さんとか事務職の方たちと一緒にやってこられたということですね。

**八巻**　行政と病院と住民の三者がともに一緒にやってこれたというところがとても良かったと思います。役場で毎月、事務局会というのがあり、そこでどうしていくかということを常に話し合ってきたのでうまくいったのだと思います。だから住民の健康と福祉を考える力、それを施策に展開する行政の力、種を蒔き応援する病院の力の三者が協働によって健康を守ってきたのが一番ではないかと思います。

**大本**　住民の方からいろいろ聞くというのは、素晴らしいです。住民の方々が、自分たちの町をつくっているのだということが自覚できるのはすごいです。

**八巻**　住民と行政とが、結構、近いのです。

## 八千穂村住民の特徴

**大本**　保健師という職業はすばらしい仕事ですね。やりがいがありましたでしょう。

**八巻**　充分、あります。本当に保健師の仕事というのはとてもいい仕事だと思っています。一つは、世代をつなぐ仕事だと思います。というのは、臼田町からのつながりなのですが、三人目の子どもを妊娠したお母さんが離婚するとかいろいろなことがあったので、堕ろしたいと言ってきたのです。〝そんなこと言わないで〟と健康相談の時に言ったら、生んだのです。その子が今度、自分が妊娠して子どもができたと連れてきてくれたのです。保健師さんがいなかったら堕ろされた子どもなのですが、と自分の子どもを連れて来てくれた時に、これは保健師でなければ味わえない喜びだなと思いました。

**大本**　三代ですね。

**八巻**　そうなのです。だからお母ちゃんが堕ろすといったけれど、堕ろされなかった子が自分の子どもを連れて、もう三人目になったのです。その人が、私が臼田から八千穂に移ったということを聞いて、八千穂まで来てくれたこともあって、やはり世代をつなぐ楽しい仕事だなと思っています。

それと検診の時に、いろいろな人にスタッフをお願いするのですが、たまたま歯のほうでお願いした歯科衛生士さんが、私の動きを見て、私も八巻さんのような保健師になりたいといって看護学校を受けて保健婦学校に行って保健師になったのです。そんなこともあって、人のために多少は貢献したかなという思いはあります。そのほか教室に行けない時に、保健師がいないとやっぱり寂しいと言われるのも、やはり安心感だと思うのです。そんなことどもを感じております。

私は辞めた時に『私の宝物』（八巻好美著、二〇〇四年）というものを自費出版しました。このなかに書いたのですが、外来の講師がいった一言にこんな言葉があります（同書、八二ページ）。〝八千穂の上手、外来講師いわく〟、八千穂の保健師たちは、とにかく「会議上手――会議がうまい。担当者でなくても、必ず課長や係長が参加して、小さな会議から大きな会議とスムーズな流れがあります」。保健師だけでやらないで、人を巻き込むところがいい。それから「連携・情報上手――いろいろなしがらみを抜きにすぐに連携の手を差しのべ、その情報をいち早く入手している」というところが、とくに八千穂はうまいと。「反省上手――事業の終了後の反省が好きで、反省のない事業に発展なし」、「遊び・企画上手――住民ばかりでなく運営する側が楽しくなるような企画を常に考えている」。「夢上手――みんなの共通の夢が見られるまで、あの手この手で考え、その夢に向かってまずやってみようと、実行が早い」。「誉め・交渉上手――とにかく専門家がくすぐったくなるほど、誉めてくださいます。知らない間に八千穂村が好きになっている」。「ふれあい上手――事業を住民に押し付けるのでなく、会いましょう、楽しみましょうが前面に出ている」。「まとめ・まとまり上手――事業にかかわるスタッフの数が多く、各課を越えて事業が進められている」。「記録上手――記録も行政の事業記録でなく、住民の歴史として記録をつけている」。「住民上手――住民皆が八千穂村が好きで、全員が行政の理事者的感性がある」。こんなふうに外来講師が八千穂村を分析してくれました。〝四六年間、佐久病院と一緒に活動する中で、出てきたものと思います〟と書かれています。これはたまたま八千穂村にかかわっているスタッフが、八千穂は他と違うよと私に言ってくれたことをここにまとめたのです。でも、このことはとても嬉しいことです。

**大本**　『衛生指導員ものがたり』（四二号）のなかに八巻さんのことが書かれてあります。八巻さんは〝人を巻き込むことがうまい〟といわれていますが、その秘訣は何でしょうか。

**八巻**　人を巻き込むのがうまいといわれましたが、自分では判りません。何事も充分にできないので多分、自分としては精一杯やっている。その姿が多分、「おれたちもやろう、私たちもやろう」と思ってくれるのでしょうか。一人でやるよりも、みんなでやった方が楽しいというような雰囲気があるのかもしれません。はっきりしたことが言えません。

**大本**　「八千穂の上手、外来講師曰く」というのは、すごくよく当たっていると思います。これに関連して、いま、佐久穂町長の佐々木定男さんは旧八千穂村の村長さんでしたね。八千穂村より佐久町のほうが人口は多いわけですから、首長選挙をやれば普通は大きいほうに飲み込まれるはずですが、逆になっています。町長選の時に、佐々木さんは自分は町長になるつもりはなかった、みんなから推されてなったといっておられました。住民の方たちは相当佐々木さんにテコ入れされたのでしょうね。

**八巻**　しました。

**大本**　普通は大きいほうの町長さんがなるのにと自治省から問い合わせがあったということです。

**八巻**　佐々木定男さんは穏やかで、とてもすばらしい町長だと思います。

**大本**　謙虚な方という印象でした。上からものを言う方ではないですね。小さな村が大きな町を飲み込むのは全国でも珍しい、どうしてですかと伺ったら、分かりませんとおっしゃるのです。佐久町の人びとも相当多く投票されたのですね。自分たちが今までやってきたことを守りたいという八千穂村の住民の熱意の現れだと思います。

**八巻**　それはありますね。八千穂は、行政主導というよりは住民主体的です。だから佐久町の人たちも、そういうところがいいと思ったのではないでしょうか。

**大本**　若月先生の予防の思想、住民と共に歩み、病院は住民を育てる役割があるという思想とその実践がすごいですね。

**八巻**　素晴らしいですよ。それがずっと受け継がれていると思います。

**大本**　そうしますと、住民がもっと自分たちで自立的にやっていくことが大事になってきますね。

**八巻**　劇などはその一つです。自分たちで脚本を書き、演技もする、すばらしい劇をやります。

**大本**　自発的にですね。

**八巻**　自発的にです。衛生指導員でした高見沢佳秀さんが書いて、衛生指導員たちが夜、集まって劇の練習をするなんて考えられないじゃないですか。バスの運転手だ、自営業だ、布団屋さんだといったそれぞれ職業がある人たちですよ。私たち保健師は、その時に交替でお茶を入れにいったり、場所がうまく取れるようにしたり支援するのです。だから黒子に徹してやっています。

**大本**　衛生指導員さんは、地区から上がって出ているのですね。

**八巻**　当時は一五人でした。

**大本**　地区から選ばれても、嫌な人はやらないのではないですか。

**八巻**　任期は四年なのですが、選ばれれば、だいたいやってきましたね。

**大本**　四年で、また新しい人が出て来る。

**八巻**　新しい人も出てくるけれど、半分ぐらいは残っているからつながっていけます。二期、三期とやる人たちもいます。

**大本**　地域にもどった方々は、意識が高くなっているでしょうね。

**八巻**　勉強したりしますから。

## 松川町視察のこと

**大本**　松川町では住民の方々が自ら健康づくりをやっていたので八千穂の方々が勉強に行かれたということですが、具体的にはどんなことをやっておられたのですか。

**八巻**　一年間、地域の人たちが取り組んだことを発表する場がつくられているのです。それを私たちは見学に行ってきました。だから例えば梨の摘果をこうやっているとどういうふうに疲れるとか、そういうことを皆さんがそれぞれ研究して発表するのです。

**大本**　住民の方々が、自分たちで勉強したことを公衆の前で発表する。

**八巻**　そうです。それを私たちは見学に行ったのです。

**大本**　八千穂の村は八巻さんを始めとして、住民の方々の活動が活発でしょう。それと、どこが違いますか。

**八巻**　ほとんど同じだと思っています。同じなのだけれど、衛生指導員さんたちが新しくなると、いろいろな先進地を勉強するのです。自分たちらしい活動をやるための勉強の場の一つとして松川に行ったのです。

**大本**　代が替わるたびに、よそに勉強に行くということですか。

**八巻**　そうです。

**大本**　八千穂では佐久病院の先生方とのかかわりがすごく強くて、八千穂の住民も病院のほうに出かけていったりという相互の関係ですが、下伊那郡松川町というのは病院とのかかわりではなくて、社会教育の方とのつながりですね。

**八巻**　社会教育のすばらしい先生に松下拡先生という先生がいるんです。くわえて保健師の熊谷《くまがい》勝子さんという人がまたすごく熱心で、その二人が中心になって住民活動をやっていました。保健師でやっていたんですが、その人は、いま、飯田女子短大の先生になっています。今度、メタボリックシンドロームが出てきていますが、そのほうを系統立てて指導するというようなことをやっていると思います。

**大本**　どんなふうに住民と協働関係をつくっているのですか。

**八巻**　住民たちは調べるけれど、どこを調べたらいいかとかが分からないという時に、二人が、こういうことを勉強したらどうですかとアドバイスをする。

**大本**　松下先生というのは、松川町の社会教育主事だった人ですね。

**八巻**　社会教育主事だったんです。

**大本**　松川町は住民の力はすごいけれど、あそこにも病院はあるのですか。

**八巻**　日赤があったと思います。

**大本**　病院との関係はどうなのですか。

**八巻**　熊谷さんという人は力のある人だから、例えば名古屋大学だとか、どこどこ病院だとかから呼んで研究をやっているのです。例えば花粉症のことでアレルギーの勉強をするということになると、佐久病院の小児科のアレルギーの先生を連れてくるとか、専門家をちゃんと呼んでやる。そういう点では私たちとは違う。

**大本**　佐久病院が地域に入って行くのとは、また別の方法ですね。

**八巻**　専門家をきちんと呼んで来るというあたりがすばらしいと思います。

**大本**　その成果を学習していくわけですね。

**八巻**　専門家をそれなりに呼ぶ。呼ぶのが専門職たる保健師で、検診もただの検診ではなくて、もっと精度のいい検診をやるにはどうしたらいいか考える、そういうようなことをつねに考えている。

**大本**　やり方としてはいろいろありますね。

## 現在の地域の課題は何か

**大本**　三者が一緒にやってきましたが、問題があればお互いに話し合うという場があるから、それほどに大きな問題は起きていないと思いますが、強いていえば行政に対して、あるいは佐久病院に対して保健師さんのお立場からどういう課題がありますか。

**八巻**　私の反省としていいますと、行政と住民が近過ぎるのです。私たちも住民に近いでしょう。そうすると、例えば健康相談に行った時に、〝保健師さん、あそこの道の真ん中に穴があいていて、それが直らなくて困るんだよ〟とかいう健康以外の問題が出てもすぐに担当者のところに行ってあげるので、すぐに物事が片付いてしまうのです。

**大本**　官僚的な杓子定規でない。

**八巻**　それは一つにはいいことなのですが、分かり過ぎてしまうためにヘルスアップ事業にしても、たとえば新しく社会体育館ができた。社会体育館というのは普通、健康な人しか来られないのですが、高齢者も健康増進のために来させるような計画にしなければいけない、高齢者の体操教室を組まなければいけない、そういう目で私たちが見てしまって、行政的にすぐにやってしまうのです。本当は自分たちはこういう問題を抱えているから、こういうふうにやりたいというように、下からやらなければいけないのですが、住民の声が分かるから、ついつい組んでしまう。それはいま、自分で悪さかなと思っています。自主性がもう少し育たないといけないと考えています。

**大本**　みんな先取りしてしまうから。

**八巻**　そうです。それが今になって、私の悪さかなと思っているのです。それから、いまやっているのはいままでの路線のものをやっていて、新しいことではなくやっているのです。だから、だいたいいままでの路線で行けちゃうという業務の組み方をしてしまっているのも悪さの一つかなという気もしています。

**大本**　ルーチン的になり過ぎた。

八巻　ここにこういう問題があるからこういうふうにしていかなければいけないと感ずると、みんなやってしまうのがいけなかったと反省しています。

大本　そういうことを自分の仕事を通して分かる八巻さんは素晴らしい保健師さんですね。

**八巻**　そんなこと、ぜんぜんないです。いま、役所はお金もありません。いままではクアハウスに行っても費用を村で出してくれたというのがありましたが、そういうのもほとんどなくなってしまうとき、自分たちはどうしていったらいいのか、そこら辺のところが抜けていると感じています。

**大本**　全国的にもそうですが、やっぱり財政的に厳しいですか。

**八巻**　いまの町長は保健師たちの動きを見てくれているから、私が辞めるときも、一人、保健師を入れてもらわなければ困ると言ったら入れてもらえて、違う人が辞めたときもまた入れてくれています。町長は保健師だけは切らないと言ってくれているのです。

**大本**　佐々木町長さんもそうおっしゃっていました。

**八巻**　そういう意味ではすごくありがたいと思っているし、行政の人たちも保健師に対する期待というのがすごくあると思っています。そういうことでは、今はいいと思っていますが、地区住民に対しては申し訳ないなと感じています。

**大本**　一一年前にいらした時に比べて、今、住民の方々にはどういう問題がありますか。現代的な問題というのは何でしょうか。

**八巻**　子どもの肥満が多くなってきていることですね。

**大本**　精神病などはどうですか。

**八巻**　精神病自身は増えていないと思います。でも、うつっぽいとか、若い人で仕事に行かれないといったことは現実に昔より多くなっています。

**大本**　それは、どういうところから来ているのでしょうか。都会でしたら職業を得にくいとか、華やかだけれど就職しにくいとか、職場環境が競争的でストレスが多いとかいうことがあると思うのですが。

**八巻**　そういう意味では、農村でも都会的になっているような気がします。

**大本**　お子さんの肥満が多いのは、食べ過ぎですか、それとも運動不足ですか。

**八巻**　運動不足も食べ過ぎもあるし、また食べ方もあると思います。たまたま佐久病院にいる公衆衛生の先生が八千穂の子どもたちの肥満は世界的なレベルだということを調査しています。まだ発表になっていませんが、そういうことを聞いてやはりそうかと思いました。動かなくなっていること、みんな塾に行くのか、地域で子どもの声が聞こえないです。子どもの数も少ないが、そこら辺の問題が出てきていると感じます。

それでも八千穂は佐久病院との関係があったから、ここまで住民もよくなっているのではないかと思います。

**大本**　佐久病院について何かご意見がありますか。

**八巻**　やはり予防というところです。いままで私たちの活動でよかったのは予防活動です。予防というのは病院がバックにあるからうまくいくのです。佐久病院がつねに一緒にやってくれていたからうまくいったと思うので、佐久病院には健康管理部がありますが、今後もその予防部門だけは縮小しないでもらいたいと思っています。

それから役場の職員がすごく住民と近い。何か問題があると、たとえば福祉だとすると、すぐに保健師と一緒に行こうかとか、そういう姿勢がすごくあります。だから他とは質が違う。

**大本**　南牧村とか高森町とか臼田町などを歩いてこられて、他の自治体との違いを感じることはありますか。

**八巻**　みんな、それぞれ良かったです。高森町も民主的な町長だったし、比較的組合活動の強いところでしたし、いろいろ経てきましたが、八千穂の職員は職員だけれど地域の人という感じで、職員が地域にとけ込んでいます。だから何かあれば一緒に片付けるというところがあります。

**大本**　そういうことは、どこから来ていると思いますか。

**八巻**　どこからと言われると困るけれど、上からものを言わない。

**大本**　佐久病院の若月先生の〝住民のなかに〟、〝主体的住民を育てる〟という活動を通していろいろと学んでこられたのでしょうね。

**八巻**　そういうこともあると思います。職員が他の町とぜんぜん違うのです。

**大本**　私自身、八千穂のやってきたことは〝八千穂モデル〟になると思いますので、そのシステムを明らかにすれば、それを他の地域にも実践できるのではないかと考えています。

**八巻**　なかなか難しいですね。

**大本**　こういうことをやっていけばいいということが分かってもすぐにはできない。時間がかかると思います。旧八千穂村も相当な歳月がかかっていますし。

**八巻**　そうなのです。歴史があります。一七年間に二八人、保健師が辞めていった。でも、それが八千穂の力になっていると私は思っています。というのは、みんな一生懸命やろうと思って来るじゃないですか。その一生懸命さというのは力だと思っています。私は、その力がいまも続いていっているのではないかと思います。

私が入った時も、更年期の保健師でいいといって採用してくれた理事者が、何しろ八千穂は長くいてくれることが大事だと言っていました。多分、私が八千穂の人だから骨を埋めるだろう、だから八千穂に長くいてくれるだろうから採用するという感じでした。私も結構強いことを言って、前と同じ給料を出さなければ行かないなんて冗談を言っていたのですが、入って来た人を大事にしてくれる抱擁力はあると思います。

私は本当に大事にされたし、精神疾患の領域で予算がつかない時もこういうことを今度やりたいと言うと、〝いいよ、やってみなさい〟と言ってお金を付けてくれたりして仕事がやりやすかったです。〝やっていることはまちがいがないようだから、まあ、いいか〟という感じでつねに見守ってくれていたし、何かあれば俺が最後に責任を取るからと課長も言ってくれたし、本当にありがたく思っております。

**大本**　今でも保健師さんは、すぐに辞めていかれますか。

**八巻**　今は辞めないです。私が一九九四年に入って、一九九六年に二人入りました。その二人はずっとやってくれています。それ以降はつながっているのです。

**大本**　それは八巻さんたち先輩の遺産ですね。当事者でないとわからない貴重なお話を伺えましてありがとうございました。

（インタビューは、二〇〇八年三月二八日午後四時〜五時まで、臼田町の清集館においておこなった。）

**付記**―本稿は、八巻好美さんにご一読いただき加筆訂正のうえ、大本の責任で補訂したものである。

**追記**―衛生指導員会長OB・高見沢佳秀氏、衛生指導員現会長・内藤恒夫氏、衛生指導員・篠原始氏とのインタビューにおいて、旧八千穂村保健師・八巻好美さんの現職時代の保健師活動が話題になりました。その内容は以下の通り。

**大本**　かつての保健師さんというのは、地域のなかに入り込んでの活動がかなり活発でしたね。

**篠原**　今とだいぶ違います。

**大本**　いつ頃から変わってきましたか。

**高見沢**　保健師によってかなり変わります。

**篠原**　八巻さんが退職してから変わった。

**大本**　では、八巻さんの力はすごかったんですね。

**篠原**　すごかったです。

**大本**　どのようにですか。

**篠原**　みんなを動かすのがすごかったです。

**内藤**　要するに、役場職員から衛生指導員から推進員まで動かすのがすごかった。

**高見沢**　俺まで使われたもの。

**内藤**　言葉で動け、動けと言ってもだめでしょう。自分が動いて見せないと。

**篠原**　動きながら、あなたたち、こういうほうがいいんじゃない、ああいうほうがいいんじゃないというのがすごくうまかったから、その手のひらで転がせてくれた。

**大本**　動く時に、頭脳的に動いているんですね。

**篠原**　そうなんです。

**大本**　八巻さんは、キャリアのある方ですね。

**篠原**　八巻さんは、いろいろな町村を知っている方だから。

**高見沢**　口だけでやっていると誰も動かないけれど、自分でも動くから。

**内藤**　自分が動いてみせて、初めて口が使える。

**大本**　山本五十六の有名な歌の「やってみせ、いって聞かせて、させてみて、褒めてやらねば、人は動かじ」という主旨と同じですね。

**篠原**　八巻さんがいなくなってから、保健師がものすごく小粒になって、動きが悪くなった。

　このやりとりを聞くと八巻さんが率先垂範な人であったことが伺える。

# 三　衛生指導員の活動

高見沢佳秀
内藤恒人

高見沢佳秀氏の略歴

一九四一年　東京生まれ
一九四二年　一九四五年戦争で家を焼かれ父親の故郷・長野県畑八村（八千穂村）に移住
一九七八年　三七歳、八千穂村衛生指導員となる。以後、四期一五年間、衛生指導員会長などを歴任、八千穂村健康管理事業に住民の代表として活動する
一九八五年　第二回八千穂村健康まつりに、初めてのシナリオ「ガンコ親父の胃ガン施設検診」を執筆、演出、主演する
一九九〇年　佐久総合病院地域保健セミナー同窓会会長に就任
一九九一年　シナリオ集「いのちのいずみ」（櫟）出版
一九九五年　シナリオ集「いのちのいずみ」第二集（櫟）出版、第一三回佐久文化賞受賞
その後、父親の会社経営を受け継ぎ社長をしながらシナリオ執筆、演劇指導をおこなっている。

内藤恒人氏の略歴

一九五五年　八千穂村に生まれる
一九九二年　衛生指導員になる
一九九六年～二〇〇四年　衛生指導員会副会長
二〇〇四年～二〇〇八年　衛生指導員会会長
二〇〇八年　衛生指導員ＯＢ会会員
二〇一〇年　衛生指導員ＯＢ会副会長、現在に至る
職業は、電機関係の会社を経営、社長

## 衛生指導員の経歴

**大本**　八千穂村では保健予防活動に関連する住民組織が一〇種類以上あります。衛生指導員の他に、女性の健康づくり推進委員、各集落に衛生部長、食生活改善推進協議会、その他ボランティア組織など、それらの要となり、リーダーシップをとっているのが衛生指導員と聞いています。

高見沢さん、内藤さんのお二人とも職業を持ちながら衛生指導員をおやりになっておられると伺っておりますが、話の進め方としてまず自己紹介をしていただいて、略歴的なことをお伺いしたいと思います。まず、高見沢さんから。お生まれは。

**高見沢**　うちの親父は長野県の生まれで、旧穂積村で生まれました。今は佐久穂町に入っています。それで東京に出て来ました。うちのお袋は山梨の塩山の生まれで、東京に出ていて、戦前に一緒になりました。だから生まれは東京です。だけれど戦争になって家が焼かれて、終戦の年昭和二〇年に、親父が家をつくって、自分の故郷の八千穂の八郡《やごおり》に引き上げて来たんです。当時は畑八村。そこに引っ越して、そこから小学校以来、全部、地元の学校です。

**大本**　生まれは東京ですけれど、育ちは八千穂ということですね。

**高見沢**　そうです。

**大本**　お父様のご職業は何をやっていらしたんですか。

**高見沢**　若い時、東京にいた時は勤めていたのですけれど、こちらに来てからは仕事がぜんぜんないので、山に入って木を切っていました。八郡に来ても田や畑もなくて、農地解放で少し土地を分けてもらえたけれど、それは本当に自分で食べるだけのもので、お金にはならないから山に行って木を切っていました。山の木を切り出しては学校を建てたりしていた時代でしたから、あの頃は木ものすごくよかったんです。

**大本**　森林組合か何かに入っていたのですか。

**高見沢**　そういう会社があったんです。今でも吉本というのがあります。材木会社です。

**内藤**　吉本というのは、昔の大地主です。八千穂の半分ぐらいを持っていたんです。

**高見沢**　引き揚げてきたけれど、ものすごく貧しかったです。食べるもの一つないしね。

**大本**　その吉本というところが農地改革になって、土地を手放したのですか。

**内藤**　吉本は山林地主だから、吉本の土地ではない。

**高見沢**　当時、田をつくれ、つくれというので荒れ地を起こして一生懸命つくったでしょう。それで借りて起こしていたら、農地解放で自分のものになったんです。

**大本**　食糧増産で農業をやっていたら、あなたは土地をちゃんと使っているからということでもらえたということですね。

高見沢さんご自身は学校を出てからは、工場ですか。

**高見沢**　学校を卒業してから、地元の工場に一一年勤めました。ですが使われるよりは自分で好きなようにやりたいと思い、自分で小さい工場をつくって、始めて三十何年になります。

**大本**　奥様と、お二人ですか。

**高見沢**　会社も波があるから、大勢いたり家族だけになったりです。最近では給料がついていかなくて、払えば終わってしまうから、やっても無駄だというので、今は家族だけにしてしまいました。

**大本**　大手企業の下請の八郡製作所を経営しておられるのですね。

**高見沢**　そうです。

**大本**　製品は何ですか。

**高見沢**　圧力計の部品です。

**大本**　圧力計の組立てではないですね。

**高見沢**　その中の部品です。この会社はこの部品、あの会社はあの部品とふって、それを全部、まとめて納めるという仕事です。

**大本**　最盛期は何人ぐらい使っておられましたか。

**高見沢**　一二から一三人です。今もそれようの機械の台数はあります。

**大本**　工場はどこにあるのですか。

**高見沢**　八郡にあります。

**大本**　内藤さんのお生まれはどちらですか。

**内藤**　私は地元の八千穂で生まれています。うちの親父は穂積育ちです。東京で東京電力、東電にいて、終戦になったあとレッドパージをくらったのでこっちに帰ってきて、内藤電機工業という電機の会社を始めて、もう創業六〇年近くになります。親父が年を取ってきたから、五年ぐらい前に私が社長になりました。仕事でやっているのは、主に電気工事です。あと計装関係の仕事。計装関係は私がずっとやっていたものだからそっちほうが主な仕事です。

**大本**　内藤さんご自身はいつお生まれですか。

**内藤**　私が生まれたのが戦後の一〇年だから、一九五五年、昭和三〇年です。

**大本**　お父様がレッドパージを受けたといわれましたが、当時〝電産〟といっていた電気産業の労働組合が強かったからですか。

**内藤**　戦後、マッカーサーが来て、レッドパージをくらったと言っていました。

**大本**　労働運動か何かをやっていらしたんですか。

**内藤**　やっていたんじゃないのかな。詳しいことは言わないけれど。

**大本**　レッドパージというのは、昭和二四年ぐらいですよね。

**内藤**　そうです。それで小諸に来て結婚したんだと思う。その当時は、東京に少しは土地もあったと言っていたから、そのまま持っていれば俺はお坊ちゃまで終わったのに。

**大本**　皆さん、いろいろあっても八千穂村で育ち大きくなられたというか、人間形成をされたということですね。そして、その後、自営業をやっておられるわけですね。工場を経営しておられるので、時間の割り振りができる。

**内藤**　自分が昼間は出てしまうから、昼間の会議はやめてくれと言っています。どうしても出なければいけない時は昼間の会議も出るのですが、その分、自分ができなかった時間は夜に持ち越す。それをだれかに渡すということができないから。自分の仕事は自分の仕事で、あくまで償却しなければだめだから。

**大本**　だから皆さん、会議はだいたい夜ということですね。

**高見沢**　昔はハエの消毒とかトイレの消毒とか、みんなしなければならないから、出ることがものすごく多かったです。だから昔は、勤めている人はあまりいなかったです。衛生指導員になるのは無理です。

**大本**　サラリーマンでは、時間のやりくりがつかないのですね。消毒の機器を持って歩くと聞きましたが。

**内藤**　あれは環境衛生指導員のほう。昭和三四年かな。その頃は赤痢が出たから。

**大本**　回虫の卵の処理のために、トイレ近くの卵が入っている土を替えるとか、結核の患者さんが出た時の消毒とかもやっていたということですか。

**高見沢**　トイレの消毒はハエです。回虫はどうにもならないんです。肥料の代わりに人糞をやっていたから、土の中に入ってしまっている。野菜をよく煮て食べればいいけれど、生で食べると身体に入ってしまうんです。だからみんな回虫があるんです。

**内藤**　子どもの頃は、海人草の薬を飲まされた。今の人はそんなものを飲まされないけれど、俺らの時代は飲まされた。

**大本**　堆肥も、完全堆肥にすれば回虫も死んでしまうけれど、不完全につくったものは必ずそうなるんですね。

**高見沢**　便槽から持っていって、そのままやったから。

**大本**　そうしますと、高見沢さんも内藤さんも、お百姓はやっておられない。

**内藤**　うちは田畑も何もない。家があるだけだから、百姓というものは、小さい時からやったことがないです。親父やお袋の実家が百姓をやっているから、田植えや稲刈りは手伝いに行くけれど、あとの細かいことは一切ない。

**高見沢**　俺は小さい時から、全部、やっている。

**大本**　木こりもやっていたんでしょう。

**高見沢**　それはできない。それは親父だけ。

**大本**　畑というのは、ご自分が食べる畑ですね。

**高見沢**　最近は米をつくっても買ったほうが安いから、全部やめてしまって、自分のところで食べる野菜しか作らない。

**大本**　昔は飯米農家でお米をつくっておられたのですか。

**高見沢**　親父が生きていた頃はそれでも一〇アールあったから、半分以上は供出できたけれど、米がだんだん安くなってしまって合わなくなってしまった。

**内藤**　八千穂では俺のところみたいにぜんぜん田畑のない人のほうが少ない。まれなほうです。皆、たいがい持っています。

**大本**　猫の額程度であっても持っている。

**高見沢**　八郡は一〇〇軒ありますが、一軒当たり田んぼを八反歩持っていました。だけど今は減反、減反で、田んぼもうんと減ってしまいました。今は畑にしています。やっぱり田んぼを極端に減らしてしまうと環境にも良くない。水を張ると地下浸透したり蒸発したりして、地球環境が良くなる。田んぼを減らすのはだめです。

**大本**　保水力は田んぼのほうがある。

だんだん本題に入っていきましょう。

## 衛生指導員（現、地域健康づくり員）の選び方

**大本**　衛生指導員の選び方はどういう仕組みになっているのですか。高見沢さんの場合は、どうだったのですか。

**高見沢**　これは地区の区長が選ぶので村長委嘱になるんです。だから村の役場のほうから、次の衛生指導員を

出してくださいと言ってくるわけです。そうすると区長が選んで、それを役場に届け出れば、今度は村長が委嘱します。

**大本**　その推薦にあたっては、どういうふうに。

**高見沢**　区長の独断です。

**内藤**　それぞれの区によって少し、やり方が違う。区長とはうたっていない。代表者とうたっています。要は地区の代表者ということです。地区の代表者が指導員を任命しなさいということになっているのですが、地区の代表者と言ったら、たいがい区長になる。

**大本**　でも区長は、みんな子どもの頃から知っているから、あの人がやったら、次はこの人といった地図ができているのではないですか。

**内藤**　今、区長だって二年おきに代わっていくから必ずしもそうはいかない。

**大本**　それでは候補にあがるというのは、どういう方々ですか。

**高見沢**　なったのはいいけれど何もしないのでは困るということで、われわれの頃は昼間でも出られて、できればうんと暇のある人。それで行動力があって、しゃべれる人。地域の人の身体を預かる仕事だから、区長も選ぶにはだれでもというわけにはいかない、他の役みたいにはいかないという観念はあります。

**大本**　自分からなりたいという人は。

**高見沢**　まちがっても、そんな人はいない。

**大本**　高見沢さんは、〝あなたは代表なんだから自覚を持ってやって下さい〟と、佐久病院の飯嶋郁夫さんに言われたと聞いていますけれど。

**高見沢**　最初は普通の役だと思っていた。だいたい一般の役というのは、役場の用足しみたいなものだから、そういうつもりでいたんです。

**大本**　継続はどうやっているのですか。継続も自己申告ではなくて、向こうからですか。

**篠原始**（大石地区の地区健康づくり員）　役場から区に、次は変わりますよという打診があってです。

**大本**　内藤さんも継続されてきましたが、区長さんから継続をと言われたからですか。それとも自分から。

**篠原**　自己推薦はしないです。

**大本**　区長さんが、もう少しやってくれということで続いている。

**内藤**　合併の時は役場のほうから区長に言ってもらい、区長側からもう一期やるように、先に根回ししました。だから八人ばかりは合併のために残ってもらえた。

**大本**　保健推進員という女性の方たちが入ってきたの

はいつでしたか。
**高見沢**　一九八七年。かなりもめた年だから。
**大本**　一九八七年というと、昭和天皇が亡くなる前年ぐらいですね。
**内藤**　実際、前からあるにはあったんです。長野県には保健補導員というのがあって、それをやれと言ってきたのです。佐久穂町は保健推進員といっています。
**高見沢**　それまでは一人の衛生指導員のもとに、各常会に衛生部長というのが三人か四人ぐらいいたので、そういう人たちが各家庭をまとめていたのです。
**大本**　衛生部長というのは、お役所の中にあるのではなかったのですか。
**高見沢**　地区の下に、集落の中に、常会というのが三つぐらいあるんです。その常会のなかに一人ずつ衛生部長がいるのです。衛生部長というのは、主に環境衛生をやっているわけです。その当時は女性がいなかったから、乳がんとか子宮がんとか、そういう婦人科のまとめまでやっていたわけです。でも男だからなかなかうまくいかない、そんなときに初めて補導員が回ったら、ものすごく受診数が上がりました。女性が行ったほうが受けがいいし、返事もしやすいということです。

## 地域のリーダーづくりと学習活動

**大本**　そういう結びつきが続いて、地域保健セミナーにつなげていくんですね。勉強会をしたいということで、地域保健セミナーというのを、佐久病院でおやりになられるのですか。
**高見沢**　今の保健福祉大学。
**大本**　地域保健セミナーはいつ保健福祉大学になりましたか。
**内藤**　俺が今年で一九回目の卒業だから、来年、二〇年。
**高見沢**　大学になったのは五年ぐらい前。その前は地域保健セミナーでした。それが年寄りのケアセミナーと合併して、大学になりました。一九八九年に開校されました。
**大本**　そこで、一〇回講座で勉強されるわけですね。
**内藤**　あれは自分で受けたい人が受けるというものです。
**大本**　もう一方、地区ブロックでもやる。
**内藤**　それは昔でいう〝健康まつり〟に向けて各地区ごとに保健推進員の人と一緒になって勉強する。

**大本**　衛生指導員と女性の推進員さんと一緒になって、テーマを決めて勉強する。

**内藤**　それは医学だけのことでなくていいというふうにして、分からないことをみんなで楽しく勉強しましょうということです。

**大本**　それをやるにあたって、松川町にも行かれたんですね。

**高見沢**　昔から一年に一回、研修旅行というのをやっていたんです。遠くは岩手県まで行きました。

**大本**　沢内村の地域医療の見学ですか。

**高見沢**　あそこまで行きました。

**大本**　研修旅行にはどういう方々が行かれるのですか。

**高見沢**　佐久病院の職員も役場の職員も、一緒にバスで行きます。

**大本**　委員になる人は次々に代わっていきますから、全部に行ったわけではないとしても、一〇年、二〇年たつと、相当、日本を回ることになりますね。

**高見沢**　ただ、あちこちに行っても旧八千穂以上のところは少ない。松川町はかなり進んでいましたが。

**大本**　松川町も、住民がテーマを決めて、いろいろ学習していますね。

**高見沢**　「健康を考える会」というのがあるので、あそこに調べにいったりしました。ちょうど成果発表をしているところに行きました。

**内藤**　あそこは独自でやっている。趣味という言い方はおかしいけれど、いろいろ興味のある団体を自分たちでつくり上げている。町がこの団体をつくれとかそういうものではなくて、自分たちでやっている。

**大本**　この間、ヒアリングをしたら八巻さんが、衛生指導員になると、俺の代でおもしろいことをやりたいという気分を持っている人がいるから、研修旅行でも、そういう関心で選ぶということがあると言っていました。だから松川町に行った時も、高見沢さんかだれかが、とにかくそこに行こうという話だったということを言っていましたが、そういうところがあるわけですか。

**高見沢**　毎週、学習をやっているから、行く先はそのなかでだんだん煮詰めていく。観光ばかりのときもある。

**内藤**　われわれがどこどこに行きたいといっても、内容が分からないから、結局は保健師にこういうことを勉強しにいきたいから探してくれと頼むことのほうが多いです。今はインターネットで調べられるけれど、インターネットなんかない時代だから、自分たちが知っている本から探し出したり電話したり、そんな感じでおこなっていました。

**内藤**　今はあちこちで合併しているから、ろくな体制をしているところがないです。

**高見沢**　こちらに視察にはうんと来るけれど。

**大本**　松島先生からお聞きしたのですが、沢内村《さわないむら》の深沢晟雄さんも、こちらに見学に来られたそうですね。

**高見沢**　かなり来たらしい。沖縄も平均寿命が落ちてから、沖縄あたりからかなり来ています。『琉球新聞』の記者が取材に来て、八千穂村の健康環境を勉強しなければといって新聞記事をつくっているのに立ち会ったこともあります。

**大本**　北海道と同じで、車社会になってしまって、沖縄の人も歩かないから。

**高見沢**　俺も知り合いを通して、沖縄と交流をやっているんです。それで去年（二〇〇七年）初めて、向こうでも劇をやったんです。タバコの劇をやりたい、そのシナリオを向こうの方言に直すということでしたが、それを上演したのを送って寄越したんです。それで俺は去年二度ばかり行って、向こうの「健康を守り隊」という人とも話をしたんです。

**大本**　もう少し詳しく話して下さい。

**高見沢**　俺は二月と七月に行って向こうで、みんなに健康を守ってもらうには、劇がいいよという話をしたら、われわれもやりましょうということで、去年の一〇月にやりました。沖縄の読谷村《よみたんそん》に「健康を守り隊」というグループがあってお祭りがあるので、その時にやろうということで、じゃあ、これをやったらどうかと言ったら喜んで、書き直してやりました。DVDや書き直したシナリオを送って寄越しました。いい結果を得たらまた来年もやると言っていましたので今年もやると思う。

## リーダーが必要

**大本**　組織がパワーアップするにはプロフェッショナルな人がいて。

**高見沢**　その人が中心になって全体を底上げしていく。

**大本**　それと今日、お話を聞いて分かったのですが、裏のほうの事情が分かった人が、〝今度、お前、やれよ〟とかプッシュしなければ物事は続かないんですね。

**高見沢**　城を一つ築くにも、だれか一人中心の人がいて、いろいろな人を動かしてつくり上げる。大勢が寄っただけではできない。

**内藤**　〝お前、やれ〟というのは会長が言わなければだめだって。それで俺がいつも突かれて、みんな俺にやれ、俺にやれっていわれる。

**大本**　そう言われている人は、最後は強いんですね。いざとなると、いつもやっているんだから、〝お前、やれよ〟といえる。

**高見沢**　やっぱり行動力があって、一生懸命、責任をもってやっている人の言うことは、みんなが聞く。

**大本**　日頃、みんな意外とよく見ているものですからね。

**内藤**　そのためには飲みニュケーションをしないとだめ。変な言い方ですが、ある程度封建的なほうがいい。

**大本**　家老なんかがリーダーシップをとるといった意味でですね。

**高見沢**　あんまりなあなあの民主主義ではうまくいかない。無理矢理でも、ある程度、動かしてみる。それで結果が良ければいい。〝やだ、やだ〟といっていても、最後は〝よかった〟という人のほうが多い。

**大本**　組織の運営となると、民主主義、平等というのを口先で唱えるだけでは一筋縄ではいかないわけですね。

**高見沢**　だから組織というのは、リーダーをつくっていかないといけない。

**大本**　企業でも社長がいて、最終責任を取る人がいないとまとまらない。

**高見沢**　われわれは健康リーダーをつくらなければいけない。

**大本**　そのために不健康になってしまっては、大変ですよ（笑）。

**内藤**　そこら中からお誘いがあるから、嫌だって言えないもの。

**高見沢**　酒は飲むわ、夜更かしはするわ。神経がすり減る、ストレスがたまる。

**内藤**　ブロック会議をやるたびに、〝俺、今日はだめだ〟といっても、ちゃんと車が来て〝行くよ、そこで待っている〟といわれちゃうんです。

**大本**　でも、いろいろな関係ができてきて、楽しいでしょう。

**高見沢**　俺も衛生指導員会長をやっていたときは、飲んだ。役場とそういう関係だったから、酒ばかり飲んでいた。酒を飲まなければ話が出てこない。みんな〝弱った〟、〝困った〟って言っているけれど、飲ませれば思っていることが出るんです。

**内藤**　今は係長に、釘、刺されちゃう。恒さん、私はそういうところに行きませんからって。

**大本**　身体にそこそこの病気を持っていても、人様のためにいろいろやっている人のほうが結構、長生きする。家に閉じこもって盆栽だけやってる人は、早く死ぬんだそうです。

## 衛生指導員の学習活動

**大本**　皆さん、佐久病院との関係ですごく勉強しておられますね。学習会は、ひと月でいうとどれぐらいの頻度でやっていますか。

**内藤**　佳秀さんがやっていた時とわれわれとは接点がないから分からないけれど、月に一回の勉強会があります。

**大本**　それはどこが主催するんですか。

**内藤**　衛生指導員会です。年に一二回だから、月に一回。曜日は毎年、決めるのですけれどいまは第二金曜日。年によって多少変動があるけれど、第二金曜日にみんなが集まって、今年の予定とかそういったことを決めて、今回はこういう勉強をしようかと決めているわけです。だから年に三回ぐらいは、講師を呼んでやっているかな。

**高見沢**　月一回は、昔からずっと同じにやっています。

**大本**　テーマはどうやって決めているのですか。

**内藤**　自分たちです。今度はこういうことを勉強したいのですが、どんな先生を呼んだらいいかといったことを佐久病院に聞いたり、保健師に聞いたりする。われわれが何々先生を講師に招きたいと言っても、説明がうまくつかないから、保健師たちが講師に会ってくれたりする。

**高見沢**　だいたい一年の予定が組まれている。

**大本**　保健師の人も、学習会に参加していいんですか。

**内藤**　いいです。でも合同会議というのもあるから、全員が出てこないです。

**大本**　それは年に二回ですか。

**内藤**　二回です。もうじき五月にあります。

**高見沢**　それにはＯＢ会も呼ばれています。

**大本**　合同会議は佐久病院とお役所との会合ですね。

**内藤**　昔から佐久病院でやっていたのが本来の合同会議。

**高見沢**　われわれのころは八千穂村、佐久病院の合同会議。

**大本**　病院でやっていたのですか。

**高見沢**　病院の会議室です。向こうに病院側が並んで、こっちに村が並んで、真ん中に若月先生と村長がいました。お偉方の先生がずっと並んで、衛生指導員は一番下。前のほうには村のお偉方が並んで、議会担当の人とか、広報委員の人とか、あの時分は保健なんとか委員という人がいたんですが、そういう人が並んでいてわれわれは

**表 1**　〈佐久穂町〉平成 20 年度地域健康づくり員（保健衛生指導員）会事業計画（案）

| 月日 | 曜日 | 場所 | | 内容 | |
|---|---|---|---|---|---|
| 4 月 11 日 | 金 | 茂来館 | | 定例会 | 20 年度事業計画の検討 |
| 5 月 9 日 | 金 | 茂来館 | | 定例会 | 病院祭パネル作成　他 |
| 5 月 17 日 | 土 | 佐久総合病院 | | イベント | 病院祭参加 |
| 5 月 21 日 | 水 | 福祉センター | | 松島先生 | 指導員・推進員合同学習会 |
| 5 月 25 日 | 日 | 町内 | | イベント | 環境美化行動<br>健康管理合同親睦会 |
| 6 月 13 日 | 金 | 茂来館 | | 定例会 | ブロック会の進め方等 |
| 7 月 5 日 | 土 | 臼田コスモホール | | | 農村医学会への参加 |
| 7 月 11 日 | 金 | 茂来館 | | 定例会 | |
| 8 月 8 日 | 金 | 茂来館 | | 定例会 | |
| 8 月 24 日 | 日 | 海瀬グランド　外 | | | 職場対抗ソフトボール大会参加 |
| 8 月 29 日 | 金 | 茂来館 | | 会議 | 健康管理合同会議 |
| 9 月 12 日 | 金 | 茂来館 | | 定例会 | |
| 9〜10 月 | | | | | つどい演劇練習 |
| 10 月 10 日 | 金 | 福祉センター | | 定例会 | |
| 10 月 25 日 | 土 | 社会体育館 | しらかば | 準備 | つどい準備 |
| 10 月 26 日 | 日 | 社会体育館 | しらかば | イベント | 福祉と健康のつどい |
| 11 月 14 日 | 金 | 福祉センター | | 定例会 | |
| 11 月　日 | | | | | 推進員と合同会議<br>健康検診について |
| 12/1〜12/19 | | 婦人研修センター | 福祉センター | | 健康検診 |
| 12 月 12 日 | 金 | 福祉センター | | 定例会 | |
| 12 月 19 日 | 金 | 福祉センター | 保健室 | | 健康検診反省会 |
| 1 月 9 日 | 金 | 福祉センター | | 定例会 | |
| 2 月 13 日 | 金 | 福祉センター | | 定例会 | |
| 2 月 | | | | 研修 | 視察研修 |
| 3 月 13 日 | 金 | 福祉センター | | 定例会 | |

出典：内藤恒夫氏の提供による.

ずっと下です。ただ話を聞いているだけで、あまり話は言えなかったです。

**大本**　ものものしいですね。

**高見沢**　それがだんだん、これじゃいけないということで変えられていきました。

**内藤**　今は名前も変わったのです。健康管理合同会議。

**大本**　この表（表1）を見てみると、定例会、イベントが毎週ありますね。

**内藤**　定例会は必ず毎月。

**大本**　その間に、イベントとか、松島先生の講演とか、福祉センターの先生との会議とか沢山ありますね。

**内藤**　だから、まともに出ていると相当時間をとる。

**大本**　定例会が学習会なのですね。

**内藤**　そうです。

**大本**　定例会で、年に三回ぐらいは講師をお呼びして学ぶけれど、テーマは自分たちで決める。

**内藤**　勉強ばかりでなくて、佐久病院の病院祭の時のパネルづくりをしなければいけないとか、いろいろやらなければいけないこともある。

## 演劇の脚本づくり

**大本**　高見沢さんは、昔、演劇をやっていらしたんですか。

**高見沢**　学校の時はやっていないけれど、昔、青年団というのがあって、あの当時、農村に映画ぐらいしか楽しみがないから、地域のお祭りや何かで人がわーっと出たり、踊りを踊ったりする時に、青年団は劇をやれというわけで、あちこちで劇をやったんです。当時はまだテレビが入る前だったから、みんなが喜んで見ました。その時に、シナリオを見つけるのも大変だからと、自分で書いてやったら結構受けたので、シナリオ書きもやっていました（高見沢佳秀『いのちのいずみ―健康と高齢化社会への提言―』（櫟、一九九二年）。『「シナリオ集」いのちのいずみ』第二集（櫟、一九九五年）。

**大本**　どっちかというと、文学系ではないですか。

**高見沢**　そういうのとはぜんぜん関係なくて。

**大本**　シナリオのつくり方教室のようなところで学んだのですか。

**高見沢**　そうではなくて、旧文部省が文化活動の一環として全国の青年を集めて演劇コンクールをやっていたわけです。それで宇都宮まで行ったのです。
**大本**　栃木県の宇都宮市まで。
**高見沢**　そうです。二回ぐらい行ったかな。青年部でお前、行ってこいと言われて、喜んで行きました。勉強になったのは劇のつくり方です。文章はどういうふうにするとか、問い答えをする場をつくれとか、場面によって発音はどういうふうにするとか、練習はどういうふうにやるとかといったことを教えてもらい、最後に、実際に舞台で上演もしてみせるといったことを二日間で詰め込むから、大変。
**大本**　それで一応、基礎的なことを学ばれたわけですか。
**高見沢**　資料もいっぱいもらってきました。
**大本**　それを自分で読んで、勉強した。
**高見沢**　ええ。
**大本**　そういうことをやっても、最終的にはできない人もいるでしょうから、高見沢さんは才能がおありなのですね。実際にはどのようにしてつくっていくのですか。
**高見沢**　こういう劇をやってくれとテーマを言ってくる。今年は介護とか、来年は子どものこととか、いろいろ決めてくるから、地域の中で体験した人にいろいろ聞いてみるんです。生の声を聞いて、それを頭に入れながらつくるということです。やっぱり頭の中でつくったら、だめです。
**大本**　でも劇だから、泣かせるとか笑わせるとか、いろいろ場面をつくらないとならないから、ただ聞けばいいっていうものではない。
**内藤**　上げ下げがないと駄目ですね。
**高見沢**　基本的にはテレビとか映画なら、どこでも場面を選べるけれど、劇というのは場面をどんどん変えるわけにはいかない。とくに素人がやるから、回り舞台にするわけにはいかない。同じ所で、一時間なら一時間、一時間半なら一時間半で、全部終了させなければいけないから、そこが一番難しいです。場面を変えないで劇を進行させなければいけないというのが一番頭の痛いところです。
**大本**　そうすると、今年はこういうテーマでやろうと決まると、毎回、毎回、それに沿って取材して書いていかれるわけですね。
**高見沢**　もう二十何年やっていて、メモったものがいっぱいあるから、最近は、そのテーマにあわせて、足りないところをあちこちに聞いたりする程度です。
**大本**　演劇は集団創造ですから音楽から何まで全部あるわけでしょう。

**高見沢**　だから劇というのは、一人や二人ではできないです。大勢の人がやらなければいけない。それに一日や二日ではできない。だから大勢の人で、幾日もかかるから、自然に仲間ができる。だからチームワークをつくるには劇が一番いいと思う。

**大本**　島崎さんが、私はプロンプターに徹して、後ろでセリフを忘れた時に助けたんですよと言っておられましたが、プロンプターも大事な人でしょう。

**高見沢**　プロンプターは女房役だから、それぞれの役にみんな付けてある。

**篠原**　二〇〇七年に島崎規子ちゃんがお母さん役で、バックで助けてくれた。

**高見沢**　もし、うまくいかなかったら、プロンプターのせいだって。

**内藤**　プロンプターがいないと、役者も安心していられない。俺が初めて役をやったときは、車に乗るたびにカセットテープレコーダーを走りながら聞いて、一生懸命覚えるわけ。そうでもしなければ覚えられない。

**篠原**　役者となるとそういうことを一カ月以上はやっています。台本の何部かをトイレに置いて、車の中にも置いておいて。

**高見沢**　俺が見ていると、セリフを間違えるところはだいたい同じ。毎日、プロンプターをやっていると、この人はここをまちがえるから、ここだけちゃんとやればいい、あとはいいなと思う。だからプロンプターだからたまに来ればいいのではなくて、必ず来てその人の癖を自分で覚えないといけない。

**内藤**　俺はどちらかというと、ほとんど裏方だから。

**大本**　音楽ですか。

**内藤**　音楽も大変なんです。夜の夜中の二時、三時まで音楽を聞いている。

**篠原**　それに音楽はセンスの問題があるから。役者に一度、音声技術をやってもらったけれど、センスがないからだめ。

**大本**　余人をもって代えがたいという人はいます。

**高見沢**　ドラマの中で、この人が怒ってるというと、それにあう音楽が流れる。この人はものすごく悩んでるというと、それをきわだたす音楽を出さないといけない。うんと悲しいところなら、本当にみんなが泣けるような音楽。それで演じている人を助けてやる。

**大本**　音楽に相当精通していないと、場面、場面にふさわしい音楽を選曲できませんね。

**高見沢**　クラシックを聴いたり歌謡曲を聴いたり、いろいろなジャンルを知らないとやれない。

**内藤**　音楽を決めるのも時間がかかる。最初に読み合わせがあって、それから劇が始まる。何度も、何度も音楽を変えて、やっとできあがるのは真ん中ぐらい。残りの一週間か二週間ぐらいで、初めて音楽が決まる。

**高見沢**　役者が覚えて、舞台稽古が始まる頃につくってもらえば、こちらは助かる。

**篠原**　役者のセンスもあるしね。去年みたいに大根役者がいっぱいだと、監督は大変だよね。

**高見沢**　それに今日はものすごくよくやるのに、次の日はだめだとか、いろいろある。

それで、何かあったときは分かる。こいつ、今日は仕事で何かあったなとか、今日はいいことがあったなとか見ていて全部分かる。

**内藤**　今はCDがあるから楽。昔はレコードで、次がカセット。カセットなんか頭出しと言っても出てこない。今のCDは頭出しができる。

**高見沢**　台詞がとぎれたとき音楽をワーッと上げろと言わなくても上げてくれると意思疎通している感じ。分からないで、逆に下げちゃったりすると、ここで上げろって怒っちゃいます。

**大本**　その辺の呼吸も分かっていてくれると、うれしいですね。

**高見沢**　だから、センスのいい人は言わなくてもやってくれる。役者にはここで突っ込めって言っているから、台詞に感情が入って、そこでわーっと上げてくれるとできてくる。

**内藤**　いまは音響設備があるからいいけれど、昔、初代の衛生指導員をやった杉本末吉さんたちの時は、マイク一本で、音楽もなければ、役者だってでかい声でしゃべらなければ通らなかった。今は音響設備もあるし、それなりのプロがいるから、ピンマイクを持ってくれれば、声が小さくてもしゃべれる。

**大本**　五〇年代の半ばぐらいからテレビが普及しますが、それまでは青年団で演劇がすごく盛んでしたね。その後、大方の町は死に絶えるのに、ここ佐久の地域はよく残っていますね。

**内藤**　残すのも大変なんです。

**大本**　残すには、どういうコツが要るわけですか。

**内藤**　〝やりたい人は手を挙げなさい〟なんて言っても、絶対に手を挙げっこないじゃないですか。だからこっちのほうから、〝その役、合うんじゃない、やってみろよ〟ともちかける。要するに、〝あの人がいいからお前が言え、俺ばかり言って問題が起きると困るから〟と先に言っておくのです。なんでも長が言えばいいというものではない。下から持ち上げていかないとだめなんです。それで俺も今までやってこれたのです。去年も何とかやれてほっとした。今、一六年目の衛生指導員なんですけれど。

**大本**　ベテランですね。

**内藤**　でも佳秀さんが辞めた時に、俺が入ってきたから佳秀さんと一緒になったことは一度もないです。

**高見沢**　だから二人で三〇年以上、回している。

**大本**　内藤さんのほうに移しますが、内藤さんは衛生指導員に何年からなられたんですか。

**内藤**　俺は平成五年（一九九三年）。

**高見沢**　俺が平成五年の三月に辞めたから。ちょうど入れ替わり。

**大本**　高見沢さんは、お辞めになられてから保健福祉大学のOB会の会長さんもやられましたね。

**高見沢**　一〇年やりました。

**大本**　内藤さんの代になってから起こった事件として、一番、記憶にあるのは何ですか。平成五年からやってきて、あの時が一番しんどかったというのは。

**内藤**　演劇をやる時は役者を選ぶのが大変だし、〝劇をやるかやらないのか、何度も聞くな、やる方向で最初からしゃべらないでどうする〟と一度、係長にも言ったことがあります。〝やりますかやりませんか〟と聞いたから、俺は係長を怒ったこともある。「健康まつり」にしてから名前が何回も変わった。前は住民福祉課と社協とが別途にやっていたのが一緒になって〝健康と福祉の集い〟になって、女性の推進員も俺がいる間に三回、名前が変わっている。だから、そういう変化をこなしてきたのですが、一番苦労しているのは今だね、合併があったから。

## 衛生指導員の危機

**大本**　『衛生指導員ものがたり』をみていますと、八千穂の役場の人が、男は要らないのではという動きをしたとありますが、そうなのですか。

**高見沢**　衛生指導員のもとに、町会ごとに保健推進員の女性が三〇人か四〇人ぐらいいました。その人たちは、言われたことを何も文句を言わないで、はいはいと一生懸命やるし、細かく歩くからやりいいというわけです。

**大本**　男よりも従順だから、役場のほうは女性のほうが使いやすい。

**高見沢**　それにその当時、役場の担当が女性だったから。衛生指導員は、役場でこうやってくれと言えば突き上げる。地域の人がこういう意見だから、それはやめてくれとか、こういうふうにやってほしいとか言うけれど、女性はそういうことを言わない。

**大本**　その時は、役場の担当も女性だったんですか。

**高見沢**　かなり強い女性で、ちょっと喧嘩もしました。

**大本**　『指導員ものがたり』を読んでも、最後の結末の付け方というのがよく分からないのですが、結局、どうして残すことになったんですか。

**高見沢**　当時、衛生指導員会長を私がやっていたのです。役場に行って助役にまで話をしましたが、そっちにまでまだ話をしていなかったということでした。それから議会にも、こういうふうにやってほしいと頼みに行ったり、第一期で衛生指導員をやっていた山浦虎吉さんなんかにも応援してもらって、どんどん突き上げていったんです。そうしたら、出そうにも出せなくなって村長にまで行かなかった。

**大本**　案件は村の議会まで行かなかった。

**高見沢**　行かなかったです。その前に押さえました。あの時は徹底的に戦争したんです。

**大本**　その時のことをまとめたものが『激動の四年』なのですね。指導員はそのまま残ることになるわけですけれど、他にもいざこざがあったのですか。

## 村民ドックの導入

**高見沢**　昭和六〇年代、八千穂村の健康管理事業も二一五年がすぎ、健診を受ける階層の年代も変わり、若者の受診率が減り、またマンネリ化が少しずつ進んでいった。そんななか役場の担当が変わり、新しい担当はそんな状況を打破するため、やり方はともかく真剣に体制を変え、健康事業をおこなおうとしていた。仕事には本当に一生懸命でしたが、上からの押しつけであったと思う。その当時、村民ドックも入ってきました。村民ドックも村民の希望でなく村から一方的に計画を出してきたんです。

**大本**　一九八八年に導入された村民ドックのことですね。

**高見沢**　村民ドックを決めるのに、ものすごくもめたんです。当時、役場の担当が勝手に八千穂クリニックというのを入れてきて、八千穂クリニックでドックをやって、健診は佐久病院だと決めてしまったわけです。会議でそういうふうに報告されたから、ちょっと待てと言ったのです。衛生指導員が待てといったのは、どこでやってもいいけれど、なんで受ける側の意見を聞かないで勝手に決めたのか、勝手に決めたら行く人がいないぞということです。村は一匹の魚をどこで切るかという感じなのですが、佐久病院もドックをやりたいわけです。とにかく住民の意見を聞けと、聞かなければだめだと蹴ったわけです。〝受ける人に決めさせろ、どちらでも受けられるようにしたらどうか、住民としてはどちらでも受けられて、受ける人が俺はこっちに行きたい、あっちに行きたいという選択肢を残せ〟ということです。それで、そういうふうになりました。

**大本**　人間ドックのほうは、それで決着するわけですね。それ含めて四年間ということですか。

**高見沢**　最初の年だけは前の担当だったのでよかったのですが、二年目から三年間、すごい戦争をやったということです。

**大本**　健診が終わると、「うどん会」をやったということですね。

**内藤**　反省会。名目は反省会ですけれど、医者、管理部との交流をやったりしました。今は、そういうことは、一切やらない。

**大本**　食事をしたりお酒を飲んだり。

**高見沢**　当時は一一月下旬から三月まで、地区、地区で健診を延々とやっていたわけです。八郡なら八郡で、三日ぐらいやっていました。毎日、うどんを食べるのですけれど、最後の日は一杯屋でみんなで反省会をしました。われわれのほうは、役場と佐久病院といつも会っているけれど、地域の人とはその時しか会えないからやったわけです。だけど役場の職員も病院の職員も毎晩だから、そんなにうどんを食べたくないとか、いろいろあったみたいです。

**大本**　「うどん会」で時間が遅くまでなるので「うどん会」をやめようというのが、職員の方から出てきたのですよね。それで若月先生が怒られた。

**高見沢**　佐久病院というのは普通の病院じゃないから。とにかく職員に地域の中に入っていけと言っているのに、それをやめるということだから、若月先生が怒ったんです。

**大本**　松島先生にまで、とばっちりがいったんじゃないですか。

**高見沢**　飯嶋さんと〝職員は毎晩だからたまには早く帰りたいと思うよ〟と語りあったりもしました。

**内藤**　それでも普通の医者とは、そんなふうにああだ、こうだとぶちまけた話というのはなかなかできないです。

**大本**　そういう点では、若月先生はすごいですね。

**内藤**　おれらも、〝先生、みんなにこういうふうに言われているよ〟といって医者の悪口はちゃんと告げ口してやるし。

**大本**　そうする人がいないと、先生だって裸の王様になってしまう。それが通らなくなると、組織はだいたい、おかしくなりますね。

## 健康検診の項目の多さ

**大本**　それでは健診のときの衛生指導員の実際上の役割に入らせていただきます。

**高見沢**　健診が始まるまでは、衛生員が案内をしてドクターがお宅へ行って、寝たきりの老人を見てくれていたんです。

**大本**　八巻さんが、保健師が二年でやめるくらい大変だったと言っておられましたが、健診は相当ハードワークなのですか。それから松島先生のお話では、健診でデータを取るけれど、〝俺らは佐久病院の医者が医学博士をとるためにやっているんじゃない〟という人もいたんだということですね。

**高見沢**　ごく一部の人ですけれどね。へそ曲がりがいるから。

**内藤**　大勢の中には、そういう人もいるよ。

**大本**　でも、それで自分が健康になるんだから曲解ですね。

**高見沢**　血液検査が充実して科学的データが出てきてからは、だんだん言わなくなってきた。

**大本**　三〇項目に近い検査項目の多さというのはすごいですね。

**高見沢**　最初のころは、血液を採っても、一二、一三項目ぐらいだったけど、だんだん増えて倍ぐらいになった。

**内藤**　今は血液検査の内容はドックと同じです。

**大本**　健診で八千穂らしいやり方といわれたら何ですか。前は夜にやっていたが、保健師さんの都合もあって、昼に変えていますね。

**内藤**　結果報告会のことですね。昼間やると会社をやっている指導員はほとんど行かれないから、保健推進員のほうが人数が多い。だいたい推進員は各部落に三人から四人ぐらいいて、そこに保健師が来て、〝おじいちゃん、おばあちゃんに、今度からこうしなきゃだめだよ〟とかいっています。今、たまに保健師の人が自分のところで寸劇をつくってみせたりする活動をしています。合併してからは佐久病院だけでなくて、佐久穂町立の千曲病院の人も来るから、うまくやってくれていればいいと思うけれど、俺も昼間だと行っていられない。

**大本**　今も佐久穂町の衛生指導員と保健推進員とが、病院側の人と一緒に勉強会をする機会というのはあるのですか。

**内藤**　それはさっき言っていた健康管理合同会議が、勉強会と言えば勉強会みたいなものです。住民も含めて勉強会をするというのは、各地区のブロック会です。そしてブロック会でも分からないことは講師を呼んだりしますので、そういう時には地域の皆さんにも来てもらうように、〝今回、こういうことで講師を呼んで説明会がありますから、興味のある方はどうぞ自由に参加してください〟と有線放送で流している。

**大本**　昔のほうがテレビもないし何もないから、学習会に行かないとだめでしたが、現在、学習の熱意というのはどうですか。月一回の学習会というのは、指導員だけでやるものですか、それともブロックでやるものですか。

**内藤**　指導員です。先程言いましたように定例会は自分たちで決めたテーマでやるんですが、合併してから、八千穂のほうの人は九割方出て来るのだけれど、佐久町のほうはよくて五割ぐらいしか出てこない。

**大本**　指導員の方々は代々継承していかれて、住民の中に入っていろいろ活動する。家庭の中でも、住民の中でも、すごくレベルアップしていきますね。一六年の間で住民がレベルアップしていったというのは、お感じになられますか。

**内藤**　数字に出るほどには感じないです。でも、俺が住んでいる千ヶ日向といってできて三〇年ぐらいたつ団地ですが、そこではだいぶ変わってきています。初めは知らないところから来た人の集まりだったのですが、その団地は俺が自治会の指導員の三代目になります。俺がちょっと長くやっちゃっているんですけれど、当初の時よりだいぶ違います。初めにいた若い人たちも、今はもう年寄りになってきているわけです。七五歳の後期高齢者医療の対象です。そういう人たちは、本当にまじめに健診に来ています。俺が来た時には、年寄りだって健診に来なかったです。それだけでも違ってきたということです。昔の年寄りは来なかったけれど、今の年寄りは健診に来ています。

**大本**　昔は指導員の指導力というのは、健診の受診率が高いかどうかで判断したというふうに伺っていますが。

**内藤**　それは山浦虎吉さんの時代だよ。

**高見沢**　自分の担当地域の住民の健康意識が高ければ、受診率が上がるというのが一つの目安だった。

**大本**　今はそういうことはないのですか。

**高見沢**　ある程度はある。やっぱり知識が高いほど、自分の健康は自分で守るという意識が高ければ高いほど、健診もドックも受けにくる。

**大本**　昔は医者に行って身体のぼろぼろが分かったら家族に迷惑をかけるとか、そういう意識がまだ残っていましたが、今は早くやったほうがお金もかからなくてすむ。

**内藤**　早期発見・早期治療だからね。

**高見沢**　若月先生が前に言っていましたが、昔は医者を上げるというのは、芸者を上げるのと同じことで、農村では医者はなかなか呼ばなかったそうです。往診したとき、手術すると助かると言うと、家族がものすごく困った顔をする。ところが〝残念なことに患者さんは明日でだめですよ〟と言うと、〝先生、ご苦労さまでした〟と返ってくるという時代だった。ものすごく貧しい時代でした。

**大本**　今だって、笑いごとではないです。格差社会でワーキングプアなどは医者にもいけなくなってきていますから。

## 衛生指導員の報酬

**大本**　衛生指導員の日当というのはどうなっているのですか。

**篠原**　夜に出て一回一〇〇〇円なんです。半日三五〇〇円で、泊まりで八〇〇〇円。一日だと六〇〇〇円。そんなもんです。だから年俸にしても四万から五万ぐらいの間です。もし、行政のほうから文句が出るのだったら、ゼロだっていいと思う。

**高見沢**　俺はゼロだって文句は言わない。

**大本**　もともとはゼロだったのを、それでは申し訳ないというので。

**篠原**　行政のほうから手当を出した。

**高見沢**　これはボランティアだもの。

**大本**　安い懐柔策ですね。

**篠原**　議員さんはたった三カ月、九〇日で三〇〇万近くもらってるんです。それに比べたらものすごいものです。そういう自負がある。

**大本**　実質の役割は皆さんのほうが議員よりも、ずっと上。

**篠原**　だって議員さんは名誉職だもの。

**大本**　たいして勉強していないのですか。

**篠原**　大都市と比べると、八千穂村の議員さんはものすごく勉強しています。突っ込まれるから。だけど、勉強する人としない人がいる。だから、こちらの人たちが一斉に出ていくと引いてしまう。

**内藤**　村内の評価が逆転しているから、ばかな議員は出てこない。

**篠原**　昔は名誉職だけの何も勉強してない、ただ議員バッジだけを付けていたい人がいたけれど、今はそういう議員は一切、出ない。

**高見沢**　衛生指導員をやった人は、区長になっても楽です。顔も知ってるし、名前も知ってるし、区のいろいろなことを知っているから。俺もいま、区長ですけれど、なっても全部分かるから楽。区長会に行っても知ってる人が多いし、相手も名前を知っているから。

俺も年だし、辞めてから何年もたつし、佐久病院でほとんど年が同じぐらいの人は退職していなくなった。それでも、いまは退職した人と付き合っている。病院で一緒に酒を飲んだ人と、今でも酒を飲んで地域の中でいろいろなことをやろうとしている。

**大本**　人生で一番苦労した時の知り合いほど、何年たっても本当の友達になれるのではないですか。

**高見沢**　ものすごくいろいろな人と付き合えて、いろいろな仲間ができて視野が広くなった。

**大本**　そのコミュニケーションの厚さがないと、人事はできない。

**高見沢**　俺なんか、一〇歳から二〇歳も下の人たちと、今でもずっとお付き合いしている。普通なら年が離れていたら、そんな付き合いはできない。

**篠原**　それに区長推薦で地域から出てきたから、皆さん、すごく個性が強いです。

**内藤**　個性は強い。俺にみんな平気で言ってくるから。

**高見沢**　それでもだいたい、一〇人いれば二人はだめですね。

**篠原**　でも、そんな人間を出してくる地域は損ですよ。

**大本**　そういう意味では新しい共同体をつくっている。昔の農村共同体なら口も利けなかったのに衛生指導員のような猛者がいて、新しい共同体をつくっていっている。かつての農村共同体といったら、非常に封建的だったけれど、八千穂とかその周辺の現代における農村共同体とは極めてデモクラティックですね。

## 行政職員は対等な仲間

**大本**　今日、お二人の話を聞いて気付いたのですが、西会津というところにも似たような制度があるんです。

**内藤**　西会津に行ったことがあります。老人とインターネットでつなぐ予防医療をやっている時に行きました。

**大本**　いろいろ勉強されているんですね。西会津の印象はどうでしたか。

**内藤**　あの時は、老人が打ってデータが来たとしても、ただ受け取るだけのソフトで、それを集積してどうしましょうとかいうようなソフトはまだなかったと思います。

**大本**　今は双方向でやっています。

**内藤**　あの時は対象が五〇〇とか六〇〇とかで、全村ではなかったです。インターネットというのはやりとりができないといけないから、はたして年寄りがキーボードを打つか。キーボードなんか打たなくても、今は手のひらだけ乗せて指紋で認証というのもできますから、それぐらいまでいかないと全員の者にはならないのではないか。

**大本**　一般に住民に活動してもらうときは、行政の下請のようではないですか。でもお二人のお話を伺っていると、佐久病院との付き合いがあるから、結構、行政の付き合いでも水平的ですね。

**内藤**　そうかもしれない。

**大本**　普通、行政の下請というのは突き上げないですね。

**内藤**　伝えることも必要だし、まちがっていることはやめさせなければいけない。だから係長だって課長だって、一緒に飲まなければ付き合いが悪いなとか、そのぐらいのことは言います。

**大本**　行政がお二人を怖がるのではないですか。

**内藤**　仲間。

**大本**　なり立ての係長ぐらいでしたら逃げ回るんじゃないですか。それを仲間というところにまで持っていくのは大変だったのではないですか。

**内藤**　俺がいる間に、係長が何人変わったかな。今で五人目です。

**高見沢**　三年から五年で変わってしまうから。

**内藤**　俺は衛生指導員の副会長を二期やって、会長が一期だから、役をやっているだけで一二年になります。だから役場に行っても知らない人はいないような立場になっていますが、その当時に係長をやっている人がまだみんないる。その当時、下でやっていた人が、いま、係長になったりしていますが、おつき合いさせてもらっています。

**大本**　仲良くしたら、かえってやりやすいですね。

**高見沢**　仲良くやっていればいいけれど、俺みたいにけんかしたら大変だ。

**大本**　でも高見沢さんの時代は、ちょうど転換点、曲がり角ですね。転換点で衛生指導員のリーダーシップ、存在感というのがもう一度明確にされたというふうに評価してもよろしいでしょうか。

**高見沢**　あの時は、衛生指導員の役を受けたら月に一回は会をやっていたけれど、行政はやっていなかったのです。それで定例会を自分たちだけでやりました。病院は率先してきてくれたけれど、役場は連絡を出しても一切こない。それを一年間続けたんです。

**大本**　行政の都合のいい時だけ出てくる。

**高見沢**　だから定例会は自分で通知を出して、自分たちでやりました。かえって人は集まった。

**大本**　それで役場もだんだん変わっていったわけですね。

**内藤**　千曲病院だって、今、変わりつつある。

**大本**　どういうふうに変わってきているのですか。

**内藤**　いままで千曲病院はきた者を診るだけ。たしかに健診はやっていたけれど、うちみたいな健診ではなくて、ただ、ドックを受けるだけで、個人個人のデータは取っていなかった。診たきりです。われわれなら、俺の子どものデータも生まれた時からのデータが全部出てくる。ですがこれまで佐久町はデータを集めていなかったのです。それではこれからの特定健診だってやりっ放しになるんではないかと思う。

**高見沢**　千曲病院の職員も変わってきました。

**大本**　要するに、八千穂がやられたように住民にデータを丁寧に返していくという変わり方なのですね。

**高見沢**　いままでは病院のただの職員だったけれど、だんだん丸くなって、佐久病院と同じように地域の中に入ってくる職員になってきました。

**大本**　開かれた職員になったという感じですか。

**内藤**　前は病院の中にこもっていたけれど、ソフトボール大会に出たり、いろいろなものに出てくるようになりました。

**大本**　だいぶん変わってきましたが、まだ、普通の病院では、結構、医者が偉そうですよね。庶民より自分たちのほうが立派な職業なんだみたいな。

**内藤**　でも、この間、感謝の気持がないといって怒っている医者もいましたよ。診てもらっても〝ありがとうございます〟の一つも言ってくれない。高い医療費を払っているから、よく診てくれということなのでしょうが、感謝をもって受診してくれる患者が少なくなってきたって。

**大本**　八千穂では住民と病院と行政との本物の三者民主主義というのを、結構、やっていますね。八千穂の皆様方のような方々が本当に市民だと思うんです。自分たちで見て、自分たちで意見を言って、自分たちで側面的に動かしている。あるいはサポートしている。そういうことであらゆる政策をつくっている。

**高見沢**　俺がちょっと不満に思っているのは、衛生指導員たちが医療機関や行政を支えていると言うけれど、支えているのではなくて、一緒にやっているのです。一緒にやらなければだめです。

**内藤**　住民参加。

**高見沢**　三者一体になってつくり上げていく。どちらが上でもだめ。

**篠原**　でも公務員にはプライドがあるんです。自分たちが指導していかなければいけないというプライドがすごくあるんです。でも歴代係長には結構、優秀な人材を寄せてきているので、育って来るんです。

**大本**　きっと頭のいい役人は、皆さんの言うことを吸収してこなすんです。

**篠原**　それが自分のためにもなるんです。それを自分で分かるか、分からないかの問題だと思うんです。

**高見沢**　旧八千穂の衛生係長をやった者はだいたい辞める時には一回りも二回りも大きくなって出ていく。

**篠原**　歴代、そうですね。

**大本**　それは大事ですね。皆さんのような強者がいるから育つ。やっぱり丁々発止やらないと、人間は育たない。

## 衛生指導員から地域健康づくり員へ

**大本**　佐久と合併して、名称が「衛生指導員」から「地域健康づくり員」になったものの、また元に復活する動きもあると言うことですが、それはどういうきっかけなのですか。

**内藤**　名前にこだわるということではないのだけれど、知っている人は、衛生指導員という名前を聞くだけで何をやっているか判ってくれます。ところが県の大会などでどこかに行った時に〝地域健康づくり員〟ですなんて言うと、〝あれ、八千穂は指導員がなくなったんですか〟と言われる。〝そうじゃない、名前を変えたんですよ〟

と、そんなことばかり説明をしているんです。

**大本**　そのくらいならいっそ元に戻した方が通じがいい。

**内藤**　OB会は、今も衛生指導員OB会になっています。今、役場ともいろいろやっているのですけれど、名前を一気に変えるというのは、どんなに早くても来年の四月一日からではないかということです。

**大本**　もとの衛生指導員にですか。

**内藤**　今度も「衛生指導員」。衛生のほうはもうタッチしなくなったんです。ゴミの分別が最後でした。ゴミの分別の時は、ゴミ箱の前にみんなを配置して、〝このゴミはいいよ、だめだよ〟とやっていました。

**大本**　そこまで、やられるのですか。臼田町がうるさかったから、それに影響されてですか。

**内藤**　臼田がうるさかったからじゃない。臼田は今は佐久市と一緒になって佐久市と同じ分別になっているからうるさく感じるけれど、臼田単独の時には、そんなにうるさくなかったです。

**大本**　そうすると八千穂のほうがうるさかったんですか。

**内藤**　その時は八千穂のほうが細かく分別していた。今はもっと細かくなっているじゃないですか。佐久市は今、一番、厳しいと思います。

**大本**　分別がきちんとされているかをチェックするのも徹底していますね。

**内藤**　年寄りなんか、どうやったらいいかと聞きに来ました。だからゴミの分別のやり方を前もって勉強しました。最初、分別しだした時よりも、今のほうが分別が細かくなっているから大変です。昔は衛生部長が俺たちの下でしたが、今の分別は、衛生指導員はしなくてもいいよと手が離れた。今それを勉強しているのは、衛生部長。でも衛生部長がどのくらい勉強しているかは分からない。

**大本**　地区の衛生部長さんのことですね。

**内藤**　下という言い方は悪いけれど、指導したりもしていました。分別が始まって八年ぐらいからは衛生部長とわれわれの接点はなくなっていました。今回、名前を変えようと思った時に、衛生（ゴミ）に関してはわれわれから外れたが、旧名の衛生指導員は名乗りたい。

**大本**　健康に関することに限る。それで男性の方は衛生指導員。女性の方は健康推進員でいく。

**内藤**　そうしようと思っています。女性の方はそんなことに騒がないので、村の方が周りと合わせてどんどん変えてきてしまった。最初は婦人と言っていたのですが、県に合わせて婦人ではまずいから女性にしようということになった。

## 衛生指導員の存在理由

**大本**　今の衛生指導員の大きな仕事というと、八千穂なら八千穂の現状を把握して、何が問題で、何に力を入れるかといった方向性を示すような仕事ですか。

**内藤**　方向性を示すということも今はないです。たとえばゴミ問題の時に、われわれがこういうふうにしなければいけないとか、そういうことはいいましたけれど、行政に向かって、どうしてこの検診を増やさないのかとかいったことは昔からないです。

**大本**　となると、いま現在の段階での衛生指導員の存在理由、なくてはならない根拠というのは何ですか。

**内藤**　存在理由とするのは、健康づくりに関する内容としては、たとえばブロック会議があるじゃないですか。あそこも二年に一回ずつ代わっていくので話をまとめる人が誰もいないんです。だれが司会をやりますかなんて話していたら、それだけで終わってしまうかもしれない。そういう時には、衛生指導員が暗黙にやらざるをえない。だから地域に戻っていった時も、女性推進員の人がわれわれにいろいろと聞いてくるから、そういったことに対して、われわれが答えてやったりする。

**高見沢**　昔も今も変わらないと思うけれど、住民の健康を守るというのは、医療関係者と行政だけでは無理なのです。住民の代表と三者一体にならなければ、この活動はできない。

**大本**　住民の側を束ねるのが指導員。

**内藤**　昔はそういうふうに決まっていたのですけれど、それがまた揺らぎだしているから、その体制をまた元に戻さないといけない。責任感のある人は、ちゃんと会議に来るんですが、来ないのは話にもならない。だから、俺は行政側から言えと言っているんです。区長に対して行政側からの決まり事で決めてきたことだから、推薦してきた者がだめだったら次の者に変えてくれ、といっているんです。

今回も佐久町のほうで、俺は一年と聞いているから一年で辞めるというのがいたけれど、本当は二年任期です。われわれの時は四年だったのですけれど、合併することによってエサ付けじゃないけれど二年になりました。でもそれは行政側が考えたことで、われわれが考えたことではないのです。

四年いれば、仲間になってきます。一年目はふてくされて文句ばかり言っていて、協力もしなければただ突っ込んでくる。二年目になって自分も地域に帰ってしゃべらなければいけないし、そうすると、これはまずいとなる。三年目になってやっと内容が分かって、四年目で今度は完全に分かっているから落ち着いてやる。そんな感じです。だから一年目だと、文句を言って終わりです。二年任期にすると、指導員の体制も大変なんです。まともな仕事ができないです。

**大本**　経験も知識も積まれないし。

**高見沢**　最低四年で、二期やらなければ。

**大本**　しめて八年。

**内藤**　地域によっては変形もある。部落自体が小さいところは、三つの部落を集めて四年ごとに回しているという感覚になるけれど、今度の二年ということになると、ものすごくサイクルが早いです。

**大本**　女性のほうは二年ですね。だけど再任は妨げない。

**内藤**　女性は二年。県と一緒です。再任は妨げない。

**大本**　衛生指導員のほうも再任を妨げないんですね。だったら実質上四年、やってもらえばどうなんですか。

**内藤**　でも、本人が嫌だと言えばもうだめです。われわれがやれとは言えないから。代表者である人が、お前、もう少しやってみろと言うかですね。

**大本**　佐久町の方々は、まだあまり協力的ではないということですか。

**内藤**　だからブロック会の時に、〝困った〟と手を挙げた人もいました。推進員も来ないし、〝弱った、手を貸してくれ〟というのです。それで、みんなで手を貸しにいったら、やっぱり感謝の気持があるから、今度は他の会議にもちゃんと出て来ました。お前のところの集まりが悪いから何とかしろというだけじゃない。手が足りないから助けてくれと言われれば、他の地区から応援にいく。

去年、一昨年、まだ佐久町側の地域健康づくり員（衛生指導員）ができていない時は、われわれが両地区掛け持ちで、佐久町のほうのブロックも全部、見て回りました。それで去年から指導員がやっと選任されてきたのですけれど、今度は俺たちの地域は推進員の人が出てきてくれないなんていう。でも保健推進員の選び方も、佐久町の人たちは七〇歳代の推進員を選んだりしました。でも保健推進員は健診の取りまとめだとかで個々に回って歩かなければならないから無理です。

**大本**　合併すると何やかにや大変ですね。

**高見沢**　なんでも順番でやらないで、そういう事情も考えてもらわないとやっていけない。昔は衛生指導員がやっていましたが、今は保健推進員が、今年はあなたがドックを受ける年だとか、健診を受ける年だとかを知らせる。肺がん、胃カメラ、婦人科検診などの一人ひとりのデータを一軒ずつ配って歩いて、また回収する。そういった仕事がありますから。

**大本**　それを七〇歳の人がやるというのは酷ですね。

**内藤**　だから、俺たちのブロックに来た推進員がみんな若かったから、その七〇歳の人は次から、他の人にチェンジしてもらっていました。そういう機転も早くきかせてもらわないと続かない。

**大本**　いまは、八千穂の指導員の方々が佐久町の方に指導的な立場で臨んでいるわけですね。

**内藤**　だから今、一一人という人数になっているんです。ただ、たんに人数だけを増やしても、逆に集まらないです。〃俺一人ぐらいいなくてもいいや〃と、みんなが思えば責任感がなくなってしまう。一回、一回の定例会に関しても委任状を出すようにでもしなければなりたたない。

**大本**　でも委任状も、今度は、委任状を出せば欠席してもいいみたいになってしまう。

**高見沢**　疲れたから委任状を出しておくかって。

**内藤**　でもたとえば演劇のときに欠席裁判で〃お前が役に決まったぞ〃と言うと、嫌だと言っても、〃お前、委任状を出してある〃って言える。文句を封じれる。

**大本**　委任状とは本来、そういうことだから委任の意味が分かっているなら、そう言えますね。八千穂のほうの方は、欠席は少ないということですね。

**内藤**　そうです。佐久の方には委嘱書だけもらいにきて出てこなかった人だけでなく、委嘱書ももらいに来なかったかもしれない。

**大本**　指導員の方で、そうだとするとちょっと困りますね。どうやったら、そういう点に自覚的になるのでしょう。

**内藤**　それを今、模索しているところです。それこそ教えてもらいたいです。どうしたら責任を持って出てくるようになってくれるか。

**大本**　合併する前の医療費とか疾病率とかは八千穂のほうが低いですね。

**内藤**　低いです。

**大本**　佐久町のほうはだめですねというふうに、脅かすことはできないですか。

**内藤**　医療費自体も合併してから上がっています。佐久町のほうが独居老人が多いのです。

**高見沢**　老人医療費のデータは合併してしまったから絶対に出さないです。出すとまずいから。

**大本**　だから合併直前のデータしかないのですね。

**内藤**　それしかないです。だから合併してからのデータは、俺たちがこっそり聞くしかないのです。昔から知っている保健師などは、実はこうだよと教えてくれる。

**大本**　現在、地区ブロックの指導員の定例会は二六人でやるわけですね。そうすると、女性の保健推進員の方も来られますね。

**内藤**　ブロック会というのはその地区、地区に分かれた単体で会議をしています。

**大本**　そういうところでは、佐久町の方も出てきて一緒にやるわけですね。

**内藤**　佐久町側は保健推進員の人が出てこない地区も出てきてしまっているのです。そうするとテーマを決めることもできなくて、そこだけがどんどん遅れていってしまう。だから佐久町側は女性の推進員の人もまだ自覚がない。

**大本**　活動スタイルを身に付けるだけでも二年なのだから、一朝一夕にはいかない。

**内藤**　俺の同級が指導員になったときも文句ばかり言っていたのに、二年たったら内容がだんだん分かってきて、四年目にはすごく協力的で、〝誰もいなければ俺がやるか〟というまでになっている。やはり人間は内容が分かってくると、どんどん変わっていく。

四年は長いと言うかもしれないけれど、周知させるにはそのぐらいはやらないと、自分の地域に戻っても相手にされないです。

**大本**　人様の相談に乗れるようになるには最低でも四年。ちゃんとやれるのは八年ということですね。

**内藤**　それもこれも合併のすり合わせで、そういうふうになってしまっているから。

**大本**　あと一〇年は苦労しなければいけないですね。

**内藤**　いやいや、私はこれで一六年もやっている。今回、合併で八千穂は俺が指導員も引っ張ってしまったから、四年間、余計にやっている人が結構いるんです。本来は代わらなければいけなかったのが、合併があるから〝俺も残るからお前も残ってくれ〟ということで、八人ぐらいは俺たちが引っ張ってきてしまったから。

**大本**　移行期に滑り出しをよくするには、そういう人がいないとできないですね。

## 町村合併後の課題

**大本**　町村合併の余波のほうに話を移しましょう。合併後に抱えている問題というのは何ですか。とりあえず伺いますが、合併した後、指導員の構成はどうなっているのですか。

**内藤**　今、佐久町が一一人、八千穂が一五人という逆体制になっています。ただ、八千穂の一五人というのは、昔のままです。

**大本**　トータル二六人。八千穂は最初は八人でしたね。

**内藤**　それが千ヶ日向団地ができたし、城山団地ができたということで、一三人になって、一四人になって、一五人になっていった。

**大本**　地区の人口が増えたことによる増なんですね。

**内藤**　だから人口比率でいくと、本当は佐久町のほうは三〇人近くいてもいい勘定にはなるんです。

**大本**　何で、そんなに少ないのですか。

**内藤**　要は、住民が何も内容を知らないんです。衛生指導員というのが何だか知らなかったし、区長推薦だと言われても区長も知らないから、いろいろ聞かれました。俺も三回ばかり地区に行ったことがありますけれど、最初に思ったのは区長に説明してもだめ。区長がどんなに分かっても右から左へ抜けていくから、指導員に選ばれた人間に説明してやらないとらちがあかない。

**大本**　当事者ではないからですね。

**内藤**　だからまず選ばれた人に来てもらって、学習会をして主旨をある程度含ませていけばだんだん溶け合ってくる。いきなりなんでも区長だ、区長だという体制で来たからうまく回らないのです。

**大本**　佐久町のほうのありがちな問題点ですね。

**内藤**　八千穂の人間は、衛生指導員というのはどういうものかが分かっているから、区長から言われれば仕方ないと思うか、絶対に逃げ回るか、どちらか。だけど佐久町は去年からそういう体制が始まっているから、右も左も分からない。分からない者が指導なんかできるわけがないから、指導員という名前なんて駄目だと言ってきたのです。

**大本**　それで「地域健康づくり員」ですか。

**内藤**　一部の区長がどうしても言い張ったのでやむを得ず名前を変えたんですけれど、今となればそんな区長は来なくていいともっと突っ張ればよかった。そうすれば名前を変えないで済んだかもしれないけれど、なかなかそうもいかない。誰かしらが反対していれば、それに順応していくしかない。

**大本**　この間、町長の佐々木さんにヒアリングしたとき、結構、楽観的というか、あと三年位でうまくいきますよと言っておられましたけれど、そんな感じではないようですね。

**内藤**　そんな感じではない。一〇年はかかると思う。

**大本**　八千穂だって優に一〇年はかかっていますからね。

**高見沢**　合併して佐久穂になったけれど、佐久町と八千穂村では人間性が違う。

**大本**　どういうことですか。

**内藤**　自分のことならやるけれど、人のことはやらない。人のことでも一生懸命やるという体制がなかなかつくれない。

**大本**　そういうことが八千穂村で養われたというのは、佐久病院の若月先生との関係もあると思うのですが、どこから来ていると思いますか。

**高見沢**　佐久病院の職員の影響があると思う。

**大本**　飯嶋さんのような人ですね。

**高見沢**　夜、夜中でも付き合う。自分の仕事以外でもどんどん八千穂村に来てくれる。飯嶋さんなんか、八千穂の飲み屋で知らない所はない。当時、猫がどこに一匹いるかまで分かると言っていました。それは若月先生が、職員にそういうふうにしようと言ったから。だからあの病院は、普通の病院と違う。今はだんだん普通の病院になりつつある。

**大本**　最近は、あまり付き合ってくれないのですか。

**内藤**　そんなことはないです。定例会には必ず来るし。健康管理部の職員の人たちは地区の担当があるので八千穂担当の人が来ています。そういう時に、講演会があったりすれば、後で先生と一緒に一杯やるかとか、そういうことは絶えずやっています。

**大本**　そういうヒューマンタッチのお付き合いがまだ存在しているわけですね。

**内藤**　終わったら、〝じゃあ、さよなら〟ではないです。だからわれわれも指導員に強制的に出ろとは言わない。参加するのは自由です。今は全部会費で、自腹です。へたに人の銭を使えば、後で何を言われるか分からないから。

**大本**　普通は医者のほうが所得が高いから、今日は俺が半分持つよとか、三分の二は持つよとかいうことになりますが、そういうのではない。

**高見沢**　昔は病院がほとんど持ってくれた。今は医療も厳しくなっているからだめだと思うけれど、病院自体でそういう予算を組んであったらしい。

それに昔は担当が決まっていなかったから、いろいろな人が来たのでいろいろな人がわかった。けれど、今はごく一部しかわからない。センターに行っても〝どちら様〟と聞かれるけれど、昔は行けばみんな顔を知っていました。そういうふうに変わってきました。

**大本**　規模が大きくなりましたからね。それに、松島先生がおっしゃっていたのですが、あれだけの健診をする以上、やはり持ち出しなんだそうです。それに対して病院の内部でも不満があったともおっしゃっていました。

**内藤**　病院側としたら、健診のほうも、住民のうちには昼間行かれない人がいるから、最終日だけは受付時間を夜の七時までということにしていました。昔はそれぞれの公民館をくるくる回っていたから、セットもしなければならないし、時間のロスも多いわけです。今は、八千穂は福祉センターで、佐久町は役場のそばの婦人センターでそれぞれ一括してやるようにしています。そうすれば下準備も必要ないし、セットしたまま一カ月間、その状態に置いておけます。

**高見沢**　昔は、夕方になると道具を一揃い、次の会場に移動するんです。普通の公民館だからポールを立ててカーテンを張る。女性も来るからカーテンを張り巡らさないといけない。その設定もあるし、寝た切りのところにはドクターを連れて行かなければならない。目が回るほど忙しかった。

**内藤**　今はそういうことはやらないです。ふり返ると自分でも、ちょっと長くやり過ぎたと思っています。本来なら一二年で辞める予定だったんだけれど。

**大本**　合併がありましたからね。

**高見沢**　一番、大変なところをやった。

**内藤**　三年前の合併した年に、指導員で全国農村医学会の金井賞をもらっているんです。

**大本**　その金井賞というのは、八千穂の衛生指導員全体の活動に対してですか。

**高見沢**　だからOB会もみんな出席した。

**内藤**　そこでこのままじゃつまらない。お祝いをしなければいけないというので一人五〇〇〇円ずつ会費をとってやったのです。一〇〇人ぐらいいたかな。向こうからきた寸志が五万円ぐらいあったのですが、みんな使っちゃいました。

**大本**　一〇〇人来たら五万円の寸志なんて大海の一滴ですね。

**内藤**　あの時は長野県のなかで、ちょうど佐久病院が当番だった。

**大本**　何の当番ですか。

**内藤**　全国農村医学会は全国の病院を渡り歩いているのですが、その年は佐久病院だったので、プリンスホテルを貸し切ってやった。ああいう銭がどこから出るか知らないけれど、よく銭があったと思う。特別室に通されて、見たこともないような弁当を食った。そうしたら他のお手伝いの管理部だとかがぼやくわけ。プリンスだから、カレー一杯一〇〇〇円ですよ。それぐらいとるのを喰った。

**高見沢**　農村医学会はものすごく金がかかる。二日やって、中日に懇親会をやるんです。

**内藤**　二次会の運転手さんはみんな佐久病院の課長クラス。一滴も飲めないで、二次会にそこらじゅうから来た医者をみんな連れていくんだそうです。

**高見沢**　医者が飲んで、どんどん行っちゃうんです。あとは事務長がみんな払っていた。

**大本**　でも学会というのは、製薬会社とかから結構、お金を集めるんですよ。

**内藤**　ああいうところが出すからできるのか。

## 次世代へどう継承していくのか

**大本**　金井賞のことに関連してお二人に伺いたいことがあります。今は八千穂と佐久町との関係をどう調整していくかという話なのですが、もともと八千穂村の指導員の方々が高見沢さんから内藤さんに代わっていくように世代交代していっています。その時の継承というか、従来やられたことを次の世代に継承していくために、どのように努力をされているのですか。

**高見沢**　それは、やっている中で分かります。

**内藤**　見て覚えるしかない。

**高見沢**　言葉で聞いて覚えるのではなくて、見て覚える。

**大本**　でも文書類などは渡しますね。

**内藤**　だけど指導要綱といったものはないです。

**高見沢**　まねる。とにかく人のやっているのをよく見て、自分で覚える。自分の担当地区は自分独自でやっていけばいい。

**内藤**　独自、独自でやっているから、ブロック会にしても、ある地区は最後のブロック会で忘年会をやってみたりしている。各自、自分たちで自由に推進員の人たちとうまく打ち解けてやっていけばいい。そういうところの推進員は、逆に衛生指導員にとっても指導しやすいわけです。女性も勝手なことを言ってくるから、そうすると話がいろいろ出てきて、内容も広くなったり濃くなったりする。だから人数が少なくて黙っている会議のブロックなんていうのは何のまとまりもない。ただ、みんなで顔を合わせているだけになってしまう。

**大本**　実際に、そういうところがあるのですか。

**内藤**　あります。今年が二年目だから、今年もまた助けてくれと言ってくるかもしれない。

**大本**　それは佐久町のほうですか。

**内藤**　ええ。

**大本**　佐久町は蓄積がないからしょうがないところもありますね。

**内藤**　俺だって一時、ブロックのところですったもんだがあったときには、俺が一人きりで見ていました。本来は指導員が四人来なければいけないのに、ブロックの中で俺が一人きりでやっていたときがありました。

**大本**　そんなに一生懸命やられるとお仕事に差し障りは出ないですか。

**内藤**　それは出ますよ。だから実際、どちらが大切かとなったら仕事のほうを選び、休みます。

**大本**　内藤さんの後継者はおられるのですか。

**内藤**　今のところ一人、口説いています。

**大本**　いま、大学でも労働組合の委員長のなり手がなくて困っています。みんな逃げ回っているんです。

**高見沢**　だれだって長になって、わざわざ苦しむことはないと思うもの。

**大本**　でも、みんながそういうふうになってしまうと組織が崩壊してしまいます。

**高見沢**　逃げ回っているのは、人のためになりたくないということ。お家大事だとばかり思っているからなんです。

**大本**　ですけれど組織をつくらないと、結局、自分一人も守れない場合があるわけですね。先程、高見沢さんが佐久病院は普通の病院ではないとおっしゃられましたが、それには若月先生の協同精神に感化されて、弱い者へ人助けしなければいけないというのが、おそらくあるのではないですか。

**内藤**　佐久病院だって、これだけ長くやっていれば、健康管理部に行けば知っている人もいっぱいいる。若い人はあまり分からないけれど、年配の人は診っぱなしではだめだというのが浸透していますね。

**大本**　地域健康づくり員（旧衛生指導員）、女性の保健推進員といった人たちが、住民と病院と行政をつないでいくというシステムは貴重ですね。

**内藤**　一番は家に帰って保健推進員の母ちゃんが、父ちゃんに〝父ちゃん、たまには健診を受けてきな〟とか言うことも必要なんです。ある程度の大きい子どもがいたら〝会社でちゃんと健診を受けているか〟とか〝今日は衛生指導員たちとこんなことを勉強した〟とか、家のなかでそういう話合いをしていかないと根付かない。

**大本**　そうすれば住民の健康意識のレベルがすごく上がっていきますね。

**内藤**　そうそう。だから俺は家に帰ると、わが家のにわか医者で通っています。婦人健診のことまで俺に聞いてくるから、それだけは勘弁してくれよ。婦人科のほうだけは分からないけれど、あとのことはだいたい分かるので、うちの家族のなかでは〝お父さん、ここが痛い〟とか、みんな俺のところに電話を寄越す。

**高見沢**　だから住民の代表が病院と行政と一緒にやっていると、住民にとっても毎日が活動になるんです。自分の家に帰ったり地区に帰ったりするなかでいろいろ話をする。衛生指導員の組織がなければ、医療機関も行政も広める手立てがなくなってしまう。健康意識を上げる場所がなくなってしまいます。

**大本**　衛生指導員とはどのような存在で、どういう役割を果たしているのか、佐久町との合併でどういう課題に直面しているのか、生き生きと語っていただき、大変、勉強になりました。

一回で終らず二回もおつき合いいただいて本当にありがとうございました。

（二〇〇八年五月四日午後二時三〇分から午後五時三〇分まで、清集館においてインタビューをおこなった。夕刻七時三〇分から九時まで若月先生をはじめ衛生指導員の方々の集まっていたいつもの店「君ノ家」で篠原始氏が参加して会食をしながら懇談した。）

**付記**―本稿は、高見沢氏・内藤氏にご一読いただき加筆訂正のうえ、大本の責任で補訂したものである。

# 四　佐久穂町における保健推進員の役割

島崎規子

島崎規子氏の略歴

一九四八年生まれ。長野経済短期大学卒業

二〇〇五年より保健推進員、現在会長

長野県地球温暖化防止推進員、長野県農村生活マイスター、佐久穂町食生活改善推進協議会会員、大石花ももの里実行委員会会長、水源地の生活と環境を守る会代表

## 保健推進員のしごと

**大本**　八千穂村で保健推進員さんを務めていると伺っておりますが、そのしくみはどうなっているのでしょうか。

**島崎**　大石地区の保健推進員（旧名称、女性の健康づくり推進員）をやっております。他の地域はだいたい保健補導員と言うのです。保健推進員と呼んでいるのは、こことあと一カ所くらいしかないです。

**大本**　どのようにして選ばれるのですか。

**島崎**　地区内で持ち回りです。地区のなかから出てくるのです。

大石は今、七五軒か七六軒の家がありますので第一と第二に分かれておりまして、大石の第一で私が出ています。第二からも一人ということです。

**大本**　地区から選ばれるという場合、どのように選ぶのですか。

**島崎**　地区の役員（区長）さんのほうで、今度はどこどこの誰だれにやってもらいましょうという感じで来るところもありますし、家の順番で回るところもあります。

**大本**　保健推進員というのは、具体的にはどういうお仕事をなさるのですか。

**島崎**　一番は町の保健行政のお手伝いです。自分の担当する地区の住民の皆さんの健康管理とまではいかないですが、年度末の三月には、次年度の「集団健康管理スクリーニング」、「肺のレントゲン検査」、「乳房、婦人科検診」、「人間ドック」などの受診のとりまとめをします。私の場合は四一軒ですが、町からお預かりする「検診申込み用紙」の配布と回収をすべて回ってしまいます。そして人間ドックを除き、他の検診は、すべて自分の担当地区の日には会場でのお手伝いに当たります。

**大本**　集団検診は全世帯が受けるのですか。

**島崎**　希望者だけですから、集団検診を受けない世帯もあります。だから会社のほうで受けても、こっちで受けてもいい。人間ドックも補助が出るので毎年受けられます。人間ドックは毎年受けると二万円の負担になります。隔年だと一万円の負担で受けられるのです。

**大本**　隔年で一万円、毎年、受けると二万円というのは、何かわけがあるのですか。

**島崎**　毎年、受けるとそれだけ町のほうの負担が大きくなるのです。でも二万円で人間ドックが受けられるなら、安いと思います。

**大本**　私は職場で人間ドックを受けていますが、基礎的項目だけで四・五万から五万円かかります。乳房検診、婦人検診、骨そしょう症検査などのオプションを入れると七〜八万円です。だから二万といったら、半額以下です。

**島崎**　差額は町で負担しているわけです。人間ドックも他の検診と一緒に希望をとりまとめます。

**大本**　希望者を聞いて歩くということですか。

**島崎**　次年度の検診の申込み一覧というのがあります。それには名前が打たれていて、あなたは今年は人間ドックの該当年ですよとか、今年、受ければ一万円ですとか、二万円ですとか、集団検診と節目ドックのデータが個別に全部出ていて、戸別に封筒に入れられて一戸一戸の一覧表が来るのです。それをそれぞれの家に全部配るのです。そして、それをまた回収して役場のほうに持っていくわけです。

**大本**　封筒で送られてきてそれを送り返すという方が面倒が少ないと思いがちですが、うかうかしているとすぐにパスしてしまうことがあるので、持ってこられて取りにこられたほうが検診を受けますね。

**島崎**　そうです。集団検診にしろ人間ドックにしろ、検診をより多くの地区の皆さんに受けてもらうようにするのも、大事な仕事の一つなのです。

**大本**　初めは、ここ四一軒に配って回収するということをやればいいわけですね。

**島崎**　三月に回収します。そうすると四月、五月で肺のレントゲンが始まるのです。肺のレントゲンというのは各地区にレントゲン車が回ってきます。時間が指定されていますので、指定された時間の三〇〜四〇分前に行って公民館を開けて受付の準備をします。開始の一〇分ぐらい前になると、役場のほうから保健師さんと検診車が来ます。その前には年寄りは早いので、地区の皆さんが来ていますから順番に受付をしておきます。

**大本**　検診車というのは、佐久病院から来るのですか。別に町立の病院があるのですか。

**島崎**　町立はありますけれど、肺は佐久病院だったと思います。集団検診も主に佐久病院です。ときには歯科は今日はどこどこの先生が入りますといった説明がありますので、違うところからも来ています。

**大本**　車が来てくれてそこで受けるというと、やりやすいですね。ここから役場とか病院まで行くというのは大変ですから。

**島崎**　肺のレントゲンは地区の公民館などでやります。乳房検診とかは八千穂の福祉センターでやるので、そこに来てもらいます。集団検診も、以前は全部回ってくれたのですが、受診者が減少したり他の諸条件が合わなかったりで、今では全地区、福祉センターでおこないます。けれどそこに行くために地区にバスを出してくれるのです。時間を決めておいて、公民館の前とか誰だれさんちの前とかに何時に出てくださいと知らせてくれるので、そこに出ているとバスが迎えにきてくれて、終わったらまたそれに乗せて送ってくれる。

**大本**　バスを出してもらえる。

**島崎**　ええ。福祉センターでやる時は、だいたいバスが出ます。

**大本**　至れり尽せりですね。

**島崎**　そうしないと足が確保できないのです。若くて、運転できる人はいいですが、年寄りは運転できないし、昼間は若い人たちはお仕事に出てしまっているので行けないという人が多いので。

**大本**　そこまでやってくれれば行きますね。

**島崎**　申込みの八〇%ぐらいの受診者です。

**大本**　随分、高いですね。どういうふうにやっておられるのかよく分かりました。そういう検診をやる時に、いろいろセッティングをされるわけですね。

**島崎**　自分の地区でやるときは、自分の地区の公民館に行ってセッティングをして、福祉センターでやるときは、やはりちょっと前に行って受付をしたり、違う部署のお手伝いをします。福祉センターでやるときは、例えば大石地区だけではなくて何地区とかが一緒にやりますので、各地の推進員さんが出てきます。だいたい五、六人来ます。そうするとその人たちで受付だけでなくて、〝あなたはこれを記入して〟とか、〝あなたはここを測って〟とか分担してやります。

**大本**　そういう役割を二年間やっている間に、報酬はもらえるのですか。

**島崎**　検診は、だいたい半日かかるのです。一二時半ぐらいに行って四時か四時半ぐらいまでかかりますので、そうすると半日で三五〇〇円もらえます。

**大本**　人間ドックとか集団検診とか肺のレントゲンとか、いろいろたくさんありますけれど、その都度いただけるのですか。

**島崎**　人間ドックというのは、地区の福祉センターではできませんので、個々で病院に行っていただきます。ここは佐久穂町立病院と個人医院の八千穂クリニックと佐久病院の三カ所で受けられます。一部、制限のあるところはありますけれど、自分の好きなところで受けていいのです。あなたは何月何日に来てくださいという通知が来ますので個々で行っていただきます。それにはお手伝いはしないです。

お手伝いするのは、肺のレントゲンと乳房検診と集団検診です。あとは結果報告会というのがありますので、その時も行って準備して受付して、皆さんにお茶を入れる準備をしたり、いろいろあります。結果報告会のときは、食改（＝食生活改善推進員）さんが健康にいい簡単な一品を作ってくれますので、それでお茶を出したりとかします。

**大本**　集団検診と肺検診、乳房検診、そういう時にそれぞれ半日三五〇〇円の報酬ですね。

**島崎**　そうですね。全部、半日かかりますので。あとは次年度の予定の取りまとめをすると言いましたけれど、一覧表をもらいに行くときの夜、勉強会を兼ねていますので、〝こういう様式です〟といった説明を受けにいくと、一回一〇〇〇円位をいただきます。

**大本**　交通費という感じですね。

**島崎**　その支給対象に配って回収する仕事も入っているのか、私も詳しいところは分からないです。

**大本**　要するに交通費プラスアルファー。結構、遠いところは大変ですから。

**島崎**　結局、車で行かなければいけないし。

**大本**　半日の時間を取るということですね。町はそれなりのお金を出しているわけですね。こういう保健推進員の役割は、ご自分でやってみて、どういうふうに評価されますか。こういう制度はいいなとか、面倒だなとか、できればやりたくないとか。

**島崎**　人それぞれですね。

**大本**　やっぱり勉強になりますか。

**島崎**　勉強になります。

**大本**　どういう点でですか。

**島崎**　いくつもあるのですけれど、一番は、私は前々から出ていますから苦にはならないのですが、普段、社会的に外に出ない奥さんがいるではないですか。そういう人にも役は回ってきますから、そうしますと〝やだ、やだ〟といっても出ていくことになるじゃあないですか。〝やだ、やだ〟で出て来たのだけれど、出てみたら案外楽しい。お友だちも増えるし勉強もできる。後で説明しますけれど、勉強会もそれぞれのブロック別にあるのです。そういう勉強会があったり、保健補導員の大会というのもあるのです。そういうのは任意なので希望者だけなのですが、行くといろいろな有名な先生のお話が聞けたり、他のところの推進員さんがどういうことをしているのかという勉強もできたり、〝視野が広がってとてもよかった〟という話を結構、聞きます。つまり自己啓蒙ができたという話をよく聞きます。

**大本**　二年に一回、回ってくると、ここは四一軒ありますから、八〇年に一回、回ってくることになりますか。

**島崎**　全戸はできないのです。お年寄りだけという家もありますから。

**大本**　四一戸のなかで、推進員をやれる家は何軒ぐらいになりますか。

**島崎**　多分、半数ぐらいです。

**大本**　二〇軒で回していくとしたら、二年に一回としたら、四〇年。

**島崎**　だから一度回ってくると、そんなに回って来ないです。

**大本**　四〇年かかりますから、おばあちゃんになる頃に。

**島崎**　順番がうまくできているので、一度回ってくると、そうそうは回ってこないです。

**大本**　二〇歳の時で、四〇年で六〇歳だから。

**島崎**　そんなに早くは回ってこないです。だいたいここに嫁いできて何年かして、子どもが中学・高校ぐらいの年齢にならないと回らないです。だいたい四〇歳代ぐらいから。まだ三〇歳代だと子どもさんが小さいし、学校の行事などいろいろありますので、そういう人たちにはなるべく回さない。それはきっと昔からなのでしょう。

**大本**　そういうのを見計らって、順番にやっていく。

**島崎**　あの家はそろそろいいかもしれないみたいな感じです。そうすると、あとは回ってこない。ただ、この辺も限界集落に近づいていますので、どうなっていくか今後は分かりません。〝もう一度、やって〟ということになるかもしれないです。若いお嫁さんが少ないですから。

**大本**　島崎さんは、何年目ですか。

**島崎**　二年になります。

**大本**　ちょうど慣れた頃。

**島崎**　本当ならこれで任期が終わるのですが、私はもう二年やらなければいけないのです。保健補導員の佐久支部会があるのですが、今年はその会長が佐久穂に回ってくるのです。佐久穂町が当番地になるのです。私は一九年度、佐久地区のほうの副会長だったのです。そうすると次の年は会長になるのです。で、今年、二〇〇八年は会長。来年また副会長になるのです。佐久地区は、副会長をやって会長をやって副会長というサイクルなのです。

**大本**　そうしましたら都合何年やることになりますか。

**島崎**　佐久地区のほうは一年ずつなのです。佐久地区の補導員の連絡協議会のほうは一年ずつなもので、三年はそこでまたぐのです。会長さんになってくると、県の方とのつながりも出てきますので、様子も分からないといけないのでそうそう代われない。佐久地区全体の研修会も佐久穂でやらなければいけない。正副会長の学習会も佐久穂でやらなければいけないということで、様子が分かっているので残ってちょうだいということなので、力はないのですけれど、私が及ばずながら。

**大本**　さっきからお話を伺っていまして、てきぱきとしていらっしゃいますからすごいなと思います。さすがに会長さん。

**島崎**　でも健康会議とかいろいろなところに出させていただいていますから、私自身もいろいろ勉強になります。

## 学習会の連続を通して人間的に成長していく

健康管理合同会での学習

**大本**　学習会というのは、どのように組まれているのですか。

**島崎**　合同会議というのを男性のほうの健康づくり員ともちます。

**大本**　旧衛生指導員のことですね。

**島崎**　そうです。その人たちと一緒になっての合同会議がありまして、そういう時はだいたい福祉のほうに関係した講師を呼んで、一時間か一時間一五分ぐらいお話を聞いたりします。そういう勉強会もあります。この間の三月の時は、佐久保健所長さんの後期高齢者制度の勉強会をしました。あとは夏に、いろいろな人が集まる合同会議というのがあります。

**大本**　合同会議は、年に何回ぐらいあるのですか。

**島崎**　四回あります。

**大本**　男性と女性の役割は違うのですか。男性の地域健康づくり員（旧、衛生指導員）、女性の保健推進員（旧、女性健康づくり推進員）、要するに健康づくりを担っている方々の会議ですね。

**島崎**　健康づくりの人たちの合同会議というのは年に三回だけなのです。もう一回は各学校の保健の先生とか、栄養士さんとか、お医者さんとか、いろいろな人が集まって基調講演をまず聞きまして、テーマにもとづく分科会でいろいろ話しあいをして、それぞれを発表しあいます。

**大本**　それは体験発表をしあう場なのですか。

**島崎**　テーマに沿って話をしますので、そこの分科会で、うちのブロックではこういうふうにしたらいいのではないかという結論を出して、そのようなことをやるのが年に一回、八月にあります。それこそ合同なのです。各方面から、つまり役場の担当者とか、保健師さんとか、お医者さんとか、社協の方も出てきます。

**大本**　年に三回というのは、男性の地域健康づくり員と女性の保健推進員だけの会合なのですか。

**島崎**　そうです。その合同会議というのは研修会と合わせて年度はじめに一回。そして、集団検診をこういうふうに進めますという説明会を兼ねて、一回は集団検診の前に入ります。集団検診はいつからいつまでで、何時に来て、どの人が出られて、だれがここをやってというような打ち合わせ会議を一回は兼ねて、その時に講師を招いてお勉強会をするとか、映像で勉強したりします。

もう一回は、次年度の集団検診の取りまとめをする説明会を兼ねて集まり、そこでやはり説明をした後に、講師の先生のお話を聞いて学習をします。今年四月からちょうど後期高齢者医療制度が始まりますから三月にそれをやりましたが、一昨年はメタボリック症候群のお話を聞きました。

**大本**　合同会議の一回目が年度はじめ、二回目が本当の合同、三回目が集団検診の説明を兼ねて講師のお話で、四回目が次年度の説明ですね。

**島崎**　そうです。

**大本**　こういう会議にはだれでもが参加できるのですか。

**島崎**　健康づくり員たちが任意で参加します。一応、呼び掛けはしますが、全員強制ではないです。

**大本**　八月の健康管理合同会議は、健康づくり員の出席は任意で、勉強したい人は出る。それで学校とか町役場担当者とか医師とか、いろいろな方々が出てこられるということですね。

**島崎**　八月の年一回の健康管理合同会議は、テーマがあります。それについて詳しい方の基調講演をまず前半で聞きまして、それで分科会はAグループからKグループぐらいまでありそれぞれテーマに即して多方面から意見を出し合い、全体会で発表します。

**大本**　いくつぐらいの分科会があるのですか。

**島崎**　一一ぐらいあるでしょうか。

**大本**　その分科会でそれぞれの担当に応じて、発表するのですか。

**島崎**　一つの分科会には二〇人弱ぐらいいて、そのなかから司会進行と記録係を選びます。司会進行は前もって決まっていて、だいたい男性の健康づくり員さんがやります。記録係はその時に選出するのですが、慣れたところで保健師さんがやってくれます。やはり慣れているとてきぱきと簡潔にまとめられますものね。それで話し合ったことを模造紙に書きまして、また集まって、第一分科会ではこうでした、第二はこうでしたと発表するのです。

**大本**　分科会のなかでやったことを最後にまとめる。

**島崎**　まとめるというか、一堂に会して発表しあうのです。それを午後やってしまうので、分科会はちょっと時間が短いかなという気がします。一時半から始めても基調講演を一時間半ぐらい聞くと分科会が一時間弱しかなくて、全体会で発表をやりますので、そうすると四時半、五時半ぐらいになってしまうのです。

**大本**　これを年に一回やると勉強になりますね。

**島崎**　それがどこに役立っているかといわれると困りますけれど、勉強になります。また活動のヒントにもなりますし。

**大本**　それに多くの方々の前でお話をするとなると、自分で筋道を立てられないとできないですね。

**島崎**　お話しできませんね。小さな分科会だと、発言の機会も多く与えられますので、自分磨きにもなります。

**大本**　親族同士で話をしているときにはツーカーで通じますが、初めて会う知らない人の前で説明していくには訓練にもなりますね。先日、八巻さんという保健師さんのOBにお目に掛かったときに八千穂村の保健師さんや村民の特徴は何かというお話をしてくださいましたが、〝話上手〟とか、〝記録上手〟とか、〝聞き上手〟とか、〝司会・企画上手〟とかが出てきました。こういうところで経験をすると記録上手にもなりますし、自分たちでの企画も上手になりますね。

**島崎**　町の福祉課の保健師さんはとくに記録取りに長けていると思います。

**大本**　この合同会議は、健康づくり員さんを中心とした会議ですね。そのほかにどういう勉強会があるのですか。

地区ブロック会議での学習

**島崎**　男性の地域健康づくり員さん、保健推進員さん、病院関係の地域医療担当の方々たち、いま地域包括センターもありますが、そのセンターの人たちが集まってやるものもあります。昔、八千穂村の時は六ブロックでしたけれど、今の佐久穂町では八ブロックに分かれていて、ブロック別にテーマを決めて、一〇月の『福祉と健康のつどい』(1)までのあいだに、六月から五回会合を開いて勉強会をします。

**大本**　『福祉と健康のつどい』というのは、毎年やっていますね。

**島崎**　毎年、一〇月中旬にやります。それに向けてブロック別に学習会をして、その学習の成果をそこで発表しあうというものです。

**大本**　そのテーマは自分たちで決めるのですか。

**島崎**　そのブロックで、今、何に一番興味があるかとか、どんなことを勉強したいかとか、最初にテーマを決めるところから入ります。そのテーマが決まると、その道に長けた先生に来ていただいて講演を開くとか、実地体験をするなどしてそれにもとづいて勉強会を進めていくのです。

**大本**　自分たちで勉強を進めていって、それを発表する。

**島崎**　『福祉と健康のつどい』で発表をする時間帯に合わせて、だいたい四枚の模造紙にまとめます。

**大本**　これは一日がかりなのですか。

**島崎**　一日です。一日というか、一一時ぐらいから始まりお昼をはさんで二時、三時ぐらいには終わります。時間的にはそんなに長くはないです。だいたいこの辺はどこも『福祉と健康のつどい』というのをやっています。

**大本**　ここは大石地区ですね。

**島崎**　大石地区は八郡ブロックにふくまれます。

**大本**　八郡の住民がみんな集まるのですか。

**島崎**　全住民ではないです。男性の健康づくり員と女性の保健推進員とね、あとはさっき言いました地域包括センターとか、町の保健師さん、佐久病院などの健康管理部の人たちです。その人たちは佐久穂町が担当だと、自分の担当地区があるので、そこの担当のところに出てきています。

**【八ブロック名】**

佐久穂町では、全地域を八つのブロックに分けてある。①東ブロック：大日向、余地、かさなり、川久保、館、旭、②中央ブロック：畑ヶ中、四ッ谷、海瀬新田、下海瀬、赤屋、花岡、③千曲ブロック：羽黒下、平林、平林本郷、曽原、相生町、雁明、榎田、桜町、東町、宿岩、中川原、④西ブロック：柳町、みどり町、三本木、久保田、針の木沢、上本郷、大張、中尾、影、上新田、⑤畑南ブロック：清水町、上畑中央、上畑、大門、高根、宮前、千ヶ日向、⑥畑北ブロック：中畑、下畑、大久保、上野、佐口、城山、⑦八郡ブロック：うその口、松井、八郡、大石、馬越、大石川、⑧穂積ブロック：崎田、天神町、穴原、中央、高岩、筆岩。

**大本**　そういう人たちとも学習会をするのですね。いろいろ大変ですね。

**島崎**　だいたい五、六回集まりますが、山間部の方は農家の人が多いので、夏場はいちばん忙しい時期なのです。

**大本**　要するに五、六回集まって勉強会をして、最後に『福祉と健康のつどい』で発表する。

**島崎**　最後の二回ぐらいはまとめです。だから、だいたい三回ぐらい学習会をやっています。私たちのブロックは「健康に痩せるために」など、「健康と運動」にかかわるテーマを二年連続でやりました。

**大本**　自学自習なのですね。

**島崎**　食生活はこういうふうにしたほうがいい、もっと歩く習慣をつけるにはどうすればよいかとか、いろいろと自分たちでチェックしていくわけです。それで結果の良かった人、悪かった人の例を挙げて発表します。

**大本**　大石地区は二つで、一人ずつ保健推進員さんがおられる、二人でやるのですか。

**島崎**　二人と、健康づくり員が一人いますので、三人います。しかし八郡ブロックでは保健推進員は一〇人、地域健康づくり員が四人いまして、だいたい一四人が集まります。八郡ブロックは、大石区、八郡区、松井区、鷽ノ口区、大石川区、馬越区の六つの地区から構成されています。

**大本**　六地区で、何人になりますか。

**島崎**　八郡ブロックでは、いま、男性の推進員が四人います。女性は八郡区に三人、大石区に二人、松井区に一人、鷽ノ口区に一人、馬越区に二人、大石川区に一人ですから、一〇人です。

それに町の担当保健師さんがいます。それから千曲病院。千曲病院というのは佐久穂町立の病院です。それと佐久病院と地域包括センターのほうから何人か来ますので、だいたい二〇人ぐらいの団体になります。

**大本**　この勉強会は、各ブロック毎にやるわけですか。

**島崎**　そうです。

**大本**　そうしますと佐久穂町の保健師さんや包括センターの方などは、八ブロックが各ブロック毎に勉強会をやりますと、そのブロック毎に行かなければならないですね。

**島崎**　そうです。だから、だいたい二地区ぐらい担当しています。

**大本**　各ブロック毎に、こういう勉強会をやっていていかがですか。

**島崎**　それが身に付いているかどうか分かりませんけ

れど、励みになります。

**大本**　やるだけでも大変ですね。『〇七年 福祉と健康のつどい』（佐久穂町福祉と健康のつどい実行委員会）の資料によりますと、畑北ブロックでは「若さ」というテーマで取り組み、東ブロックでは「高齢者の元気な町」、穂積ブロックでは「元気で長生きの人の今」、西ブロックでは「食生活について」、千曲ブロックの「筋肉トレーニング」、中央ブロックの「食と健康」、畑南ブロックでは「肩こり」、こういうテーマをその地区で、それぞれ決めていくのですね。

**島崎**　そうです。

**大本**　こういうテーマで八ブロック毎にそれぞれ勉強会をやって、発表会をやる。

**島崎**　まとめて最後に『福祉と健康のつどい』で発表をするのです。去年の二〇〇七年は一〇月一四日に開催し、資料として『〇七年 福祉と健康のつどい』を刊行しています。

**大本**　年に一回、出す。

**嶋崎**　そうです。

**大本**　あとはどんなことがあるのですか。

保健推進員県大会での学習

**島崎**　あとは任意ですけれど、保健推進員の方は補導員の大会に来てくださいと呼びかけています。これは県の研究大会があったり佐久地区の研究大会があったりしますので、そういうところの勉強会にも出たりします。県が一回、佐久地区が一回です。

**大本**　「県保健補導員、等」。

**島崎**　言い方がいろいろなので「等」になっているのだと思います。

**大本**　保健補導員というのは県で使っている名前で、佐久穂町では保健推進員といっているのですね。

**島崎**　そうです。これは保健推進員だけの大会です。健康づくり員の男性は参加しないです。女性の保健推進員だけが参加します。それが県と佐久地区のほうと二回あります。一〇月ごろに県がありまして、一一月に佐久のほうがあります。

**大本**　長野県の保健推進員の方が集まって、大会を開くわけですね。

**島崎**　そうです。

**大本**　佐久地区というのは。

**島崎**　南佐久六カ町村、佐久市、小諸、御代田、軽井沢、立科です。

**大本**　たくさんあるのですね。これらの大会では何をやるのですか。

**島崎**　これもやっぱり講演を聞いて、あとは他地区の推進員さんはこんなことをしているという他地区の事例発表です。

**大本**　そうすると、自分のところも何かやらないといけないわけですね。

**島崎**　順番です。全員はできませんので持ち回りで決めています。県は大きくて大変なので、中南信と東北信と二会場でやります。東北信がこっちです。

**大本**　それぞれの地区が事例発表会をやるのですか。

**島崎**　去年は小諸、長和町、木島平の三つのところが事例発表をしました。

**大本**　ここで他の地区の人がどういうことをやっているのか学んでいくわけですね。

**島崎**　やはり特別講演をまず聞くのです。「転ばぬ先の健康づくり」ということで、下駄の先生が来てくださいました。健康下駄を履いて健康になるという話なのですが、変わった形の下駄なのです。それを履くと後ろの筋が伸びて健康にいい。

**大本**　たくさん勉強するのですね。

**島崎**　全部は頭には入っていないと思いますが。

**大本**　私はイタリア料理をちょっと習ったことがあります。その時の先生から、一回聞いて覚えようなどと思わないでください、同じことを三回聞きなさい、そうでないと頭に入りませんと言われたのです。お料理も自分でつくれなければ習ったことにならないのです。そうすると、一回習ってその場でやって分かったようなつもりで家に帰ってやってみてできたと思っても、次に行くと、自分のやったことがちょっと違っていることがわかります。そこでまた家に帰ってやると修正されます。それで、これでよかったとか、まちがっていたとか、三回位やると頭に入って自分でできるようになります。

**島崎**　私もおそばを打ったり、いろいろするのですけれど、おそばも一回、どこかで教わってもやっぱりだめです。やっぱり回を重ねないと。

**大本**　県の保健補導員の研究大会の次には、佐久地区の健康補導員の大会がある。

**島崎**　一九年度は御代田町が当番だったのです。

**大本**　そこが中心になって、責任をもって大会を開く。

**島崎**　内容的にはやることは同じです。一〇時半ぐらいから始まり、午前中に講師の先生のお話を聞いてお昼を食べて、午後は三カ所ぐらいの事例発表を聞いて全体会をやって終わりです。

去年は佐久地区のほうは、阿部司先生(2)という食品添加物の先生のお話を聞きました。化学物質を並べておいて、これとこれをあわせるとコーラの味だとか、ここに色をつけるにはこれを入れればいいとか、横文字だったので理解できないのですけれど、香り付けとか、味とかを合成していくわけです。ここにこれを入れるとレモン色だとか、オレンジだとか、そういうのを実演でやりました。

**大本**　イチゴの香りを入れるとイチゴにみえる。本物かと思うと合成だったとか。

**島崎**　そういうのをやってくれました。県のほうでも地区のほうでも、だいたいまとまって行きます。バスを町のほうで出して連れていってくれます。帰りには、阿部先生の話は絶対に子育て中のお母さんに聞かせたいねぇなんて感想を述べあい、盛り上がって帰ってきました。保健推進員さんのうちでは私は若いほうで、地区全体でみると五〇代、六〇代ぐらいが中心です。

**大本**　食品添加物の話は本当に子育ての方が聞いたほうがいい話ですね。

**島崎**　今度は孫の時代になっていますから。でもお嫁さんは義理のお母さんに言われると、素直に頭に入らないじゃないですか。

**大本**　でもそういうところで聞くと、ああ、そうかと素直に頭に入りますね。

**島崎**　そうなのです。

**大本**　こういうことを繰り返していると、すごく知識が多くなりますね。

**島崎**　そうですね。それに考え方も変わってきます。だから本当は二年ではもったいないなと思いますが、それ以上になると負担が大きくなってしまうのでやむをえないとも考えてしまいます。

**大本**　こちらでは佐久病院の若月先生の影響もあって皆さん、演劇をやると聞いておりますが、どうですか。

**島崎**　昔から『福祉と健康のつどい』の時に、演劇もやるのです。保健推進員のほうにも役があったりしますので、数名、出ます。そうすると九月頃から練習が週に三日ぐらい入ってきます。

**大本**　それは、皆さんもおやりになるのですか。

**島崎**　私は一昨年、劇をやらせていただきました。不良娘のお母さん役をやらせていただいて、楽しかったです。最初は、演劇なんかやったことないので心配だったのですが、監督がすごい経験だからいいんだ、恥ずかしがっちゃだめだとおっしゃった言葉に最初はちょっと抵抗もありましたが、だんだん楽しいって感じになってきて、最後は、結構、はまってしまいました。

**大本**　女優さんが舞台に立つ気持になるわけですね。

**島崎**　でも観客が町の人ですから、恥ずかしいところがあります。知っている人が多いわけだから。知らない人だったら開き直ってでもできるけれど、みんな知っている人だと思うと恥ずかしいという気持が先に立ってしまうのです。でも、みっちり練習をしましたので本番になったら恥ずかしいとかは飛んじゃって、結構、真剣にやっちゃいました。

**大本**　やはり、はまっちゃうわけですか。

**島崎**　わりかし冷静で、観客の声も聞こえたりしました。そのときは不良娘のお母さん役で、不良娘が主役で、見ている人たちがこうなるのかなと思ったらちょっと違う方向に行ってしまう場面があったのですが、観客の方からの〝え、そう来たか、そうなるんだ〟とかの声がぼそぼそと聞こえるのです。こっちは泣くシーンなのに、なんだ、こらって胸のうちで言い聞かせたりして、結構、楽しんでやりました。昨年はプロンプターといって、役者さんに後ろでセリフを教えてあげる役をやりました。

**大本**　それも大事な役ですね。

**島崎**　とにかくセリフが長いので忘れてしまうと頭が真っ白になっちゃいますから、そういう役をやらせていただいたのですが、これもまた貴重な体験でした。

**大本**　そういうサポートがないと、全部覚えて、全部やりなさいと言われたら、ドジったらどうしようかと不安ですからね。

**島崎**　そう思ってしまうと、なおさら萎縮して出てこないのです。だからずっと聞いていて、ここ飛んでいるなというところだけ、ぽんと教えてあげる。プロンプターも、結構、大変なのです。

**大本**　これは裏方さんですからね。

**島崎**　表には一切、出ない。脇にいて教えてあげる役なのです。覚えている人は、言われるとかえってごちゃごちゃになってしまうのです。私が女優をやった時は、結構、一生懸命覚えたんです。家でお百姓さんをやっているときは他のことで頭を使わないでセリフを覚えたので、言われるとかえって困るなというところがあったけれど、その時のプロンプターさんはしっかりわきまえてくれて、本当に言葉が飛んだ時だけフォローしてくれました。

**大本**　安心できますね。

**島崎**　やはりいてくれると、飛んでも教えてもらえるというのがあるから安心してできます。だいたい二、三人は保健推進員のほうから出ます。男性の健康づくり員さんのほうが多いです。だけれど高校生役とかは無理だから、そういうときにはそれなりの子にお願いします。

**大本**　いろいろと役割がありますね。

集団検診の結果報告会での学習

**大本**　集団検診の前後はどういう動き方をするのですか。

**島崎**　一一月、一二月と集団検診が入るのです。自分のブロックのところには、保健推進員さんと健康づくり員さんがお手伝いに行きます。誰でもできるような身長、体重。今は体重計に乗れば体脂肪もみんな測ってくれるので、記録とか、案内とか、そういう役割がありますので、そこもお手伝いがあります。

**大本**　説明会を聞いて、集団検診に実際に立ち会わなければいけないのですね。

**島崎**　立ち会うのです。その後の結果報告会にも行く。結果報告会というのは、一人ひとりに集団検診、あるいは人間ドックなどの結果を各地区に保健師さんがきて渡してくれるわけです。配るのは私たちですけれど、配って、それを見て、来た人たちが保健師さんからちょっと血圧が高いねとかいった指導を受けるのです。それは一月にあります。最後が三月で取りまとめがあります。

**大本**　検診の前に説明会があって、検診のお手伝いをして、結果報告をお手伝いして、最後の三月に、次年度の取りまとめがある。

**島崎**　スケジュール的にいうと、四月の中旬には委嘱式がありますので、そこで一回、そうすると旧佐久町地区のほうは、四月に肺のレントゲンが入っています。五月になって旧八千穂村地区のほうが肺のレントゲン。六月から九月まではブロック会議が入ってきます。私は八郡ブロックで勉強会をします。それをずっとブロックのほうでやって、八月に合同会議があります。九月から『福祉と健康のつどい』の時に上演する演劇の練習が入ります。九月には婦人科のほうの乳房検診があります。一一月には旧佐久町地区の集団検診があります。一二月になりますと旧八千穂の集団検診がありますので、お手伝いがあります。一月には結果説明会がありますので、お手伝いがあります。

**大本**　こういうお話を聞いていますと、住民の方々の交通費程度のボランティア活動がなくて、これを全部お役人がやるとなると大変ですね。

**島崎**　もともと健康推進員の始まりというのは、ある村の保健師さんが行って健康指導をやりますよといったときに、一人で来て受付から、何から何までやるのでは大変だから、私たちがお膳立てしておいてあげる。みんなを集めて、机を並べて、来ればすぐできるようにしておいてあげるよといって始まったのです。だから結局は、町の保健師さんのお手伝いで始まったので、基本的にはお手伝いです。

**大本**　いないと円滑に動けないですね。なんでもかんでもちゃんとしたアルバイトを使うなどと言ったら、莫大なお金がかかってしまう。

**島崎**　それでも半日で三五〇〇円といったら、そここ、いい値段なのかなとは思うのです。でも新たにアルバイトを頼んでやると言ったら大変ですね。

**大本**　勉強会をやったりして知識がないと半日では済まないですね。知識がない人がぽんと来ても、ドジが多くてできないです。

**島崎**　一番の利点は、地区、地区から出ていますので、その地区の人たちの実情を把握していることです。どこどこの誰さんは、一人暮らしだとか、息子たちと住んでいるから安心だとか、そういうこと全部を分かっているところにあります。

## 保健推進員の課題は何か

**大本**　本当にすごい仕事をやっておられることがよく分かりました。役場とか佐久病院とのかかわりもあるわけですから、こういうところは改善してほしいとか、こういうところは問題だなと思うところはありますか。つまりここは、こういうふうにやったほうがいいのではといったことです。

**島崎**　一年や二年では、それに慣れるのが精一杯でやっている時はこうしたほうがいいというのは感じるのですが、後になると忘れてしまうところがあって。

**大本**　地区で順番でやっていかれるのですが、皆さん、保健推進員にすんなりと引き受けてくださいますか。

**島崎**　ところによっては、どうしても嫌だというところも出てくるみたいです。交替になっていますので、半分は今年で終わり、あとの半分はあと一年という感じでやっていますので、まったく全員が新しいということはないので、だいたい円滑に進んでいくのですけれど、それでも、私と一緒にやった大石区の第二の人も、最初に出て来た時は文句たらたらでした。ここは事前の了解なしで選んで、総会で発表して、総会で了承を得ればそのままいきますので、本人が総会に出てこなければ何も知らないわけです。それで〝なったからね〟と言われたので、最初はすごかったです。

そこで二年で終わって、このあいだ、八郡ブロックの皆さんで慰労会をやったのです。そうしたら、最初はすごく迷惑をかけたけれど、良かったと言っていました。なかなか出ない人だったのですが、やらせてもらって自分が成長できたというコメントを出していました。他にもそんな話をよく聞きます。

**大本**　人間的に成長していって喜びになったのですね。

**島崎**　たしかにちょっと明るくなった感じです。要は、外に出慣れない人が多いということでしょうか。役を受けるということは、外へ出るキッカケだと考えるといいと思います。

## 会長を引き受けてみて

**大本**　ここの会長さんをやっていらして、いかがですか。

**島崎**　保健推進員さんたちがとても協力的で助かっています。何かというと、結構、参加してくださって、個人個人の担当があるので出ないといけない合同会議とか、県の大会とか、地区の大会というのはせいぜい一五、六人しか参加しないのですけれど、町の『福祉と健康のつどい』には、結構、出てきてくださっていると思います。

**大本**　ご自分で二年務められて、どうですか。

**島崎**　楽しいですよ。

**大本**　楽しければやっていておもしろいですね。

**島崎**　楽しいですし、役場とのつながりもできます。役場というのは一般の人には入りにくいところがあるじゃないですか。どうしても行かなければいけない用事がない限り、行きたくないというようなところじゃないですか。私のもともとの性格もあるかもしれないですけれど、農村生活マイスターとか県の温暖化防止推進委員とかもやったりしていますので、役場にちょいちょい行っているのでつながりもできますと敬遠していればよいというものではないと判ってきますし、生活していくうえで、福祉課も産業課も環境課も全部共通な問題をかかえていることもみえてきます。つまり福祉は福祉だけではすまないのです。いままではだいたい農政とか環境のほうが主だったのですけれど、いまは福祉のほうの知識も入ってきて、考え方がまた一歩広がったかなという感じがします。

**大本**　ご苦労も多いでしょうけれど、人生経験も積める。

**島崎**　私は苦労を感じないほうなので。

**大本**　では、会長さんに適任ですね。

**島崎**　私は、自分のできないところはお願いして頼んでしまう人なのです。できればやるし、この人じゃ無理だなと思ったら自分でやっちゃう人だし、この人はできると思ったらお願いって頼んじゃう性格なのです。だから人使いは荒いほうなのです。

**大本**　性格的には適任ですね。

**島崎**　そうなんだろうと思います。

**大本**　保健推進員のお仕事の概略は分かりました。

## 住民主体で地域をつくる

**島崎**　このあいだの慰労会をやった時に、男性の健康づくり員さんが一人来れなかっただけで、あとは全員参加しました。忘年会のときから、〝やろうね、やろうね〟とみんなで言っていたのですけれど、なかなかまとまりがつかなくてやる時がないのでじゃあ新年会にしようかとなったのですが新年会もだめだったので、じゃあ三月で半分の推進員さんが終わるから、そこで慰労会をやろうということで、顔を見るたびに〝いつ、やるの、いつ、やるの〟ってみんなが言うのですよ。やっぱりそれだけまとまりがあって楽しい場所だということですね。

**大本**　楽しくないと、何事も進まないですね。

**島崎**　ここら辺はお百姓が多いので、朝早く午前二時、三時ぐらいから働いて出荷して、昼間、お百姓をやって明日の段取りをして、それから夜出てくるわけですから、みんな疲れているのです。だいたい夜七時半ぐらいから勉強するわけですから眠くて眠くてしょうがない人も中にはいますが、それでも出てきたからには一生懸命参加して『福祉と健康のつどい』で発表する。やはりそれぞれの達成感があるのだと思います。その達成感があるから、また次もちゃんとやろうかとなっていくと思うのです。〝これで終わりだなんて寂しいよね〟とみんな言っていました。

健康づくりに携わっている人たちがみんな集まる会を、昔は「たらの芽会」(3)と言っていたらしいです。

五月の終わり頃に、町内の一斉清掃があるのです。主要道路のゴミ拾いをするのですが、その後、男性の健康づくり員さんが朝採ってきてくれたタラの芽やコゴミ、コシアブラ等を天ぷらにします。町の病院の看護師さんだとか、医療関係の人たちが集まって揚げてくれて、それをみんなで集まって食べる。二〇〇人まではいないけれど、百何十人か集まります。去年が四七回目。

**大本**　「たらの芽会」、いい名前ですね。

**島崎**　今様にいったら何でしょう、親睦会かしら。

**大本**　交流会ですか。

**島崎**　交流会です。声を掛けますと保健推進員さんも一二名から一五名ぐらいは出てくださいます。そういう場で、結構、医療関係者の人たちとも顔見知りになったりします。

**大本**　催し物か何かもあるのですか。

**島崎**　ないです。ただ、タラの芽の天ぷらとか焼き肉などをつくって飲んで食べるだけです。

**大本**　それで歓談する。

**島崎**　その時は難しい話は一切しない。本当に交流会です。それが年に一回あるのです。そういうこともやったりしています。

**大本**　大人の楽しい社交の場ですね。

**島崎**　これは八千穂村の頃からずっと四七、四八年続いていることなので、そうやって八千穂村と佐久病院の絆というのができてきているのだと思います。

**大本**　佐久病院の健康づくりの関係者たちも出てこられるのですか。

**島崎**　夏川院長先生も毎年来られます。千曲病院の院長さんも来られます。あとは町内で個人的に開業しているお医者さんも見えたりします。

**大本**　それはいいことですね。

**島崎**　こういう集まりはどこにもないですね。

**大本**　健康づくりでは、そういうつながりがベースになりますからね。

**島崎**　そうだと思います。集団検診の時も「健康茶屋」というのがあるのです。検診を受けてきたら、一番最後に「健康茶屋」で健康料理を一品、出してもらうのです。それを食べてお茶を飲みながら座談会をするのです。それで帰ってくるのですけど、その料理は食改さん（＝食生活改善推進員）が作るのです。

**大本**　食改さんが登場されるのですね。

**島崎**　それも当番で、自分の地区のときに出てつくってくださいます。でもいない地区もありますので、他のところのお手伝いに行ったりもします。結果報告会のときも一品、つくりますので、それにも行ったりします。

**大本**　島崎さんは食改さんもやっていらっしゃるのですか。

**島崎**　そうなのです。

**大本**　それは大変。いろいろと活躍する場がたくさんあって時間も取られますね。

**島崎**　取られます。でも家でぼーっとしているよりいいです。この辺に花桃も植えています。この木は一本の木から白とピンクと赤の三色に咲き分けるのです。源平花桃というのです。この道を花桃街道にしようということで「大石花ももの里実行委員会」という会を去年大石地区で立ち上げましたので、今年も四月の終わりに百何十本植えます。

**大本**　地域の皆さんは活動的ですね。自分たちの地域をよくしていこうという意気込みがすばらしいです。

**島崎**　馬越地区も皆さん集まって、荒廃地をみんなで整備して、みんなが集まってお話ししたり散歩したりできるような憩いの場所の整備をしたりしています。

**大本**　多彩な活動、感心しました。

**島崎**　言い出しっぺの人と、言われたら〝じゃ、やるか〟と腰を上げる人がいないとだめなのです。

**大本**　島崎さんは、やりましょうとリーダーシップを取っていらっしゃるほうですね。

**島崎**　いま、「大石花ももの里実行委員会」の会長[4]をやっています。長野県の地球温暖化防止推進員のほうで、地区でいろいろな活動をしましょうということになりました。そこで自分の地域で何をやろうかということになったとき、植樹でも、ただの植樹ではつまらない。大石地区には、昔から花桃が植えられていたのです。いま、見ていただいて分かるように、大石地区は高台に家があるので、高台に植えると、しだれて咲く桃がとてもきれいなのです。そこで活動がてら昔からあるので、それを広めようかということになったところ、〝地区で植えたいね、増やしたいね〟という人も、結構、いたのです。だからいろいろやっていると、全部共通です。農業にも温暖化防止と共通の話題と課題があるし。やはり温暖化がどんどん進めば農業にも異変が起こるということもありますし、人体への影響だって出はじめています。

とにかく住民から動いていくこと、行政主導のお任せではだめなのだと言っています。一部、行政の責任逃れなのかなという感もありますけれど、たしかに住民も何でも行政がやってくれるんだという意識を変えていかないと地域は活性化していかないだろうと本当に思っております。

**大本**　島崎さんのような方が輩出しないと地域はよくなりませんね。長時間、現場を担当していないと判らないお話を伺わせていただきありがとうございました。

（二〇〇八年三月二九日午前八時三〇分〜一〇時まで、島崎さんのお宅にて）

**付記**――本稿は、島崎氏にご一読いただき加筆訂正のうえ、大本の責任で補訂したものである。

**注**

（1）　旧八千穂村では、保健予防に関連する六〇以上の住民組織が『福祉と健康のつどい』に参加して研究発表および手づくりの福祉劇を上演している。

（2）食品添加物評論家。『食品の裏側』『なにを食べたらいいの?』など著書多数。

（3）八千穂村と佐久病院との交流の場として、「たらの芽会」という集まりが毎年もたれている。検診の反省会を兼ねて、役場、健康管理部、衛生指導員、大石区や松井区、八郡区の衛生部長さんなどで、ひと冬の健康のご苦労さん会を兼ねた自然に親しむ交流の場「たらの芽会」となった。みんなで手分けしてタラの芽を取りにいき、大鍋で採りたてのタラの芽やウドの葉、コゴミなどを天ぷらにあげて、それを囲んでみんなで楽しく食べながら交流する会である。『衛生指導員ものがたり』（四四）、佐久総合病院『農民とともに』（第一二九号）。

（4）島崎規子さんと同じ大石地区に住む健康づくり員である篠原始さんのお話では、島崎さんは、大石の〝しだれ花桃の会〟の発起人であり、他にも地球環境問題の活動にも尽力するなど何ごとにも積極的にとりくむ活発な方であると高く評価されていました。二〇〇八年五月五日に高見沢佳秀氏、内藤恒人氏、篠原始氏などのヒアリングのさいの話題よる。

# 第三章　真の住民自治こそ地域再生・創造の原動力

## ――先駆的住民自治生誕への苦闘

# I

# 住民自治の形成と現状

# 解　題Ⅰ

## 1　研究の主旨

高齢社会に直面し、ヨーロッパ諸国では一九八〇年代から住民の生活にもっとも近い基礎自治体に権限と財源をおろしてゆく分権化が進められた。わが国でも、一九九〇年代に入り分権化が取り上げられ、一九九九年に地方分権一括法が成立し、翌年二〇〇〇年四月から施行された。その趣旨の一つは、高齢社会へむけての福祉充実のためにもっとも身近な行政に権限をおろすという狙いであり、二つは、権限を地方におろすことにより中央政府の縮小すなわち小さな政府をつくるという二重の意味をもって分権化が進められてきた。

他方、二一世紀に入り分権化の促進と同時に地方自治体の「効率的な運営」と国家財政の削減をねらって一九九五年以来、〝平成の大合併〟といわれる合併を進めた市町村合併特例法は合併特例債をもうけ、合併すれば地方交付税の七割加算などの優遇処置をとり、適用の最終期限を二〇〇五年三月とした。しかしながら、合併しない市町村に対して二〇〇五年四月に改めて新合併特例法をもうけ、地方交付税の五割加算などの〝アメ〟を与えつつ、他面では一万人以下の町村に合併を進め、二〇〇七年三月までと期限を切って〝ムチ〟をふりかざすという状況が生まれている。

九〇年代から二一世紀にかけて地方自治制度改革のプロセスで、「効率的な運営」優先の議論がにぎにぎしくなされたとは言えても、真に地域自治をつくるということは何をなすことなのかは明らかにされてこなかった。このような全国的な動きのなかにあって、岩手県藤沢町《ふじさわちょう》では一九七〇年代という早い時期から、住民主体による地区単位の自治を基礎とした住民自治の取り組みがなされてきた。

この取り組みは、参加民主主義とも言えるが、私見では参加民主主義を超えた「町政の主人公は町民である」という住民主権のまちづくりであると評価できるものである。

藤沢町を知ったのは、二〇〇二年五月に居住福祉学会において藤沢町立病院の佐藤元美院長の予防医療に関する実践的な研究報告を聞き、同年の八月に学会の有志七人で訪問したさい、地区自治を中心に政策が実施されていることを見聞したことからであった。また大久保圭二『希望のケルン――自治の中に自治を求めた藤沢町の軌跡』（ぎょうせい、一九九八年）によって、町政改革、農・工一体改革、医療・保健・福祉改革などを通して総合的な地域改革、地域再生、地域創造が進められている先進的自治体であることを知りえた。しかしこの著書だけでは先進的制度ができたそのプロセスが十分に明らかにされていないため、〝藤沢モデル〟をより深く知るために自治を推進した佐藤守町長に直接インタビューをおこなった(1)。

佐藤町長とのインタビューは、第一に佐藤町長の人物像を明らかにした部分と、第二に佐藤町長の町政とは何であったかを掘り下げた部分との二部構成になっている。ここでは自治というものが職員との関係、住民との関係を通していかに創造されるかが、首長という立場でなければ伺い知りえない生々しいエピソードをまじえて臨場感をもって語られている。

だが、それでも藤沢町は、二〇〇六年三月末で人口が一万人以下となり、他市町村と合併をせざるを得ない事態になったので、合併になる前に、三〇年以上にわたって形成されてきた住民自治のもとになる自治会の実態がどのようなものであるのかを知るため、藤沢町自治会協議会会長の小野寺恒雄氏から自治会の実態とその評価についてヒアリングをおこなった。

わたくしの専門領域は、社会保障、社会福祉、およびまちづくりなどの生活保障の分野であるが、今回、住民自治を取り上げた背景として、自立的な住民による自治に支えられない行政依存的な住民が多数を占めるところでは、住民の真の生活保障が確立しにくいのではないかと考えていることによる。今回の調査では、この〝自治なくして福祉なし、生活保障なし〟ということが明らかとなった。そうであれば、二一世紀の日本は住民自治・市民自治を根底として社会保障・社会福祉、生活保障、まちづくりを再構築していくことが望まれよう。

ちなみに大都市を除けば、日本の多くの地域が藤沢町と同様の問題に突き当たっていると考えられるだけに藤沢町の事例は一定の普遍性があるとみなしてよいであろう。

## 2　藤沢町における自治体内分権

藤沢町のもっとも先進的な政策の一つは、過疎の町であった藤沢町を再生するにあたり住民の力を引き出し、住民の力によって町をつくっていくことを目ざして、自治の最小単位である地区の自治活動を通して街づくりへの自主的・主体的な住民を育てていったことにある。そのために住民をはじめ行政の職員の学習活動を盛りあげ、〝学習する町〟といえるほど住民の市民意識＝民度を上げるための力点が置かれている。また、藤沢町の行政は、「調査なくして発言なし」を地でゆくように〝調査にもとづく政策づくりの町〟といえる行政スタイルをとっており、あらゆる施策はまず住民の意向を汲み取ってから計画が立てられている。

二つは、地域住民の生活を支える基本である雇用を充実・創出するために、地域産業政策として農・工一体促進政策をとったことである。過疎地域に企業誘致をしてゆく困難さをのり越え、現在一〇企業（二〇〇八年現在）が立地するに至っている。それら企業の従業員は二〇〇〇人におよび、町の五分の一の人口に当たる。また農業では、農地の拡大――国・県有地の農地化、水資源確保など農業生産基盤整備などをやり終え、有機農業によるブランド農業をめざしている。

三つは、早い段階から医療過疎の町を〝住民が安心して住める地域〟に変えるため、町立病院をはじめ老人保健施設、特別養護老人ホームおよび在宅医療・在宅介護などの面で医療・保健・福祉の統合・一体化をおこない、その担い手を養成してきていることである。

四つは、藤沢町は、国・県の権限でやること以外、町村の権限で可能なことはすべてを実践しているといっても過言ではない。その意味では、みごとに住民主権にもとづく補完性の原理を貫徹しているといえよう。

これらのことを三〇年間かけてつくってきた成果のうえに、現在の藤沢町がある。

## 3　藤沢町モデルのオリジナリティー

右に述べた諸特徴に関して、とくに藤沢町のオリジナリティーと思われる諸点について、以下、やや詳しく述べておこう。

### (1)　成熟した住民による地域計画

地方自治法では、旧来から自治体の総合計画をつくることを義務づけている。都市地域では、総合計画ばかりでなく、都市計画法（第一二条の五）により住民参加による都市計画マスタープラン、住宅マスタープランの策定が自治体に義務づけられている。

自治体は基本計画、地域計画など策定しなければならないことが多くなった。現実には、これらの計画は行政がコンサルタントに依託し作成してもらう場合が多い。それゆえに形式的なプランとなりやすく、そこに住む住民にとっては絵に描いた餅に等しいものとなっている場合がみうけられる。藤沢町においては地区の計画原案は地区自治会がそれぞれ策定している。このやり方は、真の意味の自治を形成する原点といえる。これは地域計画、基本計画策定における優れた方法であり、他自治体としても学ぶべきやり方であると思う。

### (2)　自治活動に対する「自治会総合補助金」

また藤沢町では、地区自治を支援するため自治会活動費として年間六〇〇万円（二〇〇五年度）ほどの補助をしている。自治会館の管理運営は自治会に任されている。一般的に日本における補助金は特定目的に限定される場合が多いが、藤沢町の場合は使途を問わない自由に利用できる総合補助金であるところに特徴がある。したがって地区自治会の財政構造は、三つの収入源からなっている。一つは会員の会費、二つは自治会の事業収入、三つは町からの総合補助金である。日本の多くの自治会は、自治会員の会費のみで運営している場合が大半であり、役所から補助が出される場合でも特定目的の補助であるため運用が自由にできず自治の涵養に役立っていない。

藤沢町における地方自治の危機は、自治会への総合補助金が合併によって消滅することへの危惧となって現れている。これは、二〇〇六年の調査によって明らかとなった点である。

### (3)　長期的視点からの社会的先行投資

藤沢町は、たしかに財政的に赤字となっている。町長をはじめ住民は、それは社会的先行投資としての意味をもつものであって、本来の財政赤字ではないことを強調している。

日本のこれまでの行政は、短期的視点からの計画が中心であって、長期的視点に立った計画はほとんど見られない。ヨーロッパ諸国では〝まちづくりは一〇〇年の計〟といわれているが、それは短期的計画だけでは無駄が多く、ありうべき理念を実現できないことを意味している。

ここで想起されるのは、一八三四年に英国で公衆衛生法が制定された事情である。すなわち制定にあたり、提唱者E・チャドウィックは医療費について、短期的にみれば伝染病の蔓延による医療費の増大といえども、上下水道など都市環境整備への投資費用より安いが、長期的にみれば環境整備をするほうが、トータルで社会的コストをより安くすることができることを算定して反対勢力を説得し、世界で最初の公衆衛生法を成立させたのである。

経済成長がエコロジーの観点からも抑制される趨勢にあるなか、長期的視点にたった社会的先行投資のコスト計算を真剣に考えてゆくべきであろう。身近な問題では、日本の住宅の耐用命数はきわめて短く二五年から三〇年しかない。このことは、短期的にみればGDP（国内総生産）のうちの住宅投資増として経済成長を高めるが、ヨーロッパの住宅のように一〇〇年住宅であれば日本の住民・市民の生活は低成長でもより豊かになりうることを考えれば理解されよう。

### (4)　住民による自発的な土地提供

藤沢町では農業用ダムをつくるにしても企業誘致するにしても、その土地を確保するにあたり行政の強制執行ではなく、先祖から受け継いだ大事な土地を住民が積極的に提供することによって実現している。それゆえ、その土地をどのように利用するのかに関して住民の関心は高い。自分たちのまちは自分たちでつくるという自覚をもって土地が提供されているだけに外来の勢力が勝手に介入し、壊すことは許されないと意識されている。

### (5)　医療・保健・福祉の統合・一体化

住民自治の徹底を除くと、藤沢町の最大の特徴は医療・保健・福祉の一体化にある。(1)〝住民が安心して住める地域をつくる(2)〟ことをめざして医療・保健・福祉が統合され実践してきた。その成果が評価され、二〇〇六年度の総務大臣表彰を受賞するに至っている。実際、全国の中山間地域にあって高齢化と医療費増による地方財政の赤字、医師・看護師をはじめとする医療関係者不足による病院の閉鎖などが大きな問題となっているなかで、藤沢町は、独自の先行投資として自治医科大学との連携、医学、看護学、リハビリなど医療関係学生への奨学金制度をおこなって支援してきた経緯もあり、住民が安心して生命と健康を守れるわが国でも有数の地域になっている。

### (6)　住民の福祉学習の場としての知的障害施設

町民の福祉学習のために一九八四年に「知的障害者更生施設ふじの実学園」（定員一二〇名）が設立された。翌一九八五年に後援会である「ふじの実会」を結成し、①町民全世帯が後援会員となり、年間一世帯一〇〇〇円、企業・団体は一万円を会費とし、施設の経済的支援およびボランティアとして人的支援をおこなう、②施設の評議委員会に四四地区自治会から各代表を一名ずつ評議委員として選出し、施設の運営に意見を出す、③盆踊りや運動会などのイベントを住民と共におこなう、などしている。この施設は、町民が施設の活動に参加し、障害をもつ人びとと共に生きることを学ぶ場として位置づけられ、行政および住民が日常的に支援している。また町民病院、および特別養護老人ホームなどの施設では、ふじの実学園の知的障害者を積極的に雇用している。

## 4　藤沢町の新たな挑戦

現在、藤沢町の人口は九九二八人（二〇〇六年四月現在）で高齢化率は三一・八％である。既述のように「人口一万人以下は自治体としては認めない」という政府の方針のもとに、藤沢町の従来からの努力にもかかわらず人口一万人を切ってしまった現在、市町村合併をやらざるを得ない事態に直面している。

市町村合併によってこれまで積み上げられてきた住民自治の成果が後退する町村のことを聞くにつけ、藤沢町も多くの時間をかけて努力してきた先進的取り組みが後退するのではないかという懸念があり、町長に合併の思いをお聞きすることにした。佐藤町長は〝後退・前進は、住民が決めることである〟と言われた。たしかにその通りである。お役所依存の住民から自立的な住民を育成することに支援してきた町長・町職員たちではあるが、あくまでも町の主体は住民であり、後退・前進は町民が決めることであるとすれば、いま、改めて町民の力量が試されるときである。

実地調査は、二〇〇六年九月二五日・二六日・二七日の二泊三日で現地でヒアリングをおこなう形でなされた。本資料で取り上げたヒアリングの第一部のうち「自治会の現状と課題」は二六日の午後三時から約二時間にわたり、第三九地区自治会館において藤沢町自治会協議会会長であり第三九地区の自治会長でもある小野寺恒雄氏へのヒアリングおよび質疑をまとめたものである。

最後に、佐藤守町長をはじめ、プログラムを準備いただいた佐藤和威治企画室長、および企画室スタッフである倉部成彦氏、佐藤宣裕氏の方々のお計らいとお心配りに深く感謝を申し上げます。

**注**

（1）小松田儀貞「中山間地域自治体における保健・医療・福祉システムの地域的総合化の展開―岩手県藤沢町の事例を中心に―」（『富山大学紀要』第三三巻第二号、二〇〇一年）。この論文では、藤沢町の保健・医療・福祉の地域的総合化、一体化は全国的にみてきわめて数少ない自治体であるとしている。

（2）佐藤守「わが町の健康と福祉の里づくり」『農村生活研究』（第四四巻第一号、一九九九年）。土屋耕平「過疎地域における住民と行政の実践―岩手県藤沢町の到達点―」（『月刊自治研』第四四巻第五〇八、二〇〇二年）。

（大本圭野）

# 一　二一世紀の住民自治と生活保障

佐藤　守

佐藤守氏の略歴

一九三三年一月五日　佐藤季男・雍子夫妻の第四子として八沢村徳田字前城に生を受ける
一九三九年　徳田小学校入学
一九四五年　旧制一関中学校（現・一関高校）入学
一九四六年　徳田小学校高等科入学
一九四七年　千厩高等学校併設中学校入学
一九四八年　千厩高等学校入学
一九五一年　徳田小学校代用教員
一九五三年　法政大学法学部入学
一九五七年　曽慶中学校を初任校とし、以後、一五年間の教員生活に入る
一九七二年　藤沢町助役、二期務める
一九七九年一月二八日　藤沢町長となり、二〇〇六年一二月まで務める

（資料：藤沢中学校一年A組編『佐藤守町長物語』による）

## 1　佐藤守町長半生記

**大本**　このたびのインタビューではやや立ち入ったことになるかもしれませんが、初めに町長さんがお生まれになった時からの生い立ちから伺わせてください。趣旨は、佐藤町長は住民自治という観念を骨の髄に徹するまで持っていらっしゃるわけですが、普通はなかなかそういうふうにはなりにくい。そこで、どうしてそういう思想を形成されたのかがすごく知りたいのです。

### 政治家と事業家の系譜

**佐藤**　今でこそ住民自治が取り沙汰されるようになってきましたが、当初はあらゆる手法を使ってここに残った者と一緒に町をつくる以外になかったのです。わたしがこの町に戻ってくるまでは、およそ国の進める制度はそれこそなんでも取り込んできた。その点ではこの町の行政は優等生だったのです。全部、国の言うとおりにやってきた。だが結果として四分の一の住民は出て行ってしまったわけです。その有効性が失われたことはみんな分かったわけなのに、また、その歴史を歩むのか。一生懸命追ってきた国の制度というものの有効性がない姿を皆見たわけです。つまりこんなはずではなかったとなっちゃったわけです。だったらおれはここに残った者同士でこの町をつくっていく以外ない。

**大本**　なるほど、まずそういう現実に突き当たっていたわけですね。『藤沢町史』本編上に添えられたカラー写真によると、佐藤さんの実家（徳《とく》田《だ》字《あざ》前《まえ》城《じょう》）は「旧肝入の家、佐藤守氏宅」となっています。[1] 旧肝入というとどういう家柄になるのですか。

**佐藤**　肝入というのは旧幕藩体制のなかでは支配するほうから見れば地域末端の支配者です。住民から見れば権力との接点ですね。

**大本**　一種の世話役ですね。

**佐藤**　世話役です。だからこれをどっちから見るかです。かの佐倉宗五郎というのがいるでしょう。彼は名主の立場でありながら住民の立場でやったから現代に義民として名が残っている。したがってこれは権力機構の末端なのか、住民との接点に立つのか。その辺だと思います。ともかく、今の言葉でいえばコミュニティのキャプテンです。

**大本**　佐藤さんの家系を辿ると、祖父の亮助さんが旧八沢村の四代目の村長をやり、お父様は八沢村の村長を三回やり、一九五三年にできた町村合併促進法により一九五五年四月に旧藤沢町黄海村、大津保村、八沢村が合併し新藤沢町が誕生した時も八沢村の村長をつとめていた佐藤季男さんですね。

**佐藤**　そこまで我が家のことをお調べいただければ、これは白状せざるをえないですね。母方もこの町の町長です。

**大本**　それで藤沢町のすみずみのことも全部分かるのですね。

**佐藤**　役場の正面玄関に向き合っている銅像がそうなのです。あれが私の母方のじいさんです。

**大本**　「千葉需」という碑銘のある方ですね。その時は旧ですか。

**佐藤**　旧藤沢時代です。戦前、町長のあとは県会議員をやったのです。もっともあのじいさんは、岩手県出身の原敬の時代の政友会ではないのです。民政党で争ったほうなのです。野党だったわけです。

**大本**　憲政会の系統の民政党のほうなのですか。珍しいですね。普通、地方は政友会ですよね。

**佐藤**　ここはもとは全部、民政党だったのです。ところが原敬内閣ができて権力を取ったでしょう。だから鉄道つくる、何すると言われたものだから、寄らば大樹の蔭でなだれ現象で政友会にいったということです。

**大本**　野党の民政党でずっと終始していたのですか。

**佐藤**　だから母方のじいさんは随分苦労したのです。私のほうでもおじいさんがやっぱり田舎の政治をやっていたのです。

**大本**　八沢村の四代目村長をつとめた祖父の亮助さんですね。

**佐藤**　そのおじいさんは一四歳で戊辰の役に参加しています。

**大本**　どこから出たのですか。

**佐藤**　田村藩です。

**大本**　一関は田村藩ですね。ここは戦ったのですか。

**佐藤**　秋田の佐竹藩が奥羽同盟にいたわけですが、それが薩長連合に入ったわけです。田村藩は奥州同盟に残ってそれを討伐するほうに行ったのです。最後は負けてしまった、いわゆる幕府方です。

**大本**　一関は幕府側で終わったのですか。

**佐藤**　東北では秋田だけが官軍だったわけです。あとは全部賊軍になった。そこで明治になって藩が解体されて、地域住民のあった入会地、入会山なんかも全部没収されて国有林になってしまった。

**大本**　官有林ですね。

**佐藤**　だから東北に国有林が多いのは、実は幕府に刃向かった殿様の財産ですから藩有財産が没収されて国家の所有になったということです。そういうさまざまな歴史の変遷がありますが、明治以後、いわゆる殖産興業の折、養蚕などをやったのですよ。

**大本**　生糸の仲買人もやったわけですね。

**佐藤**　そう。そういうのをやって、損したり伸びたりしていたのですが、最後には万歳してしまったわけです。

**大本**　一代成金の方も出たわけですか。

**佐藤**　初期には出たのです。生糸のほかは金山とかの鉱業。地域の産業資源を商売した。当時の起業家だったのです。田舎の事業ですから儲かるわけも何もないのです。結局セオリーどおり万歳してしまったのです。

**大本**　佐藤家はもともとは農業で養蚕などもやっておられた。

**佐藤**　当時は、たばこよりも養蚕のほうが盛んでした。

**大本**　肝入ぐらいになると、普通の人よりは田畑の所有地は多いのですか。

**佐藤**　所有地は多かった。だけど、明治の前というのは農民所有はありませんから。土地全体がいわゆる藩有財産ですから当然年貢を納めるわけです。

**大本**　明治になると政府は地租改正で地券を発行して土地所有を認めますね。それ以降は佐藤さんのおうちは地主になるのですか。

**佐藤**　地主といえば地主だけど、むしろ事業家だったのではないですか。養蚕をやったり、生糸商いとか、金山をやったのですから。そういう中で広大な農地を持っていても、田舎の農民資本でやった事業では金融資本に通用するわけがない。それで没落してしまったのです。

**大本**　それはいつ頃のことですか。

**佐藤**　昭和の初期です。

**大本**　やっぱり昭和恐慌時。

**佐藤**　そういうことです。明治から大正時代までさまざまな格好で貨幣経済のなかでも持つものは持ってきた。それをそのまま持っていればいいのに事業をやった。それも成功したのは一つもないのです。結局、中央の大きな資本が入ってくれば競争できなかったわけです。最後まで残ったのは、生糸ですかね。鉱山なんかは初めから農家のやる仕事ではなかったのです。そういうことで没落したことは間違いないですが、自分が生きるぐらいの土地は持っていたわけです。土地というのはあの当時二町か三町ぐらいだったと思います。

**大本**　この辺の平均からすれば三町歩地主というのは

まああですね。

**佐藤**　だから僕が生まれた時には、そういうところから入ってくる年貢で食っていたみたいです。

**大本**　小作料ですね。

## 農地改革と一家の変貌

**佐藤**　ところが一九四七年の農地改革で一気に物納禁止の時代になった。特にわが家の場合にはおやじが鉱山とか生糸なんかをやっていたものだから、米が入ってこないのです。他所みたいにいくらか自分で働きながら他に貸していればよかったと思うのです。

**大本**　いわゆる自小作ですね。

**佐藤**　ところが農家業から離れていたから、さあ、次の日から米が来ない。

**大本**　その被害が大きかったのですね。

**佐藤**　だから僕らが小さい時はこんな農村田舎でもみんな政府の配給米で生きたわけです。食うものはその他じゃがいも、かぼちゃしかない。そしてお袋がなげき悲しむ様子を子供ながら見ているのです。なんだ、かんだと何十年やっていたのに制度が変わったからスパッと現物給付がなくなるわけです。ただ、私のうちはいわゆる地主という概念ではなくて、近所隣でみんなつくっておったのです。

**大本**　そういうのは手づくり地主というのではないですか。

**佐藤**　うん。今いる当時の農業委員をやった人は知っていますが、私のところでは農地というのは働く人ののだということで全部くれちゃったのです。取り分けたってしょうがない。その人びとの生活が成り立たないから。当時は無償供与したのは藤沢で私のところだけではないかと思います。

**大本**　一九四五年の時は、佐藤守さんはおいくつですか、何年のお生まれですか。

**佐藤**　昭和八年です。

**大本**　一九三三年ですね。そうしますと、八歳のとき太平洋戦争がはじまり、一三歳で、今の中学生のときに敗戦を体験されたのですね。

**佐藤**　旧制の一関中学（現、一関一高）です。一関で敗戦を迎えました。そしてうちに帰ってきたのです。兄弟姉妹は六人で、男三人兄弟です。私のうちは田舎のなかにおりながら事業系統が好きな血筋だったのです。

**大本**　事業家の系譜があるわけですね。

**佐藤**　わが家では明治の末期に、わが家のおじさんと称するのが三陸海岸に行って捕鯨業をやっていたのです。この人は、水産に生きた海の男なのです。初めて大砲でマッコウクジラを打ったのです。それで長男の兄貴は、こんな山の中から函館高等水産、今の北海道大学水産学部に入ったのです。おやじは岩手医専に入って医者になれとしきりに勧めるのだけれど、おやじがおじさんの捕鯨業のことを子供らに自慢して言ったものだから、〝なんだ、おやじだって言ったじゃないか〟になって。そしてこれが北大水産に行ったのです。その次の兄貴もやっぱり北大水産学部に行ったのです。長男、次男とも最後は全漁連（全国漁業協同組合連合会）の高級官僚になっていきました。専務にまでなっていきました。

こうして二人が海に行ったのです。私がもたくさしている間に今度は両親が倒れ、寝た切りになったということで、私が家庭を継ぐということでうちに戻ったということです。だから私は本来、いわゆる長男じゃないのです。

**大本**　本来は三男なのですね。

**佐藤**　そういうことです。

## 法政時代における〝思想〟との出会い

**大本**　佐藤さんはその後、千厩《せんまや》高校に入り一九五三年に法政大学法学部に行かれますが、それはどういうことで選択されたのですか。

**佐藤**　戦争中の村長でしたから、おやじが追放になっちゃったのです。そのうえに農地解放ですから惨憺たるものでした。

**大本**　大変だったのですね。

**佐藤**　だから子供の教育費も何の力もないのですよ。私も高校は終わったものの、世は大変な経済革命だったのです。最終的に兄貴なんかに借りを続けたのですけれど、私も代用教員をやって金を貯めて、それで東京に出て行ったのです。

**大本**　高校を卒業してすぐ大学に行かれたわけではないのですね。

**佐藤**　地元の高校が終わって二年間は代用教員をやったのです。

**大本**　どこの学校ですか。

**佐藤**　自分の出た徳田小学校というところです。そこでお金を貯めて、「おれは東京に行く」といって出て行ったのがそもそもの始まりです。

**大本**　では本当の苦学生ですね。

**佐藤**　東京に行って食べるために何をやったかというと、知っている人がワークブックというテストブックをつくっていたので、そこにまず勤めたのです。

**大本**　一種の出版社ですね。

**佐藤**　出版社。そしてつくったのを売って歩く。そこで帰郷すると二年でも教員をやったでしょう。だから知っている先生方は友だちなので、〝おれのテストブック買ってくれ〟って営業活動をした。まず、そういうことでスタートしました。ときあたかも時代はGHQの占領が終わって、内灘、砂川だなんていう大変な激動期だったのです。

**大本**　一九五六～五七年ですね。その時は法政大学法学部の学生ですね。どなたのところについていたのですか。先生とかゼミとかは。

**佐藤**　当時松下圭一さんにも教わりましたが、わたしは倉橋文雄という先生のゼミでした。

**大本**　その方はいわゆる大塚史学に依拠して西洋経済史を専攻していた先生ではないですか。

**佐藤**　ええ。こういう方でも当時はテキストとしてはレーニンの『帝国主義論』を使っていたのです。

**大本**　ええ、すごい。

**佐藤**　宇佐美誠次郎という人、わかりますか。

**大本**　『危機における日本資本主義の構造』（岩波書店、一九五一年）の著者ですね。でも宇佐美先生は経済学部ですね。

**佐藤**　経済学部です。当時、法政には学部をこえて向こうの方面の先生方が多かったです。

**大本**　向こうの方面の先生というのは左翼系の先生のことですか。

**佐藤**　左翼系というか、簡単に言えば講座派です。そういう先生方が多かった。そういう先生方に聞いていると、あの当時はソ連のことをソ連と言わないのですよね。ソ同盟なのです。スターリン主義ですよ。

**大本**　法政は佐藤さんが在籍していた頃、総長だった大内兵衛さんや、のちにやはり総長をやられた有沢広己さんなどがおられましたね。

**佐藤**　労農派ですね。だから、あそこには講座派もりんとしていたのですが、労農派の先生方が多かった。

**大本**　両方いたわけですね。だから佐藤さんの場合は世の中を相対化して見られるようになったということですか。

**佐藤**　両方の話が聞けたのです。片一方の授業に行って聞くとこちこちだし、片一方では違う。学問というのは何種類もあるということが分かったのです。それが東京に行った者の特権だったのです。松下圭一さんだって最初はどっちかというとこちこちのほうだったのです。それが華々しく大衆社会論に行って、当時の代々木から批判された人です。そういうのを知っているので、私の特権は、そういう先生方の授業をどんどん講演会を聞くように時間があれば聞いて歩いたのです。

**大本**　授業のはしごをやっていたわけですね。佐藤さんも砂川闘争には参加されたのですか。

**佐藤**　行きました。

**大本**　立川の横田基地のゲートの前にも行ったのですね。

**佐藤**　そうです。農民の方々が汚物を投げるのも見ているのです。

**大本**　では「桑畑」とか「夕焼け小焼け」を歌った口ですか。

**佐藤**　はい。走り回って逃げて来た。

**大本**　その頃の学・農提携の話というのは戦後学生運動史のハイライトで名高いですね。

**佐藤**　当時の全学連の活動家に連れて行かれて、初めてそういう場に参加していろいろ感じたのです。そういうなかでちょっと社会科学的な考え方が芽生えてきた。それで法律という既成の学問をやるより、法社会学的な勉強をしたいということで政治学科に替わったのです。

**大本**　では入学時はどこだったのですか。

**佐藤**　入学時は法学部法律学科にいたのです。みんなが政治学科にいくという流れに逆らってそちらへ入っていったのです。

**大本**　最初は弁護士になろうとか。

**佐藤**　そう。そういうコースだったのですけれど、途中でそんなことをやっても何になるのかという疑問が生まれて学科を替えたのです。

**大本**　普通なら弁護士になるために、政治学科をバイパスにして法律学科に行く人が多いのに。

**佐藤**　あの当時は弁護士というのは、早くいえば体制の中の一つの歯車でしかない。体制変革の論理からいけば、そんなものは提灯持ちだという批判を浴びたくらいですからね。

**大本**　やがて国家が死滅して、法も死滅するからと考えていたのですね。

**佐藤**　反体制の風潮でしたからね。こんな法律なんていつまで通用するか分からない。体制が変われば法律なんかなくなるのだ。そんなものは意味ねぇんだ（笑）。

そういう論理もあったのですよね。おれは司法試験に通れないからじゃなくてね。

**大本**　当時は真面目にそういうことを考えていた人、いましたね。

**佐藤**　今、思うと、ぼくはほんとうに真面目な人だったね（笑）。

**大本**　法政大学での在学は何年になるのですか。

**佐藤**　四年です。

**大本**　無事、四年で卒業できたわけですね。そうしますと一九五七年に卒業されたので、六〇年安保闘争の時はもう既に卒業なさっていたのですね。

**佐藤**　そうです。

## 社共対立下の岩手教組で専従

**大本**　それで大学を出てから、すぐ藤沢町に戻られたのですか。

**佐藤**　卒業後なんで帰って来たかというと、先ほど申しましたようにわが家でおやじとお袋が倒れてしまったわけです。それで兄弟三人の中でお前が戻れというので戻ったのです。

**大本**　ご病気は。

**佐藤**　脳梗塞と脳溢血の両方に一緒にかかってしまい、寝たきりの状態になったのです。低血圧と高血圧です。おやじは低血圧、お袋は高血圧。だから僕の血圧関係は大丈夫だと思うのです。中和したから。

**大本**　ただの自己満足ですね（笑）。

**佐藤**　医学的には通用しないっていうから、これはしようがないね。

**大本**　それでお戻りになって教員になられたのですか。

**佐藤**　その時は教員の免許がないのですよ。そこで今度は中学校の講師に入ったわけです。曽慶《そげい》という所と門崎という所で二年間講師をしながら。

**大本**　非常勤ですか、専任ですか。

**佐藤**　専任講師です。正式な採用ではないです。講師をしながら今度は通信教育をやったのです。玉川大学の通信教育をやった。当時は小学校の免許をとるのは大変だし、教員採用試験をクリアしても、中学校だけだと大変な厳しいものがあったのです。

**大本**　小・中両方持っていないと。

**佐藤**　両方持っていれば一番いいわけです。

**大本**　今でもそうですよ。

**佐藤**　特に社会科は大学を終わった人で免許をもっている人は大変いたわけですから狭き門もいいところです。

**大本**　社会科の教師資格をもっている人が掃いて捨てるほどいたということですね。

**佐藤**　だからそれをクリアするには、小学校の免許を持ってなければだめだ。そこで当時玉川大学の通信教育をやったのです。そしてその教員資格取得に必要な単位のテキスト代を納める。レポートの金を全部払っていますから、将来それがうまくいけば教員免許が取れる見込みだという証明書がもらえるわけです。将来はこの者は小学校の免許を取れますよというのをもらって県教委に出すわけですから、これは大変優先順位は上がってくるわけです。そんなことをしながら、とにかく中学校の教員になったというのが事実です。その辺りは妹と看護をしながらやっていたわけです。その時に両親が寝てしまっています。妹はうちにいるし、私はそういうことで学校に行っている。そういうなかで福祉に対する切実性というのが強烈に入ったのです。それはそれは大変だったのです。

**大本**　今の言葉で言えば寝た切りだったのですね。

**佐藤**　寝た切りもいいところですよ。

**大本**　普通、町長さんというのは福祉の現場を体験された方が少ないので細かいことはお知りにならないのです。ところが佐藤町長はお詳しいから、どうしてなのかと思っていましたが、やはりそういうご経験がおありだったのですね。

**佐藤**　経験がある。これは大変だということでね。そして教員になりました。そうしている間に、ときあたかも教員組合運動に党派性が出てきたのです。戦後、北教組（北海道）、炭鉱をバックとした福岡県教組。それから岩手県教組（一般に岩《がん》教組と言われていた）は日教組の御三家と言われていました。戦う集団の先頭をきっていたのです。なぜかというと、地域の貧困というか、そういうものを背景にした教員の使命感が強かったと思います。

**大本**　当時、岩手県は〝日本のチベット〟といわれていましたからね。

**佐藤**　子供たちの給食問題とか、そんなことも含めて組合運動を華々しくやってきたのですが、それまでは党派性はなかったのです。組合は全部そういうものだと思っていたわけです。

**大本**　〝教え子を再び戦場に送るな〟のスローガンで一致して。

**佐藤**　それで一致していますから、なんともかんとも関係ないです。ところがそのうちに労働運動のなかに党派性が入ってきた。共産党系の人が強くなってきた。内部でもそうだったし、とくに大衆団体のほうは全部幹部が容易に党員になってしまうという危機感が生まれてきたのです。社会的には何を言っているかというと、平和運動での原水爆禁止大会などが分かれ目だったですね。

**大本**　〝いかなる国の核実験にも反対〟に対して是か非かという問題ですね。

**佐藤**　そういう党派分離になってきたわけです。そういう時代でも岩手県教祖は我慢強いから包含して組合運動をやってきたのだけれど、どうにもならないところまで来たのです。このまま行くと早くいえば、全部、丹頂鶴主導になる。

**大本**　乗っ取られるという危機感。

**佐藤**　そういう雰囲気のなかで、何かの会議の折に私は原水禁をやっていて、いかなる国というのは当たり前のことじゃないかと発言して、当時の共産党、原水協に対して批判したのです。今まで教員組合のなかで、共産党を批判するということはあまりなかったのです。〝理論的に彼らは正しい、だけれども〟という論理が支配的だったのです。そういう点からすれば一風変わったのが入ってきたわけです。当時、社青同（社会主義青年同盟）というのがありました。僕も誘われて山川均の『社会主義への道』といったものを一生懸命読んでいたのです。

**大本**　あれは新書にもなっていたので、結構、広く読まれていましたね。

**佐藤**　そういうなかで、アンチ代々木に対する風潮が出てきたのです。そして東磐井郡支部の青年部長をやっていた時のある日ある時、私のところに校長会会長という人が来て、あんた、専従やってくれないか。このままでは全部共産党に乗っ取られてしまう。行政的にも管理する側からも好ましいことではない。労働運動そのものは否定しないけれども、ただ政党指令になっては困るのだというような話をしにきたのです。僕も考えましたが、いいでしょうと専従を引き受けた。だから教員組合運動に入っていったのは多分に不純なのです。

**大本**　校長会というのは何ですか。

**佐藤**　学校長の会です。上部団体に全国校長会というのがあります。その当時は校長会という管理者である校長自体も組合員だったのです。そういう時代です。

**大本**　今からは考えられないですね。

**佐藤**　考えられないです。だから労働組合のなかに校長部会、教頭部会があり、それから一般職という仕組みだったのです。だから校長なんかになった先生から見れば、ゆゆしき問題に発展していったのです。

**大本**　行き過ぎだとみたということですね。それで岩手教組の東磐井支部の書記長をおやりになったのですね。

**佐藤**　その時は教員ですから全国のさまざまな人と行き来しますが、当時の岩手大学教育学部の人びとはなぜかみな講座派だったのです。教員専門の学校というのは、だいたいそう。純真なのです。僕らみたいな私立の雑学はさまざまな情報にふれていますから、どっぷりそれだけにひたるということはない。特に僕なんかは東京にいたから、そっちこっち走り回って労農派のことを学んだり、さまざまな人の意見を聞いていますから、金科玉条、代々木だけが革新じゃないのだという感じを持っていました。

**大本**　法政時代に学んできたことが役に立ったということですか。

**佐藤**　なにしろ学問とは大変なものだということを知りましたし、ある程度こちこちにならないで柔軟にものを見られるようになっていった。その次こっちへ帰って来て、片一方はまだこちこちだから、それはおかしいのじゃないのということを語るから、ある意味では重宝がられたところもあったのです。

**大本**　戦後直後の読売争議の業務管理闘争のリーダーだった鈴木東民さんとはお知り合いになられたのですか。

**佐藤**　鈴木東民というのは、ここからちょっと行ったところの出身です。釜石市の手前にいた唐丹《とうに》という所の出身です。読売争議をやって帰って来て釜石市長をやった人ですね。イデオロギーは革新の闘士であったのですけれど、振る舞いに貴族的なところがありましたね。

**大本**　佐藤さんのことですから郷土の先輩として鈴木東民さんなどから影響を受けられたのかなと思ったのです。それはないのですか。

**佐藤**　影響はないです。

**大本**　東磐井郡支部の組合員はどれくらいおられたのですか。

**佐藤**　おおよそ六〇〇です。

**大本**　それだけいれば当然専従を置かなければだめですね。何年間ぐらい専従をやられたのですか。

**佐藤**　書記次長、書記長ですから七～八年やったのではないでしょうか。

**大本**　一九六〇年代をかぶっているわけですね。

**佐藤**　だから私は教員を何年やったといっても教壇に立ったのはわずかだったです。ここで専従をやっていると教員組合の専従になりますけれど、この地域でいうと地区労というのがあるのです。

**大本**　そうすると地区労の事務局長も兼ねるわけです

か。

**佐藤**　岩教組の専従は地区労の事務局長もやってあげないとだめだったのです。

**大本**　普通、地区労の事務局長というのは自治労がやるのではないのですか。

**佐藤**　岩手県の場合にはほとんど教組がやっていたのです。そこが地域全体のあらゆる革新運動のセンターになるのですよ。

**大本**　それでは東磐井郡全体の労働運動を俯瞰できる立場にたつわけですね。

**佐藤**　だから選挙となれば、社会党の国会議員の当選をめざして先頭切ってやらなければならない。

**大本**　北山愛郎さんは、社会党で長らく活躍されましたね。

**佐藤**　北山さんの選挙活動はやりましたね。あれは花巻町長の出身です。

**大本**　北山さんはどんな方でしたか。

**佐藤**　社会党の、早く言えば左派ですね。やっぱり良識派です。この方は盛岡出身です。そして東大法学部の政治学科を終えて満州のほうに行っていたのです。戦後帰られて来て地域住民と接しながら推されて町長になり、そして最後は国会議員をずっとやった人です。社会党きっての論客でした。

**大本**　教壇にお立ちになったのは正式には四年間ぐらいですか。

**佐藤**　四年か五年ですね。

**大本**　中学では何を教えておられたのですか。

**佐藤**　中学校の免許は社会科です。ところがこういう田舎の小さな学校に行くと免許は関係ないのです。なんだかんだで技術・家庭から理科まで包括されるので大変ですよ。そういうなかで、これも時代ですから人事院勧告を出せとか、そういうことでつねに争議があるわけです。そしてストライキに突入する。とにかく当時の岩教組は突撃一本槍です。やっては処分され、やっては処分され、それを繰り返すわけでしょう。教唆・扇動ですから。

**大本**　そうすると処分撤回を抱えてしまうわけですね。

**佐藤**　処分撤回闘争をやると、また処分されちゃう。

**大本**　それをまた組合で抱えるわけですから大事ですね。

**佐藤**　大変だったのですよ。もっともその当時の専従は、ただ学校に休暇届を出せばやれたのです。ところが法律が出て、専従は二ないし三年しかやってはだめだ。それ以上はプロ専といって職場を離れなさいということになったのです。そういう世論の風当たりが出てきました。

**大本**　籍を抜くわけですね。

**佐藤**　そこで組織が雇って専門にやることになる。職務を持ったままというのはなくなる。そういう制度も出てきたのです。

とにかく毎年ストライキだったから、一糸乱れず全員参加の体制をつくっていくのは大変なことです。特に先生方は理論はやるけれど、終わったあとに処分されるのが分かっているから来ないのですよ。

**大本**　どういうかたちで処分されるのですか。処分される時はストライキの参加度合いが多い人とか、そういう人から狙われるのですか。

**佐藤**　勤務時間に食い込みますから、それが最初に処分される。

**大本**　勤務時間との関係で重くなるわけですね。休んだ回数の多い人のほうもその線で重くなる。

**佐藤**　はい。そのなかでも教唆・扇動役をやった専従は重いのです。その当時は、教員なら教員という格好で専従をやっていると公務員法の範囲内に入ってしまうのです。そうでない民間人がやっていれば関係ないから処罰の対象にならないのです。

**大本**　教唆・扇動というと、マイクを握ってアジテーションするとか、そういう役柄ですね。

**佐藤**　そうです。当時はオルグといっていました。ただ組合に従って先生方がストライキに入るわけがないのです。実は、今、こういう時期なのだ。今度は決戦だとやって、明日、ストライキ突入だからぜひ何時に集合して協力してくれと、みんな判子をついてやるわけですから。

**大本**　佐藤さんは専従の籍があったから、そういう人たちが脱落しないようにまとめていかなければいけないですね。

**佐藤**　このように自分の教員組合運動もしなければだめなうえに、地区労ですから地区の組合のさまざまな活動も手伝わなければならない。

**大本**　地域のナショナルセンターですからね。

**佐藤**　それに農民運動もありますから、これも手伝わなければならない。結局、それ専門にオールマイティにやってやらなければだめなので大変だったのです。だから、地域社会のなかで政治に関心のある人は、みんな私のことを知っているわけです。本気になって恨む人もある。選挙になれば、特定候補の参謀長をやったり別な政治活動の世話役をやったり、てきめんに先頭に立ちますから、もう地域との激突なんていうのは日常茶飯事です。

## 佐々木町長の〝用心棒〟として助役就任

**大本**　一九七一年、三代目の町長になられた佐々木要一郎さんとはどういうお知り合いだったのですか。

**佐藤**　そういう渦中にあって、私はプロ専としてその道を行くか、教壇に戻るかという岐路にきたのです。その時でも組合本部に出て、当時は本部に行けば行く末は県会議員、それから国政というコースもあったのです。ここまで来たからそっちのほうはどうだと言われたこともあったのです。ところがあまりにも活動の連続でやってきたので、ここで一度自分の原点に戻るというので管内の中学校に戻ったのです。

**大本**　藤沢町の隣村の室根村津谷川中学校ですね。もしプロ専の道に行っていたら国会議員ですね。

**佐藤**　プロ専の道に行ったらどこに行ったか分かりはしない。

**大本**　それで昭和四五年の春に学校に戻ったのはいいが、今度は佐々木要一郎町長さんが助役探し、助役候補を物色していたのに遭遇したわけですね。

**佐藤**　その時は私は藤沢町の町民というよりも、ただ外から見ていた男です。藤沢のなかの特定の人びととは付き合ったけれど、オール藤沢ということは考えたこともないし。

**大本**　そうですよね。東磐井は考えたことがあったとしても。

**佐藤**　東磐井は考えたし、そのなかでも同じ考えをもつ人とやってきたけれど、地域の政治に対しては興味もなかったし、何もやってこなかったのです。ところが佐々木要一郎さんが助役さんになった。そして助役さんから町長選挙を迎えたのです。僕はそれまであの人と付き合いがなかったのです。それは佐藤守がいいのじゃないかというのが、まわりの青年層からワーッと出てきたのです。

**大本**　まわりの青年層というのはお友だちではないのですか。

**佐藤**　お友だちもだし、それから議員の人もいたし、やっぱり町の実態を見て、これではだめだから少し改革したいという層があったのです。

**大本**　佐々木さんは社会党系ではないのですか。

**佐藤**　あの人もちょっとだけ教員をした人だけれど、組合活動にはあまり深く入らなかったのです。ただ遠くからは知っていましたが、その仲間に入ったのではないのです。ところがある人の媒酌人であの方に会ったことがあるのですが、最初に聞かれたのは、町長にこれから立つのだ。町長に立つのだが、見てのとおり大変な世の中だ、あんただったらどうしたらいいか、政策提言も聞きたいというのです。そのとき、〝どこを見てお話しなさるのか。そんなことは住民の意向を大事にして進めたらいいではないですか〟ということを言いました。それならどうするかと聞かれたので、そのときに自治会組織を提言したわけです。

**大本**　その時分にもう自治会構想を持っていらしたのですね。

## 住民総参加のまちづくり

**大本**　佐々木さんが選挙を一九七一年の四月にやって五月に当選しておりますが、この時はたしか共産党の及川敬士という方が対立候補者だったのではないですか。

**佐藤**　過疎の真っ只なか、佐々木さんの方と共産党が立ったのです。佐々木さんが本流だったのですが、開けてみたら共産党に二〇〇〇もいっちゃったわけです。

**大本**　大久保圭二氏の『希望のケルン』によりますと、及川さんが一九八三票、約二〇〇〇票。佐々木さんが四五一四票ですね。佐々木さんのほうが倍ですね。倍だけれど、考えていたよりもたくさん取ったということですか。

**佐藤**　それは佐々木さんの陣営とか、当時この町を支配した方々から見れば大変な出来事なのです。

**大本**　共産党の票の二〇〇〇というのは町内の何割ぐらいになるのですか。

**佐藤**　七〇〇〇弱の二〇〇〇、三割ですよ。この農村では大変なことですよ。佐々木さんはお人柄もいいから、地域の有志の方々に推されたので圧勝すると思ったのではないですか。ところが開けてみたら町民はチクリと批判票をいれた。それで〝これは〟ということになったのです。だんだん過疎になってきていましたから、住民の不満と焦燥感が、今まであった体制に対し、これではだめだという突き上げとして現れたのではないでしょうか。

**大本**　一定数の住民意志の表れということですね。

**佐藤**　したがってその現実は無視できない。そこでまわりの方々が佐藤守から意見を聞け、今は学校の先生をしているけれど彼だったらどうするのか、この町をどうするのか、提言を聞いたらどうだという話があったのです。それで私は有力者ばかりではなく町民総参加で町をつくればいいのではないか、ということで自治会組織から何らか提言した。

ではその発想はどこから来たかというと、あの当時、東京は美濃部都政でしょう。それから横浜の飛鳥田市政でしょう。そういう革新自治体のなかでさまざまな手法が出ていたわけです。そこに共通していたのは住民を基礎に自治をつくろうとする理念なのです。だからこの町でも住民と一緒につくったらいいではないか。そういう仕組みをつくって、とにかく住民にその気になってもらわないと、この町はにっちもさっちも行かない、といったのです。そうしたら話し合っているうちから、〝そんなら、あんた来て、手伝いやってくれ〟ということになったのです。

**大本**　そうしますと、佐藤町長さんのような経歴と見識をお持ちの方でないと、共産党に三割ぐらいの支持があったという事態についてきちんと対応できないのではないかという思いが、佐々木さんにもあったのではないですか。

**佐藤**　本当は当時の藤沢の共産党の実勢は二〇〇ないのです。出ても四〇〇～五〇〇だったのです。それが二〇〇〇に膨れ上がったということは容易ならざる事態だし、誰だってそんなに肉薄するとは思っていないから、当時、選挙に当たってきたすべての人々は肝っ玉を冷やしたのです。そこに私の登場となったわけです。

ところが私は、当時、政治とか運動とかはもうたくさんだ。あとは山の中の学校の先生をやって子供たちと伸び伸びやっていたほうがいいという気持になっていたから、〝そんなこと〟という気持があったのです。

**大本**　その時は何歳ぐらいですか。

**佐藤**　三七歳です。

**大本**　まだまだ世をはかなむ年ではないですね（笑）。

**佐藤**　ないですけれども、とにかくあまりにも過激なことをやりすぎたから疲れて、もし政治でもやる気だったら組合運動のエスカレーターで行ったほうが良かったのです。それを止めた。それはなぜかというと、そういうことをやろうとすると、ここ藤沢町から離れなければだめだ。そういうことなら、ここに基礎を置いた地縁のなかで生きなければ駄目だということもありました。そんな政治だ、東京だなんて行ったら大変なことになる。

**大本**　その時にはご両親はどうなさっていましたか。引き続き介護をなさっていたのですか。

**佐藤**　その時は、もう両方死んでいます。私も一九六二年に女房のエミをもらっています。逆に女房をもらって看護をさせていたのです。そして妹も年頃になっていくからいつまでも介護じゃないだろうというので、妹を東京のなんたら学校に入れて、今度は私がもらった女房が結局ヘルパーさんをやったのです。だから誰が女房を選択したかというと、おやじが選択したのです。

**大本**　おやじが選択したというのは、どういう意味ですか。

**佐藤**　結局、看護されるおやじがいい人がいいのだ。だから私が会ってみるというのです。愛よりも何よりも看護を受けるおやじがそれでいいからと言えばいいではないかというわけです。それでおやじが女房の面接試験をやったというわけです（笑）。

**大本**　お父さんとのお見合い。

**佐藤**　結局、家庭のなかで病人と一緒に暮らさなきゃならないでしょう。

**大本**　それでは、佐藤守は一生、奥さんに頭が上がらないでしょう。

**佐藤**　上がらないです（笑）。そういうことで助役になるとなったときに、女房からどうするのだと迫られたわけです。組合運動を知っているから、また夜も夜中もない生活になると直感したのでしょうね。

**大本**　佐藤さんは一貫して家庭を顧みないですね。

**佐藤**　ある時は警官に追われたりしたわけだから、もうやめてくれ、政治もやめてくれ、学校のよい先生として静かにやってくださいというのが女房の悲願だったのです。私も疲れたし。

**大本**　事業だけでなく政治でも家産を傾けた佐藤一家の悲願でもあったわけですね。奥さんの悲願でもあるし。

**佐藤**　そのうえになおはっきりしているのは、役場に入ったって私なんか一年でリコールになるだろう。

**大本**　悪名が高かったわけですからね。

**佐藤**　札付きものですから。長く続くわけないし、それだったら教員をやっていたほうがいい、それをやっていれば六〇までは続くわけですから。

**大本**　定年までね。

**佐藤**　女房はそこを見て〝やめてくれ、あんた六〇歳までおとなしくしてくれ〟というのです。

**大本**　あまり波風立てずに。

**佐藤**　そう。家庭を守ってくれということだったのです。ところが、情勢のほうが一人歩きして、佐藤守は助役になるべしというのがバーッと出てきた。佐藤助役で町長頑張れ。片一方は、そんなものを助役にしちゃだめだというのが出てきて町民が二つに分かれたのです。当時の『岩手日報』の社説だなんだか出たのです。

**大本**　昭和四六年八月二一日付の『岩手日報』に佐藤守さんをどうして排除するのだ、人物が人物で立派ならばいいじゃないか、という藤沢町で農業をやっていた三嶋洋さんの投書もありましたね。

**佐藤**　あれは当時の混乱の象徴的な出来事です。一般の人は教員組合をやった人だ、アカだという論理と、もう一つは人物本位でいくべしという論理との二つに割れてがちゃがちゃになったのです。

**大本**　ここの藤沢地区には自民党の大物か、フィクサーたりうる保守勢力の方はおられなかったのですか。

**佐藤**　当時もいなかったし、その後、そういう方は全部倒してしまったのではないかな（笑）。今はないですよ。

**大本**　佐々木さんはどういう位置にいたと考えたらよろしいのでしょうか。

**佐藤**　佐々木要一郎さんはリベラリストです。

**大本**　町内の有力者から支持されて町長になったのですね。

**佐藤**　当時、政治的には椎名悦三郎派にいた人でした。ここは全部そうだから。それが本流だったのです。仙台の高専を終わって高校の教員をしたあと、結核をやって役場の職員に入ったという経緯がある人で、リベラリストですよ。佐々木要一郎さん派には純然たる佐々木要一郎を思う人とそうでない人と、二つの合体としてあった。佐々木要一郎さんの個人的に親しい近所の人びとは要一郎さんの意向に従って僕に流れてきたし、要一郎さんを議場では支持するけれど、政治的な違いで反対派だった人もいる。だから彼自身の党派のなかに賛成派と反対派ができていた。当時の二六人の議員のなかで共産党を除くと、あとは全員、佐々木要一郎さんの与党になる。それが二つに割れたのです。

**大本**　割れたといっても九月の定例議会に出せば決まったのではないですか。

**佐藤**　それが決まらないのです。要一郎さんは、僕を推すという佐藤支持者に対しては佐藤守でいきます、絶対やってはだめだという反対派には、それは重大な意見としてお聞きします、とやったのです。本人が板ばさみになったのです。それで一年間、やっさもっさで時間が経過したのです。

**大本**　その間、助役は不在ですね。

**佐藤**　不在です。佐藤守を推す派は佐藤守オンリーだし、片一方は反対だから、それ以外の代替案を物色したって難しかったのではないですか。

**大本**　それで行政の空白になった。

**佐藤**　助役問題が住民の問題になってしまった。議員のエリアだけではどうにもならない格好になったのです。

だから新聞にまでそんなことが出てしまった。そしてその年の一二月二〇日頃、一二月議会の最終日に要一郎さんから電話があって、なんとか決着をつけなくてはだめなので、議会に出したいと思う。ただ通るか、通らないか分からない、どうするか、そういう相談があったのです。

私は迷惑の極みだ。早く決めてください。新聞なんかに取り上げられるので、子供たちまで「先生」と呼ばなくなって「助役」「助役」です。学校でも商売にならない。結果がどうっていうことは関係ないから、町長に〝早く前に進めて下さい、議会を通らなくてもあんたが悪いのではないのだし〟といったのです。〝そうするか〟ということで出したら、一票か二票の差だったと思います。

**大本**　賛成一五、反対九の無効なしでしたから六票差で、予想以上に賛成票が集まっていますよ。

**佐藤**　ともかくこれで決着がついたのです。

**大本**　これまで伺ったように町長さんは学校の先生をやっていらして、それから県教組の書記長や地区の事務局長もおやりになったというご経験をどういうふうに町づくりに生かされていますか。

**佐藤**　そのことが町づくりのためになっているとすれば、いま役場にいる人びとも、実は昔、学校で遊んだボーイフレンドです。かつて一緒にやったのがいま町づくりに結集してお互いにやっている。

そして町を共同作品としてつくろうという結束ができたのも、教員をやっていたからだと思うんです。だからどこからどこまでが公務員なのか、昔の友だちなのか、訳がわからない。こちらだって、どこからどこまでが町長なのか、兄貴分なのか、訳がわからないくらいの信頼関係というのがあります。

## 2　藤沢町の地域自治

### 地域社会の崩壊は自治でしか救えない

**大本**　藤沢町の一番のユニークさというか、おもしろさというか、日本でも類をみない徹底した自治をめざして町づくりをやってこられた佐藤さんの自治思想についてお尋ねします。まず、地方自治一般を唱えることだけに終わらないで、あえて地区レベルまで下りた自治をお考えになった発想というのはどこから来ているのですか。

藤沢町は一九七一年四月、第一次過疎法（過疎地域対策

**表1　藤沢町の人口と世帯数の推移**

| 区　　分 | 1955 | 1965 | 1975 | 1985 | 1990 | 1995 | 2000 | 2005 |
|---|---|---|---|---|---|---|---|---|
| 人口 | 16,398 | 14,035 | 11,735 | 11,217 | 11,149 | 10,836 | 10,452 | 9,904 |
| 男 | 7,968 | 6,771 | 5,695 | 5,485 | 5,432 | 5,303 | 5,110 | 4,810 |
| 女 | 8,403 | 7,264 | 6,040 | 5,732 | 5,717 | 5,533 | 5,342 | 5,094 |
| 世帯数 | 2,599 | 2,721 | 2,688 | 2,699 | 2,707 | 2,755 | 2,770 | 2,782 |
| 1世帯あたりの人口 | 6.3 | 5.2 | 4.4 | 4.2 | 4.1 | 3.9 | 3.8 | 3.6 |

緊急措置法）が施行されると、すぐさま「過疎地域」に指定されていますが、この辺のことがかかわっていたのですか。一九五五年以降の人口動態をみても、この点はいまも解消されていないようです。いかがですか（表1）。

**佐藤**　後になれば、いろいろ地方自治の論議が出てまいりますが、私どもの原点は何もなく平和できた農村社会が一気に高度成長で崩壊していくわけです。人呼んでそれを〝過疎〟と言うのですけれど、過疎というと世間では人口減をもって過疎とおっしゃるようですが、実は過疎というのは人口数の問題以上に、地域社会のすべてが崩壊していく過程だということなのですが、その部分の認識が薄い。

というのは数的にいえば、出て行った人口は四〇〇〇人、ほぼ二五％とかとなりますが(2)、実はこの出て行った人口部分は地域のエネルギーなのです。若年労働力であり生産的労働力なのです。これが他の大都市に出て行くわけですから、地域は生存のエネルギーを失ってしまうという深刻な問題であるということがご理解いただかなければならない点だと思います。

したがって人、物だけではなく夢も希望もなくなっていくということです。一気にそういうことになったなかでも、みんな最後まで持ちこたえようとしたのですが、経済優先がすべてという世の風潮にさらされて展望を切り開くわけに何もいかないという状態に陥るのです。しかも悪いのは展望を失っていきますと、こうしたのは誰だといった猜疑心からくる混乱状態が生まれてくる。責任追及と言うか不平不満のるつぼになるわけです。それ以前、お互いに共同で生きていた頃のような連帯感をなくしてしまい、お互いに悲鳴みたいなことをぶつけ合っている。そういう不毛のいさかいをしているというのが現況だったわけです。

そういうなかで、いったい誰がこの状態を再生していくのだといっても策がないわけです。結局、全部が行政に転嫁されて、役場は何をしてくれたのだと、まず最初に行政が血祭りに上げられる。ですから不毛性の拡大再生産だったのです。

そうはいってても不平をぶつけあっているだけではどうにもならないわけですね。頼まれて生きているわけじゃありませんから、もういっぺん残った者同士で自分たちの生きている場所をどうするのだと、自分たちの目線で考える以外にないのです。いままでは中央が管理・支配する地方自治みたいなものが何とかしてくれるだろうという、あなた任せのところがあったのですが、それが結果としては何も実のあることをしてくれなかったということを知ったわけですから、教訓として学んだのが、それこそ誰かがつくったところに住まいしているのではないのだから、地域は地域に住まう自分たちで責任をもってつくるという本来の自治をやっていく以外にどうにもならないということだったのです。

**大本**　町長が助役になられた頃は高度成長末期で、東北では出稼ぎの最盛期の頃ですね。

**佐藤**　最盛期です。みんな出稼ぎに行っているから消防団もできないのです。だから帰ってきた正月に防火訓練を細々とやる。消防機能もないというのはまさに地域が空洞化している事態です。ここまでなると火事になったといっても恥ずかしいことでもないのだと、開き直るしかない。見えてきたのは、今までみたいなあなた任せの延長線上で、誰かがこの地域を良くしてくれるだろうなんて、安易な期待を持とうにもそんな人は誰もいないのだというのが出発点だったのです。

これは地方自治論から来たものではなくて、地域再生のエネルギーをどこに基礎を置くか、残った住民を基礎に置いて地域を再生していく以外にはないわけですから、性根をそこに据えてやってきたのだということなのです。だから思想ありきとか、そんなものではない。いまの言葉で言うと、これが住民自治だったのかなと思いますが、それにしても結果としてその言葉で表されることをやってきただけの話だということです。

**大本**　日本中、部落会とか町内会とか、いろんな既成の行政の下請組織がありますね。そういうものではなくて、ここの地域では、あえて住民が権限をもつ自治会をつくっていくという問題提起をされたというのは、どういうことですか。

**佐藤**　それは一人ひとりの本物の意識を結集しなければだめだろうということからです。アンシャン・レジーム（旧体制）としての農村ですから、いまでもそういうものはありますね。しかし、そういうものを乗り越えて、厳しい現実に直面した一人ひとりの生活の現場の苦悩なり希望なりを解決する場というのがないとだめなのだ。自治会といったものを住民が素直に引き受けたのも現実が厳しかったからです。

## 電撃的な人事革命で役場を一新

**佐藤**　一二月二三日（昭和四六年＝一九七一年）のその日、私が学校からうちに帰ってきたら何十人の人が来ているのです。助役の信任なのに選挙に当選したみたいに大騒ぎだ（笑）。こんなことをされると女房が大変だというし。そんなてんやわんやから始まったのです。そういう経過でなったものだから、とにかく思ったことを一気にやる。これがおれの任務だろう。いつ、リコールされるか分からないということでしたし。

当時つらかったのは、職員が安定勢力じゃないわけです。一つは他所から公務員社会に入るということ自体がものすごく大変なことなのです。異質なものが入るわけですから。しかもその異質なものに安定性があるか、ないかによって対応がまた違ってくるわけです。

**大本**　そういう状況ですと、面従腹背みたいな人も出てきますね。

**佐藤**　それがいつ、どんなことで出るか分からない。だから他方では、職員も困ったのではないですか。この人にどこまでついていけばいいのか。こんな人の子分になったら大変なことになる。そういうことで毎日毎日、役場に来るということは巌流島に来るようなものだったのです。何をやるにもそうだったけれど、とにかくやることをやらないとだめだというのでやっていったのです。

たとえば人事なんかでも人事異動というのは言葉では知ってはいたのですけれど、実務でやるとき、町長がいるときにこれをやると結果は町長にいくわけです。だから町長が出張に行っている間にバーッと人事異動をやってしまったわけです。町長が知らない間にやったということです。ところがいままで人事というのは町長がやるのではなくて、お偉方がやっていたのです。議員の旦那がいて、あの職はこの職員にという形でやっていたのです。あのときの人事異動で八割の職員が動いたのではないですか。そういうふうに一気にやってしまったのです。これは町長がやったとなればいままでの人間関係に傷がつく。だが、入ってきた助役がやったとなれば、これはなんともならない、そういうことでやったのです。

**大本**　その人事異動というのは佐藤さんが入ってからどの時点でやったのですか。

**佐藤**　一月四日、初登庁してから九カ日目です。

**大本**　役場入りしてわずか九カ日後ですか。電撃的というか、いわゆる人事革命をやられたのですね。それは助役として業務をつかさどるうえに、やりづらかったということでやられたのですね。

**佐藤**　やっぱり入ってみるとまず町長より先輩だった課長なんかがいるのです。町長は係長で町長になったから上役なのです。それに町議をやっている同級生もいるのです。だから町長の統治能力がないのです。皆、町長をいじめて言いたいことを言っているわけです。しかも小さい時からの友だちの上下関係もあるし、先立ってまで〝オッス〟とやっていたのが町長になったわけだから、面倒なわけです。こんな小さな町のなかですからそれこそ飼いネコの手の裏まで判っているわけです。そこに僕が入ったものだから〝なんだ、この人は、選んだのは町長じゃないか、オレたちには関係がない〟というのですから統制をとるのが大変だったのです。

**大本**　そんなに簡単に旧習は崩せないですよね。

**佐藤**　崩せないですよ。だからここを正常な職場にするのが大変だった。来た早々、ある町議と喧嘩をしていますもの。〝あんた、学校の先生から助役様になってなんだ〟という切り口上なのです。〝学校というのは誠心誠意尽せば返って来るけれど、ここは誠心誠意尽したって返ってこないんだ。そんな役場に入った感じはどうだ〟と言うから、〝朝来てもおはようも言わない、こんな役場があるか〟といったのです。そしたら〝あんたは学校の先生だから〟といったので、僕は立ち上がって〝前の職業が何の関係がある。朝、会ってもおはようとやらないというのは学校の先生だったというのとは関係ない。昔のことをいったら、あんただって昔は帝国軍人じゃないか、あんたの話は体を成していない。ただ誹謗のための誹謗だ〟とやり返したので、町長が中に入って止めたことがあるのですよ（笑）。三八歳の年だからね。

**大本**　エネルギーが充溢していた（笑）。でも佐々木町長さんは佐藤助役さんを全面的に信頼しておられたわけですよね。

**佐藤**　僕もあの人にいいたいだけは言ってきたわけだから、とにかくあの人のすべてを応援しなければだめだ。だから早くいえば用心棒になったようなところがあるのです。彼もみんなにやられたほうですから、とくに議員に。早くいえば職場に職階制のルールを通さないとだめなのです。職場が町長を町長と思わない雰囲気だから。これを守らなければだめだ。それから議会でもさまざまないやがらせをするので、町長に質問が来ても町長が困る時があるのです。たとえば〝住民自治でいくと言っているが、どうするのだ〟といった質問が出てくる。そういうとき僕は脇にいて〝僕がやる〟とサインを出すのです。そうして僕が一生懸命あれこれ言うわけです。そうすると〝町長に聞いてるのだ、助役に聞いてるんじゃねえ〟と言われる。まあそんなパターンを繰り返しながらタッグを組んでやったのです。

## 矢面に立って町政懇談会をやりぬく

**大本**　佐々木さんが一九七一年の四月に町長さんになられて、一九七二年一月に佐藤さんが助役さんに就任されますが、それにしてはすぐ町政座談会とか自治会と行政の連絡会とかいろいろなことをやっていらっしゃいますね。

**佐藤**　すぐ始めたのです。町長が全部任せるからやってくれという話だから、すぐにやったわけです。それじゃあお任せいただきますということで、あらゆるプログラムをつくってやっていったわけです。

**大本**　その立ち上がりの早さというのは前からというか、助役を受けると腹をくくった段階からある程度考えていたのですか。おれがやるならこういうふうにやると。

**佐藤**　骨格にあったのは〝あの町、この町、日が暮れて〟の想いだね、わが町の再生は容易じゃない。おれは他所のあり様も見てきたから、ここの町の再生のエネルギーはただ一つ、住民の意識をどうするか、住民のなかに入って交流するしかない、それ以外どんな人がきて治めたって治まるはずがないとは思っていました。ただ、役場に入ってみたら思ったよりもがたがたしている。これではとにかくやらなきゃならないというので、てきぱきとやったのですが、そうはいってもその場、その場で歩きながら考えたものです。

**大本**　町政懇談会というので各地域部落を歩いたのですね。町長さん、助役さん、課長さんの皆さん、みんな現場に行かれたのですね。

**佐藤**　現場に行ったのだけれど、全員、現場で町民に怒られて打ち死にしているのです。それで町長は〝おれ、もう行くの嫌だ〟と弱音を吐く有様。何といっても日頃のうっ憤を全部ぶつけられるわけだから。

〝あの時はどうだ〟、〝この時はこうだ〟と次々、来る。だから町政懇談会の時は課長も年次有給休暇を取って来なくなった。最後には町長が疲れてしまった。それでしょうがないから、過去のしがらみがない私と公民館長の二人で歩いたのです。

**大本**　部落は四三個ありますから。並大抵なことではないですね。

**佐藤**　それをとにかくやり通したのです。旦那衆には〝なんだ、町長の来ない町政懇談会があるか〟とどやされる。実際にも町長と語る会にならないわけです。

**大本**　佐藤さんも住民からいろいろ突きつけられたわけですが、でもそこから得るものはありましたでしょう。

**佐藤**　最大の収穫は何が彼らの問題なのかが分かったことです。役場の職員だって一生懸命やってきたのです。にもかかわらず、住民から不信を買っていた。それはやっぱり過疎になり、どんどん衰弱する地域をみている住民の焦りです。それをどうするのだ。これが大きかったですね。住民は今度、誰が出ていった、子供も出ていったと噂をし、昨日まで交際していた人が離れていく姿を知っていますから、みんな浮き足立っているということを肌で感じさせられましたね。

## 専用バスで町民も先進地研修

**大本**　佐藤さんは藤沢町の町民が非常に行政依存的な町民になっていると感じられ、これを改革しなければいけないという思いも強く抱かれたようですね。

**佐藤**　とにかく何をやっても〝町が〟、〝役場が〟と、それだけなのです。自分らがどうだったかということが一つもないのです。だから、それこそ役場というのは物とサービスの供給機関で住民はただの受益者だった。そこには自治も何もなかったということです。

**大本**　ただ利便性だけを要求する利用者だったのですね。意識改革として「町民研修」とか「町長と語る会」とか「町民の声の箱」とか「町民総参加の体育祭」とかを催されていったわけですが、住民を自立的な住民にしていくためにどんなことをやられたのですか。

**佐藤**　最初にやったのは研修バスを買ったことです。これは観光旅行ではない。町民が何か学習する地域に行くためにお使いくださいということをやりました。当時、秋田県のほうでは一集落一農場とかという手法で過疎を防ごうという取り組みがありました。そこへ全部バスで連れて行きました。そういう試みは秋田県以外にもあっちこっちにあったのですが、そのかたちはそれぞれ違うのです。それぞれがそれぞれの手法でわがものとして取り組んでいる姿を学ばせたかったのです。

**大本**　それは大体東北の周辺ですか。

**佐藤**　近辺は全部行ったはずです。ちょっとでも話題に乗ったところは町民を募集して行けと発破をかけましたから。

**大本**　住民医療費の無料化を日本で最初にやった沢内村には。

**佐藤**　沢内村には何度も行きました。〃生命を大事にしている村があるぞ〃といって、そういうところを見せる。また、東北の有名な町村長を集めて体育館でまち起こしのシンポジウムをやったりしました。おそらくまち起こしのシンポジウムの始まりではないですか。当時、町村長が隣の町の人を呼んできて講演会をすることなんてありえなかったのです。商売仇だし比較されるのが嫌だったから。だからそんなことをいっている暇はないというのですが、藤沢町は良い町村長を全部連れて来てやったわけです。

**大本**　先進地研修みたいなことは職員が行くだけでなく町民も行くのですか。

**佐藤**　町民が行くのです。ときには町民と職員が一緒になって行く。

**大本**　それはすごいですね。職員を行かせるというのはよくありますが、町民までとは。

**佐藤**　町民を行かせるのが目的だったのです。だからバスを買ったのです。

**大本**　バスをバス会社からチャーターするのでなくて買ったわけですね。

**佐藤**　バスを買った。町民研修のために。

**大本**　運転手は誰がやるのですか。

**佐藤**　これは役場の職員がやる。その当時、研修バスなんていうのは岩手県でも最初でないですかね。だから町民から見ると変なことをする役場になってきたのです。とにかくワッショイワッショイで学習だったのです。実際ずいぶん歩きましたね。秋田県から福島県から。とにかく町民の総学習といったら〃なんだ、それでは毛沢東と同じではないか〃と言われたのです（笑）。まず学習しなければだめだ。それからあらゆるものが始まったのです。

視察に行く時は必ず問題提起をしたのです。ただ旅行に行くんじゃないぞと。それでないと観光旅行になってしまう。やっぱり学習というのは目的意識を持っていないとだめなのです。

**大本**　どんなふうに問題提起なさるのですか。

**佐藤**　ここに行ったらこうだ、こうだと。そして帰ってきてから事後報告会をやらせたのです。

**大本**　そういうことを通して、効果は手に取るように分かりましたか。

**佐藤**　分かってきましたね。すべてを失った絶望的なところから、何かを見てみようという思いから出発して帰ってくるわけですから、タイミングがよかったのです。

**大本**　ということは、苦しいとか過疎というのは藤沢だけでなくて他もそうだ、けれど他は他なりにうちよりもよくやっている所もあるといった見聞を得たということですね。

**佐藤**　危機こそチャンスなのだ。いままでやってきたことは有効性を失って危機だけれど、新しいことが始まることなのだからと励ましたり、励まされたりしてきました。

**大本**　町民というのはどのレベルの人たちですか。行きたいという人は誰でも行けたわけですか。

**佐藤**　そうです。行きたい人で第一班、二班と組んでやったときもあります。

**大本**　住民自治のベースづくりになったアイデアだったのですね。

**佐藤**　まず学習がすべてのアクションの基礎です。まず〝運動ありき〟ではなくて、まず〝学習ありき〟です。これからやらないとね。そういう下地のうえに自治会をつくったのです。自治会をつくった時に最初に部落全部の旗をつくりました。自治会旗を立ててみんな入場行進するとみんな見る。〝あら、わたしのところの旗が見えた〟となり、それで帰属意識と地域自立への意識が高まったわけです。

**大本**　スウェーデンに関して制度ばかりが紹介され、いい制度だと賞賛されていますが、そもそもその制度がなぜつくられたかまでさかのぼると社会民主党の長期政権がある。なぜ社会民主党が長期政権を維持できたかといえば、その根本には学習活動があります。そういう点では佐藤町長さんが学習活動に重点をおかれているというのは、なるほどと腑に落ちます。

**佐藤**　学習活動といっても体験学習でないとだめです。ですから、ここでは議会のやりとりは全部、有線放送の実況になっています。だから議会が開かれると町民は全部聞いているのです。

**大本**　ほとんどの家庭に有線がつながっているのですか。

**佐藤**　全家庭です。こうやって三〇年、共に歩んできたのです。

**大本**　それだと質問しない、議会活動をしていない議員さんは誰かみんなばれちゃうじゃないですか。

**佐藤**　全部、ばれますよ。全町民が聞いているんですから。

**大本**　そうすると相当、議員さんから抵抗もあったのではないですか。

**佐藤**　それはありました。議会の質疑を有線で知らせるというのですから〝何を言っているんだ〟となったわけです。あとに、自治会をつくるときにも言われましたが、この時も議会を軽視するのか、公平の原則を欠くのではないかとか、とにかく嫌なわけですからいろいろいってきました。

**大本**　当時、有線というのは、だいたい商店街の宣伝などに使っていても、そういう場面に使ったという例はほとんどなかったのではないですか。

**佐藤**　いまでいえば、「知る権利」という話になりますが、当時からやっていたんです。そして私がやられると、議会のさなかに必ず激励電話がありました。じいちゃん、ばあちゃんから〝頑張れ、頑張れ〟というのです。いまあるのは、〝町長、すこし答弁が長いな〟という電話が多くなりましたが、当時は年寄りに人気があったんです。

**大本**　本当の情報公開ですね。私は東京都とかいろいろな自治体で審議会の委員をやることがありますが、東京都ですら審議会での討議を公開するということをすごく渋るのです。

**佐藤**　情報公開です。情報公開がやかましく言われていますが、いまさら、何を言っているんだろうという思いです（笑）。

**大本**　衆人監視ですから下手なことはできないですね。

**佐藤**　それだけ厳しいものなのです。

## 町民意向調査と職員の地域分担制

**大本**　佐藤さんが助役になった七二年一二月に町民の「町民意向調査」というものを悉皆、つまり全戸調査としてやられますね。これは町長がプラニングされたのですか（巻末資料7）。

**佐藤**　とにかくあらゆる施策はリサーチが前提ですから、調査活動がなければだめだということです。それを何回かやっていったのです。

**大本**　それこそ毛沢東ですよ。〝調査なくして発言権なし〟を地でいっているわけですから。

**佐藤**　『毛語録』から取ったわけではありませんけれども、そのとおりです。

**大本**　その言葉は当時の活動家などがよく口にしていましたけれど、それを即実践に移したというのはすごいですね。なかなかそうはできないですよ。

悉皆調査では主としてどういう項目を立てておこなったのですか。

**佐藤**　その都度、その都度、あらゆる分野で何度もやっていますからね。

**大本**　いま流に言うとニーズ調査ですよね。どういう要望があるかということですね。

**佐藤**　町民が何を考えているか。だから案件、案件のとき、かなりやっているわけです。

**大本**　調査したあと統計的処理もしたのですか。

**佐藤**　しています。それで白書をつくったりもしています。

**大本**　答えてくれた住民にはどう戻していたのですか。結果が出ました、それでお蔵入りというのはよくありますけれど、それをどう活用されたのですか。

**佐藤**　こういう結果だったというのは町政懇談会の資料で出したり『広報』誌で出したり、さまざまな方法があると思います。とにかくそこで出たことはただちに実行した。もう一つの理由は、わが生命は限られている、いつ、変わるか分からないということからです。いつ、リコールされるか分からない、その時間のなかである程度のことをやらなければだめだったのです。すぐやったと言えばすぐやったように見えるけれど、あのときやらなければ間に合わなかったのです。時間との戦いだったのです。

**大本**　町の危機と佐藤助役の危機とが重なっていた。それで佐藤助役もバンバン仕事をやらなければならない状況だったわけですね。

**佐藤**　この町が追い込まれていたのですよ。しかもやれる期間は、長く続いて四年ですよ。途中でリコールされれば二年で終わりですから命懸けだったんです。

**大本**　大久保さんの『希望のケルン』を読みましても、町民の方々が学習会を組織したり、いろいろやっておられるのが判ります。町長がおっしゃったように、非常に現実が厳しいからそこまでやるしかなかったのかもしれませんが、けっこう抵抗などもあったと思いますが。

**佐藤**　それはございました。常識的な手法ではないのですから。何かイデオロギーがあるのではないかとか、さまざまありました。そこで〝それじゃあ、これ以外の方法があるのだったら、出してみなさい〟、〝ぶつぶついっても、他力本願ではどうにもならないのだ〟と言い続けたのです。ですから最初はいろいろ誤解もあったし、論議はたくさんございました。

**大本**　町政懇談会をやってから、さらに自治会をつくっていくにあたって職員の地域担当制を取られましたが、これはどういう意図からですか。

**佐藤**　役場と住民との連携についていえば、なかったと言うとおかしいですが、それまでは厳しい現況にあるにもかかわらず、行政ルート的なもので、住民は観客席でいろいろ文句を言うだけなのです。それではダメだ、住民の中に入っていこうということで入っていったのですが、最初は職員が吊しあげられて犠牲者になります。早くいえば人民裁判にかけられるようなものです。彼ら自身、信頼がないわけですから、そこからやらないと収まらないです。

とくにひどかったのは、出稼ぎに行った町民のなかでも国籍不明になって帰ってきた連中です。東京ではこうだぞ、仙台ではこうだぞ、おまえらは何をしているのだと。なんか他所からきて評論するような論評もありました。それだけに職員も大変だったのです。

**大本**　町長のおやりになった施策として、町の総合計画をつくるときに、ちゃんと地区計画をつくらないともうおまえら置いて行くぞみたいに突き放したというエピソードがありますが、当初は地区レベルでも自治の主体という自覚がなかったわけですね。

**佐藤**　ないです。

**大本**　それでも町民も役所はよくやっていると認め、変わっていったわけですが、この切り替わりのターニングポイントというのは何だったのですか。

**佐藤**　この辺は第一次過疎法の指定を受けていましたから、行政的には過疎計画というのがあるのです。それは役場でつくれるのです。しかし、そんなものをつくったって何も意味がないのだといったわけです。だってこれまで行政がつくった計画がいかに無力だったかということは現実が示しているわけですから。これからは行政がつくるのはやめなさい。これは全部住民がやるべきだということで、これは全部住民がやるべきだとなった。当時の保守県政のなかでは住民に任すという事態はこれまた非常識だったのです。

**大本**　破天荒ですね。

**佐藤**　そこでまず反対論として出てきたのは、そんなことまでやらせたら無限の要望が出てくるのではないか。それをどうするのだというものです。それに対して私たちはこう言ったのです。それは与える論理でやるからそうなのだ。無限であるかどうかは住民が判断できる。住民がやるなら、道路一つをつくるにしても地区同士が順番を取り決めて工事にかかることになるから本気にならざるをえない。本来、地域というのはみんなのものであって役場のためにあるんじゃないのだからということで、今までのいわゆる団体自治ですら住民の目線に置いてやらなければどうにもならない。

住民が協力する気がなければ、いままでの仕組みそのものは価値がなくなるのです。そこには積年の構造的なものがあるわけですから。とにかく現状ではどうにもならん。したがって、いままでの行政に対して不平でも不満でも意見でも全部持ってきてください。そしてたんなるテクニックではラチがあかないのです。基本から変えていかなければだめだということです。〝あんた方、行政に文句を言っているし、それは正しい現実だ〟、〝だったらどうしたいのだ〟、〝どういう地域でありたいのだ。それをデッサンしてみろ〟となったわけです。

だが、そんなことをしたら、予算も何でも任せろということになるのではないかと先輩諸氏から善意の忠告がたくさんありました。しかし、行政のサイズでものを考えていいのか、そんなことで右往左往していては夢や希望が出てくるはずはないのです。可能性がないとみなして人びとがこの町から出て行ったのですから。

**大本**　地区としてのプランニングを誰かがやらなければいけないですが、そのときにはどなたが中心になってやられるのですか。

**佐藤**　誰がつくるという以前に、住民が行政を信頼していない現況で、住民が計画をつくるとか言ったって、最初は政策的に何も出てこない。それどころかわれわれ住民に責任を転嫁するために、こんなカッコのいいことを言うのだという反応です。これにはわれわれも歯を食いしばってこらえましたね。

**大本**　日本全体でもそういう反応がありますね。そういうのは経費を節約するために住民に転嫁させるものではないかという批判が必ず出てきますね。そういう批判をどう跳ね返していくかですね。

**佐藤**　そういう場合、ぼくはこう言います。責任転嫁だと思ってもしょうがないと。責任転嫁だと言いながら、あんた方を支配するような行政に人ごとみたいに、あくまでも役場の職員がつくるものだとなお期待して、任せていいのか。一方で役場の職員をやっつけておいて、他方でそういう論理に居座って、いつまでも観客席にいるというのは矛盾しているではないか。それがこの町をだめにしたんだ。実際にもこれが諸悪の根源なのです。

**大本**　こういう住民との対話のなかで、佐藤さんの真意が分かってもらえたわけですね。

**佐藤**　これは本当に厳しかったですね。課長なんかは毎日やられるわけですから、身体の具合が悪くなったりなんかして、最後には疲れ切ってしまったのです。ただ、ある程度よかったのは、過去がなかったために、ある意味ではできたと思うのです。結局、みんなも過去がないわけですから。過去というのは行政担当者でなかったから。そんなこともあったのですかと、変な話、責任逃れだってできるのです。逆にいえば、だからこそ言いやすいところもあったのです。職員には、何もいいカッコするためにやるんじゃないといって、みんなのやってきたものとそうでないものがあれば、聞き役に回ったりなんかしながらやったということです。

**大本**　私の実感ですと、住民のところに下りて議論しても、地域のボスみたいな人が有力な発言権を持っていて、その人の意見がまかり通るというのが普通なのに、藤沢町の場合、そうではなくて、本当にその地区あるいは地域の意見の最大公約数みたいなものが形成されてくるとしたら、どうしてそこまで行けたのでしょうか。

**佐藤**　通常であれば、ボス支配は残っているのです。だが、藤沢町の場合、その古いアンシャン・レジーム（旧体制）も含めて地域支配そのものが崩壊したわけですから。

**大本**　それほど地域が疲弊したわけですね。

**佐藤**　はい。昔のボスだけが威張っているとか、そんな生やさしいものではないというほど深刻な状態だった。いままでは何でもあの人の言う通りにやってきたのにそうはいかなくなった。ボスの方々は議員にもなって役場行政に入りこみ、地域権力の一端を握ってきたのですが、昔日の勢威を失ってしまったわけです。

**大本**　現今の地域経済も長びく平成不況でかなり大変な状況がありますが、旧体制のシステムそのものが動かなくなっているというような状況にまで追いつめられないと、新しい息吹を吹き込んでも地域はなかなか立ち上がれないということでしょうか。

**佐藤**　ともかく田舎の旦那衆がみんな崩壊していくわけですから、町の秩序そのものが混乱しているわけです。

## 地域ミニ振興計画と自治会の創設

**大本**　そういう下準備があって自治会の創設ということが出てきたわけですね。

**佐藤**　出てきた。

**大本**　それもいきなり四三地区ではなくて、地域ミニ振興計画づくりをやりながら自治会の芽を育ててきたわけでしょう。

**佐藤**　自治会はすぐできたんじゃないです。みんなでやらなければだめだということで全部に問題をぶつけたものですから、言いっぱなしではなくてあとはどうするかとなったわけですが、それは地域でつくらなければ意味がない。以前は住民から職員に対してさんざんお叱りをこうむったけれど、今度は住民もやらざるを得ないという意識を全部が全部持ったわけじゃないけれど、だいたい理解したから、あとはどうオルガナイズするか。ここは職員挙げてがんばってくれということで、職員を地域に分担したわけです。ところがその職員だって、地域にそんな格好で入ったことはないし、職員の弱いところでいじめが始まるわけです。中身は、全然福祉が分からない職員に福祉の質問をしてみたり、〝なんだ、おまえは月給ばっかり高くてこんなことも分からないのか〟とか、そういういじめが相当あったのです。それでも、とにかく知らないのはこっちの勉強が足らんからだということで、今度は内部で学習会をしました。小使いさんも含めてやりました。小使いさんは最初、〝私は皆さんと違います。だめです〟と頑強に拒否していたのですが、小使いさんといえども、住民の前に立ったときには公務員は公務員だ。一定のレベルの知的なものを持っていることは当然なのだと悟ったのです。

その次には建設課長たるものは建設の現状を語ったり、町のあるべきスケールを語ったりできなければならないということで、専門の学習会をした。それでそれぞれの地域に入って行ったのです。だが、地域の方々はそう簡単に踊りません。一回壊れたものに不信感を持っていますので、立ち上がるなんていうのは容易なことではないです。それを各職員が繰り返し繰り返し説得したりしてやる。なかには個人的にできない方もあったのです。出稼ぎに行っていますからいないわけです。それから集まる場所もないのです。そういうことの経験がないわけですから。そこで民家を借りたりなんかしながらやったわけです。

職員は地域計画をつくるとき、これまでだと職員同士で話し合って戦略を練って、あそこはこうする、ここはこうするという案をつくり、地域協議を重ねながら決定にまで持っていくのが大変だった。ところが今度はみんなで計画をつくるというわけですが、そんなことは経験したことがない。

もう職員も大変です。その当時、他所の役場の公務員なら一時間なんぼの超過勤務手当がもらえるという理解ですよ。その当時はストライキをしたように、夜も昼もないので大変だ、ここの職員でもせめて超勤手当をつけてほしいというのが、最大の課題の一つだったのですよ。個人の価値観が、世の中がそれを是としていたのです。そういうなかでいろいろ論議がありましたけれど、それなら集まってくる住民は誰から超勤手当をもらうのだ、そういう次元の問題じゃないのだ、そういうふうなやりとりを組合としたことがありました。

それは自治会、地域づくりの問題の以前に、職員が本当にみんなと一緒にやるのだという姿を見せなければだめだということなのです。そのときですよ、職員が全部消防団に入って法被を着て走り回ったのは。当時、地方公務員が消防団に入ったということは聞いたことがないと言われたし、いまだってほとんどないでしょう。それから女子職員も婦人消防協力隊をつくった。とにかく地域を守るために住民がやっている行動ですから、それに入らないで一緒に地域を語れるかと督励したわけです。

**大本**　当時の労働運動のムードからすると、計画づくりで地域に入って職員の方が超過労働、超過勤務をやっているということになると、必ず手当要求が出てきましたね。しかし住民の側からすると、あの人たちは私たちのために色々してくれるけれど、ちゃんとお手当もらってるみたいだといわれますね。そのとき、町長は超勤問題との関わりでは、それはないだろうと職員組合と交渉したのですね。

**佐藤**　ええ。地域づくりという住民と一緒になって地域を考える取り組みに対しては超過勤務も何もない。これはいまもって変わりません。しかも労働組合の上部団体とか何かがきて騒ぐわけです。しかし労働条件一点張りで手当を要求するだけで本当に公務員労働者という基盤を守られるのか。あなた方だって町づくりを一緒にやるのは労働条件を守ることに通ずるからではないか。こういうことは他人事じゃないだろうといい返しました。

そんなことで、この問題に対してはだんだん理解を得ていきましたから、こういう道理のわからないオルグなんかが来ても耳を貸さなくなったのです。

**大本**　役場職員の意識改革というのは一朝一夕にはいかなかったのではないですか。

**佐藤**　そのためにはあらゆる研修会をやりました。どうあっても職員と認識の共有をしなければ駄目です。だから今でも毎週月曜日は朝礼をやっています。先だっては三〇分もやったりしたのでひんしゅくを買いましたが、そういうことです。それからいまも先程来出てきた視察旅行をさせる。だからうちの職員はこの岩手県下の職員のうちでも一番本を買っているんじゃないですか。

**大本**　自治大学というのも助役の時代にやっていますよね。法政大学の先生や東北大の大内秀明先生をお呼びになって。

**佐藤**　何度もやっています。あの手、この手で学習しています。町づくりというのはそういうことだと思いますね。

**大本**　職員の育成にあたってのご苦労というか、工夫されたことは何ですか。

**佐藤**　質の問題です。今まで――いまでもそうですが――役場は学卒が直接入る場所なのです。他の職業をやった人は入らないのです。また入れない職場なのです。そういう慣習を破ってどんどん中途採用をやっていった。これは大きかったと思います。行政プロパーでないシャバ（娑婆）を経験した者が入ってきたということが、職員の意欲を大いに高めていったのではないでしょうか。

**大本**　意識的に異質のものを入れていったということですね。

**佐藤**　だからあの当時、学卒の採用は二十何歳だったのですけれど、あえて三〇歳まで延ばしたのです。

**大本**　すごい、画期的ですね。

**佐藤**　一般の町民にも息子で帰って来た人があったら、ぜひチャレンジしてくださいという呼びかけなどもやりました。

**大本**　そういう異質多様な職員が揃っているから、藤沢町のコミュニティ雑誌も面白いものになっているのですね。

**佐藤**　あれは〇二年はコンクールでチャンピオンです。〇三年はナンバー2。昔は『広報誌』というのはお知らせ番組だったのですが、いまは町づくりの機関誌なのです。だからいつも〝主張をもって書け、それが批判されたらそれでいいのだ、主張のないお知らせ番組なんて広報ではない〟といい続けているのです。

**大本**　面白いですね。佐藤さんらしい、いい切り口ですね。

**佐藤**　だってあらゆる政党の機関紙だって主張があるわけです。本来、町をつくっていくときに役場の主張がないということはないはずです。

## 事業実施の優先順位を住民が決める

**大本**　地区自治会づくりは昭和四八年度に藤沢地区と黄海地区で三つできたのを皮切りに五〇年度には半数の地区で出揃ったのを機に「藤沢町自治会協議会」が創設され、五五年度にようやく全町の四三地区につくられるという経過を辿っていますが、その間、「地域ミニ振興計画」というのをつくっていますね。地域ミニ振興計画はどういうふうにつくっていったのですか。ミニ計画はまだ保存して残っていますか（図1、巻末資料8、9）。

**佐藤**　いま見ると、なんだこんなものかと思ってしま

藤沢町自治会位置図

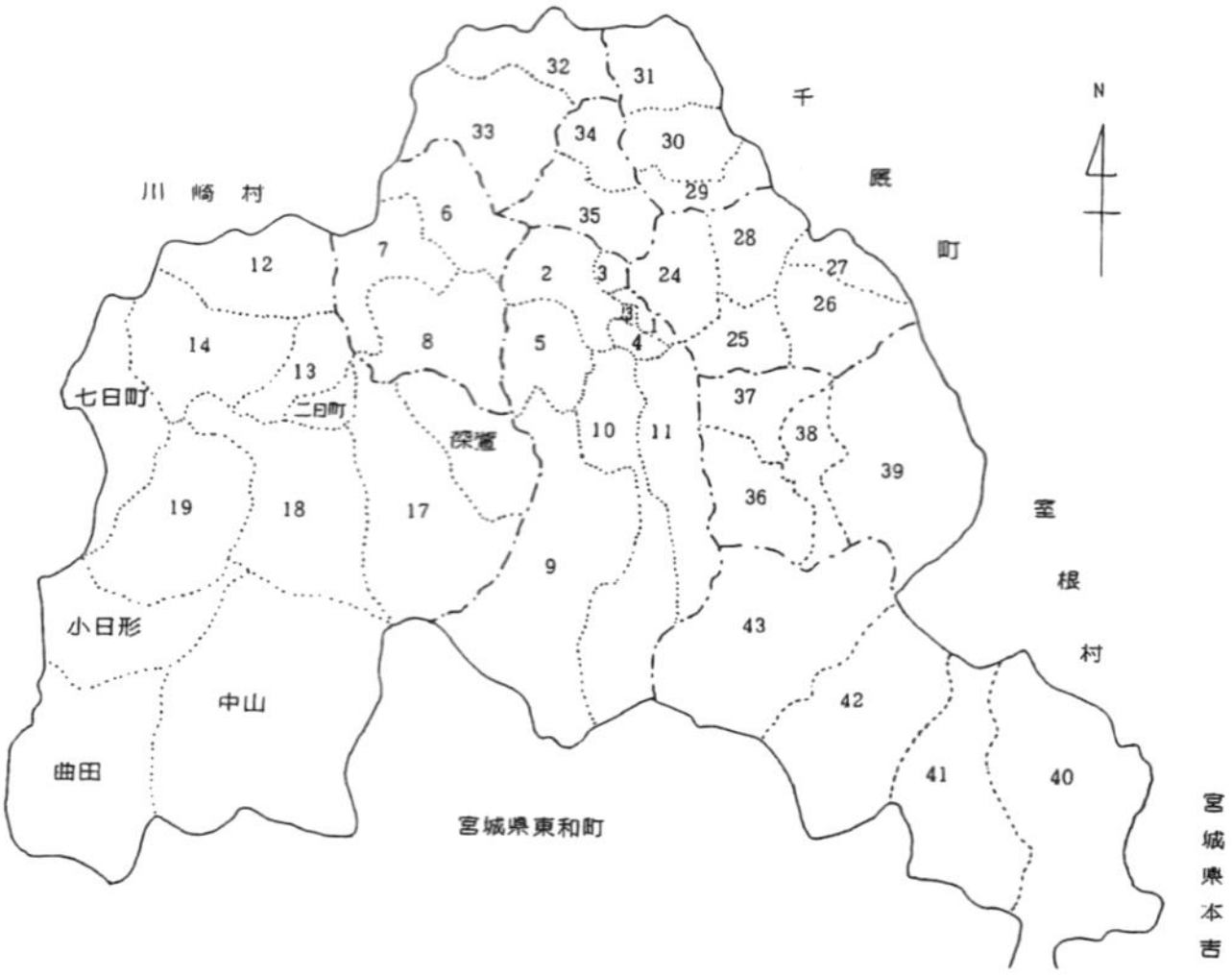


## 第 1 行政区自治会

昭和49年9月6日　設立

●組織図

会長
　├ 副会長
青年部　婦人部　生活部　文教部　環境部　総務部

●自治会憲章

（昭和49年10月制定）

併せば父祖の尊い心に触れ、たどれば、先人の輝かしい功を偲ぶ。愛敬の地、第1区の住民として私達はこれを継承発展させる重大な責任を深く自覚し、次の憲章を定めます。

○みんな力をあわせ光を求め
　前進する里を作りましょう。
○みんな健康で明るさを求め
　生業に励む家庭を作りましょう。
○みんな笑顔で美を求め
　きれいな環境を作りましょう。
○みんな生活に豊かさを求め
　教養の時間を作りましょう。
○みんな睦みあい、楽しさを求め
　おもいやりのある里を作りましょう。

資料：藤沢町自治会協議会『藤沢町自治会協議会創立10周年記念自治会活動のあゆみ』（1985年12月）。

**図1**　自治会の組織と憲章（参考例）

うのですが、一つひとつが地域主導だったのです。

**大本**　大切な初回のときにベースをおつくりになったのに、後の人はなんだと思うとしても、何事も初めが一番大変だったと思います。

**佐藤**　それというのも住民も、このままでは大変だという危機感を共有できたということだろうと思います。危機意識のないところに危機管理はできないのです。ところが誰がみても危機意識を持たざるを得ないような現実があるわけですから、それをベースにするからシャンシャンシャンの報告会にはならなかったのです。

そのくだり、自治会ができてミニ計画をやったというところは、手順からいけばできたプランをどうするかという段階で自治会みたいな意識が出てきました。しかし実際にプランを共有して、地域づくり、町づくりに進むという段階では大変だった。各地域でたいへん悪戦苦闘をしながら計画をつくりましたけれど、最初にそれをわれわれに届けようとしたから、われわれは集団陳情を受けるためにやっているんじゃない、そこを間違わないでくれと投げ返したのです。

地区のプランでは〝早く道路をつくれ〟〝橋をつくれ〟、何かもつくれとなっているんです。そこでみんなの要望というか、地域のための願いは分かった。しかし、それは行政だけでやるものか、中身を検討しようじゃないかと問いかけたのです。そんなことから、行政がやるもの、住民がやるもの、両方でやるものと中身を分けようじゃないかということになりました。

**大本**　その場合の住民がやるものというのは、どういうものでしょうか。

**佐藤**　たとえば道路の要望が出てまいりますね。その場合、道路のうちで町道は町がやる。だが地域の集落道は地域の生活財産じゃないか。そういうものについては、町が金を出すとしても、用地とか何かは全部地域で算段すべきじゃないかと分担関係を区分していったのです。それで地区の集会施設に対しても、いったいこれはみんなの税金を使ってやるものなのか、みんなの自治の砦になるんじゃないのか、自分たちの城は自分たちの自治の力でつくったらいいんじゃないか、人から金をもらって城をつくったって意味ない。もらえる金があったらほかに使ったらいいじゃないかと議論を重ねるといったふうにしてやってきました。

**大本**　そうしますと、集会所とかコミュニティ・センターなどをつくるときに、そこの地区の人もお金を出すか、労働を出すか、何かなさるわけですか。

**佐藤**　まずそういう段階を経ました。いわゆる箱物を全部行政が抱え込むことはしないということが一つ。

**大本**　行政の丸抱えをやめたわけですね。

**佐藤**　ええ。陳情はおいそれといただくわけにはいかないと断言したのです。二つ目はその中身をどうつくるかです。それぞれの地区が道路を通すなら、うちのほうが一番だといったって、みんな誰でも知っているじゃないか。そんな要望全部に応えられるほど町の財政力はないんだ。とすれば、集落道だけでも、お互いに各地域、地域で話し合え。〝一番から二〇〇番まで番号を付けてくれ〟とこちらから住民に注文をつけたのです。

**大本**　いわゆる箇所付けというか事業実施の優先順位も自分らで決めろということですね。それだと普通のお役所とは逆ですね。

**佐藤**　どうしてそういうことをしたかと言うと、地域の課題を全体で共有するということです。地域同士の相互理解がないまま、地域対行政でやっても町づくりにならない。それでそれぞれの地域の要望の度合いを話す。最初は自分のところが一番だと思うけれど、話しあっている間に、やっぱり隣の地域の道路はうちよりも緊急度があるといったことが判ってくる。そういうふうに自分たちの腹の内も見せて全体を理解しながらつくっていく。それが狙いだったわけです。いまにして思えば、大変な作業だったのですが、それぞれが町の生活全般のことを考えますから、そう突飛なものは出てこなかったのです。役場当局といっても、無限の天文学的数字になるぐらいの夢も希望もかなえることはできないことを段々知ってきましたし。

**大本**　町長さんはどういう意図で最初からこういう一連のことをやられたのですか。

**佐藤**　それは、行政があらゆる部分をやれるわけではないからです。福祉から何からみんなが共通認識をもたなければ駄目なんです。そういうことをそのときそのときに問題提起していったわけです。

## 農業――自由な地図書き込みで宿命論打破

**大本**　農業では佐藤さんは一九七六年にミニ開発計画において二年毎のローリング（見直し）の時期がきたさい、ミニ開発計画の農業版として「地域営農計画書」づくりを実施しますが、これも大胆な手法で進めていますね。それで分かったことは住民が志向しているのは農業の町だ。だから農業を基幹産業として、明るく豊かな住みよい町づくりに取り組む決意をしたということですね（巻末資料10）。

**佐藤**　ただ、〝明るく豊かな住みよい町〟といっても〝豊かさ〟を手にするのは実は厳しかったのです。たしかに農民は農業でいきたいという願望を強く持っています。ですが、おらが町の農業は先祖から受け継いだ狭い土地だけという零細農業だったのです。現にわれわれが持っているのは、この町は畑一〇〇〇ヘクタール、水田一〇〇〇ヘクタール、二〇〇〇ヘクタールの耕地に二〇〇〇の農家がいるわけですから、文字通りの五反百姓だったのです。したがって貧しかった。農業でいきたいが、貧しさは宿命なのだというあきらめがあった。これを壊さなければ駄目だ。これに一番手こずった。何事においてもここじゃ難しい、ここは不便だから駄目だ、と言っていたら何も始まらないのです。だから可能なこと全部を射程距離に入れなければ駄目だったのです。

**大本**　町長が農業の町で生きていくし、豊かさを追求すると宣言したときは、まだ国営灌概のことは射程になかったのではないですか。

**佐藤**　何にもないです。だから僕が景気よく〝豊かな農業の町をつくろう〟と高らかに言っても、ほとんどの住民は町長は格好いいことを言うけれど、できっこないという反応だったのです。その固定概念を壊さなければだめだ。われわれの零細性、貧困化は本当に宿命なのかという点を突き詰めるところまで行かなければ駄目だったのです。

とはいえ、それを克服するには藤沢の土地資源の再編成をしなければ駄目だったのです。だが再編成する手段は、町長よりも役場よりもまず農家自体が持っているわけですよ。土地がないがために、あそこの山がおれのものであれば、あそこの土地が自分のものであればという、他人の所有する農地に対する潜在的欲望を牢固として持っているわけです。そこで僕はよし、そいつを引っ張り出そうといったわけです。

**大本**　それで地図の書き込み作業をやらせたのですね。

**佐藤**　だから、全農家に小地図を配ったのです。〝所有権には関係ない、自分が欲しい農地を書け〟とやったわけです。これは勝負だったのです。さあ、案の定、塗られた人が文句を言う。いつ、大山林の〝農地改革〟をやるかという話まで飛び出したわけです。そういう空気のもとで地図を出してもらった。お互い生きるのに、お互いが何を考えて生きているかが分からないで自治も何もあるか。それまで地域丸出しのエゴとしての論理はあったけれど、地域の個々人の生活をどうするかという論理はなかったのです。別人がそれぞれ集まるただのサロンだったのです。だけれど、それでは共に生きるということにならない。共に生きるということはお互いのいい点、悪い点を出し合う、理解しあうところから始まるのであって、それを抜きにして地域の自治とか連帯を言ってもナンセンスだ。それでは、みんなが何を考えているか出そうというので出させたのがあの地図だったのです。

**大本**　そうすると疑心暗鬼というか〝あいつ、おれの土地をおれが死んだら狙ってんじゃないか〟みたいなことだってあるわけでしょう。

**佐藤**　あったのです。だからこれは絶対公開してくれるなという要望がたくさんあったのです。なかにはそういう動きが始まったから、県のほうに行って保安林の指定を受けて、うちの山を保全しようとした家があったくらいなのです。だから本当に大農地改革になったのですよ。

**大本**　それは助役の意図としては、思いのたけを自由に語れというメッセージだったのですか。

**佐藤**　お互いを理解し合わないで共に生きるも何もないのだ。隣の人が何を考えているのか分からないでコミュニティもへちまもないということです。そういうことで出てきたわけですから、とくに町会議員の方々の土地は全部色を塗られたのです。隣のせがれがうちの山に〝牧場〟と書いてあった（笑）。どうしてくれるのだとなるわけですよ。そこで、僕はいや、それはご心配を掛けたけれど、あなたの所有権の侵害をしたのか、あなたに何か実害があったのかというと、何もないのです。あんた方だって役場に陳情にくるときは、ここに道路がほしいとかいって個人の所有権に関係なくやっているじゃないか、こと個人の生産基盤になったとき、なんで青くなって怒るのだと切り返してやりました。

**大本**　でも私有観念の強い人びとはショックだったでしょうね。

**佐藤**　これは農村では大革命ですよ。だけど町民は書いてきたのです。それがいまもあるのです。それがもし発覚したら私は地域の村八分ですよ。でもそれを出してもらったので、みんなは藤沢の自然をこのように活用したいのだなという願望がわかったわけです。

**大本**　地図で描かせるということは何事も仕方がないのだというあきらめ、宿命観に対するある種の精神の解放みたいなことだったのですね。

**佐藤**　そうです。ただ、塗られたほうからみれば大変なことです。

**大本**　父祖伝来の田畑に朱筆を入れられたわけですからね。

**佐藤**　これでリコールが始まるのかと思いましたが、

ここが勝負だと割り切った。固定概念を変えなければだめなのですが、それにしても土地というのは難しいのですよ。

**大本**　下手したら殺されますから。それでも宿命論の打破への一つのブレークスルーとしてやってみたわけですね。

**佐藤**　やっぱり意識を変えていかなければ駄目。すべてが宿命とかなんかではないのだ、地域が挙げてやる気になればできるのだということを実証しないと駄目なのです。この部分は聖域だというのがあったらできっこない。まず不可能なものはないのだ、できるか、できないかは、われわれのまさに努力如何にあるのだという境地にもっていったのです。

要約すると、町づくりが始まって、あの手この手をみんなと話し合っていたとき、出たのはこの町の貧困は宿命なのだ、五反百姓なのだ、だからどうなろうと豊かになるはずがないんだという宿命論がすべてだったのです。大体、この町の人びとは他人から批判されると、いや、ここは零細農業で中山間地帯ですからと罪のない自然に転嫁してきたのです。

これでは町づくりにならないのです。そこで本当にわれわれは零細が宿命なのかといって出したのが地図の書き込みで、実はこの狭い郷土のなかに、国有林以外にも、他町村の不在地主の方々の山林があるではないか、われわれの生活の基礎・基盤を他に委ねて、貧困は宿命だという話はおかしい。まずそれを我が手に取り戻そうというふうに発展していったのです。

**大本**　民有林の買収ですね。佐藤さんはそれと併行して国営農地開発事業、詳しくいうと五五年度着工の「藤崎地区県営灌排事業」を皮切りに五六年度着工の「東磐井地区・県営広域営農団地農道整備事業」の積み重ねに立って、五六年度には「東磐井地区・国営総合灌排事業」の全体実施設計をすすめ、精力的に灌漑排水事業の導入を図っていったわけですが、その動機というか原動力は何だったのですか。

**佐藤**　ここは丘陵地帯でしょう。ここに来られた方々が、〝ああ、なだらかないい丘陵地帯だ〟とロケーションをお褒めになります。しかし、ここに生きるには水がなければ駄目なのです。何百メートル下には北上川があります。しかし、これまで北上川は母なる川ではなかったのです。水がないために、あらゆる産業は起こらなかったんです。したがって、誰が何といおうと水資源の安定確保がこの町の悲願だったのです。これはダムが三つもある大変な事業でしたから、それにかかった事業費の償還もあるのです。

**大本**　しかし長い目で見たら、これで農業や田畑ができたのですから、生産的投資です。

**佐藤**　われわれもそういうスタンスなのです。これらすべては住民計画のなかで出てきたみんなの願いなのです。あらゆる可能性を問いかけながら、こんな山の中に国の金を持ち込んでやらせてきた闘いだったのです。

## 有機農業をベースに都市と産直ネットワーク

**大本**　水資源が確保されたあと、藤沢町ならではの特色ある農業をつくり出すために、どのようなことをやられていったのでしょうか。

**佐藤**　農業はご案内の通りの衰退の時代ですけれど、この町としては、自然との関わりで生きる農業が根幹なのです。人の数が変動しようがしまいが、この町が自然との関わりで生きられないなら、この町の存在はないのです。逆にいえば、農業を基幹に据えないで新しい産業の発展ができるのか、そこなのです。産業としての農業ができないところで、他の産業なんかが育つわけない。したがって基幹を守っていこうと頑なにやっていますが、といっても藤沢町全部を農村たらしめようとしているのではないのです。

**大本**　その頃、秋田県の知事が一集落一農業方式を提唱していて、藤沢町も一九七五年頃に「スクラム農業」と呼んでそれを取り入れていきましたね。

**佐藤**　それはあの当時として農村が過疎になったとき、もう個別農家はだめだから連携のなかでやっていこうということです。しかしこれは言うは易くですね。労働条件も変わっていきますし、そう簡単にはいかない。それでもいまでも助け合ってやっていますよ。いまの時代ですから、所有と経営を分離した水田の団地化が進んでいます。あの当時、秋田県の一集落一農業というのはただ過疎を食い止める施策であって、産業社会に立ち向かう手法としての有効性がない。ぼくらが国営でつくった農地なら企業的農業がやれる。そこで〝つくる農業〟から〝売る農業〟へ。まず産業としての農業をこの地の一角につくろう。いままでの自給自足農業、家族経営農業というものをそういう方向に連動させていこうとやっているわけです。ところが事情も国のほうの農業政策もグラグラ変わってきますから、なかなか焦点が定まりませんけれど、ともかく産業としての農業を主力部隊として配置しながら、既存農業とセットさせて組み立てようとしています。

**大本**　自然との関わりでといえば、最近は環境問題とのからみで有機農業などが方向としては求められていますね。産業としての農業、売る農業といっても農製品の質といったものがあると思います。時代に合った産業といったときに、今はやはりクオリティのいい農産物をという要求はすごく強いと思いますが、有機農業などへの取り組みはどのようになさっていますか。

**佐藤**　藤沢町でも一九九二年の「藤沢型農業確立推進条例」以降、中核農家はほとんどその方向に行っています。町の農業開発公社が有機農業にむけた圃場をつくっています。灌漑などの開発行為というのは無機質の地球の骨を出すわけですから、そこには砂利や岩があっても土壌というのはない。心土がない。早く言えば汚れなき農場であるけれど、そこに新しい生命をつくっていくということはできない。だが、それもある意味ではチャンスなのです。そこに堆肥とか何かの有機質を入れ土地を熟成させて循環型農業をつくっていく出発点になる。ですから、いまそうした熟化した土地に小麦とかリンゴなどに重点をおいて産直で活路を開こうとやっています。

**大本**　『希望のケルン』では、青島幸男さんが知事の時代に東京都と有機農業物供給の基本協定を結んでいますが、そのほかはどのようにやっておられるのですか。

**佐藤**　産直というのはなかなかです。販売ルートが東京都も含めてつねに変わるのです。制度として永続する流通機構というのがなかなかないのです。

**大本**　販売ルートとしては農協―経済連のルートと広い意味での産直ルート、つまり町が指導して朝市や何とかフェスティバルをやって直販で売るとか消費者が農家と契約栽培をやるルートに大別されますね。藤沢町の場合、農協ルートとの調整はどうやって計っているのですか。

**佐藤**　産直は闘いですよ。特に農協との闘い。

**大本**　いままでの農協のテリトリーを侵すわけですからね。

**佐藤**　だから農協から集中的に攻撃されるし、それと一緒になった県行政からも嫌がらせがありますよ。悪戦苦闘しました。

**大本**　農業が基幹産業である北海道を例にとりますと農協のホクレンが強いのです。〝ホクレン王国〟とまでいわれていますから。そうしますと有機農業をやりたい人は、ホクレンから離脱しないと駄目なのです。ここの町のように町が支援してくれるというのはほとんどないです。ホクレンが怖いから。

**佐藤**　ここの町だって全農から狙われるんです。最初、リンゴを持っていったのですが、そうすると邪魔をされる。そういう組織とは本当に何なのだろうと思いますね。既存農協は中間マージンをとるのが主な仕事になっていますから農家の再生産なんかできっこないですよ。わが農政は本当にいまなお闘いの連続でございます。

**大本**　完全な有機農業でなくて減農薬でもいいのですが、それがある程度のルートを引いて太いパイプをつくっているところはだいたい都市型の生協と提携している。宮崎県の綾町もそうですし、山形県の高畠町なんかもそうですね。都市型の生協などとのルートが取れるといいですね。

**佐藤**　ここでやっている農業のなかでも、ハム、ソーセージなんかは生協との産直をやっています。これはぜひ大きく育てたい。自治体農政と口でいうのは簡単ですけど、〝こんなに厳しいものとは〟というのが正直な思いですね。

**大本**　福祉より難しいですか。

**佐藤**　難しいですね。なにしろ外圧というのがありますからね。

**大本**　綾町も市場価格をにらんだ価格調整で支えていますけれど、ここはどうなのですか。

**佐藤**　もちろん、ここも価格調整をやっていますよ。だからやれるのですよ。

## 大陽工業グループ〝大昌電子〟がなぜ藤沢町に

**大本**　それではつぎに工業振興に関して少しお話をいただきましょうか。

**佐藤**　ささやかなものでしたが、ミニ計画から工業団地の造成なんかが出てきたんです。〝おらが地域に工業団地を〟と。そして〝息子が戻って働けるようなところがほしい〟と。ですから、もともとの源流は、地域の自治組織の計画のなかにあったのです。

だが、町の農業だけでは立ちゆかないので工場を誘致するといっても、工業に対する認識をもっているのが職員のなかに誰もいないのです。そこで、この町出身で岩手大学を出て日本電気に勤めていた青年をUターンさせたのです。

**大本**　畠山博さんですね。

**佐藤**　いまだったら彼は日電で部長級じゃないですか。彼は日電の経験を生かして工場誘致を始めていったのです。大変走り回ったのですが、一番われわれの企業誘致の邪魔をしたのは本当は県だったのです。県は工業政策で、何々団地をいくつも持っている。その間隙を縫って走り回るから、〝おまえら生意気だ、何をやっているのだ〟とくる。〝いずれそのうち県が交渉して決まった企業をお裾分けするから待ってなさい〟というふうなことで歓迎しなかったのです。しかし、そんなことで黙っているわけにはいかないから、まず自己努力でやっていったのです。

最終的に絞った大きい会社だけでも、尼崎から青森まで歩いた会社は二〇〇何社にもなるのではないですか。でもどんどん門前払いです。現地視察においでになるときにしてもまず一関に見にくる。一関に工業団地があるから、そこにぺんぺん草が生えてないときに、そこを超えて藤沢町の方に来いっていうのですから、これは至難の業です。会社にいっても課長、係長に会うのが関の山です。そこで大きいという基準でつくったリストではだめだ。経済の論理ではなくて人間関係の論理でやろうとなったのですが、それでいこうとするには、創業者の息のある、いわゆるぬくもりのある企業の経営者でないと分かってくれそうもない。そこで改めて創業者がいま陣頭指揮を執っている会社のリストをつくってぶつかっていったのです。そういう経営者には義侠心がある人もいるのです。

**大本**　工業団地はどうやってつくったのですか。

**佐藤**　何と町民が自前で土地を準備しながらやっていったのです。前例のないことです。ですから他所では町有地を提供して、何々工業団地だとやっていますが、この〝おらが町の工業団地〟はそういうありきたりの意味での団地ではないのです。

**大本**　自分たちで土地を提供しあって工業団地の敷地をつくるというのも藤沢町らしいですね。

**佐藤**　大陽工業グループのキバン（現、大昌電子）という会社を誘致するときも、地域の自治会が用地交渉をする。役場職員も入って寝食を忘れて土地を交換分合しながらエリアを準備したのです。だから工場が来るとなったとき、町と一緒になって、みんなでウエルカムをやったのです。そして事前に住民もちゃんと工場の計画を聞いて、企業とのコミュニケーションを深くしたのです。

だから工場の落成式には餅を搗いたりして祝ったものです。そういうわけですから今度は住民が工場の公害垂れ流しなんかは許しませんよ。そういう格好なので、企業のほうもただ金を儲けるというわけにはいかないからメセナをやる。地域と文化的な関わりをもつ。いま誘致企業も一〇社ほどになっていますが、そのなかには大きな美術館みたいなものをつくっている工場もあります。なんとあの当時、東京コマ劇場を連れてきて、どうぞ皆さん見てくださいという会社もあります。このようにここにある企業が何かの格好で地域のメセナ、文化活動にも入らざるを得ないような仕組みができ上がっているというのも、もとをただせばこういう地縁で結ばれているからなのです。

**大本**　佐藤さんは大陽工業グループの総師・酒井邦恭《くにあき》さんと何度もお会いになったわけでしょう。けっこう意気投合したようですね。

酒井邦恭さんは朝日新聞社から『分社—会社を分けて人を活かす』（一九八三年）という本を出していますね。朝日文庫にもなってけっこう広まっています。酒井さんはお父さんの血を引いて根っからの機械屋さんです。

**佐藤**　よくご存じですね。そうなのです。あの方も何度も来ていただきました。酒井さんの大陽グループにはそっちからもこっちからもプロポーズがあったのですよ。それにもかかわらず来てくれたのは、地の利とか何かではなかったのです。

**大本**　それだったら一関でいいわけですからね。要するに、農家の子弟で農業はやらないけれど地元に留まってもらうためには工業を、という発想からだったのですね。

**佐藤**　町づくりの豊かさへのチャレンジは農工一体だというのが基本だったのです。

**大本**　農工一体といっても、実状としては農業は土・日の休みにやって、〝父さんは日中、工場に働き、農業はじいさん、ばあさんがやる〟という三ちゃん農業になってしまうのも多いですね。

**佐藤**　ともかく出て行った子供たちを戻さなければ駄目です。

**大本**　最初からそういう構想ですか。

**佐藤**　そうです。ここに職場がないから子供たちは出て行ったわけです。だからその流出した若年労働力をまた戻そうということです。

**大本**　カムバックサーモン。ここで育ったシャケだから戻そうと。

**佐藤**　彼らが選んだコースは農業におさらばしているわけです。だから工場なら戻ってくるだろうというのが最初からの狙いだったのです。

**大本**　実際に企業誘致して、雇用に変化はありましたか。

**佐藤**　最初は、ご覧になった会社などの雇用は、ほとんどが新規採用ではなくてこの町から出て行った子供たちで戻ってきた人を雇っています。だんだん増えて今は五〇〇近くになってきていますので、そうはいかなくなっていますが、最初は全部おらが町の出ていった倅《せがれ》からなる工場でした。そのなかには向こうでお嫁さんをもらってお帰りなさいという人もあったんです。だから一時期はよかったのです。ただ、それでハッピーになるかというと、必ずしもそうではないのです。その地域に扶養能力があるようになればいいけれど、オーバーすれば出て行ってしまうし、なければないで都市と農村の格差は現実としてあるわけですから、出て行ってしまう。ただ、人には適性というのがあるんです。ただ働く場所があれば若い人が残るかというとそうではなくて、自分の好みがあります。これは無限なのです。

だから農村施策として誘致工場で人口を確保するというのは、本来、不可能です。農村は農業というなかで基礎をつくっていかないと駄目です。自分の性に合わなければ出て行ってしまいますから、ですから誘致施策というのは人口施策としては限界があります。一定のにぎわいはつくることはできますが。ただ、こんなことを言うとおかしいけれど、同じような条件のなかでは藤沢は善戦しているんです。人口減ですが、これでも頑張っているほうなのです。しかし何としても絶対量が減っているので、〝どうぞ、皆さん、一度の人生は藤沢でいかがですか、年をとってからでもいいですよ〟という格好にならざるをえません(3)。

## 現場発の医療・保健・介護の一体化

**大本**　いろいろな施策をおこなうにあたって、地域の担い手である住民の自治が基本であるということで、地区の自治組織をつくっていかれたのですが、町民調査によると、この町はどういうふうな町にしたらいいかという問いに対して〝生命を守って〟〝とにかくこの地域で死んでいけるような町になったら〟という要望があって、佐藤さんは町長として医療・福祉にすごく力を入れられ、基本的なサービスは公共がやって、住民たちがサポートしてつくっていく。その中心として医療を自分たちの町に持って来なければいけないということで町立病院をおつくりになって、結果として北欧モデルと同じようないまの地域包括システムを構築されたわけですけれど、その際のご苦労というか一番大変だったのはどういうことですか。

**佐藤**　過疎というのは生産的人口が減るのだということですが、それは、裏を返せば、それぞれの家庭の生命を守る機能がなくなるということなのです。早くいえば独居老人、老人世帯になるということであり、そういう人をサポートするエネルギーがなくなるということなのです。過疎というのは、そういう意味では地域の暮らしの根幹を失うことに他ならないのです。

したがって、そういう厳しい状況のなかで町を維持するとなれば、失われた家庭機能をみんなでサポートする以外にない。独居老人が何世帯いる、将来は老人地獄になる。これは判っているわけですが、ただ座して死を待つわけにはいかない。だから高齢化社会に対する地域としての仕組みをつくろう。地域に共に生きる仕組みというものを確立しなければだめだと呼びかけたわけです。それが、みんなの共鳴を呼んだのは、このことを町づくりの根幹に据えたからではないですか。

昔は、入会地とかがあって村落共同体で支えあってきましたが、こんどは土地ではない、暮らしから来ている。生活に基礎があるということです。それなのにあの当時、福祉というのは弱者を措置するという論理です。ですからこの東北の近隣にも特別養護老人ホームがあったりする。それが全部山の隅っこにあった、いわば粗大ごみの処理場としてあったのです。私はそんなバカなことがあるかと憤慨しました。暮らしの論理からすれば当然町の真ん中につくるべきだということになります。役場に隣り合わせて町立病院をつくったのもそこなのです。そしてそれは入っている人だけの問題ではない。みんなが入る共同の生活財産なのだから、みんなで維持・管理し、そこで学習をしようということで始めたのです。

**大本**　結果的には医療・保健・介護の一体化ができあがったわけですね。

**佐藤**　そういう一体化の要求は当然、現場から出てくる。なんせ老人というのは合併症を持ち合わせていますから。専門医に治療をしてもらって社会に復帰するというのであれば、普通の病院でもいいでしょう。ところが老人というのはあらゆる機能困難が出てくるわけですから総合的に対処しなければならない。そこで健康管理、リハビリも含めて医療と保健・福祉が一体とならざるを得ない。だからもともと分離するのがおかしいのです。現場のニーズがそういうものですから。だが残念ながら医療は限りなく専門家のものになっている。もう右向け右です。そこで医療に始まり保健も福祉も人間不在なまま、仕組みだけができてきたわけです。だが、そういうものはわれわれの現場では通用しない。

**大本**　そこで改めてつくり直していったわけですね。

**佐藤**　私たちもお上のいう通りつくってみたのです。やってみたけれど、やはり最終的には使い物にならなかった。ですから当時は、たとえば、特別養護老人ホームで看護婦さんは看護だけ、介護士は介護だけ。ところがそんなことで本当に一つの生命を守れるのか。生活全体に関わっていて初めて分かるのであって、保健とか介護とかの専門性は必要だけれど、それはサービスを提供するための手段であって、関係者全員が老人の枕辺に立たなければ福祉も医療もできないと思う。

そういうことでやり出したから、最初は看護婦さんはおむつを取り替えるのはおらのことではないとか、保健婦さんはなんで食事を運ばなければならないのかという話になってくる。それに対して食事の状態が分からないで健康管理ができるか、おむつを取り替えないで看護婦さんは患者さんの健康を守れるか、それは全部やるべきだと言ったのですが、それにマッチするシステムがなかったのです。

ましてやお医者さんは、おれは専門は婦人科だ、内科だ、外科だとなってしまって診てくれない。よく田舎の診療所に来たお医者さんは不勉強だとかなんかいいますが、実際見てみるとそうではないのです。どういう患者がくるか分からないのです。皮膚科にいくべき人が来たり、整形にいくべき人が来たり、眼科にいくべき人が来たりで対応できないのです。それで若いお医者さんがノイローゼになる。どういう患者が来るか分からないのを診なければいけないのですから無理もないのです。

総合医学というのを持っていないですから当然なのです。それなのに、彼らはそのことを訴えないで、田舎は不便だとか何かにかこつけて出て行くのです。これは日本の医療制度の欠陥です。やはり家庭医といいますか、そういう人と本当に治療中心の専門医と二つあるのが当然だと思うのです。ともかく医療というものがなければ、それが中心にならないと、保健であれリハビリであれ安定しないのです。

**大本**　町長さんはすごく発想が豊かでおられますが、農業、工業、医療・保健・福祉、すべての現場のことを知り、きわめて本質的なことを見ていらっしゃいますが、どこで勉強されているのですか。

**佐藤**　それは種本があるのではなくて、問題意識をもって現場を見ていると分かるのです。いわゆる現場にこそやるべき手法が出ているのです。だからみんなが望んでいることをやっていく。何か公式があってやっているのではなくて、全部、現場発なのです。

**大本**　私は八〇年代の半ばぐらいに、医療・福祉の問題でスウェーデンが大変進んでいるということで見にいきましたら、高齢者にとっても地域のサービスをする者にとっても為になり、かつ非常に効率的であるということで、地域で福祉と医療と保健とを全部統合してやっていくというポリシーが打ち出されていたわけです。

しかし、具体的にそれを実践するといった場合、日本では藤沢町のように生命・生活の根幹にかかわることは公共がやるということを鮮明に打ち出す方式というのは、この国では不幸にもまだまだ一般の基本的認識になっていないように思うのです。

**佐藤**　この前、NHKから取材にきた記者がしつこく、何で全部公営でやっているんですかと訊いてくるので、逆に何でそれが問題になるのだろうかと思ってしまいました。やっぱり都会にいるから民活でやればいいというのでしょうが、それは企業的発想なんですね。だが、本来、福祉というのは、それにはなじまない。そこがちょっと違うんです。

**大本**　私も町長さんと同じ考えです。福祉というのは万人に関わるものだから、民間企業が全部取り仕切ったら必ず格差が出ておかしくなります。

**佐藤**　それから一つの生命に対してさまざまな角度から接しなければならないので、それら関係者の連携がなければ住民をほったらかすことになる。だからこそ一体的対応が必要になるわけですが、これも公的な福祉に責任があるといえる。最近は、自治体経営も行政が目先の経済合理主義に走るあまり、効率の論理にはまり込んでしまっているが、本当にこれで自治体経営はいいのだろうかという思いです。

**大本**　短期的な効率一辺倒ではいずれ破綻すると思います。さもなければ本当に困っている人たちは切り捨てするしかないですね。

**佐藤**　だからぼくらは明日に消えていく生命を一生懸命守っているわけですが、効率的という経済の論理だけで行政がやるなら、逆に行政とは何だろうかが問われます。

**大本**　スウェーデンは日本の逆なんです。町長がやっておられるような公的サービスの充実が一番社会的コストとしては安上がりになるというのが彼らの論理なんです。だって死にそうな病人が増えれば、それの手当でまたいろいろな面でコストが掛かるわけですから。

**佐藤**　一見、経済合理的にみえて非合理性の最たるものだということですね。

**大本**　住民福祉への一体的対応ということではどういうことがやられていますか。

**佐藤**　あらゆる分野を総合的に把握する福祉医療センターというのがあって、医療、それから福祉の主に在宅ケアの部分を担当することにしています。

**大本**　その場合、例えば退院するときに、この人は在宅にしたほうがいいか、施設に入ったほうがいいか、在宅にするとしてもどういうケアをやったらいいかというようなことを判定していくのは、どこでやっているのですか。

**佐藤**　それは判定の委員会があって、本人のニーズをどう捉えるかから始まりお医者さんが診たり、生活の面からリハビリの面からどうする等々を検討して決めています。

**大本**　藤沢町の国民健康保険財政の資料をもらいましたが、それをみますと、こちらの町では健保財政はずっと黒字ですね（表2）。大方の日本の市町村は国保財政が赤字のところが多いのですが、この黒字というものをどう評価されますか。私は、包括医療システムを取っておられるので、その効果としてこういう形が出てきているのかとみているのですが、町長さんはどのようにお考えですか。

**佐藤**　うちの佐藤（元美）院長は、病院の任務は健康づくりということだ、したがって対症療法は重要ではない、わが病院は結果処方ではないのだと常々いっています。健康づくりの病院ということですから、そういう診察科もあるのです。やっぱり院長の哲学というか、まさに町づくり全体に沿った理念でやっていることの結果なのではないですか。

それからもう一つは、私どもが一番町民とともに確認しているのは、国のおっしゃること、政府のおっしゃることをこの町は忠実にやってきた。結果として衰亡の淵までいった。だからわれわれはお上の方を見るのではなくて、自分たちの足元の自治をつくり取り組んでいくのだという気概、これが原点なのです。ですからその原点からアイディアが出て来ると、既存の制度とは合わないことも出てくるのです。だけどそれはしょうがない。突破しなきゃだめ。だから度々お叱りもこうむってきました。

中央のお役所の方々は何か権力に刃向かうのかと思うかもしれませんが、そうじゃないのです。われわれの生活の基盤が、福祉の現場がそれを望んでいるのだから。そういうことでいままでやってきたということもあずかっていると思っています。

**大本**　それはやはりすごいですね。スウェーデンがやって世界的に一つのモデルになっていることを、藤沢町は小さい規模なのですが早々とやっていたわけですから。

若者の就職先や一家離村から過疎になってからにせよ地区で自治会をつくり、そこに権限を持たせて、住民に

**表2　国保藤沢町民病院事業会計損益収支の状況**

（単位：千円）

| 項目　　　　年度 | 11 | 12 | 13 | 14 | 15 | 16 |
|---|---|---|---|---|---|---|
| 1．総　収　益 | **1,541,471** | **1,486,409** | **1,556,264** | **1,575,290** | **1,582,711** | **1,580,966** |
| (1) 経　常　収　益 | 1,541,471 | 1,486,409 | 1,556,264 | 1,575,290 | 1,582,711 | 1,580,966 |
| (ア) 医　業　収　益 | 1,192,465 | 1,088,297 | 1,137,787 | 1,130,305 | 1,150,826 | 1,151,812 |
| ア　入院収益 | 535,364 | 472,811 | 488,181 | 453,535 | 485,624 | 457,641 |
| イ　外来収益 | 576,728 | 552,260 | 573,214 | 586,190 | 583,177 | 614,845 |
| ウ　その他医業収益 | 80,373 | 63,226 | 76,392 | 90,580 | 82,025 | 79,326 |
| (イ) 医　業　外　収　益 | 349,006 | 398,112 | 418,477 | 444,985 | 431,885 | 429,154 |
| ア　看護学院収益 | | | | | | |
| イ　国・県補助金 | 2,116 | | | | 1,910 | |
| ウ　他会計補助金 | 8,003 | 8,029 | 8,800 | 8,935 | 7,598 | 4,700 |
| エ　他会計負担金 | 24,315 | 31,511 | 28,712 | 48,265 | 28,063 | 31,800 |
| オ　その他 | 314,572 | 358,572 | 380,965 | 387,785 | 394,314 | 392,654 |
| (2) 特　別　利　益 | | | | | | |
| 2．総　費　用 | **1,488,010** | **1,436,682** | **1,506,258** | **1,539,167** | **1,548,471** | **1,563,484** |
| (1) 経　常　費　用 | 1,487,836 | 1,436,278 | 1,506,243 | 1,538,845 | 1,548,177 | 1,563,382 |
| (ア) 医業費用 | 1,120,169 | 1,044,726 | 1,091,017 | 1,109,877 | 1,121,265 | 1,115,084 |
| ア　職員給与費 | 504,868 | 490,562 | 480,201 | 480,824 | 463,869 | 482,265 |
| イ　材料費 | 384,940 | 333,558 | 351,046 | 355,118 | 375,980 | 372,010 |
| ウ　経費 | 162,902 | 161,063 | 168,654 | 181,567 | 185,924 | 163,211 |
| エ　減価償却費 | 64,311 | 53,164 | 87,477 | 88,481 | 91,680 | 93,846 |
| オ　資産減耗費 | 150 | 3,558 | 262 | 184 | 513 | 425 |
| カ　研究研修費 | 2,998 | 2,821 | 3,377 | 3,703 | 3,299 | 3,327 |
| (イ) 医業外費用 | 367,667 | 391,552 | 415,226 | 428,968 | 426,912 | 448,298 |
| ア　支払利息 | 47,845 | 45,550 | 49,559 | 47,380 | 44,232 | 40,931 |
| イ　その他医業外費用 | 319,822 | 346,002 | 365,667 | 381,588 | 382,680 | 407,367 |
| (2) 特　別　損　失 | 174 | 404 | 15 | 322 | 294 | 102 |
| 3．経常利益又は経常損失 | **53,635** | **50,131** | **50,021** | **36,445** | **34,534** | **17,584** |
| 4．純利益又は純損失 | **53,481** | **49,727** | **50,006** | **38,123** | **34,240** | **17,482** |

資料：岩手県藤沢町「国民健康保険事業」による.

自己決定させることをやっていますね。スウェーデンでもいま反省して、これまでの分権化は不十分だったとして地区委員会制度というのをつくっています。でもその地区委員会というのは、藤沢町ほど下に降りていないのです。地区出身の議員さんが事務局長になって取りまとめているだけで、ここのように普通の住民が自分たちの意見を出し合って下からまとめていくというものではないのです。医療・福祉・保健の一体化にしても、スウェーデンはもっと高齢化率が進んでからやっているのです。その点を基準にすれば、藤沢町のほうが高いレベルともいえそうです。

**佐藤**　こちらのほうが何をおいても〝人間ありき〟でやるしかなかったともいえますね。

**大本**　もっと驚いたのは、幼稚園と保育園、いわゆる幼保一元化です。スウェーデンは九〇年代の初めに、幼保一元化の必要性に気が付くのです。施設が足りないので、たまたま学校の中に保育所をつくった。そうしたら幼い子どもを放っておくわけにはいかない。ちょっと上の子とも交流します。そうしたらすごく教育効果があるというのでやり出したのです。だけど藤沢町は、いつのまにか自然な形でやっていますね。町長のおっしゃる通り〝人間ありき〟というか、〝自治ありき〟というか、その目線で自然に考えていくと、それが一番いいやり方なのだというふうに落ち着くのでしょうね。

**佐藤**　知的障害の施設「ふじの実学園」。これには自治会を通して全町民が後援会員になっているんです。その自治会から理事を選んで運営しているんです。自治会から理事を選んで運営しているわけですから。これは住民立みたいなものです。ゆうべはそこで盆踊りをやっています。施設の子供たち、地域住民がまったく一体になっているのです。施設の子供たちの父母と本人自体が驚いているのです。そういうのはおそらく日本でここだけではないですか。そしていま、約五〇名の知的障害（児）者がオール岩手から集まっているのです。

**大本**　福祉の予算総額はいま年間でどれ位ですか。

**佐藤**　だいたい三六億円です。その三六億のなかで関与している職員が三三〇人。

**大本**　ということはそれだけ職をつくっているわけですね。

**佐藤**　そう。いわゆる雇用の場をつくっているということです。ですから町がこれをやらなかったら、雇用の場も何も出てこないんです。全部、町境を越え所得が出ていくわけです。

**大本**　医療財政は黒字ですね。

**佐藤**　医療はもう完全に黒字です。

**大本**　『希望のケルン』を読ませていただきますと、近隣からも患者さんが来ているということですね。

**佐藤**　来ています。わが町のシステムは広域的な機能を持っています。とくに在宅ケアは、他所ではできないです。住民から、〝いつでも誰でも〟なんて格好のいいことをいって介護保険料をとっていても、その実、介護保険のサービスを提供しない町村もたくさんありますが、これはもう公的な詐欺ですよ。

## 先行投資型自治体財政をどうみるか

**大本**　政治学や経済学の世界ではとかく何とかモデルと名づけてもてはやしますが、よくよく見ると藤沢モデルはすごいなという感じがします。非常に先駆的です。それに対し、こういうことをやるから藤沢町の財政は赤字になるのだと批判する政治家や研究者もいますが、佐藤さんはどうお考えですか。

**佐藤**　要は赤字の捉え方だと思うのですが、ぼくらは先行投資といっているのです。赤字というのは、一つの経営が予期する成果を挙げなかったことでしょう。ぼくらからみれば、いまの時代、民間企業でも何か事業をやろうとするとき、自己資金だけでやるのかといえば、借金もせざるをえない。外部資金を投入して、価値ある企業をつくっていっている。われわれの事業もそういう営みをつくる投資であると捉えております。

したがって、借金だけを目して財政赤字だというのはおかしい話であって、ローンをどう見るかという問題と同じだと思います。たしかに、現在、将来にわたって償還しなければならないものも持っています。それはつねにその営みの許容範囲のなかでやっているわけですから、今回のように国に一方的に交付税の削減をやられると、二割自治のところではサイクルが狂うのは当たり前です。もちろんそれに対する体制の整備は必要です。

もう一つ、これだけ社会資本の整備が遅れてしまった町で、いまの交付税制度だけで整備するのは無理です。いまや交付税は町のいわば生活費ですから。地域格差、地域がもっている構造的問題の解決というのはそれに頼っていたらできない。少なくともわれわれの町では一〇〇年待ったってできないです。したがって、その部分は交付税というよりも国営とか県営という大型事業によって補塡してきたということは事実です。国と県がこの町につぎ込んだ金は八八一億円です。これは全国でも前例のない国家投資なのです。

したがって、その部分に対する償還というのはあるわけです。例えば国営でダムをつくると、これは三五年の償還なんです。だから三五年払っていかないと駄目なのです。それを借金残高の毎年の償還金をみるのでなく総額だけをみて、明日、払えといった論理でやるので、大きな赤字があるようにみえるのです。そこでは、金額だけが一人歩きしている。そういうことですが、八八一億円のなかで、われわれが払っていかなければならないのは六〇億円です。それを長いのでは三五年で払うというスタンスでいたのです。ところがマスコミはそれらをただ足してしまって、住民人口で割ってしまっていくらあるという記事を書いているのですが、そんなことは大して意味のあることではないです。

それから福祉に金をかけすぎるといわれますが、これも考え方ですね。福祉関係の施設をつくるとき、住民にとって守るに値しないものをつくるわけにはいかないです。わがものと感じない施設なんかできっこないですよ。一番大事な福祉にかかわる総合的なサービスに対する責任を放棄して、連携も何もない、バラバラな部品にしちゃって、たんなる丸投げですませていいかどうかは町づくりの基本にかかわる問題です。

だからいま、藤沢で高齢者と会って、一〇〇歳のお年寄りに一〇〇歳の長寿とはお見事といったときに、異口同音に返ってくるのは、ずっと生命を守ってくれたという町に対する感謝です。それは大なり小なり皆、持っています。だから町というのは自分たちのためになくてはならないし、守るのだという意識が町づくりの基礎をつくっている。その意識の基本になるのは福祉です。だから福祉を丸投げにしているところほど、町づくりなんて空念仏をいっていても住民は何の恩恵も感じない。

たしかに不採算の部分もあります。しかしそういうものを含めて、ただ赤字・黒字の談義をするのではなくて、トータルとしてやっていることを見てほしいと思うのです。

**大本**　藤沢町は人口的にはまだ流出ですか。

**佐藤**　生まれる人が七二人。それから死ぬ人が一〇〇で出生の絶対量が少ないから減です。社会増減は昔に比べれば落ち着いてきています。

**大本**　日本全体の人口が減少に転じているなかでは善戦しているほうではないですか。これまでずっとお聞きして感じたことは、住民はお客さんではなくて町づくりの主体者であるということをどう自覚的になってもらうか、住みよい町にするには、住民自身が身を挺してつくっていくという自治の徹底性というものを、日本ではやってこなかったような気がします。町長さんは藤沢町ではこの方法しかなかったのだとおっしゃられますが、そのすごさには頭が下がる想いです。

## 佐藤町政三〇年の軌跡を振り返って
## ――〝根張り〟と継承

**大本**　佐藤さんが町長になられた一九七〇年代前半はまだ革新自治体の時代で、住民サイドに立ったいろいろな試みをやっていました。そうはいっても佐藤町長がおやりになったようなこと、つまり部落会を自治会に再編成して十分なコミュニティ関係をつくって、住民自身が一つひとつ自らの要望を取りまとめて実現していくという本当に底辺まで下ろした自治というのは、いままで日本ではやられてこなかったと思います。東京都の美濃部都政にしてもいまだ善政主義だったわけです。お上が善政をやるにとどまり、底辺の人たちに自覚と責任を持たせるというまで徹底性はなかったと思います。その徹底性というのはどこから生まれてきたのでしょうか。

**佐藤**　結局、危機感、危機意識です。

**大本**　ここまできた地域崩壊の危機である以上、ブレークスルーのためには住民に依拠するしかない。

**佐藤**　まず危機感を共有しなければだめだったのです。将来の何年後の人口はこうなる、老人家庭はこうなる、われわれの町にはこういう課題が積もっているのだ、これをクリアしなければだめだという危機認識が一番です。

**大本**　そうしますと、危機の本質が見えてきて、結局、住民を利用者ではなくて主体者に仕立て上げるしかもうなかったということですね。

**佐藤**　いままで行政の論理でやって危機になったわけだから、それをクリアするにはそれとは違う手法で危機を乗り越えて別なものをつくる以外にない。だからどの歴史をみてもそうですけれど、危機は次の発展のチャンスなのです。それをどう捉えるかなのです。みんなが危機だといったときに、まずみんなから僕が頼もしく見えたのは危機こそチャンスだという発想で元気よくやったものだから、最初はドン・キホーテかと思ったでしょうが、だんだんそういうものかと思ったのではないでしょうかね。リーダーとはそういうものだと思います。一緒になって嘆き悲しむのではどうにもならない。

いままでやってきたことが有効性を失うことは危機だから、別なのをつくればいいのです。

**大本**　漢字の「危機」というのは、いま町長さんがおっしゃったような意味なのだそうです。危機という言葉には二重の意味があり、「危」は危うい状況、「機」はチャンスという意味だそうです。

そこで改めて質問したいのですが、佐藤町長がご健在のうちはいいとしても、首長が代わると、いままで築いてこられたいい伝統が消え去っていくというか、忘れ去られていくということがよくありますが、その点どうですか。佐藤町長が築かれた民主主義と地区自治の思想を継承するために、現在、どういう体制を進めておられるのか、お話願えないでしょうか。

**佐藤**　町長が代わったら何をやるかが改めて問われるといったような根が張っていない実状ならば、どだい町づくりなど発展しないですよ。だからとにかく根を張らせなければ駄目です。その意味で自治というのは、町長の政治手法、テクニックとしてやろうとしたら駄目です。住民は踊りませんよ。一切をそういう価値観で組み立ててきたつもりです。

**大本**　その質問は杞憂である、こういっていいわけですね。

**佐藤**　自治の断絶はあり得ない。ただ、心配なのは時代は変わっていきます。だからつねにその時代、時代の自治をつくっていかないと駄目です。地方でのいままでの生活というのは、どちらかというと村落共同体限りという狭い範囲でやってきた。しかし市民社会の生成とともに福祉にしても社会化していくでしょう。

だから福祉が典型なのですが、みんな町民はここの公共施設を自分の住処として思っているんです。施設として思っていないです。やがて自分らも行くんだから。だからそれを守っているわけです。理論的にイデオロギーとして地方自治だ、地方分権だといったって、地域で共に生きなければならないし、共生してしか生きられないんだというその根っ子のところが確固として生活システムの中に入っているのです。私はこれは不滅だと思います。いわゆる取ってつけたアデランスではないということです。

**大本**　そうはいっても人間がやることですから、問題がないということはないですね。いま抱えている課題は何でしょうか。

**佐藤**　問題はあると思います。だが、それはそのときそのときに、その人びとが変えていくんだと観念しています。しかし原点として、高齢社会では昔以上に人生の末に弱者になるのに家庭機能は自己完結しないですから、やはり共生機能を強める社会的取り組みは住民個々にとって避けて通れない課題ではないでしょうか。いま、自治会でやっている自治活動の一つにナイトスクールがあります。昔だったら自治会が一人ひとりの健康をどうつくるかなんていうのを話題にしても全然、人が集まってきませんでしたよ。ですが、いま老人クラブも含めてたくさん来ています。

いわゆる福祉というものは、何か制度を与えるのではなくて住民たちでつくるものです。だからナイトスクールというものも、健康というのは自分がつくるんだよ、だけどそれをも地域の住民と力を合わせて一人ひとりの健康をつくろう、という観点から健康管理を自分たちでやる。それに主体的に取り組むならばというので、病院の院長も薬剤師も保健婦もみんな公民館に行って学習会をしているのです。

**大本**　そういう予防的取り組みは合理的であると同時に一番いいやり方ですね。安上がりといっても行政の手抜きという意味ではなくて、住民にとっても一番いいし、往々、介護責任を負わされる女性にとっても一番いいようなやり方ですよね。

**佐藤**　そういうことです。

**大本**　周辺の町村で藤沢町の自治システムを勉強して、そういう方向に持っていきましょうよといった動きはあるのですか。

**佐藤**　出発点から、自治そのものに対する認識がないものですから、あそこは組合運動上がりだとかいって誹謗中傷してきたのが恒例だったですね。その頃は自治会という概念自体〝何なんだ〟ということでしたから。だが当局はそれですませても、住民は誰がやろうといいものはいいという目線ですから、だんだん自治会をつくったりもしてきていますよ。市町村もたんなる行政のピエロではすまなくなってきている。

**大本**　藤沢町の周辺の町でも、藤沢モデルをやっていこうという試みが少しずつではあれ生まれつつあるということですね。

**佐藤**　いま、毎年、何百もの市町村の方々が視察に来たり、一緒に共同学習などもしてきましたが、来ないのは近隣村長。それは何故かというと、たとえば他の町村に医者がないというときにポンとやったり、道路ができないというときは道路をつくったり、そういうことをどんどんやってきた。そこでオラが町はやらんじゃないかといわれる。そういうことでつねに藤沢を題材にして、当局がやられてきたといういわくがある。だからあれのために、おれらも苦労する。恨みこそあれ、厳正な評価、政策評価をする姿勢にならない。いまはもうそんなことをいったって実際、そういう方向を取らざるを得ないんでしょうけれど。

**大本**　そういうご時勢ですね。佐藤さんが助役、また町長をやられて地域づくり、住民づくりをやられて三〇年ぐらいになりますが、現時点において住民の自治意識をどう評価されていますか。

**佐藤**　本来、モノであれば石垣をつくるとか積み上げていくということができます。ところが残念ながら人間は変わっていくわけです。これだけ地域として自治の経験を積み上げながら地域づくりをしてきた。しかし、その時点の住民も歳を取ってしまう。そうするとまた新しい住民をゼロから育てなければ駄目だ。だからベートーベンの子供でも親の七光りを基盤に成長できるわけのものではなくて、やっぱりドレミファから始めていかなければ駄目だということです。これが人間社会のもどかしさです。

**大本**　繰り返し繰り返しやっていかないといけない。そうしますと町長さんの世代、町長さんと一緒に生きた時代の人たちはそれなりに自治意識が形成されたとしても、次の世代となるとおぼつかない。

いまの若者世代は学生運動華やかなりし頃とは時代の風潮が違うし、小さい頃からものすごくマスコミなどからいろいろ外的な影響を受けております。もう一度、自治をつくっていくといった場合、時代が変わっているだけにかつてとは違ったかたちでやっていかなければならないわけですね。町長さんは次の世代をどのように育成し、今までの蓄積を引き継いでもらおうとお考えですか。

**佐藤**　人が代わっていくから、つねに学習しなければいけない。よし分かったという層が一定の層としてずっといればいいんですけれど、卒業すればいなくなってしまうから、また一年生からやっていく。学校と同じで新たに学習していかなければならない。ここに住民運動の本当に気が遠くなるような面があります。

**大本**　基本的には、ある世代の住民たちがつくってきた自治の精神を次の世代が継承・発展させていかなければいけないわけですね。そのときに、学習活動が基本だとおっしゃいました。学習活動についてもう少し具体的におっしゃっていただけますか。

**佐藤**　まず大きな枠組みをいえば、うちの町ではもちろん正規の議会がありますが、その他に女性議会というのが連綿として続いているんです。女性が議会をつくっているのです。それもたんなる一日議会といった一過性のものではなくて、一年間地域から選ばれてやるのです。それから次にシルバー議会。お年寄りのための議会。とにかく事あるごとに彼ら自体に責任を持ってもらうようにする。観客席に立たせないことが大事だと思うのです。

それからチャレンジスクールというものがあって福祉などケアスクールをつくるというときには、子供たちも巻き込んで現場のなかから学習材料をつくっているわけです。

**大本**　スウェーデンを勉強して気付かされたのは、スウェーデンは社民党政権が一九三〇年代からずっと続きます。日本でも革新自治体ができますが、長く続きません。長期持続として福祉国家を担う政権党ができない。なのにスウェーデンはなぜ長期に続くのか。それは基本的には地域で学習活動をものすごくやっていることによるのです。連綿として血のにじむような学習活動をやってきたのだということをスウェーデンの研究者が報告していました。それがないとなかなか難しいですね。

**佐藤**　地域振興の学習活動の一つにこういうものがあります。これまで役場の担当課長が自分らの目線からみて、おらが町の政策として提起したものを町づくり討論会にかけて検討するといったことをやってきたのですが、それだけでは狭い視野を突破できない。

そこで、外からみた藤沢ということを町民学習の焦点として他所から来た方々から、藤沢のいい点、悪い点を農業の面、福祉の面、教育の面など、どんどん言ってもらう。自己の再発見のためにそれを有線で流して、また学習し直したりといったことを繰り返し繰り返しやっているのはそういうことのためなのです。じつはそこの住民というのが一番地域のことが分からないんです。

**大本**　そうですね。だいたい自分の町の良さというのは、他所に行って帰ってくると分かるのですが、ずっと住んでいる人は、つまらないところで生きているとよく言いますね。

**佐藤**　そうなんです。そこでつねに自分のふるさとを再発見しながらつくっていく。他所の冷静な目線もいれて。

**大本**　いつもご案内いただいている佐藤和威治企画室長さんが、『佐藤守物語』という佐藤守町長の一代記を漫画で構成した面白いものがあるというので見せてもらいました。あの藤沢中学校一年A組編の漫画の本には佐藤町長さんがお忙しいなかでも僕たちの取材に応じてくれたと感謝の辞が書かれています。

**佐藤**　子供たちからの申し出を断るわけにはいかなかったのです。

**大本**　戦時下、佐藤少年も軍国少年だったことや男純情の恋愛話も入っていていいではないですか。子供たちがこういう漫画を読んで次代に伝えていくというほほえましい情景ですが、子供たちへの自治の伝えあいはどうなさっておられるのですか。

**佐藤**　子供たちで問題なのが公教育の部分です。小学校、中学校、高等学校。これらの生徒に国籍というか地域に対する帰属意識がないのです。これらの生徒に地域性を認識させるのは大切だと思っています。それで最近やっているのは小学校議会、中学生議会、高校生議会です。

**大本**　模擬議会。

**佐藤**　先日、合併話が出たのですが、一〇歳以上くらいの子供たちにも、自らにとって合併とは何だということをある程度予備学習をさせ、意思決定のプロセスに入れようとも思っています。子供たちが国籍不明になっているのにはいい点と悪い点がありますが。そういうことを繰り返しながら地域に対する帰属意識を育てていかないと先はないです。

**大本**　戦後教育ではいい意味での市民教育というか政治教育を避けてきたところがありますね。

**佐藤**　いま、子供たちが一番地域のことを分からない。また分かる時間帯も与えられていない。だから自治会のなかに高校生部会をつくったのです。そこでいまではたとえば地域でソフトボールをやるとき何人か高校生が入るといった形になっています。そうでないと彼らは地域から浮き上がってしまうことになる。

**大本**　いろいろなお祭りにも当然入っているのでしょう。

**佐藤**　わざと高校生と年代を限るわけです。だから高校生のいない地域はどうするのだと悲鳴が出るくらいなのですが、そういう仕掛けをつくって地域が網羅する学校をつくっていかないといけない時代になってきている。これは大事なことです。

**大本**　先頃、私は大学の特別授業にある先生をお招きしました。大都市でも区レベルより下の住区レベルまで降りた地域内分権を主張されている方なのですが、その先生がやおら「二七・五」と黒板に書いて〃君たち、これの意味分かるか〃と聞いたのです。八〇人位の学生がいましたが、さすがに女子学生だったのが一人いました。その学生は埼玉県に住んでいたのです。そこでこれは埼玉県の参議院選挙の投票率ですと当てたのです。

〃この数字で日本の社会は良くなると皆さん思いますか〃と、その先生は問いかけた。私も授業の最後の講評のさい、その問いかけを引き取って、君たち、スウェーデンは最低でも八〇%、九〇ぐらいの投票率がある。旧ソ連みたいに強制されて九〇とかにいっているわけではない。どうしてそうなのかというと、例えば駅前に公園があるとすると、そこの公園に各党がテントを出すのだそうです。小学校高学年くらいから、先生がいい機会だから各党の政策を聞きに行きなさいと勧める。そういう市民教育をやるなかで子供が育っているから、政治意識が高く投票率も高くなる。国も良くなる。そういう実状をみると、高校生も含めて主権者意識を高めていくのは次代に対する責任ではないかと思いますね。

**佐藤**　草の根自治、これは一歩前進ですが、また戻ることもあると思います。けれど社会の成長・発展というのは限りなき民主主義の深まりだと私は思います。したがって、そう簡単に戻るものではないと思います。やはり人間の普遍的原理であってみれば自信を持っていいし、ちょっと行き詰まったとしても、やはり安定点としてはそこに落ち着くのだと思いますね。

最近、世の中少しは変わったかなと思ったのは、住民自治という言葉はあるけれど、中身はいったい何なのか、それをどこの首長でも迷っているんじゃないか。ちょっとは分かる。だが、仕組み、システムとしてどういう姿がありうるのか。そのことを尋ねられる首長が多いですね。このことは本来は民主主義の根幹なのだけれど、逆にいえば日本には住民自治も地方自治もなかったということなのです。ないのが正常だと思ってやってきたところに、それではやっていけなくなってきているのですね。

僕は去年（二〇〇三年）は福島での自治労の全国大会に呼ばれ、今年（二〇〇四年）は広島県の県職労――県自治労の集まりにいってきました。それで自治労の幹部に会ったとき、日本の地方自治を駄目にしたのはあんた方だ、あんた方は限りなく国家公務員たらんとしてその模倣をやってきたんじゃないか、人事院勧告の真似とか、そして自らの地域の地方自治を無視した、これが罪の大なるものだといってやりました。

**大本**　自治労も自治研集会などをやって、それなりには住民に目を向けていた時期もあったように思いますけれど。藤沢町のように地区の地図を描いてコミュニティ・カルテをつくって、それを上まで上げていくというプロセスをとった自治の創造を理解できなかったということでしょうか。

**佐藤**　自治労が本来支えるべきは住民自治だったと思います。そこを離れてしまって国家公務員の人事院勧告を守れのほうにいってしまった。つまり中央集権のなかに我が身を置いてしまったのではないかと思います。だが自治体労働者は住民と危機の認識の共有をやらないでおいて、そのことを棚に上げてこうしましょうというだけでは駄目です。やっぱり危機感を共有する。そして駄目なら終わりだとあおる。そういうなかで〝それでは〟と新しいことに食いつくのであって、人はいま、馴染んでいることが有効だとみているのなら苦労しない方法を選びますからね。

**大本**　佐藤さんは先程、いままでお上というか、国に従っていろいろ施策をやってきたのが裏目に出てこういう問題が発生したのだから逆をやればいい、と思い立ったとおっしゃいました。でも普通の町長はそうではないです。裏目に出たらなおさらもっとお上にしがみついて金を取ってこようのスタンスのほうが圧倒的に多いと思います。

**佐藤**　町民の意見を聞くというのはきれいごとだけれど、これはつらいことです。町民にとっては実現可能かどうかは関係ないのです。国の制度がどうなっているかも関係ないのです。ただ、こうあってほしいという要望を出すわけです。だから当然、住民の生活の現場からの要望は相当部分が国の制度とバッティングするものになる。それでよくもこれほど住民とバッティングするような制度だけつくったものだなと逆に思いますよ。

**大本**　藤沢町も危機的状況があったかもしれませんが、日本全体でみれば過疎地は山ほどあり、なかには藤沢町以上に危機的状況のところもあったと思います。だが、これほどデモクラシー、住民自治の思想から立ち上げていくというのはなかったのではないかという感じがします。

それはやはり佐藤町長さんの今日お聞きした経歴のなかでの思想形成、それに基づいているのかなと思いました。住民の目線でやっていく、住民が主体になってやっていくという実践をほかの危機的状況の所でもやっていったらいいのではないかと思うのですが、それができないんですね。

**佐藤**　私が二十何年もやってきたということ自体、本当は異常な姿です。ほかは一期、二期、三期で終わりになってしまうのです。だから為政者たるものが志を持っても成し遂げえないで途中で消えていくということもたくさんあるのです。だから持った志をどのように配分しながら政策の永続性を図るか。おそらく首長になった人は皆それなりの理念を持っているのです。ただ半ばにして落選したりして実現できないから、結果として一つの成果を出しえないところがあると思います。

逆に僕みたいにドドンと大きいことをやると、住民が〝変わったら大変だ〟という格好で途中で運転手を切り替えることがなかなかしずらくなる。全部を信頼しているわけではないとしても、いまやっていることを変えたらいったいどうなんだべと途方にくれ、次なる展望が見えてこない点もあると思います。だから私は若い町村長に、やれることなら枝葉末節なんてやるな、根幹にチャレンジしろ。そういうチャレンジに付きものの混乱は住民も承知しているし、少々失敗しても支持するものだ、それを小利口に逃げて枝や葉っぱだけやっているから結果として駄目になる、政治家というのは困難であろうとも根幹にチャレンジしていけば知らないうちに二期、三期になるよというのです。

**大本**　それは大きな荷物を負うことですね。佐藤さんが手がけられた国営灌漑にしても、普通では考えられない大事業ですから。

**佐藤**　国営灌漑の時にいったのは、住民のみんなはこれを町づくりというけれど、われわれは受益者になれないよ。つくった人が受益者になるというのはなかなかないものだ。いま、われわれは前の一〇〇年前につくったもので生かされているのだ。いまやっているわれわれも一〇〇年後の住民に対する負託者となる。そう思ってください。あえて建設者には受益者という概念はないのだと覚悟させて、事の成否は一〇〇年掛かってやっとわかるというくらいのスタンスをとってやっています。

**大本**　佐藤町政の骨髄を示すいい言葉ですね。

## 住民自治、住民福祉は育ったか

**大本**　住民自治をつくるうえで、行政と町民、それぞれ何が求められていたとお考えですか。

**佐藤**　改めて言う必要もありませんが、日本の国は民主主義だと言われています。では、民主主義とは何か。僕らの世代は、民主主義の前にいわゆる戦時を生きてきたので、戦後日本に訪れた民主主義というのが何なのか、わからなかった。いま民主主義って何だと言われたら、皆さん、何と答えますか。私どものときにはアメリカの大統領リンカーンにならって〝人民の人民による人民のための仕組み〟、それが民主主義だと言っていた。

ただ、そのなかで一番大事なのは、民主主義というのは、住民によるという仕組みがあるという点が他の制度と違うんです。戦時中だって国民のためにといっていましたよ。戦時中、政治をやっていて、国民のためではないなんて言った大臣は誰もいないです。全部その立場からいえば、国民のために、皆のために政治をやるといって権力の座に就いたわけですから。

だから民主主義というのは人民のためだけではない。他の制度と違うのは人民によるというところが大事だと思います。誰かが施し物を与えるのではなくて、民主だから民が主人になるわけですが、その民が実際に自分たちでやっていくかどうかというところに分水嶺があるわけです。

したがって住民自治というのは、民主主義であるかぎり当然やらなければならない基本原則なんです。日本も太平洋戦争が終わったあと民主主義の国になった。そのとき、本当は住民自治を基本とした仕組みをつくらなければならなかったのですが、あまりにも貧困、いわゆる〝国、敗れて〟で、すべてが毎日足りないわけですから、皆でやろうといっても何もないのではできない。当分の間はそういう皆でやる部分を国のほうに任せて、そのなかでやろうということでやってきたので、いわゆる中央集権になったということだと思います。

今回、改めて、国のほうは地方自治法を変えて、今まではは日本の地方自治のなかになかった言葉なのですが、住民自治という言葉を初めて用いてきた。だから日本の民主主義は戦後六〇年にして初めて民主主義が民主主義のかたちをとろうとしている。そういう時代に入ったと言っていいのでないでしょうか。

したがって本来の住民自治でいくということになりますが、このことに対しては日本のほとんどの住民には経験がない。私どもが皆の計画を皆でつくろうと言ったとき、それはいいことだけれど無責任ではないのか。町長がどうしたいのか、自分で案をつくって出すべきだと言われるんです。正真正銘、それが正しいと思っていたんです。

僕らは、〝違うんだ。町長がやるなら、これは民主主義でも何でもないんだよ。あんた方がいったいどういうことをしたいか。それをやっていくのが地方自治なんだ〟。そういう意味で無責任なことをいわないで、皆なが自分たちで町長になったつもりで、どういう地域をつくりたいか考えてやっていこうということだったのです。ですからここでやっていることは住民自治だと言えば住民自治ですが、特別のイデオロギーではないのです。民主主義というのは本来、住民自治のことを指して民主主義というのですから、当然の姿を仕組みとして積み上げてきたというふうにみればいいのです。

**大本**　以前と比べて藤沢町の住民の方々の自治活動や地域活動への参加の積極性はどのように変わりましたか。

**佐藤**　最初は住民の皆も、戸惑いのなかでもこれしかないということで、皆で知恵を結集してきてやってきたわけです。当初は住民の方々も、〝なんだ、われわれに計画をつくれ、何をつくれというのは無責任ではないか。

役場がきちんと計画をつくって出せ〟、こういう意見だったのです。

しかし、そんなことは藤沢町ですでに破綻したではないか。皆でつくってきたはずの町の計画が何ら有効性をもたないで、一万六〇〇〇人が四〇〇〇人減り、若い者がどんどんどんどん出ていくような町になってしまった。だから今までのような役所とか何かでつくった計画ではなくて、皆が生きている生活の現場から、こういう町でありたい、こういう町にしなければならないという思いを結集する以外にないということになってきた。

たしかにいまは、その当時から比べれば、それから他の町と比べれば住民の方々の自治意識というのは段違いに高いと思います。しかし、ここで注意しなければならないのは、こういう住民意識というものはそのまま積み上がっていくものではないということです。ちょうどベートーベンだってベートーベンのお父さんの段階から、肩車に乗るようにそのまま音楽の道に進んでいくわけではない。やはりドレミファから入っていくように、人の行いというは積み重ねができないのです。そういう意味では成長したといっても、また人が代わればゼロに戻るわけですから、つねにそのことを繰り返しながら意識形成をやっていかなければならない。

これは交通安全でも何でもそうです。一回で皆覚えたような感じがしたとしても、次から次と人が代わるからその意識高揚を図っていかなければならない。人間社会の営みというのはそういうものなのです。ただ、藤沢町の住民が地域に寄せる思いというものが他所とは違うというその現実はあると思います。だからといって一回積み上がればそのまま行くものではない。一生懸命地域の自治活動をやってくれた人びとも年をとって辞めていく。そうするとまた若い人が出てくる。だから住民自治というのは、人間の呼吸と同じでつねに呼吸しているから生きている。活動をやめたら終わりです。そういうふうに思いなしてつねに取り組んでおります。

**大本**　三〇年間、住民自治を中心として町を興してこられましたが、ここに至って住民の方々の自主性とか主体性とか住民が三〇年前に比べて、どのように変わってきたか、この点、もう一度お伺いしたいのですが、いかがでしょう。

**佐藤**　まず三〇年前は、地方自治というのを我がものとしてとらえるというよりも、上から与えられたものとして距離を置いていたのではないでしょうか。おらが地方自治というのは直接のかかわりものだけのものであって、一般町民からすれば格別な存在ではなかったのではないでしょうか。自分の生活の延長として地方自治をとらえるということはなかったと思います。そういう意味では自治ではなくて他治だった。他が治めることだったと思います。

それが長い経験のなかで、いま地方自治というのは自分で治める、自分たちのものだという認識を持ってきたのではないでしょうか。最近、とくに合併問題などがでてきたときに、町民は観客席に立っているだけではだめだ。もし合併できたとしても病院をはじめ地域固有のものは地域固有の努力によってしか持続できないんだ。そのことを厳しく見つめながらやってくださいという目線になっています。

ですからおそらくこれからも、もし合併しても、町民がその気さえ失わなければ地域を自分らのものだと思っている以上は、今までつくった社会資本がなくなるということはないと思います。もしなくなったときは、住民にとってこの町の存在感がなくなったときです。だから私はそういう意味では、ますます闘う地方自治になっていくのではないかと思います。

**大本**　町長さんご自身、昔と比べて藤沢町は住みやすくなったとお感じですか。また、それはどんなところですか。

**佐藤**　早い話、医療、福祉にしても昔はなかったことです。私どもが病院をつくらなければならないと思った出発点は、毎日入ってくる町民の死亡届が他所の町からのものだったことです。他所の町の病院で死んでいるのです。地方自治をつくっている以上は、終の住処として最期はその町で死ななければ駄目なのですよ。ところが死ぬために他所の町に行かなければならない。この町にお医者さんがいないのですから。最期、お医者さんに診てもらいたいというときには、家族はそれを承知で他所の町に行って、そこで死んで帰ってくる。それが一〇〇%そうだったんです。これでは地方自治も何もない。終の住処、最期だけは、生命を引き取るときには藤沢の酸素を吸ってもらわないでは困る。そういうことでこの町に最期の死に場所をつくろう。それができなかったら地方自治をやっているなどと大きな顔はできない。これが病院の始まりです。

今は七〇%から八〇%はこの町で死んでいっています。これは私は誇るべきことだと思います。こういう田舎でも最期は他所に行って死んでわが家に帰ってくるという、そんなばかなことはない。やはり一番いいのは皆の町のなかで終わってもらうことです。自分の家で死ぬことです。そのために皆が力を合わせることです。それが私はルールだと思います。それを自分の生まれたところでも暮らしたところでもない、どこか知らない他国で死んで帰ってくるというのは、人間の最期としてはお粗末です。送るほうとしてもそうです。

病気には治らない病気もたくさんあります。最期は死ぬわけです。その閉じるときには自分の生きた町で終わってほしい。そういう町でなければまちづくりといっても皆が承知しない。国を守るという話もありますが、守るに値する何物かがなければ守らないです。藤沢の町をつくろうといっても死ぬときにはこの町を離れて他所に行って、どこかで死んでこなければならないような町を誰が守りますか。最後はこの町が自分らを守ってくれるんだ。そして病気になったらうちでも病院でも、ここで自分らを支えてくれるんだ。そういう町だから皆は守るのです。

だから私は世のなかがどう進歩しようと、終焉の地、終の住処というものは、そこで生まれそこで死んでいくものの生命をきちんと扱い、位置づけることが大事なんだと思います。ですから一緒に暮らしていたけれど、あそこのじいちゃん、ばあちゃんはどこかで死んで帰ってきたということでは、皆はわが町という意識を持てないと思います。まちづくりの原点です。最期はこの町で死ぬことができる町になったということ、町民もそれを知っているんです。これが一番前と違うところだと思います。それが誰にでも見えるから、町民は自分の町をつくり守ろうとするのです。

まちづくりというのは何かのための言葉としてあるのではなくて、一人ひとりにとってなくてはならないもの、必要なものをつくりだす。所詮、それがまちづくりの出発点として位置づけられなければだめだと思います。

## 二一世紀初頭、この国の自治の形を考える

**大本**　町政の課題として、今後やることとしましてはどういうものがありますか。

**佐藤**　自治体再編の問題です。合併問題。パートナーとしてどこを選ぶかということばかり先行しているけれど、そういうものではなくて、現に住民がどういう広域的な機能で生きているかという部分、住民の生活圏がどうなっていかなければならないかということこそ、合併の基礎なんです。ですからエリアを決めるのは町村長の好き嫌いや感性ではない。住民生活がそこにある以上、それをサポートするためにやっていくものであるはずなのに、必ずしもそういう意見にまとまらないのです。

**大本**　その通りですね。生活交流圏の自然な流れに沿っていなければ、木に竹を接いだようなものになりますからね。

**佐藤**　それがステージなんです。つくるのは自治ですからね。その自治の姿がない、生きている住民の姿がないところでやったってしょうがないわけです。姉妹都市の締結とは訳が違うんですから。

一面、住民生活が広域化しているという現実を無視はできない。といって具体的にいまやっている私どもの町よりもこのほうがいいという新しい価値をつくれなければ合併にならない。ところがこれがなかなか出てこないのです。福祉でも何でもグレードダウンになってしまう。それでは何のために合併するんだといわれたときに、住民が納得するのは難しいのが、今日、この日です。

**大本**　原則的には補完性の原理にたって、藤沢町ででぎないことが広がればできて、それだといいねというふうになればやれるわけですね。ヨーロッパの場合は町でできないことは市、市でできないことは県といった形で連合――町々連合、都市連合をつくっていくのが基本になっていますが、住民へのメリットの創出がなかったら不生産的ですね。

**佐藤**　そこなんですよ。そこに新しい価値ができればいい、何もなかったら合併というのはやる必要ないんです。その辺が試行錯誤です。

**大本**　佐藤さんは二一世紀の地方自治のあるべき像をどう描いておられますか。

**佐藤**　いま町村会のなかで、その問題を議論しているんですが、なかなか統一行動がとれなくて困っているわけです。私どもは、これからの地方自治は住民自治を一つの柱とする以上、必ずそれを裏付けるシステムとして法人格は当然あってしかるべきだ。合併の中身は、そのことによって合衆国になっていくんだ。連邦制度ですね。そういうスタイルこそ地方自治なんだと主張をしているのです。ところがいままでの地方自治という概念にとどまっている市町村に法人格は必要ない、それは屋上屋だという論理なんです。

いったい地方自治体の議員数は人口によって決まっているんです。そうすると逆算すると、この町は人口一万ですから、議員がいなくなる。なかにはそういうところがでてきます。それでは地方自治といえるのか。そういうことで、地方自治を知らない国会の先生方が経済効率主義の論理だけでいじると自治が死んでしまうのです。都市部の経済の論理でしょう。だが中山間地帯は生活の論理で自治を考える。そこでどうしても合わないところが出てくる。都市部の論理でいくと単純に人口何万ということになり、それで済みますが、地方はそうはいかないのです。

全国町村会のなかでも関西の方々は屋上屋論が多いんです。僕らは地方自治の理念として住民自治を柱に据えるならば、それに対応するシステムがなければおかしいではないかということでワッショイワッショイやっています。いま私のところの岩手県と宮城県、島根県、沖縄県、東京都、こういう地域で連合軍をつくってやっています。

**大本**　どうして東京都が入るのですか。

**佐藤**　東京都は山の中ですから。

**大本**　檜原村とか日の出村とか、過疎の村もありますからね。

**佐藤**　それから伊豆七島。過疎もありますが、地形的に無理なんです。同じ東京都でも極端に条件が違うわけですから、人口何万の論理では困るのです。そこでそれぞれの地域の主体性を基礎に置きながら、連合、合衆国をつくるべきだといっているのです。

これは国全体の地方自治再編の基本的な骨格ですから、これが決まってからそれを受けて各自治体が対応することになる。

**大本**　佐藤町長が考えられる連合構想と、そうではない構想との決着はまだ分からないのでしょう。

**佐藤**　そのヤマは、第二七次地方制度調査会最終答申（二〇〇三年一一月）のなかに地域自治組織として行政区と対になるものとして、法人格をもった地域自治組織、町村待遇を設置せいと僕らは言っているわけです（二〇〇四年五月に地方自治法改正によって地域自治区制度が創設された）。それが設置されなければ、広大な面積があっても人口が少ない地域ですから、地域の自治は死んでしまうだろうと思います。そういう意味では、これは譲れないところです。全国町村会でも幹部の方々は、住民自治という概念がない人もいるのです。だからいまある田舎の中央集権が地方自治だと思っている人からみれば、屋上屋だということになる。

だが、僕らからいえば、これからつくる地方自治は団体自治と住民自治との合作なんだよ、その住民自治を何かで担保しなければ田舎の中央集権になってしまって、将来の自治機能は有効性を持たない、ということになるのです。

しかも地域の行政課題は一人ひとりの満足度まで地域が支える時代です。行政で全部丸抱えできないですよ。一人ひ住民で手分けしてやっていかないとできません。一人ひとりが生きがいまで準備しなければならない。そうなってくると、今までみたいな中央集権の論理だけではできません。とくに田舎はかつてはただのエリアでしたが、みんなの人生の変貌でわれわれ田舎はコミュニティになってきています。

**大本**　ぜひ町長さんのお考えを実現させていただきたい。実践されてきたことですから迫力があると思います。

**佐藤**　ところが残念ながら、住民自治という言葉自体がなんか左翼思想みたいな背景があるんです。市民権を得ていないんですよ。特に戦後当初、絶対的な貧困だったので自治体は自治を担うのだけれど、当分の間は国のほうにお任せという、いわば〝自治のない自治体〟をつくってきたのですが、それを自治だと思い込んでしまっているのです。

ところが実際は、地域だって住民を無視して行政の論理だけでやれなくなってきているんです。そのことは知っているんだけれど、管理者からみれば余計なものはいらないという感じになってしまっているんですね。とくにこれを匂わしているのは合併を推進している地域です。合併するさい、案外、中核に座る市の方々、市長といわれる人種の方々が住民自治というのを知らないんです。田舎の一回り大きいお役所をつくるんだという論理ですから。政令指定都市などは法律によって区なんかをつくっていますから、これはこれでいいんです。地方都市の合併のほうが危ういのです。

**大本**　佐藤町長がいわれるのは自然な正論だと思います。というのは、人口基準だけの合併をやるというのでは町村の自己否定になりますから。

**佐藤**　そうなんです。だから町村長というのは、住民自治を守る仁王様なはずなのに、そのことに理解を示さない。岩手県などは市長さんのなかには、自治の中に自治をつくるなんていうのは駄目だという方すらいるんです。

**大本**　それでは、『希望のケルン』の本の副題のタイトルでいう〝自治の中に自治を求める〟ということは駄目だということになりますね。

**佐藤**　否定されるわけです。結局、国の地方制度調査会の中間答申でさえも、新しい自治体が出現しているのですから、その上に立って考えなければならないのに、それをいまになって否定するような論理がまかり通っているのですよ。

**大本**　それでも、そういうことが問題として俎上に挙がってくるということ自体、少しは進んできているともいえませんか。

**佐藤**　そうだと思いますよ。ただ、どうも田舎の自治の現場というのは中央集権から抜け切れていないですね。

**大本**　地方分権推進法ができて、この間、地方自治法をかなり変えましたね。本来はあれだけ論議したんだからもっと下のほうに下ろすんだと思っていましたら、動きとしてはそうでもないんですね。

**佐藤**　法を論理にしたがって組み立てたのはいいんだけれど、それとは全然関係のない国の財政政策の一環として、小さい自治体があると金が掛かるからといい出してきているのです。これも一種の経済合理主義です。大きいことはいいことだという効率の論理です。

**大本**　またまた規模の論理が。

**佐藤**　そう、規模の論理が露骨に出てきた。

**大本**　一九五五年、藤沢町も旧町村合併法にもとづいて合併なさったわけですね、あれも規模の論理ですか。

**佐藤**　一面、たしかに規模の論理がありましたけれど、あの時は同質のもの同士の話だったのです。行政として管理・統治する自治体の効率化という理屈なんです。だが今回の争点は、いわゆる分権型自治をどう実現するかなんです。わたしたちからすればいわゆる地域自治を骨太にするという論理ですから、たんなる量の論理だけではないんです。

**大本**　佐藤町長の立場に大賛成です。スウェーデンも三回ぐらい町村合併をやっています。初期は赤字だとか行政効率化というのが目的だったのです。高齢化社会に入ってからはフリーコミューンの実験にみられるように権限と財源を下ろすための望ましい単位をつくるための合併になっていったのです。

**佐藤**　地方政府ですね。

**大本**　そう、地方政府です。高齢化社会になれば、当然下ろさなければならないわけです。そういう合併なら分かりますが。

**佐藤**　その辺が不明確ですね。結局、ただ出てきたのは分権自体まではいいんですが、それをどうするかという論理がなくて、今度は国の財政のしわ寄せの論理がきて自治なんかどっかへ飛んでしまったのです。交付税はいくらやるとかなんか、小さいところには金をやるとかやらないとかという次元です。だからスウェーデンみたいに小さな政府で権限はこうやってやるんだという国とのかかわりが明確であればいいんだけれど、それがないのですよ。いま、日本の地方分権一括法で地方に権限が戻ってきたのが四七〇ぐらいあるんです。わが手に戻ってきたのは犬の予防注射とか、そんなものです。基本にかかわるものは何もない。地方分権の幻想を抱かせるだけかえって悪質ですよ。

**大本**　日本での本物の自治を創造するのはまだまだ前途遼遠の感がありますが、藤沢町の到達点を踏まえてさらに前進していくことが、いま強く求められていることを深く学びえました。深く感謝する次第です。

佐藤町長のご活躍と藤沢町のさらなる自治の発展を強く願っています。

（佐藤守氏へのインタビューは、藤沢町役場町長室において二〇〇三年八月一八日、二〇〇三年一〇月三〇日、二〇〇五年九月二七日におこなった。原稿の整理ができた段階で佐藤守氏に目を通していただき修正・加除をしていただいた。また藤沢町企画室長佐藤和威治氏には、資料提供をいただき、インタビュー調査にさいしてもお世話になりました。お二人に深く感謝を申し上げる次第です。）

**注**

（1）藤沢町史編纂委員会『藤沢町史（上）』一五ページ。

（2）大久保圭二『希望のケルン——自治の中に自治を求めた藤沢町の軌跡』ぎょうせい、一九九八年、九ページ。

（3）藤沢町の企業誘致の現況。㈱和興ニット岩手（一九六八年一〇月設立、婦人服用丸編メリヤス生地）、協立ハイパーツ㈱岩手藤沢工場（一九七三年四月、自動車用ワイヤーハーネス）、インテグラン㈱岩手工場（一九八三年一二月、DC—DCコンバータ）、㈱大昌電子岩手工場（一九八六年八月、プリント配線基板）、㈱小山ブロイラーセンター藤沢工場（一九八七年四月、ブロイラー加工品）、昭栄加工㈱岩手工場（一九八九年四月、オートバイ用ヘルメット組み立て）、㈱三松製作所藤沢工場（一九九一年四月、精密プレス金型製造）、㈱マーナーコスメチックくりこま高原藤沢工場（二〇〇三年四月、丸編メリヤス生地）、サカイ産業㈱（二〇〇四年一一月、高機能繊維の織布、繊維強化複合材の製造）の一〇企業が存在している。

# 二　住民自治の基礎となっている自治会の現状と課題

小野寺恒雄

小野寺恒雄氏の略歴

一九四五年　藤沢町に生まれる
一九七六年　藤沢町職員となる
一九九〇年　教育委員会生涯学習課長補佐
一九九二年　自治振興課長補佐
一九九五年　農業委員会事務局長補佐
一九九六年　教育委員会スポーツ振興課長兼シルバーセンター所長
二〇〇二年　退職
現在、第三九区自治会長、藤沢町自治会協議会会長

## 住民自治の形成過程

**佐藤和威治**（企画室長）(1)　藤沢町の自治会協議会の会長さんで、藤沢町の四四ある自治会のうちの、ここが第三九地区の自治会の会長さんでもある小野寺恒雄さんをご紹介いたします。

これから藤沢町のいわゆる住民自治と住民とのかかわり、自治会活動を通じたまちづくりという視点で体験談を踏まえて話題を提供していただきます。小野寺さんはかつては役場の公民館主事、社会教育主事さんでした。

都会にいますと自分だけ良ければ生活できると思いがちですが、こういう山村では一人ひとりがお互いに協力していかないと生きてはいけない。地域とはそういうものであることを、まずもって理解していただきたいと思います。

**小野寺**　私は昭和二〇年、一九四五年の生まれですが、その頃は住民もいっぱいいで、ここ第三九地区でもかつては五〇〇人ぐらいいました。今は二三〇人くらいで平均年齢が四三歳という少子高齢化の見本的な地域です。

そういう地域のなかで、皆でどう楽しく生きるかが大きな地域課題であります。とくに高齢者のひとり暮らしの方は六〇戸のうち四戸ありますし、高齢者世帯が七戸あります。かつて三世代で十何人もの家族や身寄りが同じ屋根の下で生活してきた私どもにとって、経験をしたことのない、人間の減少という現実を目の当たりにしたときに、本当に自治会の大事さをつくづく感じております。

たぶん皆さん、『希望のケルン――自治の中に自治を求めた藤沢町の軌跡』（大久保圭二著、ぎょうせい、一九九八年）でおわかりと思いますが、昭和三〇年代、私の小学校六年生頃ですか、ここは純農村地帯で工場も何もありませんから、次・三男対策というのが大きな課題でした。次・三男の方が中学校を卒業して都会へ都会へと、どんどん人が減っていったのが昭和三〇年から四〇年後半です。私も青年会員でした。青年たちも町内で五〇〇人ぐらいおり、青年会活動として演劇部門で全国大会まで行ったことがあります。ひと頃、青年会活動は地域の大きな活力を生み出す人材の養成場所だったんですが、そういう青年もどんどん都会へ行ってしまう。それにくわえて昭和四五年以降は家を継ぐ長男さえ出稼ぎに出て行き、地域、町の過疎化が極端に現れてきたのです。

そういう現実のなか、町民は将来の町の姿に不安を抱いたのです。町長の言葉を借りますと、〝人は減っても心の過疎にはなるな〟ということで、何とか残っている方々でお互いに知恵を出し合いながら、この地域を活性化していく。要するにふるさとを良くしようということで取り組んだのが自治会活動でした。

ちょうど私が公民館にいた頃ですが、よく自治会、自治会と言いますと、都会のマンションとかアパートで共に暮らす方々がお互いに生活上の合意といいますか、そういうためのものという程度の理解だったので、農村地域でそういう住民自治というのは果たしてありえるのか、成り立つのかというのが一番先に思った疑問でした。当時、自治に関する参考図書もありませんでしたが、たまたま大分県大山町（現、日田市大山町）が〝桃、栗植えてハワイへ行こう〟という合言葉でやっていたまち起しを紹介した記録映画が公開されていたので、住民とはこういうふうにファイトをもてば、すばらしい実践ができますよと励ますため、毎晩毎晩、映写機を背負って地域を回って歩いた記憶があります。

それでもなかなかピンと来ない住民だったのですが、そうした折、藤沢町の総合発展計画づくりに住民の声を反映させることになり、それぞれの地域の方々が抱えている問題点なり課題なり出すことになりました。そこでいわゆるミニ計画（正式には、地域振興計画）というかたちで、少しずつ地域が自治会を中心にしてその作成に取り組みました。しかし、最初はなかなか書けなかったのです。「防犯灯がほしい」、「ガードレールがほしい」、「防火水槽がほしい」、「カーブミラーがほしい」等々、たしかに要望としては沢山あったのですが、果たしてそれが可能かどうかという話もあったのです。地域の要望を計画書にまとめて提出することとなり、町にはミニ計画をまとめ総合発展計画のなかに入れていただいた。そういう意味で地域としてまちづくりの全体意識を高めたのに大きな力になったのが、このミニ計画の作成だったと思っています。

これをつくるとき町長さんや課長さんが毎日歩くわけにいかないので、役場職員がお互い自分の住んでいる地域のお世話役ということで、地域担当職員が張りつけになりました。そういう方は、極端にいえば本当に専門職しかわからない、たとえば税務とか建設とかいった専門職なものですから、町全体の税金の問題なり国民健康保険の問題なり、いろいろな質問になかなか答えられない。そんなことも〝わからないのか〟と言われることで役場職員の意識が変わっていったのです。何とかしようと、あらゆる分野に答えられる知識を持つことが大事だということで、役場で職員の研修会を開くことになりました。

何回も学習会を開いて勉強した経験が私もあります。そういう意味で、地域のミニ発展計画（「地域振興計画」）を引っ張っていったのは、何といってもお世話役の役場職員の力だと思います。

全国から視察に沢山こられますが、役場が地域の担当職員としてお世話役をしているというと、〃いや、そんなことできませんよ〃という感想が一〇〇人中、一〇〇人でした。

職員組合がうるさいとか、夜の残業手当はどうなのかとか、いろいろご質問がありましたが、役場職員の勤務時間以降の仕事なものですから、たしかにそういう手当とかが必要になってくると思いますが、地域の一員として頑張ってほしいということで、無手当で世話をしております。ミニ計画は、今度で六回目ですが、今年（二〇〇六年）の三月に要望に対する達成度を調査した結果、だいたい八〇％ぐらい実現されております。要望のないものについて役場は吸い上げない。〃住民自らがつくる藤沢〃という基本姿勢がまちの大きな基本になっていますので、声のない町民に対しては相応でいい、一生懸命やるところに町は応援しましょうというまちづくりをしてきたものですから、住民もあぐらをかいて待っているわけにはいかないので本当に一生懸命、地域活動を展開しております。

三〇年という歴史のなかで、二〇〇五年に三〇周年記念式典を開催しましたが、とくに自治会として誇れるのは、自治会とは何かということがきちっと生活のなかに埋め込まれているとか、生活のサイクルのなかに自治組織がきちっと整えられているといいますか、心のなかにきちっと収まっていることです。ですから花いっぱい運動、花壇の清掃、リサイクル、川の清掃といったものには一〇〇％の参加です。高齢者の方でも隣の人に車へ乗せていただいて花壇の草をとったりしています。ここは山村地域ですからあいつは来なかった、あいつは来たかと、たしかに責められる部分が噂としては流れてくるので、そういう意味での参加者もないわけではないと思いますが、どんどん今変わりつつある地域で、どんなかたちで自治会が評価されようとも批判されようとも、町といっしょに共同してつくるという、自治の基礎的な部分だけはなくしてはいけないと思っております。

いまの家庭にはテレビやさまざまな情報機器があって、娯楽も家庭のなかで楽しめますが、人は人と顔を合わせて話し合いをするのが一番大事なことだと思います。ですから、自治会活動を通じて地域の方々がコミュニケーションできるのは最大のメリットと思っております。

## 地方名望家支配はなくなったか

**大本**　佐藤町長さんが、藤沢町には昔から農村共同体的なボス支配が強かった。それを取り除きたいということで、住民自治をつくり実践してきたとおっしゃいましたが、かつてのボス支配、マックス・ウェーバー流にいうと地方名望家支配は地域からなくなりましたか。

**小野寺**　戦後、農地解放になって、小作人が自由に耕作できる土地をもったことで、その辺はだいぶ違ってきました。ここにも旦那様といわれる方が三軒ぐらいありました。農地改革後、地主も元小作も共に生きられる社会といいますか、そういう間柄に変わってきました。岩手県北の方はだいぶ旦那衆方が多かったですが、ここはもともとそんなに強い土地柄ではなかったのです。前には学校の運動会をするにも旦那様のところへ行って日程を聞いて、〝これならいい〟という、そういう支配もあったという話を聞いたことがあります。前には婦人学級なども旦那様のところへ行って場所を借りて開いたとか、そういう経過があったのですが、この自治会館のような集まり場所ができたことで、地主制度からは今はほとんど脱皮しています。

## 自治憲章の意義と役割

**大本**　各自治会にそれぞれ自治憲章があります。これは目標としては大事なことですか。

**小野寺**　各自治会が自治憲章をみんな持っています。全自治会は自治憲章のもとに活動しておりますが、新年会や自治会総会の前にそれをみんなで朗読するのです。お互いに意識のなかに過疎再生のために選んだ住民自治を基本とし、誇りある藤沢町再生に一人ひとりが努力しています。

**大本**　私の知っているところでは、アメリカに属するハワイでも、自治活動が活発です。自治憲章のもとに規約があって、誰かが他地域から自由に移動してきても住めないのです。その規約を守る人でない、そこの土地は売らない。ハワイは国際観光都市で住民は観光で生業を立てていますから、美しくないといけないからです。お金のある人が勝手に入ってきて町を勝手に汚くされると観光資源の基盤を失っていきます。世界から誰も来てくれなくなるでしょう。そういう意味で一つの自己防衛でしょうが、憲章があって規約を守ることを約束した者以外、受け入れないのです。そこまで徹底しています。

**小野寺**　そこまでの縛りはないけれど、自治会を中心とした協働のまちづくりを推進しています。

**大本**　藤沢町の自治会というのはミニ計画を立てて、下から行政に要求を上げていって町をつくっていく。その基礎的な最小の単位が地区なのですね。

地区でミニ計画をつくるに際して、いま、一番多い要望というのは何ですか。

**佐藤**　ミニ計画は藤沢の人たちが藤沢の置かれている状況について、今まで整備をしてきた状況といったもの、いわゆる身の丈を自分たちでわきまえて、ちょっと上のランクに行きたいという希望を出して、地域のなかで自分たちのやれる分野は自分たちでやります、自分たちのやれない分を町でやってください。町でやれなかったら国・県にお願いしてください、という形になっています。

たとえば町の基幹道路である県道の整備とか国道の整備とかは県なり国なりにお願いしてやってもらいますが、それにともなう防犯対策、あるいは防災の分野は地域の自治でやります。そのような役割分担のなかで役場でやらなければならない分が出てくる。今はそういう段階です。

ですから、要望してやってもらえたらラッキー、というふうなものは出てこない。藤沢の方々は自分たちの分をわきまえている。だから他所の陳情・請願型の計画ではないのです。

**大本**　藤沢町の自治会活動は、自分たちの生活のなかから出てくる要望を実現するために、住民がミニ計画を立ててそれを基本計画につなげていく。住民の思いなり、意思を実現できる仕組みがあるのですね。

**小野寺**　はい、そうです。例を挙げますと生活道路が狭いからもう少し広くしてくださいという要望が出た場合、〝わかった〟、となると、自治会は地権者と土地の話し合いをします。行政ではそれに見合った準備補助事業を導入し、道路をつくるにも行政と住民の協働によるまちづくりをおこなっています。

**大本**　自治会はミニ計画をつくるという基本的な活動のほか、日常的活動としてはどんなことをやっておられますか。

**小野寺**　今度の一〇月八日に町民総参加体育会があります。これはソフトボールとバレーボールと綱引き競技を町民五〇〇〇人ぐらいが集まって開催し、そのあとそれぞれの自治会館に戻って祝賀会イベントをやります。それもやはり自治会という組織があってこそできる楽しみと言えると思います。第三九区自治会館はちょっとした山小屋程度のものですが、これでも地域の方々の協同により、昭和五五年（一九八〇年）につくったものです。町内の学校の建替えのときの木造の建物の柱などを払い下げていただき、皆で四万円を負担したうえに労働奉仕を五日やってつくりました。

町内には三七の自治会館があります。自治活動の拠点の城ですから一カ月に一回掃除を輪番制でやっていますし、皆が集まって楽しく愉快に話し合ったり飲んだりする会館があるのは、地域コミュニティをつくるうえで素晴らしい。お城があるのとないのとでは盛り上がりが違う気がします。

要するに活動を通して目に見えるもの、それが社会に生き生きとして残るもの。そういうものは自治会でなければできないのではと思っています。

今年四月に皇太子様御臨席のもと、藤沢町の〝花いっぱい〟運動が「みどりの愛護功労表彰」に値いするとされて受賞しました。この「全国みどりの愛護のつどい」は国土交通省の事業で、岩手県からは藤沢町一団体が選ばれ、愛知県名古屋市一宮市で開催されました。

地域の環境づくりの一環として〝十万本花咲く町〟をめざし、一九八八年に自治会が担ってスタートした「ビューティフル藤沢整備事業」が全国表彰されたのです。事業主体の藤沢町自治会協議会が受賞したので私が代表で行ってきました。これも一人ひとりの町民の努力が評価を得たものと思っております。

**大本**　たしかに一関駅からこちらにくる途中、街道にずっと花がありましたが、それは各地区の自治会の方々がやっておられたのですね。

**小野寺**　ええ、そうです。うちの第三九区自治会も三九〇メートルの土地を県から借りて、道路沿いに花壇をつくってサルビアとマリーゴールドを植栽していまして町自治会協議会より毎年、優秀賞か最優秀賞をいただいています。

**大本**　第三九地区の沿道の土地は県から借りるのですか。

**小野寺**　一〇年に一回契約の更新をしますが無償で借りています。

**大本**　苗木は知的障害施設のふじの実学園から購入しているのでしたね。

**小野寺**　はい。第三九地区自治区ではふじの実学園から二〇〇〇本を購入して、あとの分は自分たちが持ち寄った苗で植えています。それでも年間一〇万円くらいかかります。花の苗が五万円で、年に四回の除草作業時の飲料水代や肥料とかビニールとか農薬とかを買うのですからそれくらいかかります。その財源は空ビン、アルミ缶、古紙、新聞紙といった類のものを全部自治会館で集団回収して業者に販売して賄っています。つまり自治会によるリサイクル事業と環境整備事業の一石二鳥の取り組みをしています。

**大本**　それはどなたがやるのですか。主婦ですか。それとも子供たちですか。

**小野寺**　リサイクル事業の中心は自治会の会員であるお父さん、お母さん方、とくにお母さん方が中心になってやってもらっています。この頃は古雑誌、古新聞もだいぶ値段がよくなってきました。以前は古雑誌などゼロ円でしたが、今はキロ二円ぐらいで売れていますし、アルミ缶のほか、今回からスチール缶も回収することにしました。ですから年三回の集団回収事業によるリサイクル分だけで五万円ぐらいになります。

**大本**　花を植えるのはどなたがやるのですか。

**小野寺**　基本的には植栽のときに一戸から一人。あとはお父さん、お母さん方、半々ぐらい。日曜にお勤めしているお母さん方もいますから。そのあと年四回の雑草取り作業は主としてお母さん方が来てやってくれます。

こういう事業以外にも自治会がやるべき仕事はたくさんあります。行政区長、防犯隊員、交通指導隊員とか、まちづくり審議会委員とか民生委員とかは自治会の推薦がなければ町では委嘱しませんので、人選をする責任もありますし、推薦した以上その委員に頑張ってもらわなくてはならない責務が自治会に与えられています。

行政と共にまちづくりを推進していくという町の姿勢がきちっと決まっていますから、町に負ぶさるようなことは絶対ありませんし、町から自治会に対してこうやれ、ああやれという指示などもまったくありませんし、役場の公務を自治会に依頼することも絶対ありません。そういうことがあったとしたら、住民自治は逆にパンクしてしまいます。町長もかなり気をつかいながら、〝住民自治ありき〟です。皆の藤沢をみんなでつくろうという住民主体のまちづくりの基本理念がきちっと定まっていて、〝この町を良くするのも住民ですよ、役場ではありませんよ〟というかたちで三〇年歩んできたのですから、そういう意味ではそれぞれ一人ひとりの住民が自信をもったまちづくりを進めていっていると思っています。

**大本**　住民の方々の自治会活動への参加率、参加の状況はどのようになっていますか。皆さん、積極的に参加されていますか。

**小野寺**　〝花いっぱい運動とか。年二回の河川の掃除、道路のゴミ拾いは一〇〇％参加です。盆踊りとか敬老会とかもやっていますが、盆踊りは不特定多数の方の参加ですが、だいたい平均すると六〇％ぐらい参加していまず。敬老会は特定の対象の方々ですから数字に表しにくいです。

**大本**　子供たちが危ない状況にあるときは見守れますね。ここでは地域で子供たちを防衛していく力というのはかなりあるとみてよろしいですか。

**小野寺**　このあたりで日中、鍵をかけている家など、一つもありません。

**大本**　それだけ安全なのですね。

**小野寺**　安全というか、家を留守にしていても〝こんにちは〟といって開けて回覧板なんか置いたり、荷物を置いたりしています。

**大本**　都会は盗難があるので、何重にも鍵をかけてるのに、ここは鍵をかけない。

**佐藤**　ただ、最近では、小学生などの登・下校の時間は見守り隊みたいなかたちで、その時間に合わせて地域の人たちが同じ色のジャンパーを着たりといったことを始めたようです。一つの抑止力にはなるでしょうから。

ここでは、地域のご老人方は子供たちをみんなの財産のような扱いをします。だから子供たちだってどこそこの子供というより、地域の財産、だからみんなで見守っている。わが家の子供でないから知りませんよという家庭はこの辺にはない。暗くなったら〝早く帰らんや〟という声をかけるほど、地域の子供たちの顔を知っている地域です。

ただ、若い人にとっては変に監視されているような感じがするようですね。難しいところがあります。でも小学校、中学校あたりの生徒さんはいわゆる地域の底力で支えています。

## 住民の自治会活動への高い参加率

**大本**　住民の自治会活動への参加に対する積極性は、以前と比べてどう変わっていっているのでしょうか。

**小野寺**　昭和四九年（一九七四年）頃から自治会活動がスタートしたのですが、最初はどちらかというとスポーツ大会を中心とした活動が主でした。つまり自治会対抗ソフトボール大会とかバレーボール大会という事業を体育協会と自治会が一緒になってやっていたんです。

それからだんだんに地域、地域で活動をつくっていかなければだめだということで、花壇とか、リサイクルとか、盆踊り、敬老会とかの事業を自治会単位で実施してきたというのが流れです。

いま年間を通して大きなイベントとしてやっているも

のに町民総参加体育祭とか野焼祭がありますが、それぞれの地域で事業を実施するという活動の流れから、全町・地域というふうに活動内容が広がってきています。

参加者の姿勢は、やはり自治会に参加しないとおもしろくない。楽しい行事がいっぱいあるものですから、楽しくみんなが参加しています。仲間に入ってということで参加していただいている方のほうが多いのではないでしょうか。

## 基礎自治体の最適規模はあるか

**大本**　ご経験から、自治会はどのぐらいの人数規模でしたら適正と思われますか。

**小野寺**　役員の意識が会長さんの意識ときちっと噛み合うようなかたちのなかでやっていかないといけないので、そういう点からいくと、ここは集落が距離的にバラバラなものですから、この地域ではまとまるのは一〇〇戸ぐらいがいいところです。保呂羽地区というのは二〇〇戸ありますが、二〇〇戸を一つの自治会にすると、やはり連帯感というか連携というのはなくなってきますね。だから一〇〇戸ぐらいが適正な構成数かなと思っています。

第三九自治会では会費は年間二〇〇〇円です。それを総会のときの懇親会で一五〇〇円ぐらい使ってしまいます。あと五〇〇円しか残らない。では何で運営しているのかというと、総会のときに有志の方がご祝儀を持ってきてくれる。そのご祝儀が多いのです。盆踊りをやっても体育祭をやっても何の事業でもご祝儀が付きものですから、第三九自治会はたった会員六〇人で年会費二〇〇〇円ですが、しかし、年間予算が六〇万円ぐらいになります。その実体は何かというと、お花やご祝儀なのです。だから事業をやると儲かる。

たとえばこの地域で運動会をやります。そうすると、その地域の有志の方々が、ただ来ては悪いからご祝儀を出してくれる。あらゆる事業には全部ご祝儀が付きものですからそれが積もり積もって、三〇万円ぐらいになります。そういう意味での地域というのは、何か封建的な感じはしますが、それが大きな活動母体になっているのです。

## 自治会長の役割

**大本**　自治会長として一番気をつけなければいけないところはありますか。まとめ役として一番大切なことは何でしょうか。

**小野寺**　ちょうど三〇年になる町自治会協議会長も私で六代目ですが、今までの会長は学校の先生だったり、商工会の会長さんだったり、本当に素晴らしい方々が会長を歴任されました。私はどういうわけか役場を辞めたらすぐに地元の自治会長に選ばれて、そのあと協議会長に選ばれ、本当に器に合わない会長なのです。四四の自治会の連合体である協議会の協調をとりながら共に足並みを揃えながら活動していますが、そういう意味では素晴らしい役職をいただいていると思っています。

その反面、孤独ですね。このままの会長でいいのか、もっともっと事業を展開してもっともっと地域が誇りある故里を再生していかなくてはならないという焦りはもっています。しかし、生活をしているなかでの自治活動ですから、生活を犠牲にしてまでの自治活動はなかなか許されない現状があります。

そういう事情ですから基本的には皆の話を聞いて、住民の願い、期待に応える事業をできうることから事業展開することと思います。自治会というのは会長独占の活動をしたら誰もついてこないですから。ですから第三九自治会では、役員会を年に九回やっています。月に一回前後になりますが、ともかく会長の願っている部分をまずもって役員に理解してもらう。それを噛み砕いてもらって、たとえば敬老会をやるには厚生部が中心になって実施する。とにかく話し合いの機会をつくることを会長が一番大事にしなければならない部分だし、やはり独占者になってはいけない。人の意見を聞かないで、たとえば敬老会に芸能人を呼んできて派手にやったほうがいいといって、〝こんなのは何とかなるべっちゃ〟という会長では、やはりね。〝面倒くさい、飲み会するべ〟という会長でもやっぱりだめです。じっくり黙って聞くことが先決です。

**大本**　四四の自治会がありますが、それぞれにいろいろな意見があると思いますが、それをどうやってうまく一つにまとめるのでしょうか。

**小野寺**　組織の流れとしては、自治会協議会、町の協議会というのがお互いの連絡機構です。事業は各自治会がおこなう。町全体で〝花いっぱい〟運動に参加しよう、リサイクルをしましょうという事業を提唱するとしても、実際にやるのが四四の各自治会が独自の計画をたてて事業を実施していく。協議会はあくまでも連絡・調整をしたり補助金の申請を受けてそれを交付したり、お互いにどういう悩みを持っているか、どういう活動をしているか、情報交換をする機会として役員会を開いていますが、あくまでも基本は四四の各自治会が独自の計画をもって事業を実施していくことです。

それを見守るのが町の協議会ですから、全体を束ねていくという考え方ではなくて、むしろ逆に各自治会がやりやすいような方向づけを準備、お膳立てをする役割をもつものだとご理解いただければと思います。

ただ、四四の自治会の間にはすごく温度差があります。本当に一生懸命やっている自治会、もう少しこの辺頑張ってくれればいいなという自治会もあります。三〇年の歩みのなかで各自治会にたしかに活動の開きがあります。協議会ではそれなりの助言・指導などしていますが、対住民ですから、いったん活動が停滞してしまうと皆と一緒に肩を並べていくまでに時間がかかります。これは地域づくりの大きな課題だと思っています。とにかく遅れたらどこまでも遅れてしまう。そうしますと住民自治はそこに存在しなくなってしまいます。その温度差をできるだけ縮める役割は自治会協議会で実施していきたいと思っています。

**大本**　今のお話は自治会同士がすごく刺激し合っているということですね。

**小野寺**　そうです。自治活動というのは到達点がないわけですから。日々、時代の流れと共にどんどん成長していかないと活動水準が下がってしまう。皆で苦労して建てた建物である、自治会館があるところは頑張って事業をしています。

**大本**　そうしますと、今の四四自治会の活動に必ずしも満足されていないということですか。

**小野寺**　さきほどお話しした通り会長になると本当に孤独だし不安だし、これでいいという達成度がないものですから、やればやるほど自治活動は展開されるけれど、果たしてそれをその地域に住んでいる住民の方が本当に喜んで参加してくれるかとなると、問題も出てくる。ですから、負担にはなるけれど生活まで犠牲にするような極端な事業展開をしてはだめになる。そこでできるだけみんなが参加できる事業をつくりだすことが基本になると思います。活動に対する満足度については、そこに住む老若男女が共に安心・安全で豊かな生活を営む地域社会を住民自らつくることにより満足度が高まるのではないでしょうか。

**大本**　そうしますと四四地区の皆が知り合いになりますね。そういうなかでまとめるうえで、全ての人が同じ気持で一つのことをやろうというのは難しい話でもあると思います。それら状況のもとで自治会長さんはどういうポリシーをとっておられるのでしょうか。

**小野寺**　会長は総会で決まるものです。活動の輪ができなければ自治活動の展開はできません。そのためには、藤沢という地域の力を信じ、共に知恵を出し合い、汗を流し、努力をすることにより、よい結果が生まれるものと確信しています。選んでいただいた以上、会長の手腕というのはともかく付いてきてもらう。そうでないと、会長はやっていけないです。せっかく会長に選ばれても何かといろいろ勝手に言われたらどうしようもない。私はお酒が好きだから、何か意見の相違があったらまず飲みながら話し合いをします。理想論か現実論か、いつまでも難しく理屈・理論を語ってないで、楽しく地域の人と一緒になって活動しましょうという気運に向けていく。もっとも今はあまり理屈好きの硬物もいなくなってきましたね。

**大本**　昔はおられたのですか。

**小野寺**　いたものです。

**大本**　それは別の角度から言えば時間が経って、住民の意識が一つになってきたことを示すものですか。

**小野寺**　以前には町の各地区に、子供会とか婦人会とか老人クラブとか、そういう組織があったのです。自治会結成と同時に女性部と子供会部、高齢者部は自治会のなかの一組織として活動しています。自治会の事業のほかに、農業をやっている人たちの農業組合もあったのです。自治会と農業組合の事業として新年会、研修旅行、スポーツ大会など共催で実施してきました。今は自治会なくしてそういう組織も運営ができない状況になっていますから、自治会を中心とした地域活動が定着したというのが藤沢の良さになっているといえます。

**大本**　それでも自治会の会長さんになる方というのは特定化されませんか。都会ではなり手がいないのです。そうなると適任というのがあってボスではないですが、地域で積極的に活動される方がいつも役につくことになります。地区の委員長さん、会長さんが順番回しになっても特定な人に偏るというようなことはありませんか。

**小野寺**　町の各自治会長の年齢別ですが、八〇歳代が一名で、あとは私どもと同じ六〇歳代前半から五〇歳代の方が四三名です。会長さん方は完全に若返ったのです。昔はどちらかというと、名誉職で学校の先生を退職された方とか、隠居役の人が会長になっていた時代がありましたが、いまは行動を起こさないと自治会の存在価値がないですから、どうしても比較的に若い者中心に役員や会長がなっています。喜んでやっている方はいないとしても、地域の一員として責任感を感じその任務を遂行している状況であり、年々会長が若返っています。

ただ会長のほかに副会長とか部長さんなどが、それを輪番制でやるところもある。うちの自治会もそうなんです。本当は役員が全員、地域を盛り上げていく適任者で揃えられれば、すごくおもしろく自治会活動ができると思いますが、会長のほかは全部、順番制で回っていくところが多いようです。ですからいいスタッフが揃わなければ、なんぼ会長が一人でがんばってもたいしたことはできないですから、これからは役員も輪番ではなくて、本当にやろうとする者が集まって組織していかないと、会長さんが大変だと感じています。

**佐藤**　こういうふうな話をしてもたぶん通じない、わかってもらえないなと思うのは、藤沢町は農山村地帯ですから、住民は生まれながらにしてここに住んでいる方々なのです。都会のように、ここがいいからここに移り住んできたという人がいる地帯ではない。いわゆる都市部と農山村、都市と地方の違いですね。ここに生まれてここで死ねてよかったと、ここの地域の人たちが思うようなまちづくりをしたいというのが藤沢。都市部の行政はどんどん移ってきてくださいというまちづくりをしている。そこらが違うのだと思います。

ただ、都市のまちづくりというのは、これから若い方が社会に出て生活をする上で便利なまちづくりをしたい。つまり働く人たちにとって便利なところ。ただ、それが年をとったときに便利なところかどうかというのはまた別です。たぶん都市の方々のまちづくりはそのどちらにバランスを置くのかというのが悩みの種だと思います。他方、農村部は、生活をしていく糧をどうつくっていけばいいのかが頭の痛いところです。

だから農村部の藤沢のまちづくりはここで生まれてここで生活をしていきたいという、たいそうな言葉でいえば自分の人生のなかに一つの縛りを与えて生活をしている人たちの、ここで精一杯、いいまちづくりをしていきたいという強い思いに支えられているのです。だめだったら別のところに住めばいいという、言葉は悪いけれど流浪の民ではない。

## 自治会と町行政との相互関係

**大本**　補助金の話が出ましたが、年間の行事で補助金が支えるような行事というのは何個くらいあるのですか。会費のほうでは間に合わないので補助金というのが支えになっていると理解したのですけれど。

**小野寺**　藤沢町から「自治総合補助金」として八〇〇万円をもらって、町の自治会協議会が活動しています。

各自治会の事業に対して五〇〇〇円とか一万円とか二万円とかいうふうに、事業成果によって補助金を交付しています。第三九地区でもらっているのは、盆踊り大会とか敬老会のお茶飲み会のほか、リサイクル、〝花いっぱい〟、それから新年会、自治会の研修旅行、防犯教室に対してです。それに自治会の会報を発刊していますので、締めて一四万円ぐらいを協議会からいただいています。自治会に温度差があるというのは、そういう事業をしないと自主財源だけで自治会運営しなければいけない。そこで差が出てきます。

**大本**　そうしますと事業をしないところには補助金がもらえない。

**小野寺**　ぜんぜんもらえません。ただし補助金ゼロ円の自治会はありませんが、一律いくらという補助金の制度がないですから、やる気のあるものには事業成果によって交付するようになっています。

**大本**　いま出ました六個、七個ぐらいの事業というのは、どれぐらい続いているのですか。

**小野寺**　〝花いっぱい〟とかリサイクルとか河川清掃とか道路の草刈りなどは、自治会ができてまもなくからある事業です。お茶飲み会というのは最近の事業でして、盆踊りも今年で二年目です。そういうことで、日々、新たな事業を立ち上げています。自治会協議会はあらゆる事業を対象にした補助金制度をつくっていますが、成果を評価してそれに対して交付するのは役員会の審査で決めています。

**大本**　どういうクラスの役員で審査するのですか。

**小野寺**　自治会の各会長さん方四四人のうち、その地区の協議会の会長さんが八人。藤沢地区でいうと、保呂羽地区自治会協議会さんとか三つの協議会があるのですが、そこの会長さん方が集まって役員会を構成しています。その方々でそういう審査をしています。

**佐藤**　町の立場から若干お話しますと、いわゆる町の予算のなかでいま「自治会総合補助金」という制度をつくっています（巻末資料11）。町から出すときに使い道は自分たちで考えて下さい。自治会協議会のほうで配分の仕方も決めて下さい。住民自治だから地域の人たちが自分たちで予算配分も考えて使ってくださいという意図からです。それを自治会協議会の役員さん方で、やっているところには補助金を廻す。やらないところには補助金は使わないという決め方をしているのが中身です。

**大本**　非常に大事なことをお話ししていただきました。そういうことを決めていくうえでは民度といいますか、住民意識の高さというのが大事になると思いますが、意識の高い住民が多いところでは、要求の内容も違ってくると思います。住民を育てていくというのでしょうか、そこのところはどういうふうに考えていらっしゃいますか。

**佐藤**　最初に会長さんがお話しましたが、かつて三〇年前、ミニ計画をつくり始めたときに、地域の思いとの関係を自治会のほうで優先順位をつけたのです。そういう下地を三〇年くらい積み上げてきたなかでつくられた藤沢の「自治会総合補助金」の役割というのは、水平と公平の論理なのです。藤沢ではやってもやらなくても一定レベルの補助金を出しますよという仕組みはやっていません。積極的に取り組むところに対して、機会の平等は保障します。取り組まなかったところには、それなりの補助金しかいかない。一生懸命取り組んだところにはいくという仕組みを自治会のほうでつくっています。そこでこれは自治の深まりを図ってきた成果だと言っています。

**小野寺**　住民組織の先進地は藤沢町だということで、よく合併した市町村の方が来られるんです。合併した市町村でも地域に補助金を流したい。けれども受け皿がない。まさか行政区長さんにやるわけにいかないから、住民自治組織をつくってくださいとのことで視察においでいただいています。当町の「自治会総合補助金」の制度を説明しますが、なかなかご理解できないようですね。

**大本**　三〇年間、住民自治を育てて藤沢町の住民の自治意識が上がってきていて自分たちのことは自分たちでやっていくということが普通になっているので、そういう総合補助金も使いこなせるのですね。

**小野寺**　三〇年の歩みのなかで自治というものが生活の一部みたいになっていますので、〝みんな一生懸命やらなくちゃ、でないとやっていけない町だから〟という意識が根付いている。

ここは鉄道も通っていないのです。国道はやっと五年ぐらい前にできただけで、交通網ばかりでなくあらゆる面で過疎になっています。そういうなかでも、〝心の過疎にはなっていけない、住民が自らつくる町なのだ〟という発想が定着したといいますか。そのように思っていただければ実情を摑んだといえると思います。

**大本**　肝に銘じましょう。日本は社会保障が切られていくけれど国民の多くは抗議しないですね。自分に直接負担がふりかかると、あっ、大変だとは思うけれど仕方がないと諦める。ですがヨーロッパの人たちは社会保障は自分たちでつくってきたものだから、後退するとなったら政権交代するぐらい抵抗します。そういう市民が育たないと生活防衛もできないです。藤沢町にはその芽生えがあるように思います。

## これからの自治会活動の課題

**大本**　いろいろ承ってきましたが、藤沢町のこれからの自治会活動の課題は何でしょうか。

**小野寺**　超高齢化社会のなかで自治会がどういう役割を果たすのかに関しては、高齢者を対象にしてお茶飲み会をしたり、そんな豪華なものではなくても一緒にお昼を食べてレクリエーションをして、またお茶を飲んで話し合いをして午後三時頃には帰るというパーティーのようなものではありませんが、それでもみんなの顔を見るのは楽しみだというので集まっていただいております。

現在、地域はどんどん経済社会の論理に流されてしまって、一人ひとりの姿に存在感がなくなってきている感じがします。いま自治会としての大きな課題としては若い人たちがなかなかついていきてくれないという部分があることです。ですから、ある自治会では一カ月に一回、若者を集めて飲み会をして交流をしているところもあります。そういうことで地域に若者の目を向けさせ地域の一員として地域活動を展開することがこれからの住民自治のなかで一番大きな課題かなと思っています。

そこでどんどん事業を起こして、若者にその事業に参加してもらうことが一番大事ではないかと思います。若者が集まる機会がほとんどありませんが、八月一四日に盆踊り大会で〝夢明かり〟をやっていますが、現在は全部若者たちに企画をしてもらっています。最初はなかなかまとまりがなかったのですが、終わったあと、〝やったな〟という充実感といいますか、地域活動のすばらしさといいますか、そういうものを味わえる場になっています。

この前の日曜日にも、保呂羽地区で運動会をやりました。だいぶ若者が集まってきましたし、今年は中学校の生徒が一一人ほど集まってきていました。ですから駄目だ、駄目だ、ではなおさら駄目だから、通して若者も参加できる、若者が魅力を感じる事業をつくっていくことが地域の活性化に大きくつながっていくように思っています。

とくに、いま大きく取り上げようとしているのは、近いうちに宮城県沖地震が来るという情報がありますので、一昨年から各自治会に地域防災組織を立ち上げていただいております。その地域の防災計画を作成して、いざ災害が起きたときに誰がどう行動するかという行動マニュアルにより災害弱者への対応、住民避難などの訓練をおこなっています。災害時に役場職員なり消防団なりだけに頼るというのは不可能ですから、防災によって地域を地域で守る力をつくるのも大きな一つの今後の課題かと思っています。

**大本**　藤沢町の自治機能とは住んでいる人同士にコミュニケーションがあることではないでしょうか。東京では、たとえば公共住宅の集合住宅の団地では年間四〇〇人もの人が孤独死しています。誰からも看取られることなく亡くなっていますが、そういう点でこちらの自治活動、住んでいる人たちのいろいろな関係、花をつくったり声をかけあったり、そういうことによってなお年寄りの孤独が避けられるようになっておりますね。

**小野寺**　そうです。昔からここは農業しか産業がないところでしたから、農業を共同でやる、よく言うユイ（結）で、共に農作業を中心とした生活体系をつくってきましたが、今は兼業勤労者が多くなっています。ですから残されるのは高齢者の方々。でも、まだこの地域は昔ほどではありませんが、向こう三軒両隣で隣接する二、三軒の両隣はお茶を出したりといった日常の付き合いがまだ廃れていませんので、そういう意味では孤独老人はあまりありません。

## 市町村合併問題と自治会活動

**大本**　市町村合併問題は、自治会活動にどう影響しますか。

**小野寺**　お聞きになったと思いますが、藤沢町と世界遺産候補地の平泉町さんとの合併がいま取り沙汰されている状況ですが、住民と町とが一緒になっているのだから藤沢町は独自でできる。自治会長さん方の研修会でも、合併しないで皆で歯を食いしばって頑張っていくべきという声も出ているのも事実です。

　とはいえ、長い目でみた場合に、果たして本当に藤沢町単独でまちづくりをやっていけるかということになってくると、やはり経済的なウエイトを無視できない。単独で町政を施行していくにはある程度の財源が必要になってきます。そういう財政危機から生まれた合併という意味合いが強いものですから、なかなか合併がまとまらない。藤沢町は借金が多いと評されていますが、借金ではなくてあくまでも資本の先行投資といってよいと思います。中山間地区ですが、藤沢町は水道も九八％普及していますし、道路もある程度準備され、文化センター、病院も揃っており他の町からみれば羨ましいぐらい素晴らしい資本があるのです。

文化センターがあるのは藤沢町のほかは一関市にあるだけです。病院でも町立病院があるのは藤沢町だけです。福祉面、教育面もユニークな施策をとっています。国際交流にしても二十何年前からオーストラリアの外国人講師がやってきています。ずば抜けて藤沢町は素晴らしいまちづくりをしていますから、多少嫌がられることもあるかなという気がしますが、私は端的にいって藤沢に生まれてよかったと思います。藤沢町を良くしようということでお互いに力を出し合って、町民一人ひとりの努力を積み上げてここまでつくってきたのだという気がしています。

**大本**　いま、藤沢町も財政的には大変な状況になっているそうですが、住民たちはどういう反応をしていますか。町長さんをはじめ行政がやるべき部分がありますが、住民たちはどのようにみているのですか。

**小野寺**　合併したところは旧来のサービス料金を上げられてという話もありますが、藤沢町では一生懸命、人件費を減らしたり、消耗品ももう最低限度に抑えるといった財政計画はやっていますので今のところ住民に対して直接、使用料を上げる、保育料を上げるといった住民負担の部分はまだありませんが、合併ができない状態が続くとすれば町政懇談会を開催し、町民の共通理解をはかる機会をつくる計画です。

**大本**　合併してよくなる、いい方向にいくという町村もありますが、多くは合併することによって住民サービスが後退するところが多いようですね。

そうしますと、今まで藤沢町はいろいろ積極的な諸施策をやって、長期的にみますと大変大きな事業をやってこられたと思いますが、短期的にみて合併せざるをえないということで合併して、従来の施策を削られるということが起きたとき、どうされますか。

**小野寺**　合併することにより、一番、自治会活動で心配しているのは、自治会協議会に年間八〇〇万円の補助金が来ていますが、それが減るならば各自治会の事業を見直さなければいけないことです。いま、多い自治会で一二〇戸、少ないところで二〇戸ぐらいの自治会の構成戸数です。うちは六〇戸ぐらいでちょうど平均ぐらいです。結局、組織を運営していくために財源となるのは会費しかありません。今の二〇戸では今までの活動はできない状況となります。今、自治会の再編成をしようという動きがあります。やはり適正規模、一〇〇戸以上一単位の自治会にしていこうということを役員会で話し合いをしています。地縁に結ばれた共同体ですので組織の再編成に時間を必要としますが、組織の強化、ならびに運営費の確保のためにも地域の再編成に取り組むことが必要であります。

合併することにより補助金の削減が予想されますが、活力ある地域づくりを基本とした組織活動ですので、住民の意欲と熱意により何らかの財源カットをしなければならないことになっても、藤沢の自治会は停滞することなく発展していくと思います。

**大本**　お金がないからやらないということではないのですね。

**小野寺**　そういうカネありきの藤沢町の自治会ではないと思います。

**大本**　それは住民が決めることですね。

**佐藤**　会長さんがさきほどから説明している部分は、要は人が生まれてきて血縁、地縁、職縁、好縁、そして死に帰っていく。皆さん方が血縁、いわゆる家族のなかで生活をする。次は地縁で地域の広がりのなかで生きていく。さらに社会に出て職業、職域のなかでさらに大きな広がりをもって社会を築いていく。そうしたなかで趣味であれ、好きな縁のなかでいわゆるサークルなどで結びあっていく。年をとっていくとやはり地域のコミュニティに帰っていく。そのあと死ぬときに、かつてであれば血縁、家族に見守られて最後の余生を送る。そのサイクルで人の人生がつくられてきているなかで、藤沢の場合は自治会の役割というのが非常に強くなっています。これは最後の余生を送る段階で家族の力がなくなってきましたが、その分を地域で支えましょうというのが藤沢町の福祉の基本的な考え方なのです。だから合併しようがしまいが、自治会活動がなくなるというのはここの地域から人がいなくなるときだけということです。

合併したら心配だよねというふうな話がされていますが、合併して大きな広がりのなかで決めなければならないことは大きな広がりのなかで決めなければならない。逆に合併したことによってより小さな単位でやっていただかなければならないこともでてくる。その部分をどれだけ地域単位に落としていけるかというのが、合併した市町村が頭を使わなければならない部分だろうと思います。それがないと新しい時代の市町村における、これからの自治は成り立っていかない。そういうことを自治会長さんはお話をしたかったと思うのです。

**小野寺**　合併後、自治会活動の適正規模は当然これから検討していかなければならない。広域合併に伴い地域と行政の結びつきが薄れることが予想される。そのためにも地域を、地域住民でつくることこそ自治会の使命であり、その使命に対応できる自治会の規模を検討する必要があると思います。

**大本**　ともかくそれは住んでいる人たちが決めていくことでありますね。

**佐藤**　そうです。だから外からの要因ということではなくて対応していく。

専門用語で言えば、補完性の原理をどういう線引きでやっていくのか、さきほど自治会長さんが最初はスポーツから入った。いわゆる地域のナショナリズムをどのようにしてつくるかを出発点に置いた、それが地域の生活レベル全般に広がりをもってきて深まってもきたという話をしましたが、仮に合併をしたときにも、その地域のまとまりをベースにどういう新たな狭まり、広がり、深まりが可能になるのか、それぞれの役割分担をもう一回見直さなければならないと思います。

## 若者の地域自治活動への期待

**大本**　さきほど自治会の課題で若者があまり参加しないというお話がありましたが、飲み会など開いたら若者の参加率が変わったということでした。飲み会のほかにも若者を参加させるために何かやっておられることがあるのでしょうか。

**小野寺**　四四の自治会の会長さん方が青森県の八戸市に一泊二日の視察研修をしましたが、そのときの意見交換で、ある自治会では事業展開に若者が参加できない雰囲気があるのではないかということを反省し、自治会の青年たちを集めて飲み会を開催した。最初は義理でみんな集まってきたのですが、会を重ねるうちにいろいろな話ができた。やはり人が集まって話し合いをして共通の話題をを見つける機会はいいものだということで、それからは自治会が中心になって、お金は出さないけれど、場の提供なりして若者たちが自由に月一回集まれることにしたということです。

そしたら飲み集まりのなかで若者が、私たちも何か事業をやってみたいというので、いままで自治会が中心になって盆踊りを開催してきたのですが、それを全部青年部、要するに若者たちに一切お任せしよう。経費も何も一切自分たちでやってみないかということで実施したそうですが、若者のアイディアはすばらしい。金魚すくいにしても、どこかの業者から借りてきて設営してしまう。仲間もいるし、さまざまな業種の方もいる。そういう祭りをつくる若者のエネルギーはすごいと会長さんが言っていました。

若者が参加しないのではなくて、参加できる条件をつくるという一種の抱き込みがなされていないのです。

これからの自治会に必要なのは地域の一員として活動していただく場の提供をどうつくれるか、これが各自治会の大きな課題です。子供たちばかりではなく青年も少ない。その状況のなかで活動の経験のないままに四〇代、五〇代になってしまったら組織活動に取り組むことは難しい。二〇代で味わう組織活動、三〇代で味わう組織活動というものを自治会が準備していかないと、自治会活動の継続がむずかしいと感じます。一人ひとりの人生の歩みのなかで大事なことは、はたして人間として満足に自分は生きているのか、果たして生きがいがあるのかというときに、大きな力になるのは友達であったり地域であったりで、そういうものに導かれていくのではないかという気がしています。行動を起こすことが自分の自信につながる。それが多くの友達をつくる。やがては地域のために活動ができるようになる。

老いたとき、私の人生は何だったのかと思うときに、ああ、俺は精一杯やって皆に親しまれ満足できるような人生にするために、自分で行動を起こして、仲間を集めて行動を起こして、生きていくことの素晴らしさを実感することができたと思える方向に立ち向かっていただければと思います。

いま、若い人たちにこういうメッセージを送りたいです。

**大本**　長時間にわたり大変内容のあるお話を伺わせていただきまして勉強になりました。本当にありがとうございました。

（インタビューは二〇〇六年九月二六日午後三時から午後五時まで、第三九地区自治会館においておこなった。なお、当日は大本ゼミの学生一五名が参加した。）

**付記**——本稿は、小野寺氏による加第訂正のうえ、大本の責任で補訂したものである。

**注**

（1）　一九九五年に雇用促進住宅（七〇戸）地域を独立した自治会に立ち上げたので四三から四四となった。

# II

# 住民が医療の運営者であってこそ医療の再生がはじまる

# 解　題Ⅱ

## はじめに――〝医療崩壊〟の現実と再生の方向

二一世紀に入り新自由主義思想の政策が徹底され、労働、社会保障、医療、教育など社会的政策の領域まで規制緩和がはかられ、市場化・商品化がなされてきた。その結果、社会格差が拡大し、かつて経験したことのない大量のホームレスをはじめ労働崩壊、家族崩壊、地域崩壊など重大な社会問題が起きている。そのうちでも医療崩壊、健康格差の拡大が注目を浴びている。

いま、日本の医療現場では何が起きているのか。テレビや新聞で報道されているように妊婦の救急車たらい回しによる死亡事件、小児科病棟、産科病棟の閉鎖、また地方の自治体病院における医師・看護師らの医療専門職の不足と経営難、閉鎖など、地域の妊婦や母親をはじめ地域住民を困惑に陥れている状態などが明らかとなっている、また国による医療費の抑制策で診療報酬の引き下げがなされている。少子化対策を謳い子育て支援に力を入れると政府はいうものの、医療の実態はその逆方向に走り、子どもを生みにくい・育てにくい少子化促進を煽る状況に働いている。

他方、分権改革といっても地方自治体は三位一体改革による地方交付税の減額化、平成の大合併による従来の自治体行政サービスの後退などに直面し、自治体病院はもとより自治体そのものの運営も困難となりつつある。

これに対し政府は、二〇〇七年一二月に総務省自治財政局長名で「公立病院改革ガイドライン」通知を地方自治体に出し、自治体病院再編の計画も発表している。たとえば「岩手県では、県立病院二六病院では、医師不足と病院赤字で県立病院改革に迫られ、県立病院の再編や県立医療センターの無床化を強行している。このようななかで自治体病院の統廃合、再編や経営移譲の問題で、病院が消える地域も出てきて、地域医療やコミュニティ自体の崩壊の危機さえ指摘されている」（牧野忠康「自治体病院の統廃合問題を考える」『月刊保団連』No.一〇〇六、全国保健医団体連合会、二〇〇九年、九～一〇ページ）。

他方、このような状況のなかでも世間一般の流れとは異なって藤沢町の保健・医療・福祉の取り組みは、町民が主体となった医療をめざして、町民が病院を育て、若い医師を育てる仕組みをつくっている。佐藤守前町長が「いままで行政の論理でやって危機になったわけだから、それをクリアするにはそれとは違う手法で危機を乗り越えて別なものをつくる以外にない。危機は次の発展のチャンスなのです」（本書「二一世紀の住民自治と生活保障を考える」、四四六ページ）と語られているがその取り組みは「次の発展のチャンス」を切り拓いている顕著な一例を提起している。

## 1　コミュニティ思想、セラピー思想、医療思想のパラダイム転換

さて、コミュニティ分野、健康および医療の領域において、二〇世紀前半と異なるパラダイム（思考枠組み）が二〇世紀後半に出てきて二一世紀初頭の現在、広まってきている。藤沢町民病院はいち早くこれらの転換を受容し実践にいかしている。そこで、以下、それらの主要な転換についてふれておこう。

### (1) ソーシャル・キャピタル理論——コミュニティ思想の転換

『哲学する民主主義』で知られるロバート・D・パットナムは、近著『孤独なボウリング——米国コミュニティの崩壊と再生』（柴内康文訳、柏書房、二〇〇六年）においてソーシャル・キャピタル＝社会関係資本、つまり地域内におけるボランタリーな住民組織の活動と住民の健康度の関係を探求し、ソーシャル・キャピタルが整備され豊富である地域ほど、住民の健康度が高いことを明らかにしている。

また、カワチ／スブラマニアン／キムの『ソーシャル・キャピタルと健康』（藤澤由和ほか監訳、日本評論社、二〇〇八年）も公衆衛生の分野からソーシャル・キャピタルと健康の関連性を研究する可能性を切り開き、その研究方法の有効性と限界性を吟味することを提起している。

ソーシャル・キャピタル論が、健康を地域の社会経済的条件との関係でミクロ的にみると、社会経済的環境が地域住民の健康に大きく影響していることを解明したことは大きな成果であるといえる。

誰もが、いずれかの自治体・コミュニティに居住し生活している。それぞれの自治体・コミュニティには健康づくりの取り組みに違いがあり、その違いにより住民の健康度が異なってくる。その違いは、住民本位の健康づくりであるか、行政本位の健康づくりであるかにより大きく差がでてくることが私の過去の事例研究でも明らかである。「住民の自治を育成している地域では住民の健康度が増進し、また住民の健康を高める取り組みをしている地域では、住民の自治活動が活発である」という私の仮説もソーシャル・キャピタル論によって裏付けられていると考える。

### (2) SFA理論、社会構成主義理論の登場——セラピー思想の転換

これまで知識をもてば人間は変わることができるとされてきたが、それは結核やコレラなどの感染症時代に適応できても、現在の高齢社会における生活習慣病の時代には、知識獲得だけでは適応できない。というのは生活

習慣自体を変えるのはあくまでも当事者であるが、その当事者自身が生活を変えていくことが非常に困難であるからである。その場合、どのように当事者自身に気づかせるか、どのように行動変容を促していくかが課題となる。それは、「問題」に焦点を当てるのではなく「解決」の側からみてゆく、解決の方法は当事者自身の潜在的な行動変容の力を引き出していくことにあり、それが医療関係者の役割であるとするアプローチの発見が転換をもたらしたのである。

この従来の行動変容を超えるSFA理論（ソリューション・フォーカス・アプローチ）の源流はアメリカの精神医学者であるミルトン・エリクソンに発すると言われている（ウィリアム・オハンロン『ミルトン・エリクソン入門』原書は一九八七年。森俊夫／菊池安希子訳、金剛出版、一九九五年）。「エリクソンは、人間には能力があり、自然は健康を維持し支えていくものと捉えている。正常な行動や成長は、当然起こるはずのものであり、症状や病理は、自然な健康性の障害物であるとエリクソンは考えた」。「エリクソンは問題志向というよりも、解決志向であったと言えよう。彼は、過去を振り返り、その人の問題の起源とか学習された制限を見つめることを好まなかった。その人の中にある今もあるもの、もしかすると将来的に伸びてきて使えるもの、そうした解決法や力に、彼の目は向けられていたのである」（同右、一八～二三ページ）。

エリクソンの考えを受け継いだ森俊夫教授がブリーフ・セラピー（短期療法）の実践を通して、良いゴール（解決像）の条件として「①クライエントにとって、明確であり、重要なことであること。②大きな事ではなく、小さな目標であること。③否定形ではなく、肯定形で記述されること。④具体的で、行動の形『～をする』で記述できること。これらの条件を備えたゴール（解決像）を引き出すのに有効な質問なのです」（森俊夫『〝問題行動の意味〟にこだわるより〝解決志向〟で行こう』ほんの森出版、二〇〇一年、六八～六九ページ）を挙げ、「解決の方法は、クライエントが知っているのです。あるいは、自分のことなんですから、自分が治る方法のことは自分しか知らないのです」（同、七〇ページ）と指摘している。

現在、行動変容がもっとも問われているのは、現代病といわれる生活習慣病の疾患であり、その行動変容をどのような方法で促していくかが、多くのエリクソンの弟子たち、および関連する人びとによって国際的に取り組まれている。(1) わけても保健・医療の領域においては臨床心理学を取り入れた試みがなされている。例えば、ステファン・ロルニック／ピップ・メイソン／クリス・バトラー『健康のための行動変容――保健医療従事者のためのガイド』（原書は一九九九年。地域医療振興協会公衆衛生委員会ＰＭＰＣ研究グループ監訳、法研、二〇〇一年）、Ｃ・ホワイト／Ｄ・デンボロウ編『ナラティヴ・セラピーの実践』（原書は一九九八年。小森康永監訳、金剛出版、二〇〇〇年）。これらは、医療従事者がクライエントに命令的に、また説教調で行動を変えるということではなく、クライエントにどのようにして気づかせるか、という心理的行動変容の理論である。

二一世紀は〝糖尿病の時代〟とまで言われるほど、糖尿病は生活習慣病の凝集した疾病である。「生活習慣病は初期から疾患確立期にいたる数十年にわたって何の自覚症状もない場合が大部分である。高血圧も初期がんも動脈硬化も、何も感じないのが普通である。そこが沈黙の病気といわれるゆえんでもある。厚生省の調査が示すように、六九〇万人の糖尿病の潜在患者のなかで、治療を受けている者は二一七万人にすぎない。したがって、予防も治療も受けずに、潜在患者として次第に悪化するままに放置されることが多い」（香川靖雄『生活習慣病を防ぐ』岩波新書、二〇〇〇年、一三ページ）と指摘されている。糖尿病をはじめ生活習慣病の予防や治療には個人の日常の生活行動を変えていかなければならないが、言うは易しで行動変容は非常に困難であるため、ソリューション・フォーカス・アプローチの臨床心理学を取り入れた方法が支持を得つつある。

さらに臨床における社会構成主義の観点から、「医療化」論、「病の意味と語り」理論、「ナラティヴ・セラピー」が注目されている。そのうち「医療化」論は社会がどのようにしてある状態を「病気」とみなすようになるのかを歴史的に描き出す。「病の意味と語り」理論は、個人がどのように「病い」を構成するのかを個人の視点から描き出す。さらに、「ナラティヴ・セラピー」は、「病い」が社会的に構成されるのだとすれば、それは社会的に再構成できるはずだと考える（野口裕二「臨床のナラティヴ」上野千鶴子編『構築主義とは何か』勁草書房、二〇〇一年、五五ページ）。

### (3)　WHO「ヘルス・プロモーション」および「健康ストラテジー」理論

WHOでは、一九八四年から一九八六年にかけてヘルス・プロモーション（＝健康促進）に関する議論をかさね、一九八六年にオタワ憲章を制定した。オタワ憲章は、健康のための必要条件としての基礎的な生活状態と資源の重要性を全面にかかげ、平和、住居、教育、食物、そして収入が健康のために必須なものと見なしている。これは、ヘルス・プロモーションを公衆衛生と幅広い社会政策の根元に連れ戻している。また、人間の健康の前提条件としての、安定した生態系を確認する最初のWHOの文書でもある。憲章は、「ヘルス・プロモーションとは、人びとが自らの健康をコントロールし、改善することができるようにするプロセスである」と定義し、コミュニティ・エンパワメントへの方向を示している。そのヘルス・プロモーション戦略は、健康への公共政策づくり、健康を支援する環境づくり、地域活動の強化、個人技術の開発、ヘルス・サービスの方向転換を要請している。そしてこのヘルス・プロモーション戦略で、二〇世紀最後の健康問題に応える新しい公衆衛生の発展を強調している。ひきつづいてこのヘルス・プロモーションは、ヘルシー・シティープロジェクトによってヨーロッパのシティー（自治都市）で適用され、発達をみている（WHO『ヘルスプロモーション――戦略・活動・研究政策』島内憲夫訳、垣内出版、一九九二年、一六～一八、二三ページ）。

つぎに「健康ストラテジー」理論においてはローズによってハイリスク・ストラテジーとポピュレーション・ストラテジーという二つの戦略が提起されている（ジェフリー・ローズ『予防医学のストラテジー――生活習慣病対策と健康増進』（原書は一九九二年刊。曽田研二／田中平三監訳、医学書院、一九九八年）。日本では近藤克則氏が、社会疫学の立場から『健康格差社会』（医学書院、二〇〇五年）、『検証「健康格差社会」』（医学書院、二〇〇七年）など、健康と社会格差に関する一連の研究成果を発表している。そのなかで、近藤氏らはローズの戦略を引用しながら二つの戦略の特徴と限界を以下のように述べる。「ハイリスク・ストラテジーは、疾患を発症しやすい高いリスクを持った個人に対象を絞り込んだ戦略である。この戦略は、従来の医療の考え方や組織が使えること、技術が確立している場合には費用対効果の点で優れている〔……〕。しかし、複数の疾患、例えば高脂血症と肥満、糖尿病、高血圧などをもっている人は少なくないが、患者の多さとそれにかかる手間や人手、医療費などを考えると、現実的とは思えないほど困難である。ポピュレーション・ストラテジーは、対象を一部に限定しない集団全体への戦略であり、リスクが集団全体に広く分布している場合にとくに有効である。予防医学は、ふたつの戦略を統合するものでなければならない、主力は、ポピュレーション・ストラテジーにある」（『健康格差社会』、一五五〜一五六ページ）。

また氏は「行動変容のステージ」理論によると、その過程には無関心期、関心期、準備期、実行期、維持期の五段階があるとして、それを踏まえると知識伝授型の健康教室だけではほとんど無力であることを指摘している（同、一二七ページ）。

さらに予防に対しては「個人への介入には避けがたい限界があることを考えると、「健康によい社会づくり」のためにコミュニティや社会の介入する New Public Health の可能性の追求が今後重要になると思われる」（同書、一五八ページ）とともに、社会経済的な条件の違いによる健康の不平等があることを解明し、結論的に社会保障、労働政策、教育政策、税制などの改革を提起している。

たしかに生活習慣病などは、ストレスを被る日常の労働環境、社会環境といった社会経済的条件によって生み出されていることが放置される一方、個人を対象とする予防・治療に限定することには限界がある。近藤氏が今後の課題として指摘されていることは、小さな事例であるが、本書で知りうるようにすでに佐久病院の働きかけにより旧八千穂村で実践され、藤沢町でも追求されていて、その成果が確認されている。

## 2　藤沢町政と藤沢町民病院設立

佐藤守氏を首長とする藤沢町の三〇年にわたる町政で築き上げられたことは、一つは、旧来の農村共同体の半封建的側面を克服し住民による自治を形成してきたこと、二つは、知的障害をもつ人と住民との共生と相互の学びあいの場としての知的障害施設の設置、三つは、医療・保健・福祉の統合をめざした藤沢町民病院の政策と実践であり、その成果としての藤沢町の雇用創出である。

現在、三位一体改革のなかで藤沢町も財政危機に直面して、給与の削減まで行われている。佐藤前町長は「首長をはじめ役場職員および住民ともども痛みを共有することが、住民が地方自治は自分のものだという意識をもつ原点だと思います。大変だという話と同時に、おらも頑張る。これが地方自治なんだろうと思う。まちづくりというのは何かのための言葉としてあるのではなくて、一人ひとりにとってなくてはならないもの、必要なものつくりです。所詮、それがまちづくりの出発点として位置づけられなければだめだと思います」(大本「二一世紀の住民自治と生活保障を考える」『東京経済大学会誌』二〇〇七年三月、二六九、二七〇ページ）と述べておられるが、いま、まさに三〇年という時間をかけて育てきた住民自治の真価が問われている。

それでは藤沢町民病院はいかなるプロセスをへて設立にいたったのであろうか。

藤沢町では、一九八五年から九三年までの八年間、医者のいない時期があったが、その実情が藤沢小学校の「郷土歴史研究会」のクラブ活動で生徒がヒアリング調査をした結果で明らかである。

「昔、大籠《おおかご》に高金医院があった。その先生の名前は佐藤光栄《こうえい》。六七歳まで、昭和二〇年から昭和六〇年まで四〇年間もの長い間、一人で一日二〇〇人もの患者さんを診察していた。しかも、寝る時間は一日二、三時間しかなくても、朝早くだって夜中だって、診察にきた人をことわることはしなかったそうです。特別養護老人ホームの名前『光栄荘』は、みんなに貢献したすばらしいお医者さんをたたえて、名前を残してある［……］。そのあと、ずーっと藤沢町にはお医者さんがいなくて、今の町民病院を建てるのに力を注いだのが、佐藤守前町長さんや役場の人だったと［……］。昭和六〇年から平成五年まで、八年間、お医者さんがいない時期があったんだ。診療所はあったけど、緊急な、大変な病気の時はすぐみてもらえないし、入院もできなかったのです。八年間も」（おざわせいこ『ふじっこG7』、二〇〇九年五月）。

このような状況のもとで、佐藤前町長は、藤沢町民の住民の八割は他の町の病院で死亡してくる状態を知り、住みなれた町で死を看取れる病院をつくることを考えた。「私どもが病院をつくらなければならないと思った出発点は、毎日入ってくる町民の死亡届が他所の町からのものだったことです。他所の町の病院で死んでいるのです。地方自治をつくっている以上、終の住処として最期はその町で死ななければ駄目なのですよ。この町に最期の死に場所をつくろう。これが病院の始まりです。どこかで死んでこなければならないような町を誰が守りますか。最後はこの町が自分らを守ってくれるんだ。そして病気になったらうちでも病院でも、ここで自分らを支えてくれるんだ。そういう町だから皆は守るのです」（本書「二一世紀の住民自治と生活保障」、四五七、四五八ページ）。

また、町民意識調査でこの町はどのような町にしたらいいかという問いを立てたところ、住民から「生命を守って」、「とにかくこの地域で死んでいけるような町になってほしい」という要望が強くあったので、医療・保健・福祉に力を入れ、基本的なサービスは公共がやり、住民がサポートするやりかたをとってきた。その拠点として医療を自分たちの町にもってこなければいけないということで、藤沢町立病院を設立したのである。

設立にあたり県立久慈病院の勤務医であった佐藤元美氏に〝三顧の礼〟をもって――若干おどしも含んで――藤沢町に迎えたのである。その過程が今回の佐藤元美氏とのインタビューによって明らかにされている。佐藤元美氏に白羽の矢を立てた町長の先見の明は偉大なものであるが、佐藤元美氏は元美氏で町長をはじめ藤沢町民の期待に十二分に応えておられる。

藤沢町民病院の基本的柱は、保健・医療・福祉の一体化であるが、「保健・医療・福祉といって言葉ではきれいに福祉と保健と医療とを並べていますが、それらのあいだに本当は国境はないんです。お役所がつけた分類なのです。もともとは一体のものなのです」（「二一世紀の住民自治と生活保障を考える」、『東京経大学誌』二五三号二〇〇七年三月、二六一ページ）と佐藤守前町長は述べている。

佐藤元美院長のもとに一九九三年七月に国保藤沢町民病院は診療を開始した。『忘己利他《もうこりた》』を病院の理念として、質の改善、安全確保、経済性向上を基本方針に掲げて活動を展開している。二〇〇九年四月現在、町役場の一角に藤沢福祉医療センターとして町民病院、老人保健事業「老健ふじさわ」、特別養護老人ホーム「光栄荘」、訪問看護ステーション、介護支援事業、デイサービス事業、ケアマネージャー、認知症グループホームなどが一つにまとまり、保健・医療・福祉の統一をめざして総スタッフ二一〇～二二〇名で活動している。そしてこれら保健・医療・福祉のスタッフの拡充は、それはそれで藤沢町の雇用創出にも貢献している。

藤沢町民病院は、二〇〇九年現在、ベッド数五四床、診療科目は内科、小児科、外科、整形外科の四科目の小さい病院である。それでも医療関係スタッフは、医師数五・九人（常勤医五人、非常勤医〇・九人）、看護師数三二人（非常勤〇・六人）、薬剤師三人（常勤のみ）、診療検査技師三人、診療放射線技師二人、リハビリ療法士四人（言語聴覚療法士一人、理学療法士三人）、管理栄養士一人、メディカル・ソーシャルワーカー（社会福祉士）一人、看護補助（ヘルパー）六人（常勤）で、総合医療・包括医療をめざして活動している。月当たり患者数は、外来延べ数が三四〇〇人、入院延べ数が一四〇〇人、計四八〇〇人にも及んでいる。

## 3　佐藤元美氏とのインタビューの概要

今回のインタビューでは、佐藤元美院長が藤沢町に来る経緯と藤沢町民病院を設立する経緯、および藤沢方式医療の内容が語られている。医師になることを最初から望んでいたわけではなく、周囲のすすめと成りゆきで医師となったが、そこにいたる学生時代の勉学の苦労、大学時代、自治会のリーダーとして活動されたエピソードも興味深い。学生時代からリーダー的存在であり、挑戦的であったことが現在にも引きつがれているとみられる。

### (1)　病院長の医療思想

佐藤元美院長は、その医療思想を「住民主体の医療でなければ植民地主義の医療となる」、「予防なき先端医療技術では悪魔的である」と奇抜でわかりやすい表現で表されており、徹底した住民主体の医療の実現に努力されていることが伝わってくる。具体的には、医療の「前」の保健、医療の「後」の介護を結ぶ垂直的連携方式、「総合」と「包括」をキーワードにして藤沢方式の保健・医療・福祉を構築している。

### (2)　藤沢方式――総合医療＋包括医療

近代の医療は臓器別医療といわれているが、それは大きな都市において専門医を多く揃えることのできる病院では可能であっても、中山間地の医師の少ない地域では不可能である。そうした地域では臓器別医療ではなく、身体を全体的に捉え診療できる総合医療の医師が必要とされる。

藤沢町が実践している医療は、総合医療プラス包括医療を中心に取り組まれている。総合医療とは、人間をパーツ（部分）で捉えるのではなく、精神と身体の統合および歯科医科との統合という、総合的に捉えていく医療をめざしている。包括医療とは、診療している時点のスナップショットの治療ではなく、患者の生活歴単位、家族歴単位、職業歴単位、地域単位の時間軸で捉えて、それぞれの治療のステージごとに予防、早期発見、早期診断、早期治療を実践していく医療の方法をとっていることで、これら総合医療および包括医療を行っているのが特徴である。

### (3)「健康増進外来」による糖尿病予防

生活習慣病の代表である糖尿病は二一世紀の現代病とも言われ、従来の感染症を中心とした治療方法とは異なる方法が問われるほど、治療が困難な病気であるといわれる。(2)藤沢町民病院では糖尿病を中心に、学問上でも先進的動向を取り入れ医療の現場で実践している。

佐藤院長は、糖尿病患者に対して生活習慣の問題行動を取り出し、それによって解決して行く「問題原因追求型」アプローチではなく、クライエントが問題に気づき、主体的に取り組む「解決志向型」アプローチを取り入れて試みている。

佐藤院長は、前掲森俊夫『〝問題行動の意味〟にこだわるより〝解決志向〟で行こう』による心理学におけるソリューション・フォーカス・アプローチを学び、これを健康増進外来の医療に取り入れている。専門的には、「糖尿病問題領域質問表（ＰＡＩＤ）」や「健康関連ＱＯＬ（ＳＦ-36）」、「ＨｂＡ１ｃ」による調査をおこなっている。その効果測定によると成果が上がっていることが明瞭に示されている（図表は巻末資料14）。

### (4) 住民が病院を支えるナイトスクール、住民が医師を育てる報告会

藤沢町民病院の取り組みでユニークなのは、住民が医療を育てる役割と仕組みであるナイトスクールの開催、および住民が若い医師を育てる研究報告会の仕組みをつくっていることである。

二〇〇一年から藤沢町民病院の院長と住民との対話集会を〝ナイトスクール〟と名づけて、夜間七時から九時まで四地域において年一回ずつ開催している。その具体的内容は、①近年の政府・県などの医療行政の状況を説明、②藤沢町民病院が実践している医療行為および財政的状況の説明、そこで病院が直面している課題が率直に説明される、③住民に対して病院に理解と協力して欲しいというメッセージを病院長が投げかけている。

住民と院長との質疑・討論では、住民が病院に対するお願い事項、病院への疑問点、病院に対する意見などに対する病院長からの直接の回答などのやりとりがおこなわれている。住民は活発に意見を出し、院長の的確な応答を通して、住民は病院の実情を知り、協力できるところは努力していくという関係が築かれている。一般的にいって、病院の経営内容について住民は知り得る機会がなく、病院が何に困っているかも住民は知るすべがないが、ナイトスクールを通して、両者の状況をお互いに知ることができ、その結果、両者が協力しあい改善していくことを可能としている。結果として〝住民が病院を育てる〟関係が生み出され、住民主体の病院が形成されている。そのことの象徴的な一例はナイトスクールを開催して以降、住民の病院への寄付が増大したことである。

また、ここでは住民が積極的に若いお医者さんを育てる触れあい、語りあいもなされている。

相互に率直に状況・情報を公開し、意見を述べ合う・話し合うことから、協働（コラボレーション）がはじまり、相互の努力と改善につなげている実践事例である。

## 4　最近のナイトスクールの概要と意義——町民病院を支える住民自治

右のようにナイトスクールでは、町民病院の歴史と特徴、具体的医療サービスの内容と病院の課題が院長から報告され、次に病院と町民との対話がなされている。これは、藤沢の医療を育てていくために病院と住民とのあいだに相互に理解し合う関係がつくられていることを意味する。住民が病院に対して日常的に疑問に感じていることを出し、それに対して病院の実情を率直に述べ、理解と協力を求めている。何よりも病院の実情がよくわかり、何をどのように協力したらいいのかがわかる。これら相互に理解し合う機会を通して、両者が学び合い、市民として相互に成長しあう場となっている。

対話の事例を挙げると、〝ヒヤリハット〟が起きていることに対して、どう予防に繋げるか、学会でも取り上げられている議論の報告がされ、藤沢病院で起こったことについては、そのつど言ってもらいたいと答弁している。また、市町村の合併問題にともなう病院への不安について、住民と一緒に藤沢町の福祉・医療・保健サービスを守っていきたい旨の意思を伝えている。

また個別のケースについても丁寧に説明がなされている。

●患者送迎バスの運行がどのようになっているのかについての問い合わせに対して、路線毎の事情を考慮した回答がなされている。

●住民から両親が受けている病院のサービスに対して感謝が述べられたことに対して、院長は「藤沢の町の人たちの我慢強さ、礼儀正しさとか、そういったものはかなり大きいんです。僕も岩手県をいろいろ歩きましたけれど、そういうところをよく感じるんです。医者が忙しいとか大変だということもよく分かってもらっているので、このまちのそういうところに仕事のやり甲斐を求めてくる人は多いのではないかと思っています」と述べている。

●積雪時期における駐車場が危険であるために住民から除雪の要望。

●病院の待ち時間が長いことへの改善方法について住民から意見が出されている。「待っている方に気分の悪い方はいらっしゃいませんかと声をかけてもらえば、そういう配慮があれば助かるんですが、どうでしょうか」という具体的で改善しやすい提案が出されている。病院長の応答は、電話を活用してほしい、また具合の悪い場合や急ぐ場合は、受付のときに言ってほしい旨の説明がなされている。

●医薬分業についてどのようになっているのかという住民からの問いについて。院長は、詳細に病院の薬価差益について率直に述べ、住民の協力を求めている。この件について患者は一般的に知り得ないことであるが、院長の正直な実態説明には納得でき、医薬分業の仕組みを学ぶことができ、住民は協力する姿勢を打ち出している。

これに対し、病院側からは住民の医療費の不払いに対する強い要望を伝えている。

●病院側の学習会への呼びかけ：病院内で毎月おこなわれている学習会への住民参加を呼びかけている。最後に将来に対する準備も院長から語られている。「最近、なんとかこれからの一〇年間、二〇年間は、僕もがんばるだけじゃなくて、次の体制をつくっていくということをやって、自分が欠けた後でもなんとか皆さんに支えてもらえるような病院にしたいと思っています。そのことを心がけていろいろな人と付き合っていますので、すぐにはできませんが、だんだんにいろいろなスタッフをかき集めてこれるようにしたいと思っていますので、よろしくお願いします」。

以上の事例から引き出されるナイトスクールの意義を探ると、住民が自由に自分の意見を述べ提案する市民自治が活発になされている社会が市民社会であることからすれば、ナイトスクールは農村型市民社会の形成となっている。ナイトスクールが町民病院を支え、住民自治の力を培う場になっている。佐藤守前町長以来、藤沢町は住民の自治を育てることに尽力してきたが、町民病院においても自治が貫かれているといえる。

## 5　藤沢町民病院の経営改善方式

藤沢町民病院は、病院の経営改善にも注力し、事故がなく、患者の目線で医療活動をすることに努力している。アメリカでは一九八〇年代に日本的経営の「カイゼン」（改善）を導入してアメリカ企業の再生をはかる「経営品質向上プログラム」をつくり出し、ビジネス分野（製造業、サービス業、中小企業の三分野）で成果を上げている企業、組織に「マルコム・ボルドリッジ賞」(3)を設けて表彰してきた。のみならず一九九九年にはヘルスケアと教育の二分野の領域にその範囲を広げて医療改革にものりだし、「組織のパフォーマンスが質の向上、顧客満足、従業員満足、地域満足、財務成果など卓越した成果の組織が増えてきた」（水町浩之『医療経営品質』生産性出版、二〇〇七年、一二ページ）といわれている。アメリカの医師や看護師たちの考えを変えるきっかけの一つになったのが、慢性赤字に陥っていた内科病棟の変化であり、アメリカの医療改革に成果をあげている（『日経ビジネス』特集「医療崩壊のウソ」、二〇〇九年七月六日号、六七～八〇ページ）。日本においても遅ればせながら医療崩壊に陥っている病院に経営品質基準が導入されつつあり、二〇〇九年から日本の経営品質賞のなかにも医療部門が加えられている。

藤沢町民病院では、二〇〇一年度から二〇〇六年度にかけて厚生労働省の科学研究費補助、医療技術評価総合研究事業の研究プロジェクトの一環としてなされている「医療提供システムの総合的品質管理手法に関する研究」に参加して、病院の品質改善に取り組んでいる。

これらの努力の成果として、二〇〇一年二月に病院機能の全国的評価機関である㈶日本病院機能評価機構により「一般病院A」の認定を受けている。また、二〇〇五年度全国自治体病院協議会・会長表彰を受賞し、引きつづいて二〇〇六年五月に自治体立優良病院総務大臣表彰を受けている。自治体病院協議会長表彰は毎年五病院が表彰されているが、そのうち二病院が総務大臣賞となる。表彰条件の一つは過去五年間（二〇〇一～〇五年）の病院経営が黒字であることであり、ハードルはきびしい。

これらの表彰は、長期にわたる病院の総合的努力が評価された結果であると思われる。

## 6　「平成の大合併」と藤沢町の今後

二〇〇五年以降、平成の大合併といわれる市町村合併の推進が全国的に広まった。政府は人口一万人以下の町村に対して、地方交付税の削減と地方債の認可という「飴とムチ」の両方を用いつつ、強制に近い形で合併を促進させた。その結果、二〇〇八年末現在では、三二三二市町村が一七六〇市町村になり一四七二市町村が減少した。そのうち、六七〇市が七八三市となり増加する一方、一九九四町が七八八町減少し一二〇六町に、五六八村が三七九村減少し一八九村になった。合併の結果は、小さな町村が大きな市町に飲み込まれる形で進められ、地方独自の個性や地域の伝統的な文化が崩壊しつつあるといわれている。

今般、二〇〇九年五月に地方分権改革推進委員会の第一次勧告がだされ、第二九次地方制度調査会は六月一六日、政府が進めてきた「平成の大合併」を一〇年三月末で「一区切りとすることが適当」という答申をまとめた。これを受けて政府は、財政支援策をテコに一〇年間で市町村合併をほぼ半減させた合併運動の旗をおろすことになった。

藤沢町は、「平成の大合併」時には合併を見送ったが、人口一万人を切り九八〇〇人となった現在、合併をよぎなくされている。そのさい、従来取り組んできた先進的な諸施策がどうなるのかは、藤沢町の隣に位置する一関市との話し合い次第であろう。

## むすび——藤沢方式が指し示すもの

最後に、上来、藤沢町と藤沢町民病院が実践して来たことを整理しておくと、以下のようにまとめられよう。

すなわち、
一、パラダイム転換を先駆的に実践しているのが藤沢町であり、佐藤元美氏のリーダーシップによる藤沢方式の保健・医療・福祉の連携システムが創出されていること。
二、ナイトスクールが、藤沢町民の自治の力によって病院を支えていることのシンボルとなっていること。
三、藤沢町民病院と佐藤元美氏の実践の先駆性は厚生労働省の研究事業に加り、幾度の受賞を受けていることにみられるように小さい病院とはいえ、全国的評価が高いこと。

このような実践を積み重ねることによって、医療崩壊を地域医療の現場から克服に努力している姿がうかがえる。藤沢方式はたしかに今後において医療崩壊を克服する道筋の一つを示唆しているといえよう。

**注**

(1) ジェフリー・K・ゼイク編『ミルトン・エリクソンの心理療法セミナー』(原本一九八〇年。成瀬悟策監訳、宮田敬一訳、星和書店、一九八四年)。「エリクソンは治療は問題であって解決ではないと考えていました」(同書、ⅴページ)。「エリクソンの教育と心理療法のスタイルには、物語を使うという特徴がありました。彼の教育的物語は患者や生徒の連想を引き出すために使われました。そうすることで、彼らが今まで使われなかった資質や能力を活性化するのを援助出来ました[……]。この逸話による方法は、治療者よりも患者が多く活用することを勧める伝統的な心理療法とは全くかけ離れていました」「彼は、患者の成長を助長するために、物語のなかに多水準のメッセージを入れていました。エリクソンの方法は、間接的技法に基づいたアプローチでした。そのなかでも物語は、彼の方法のほんの一部分にすぎませんでした。患者はよく直接的な助言に抵抗を示します」「エリクソンは患者の無意識の心を刺激して新しい行動を引き出すために、間接的技法を発展させたと思われます。間接的であるがゆえに、患者は自分自身の名誉となるように、また自分自身のやり方で変化する最高の機会を得ることになりました」(同書、ⅶ〜ⅷページ)。

(2) 「昔の医療モデルは、主に感染症を対象にしておりましたから、とにかくその病気を起こさせる病原菌なりウィルスを発見しさえすればよかった。原因と結果を、きれいな一対一の直線的因果律で考えていた。確かに、これはわかりやすい。ところが、感染症対策が一段落し、主な対象が高血圧や糖尿病や癌といった成人病に移った現代では、昔のように病気を単因子では説明できなくなってしまいました」（森俊夫『〝問題行動の意味〟にこだわるより〝解決志向〟で行こう』ほんの森出版、二〇〇一年、一四ページ）。

（3）　アメリカでは一九八七年に「マルコムボルドリッジ賞」（ＭＢ賞）という国家表彰制度が創設されている。この賞は、日本企業の製品の優れた品質、それを生み出すプロセス、さらには「デミング賞」の効用を学び、米国産業の競争力復活をめざしたものである。同様に表彰制度が世界六〇以上の国や地域に創設され運営されている。「日本経営品質賞」も共通する考え方にもとづく表彰制度である。

一九九三年に社会経済生産性本部がわが国を代表する大手企業二〇社による「顧客満足」に関する研究成果を引き継ぎ、一九九五年に創設した「日本経営品質賞」は、「経営品質向上プログラム」の実績を中核的活動としており、日本の経営力、競争力向上のため、幅広い内容を展開している。二〇〇三年度より、これまで民間企業対象であった表彰対象を「地方自治体部門」に広げた。さらに二〇〇九年度から同賞に医療部門も対象に入れるようになった。

（大本圭野）

# 一　藤沢方式といわれる町民病院の経営

佐藤元美

佐藤元美先生の略歴

一九五五年　岩手県千厩町に生まれる
一九七九年　自治医科大学医学部卒業
一九八五年　県立宮古病院、内科勤務
一九九二年　県立久慈病院、内科勤務
一九九三年　藤沢町に移り福祉医療センター所長
二〇〇五年　国保藤沢町民病院創設し病院長
二〇一一年　国保藤沢町民病院事業管理者
　一関市病院事業　病院事業管理者、岩手医科大学臨床教授

## はじめに

二〇〇〇年から藤沢町に入り佐藤守町長の住民自治の実践を調査してきましたが、佐藤町長の住民自治の関連で実践してきた保健・医療・福祉の連携というものは、佐藤町長が佐藤元美先生を獲得できなければとうてい、今日のような日本でも有数の実践を創造することはできなかったと思います。そこで今日は佐藤元美先生が、なぜ、藤沢町にこられたのか、その時の思いは何であったのか、現在、重点的に進めておられる医療政策がどのようなものなのか検証したいと思いやってきました。

## 医師になる動機

**大本**　そのために、まず、前段として先生が、なぜ、医者を志されたのか、おうかがいしたいと思います。先生が、お医者さんになりたいと考えられた動機は何だったのしょうか。

**佐藤**　それがね、医者になる気は全然なかったんです。だから受験した時には医学部が卒業に六年かかるということも知らなかった。医学部に入れるとも思っていなかったし、入りたいとも思っていなかった。小学校の頃から、ずっと数学をやろうと思って勉強していたのです。ところが、僕の生まれた千厩《せんまや》というところがたまたま無医地区だったんです。それで保健所長が高校にしょっちゅう来て、ともかく僻地医療のための学校ができた。受からなくてもいいからぜひ受験してみろと勧めていたのです。志望が数学だということも分かっている、だから自治医大以外は医学部を受けなくてもいいから、自治医大だけ受けろ。競争率が上がるだけでも受ける価値がある。それだけで応援になる。それに受験日が早いから他の受験の邪魔にならないからいいじゃないかと言われて、なんか変だなとは思ったのですけれど受けたのです。

その人は、満州医専出身の人でした。満州に日本人が開拓ということでたくさん行きましたが、医療が足りないので向こうで四年で卒業して、それから四年勤務したら学費がすべて免除されるという医学部をつくったのです。いま中華大学か何かになっているはずです。でも結局、戦争に負けて満州国がなくなって、日本に帰ってきて後半の勉強をどこかの大学でやって、医者をやっているという話でした。

その先生の情熱におされて、経済的に余裕がない恵まれない人でも医者になれる道ができたのだからと盛んに言われて受験する気になったのです。そして親もそのことを聞いて、数学をやっても食っていけないと思ったからでしょうか、いいことじゃないかとなってしまったのです。

それで受けたら自治医大しか受からなかったのです。たまたまですが他の大学は数学で落ちてしまったんです。それで僕は翌年、数学科にもう一度チャレンジしようと思っていたのですが、僕のいないうちに家に自治医大から〝合格したけれど入りますか〟という電話が入ったところ、親が〝絶対、行きます〟みたいなことを言ってしまっていたのです。僕は本を買いに隣町に自転車で行っていたのですが、家に帰ったら、みんなで集まってお祝いをやっているわけです。もう医学部に入ることになっているんです。自分の家で受験勉強をやっていればお金はかからないし、浪人というのは何やかんや大変だろうから、〝じゃあ、医学部でもいいか〟と思って入っちゃった。だから入ってから本当に苦労しましたね。

**大本**　何に一番、ご苦労されましたか。

**佐藤**　まずは生物学を勉強しなければいけなかった。受験に関係ないと思っていたから、全然やっていなかったのです。ミトコンドリアという言葉を知らなかったのは学内でぼく一人だった。だから非常に孤独な辛い学生時代だったのです。だって、みんな医者になりたくて勉強して医学部に来た人でしょう。みんなは覚えたりするのがすごく得意な人たちなんです。暗記です。だから考えるより覚えればいいじゃないかみたいな、すごく記憶力のある人たちに囲まれて、劣等感の塊になってつらかったです。本当に、何回も辞めようと思った。

それから自治医大だけの問題なんですけれど、自治医大はすごく体育を重要視する。一日の半分が体育で、走ったり動かされたりさせられる。身体も小さくて丈夫じゃないのに年がら年中しごかれました。一学期をへただけで、体育と英語ばかりなので肌に合わないなと感じました。

それでだんだんサボるようになったのですが、女房が大東文化大学の文学部の日本文学科にいたんです。一、二年の時は、一般教養があったのでとどまっていたのですが、二、三年目は万葉集だとか心理学だとかもあるので女房の学校に行っていて、自治医大は実習のときだけ行って点数をとっていた。だから偽学生で授業を受けていた。

**大本**　いわゆるもぐりですね。

**佐藤**　そうです。板橋の近くに住んでいたので、大東文化の授業を聞いてそこで夜を過ごして、朝一番で自治医大に戻るという生活をしていたんです。

## 学生運動、市民運動などへの参加

**大本**　先生は何年に大学にお入りになられましたか。
**佐藤**　僕は一九七三年です。
**大本**　いわゆる七〇年安保が終わった後ですね。
**佐藤**　ちょうど終わった頃。だけどまだ都内の大学にはそういった学生運動の名残りがあり、ちょっと怖い雰囲気もあったですね。
**大本**　大学の自治会活動はやっておられたのですか。
**佐藤**　自治医大自治会の代表として、全学連の集会に出たりしました。
当時、三菱本社ビル爆破事件とか過激派のテロが多かった時代だったのですが、僕はいつもかばんか風呂敷のなかに辞書などを入れて持ち歩いていたんです。そこで何回も〝中を改めさせて下さい〟と職務質問された。警察に目をつけられちゃって、中核とか革マル派とかに思われたのではないですか。何度もデモ行進にも出たことがあったので、もしかするとマークされていたのかもしれません。今の社民党首の福島さん。
**大本**　瑞穂さん。
**佐藤**　そう、弁護士さんでしょ。津田塾の学園祭に行ったら、誘われて男女平等のデモにも出たこともあります。それから、水俣に行って現地調査をするとかいろいろなところへも行ったりしました。そういう意味では、普通の医学部の学生とはちょっと違ったかもしれない。
**大本**　住民運動などもされたのですね。
**佐藤**　早くから寮を出て、住民と一緒に自分たちで「健康を守る会」というのをつくって血圧測定をしたり、大学から先生を呼んで教えてもらったりしました。住民活動には何グループかあったんですけれど、そのうちの一つのグループに参加させてもらったのです。
**大本**　卒業後はどこの病院へ行かれたのですか。
**佐藤**　最初は、岩手県の三陸沿岸の宮古市の宮古病院というところで六年。それから久慈市の久慈病院で七年いたので、僻地といわれるところには行っていないのです。
**大本**　自治医大には、もともと医療過疎地で勤務する義務がありますね。
**佐藤**　もともと九年間の義務のうち、四年半は知事が命ずる僻地に行かなければいけない。僕は僻地に行きたいと言ったのですが、県からはとにかくいまある病院を守ってくれということなので行かなかった。実は、藤沢町に来て初めて僻地的なところに来たような感じです。

## 知的障害者更生施設をみて病院立ち上げに挑戦

**大本**　この藤沢病院には、ご自分から積極的に選択されてこられたのですか。

**佐藤**　いや。佐藤（守）町長さんが来られて誘われたからです。最初は断ったんですけれど、久慈病院に二回か三回来られた。

**大本**　先生を名指しされてですか。

**佐藤**　私を名指しで。

**大本**　佐藤守町長さんは、どうして先生を名指しされたのでしょうか。

**佐藤**　病院をつくりたいということでいろいろな大学病院に院長になることを頼んでみたけれど、結局、みんな断られた。それでいよいよ自治医大に行った。一つは佐藤町長さんの親戚が自治医大で教授をやっていたんですが、その人は非常に力のある人だったんです。そこに相談に行ったら、卒業生で誰かキーになる人がいれば、少しは応援しないでもないが、大学からこの人に行けということは言えないから卒業生で行く人を探してみたらと言われたんです。それで多分、卒業生みんなにあたってみたのではないですか。

**大本**　先生もそのお一人だった。

**佐藤**　隣町、千厩町だしね。

**大本**　千厩町ならお近くですね。

**佐藤**　同じ郡内ですからとくに力を入れたということです。

**大本**　最初、お断りになられたのはどういう理由からですか。

**佐藤**　理由が二、三ありました。一つは、当時から藤沢町の財政難はかなり噂されていたこともあるので、行っても余裕のある運営はできないだろうとみていたのです。それと、ともかく医者や看護師を集める設計プランからしてゼロだったから医者をどうやって集めるのかという心配もあった。

**大本**　そうすると先生はここではゼロから始められたわけですね。

**佐藤**　ゼロからです。すごく大変なことだと分かっていたので、三回くらい断ったのです。ともかく四月に来てほしいというのを延ばし延ばししていたのですが、佐藤町長が七月に来て、八月に来て、九月にもお会いしてからはどうしようかと思った。実は県立病院のほうでもどんどん条件を出してきていたんです。藤沢町と交渉中だったことは院長先生にも振っておいたわけです。そしたら岩手医大の第三内科にポストを用意したからそこに行ってくれとか、そこへ行くことにして県立病院で活躍してくれとか、いまの病院に大学からもう一人出して三人体制にしてあげるとか、千厩病院の副院長のポストを用意したからどうかとか、そんな話ばっかりが持ち掛けられていたのです（笑）。

**大本**　つまりは藤沢町に行くことを阻止したかったのですね。先生は優秀でいらっしゃるので手放したくなかったのですね。

**佐藤**　優秀というのではなく、みんなが行きたがらないところに僕が行って、いろいろ問題を抱えていた病院が安定してきたのです。抜けられたら現実的に困るということです。そこで大学と交渉し、岩手医大から僕の後任を出してもらうことを確約してもらった。最終的には、休みをとって年末年始にこっちに来た時に、町長さんに「ふじの実学園」（藤沢町内にある知的障害者更生施設）を案内してもらったさい、こう言われたんです。今の藤沢町の診療所はうまくいっていない。だけど「ふじの実」では障害者とどう付き合うかを考えて運営しているんだ。自分の福祉の気持、福祉ということで実践してきた実績というのは、言葉でなくて「ふじの実学園」なんだと。これは言葉だけの信用できないやつなら来なければいい、言葉だけでなくてたしかに力のある実績のある人と一緒にやりたいと思えば来てくれるのもいいという含みで、最後に「ふじのみ学園」を見てくれといわれたんです。

「ふじの実学園」はお正月休みであまり人数はいなかったんですけれど、佐藤町長さんが行ったら、わーっと園生が集まってきて〝町長さん、町長さん〟とみんなしがみつくように集まってきて、非常に大歓迎なんですよ。それ、あとで考えれば演出じゃなかったかなと思ったりもしました（笑）。

それはさておき、僕は知的障害者の施設を見るのは初めてだったし、こうやって障害者の施設をつくって、町で力を尽くしている。少なくとも困ったから何とかという付け焼き刃ではないんだなということはわかった。親も反対、先輩も反対、医局も反対、病院長も反対でしたが、じゃあやってみましょうかということにした。

**大本**　真の意味で自己決定をされたのですね。そこで、来られてどうでしたか。

**佐藤**　すっかり誰とも比較ができないような人生が始まってしまった。

**大本**　ゼロからの出発でしたからですね。

**佐藤**　ゼロだし、要するに自分が嫌だと思ったらその瞬間に病院計画は吹っ飛んでしまう、そういう実状だったので一人でリーダーになって、五年、一〇年と引っ張らなかったら続いていかないわけです。今でも多分、僕が辞めたら五年もしないうちにここは経営難になると思う。そういう意味ではやりがいもあるのですが、非常に孤独な責任があります。簡単にいってしまうと、ものすごく大人にならないと生きていけない世界です。感情に流されることなども許されない。まさしく船のキャプテンになったということです。船のキャプテンとして船をつくり、乗組員を選び、訓練をして、目的地まで誰の助けも借りないで辿りつくという、そういう世界だなと思っています。本当に毎日、自分との戦い。自分の弱さというのが、船にすぐ出てしまうから。楽しみたいとか、儲けたいとか、そういうのがすぐに出ちゃうでしょ。だから、すごく大変なことです。

## 健康関連サービスの垂直統合

**大本**　地域医療の方面では藤沢町といえば〝藤沢方式ですね〟と言われています。藤沢方式とはどのような特徴をもつものなのでしょうか。

**佐藤**　藤沢方式というのは、いま、夕張市に行って夕張市立総合病院で活躍されている村上智彦医師、かつて藤沢病院に研修にきていた彼が言っているんでしょ。

**大本**　他の医療関係の方々も言っています。

**佐藤**　藤沢方式ということには、いろいろなことが含まれていると思うのです。大きな柱の一つは、垂直統合ということです。〝保健・医療・福祉の連携〟といったほうが通りがいいかもしれない。〝健康関連サービスの垂直統合〟といっている。それは製造業などの現場の経済活動の用語ですが、生産することを「川上」、販売からリースまでを「川下」といっていますが、この「川上」、「川下」を一括して、同系列の会社でつくっていく。全部、内製化するということと同じような考え方です。

例えばトヨタであれば、トヨタ車体で車体をつくり、トヨタエンジンでエンジンをつくって、そして本社工場で組み立てをやる。それだけでなく販売をやり、リースもやる、そのようなことですね。

僕らのところでいうと、健康づくりに始まって病気のわりと早い段階の診断や治療。それからリハビリ、施設での療養、在宅医療、看取りというところまで自分たちでやっていく。

**大本**　オールラウンド・プレーヤーになるのですね。

**佐藤**　藤沢町には他の医療機関がないから、施設福祉から救急病院まで一括してやる垂直統合という形にならざるをえない。だけれど、これには非常にメリットがあります。医療とか福祉とか保健で何が大事かというと、その人から情報をとることで、それが仕事の大半です。いつから身体が悪いのですか、家族の構成はどうですか、どういうところに住んでいるのですか、そういう情報を一度とったら使い回しができます。そこで非常に仕事の能率が上がる。経済的な効果があるのです。そういったことが一つと、それから田舎では非常に得にくい医者や看護師が〇・三人必要とか〇・五人必要だということがあるでしょう。いろいろな法律上のことで、あるいは現実の仕事上でそういった換算をしてやりくりしていきながら仕事ができる。

**大本**　それなりに合理的にやれるシステムがつくれるということですね。

**佐藤**　そうです。こういった過疎地では垂直統合というのは欠かせないものです。

**大本**　社会政策分野ではインテグレーション（統合）という言葉をよく使いますが、医学でも統合という言葉が使われるのを初めて聞きました。

**佐藤**　日本福祉大学に二木立という先生がいますが、その先生が一五年くらい前から盛んに言っているのです。これと対比する概念としては、水平統合というのもあります。水平統合とは、全国ホテルチェーンのようなものです。例えば東横ホテルというのは札幌にも盛岡にもありますが、その全部にお客さんが行ったり来たりすることはないので、水平統合は顧客情報の管理ではなくて、むしろうんと頑張っている支配人はこの前は帯広にいたけれど、今度は東京にもってくるといった人事管理が中心なのです。岩手県だと県立病院が急性期の病院のリーグをやっている。そういったものが水平統合なのです。

水平統合は、主に働く人の人事管理という点に強みがある、垂直統合の場合は顧客情報をインテイクするところに利点があると思います。これをわれわれの世界の情報化のなかでは、〝保健・医療・福祉の連携〟とか統合とか言っていますが、簡単に表現すると垂直統合ということになります。この顧客管理を行政として組織的にどう実現するかということも大事ですが、現実的には毎日の仕事のなかで、人が組織の決まり通りに動くわけではないので、仕事のなかで実現するのは、またちょっと違いがあると思います。

というのは、まずもってトップがそういった顧客管理の必要性を何度も繰り返して言って、いろいろな部門、部門で働いている人にクライエント第一で働くことの意味を理解させないとできないです。

それだけでなく、川上ほど偉く川下ほど低く見られてしまうので、そうならないようにする。病院でいうと、お医者さんだけが偉くなって、ケアワーカーは一番低く見られるといったことがないように配慮していかないと駄目なのです。そこが難しいところです。

**大本**　保健・医療・福祉の統合というのは一九八〇年代から統合した方が合理的であるということで高齢化の早い北欧ではじまった。日本の旧厚生省もその方向を採ったわけですが、実際にそれがやられているところはすごく少ない。

**佐藤**　多分、日本で五カ所くらいです。

**大本**　どことどこですか。

**佐藤**　広島県の御調《みつぎ》町、秋田県の大森町、宮城県の涌谷町、長崎県の諫早のほうで昔オランダ村があったあたりの平戸市と、ここ藤沢町の五つです。全国的には、保健・医療・福祉の連携（垂直統合）という流れのほかに、〝官から民へ〟という流れも同時に進んでしまったので、うまくできなかったのです。

いま、お話にあった北欧の仕組みは、自治体の合併を進めて、ある程度小さい規模の自治体をなくして、保健とか一次医療、あるいは二次医療までを基礎自治体の仕事としたものですね。

スウェーデンですと基礎自治体のことをコミューンといいますが、コミューンが一般的な入院医療までの二次医療を担っている。そして県の仕事は、もう少しレベルの高いセンター的な医療を担う。だから国のほうは医療機関の運営というのはほとんどなくて、企画・研究開発などを担当するというふうに分かれています。

日本との比較ではスウェーデンの場合は市議会が医療や介護を握っているんですが、日本はそうはなってはいなくて、民間あり国立あり、いろいろな医療が混在しています。つまり基礎自治体が医療のマネージャーではないという違いがある。

だから日本では、どちらかというと医療過疎地を中心に保健・医療・福祉の連携・垂直統合がおこなわれている。要するに民間があまり参入できない空白地をそういうやり方で埋めているということです。

やはり大事なのは基礎自治体が体力をつけて、基礎自治体で担っていく。直営ではなくて民間中心でもいいでしょうけれど、基礎自治体のレベルで全体のアレンジメントをやるようにしないといけないですね。そうすれば住民のエンパワーメントにもつながって、住民の協力もえられるんじゃないかと思います。

**大本**　日本で基礎自治体が全体をアレンジするという場合、実際にはどういう形をとりますか。

**佐藤**　要するにマネージャーになるということですから、岩手県でいうと県立病院などが二次医療を担っていますけれど、基礎自治体が普通の入院医療まで運営して、医師会などとネゴシエーションして、自分たちのエリアのなかでやられている医療についてうまくコーディネートしていくことです。そうでないと、医療が住民からすごく遠い世界になってしまいます。

**大本**　ここ藤沢町は、町立病院が中心で開業医の先生方が極めて少ない。開業してもなかなか成り立たない側面があるのでしょうが、都会では地域の医師会があってかなり活発に働いています。だから自治体が医師会と連携する場合、よほど意識の高い医師会でないと非常に難しい。

**佐藤**　それは医師会といっても、①国の医師会と②県の医師会と③郡・市医師会との三本立てになっているからです。ちょうど日本の行政と同じような仕組みになっています。郡・市医師会という一番下の医師会は、今は利益団体みたいになっている面もありますが、もっと高い職能団体になっていくためには、やはり自治体としっかり組んでやっていかないと医者の公的な責任を果たせないと思います。

全国のうちには基礎自治体のレベルでうまくいっているところもあるのです。たとえば、四国の観音寺市には大きな国保病院がありますが、それが医師会と一緒になって僻地から市の中心部までの情報を共有化して、電子カルテの仕組みをつくってやっている。ただ、一万とか二万人の人口規模では厳しくとも、三〇万とか四〇万人の都市で市が医療の切り札としてしっかりとした医師会をもっていればうまくいく可能性があると思います。

ですが、そこに県立病院があるとややこしいのです。県立病院は、みんなにとって文句だけ言って利用するだけだからイメージが抽象的になってしまっている。だから世の中はなかなか保健・医療・福祉の連携垂直の方向に動いていかなくて、県立病院を民営化してください、独立法人化してくださいという流れのほうに傾いている。

## 総合医療と包括医療

**大本**　そういうなかで藤沢町の藤沢方式はどのように位置づけられることになりますか。

**佐藤**　一つは垂直統合ですが、もう一つは、総合医療と包括医療、僕の言葉遣いでいいますと〝総合〟プラス〝包括〟ということがあります。〝総合〟というのは、医療の中身の話になりますが、頭から足までワンシステムということです。要するに人間をパーツ（部分）ではなくて全体で捉える。心身統合というか、気持も身体の一つだ。日本では歯と身体とが分かれていますが、歯科と医科といっても一つの仕組みなんだと理解することがすごく大事なのです。これが総合的な医療というときの私の言葉遣いの意味するものなのです。

もう一つ、総合が空間軸だとすると、〝包括〟というのは時間軸なのです。今度は、たとえば肺がんが発見された患者さんがいたとして、その目の前にいる患者さんでも、赤ちゃんの時代もあり、子供の時代もあり、子育てをした時代もあり、そして肺がんが見つかった日があって、今後、手術をしたり酸素吸入したりして、やがて年をとったりして、やがて亡くなる日も来る。そういう長い時間軸のなかで、その人を考えていく。目の前にいるから患者だ、施設に入っているから要介護者だという見方ではなくて、すべての人に過去があり現在があって未来につながっていく。そういうふうに理解する医療が欠けている。今の医療はスナップショット医療だと思います。

**大本**　長い時間をかけてみるということは、予防にもつながりますね。

**佐藤**　そうです、そうです。

**大本**　この人はどういう体質の人であるとか。

**佐藤**　はい。それから予防してもだめだったら、次は病気になったら病気の早期発見・早期診断・早期治療だというふうにパッと区切らないで、病気になった人にも予防の要素というのが残っているかもしれないとみる。お年寄りの場合でも、予防のなかにも介護の要素が入ったりするし、すべての人が純粋な要介護老人だったり、純粋な何かの病人だとはいえない。そういう見方を止めて、その人のなかのいろいろな特徴を時間軸でみて割り切れないものがいっぱい入っていることを見ないと、本当に長く付き合う理由が見いだせない。今までの付き合っていた医療を生かして、今日だけでなく来週も来年も一〇年後も付き合う医療が必要なのです。

**大本**　そういう包括医療というのは、地域に密着した医療でないとなかなかできないですね。

**佐藤**　そうです。そして家族単位・地域単位でみていくような医療でないと駄目です。そのために、抽象的な患者から何々家のどういう役割を果たしている人ととらえることで、患者を単純に要素に還元しないでやっていくことをめざしています。

**大本**　一個の生活者として患者を診るということですね。

**佐藤**　そうです。住民の移動があまりないのでできていると言えますが、このことは開業医にしても、何代も続けて付き合っていけば成し遂げられる。今の日本の医療に対する大方の人の不満の一つがここだと僕は思っています。たとえば、胃がんになった。急に大学病院に行って、何回も違う先生のところを回って検査をして、一週間くらいで手術をして、はい帰って下さい。あとは私の病院に来ないで下さい。何々病院に行って下さいということで終わってしまって、医者との出会いが自分の人生に影響しないようになっている。

**大本**　私の亡くなった父がそうでした。骨折したので地元の民間病院に行ったさい、九〇歳にもなるといろいろな病気を持っていましたので、あちこち、いろいろと科をまわるのですが、トータルで診てくれるところがなかったのです。

**佐藤**　現状ではやむを得ないかもしれないけれど、たとえば今日、足が折れて自分でトイレにも行けない。そうしたときもっと元気だった時分の自分を知っている人に、継続して診てもらいたいという要望がありますね。そういった要望に応えていく。いろいろな病院に短い時間毎に紹介することはあっても、そのことも含めてずっと長い時間付き合っていく基盤になるものがいります。そういうこと全体を包括医療と表現をしているのです。

これは、高血圧や糖尿病を診るときもたんに血糖値がいいとか血圧がいいだけではなくて、五年後、一〇年後にもこの人の心臓をどうやって守っていくかということを考えてやっていく、息の長い医療です。これまでの医療では糖尿病だといえば糖尿病の治療をし、その人が脳梗塞になれば神経内科に回し、心筋梗塞だと循環器科に紹介状を書いたらそれで終わりで、その患者から離れてしまうんです。そうではない医療をしようとすることです。そうすると、慢性疾患に対する見方がうんと変わるのです。数字を診るのではなく、人を診る。自分の見立ての押し付けでなくて患者さんが自分で回復していくようにしていくのです。

## 「健康増進外来」をつくる

**佐藤**　それから、もう一つのポイントは健康に対する考え方、健康の概念です。これが非常に一般の見方と離れています。一般に病気がないことや自由に動けることをもって健康だとしています。ですが僕は、自分の人生を自分でコントロールしている自信とか実感とかがなければ健康ではないと思っています。この健康の定義については非常に長い議論の果てから出てきたことなのです。

したがって、たとえば盲腸の手術では一日、二日で終わってしまうから患者の参加がなくてもやむを得ないかもしれない。でも糖尿病、高血圧の診療にさいしては、ぜひ、患者に参加してもらう。つまり治療も含めて自分の生き方を自分で真剣に考えて、糖尿病を良くする自分ではなくて、糖尿病と一緒に良い人生を送る自分をつくっていきたいと思っているのです。だから、いろいろな治療法があるので、治療法を押しつけないで患者さんがどういう治療を望んで、どんなふうに自分は努力ができるのかをじっくり考えていただく。そういう医療をやろうとしています。

実際のところ、治療のために患者さんにやっていただかなければいけないいろいろな行動があります。たとえば食事療法とか、運動をしていただくとか、たばこをやめていただくとかありますが、こういったことをやりきるのはなかなか難しいです。そうだとすればそうした行動目標を自分で決めましょうというのが、僕の健康に対する回答なのです。糖尿病にしても、おやつを減らすという方法もあるし、酒をやめるという方法もあれば、朝・昼・晩の三食を減らすという治療法もある。だけれど、それについてどの方法でやれとは言わない。まず糖尿病について学習をしていただいて、自分に合った行動目標を立てて、それを今度かみくだいて実践できるようにわれわれが支援しますよという形で糖尿病外来を、いま、やっているんです。これは健康を高める診療ですから僕は「健康増進外来」と名付けているのです。

**大本**　先生のおっしゃる通りです。病気とは、自分の人生とのかかわりそのものなのですね。そこまで先生が考えておられることはすごいです。たとえば、がんでも糖尿でも高血圧でも、それは放ってけば死が見えています。それをどうするかは、自分の人生との相談でやっていくしかない。何もやらないというのは、その人が自分で自分の人生を放棄することにつながりかねないわけです。

**佐藤**　そのことが、分かっていてもなかなかやれない。だからサポーターが必要なのです。

**大本**　そこが一番のポイントなのでしょうね。

**佐藤**　医療に限らずです。やらなければいけないと分かっているけれど、やってはみたものの、長続きしないことというのはいっぱいあります。でも生命にかかわるわけだから、ぜひ、続けてもらいたいので無理しないでやりやすいテーマを選んでください。何度も行動目標を変えて、自分のやりやすい、自分に合った、無理のない療養を選んでください、というのが健康増進外来です。無理のない療養を選ぶという主体的な生き方そのものが健康なのだという立場にたって、押しつけられたり叱られるので頑張る医療ではなくて、自分のために自分で工夫して折り合いをつけていく。

**大本**　自律的で、自分に対して自治的ですね。セルフ・ガバメント、自分自身を治めていくことですね。藤沢町自身がケルンとして自治をめざしていますが、個人も自分の心身を自治する。

**佐藤**　患者さんのやる気とかプライドを高めるという意味でよくエンパワーメントという言葉が言われるのですが、言葉を変えていうとある種のエンパワーメントです。患者中心のと言ってもいいかもしれない。でも、それをもう少し進めて僕らのほうではスキルによって自分で行動目標は立てましょうの世界にしているんです。健康増進外来は、一九九〇年から二〇〇〇年までだったかＷＨＯで提起されたヨーロッパのヘルス・プロモーションの実践です。これはちょうど藤沢方式のようなものを企業でやってみたりする、地域でやってみたりする、さまざまなトライアルの集まりなのです。

**大本**　先生はそういう先端的理論と実践に基づいてやっておられるのですね。

## 住民が育てるナイトスクールと研修報告会

**佐藤**　次に藤沢方式のもう一つの特徴としてナイトスクールがあります。今日（二〇〇八年九月三日）もありますけれど、ナイトスクールに代表される住民参加です。いま、全国的にモンスターペアレントとか医療崩壊とか、いろいろなことが言われていますが、実は住民参加が地域を挙げての健康と密接な関係があるのです。健康が大事だといっても、お医者さんや保健師さんが頑張って、みんながそれに言いなりになっていれば健康になるというわけではないので、病院についても住民の皆さんに支えてもらう、住民から意見を出してもらう。非常に重視しているのは診察室の外でも話し合いましょうということです。

たとえば診察室のなかで待ち時間の問題や医療費の問題とか、いろいろなことを言っても、診察室のなかでは患者さんは非常に不安で緊張もしていて、ある意味では弱者になりうる時間でもあるのです。そこでいろいろ医療の在り方について議論してもそもそも対等の関係になりにくい空間です。一対一で密室だということもあって、お互いに感情の整理も未整理になりやすい。自分の健康問題は診察室でいいとしても、藤沢町の医療の在り方とか介護の在り方とか健康づくりの在り方といったことは、皆さん自身、病院の運営者として診察室の外で、ぜひ、考えましょうという主旨からナイトスクールをやっているのです。ナイトスクールをやるようになってから寄付が増え、ときにはものすごい寄付さえしてもらっています。

今年からもう一つやっている住民参加としては、意見交換会というのがあります。意見交換会というのは、僕らのところにも自治医大とか県立病院とかから一カ月間、地域医療保健実習ということでお医者さんが来るのです。大体、卒後二年目の先生ですけれど、そういう先生たちが研修をした後に自分の研修の成果を発表して、スタッフからフィードバックをもらうという研修報告会があるんです。これに住民も参加してもらって、住民にも聞いてもらう。それから、その後の交流会に参加してもらって住民から若いドクターにエールを送ってもらうということを始めました。

これは千葉県の県立東金病院で、平井愛山先生が医療崩壊を防ぐために一生懸命やっている企画の一つなのです。「クローバーの会」とか「東金市民医療を守る会」とかをつくっている主婦の方がいらっしゃるのですが、その方々にも藤沢町に来てもらって教えてもらっています。

もう少し詳しく言うと、若いお医者さんと診察室の外で話をすることによって、どんなお医者さんにも修業時代があり、誰かの息子や娘だったり孫だったりするという当たり前のことにみんなが気付いて、医療というとなんでも一〇〇％完成された療法を得たいという要求や欲求を、もう一回クールダウンして考えてみましょう。だからせっかく外来実習に先生たちが来ても、〝おらは若い医者は嫌だ、おらは院長がいいだ〟と言っていると、若い先生が来ても勉強ができないです。〝今日は若い医者がいるな、では若い医者のところに寄って励ましていこうという気持くらい、持たなければ育たないよ〟と言っています。これをやってから、若い先生の診察を非常に嫌がるということはなくなりました。

**大本**　それは珍しい試みですね。

**佐藤**　ナイトスクールのほうは、みんなで医療を考えて、医療を育てましょうということですが、こちらは地域で若い医者を育てましょうということです。これら

「垂直統合」、「総合と包括の医療」、「健康の概念」、「住民参加」というものが、藤沢方式といわれる柱になっていると思います。さらにそれらを現実化するためのエンジンとして、経営の改善――仕事の中身を改善させるための改善大会などもやっているのですが、概念的には大体、これまで述べてきた四つの内容のものだと思います。

## 「カイゼン」による医療の経営改善

**大本**　経営改善をめざす改善大会というのは、どういうものですか。

**佐藤**　日本の製造業ではよくQC大会というのをやっていますね。クオリティ・コントロール、品質管理です。日本では戦後、占領軍が入ってきましたが、電話回線がパンクしたり、よく切れてしまうので非常に電話が通じにくいというアクシデントが発生したので、アメリカからデミングという偉い博士を招いて、今のソニーや松下とかの企業を指導したのです。それは要するに物をしっかりとつくるためには、統計的な手法を駆使をした生産管理が必要だということです。それを一生懸命やって日本の電子機器はすごく良くなったのです。それを日産やトヨタも取り入れて車の質も本当に良くなったのです。トヨタのカイゼン運動という名前で世界で名をはせて「KAIZEN」という言葉は国際語になっています。

**大本**　トヨタでは何かアクシデントが起こると最低五回〝なぜ〟を追求させるということですが、そういう「カイゼン」ですね。

**佐藤**　しかし、日本では医療などのサービス業ではあまり「カイゼン」がおこなわれなかったのです。ところがアメリカのハーバード大学などいろいろなところで医療の部面にも「カイゼン」を取り入れて、それが日本に再上陸してきたのが医療のTQM。

**大本**　トータル・クオリティ・マネージメント、全社的品質管理ですね。

**佐藤**　そうです。今、アメリカは「カイゼン」の国家賞というのもあるのです。大統領からもらえる非常に大きな賞であるMB賞（マルコムボルドリッジ賞(1)=MB USA Award米国国家経営品質賞）です。MB賞の対象は行政とか協会とか学校とか病院とかでいっぱいです。一九九〇年代の後半から、日本は非常に遅れているということで、医療事故を防ぐ目的もあって、日本にそれが逆輸入され総合的な質の改善活動になっているのです。それは日本にきて最初に五つの病院が始めたんですけれど、これに藤沢町民病院も入っているのです。東北大学の先生と一緒に始めたのです。病院全体で質の改善をしっかり続けられるような仕組みをつくり、チームごとにいろいろ改善したものを年に一回、改善大会で発表しあうのです。そういうことをやっているのは、東北では四カ所くらいしかないです。(2)

**大本**　小集団活動をやるのですね。

**佐藤**　そうです。小集団でどこに問題点があるか、問題の分析をして、どんな効果が出るかを想定してみて、数値目標を立ててやって、ここまでよくなりましたと報告するわけですね。たとえば水を少し無駄に使っているのではないかと考えて、それをこうして抑えましたとか、患者さんの待ち時間を短くするために、こういう配置にしてみたらどうかとやってみましたら改善されましたといってきます。

**大本**　医療現場でも十分応用できるのですね。

**佐藤**　現場で取り組む改善活動。現場のことは現場の人しか知らないという発想で始まっています。

**大本**　そういう観点からすれば、生産現場だけでなく、あらゆるところでたくさんあるでしょうね。

**佐藤**　医療の世界は院長先生とお医者との権威による支配がほとんどで、これまで現実を分析して数値目標などでコントロールというのはなくて、オーソリティーによるコントロールが中心だったのです。理屈に合わなくても院長先生がそう言っているからやったという感じが強かったのを、もっと事実による改善というか、働く人の知性に依存した病院づくりということです。そういうものが今は藤沢町民病院でも定着してきています。

**大本**　藤沢町民病院では、健康のための行動変容というのに取り組んでおられますね。

**佐藤**　はい。健康増進外来がそれに当たります。

**大本**　非常に分かりやすいのですが、効果のほどというのはどうですか。

**佐藤**　わたしの「心理的サポートを重視した糖尿病外来『健康増進外来』の試み」(『日本診療内科科学会誌』一二巻三号、二〇〇八年)という論文に書いてあるのですが、効果というのは、一人ひとり違うので、なかなかそれを測るのは難しいけれど、今までものすごくコントロールが悪かったとか、しょっちゅう治療から脱落していたとかいうことを改善するのです。実際のところ糖尿病の診療というのは脱落、中断との戦いでもあるのです。皆さん、非常に前向きに自分で療養の方法論を考えているので、幸い、一人も脱落者が出ないで、一人も悪化せずに済んでいるのですが、数字で他の医療と比べてどうかはなかなか比較が難しいのです。

ちょっと専門的な話になりますが、糖尿病がその人の人生に与えるストレス的なインパクトを図る尺度があるのです。ＰＡＩＤ（巻末資料12）というアンケートです。そういったものでみると、非常にＰＡＩＤも低い。それからＳＦ-36（同資料13）といって主観的な健康観を見るためのショートフォームというのがあるのですが、要するに健康かどうかを病気に関連づけてみても前後で明らかに良い方向にいっていることを今年、同僚が発表することになっていますが、多分、そういう点でもいいんです。ストレスが減って主観的な健康観が上がって、糖尿病も改善しているということです（同資料14）。

**大本**　私の周りにも糖尿病の友人たちがいますが、なかなか行動変容ができないですね。知識としてよく分かっているのですが、改善のために自分で行動できるかといったらほとんどやっていない。そこで他者から〝なんとかしなさい〟といわれると、それがすごくストレスになるからと言われるので何にも言えない。しかし明らかにどんどん進行している。失明すると分かっていても改まらない。

## 医療におけるＳＦＡ

**佐藤**　自分の行動だけでも変えるということは大変です。ですから他人の行動を変えるのはもっと大変。人間関係を悪化させないで、他人の行動を変えることは非常に難しい。クライエント中心主義というんですが、自分が逆に相談される側の相手に合わせて変えられるかという問題点があるんですね。それは二〇世紀の大きな業績で、心理と行動に関する理論なんです。そういったものを勉強していく(3)。

**大本**　糖尿病に限らず、たとえば、タバコとかお酒とか明らかに健康に良くないことが分かっていても、なかなか行動変容は難しいですね。だけれど、考え方としては同じですね。

**佐藤**　同じです。でも糖尿病の場合は、基本的に治す薬がないのでやはり必ず行動を変えなければいけないので、そこが、一番、他の場合よりも厳しい。

**大本**　薬がないのですか。

**佐藤**　本当の意味ではないのです。血圧を下げる薬はありますけれど、糖尿を治す薬はないのです。そのためにいろいろなことをやるのですが、まず患者さんに気づいていただく、今の現状を知っていただく。少し古い、一九五〇年代より昔の理論は、知識があれば人は変わるという理論です。これは何かというと、なぜ、この人は食べ過ぎちゃうのだろうと問うてみると、ストレスがあるからだとか、会社で残業があるからだとか、意気地なしだからとかが考えられる。またなぜ、運動しないのだろうと問うと、太っているからだとか、運動がそもそも嫌いだからとか、いや怠け者だからだとかが考えられる。そういうその人のだめな理由、なぜできないかという理由を考えていく考え方をプロブレム・オリエンテッド・アプローチ＝問題志向型アプローチというのです。そう考えて、なぜ、食べ過ぎちゃうのか、なぜ、運動不足なのかを考えましょうと専門家と一緒にクライエントが考えていくうちに、やはり自分がどうしようもない、だめな人間だということを念を押されてしまう。それで無力化されていくというのがあるのです。

これは、成人学習理論とかいろいろな名前でいわれているのですが、たしかに知識があって行動が変わる人はいますけれど、でも全員ではないのです。知識もあって行動が変わらない人は、そのことのギャップで苦しむという面があります。そして無力感、挫折感を味わうのです。

だからそうならないように、まずは知識を持っていただくけれど、その知識が脅かしとか凶暴にならないようなニュートラルな知識の与え方をする。そこでどういうふうに生きるべきかについては、相手を尊重するどころか、相手の言う通りにしかなりようがないということを認めなければならない。とはいえ、ここからが分かれるんですね。だったら放っておけばいい、やる気のあるやつだけ、おれのところに来いという熱血コーチ風というか、〝やる気のないやつは面倒なんか見ない、止めろ〟という人、お医者さんにもそういう人います。

ですが、僕はそういう考えはとらなくて、どんな人でも自分なりに努力をしているし、必ず解決する。もし、その人がタバコを止めなければいけない病気があって、タバコを止めなければいけないのだとしたら、必ずその人には自分でタバコを止める力があるんだと信じることからスタートしようということです。それは妄想かもしれないけれど、たとえばAさんという大酒飲みで糖尿病で、全然運動しなくて、甘いものいっぱい食べて、油っこいもの食べて、あそこが悪い、ここが悪いと言っている人がいるとする。ですが、その人が一年後に糖尿病がすごく良くなって、いろいろな問題行動を解決している人に変わっているとするでしょう。そのAさん、どうやって変わったんだろうと考えたら、やはりその人が一年間努力して、その人が自分で変わったはずなんです。

だから、もし良くなる日が、ある日、奇跡的に来るとしたら、必ずそれはその人の力で良くなるんだと信じることですね。これが新しい複雑な家族問題とか生活習慣病とかの込み入った問題と付き合って治していくときの新しい考え方で、解決志向型アプローチといっています。これは、そういう人へのフォーカス・アプローチなので、SFA（ソリューション・フォーカス・アプローチ）[4]というのです。

つまり必ず良くなるとしたら、自分の力で解決できるんだよということを患者さん、クライエントと一緒に考えていく。これにはいくつかの技術があるのです。たとえば、一カ月に一回でもうまくいった人に会ったら、その日は、なぜ、うまくいったのかを聞くといったことを繰り返して、駄目なようでも自分にも力があるし、孤立無援なようでも支援してくれる、励ましてくれる人もいることに少しずつ気づかせ、周りと折り合いを付けながら解決していくということです。

このSFAを、いま、一生懸命勉強しています。東京でそういうカウンセリングをやっている専門家がいるのです。田中ひな子先生（原宿カウンセリングセンター臨床心理士／立教大学社会福祉研究所研究員）という先生です。最初（二〇〇七年二月一〇日）は向こうから押しかけてきたんだけれど、その先生に来ていただいています。[5]

このSFAの考え方というのは実は医者や看護師のストレスも非常に減らすのです。相手の悪いところを見つけるのを医学用語で〝診断〟というのです。糖尿病患者を担当している看護師には、悪いところをどんどん見つけていって、しかも自分の指導法が悪いのではないかとイライラして、その怒りの感情を患者さんにぶつけて燃え尽きてしまうこともよくあるのです。それがなくなる。そういったことをやるために、いろいろなツールを用意しているのです。

**大本**　いま、お話を聞いていますと患者さんの話ではなくて、学生の教育でも同じだと思いました。

**佐藤**　学生の教育、非行とか不登校とか、そういうことにも全部応用できる新しい考え方なのです。僕も、この考え方を最初に知ったのは、東京大学で不登校の取り組みをしている森俊夫先生が教員向けに書いた『〝問題行動の意味〟にこだわるより〝解決志向〟で行こう』（本の森ブックレット、二〇〇一年）という本を見つけたのがきっかけだったのです。不登校の話というのはまったく糖尿病そのものだなと思って調べたのです。最初から医学の世界でないところでいっぱい活用されていたのです。だから僕にとっては不登校と糖尿病とは似ている。

**大本**　学生に対しても同じです。こうあってもらいたいと、もっと勉強してもらいたいと思ってもなかなかそうはいかない。

**佐藤**　こちらが、自立してテーマを選べるようになってほしいとか思っても、いつ、言っても無気力だとかありますね（笑）。

**大本**　一番、悩みの種なのです。

**佐藤**　何か新しいことをやると一週間くらいはやるけれど、すぐに飽きて続かないというのもあるではないですか。

**大本**　だから、自分で気づいてやるようになってもらうにはどうしたらいいか。

**佐藤**　実は〝あなたにはそういう能力があるんですよ〟と言われることが、一番最初の気づきのはずなのです。そうじゃなくて宿題ばかりだと嫌になってしまう。

こういうことがわかっている糖尿病の専門家とか心理療法の専門家が、この山の中まで押しかけてきて教えてくれているんです。

**大本**　そういう先生方がこちらへ来られるのは、こちらの病院を見たいからですか。

**佐藤**　こちらは山の中で修業のような生活しているんですけれど、出版社の企画で、そっちで勉強会を開かせて下さいとか、そういうことから来るのです（笑）。

**大本**　先生はすごく良いアンテナというか、感性をお持ちだと感じました。先生のそういう感性とか発想というのは、どういうところから築かれたのでしょうか。

**佐藤**　うーん。

**大本**　旧来の医療を主張する人たちからみれば、すごく先進的ですね。

**佐藤**　たしかに変ですよね（笑）。

**大本**　出る杭は打たれるみたいな側面はないのですか。

**佐藤**　あまり打たれてもいない。僕は基本的に競争的ではない世界にいるでしょう。たとえば大学の講師だから他の講師を潰して自分が教授になろうとか、どこかの病院にいて院長を選ぶレースに参加している診療部長だとかというわけではないので、みんなにとって僕は入れ知恵しても、自分の将来が侵されない安全な人でもあるのですね。

**大本**　ということは、自由に発想して自由にそれを実現できる。

**佐藤**　みんなが僕に教えやすい。それとこういう狭い領域の医療だけでなく、なんで社会のことと医療のことを考えるかというと、それが僕の仕事だからです。僕が藤沢町へ来たときに病院だけでなくて、保健・福祉・医療全体を町づくりと一体となってやってほしいと依頼されたわけですから、それを僕の職務の一環として考える立場になっているということです。だから、本も医学の本だけでなく関連するものは随分読むようにしているのです。

## 糖尿病こそ現代病の典型

**大本**　先生がご紹介されたご本は、心理学関係のものですか。

**佐藤**　これは健康増進外来だから臨床心理学ですね。

**大本**　こちらは、ナラティヴ・セラピー(6)。

**佐藤**　ナラティヴ・セラピーも随分勉強しました。

**大本**　そうですか。なかなか広い分野にわたる勉強をなさっているのですね。保健師さんと話しておりましたら、寸劇なども。

**佐藤**　やりました。

**大本**　そういうのも、このナラティヴ・セラピーの一つではないのですか。

**佐藤**　その一環です。ナラティヴ・セラピーの実践のなかに出てくるのですが、オーストラリアのある地域で糖尿病を良くすることに取り組んでいるバーバラ・ウィンガードという、アボリジニーの保健師さんがいるのです。今も元気でやられているのですけれど、その人の取り組みから、寸劇をやってみたりしているんです。

**大本**　コミュニティのなかで。

**佐藤**　そうです。コミュニティのなかで、糖尿病を良くしましょうということで、「シュガー」（寸劇で糖尿病のことを名付けた）という寸劇をやる取り組みがあるのです。『シュガー』という章があるのですけれど、C・ホワイト／D・デンボロウ編集、小森康永訳『ナラティヴ・セラピーの実践』（金剛出版、二〇〇〇年）に載っています。

**大本**　一九五〇年代、イギリスで精神病患者を病院のなかで治療するのでなくて、地域のなかで治療していくコミュニティ・ケアというのがありましたが、日本で実際にやられた医療は病院の治療です。そういう現状ですから、地域で糖尿病を治療していこうというのはすごいですね。

**佐藤**　それというのも、病院の中だけで良くなっても、地域に行ったら元に戻ることの繰り返しになりますから。

人間にはいくつもの顔があるわけですから、自分自身しっかりと統制を取っていくために必要なのは、自分の頭で考えるということなのですね。

**大本**　人間、一応、成人すれば自立して、自分で自分のことを決めていくということは、それが成人になるということですから当たり前とされていますが、なかなか難しい。

**佐藤**　なかなかそうはできないですね。自分が人生を生きていくときの主役だとしても、やはりコーチが必要なんです。コーチといっても技術だけを教えるのではなくて、人生の辛い時期であることを理解し支えてくれて、〝きっとできるよ〟と言ってくれることが必要なのです。だから糖尿病の療養というのはある意味では、浪人生に付いている家庭教師みたいなところがあるんですね。糖尿病になった時点で、みんなにきっと自分の生活をコントロールできないと見られているんだろうと感じていて、ちょっとプライドが傷ついているわけです。そして合併症を起こさないために、第二回目のチャレンジになっているわけです。そこにプライドと挫折が入れ替わり出てくるという糖尿病特有の心理がつくられてしまうのです。

**大本**　なるほど。糖尿病は怖いですね。

**佐藤**　怖い病気です。きっと二一世紀を代表する病気です。まさに糖尿病の時代ですね。

**大本**　高血圧とかがんということではなくてですか。

**佐藤**　糖尿病こそが、まさしく現代的な病気だと思います。

**大本**　主要な要因というのは、何ですか。

**佐藤**　主要な要因は、多分、昔だったら食べ物を自分で調理して食べるしかなかったでしょう。それがそうでなくて食べられる食事がコンビニエンスな時代になってきた。またこれまで歩かないとどこにも到達できなかったのが、歩かなくても到達できるようになってきた。この二つではないですか。

**大本**　飽食と運動しない、身体を動かさないということ。

**佐藤**　クルマ化された社会ですね。

**大本**　まさに現代病ですね。

**佐藤**　とくに日本には大量に輸入している食べ物があるし。

**大本**　要するに、コンビニに行けば、すぐ手軽に食べられる。

**佐藤**　たとえると、コンビニをはびこらせている国家政策による病気みたいな面があるんじゃないですか。

**大本**　食糧政策・農業政策にも及ぶ（笑）。

**佐藤**　だから犠牲者だというつもりはないですが、個人の力で二四時間、ローソンとかセブンイレブンとかトヨタ、ホンダなどから垂れ流されるコマーシャルによって支えられているテレビ文化などがありますね。そのなかで、うんと食べたりすることが悪いことだとはけっして出てこないですもの。格好いい車に乗って、おいしいものが食べられる店に行って、珍しくて、うまいお酒を飲む。それでなおかつスタイルの良い人がテレビのなかにいっぱい出てきて、どちらが本編でどちらがコマーシャルだか分からないような番組がずっと流れてくるじゃないですか。そういった強い主張にさらされ続けて生きているわけです。だから、自分の頭で考えない限り、絶対、克服できないと思います。

明治時代には糖尿病はすごく珍しい病気で、東大のなかの症例検討会とか内科の学会報告をみると、現在、日本に一〇〇人ほど糖尿病がいると書いてあるんです。非常に珍しいので、〝われわれが経験した糖尿病一例を詳細に報告する〟なんて書いてあるんです。それがあっという間にこうなったのは、まさしく政治も経済も大きく経済のグローバリゼーションのなかに入って、大量にクルマを売って、その代わり大量に食べ物を輸入してという、ぐるぐる回る社会に入っていることにあるのではないですか。

**大本**　食べ物は自分でつくらなくても、いろいろとレトルト食品をはじめ沢山あります。自分でつくらない食べ物と糖尿病との関係はどこにあるのですか。

**佐藤**　コンビニ弁当といったものは食べてもすぐには消化されないのです。ご飯には空気がかなり入っています。よく噛んで、胃の中に入って胃で少し消化されて、でも吸収されるのは小腸に行くまでゆっくりなんです。たとえばビタミンとかカロリーメイトとか、大人が吸飲するような栄養剤があります。ああいうのは液状で消化されやすいようにつくってあるので、入ってきたらあっという間に吸収されるのです。ですが、一気に吸収されて血糖値が上がってくることに身体が追い付かないのです。ゆっくり上がってくれれば、それに合わせて身体が一〇とか二〇とかいうインシュリンを三〇分、一時間かけて出すのはできるのだけれど、一五分後に三〇〇というのは出せないのです。

だから液状の甘い飲み物、たとえば缶コーヒーなどは非常に糖尿病に悪い。一日のカロリーを守っているからいいということでは全然ないのです。吸収のスピードが早いということがあるんです。だから日本食だとご飯とおかずにいろいろな食べ方があるでしょう。でも、おかず、おかず、おかず、ご飯ではだめだというでしょう。間にご飯が入っていると、ご飯はお腹の中に入って、膨らみますからなんでもゆっくりになるんです。これを伸ばして、米のせんべいにしてしまえば、びしびしっと入っちゃう、そういう差があるんです。

**大本**　人間の身体が対応していけないスピードというのは怖いですね。

**佐藤**　喉ごしがいいようにしてある脂っこいものは、ものすごくカロリーが上がってしまうのです。よくスポーツドリンクなんかで宣伝しているでしょう。ああいったものが糖尿病には非常に悪いのです。ああいった軟くてすぐに吸収されるものが糖尿病を生み出しているのです。パッとインシュリンを出せというのに膵臓が疲れてしまうのですね。

**大本**　それは知らなかったです。

**佐藤**　ゆっくりインシュリンを上げるような食物を「インシュリンインデックス」といって、「インシュリンインデックス療法」という名前の本も売られています。

**大本**　私はスポーツジムに行っていますが、そこで売っているのはすべてスポーツドリンクです。ジムの先生は、お水を飲みなさいとトレーニング中に指示しますが、その水とは、スポーツドリンクです。それは機能的に意味があるとしても、いま先生がおっしゃられたようなことですと、長くそれを続けていると非常によくない。

**佐藤**　筋肉の疲労を早く取るためには、アミノ酸とかいろいろあります。そういう飲料は、暑い中で走ったりする人とかオリンピックをめざす人とか、よほど激しいトレーニングをする人にはいいかもしれないです。普通の人は、ただの水か、ただの水にちょっと塩が入るくらいでちょうどいいのです。そんなに塩分がなくなってということは全然ないですから、さしあたり必要なのは水分なんですね。

**大本**　私たち、一般常識としてそういうことは知らないですね。

**佐藤**　売る側のほうの情報だけがいっぱい露出して、すごいからです。

**大本**　怖い話ですね。いいと思っていたもので知らないあいだに身体が蝕ばまれてしまう。

**佐藤**　現実というのは人びとの認識にもとづいてつくられるという社会構成主義[7]といった世界では、〃ドミナントな理論〃というのがありますが、その時代にすごく威勢がよくて、権力があって、お金がいっぱい使えるといった、支配的な考え方のことですね。これに対し、専門職にはこの〃ドミナントな理論〃にノーといって立ち向かっていくための技術が必要なのです。そうでないとそれに巻き込まれてしまう。これまでの話はそういうことと似ていますね。

## 医療における悪魔的なものと医師の社会的使命

**大本**　先生お忙しくいらっしゃるのによく勉強しておられるのですね。すごく考えさせられました。

**佐藤**　それはさっきもお話ししたように、僕に期待されている仕事の一部ですから。僕は単純な狭い医療だけでやって下さいというのではない仕事だということなので、こっちに来ているのです。

**大本**　すごい使命感ですね。

**佐藤**　でも、おもしろさでもあります。前の病院で僕は医療というのはけっこう悪魔的だと思ったのです。自分の技術を生かすためには誰かが病気にならないといけない。僕が非常に努力して気管支や肺の中にカメラを入れて、肺の悪いところを診断づける技術を磨いてきました。

**大本**　県立久慈病院ですか。

**佐藤**　そうです。そこに僕の後輩として岩手医大の教室から四人とか五人とかが集まって、一日五人とか六人の肺にカメラを入れて、一年間の件数が日本の全国の病院の何番目かに入るくらい、どんどん診断して手術する。最初の頃は、それで非常に技術も向上していくし、おもしろい。ですが、街ではいっぱいタバコを吸っている人がいるわけですね。タバコを吸っていたら確実に肺がんになる割合が決まっている。でもそちらは放っておいて、早々とがんをみつけたと自慢しても、それはある種の悪魔ですよ。要するに不幸が起こることを放置している。それでだんだんと疑問を感じるようになりました。

**大本**　どんどん悪いことやらせておいて、あとで結末だけのところで治療する。

**佐藤**　だから、その時に思ったのは、予防と結びつかない早期診断は悪魔的なものである。タバコによってほとんどの早期肺がんが誘発されてくるのであれば、一生懸命、禁煙活動をして、それでも発生してくるものを水際で発見するというのがいいのだと思うけれど、そうでなければいかにお金が入ろうとも、自分の技術が高く評価されようとも、それは本当の意味での医者のやりがいではないのではないかと思ったのです。

それから、肺がん手術をした後は、タバコを吸っている人の場合、かなりの人が呼吸不全になります。酸素療法が必要になります。おうちで酸素療法をやるのが法律で許されていなかったから、栄養療法も必要なのですけれど、そういったものは、当時、手薄だったんです。

もう一つ考えたのは、医療が終わったあとの、今でいう介護、当時は福祉といっていましたが、その人の生活に関心をもたないで診断だけ、治療だけに血眼になってやるのも、ある種の悪魔だなというものです。その六～七年間の久慈病院の経験で、そういうことは非常に洗練された悪魔的なものだと思うようになっていましたので、僕は自分の医療技術が役に立つためには、医療の前後を整えていくということをやらないと、自分の勉強がそのままではみんなの役に立たないと思ったのです。

だから藤沢町で医療の〝前〟の保健と医療の〝後〟の介護が一体だということは、僕にとっては自分の長年の疑問を解決する非常にいいチャンスだし、やりがいのある仕事だし、自分の医学の知識や技術が本当に名前も顔もある誰かの幸せの役に立つということにつながるのではないか。そうだとしたら、それが、一番、自分の人生にとって自分が医者になったことが良かったということにつながるんではないかと考えるに至ったのです。

**大本**　それが先生が藤沢町に来られた原点ですね。

**佐藤**　そう、原点です。

**大本**　日々の病院の激務でお疲れになりませんか。

**佐藤**　まあ、疲れないです。仕事ですからね。三食のご飯みたいなもの。

**大本**　それでは天職ですね。

**佐藤**　天職じゃない。訓練です。

**大本**　使命感に燃えていらっしゃるので疲れを感じない。いやいやながらやると疲れを感じます。

**佐藤**　少なくとも誰かから働かされる立場ではないんです。

**大本**　主体的にとりくむ仕事。

**佐藤**　完全な管理職ですからね。ただ、管理職でありながら監督でありコーチであり、なおかつプレーヤーでもある。

**大本**　先生にはそれだけの能力的なキャパシティーもおありなので、たくさんの役割を担っておられるのだと思います。

**佐藤**　ミッションに基づく訓練です。

**大本**　それだけ強烈なミッションをお持ちですと、長生きされますね。

**佐藤**　結局、医療に限らず社会で何か活動することは、ミッションがなければだめなんですね。ミッションがあるから努力する。何をしてもゴールというものがあるんで、目的もゴールもなしに頑張るといっても、何を頑張ったらいいか分からない。今の医療の一番の問題はミッションを見失っていることだと思います。労働時間が長いとかなんかではないです。働きがきついのではなくて、何を成し遂げたいかが分からなくなっている。

**大本**　だから逆に嫌なことがあると、それが重荷になってくる。ミッションがあればそれがそれほど苦にならない。

**佐藤**　僕は別にぜんぜん宗教的には何もないんですけれど、自分の仕事は良い意味でも悪い意味でも大航海時代にいろいろな地域に行った宣教師に似ていると思う。やはり新しい文明というものを伝えたいと思って、一生をそこで捧げているわけですね。そこで殉教しているわけです。でもさすがに世紀が違うので、押し付けたりはしない。僕は住民中心でいくようにしていますが、そうしないと植民地主義になってしまう。

**大本**　その地域の人が主体になるような形にしないと、そうなりますね。

**佐藤**　だから、いろいろ猛烈に頑張るんですけれど、やはり地域の人が自分たちでしっかり考えて選択してコントロールしていく医療なんですよというスタンスでやっています。

**大本**　地域の人たちも先生のそういう思想というか、思いは伝わっていると思いますけれど。

**佐藤**　どうでしょうか。

**大本**　でも先生は事あるごとに住民・患者主体ということをおっしゃられているわけでしょ。

**佐藤**　多分、雰囲気としては理解されていると思う。生き方としては理解されていると思う。

**大本**　佐久病院の若月俊一先生は九八歳まで生きられましたが、あれだけの激務のなかで、アカだのなんだのと言われながらですから外的な圧力もあったと思うのです。しかし、あの使命感と情熱はすごいです。普通、医者は早死が多いといわれているのに逆ですから。

**佐藤**　医者の平均寿命は一般の人の平均寿命より一〇歳くらい若いそうですね。

**大本**　あの一〇〇歳近くまで生きられたのはなぜなのでしょうか。

**佐藤**　日野原重明先生もそうですから。遺伝子も働いているかもしれませんね。

**大本**　遺伝子だけではなくて、やはりミッションの情熱と実践力ではないでしょうか。ミッションがないと長生きできないのではないかという気がします。

**佐藤**　大きな仕事にはある意味でストレスがあると思いますが、よくないストレスというのがどうやって生ずるかというと、大きな責任で小さな権限、これがストレスになる。それからソーシャルサポートの欠如。ソーシャルサポートをしっかり受けながら、大きな責任に見合うだけの大きな権限を獲得していけば、ストレスがやりがいに変わっていく。なかなかそういう人だけではないけれど、僕はそうだといいし、そういうふうに感じていますね。

**大本**　若月先生にしても精神が肉体を引っ張っていったと思います。そういう強烈な使命感を持った情熱家をみていますと、ああ、この方は長生きされるなと思ったりします。

**佐藤**　若月先生に最初にお会いしたのは、自治医大の学生時代に学生が呼んで話をしていただきました。そのあと、何回かお会いする機会があったんですけれど、僕には佐久病院に行くというのにはなかなか抵抗があったのです。すごく影響されて藤沢を見失うのではないかと怖くて行けなかった。今は代替わりしていますから行っても大丈夫だと思うけれど（笑）。

**大本**　でもやっている内容は、若月先生と佐藤元美先生はほとんど同じですね。

**佐藤**　なんか、よくそう言われるんだけれど。

**大本**　そうでしょ。私もそう思います。これは目標が同じでしたら、同じような方法になるのかなと感じています。

**佐藤**　若月先生は、いろいろ偶然的なこともあったんですが、農協をベースにやられましたが、僕は行政をベースにしてやっている。

**大本**　佐久地域の医療も住民主体で徹底しています。

**佐藤**　そうですね、徹底しているね。僕が若月先生が名誉院長をやっていた頃の佐久に行くのが怖かったことの一つは、行くと自分の病院を大きくしていくんじゃないかという不安があった。やはり大きな病院には大きなリスクをともなう、藤沢の身の丈にあった医療をつくっていかなければいけないのに、あまり影響を受けたくないなという気持があったんです。同じことは国保旭中央病院の諸橋芳夫先生のところについてもいえます。あそこも小さい病院が大きくなった病院ですね。

**大本**　小さい病院のままでいくか、大きな病院にしていくか、難しい選択肢ですね。先生は前者でいくわけですね。

お話はつきませんが、住民参加・住民主体の医療をめざし実践しておられるお姿を具体的にうかがえ、理解が深まりました。長時間にわたりどうもありがとうございました。

（二〇〇八年九月三日午後四時～五時三〇分、介護老人保健施設「老健ふじさわ」応接室においておこなった。）

**付記**――本稿は佐藤先生にご一読いただき加筆訂正のうえ、大本の責任で補正したものである。

## 注

（1）米国のマルコムボルドリッジ賞は、日本の優れた企業や製品の品質、それを生み出すプロセス、さらには「デミング賞」の効用を学び、米国産業の競争力復活をめざして、一九八七年に創設した国家表彰制度。

日本では、一九九三年にわが国を代表する大手企業二〇社による「顧客満足」に関する研究成果を社会経済生産性本部が引き継ぎ、一九九五年に創設した表彰制度が「日本経営品質賞」である。表彰対象は、①大規模部門、②中小規模部門、③地方自治体部門。アセスメント基準は、⑴めざすべき方向：顧客本位に基づく卓越した業績を生み出す仕組みを追求するための継続的改善・革新を組織風土・文化に持つ組織づくり、⑵基本理念を構成する四つの要素：①顧客本位、②独自能力、③社員重視、④社会との調和、⑶七つの重視する考え方：①顧客から見たクオリティ、②リーダーシップ、③プロセス、④対話による「知」の創造、⑤スピード、⑥パートナーシップ、⑦フェアネス、⑷I組織プロフィール、IIカテゴリー：①経営幹部のリーダーシップ、②経営における社会的責任、③顧客・市場の理解と対応、④戦略の策定と展開、⑤個人と組織の能力向上、⑥顧客価値創造のプロセス、⑦情報マネジメント、⑧活動結果。二〇〇九度より病院部門が「日本経営品質賞」のなかに取り入れられることになった。

（2）厚生労働省科学研究費補助金医療技術評価総合研究事業として「NDP　医療のTQM実証プロジェクト」の一環で「医療提供システムの総合的品質管理手法に関する研究」として平成一三～一五年度にかけてのプロジェクトに藤沢町民病院も参加し、また、引き続き平成一六～一八年度にかけても参加している。

（3）ステファン・ロルニック／ピップ・メイソン／クリス・バトラー『健康のための行動変容――保健医療従事者のためのガイド』（法研、二〇〇一年）。

（4）SFAとは、問題にではなく解決に焦点を合わせる治療モデル。すべてのクライエントは自分たちの問題を解決するために必要なリソース（資源）と強さをもっており、自分たちにとって何が良いことかをよく知っており、またそれを望んでいて、彼らなりに精一杯やっているのだ。クライエントこそがエキスパートである。治療者はクライエントが自分の力、リソースに気づくことができ、クライエントの望む目標に向けて解決できるように援助する立場にたつ（佐藤元美「健康増進外来の実践」PCBM 17th Meeting、による）。

（5）地域社会振興財団の二九五回「現地研修会」の一環として藤沢町民病院が主催で財団法人地域社会振興財団が共催となって〝ナラティヴの臨床実践〟をテーマとして二〇〇七年二月一〇日に老健ふじさわ会議室で開催され

た。研修の内容は、「ナラティヴと医療」と題して名古屋市立大学の古屋聡教授の講演から始まり、報告では藤沢町民病院の看護師長菅原良子、および看護部局スタッフから健康増進外来の取り組みについて、自治医科大学から松嶋大先生の「健康増進外来の立ち上げ」について、佐藤院長から「健康増進外来を振り返って」と題して報告がなされ、最後の「解決志向型アプローチと健康増進外来」と題して田中ひな子先生からコメントがなされるという構成で開催された。

(6)　ここで使われている「ナラティヴ」とは、「語り」、「物語」、「会話」、「対話」などという言葉をひっくるめて「ナラティヴ」と呼んでいる。人と人とのコミュニケーション、とりわけ言葉が関与しつくり上げる世界を問題にしている（野村直樹教授の講演より抜粋）。

(7)　K・J・ガーゲン『社会構成主義の理論と実践――関係性が現実をつくる』（永田素彦／深尾誠訳、ナカニシヤ出版、二〇〇四年）。

# 二　ナイトスクール――これからの地域医療

佐藤元美

# 1　これからの地域医療の方向性について(1)

**佐藤**　町民病院の佐藤です。こんばんは。今日は大勢お集まりいただいてありがとうございます。今日は藤沢の病院の現状、これからの医療の問題点などを皆さんと話していきたいと思います。簡単に言うと、今後どうやって藤沢の医療や介護を守っていくかということを皆さんと一緒に考えたいという趣旨です。毎年、ナイトスクールにお邪魔しているのですが、いつもナイトスクールに来て思うことは、自分の生活だけではなくて、医療保険のこと、介護保険のこと、病気のことなどで集まってみんなで考えましょうというと、こんなに大勢の人が夜集まるということはなかなかないんです。これは藤沢町だけができることで、そういう意味ではいつもナイトスクールに来て、これが藤沢町で仕事をする意味なんだなとつくづく思っています。

それでは紙芝居のようなものを使いながら始めたいと思います。ナイトスクールは一九九五（平成七）年頃から始めたのでもう一四回目だと思います(1)。あまり暗くするとみんな寝てしまうからこのぐらいがいいですかね（笑）。

## 藤沢町福祉医療センター（写真）

［病院・特養・保健センター・役場・老健・居宅介護・訪問看護ステーション］

このスライドに特別養護老人ホームの光栄荘、保健センター、訪問看護ステーション、老人保健施設ふじさわが写っています。今はここにグループホームがあったり、こちら側に新しい光栄荘が写っていたり、病院にもＭＲＩ（磁気共鳴画像法）という検査機械の入る建物が建っているので、だいぶ昔とは変わっています。

これが病院、私の職場です。この写真を見ても、皆さん、あんまり変だと思わないでしょう。明かりがついています。病院ができたとき、この明かりが大変だったんです。あの近くには、夜、明かりがついている店はないんです。それで夜の二時位になっても明かりがついているので明るくて眠れないという投書や電話。それから夜、車を運転していたら二キロ先からでも明るくて眩惑されて運転できないから今すぐ消してくださいという連絡なんかが来たのです。藤沢町の人の闇に対する憧れはいったいどこにいったんだと思うぐらいだったんです（笑）。今は明かりがついていても叱られることはないので、安心して明かりをつけています。

　役場の周りに病院があったり老健があったり特別養護老人ホームがあったりして全部が一カ所に集まっているというのは、皆さんは普通だと思っていると思いますが、日本に五カ所ぐらいしかないんです。

　隣り合っていても、こっちは県立病院、こっちは町、こっちは民間になっていて、いがみあっていてうまくいっていないところが大半なのです。全部を同じ組織が運営しているところは少ないんです。その一つは広島県の御調町です。佐藤守前町長さんがモデルにして藤沢につくりたいと思っていた御調町。それから後に、それを東北地方でやろうということでやった宮城県の涌谷町。それからうちと、秋田県の大森町ぐらいなんです。だからこれは非常に実はめずらしいことです。なぜかというと、いま、医療や介護は〝官から民へ〟と言われているんです。できるだけ民間でやってください。公務員がなんでおしめ交換をするんですかというふうに言われているんです。ですけれど、それはそれなりに、もちろんマイナス点もあるけれど、いい点もある。このことはあとでお話しします。

## 病院理念「忘己利他」

［自治医大初代学長中尾喜久先生から書いていただいた「悪事《あくじ》向己　好事与他　忘己利他慈悲之極」（悪事を己《おのれ》に向《むか》え、好事《こうじ》を他に与えよ。己《おのれ》を忘れて他を利《り》するは、慈悲《じひ》の極《きわ》みなり）。最澄が

朝廷に提出した山家学生式に由来する。／病院職員の名札に。／医療の本質。」

私たちの病院の理念は、病院に来たことがある人は分かると思いますけれど、駐車場のロータリーのところにも、それから職員の胸の名札にも書いてあるものです。つまり「忘己利他」。これは中尾喜久という自治医大の初代の学長から書いてもらったんですが、伝教大師・最澄が朝廷に、自分たちのところのお坊さんの養成学校に国からお金を出してくださいと書いた申請書にある言葉なんです。「悪事を己に向え、好事を他に与えよ。己を忘れて他を利するは慈悲の極みなり」。嫌なことは自分で抱えて、いい事は人に与えて、自分を忘れて他の人のために一生懸命やることこそが慈悲だ。そういったことができるような人を養成するので朝廷でお金を出して下さいという予算の申請書です。「忘己利他」という精神でやれ。そういう精神で最澄は比叡山延暦寺を建てたのです。われわれは北上山脈の山の中で同じことをやっているという感じです。

## 藤沢町民病院の歴史

［一九六八年、県立藤沢病院が廃院。一九八二年、特別養護老人ホームと国保診療所で藤沢町福祉医療センター設立。一九九三年、国保藤沢町民病院開設。一九九六年、老健と在宅介護支援センター。一九九九年、訪問看護ステーション。二〇〇三年、認知症対応老人グループホーム。］

ここに出ているのが病院の歴史のあらましです。〝医療崩壊〟という言葉を聞いたことがありますか。テレビとか新聞、それからラジオで、医療崩壊という言葉を聞いたという人は手を挙げてみてください。半分ぐらいの人が知っている。一九六八年に藤沢では医療崩壊があったんです。県立藤沢病院がなくなった年です。昭和三〇年代に県立病院ができて、多いときは五人ぐらいのお医者さんがいて、産婦人科もある、外科もある、そんな病院だったのですが、当時三〇あった県立病院のなかで最も規模が小さかったんです。そこで医師確保ができません、それから経営が悪いですということで、三〇のなかで二つつぶすことになった。それが県立の藤沢病院と県立の東山病院だったのです。

今度は一〇〇床以下の県立病院は五つぐらい診療所にしようということで、花泉を診療センターという名前で診療所にしたりしました。現在は二〇〇床以下の院をどうするかということが次のテーマになってきています。

そういうことが過去一度、藤沢町に起こって、その間、病院のない町になって大変な苦労をしたと佐藤町長さんから聞いています。

そういうことで一九九二年に私が来て、一九九三年に病院をつくりました。一九九六年には老健と在宅介護支援センター。それから一九九九年に訪問看護ステーション、二〇〇三年に認知症のためのグループホームというふうにやって事業の中身を整えてきたということです。

## 藤沢町民病院事業

[二〇〇五年度から地方公営企業法全部適用。二〇〇六年度、自治体優良病院総務大臣表彰。／保健医療福祉複合体（病院、訪問看護ステーション、指定居宅介護支援事業所、老人保健施設、特養施設、デイサービスセンター、グループホーム）。／藤沢町福祉医療センター（町民病院事業、保健センター）。]

私たちの病院は、いま「藤沢町民病院事業」と名を変えて経営をしています。平成一七（二〇〇五）年から地方公営企業法の全部適用になったのですが、この全部適用になる前はどうだったかというと、町長さんが病院の管理者だった。病院長は町長さんの管理のもとで毎日の診療とか、そういうことを一部自分の考えでやる。いちいち町長さんのところにどうでしょうかと聞きにいかなくてはならなかった。つまり昔は人事のこと、予算のことは、全部町長さんの許可を取らなければできなかったんです。今は私が管理者になっているので、いちいちこういう人を採用したいとか、この人は仕事ぶりがこうだから注意しようとかいうことを、自分で決められるようになりました。

お金のことも前は町長さんの右のポケットが一般会計、左のポケットは病院会計、水道会計ですね。そういうふうになっていたけれど、そうするとどうしても、そっちが足りなければこっちにスッと出すことができるので、それをやり続けると病院は五年後、一〇年後を考えた経営ができません。なぜかというと自分たちの努力ではなくて、そのときどきの地方交付税が町になんぼ来たとかで、病院が赤字になったり黒字になったりするからです。そこで今年、機械を買おうと思って貯めていたお金でも、役場が今年は大変だからちょっと一年だけ貸してくれと言われれば買えなくなるんです。それでは企業としてやっていくのはとても難しいということで、町長さんと相談をして、二、三年かけて全部適用ということになったんです。

それから二〇〇六年には自治体立優良病院総務大臣表彰をいただきました。これはけっこう難しいんです。五年間連続黒字になって一回表彰を受けて次の年も黒字だと大臣表彰になるということですから、非常に難しいのですが、これには副賞が出るんです。五〇〇万円の副賞をもらって、職員のパソコンを買ったり訓練やなんかに使ったんです。

現在、病院事業ということで何をやっているかというと、平成一七年から病院、訪問看護ステーションが、指定居宅介護支援事業所になりました。ケアマネージャーがいる昔の在宅介護支援センターです。それから特養老人ホーム光栄荘、老健ふじさわ、デイサービスセンター、グループホーム、これらを全部まとめて管理するというふうにやらせてもらっています。したがって藤沢町福祉医療センターは、保健センターと町民病院事業の二つで成り立っていて、保健センターは行政部門、病院は収益事業という仕切りになっています。

毎日の仕事は別に全部適用で変わるわけではありません。全国でも一つの病院で全部適用になって、実質的に病院を運営している人が管理者となっているところはまだ少ないでのす。全部適用になっているけれど、管理者は役場から来て事務の方が三名ずつやるというのが多いんです。

この機会に皆さんに誤解のないようにぜひ知っておいていただきたいのですが、全部適応になって管理者になると、何かいいことがあるかと思っている人がいるのではないかと思いますけれど、あまりないんです。それをぜひ分かってもらいたい。むしろ悪い点がいっぱいあるんです。まず将来設計ができない。なぜかというと任期が四年なんです。四年後に採用されるかどうかは、そのときの町長さんの意向次第だから、町長さんの許可をもらわなければ私は職を失ってしまう。特別公務員といって、簡単に職がなくなる公務員なのです。非常に責任の重い仕事についたことになっているということをぜひ理解してください。

## 藤沢町民病院の特徴

[町民医療に占める大きな役割（人口九六〇〇人で唯一の医療機関。町民死亡の七割を担当。土曜日・平日午後も診療）。/実習・見学の受け入れ（ニカラグア、中米、自治医大、岩手医大など）。/電子カルテ実装（二〇〇二年）。/日本医療

機能評価機構の認定（二〇〇〇年）。／総合診療方式。／医療のTOM参加、改善大会開催。］

私たちの病院は全国のなかでも非常に変わった病院です。まずは町内に他に医療機関がありません。これも非常に少ないです。歯科の先生は二人いらっしゃるけれど、医科のほうはわれわれだけです。それから土曜日に診療している公立病院はほとんどありません。平日の午後診療をやっている県立病院もほとんどありません。午後もやり、土曜日もやりというのは開業医がいないからです。普通の町だったら開業医がやることもやって、病院の仕事もやるというわけですから、町民死亡の七割ぐらいを担当しています。だから私たちは町民に大きな役割を果たしていると思っています。これは医療技術が低くてすぐ死んでしまうということではない。最後に、〝どうぞ町に戻ってきて最期を迎えてください〟という体制を整えているということです。佐藤前町長さんが平成に入ってから悩んだことの一つに、町の半分以上、七割ぐらいが町外で亡くなって帰ってくるということです。見知らぬ町の見知らぬ人に囲まれたベッドの上で亡くなって冷たくなって帰ってくる。これはいくらなんでもかわいそうだ、生まれた町で死ねるような町にしようということが病院をつくった大きな目的の一つだったんです。いまはそれを果たしていますよということです。

それからいろいろなところから研修や見学に大勢の方がいらっしゃっています。今日も東京経済大学の大本圭野先生においでいただいて、参加していただいています。この次にこの場でやるときには新潟の県立津川病院長吉嶺文俊先生が見学に来たいということで予約が入っています。

それには電子カルテを二〇〇二年に入れたこともあります。電子カルテというのはお金があれば誰でも買えるんです。二〇〇〇万か三〇〇〇万ぐらいしたんですけれど、買うことは誰でもできるけれど使えない。なぜかというと、職員が電子カルテに合わせて仕事の仕方を変えなければいけないんです。私たちのところで使っている電子カルテはいま県内で五カ所か六カ所に入っているのですが、入院も在宅も外来も施設も全部電子カルテで動いているのは私たちのところだけです。

いま、県内の病院で電子カルテで医療をやっているのは県立磐井病院とうちの病院だけです。ほかは電子カルテは入っているんですけれど、電子カルテとして動いていないんです。なぜ電子カルテが大事かというと、病院の仕事というのは、たとえばなんとかいう薬を一日三回に分けて一〇日間飲んで下さいと書くわけです。それを処方箋というんです。誰かの頭のなかをＭＲＩで薄切りにして見せてくださいということも処方のうちです。

そういうものは薬剤師も計算しますけれど、普通の病院ですと処方箋だけが来るから、それを見てもなんでそうなるのか分からない。だれだれの処方箋としか書いていない。それもいつ撮ったか分からないんです。でも電子カルテがあれば、電子カルテを開けて、こういう病気があるから今日またここを撮るんだなとわかる。患者さんがいつもと違うと言っても、いや、この前と違うところで大事なところを調べるのですよと言えるし、薬も前と違いますよと言われたら、薬がこんなふうに変わっている処方を考えているんですよと説明すれば納得して出せますね。そういうのが電子カルテのいいところなのです。

それからお医者さんはみんな小学校、中学校からうんと勉強して、難しい学校に入ってものすごく勉強してなっているのですけれど、あまり勉強し過ぎてみんな字が下手なんです。急いで書いているんじゃないかと思うんですけれど、自分で書いた字が読める先生というのは一割ぐらいしかいない（笑）。自分の書いた字も読めないぐらい分からない。ましてや他の人には読めない。

ですが電子カルテだとみんなキーボードから入れるので読めない字はないんです。必ず標準語で入ります。英語も使わないで、日本語で入力していますからみんなが分かってやれる。間違いがない。それがふにゃふにゃ書いた字だと薬局が読めない。そういうわけで安全な医療ができますので、このことは非常に大事だと思っています。もう入って六年になります。岩手で最初の電子カルテの実装です。

それから日本医療機能評価機構の認定。これは岩手県では県立中央病院に次いで二番目です。日本のなかでも一〇〇床以下の病院ではたしか二番目か三番目です。この機構というのは何かというと、お金を払ってあら探しをしてもらいますというぐらいの感じのところなんです。毎日の仕事には滞りがなくても、どこか自己流になる。そうすると事故が起きやすくなって、経営的に無駄が多くなったりする。いろいろ細かいことを直せって言われて、直すとよくなります。

それから総合診療方式というのをやっています。これは、私は耳だけを担当してますとか、私は腎臓だけですとかではなくて、一応なんでも聞いて、自分の得意なところはそのまま診るし、不得意のところはもっと得意な先生に紹介しますというやり方です。内科にもそれぞれの先生が得意な分野はあるんですけれど、私は肺だけだよとか、そういうふうにしないでやっていくというものです。

これはたぶんお年寄りの多い藤沢町ではそうでなかったら大変だと思います。内科が五人いて、私は脳神経、私は肺、あなたは腎臓、こちらは心臓ですといっても、今週一週間、夏休みを取るから心臓の人はその間何かあったらあきらめてね、ということはできないでしょう。だからみんなでオーバーラップして診ることが大事なんです。それから治療の質改善運動をやって、改善対策に取り組んでいるというのも東北地方ではたぶん三カ所か四カ所しかないのではないかと思います。

そういうことをやって、地域で大事な役割を担っていますので、お蔭さまでよそからもいろいろな人が見学に来たり勉強に来るのを受け入れています。田舎ですけれど最新の医療のやり方を取り入れて、そして地域に合った医療を展開している。そのため職員も毎日工夫してやっていますということです。

## 総合医療――空間的広がり

私が藤沢町でぜひやりたいなと思ってめざしている医療は大きく分けると、二つです。一つは総合医療。頭だけとか目とかだけで生きている人はいないですから。最近、水木しげるさんの「ゲゲゲの鬼太郎」が復活したらしくて、目玉おやじは目だけで生きているけれど、普通の人間は目だけでは生きていないので、全部の身体で一つなんです。身体も気持があって一つ。それから体も歯もあって一つというふうに、一体のものとして人間を理解するということをやりたいと思っています。だから僕らは歯科医を呼んで歯の勉強もしています。

それから精神科医ですが、自治医大から月に二回精神科の先生に来てもらって、難しい症例を教わりながら、心の問題にもできるだけ自分たちでやれる範囲で、安全な範囲内でやるというふうにしています。大学病院なんかだったら、例えば一週間で心臓の手術をしたあとは一生お会いしませんということになるのでしょうが、地域の医療はそれではダメなんです。周りの病院がそういうようにパーツ、パーツの医療をやるんだったら、なおさら僕らは一人の患者さんをずっと診ていく。一人の患者の身体を全部診るということで支えていかないと、患者さんは行き当たりばったり、いろいろな専門のところに行かなければならず、大変なことになるんではないかと思います。

## 包括医療――時間的広がり

［医療と医療の前後を考える＝包括医療。／患者を歴史的な存在として、過去から未来にかけて考える。／自分たちの仕事も地域と相互に影響しあう成長の物語と捉える。］

もう一つ、病院としてこういうことができるようになりたいと思っている医療が包括医療なんです。目の前にいる人が心筋梗塞だとしても、心筋梗塞になる前のその人の状況、子供の頃のその人の状況、そしていまは心筋梗塞だけれど、やがて亡くなるときもあるし、心筋梗塞のあとで在宅で療養したり、施設に入ったりという時期もある。そういう人をその瞬間だけではなくて、生まれてから死ぬまで地域や家庭や職場を含めた、長い人生としてこの人と付き合っていくような医療をしたい。自分たちの家庭のことも分かってもらって、住んでいる場所や働いているところも理解してという医療ができたらいいんではないか。一つには安心。もう一つは僕らから見るとやり甲斐。何か論文を書くための医学知識、どこかで発表するための技術ではなくて、実際にどこかの誰かの役に立つ勉強や技術にしていきたいということです。

## ナイトスクール――住民が病院を支える

［町内一〇カ所の地区保健センターを舞台に。福祉医療センターの各職種が出向き。／住民と直接対話をする病院。／患者と住民は同じではない。／生活習慣を地域で変えよう。］

住民と医療者が一緒に医療を考えるというのは非常に大事なことで、僕の考えではこうして住民とわれわれとが話し合うということがなかったら、過疎地の医療はすぐに崩壊すると思います。医者だってやはり患者さんから評価されるとやる気が出るんです。でも放っておくと田舎の人は、田舎に来るぐらいだからきっと都会で仕事ができない人が集まっているんだろうな、みたいな感じで見ますね。

そうすると働いているほうは、なんだ、この人たちは、私のことを低く見てなんか大きな病院のほうを上に見ている。そんなに低く評価されているんだったら早くやめて、また大きな病院に戻りたいなんて思いますね。だから実は田舎の病院でお医者さんと患者さんが出会うと、たいてい不幸な出会いになってしまうんです。それをなんとかしようということで、ナイトスクールで皆さんに病院の現状を分かっていただいて、ぜひ病院を応援してくださいといっているわけなんです。

## 住民参加――住民は医療の運営者でもある

われわれは病院が明日ダメになっても、すぐというわけでなくても一カ月もすればどこか勤め口を探せます。だけど皆さんはすぐに行く先の病院を決められますか。磐井病院に行っても、紹介がないと診てくれないとか大変なことになりますね。だから実は、ここの病院を守らなければいけないのは皆さんなのです。ぜひ皆さん、病院のことを理解して、病院を守ってくださいねということです。

ここに映っている方ですでに亡くなられた方もいらっしゃいます。皆さんもご存じだと思います。各地区へ行って、皆さんに患者としてではなくて住人として、自分が病気に罹るだけじゃなくて、自分の家族が罹ったり将来罹るときのために、いい病院というのはどういうものだろうと考えてくださいねというのがナイトスクールの趣旨です。

## ナイトスクール――社会から生活習慣を考える

［まずはアイスブレーク。／昼間からの酒を上手にことわる方法を身につけよう。］

こういう寸劇もここでやりました。私は区長役で、この人が区長さんに昼間お酒をすすめる人なんです。区長さんはお酒好きなんだけれど、最近、肝臓が悪くてお酒を休んでいる。昼間は飲まない。私が回覧板を持っていって、〝ちょっと配りに来ました〟と言ったら〝お茶だから飲まんや〟と言われて、それをうまく断るのは難しいといってここで劇をやったら〝藤沢町には昼間から酒を飲む人なんか一人もいません〟と怒られました（笑）。でもそうかなーと思ったんです。だって〝一人も〟というのですが、われわれが調べたところでは少なくとも一〇人はいるのになとみていたからです。

こういう劇をなぜやったかと言うと、たばことかお酒とか生活習慣とかはとかく個人の問題だと思われているけれど、実はそうじゃない。社会がそうなんです。だから一人が変わるというのは難しくて、社会全体で病気にならない酒の飲み方、タバコのやめ方をみんなで考えようよということを言いたかったんですけれど、皆さんにお叱りを受けてしまって、頓挫しました。

## 藤沢町民病院の一五年

［一九九三年から二〇〇七年までの一五年間をふり返る。／地域社会のなかで医療の意味が急速に変化する。／今日の仕事に含まれる過去の要素とすでに始まっている未来を峻別したい。］

今、病院の歴史を振り返ってみると、一九九三年からいま二〇〇八年まで一五年経過しているのですが、本当に五年ごとに仕事が大きく変わってきたなと思っています。したがってこれから五年、一〇年でどう変わるのかを考えて、僕らも勉強や仕事内容を変えていかなければいけない。

### ①最初の五年――医療型

［一九九三年から九七年まで。／GTFをすれば胃癌が、CFをすれば大腸癌が、超音波をすれば膀胱癌や肝臓癌、胆石が毎日のように発見され、どんどん治療されていく。／技術があれば、人の命を助けることが出来る。／気分が高揚した時期。］

最初の五年はどうだったかというと、とにかく病院がなかったものですから、皆さん、胃カメラも初めて、超音波も初めて、CTも初めてで、隠しもっていた病気がものすごく見つかったんです。そこでレントゲンを撮ると全員が肺がんみたいと言うと大げさですけれど、最初の五年間は毎日のようにそういうのが見つかる時代でした。そういう人がどんどん手術をして治っていくわけです。皆さんにも感謝されて、〝いい病院、つくったね、ありがとう。がんが進行して助からないと思っていたけれど、手術をしてもらって助かったよ〟というふうな関係でした。

漫画で書くと、こういう感じです。誰かが泳いでいて、危ないなと思ったら、溺れたのでパッと助ける。助けられた人は感謝、感激。助けたほうも、おれってすごいなと非常にやり甲斐がある五年間でした。だけれど、これがいつまで続くかと思ったら、すぐ続かなくなりました。すぐがんの人はいなくなりました。全部見つけられちゃったからです。

### ②次の五年――公衆衛生型

［一九九八年から二〇〇二年まで。／病棟や施設で

は要介護が大きな問題となり、外来では生活習慣病の比重が大きくなる。／しっかりとした生活指導が必要。／禁煙、カロリー制限、運動処方など。／医師により指導がまちまち。／すべての指示に従うと元気がなくなる？」

次の五年はどうだったかというと、ほとんどがたばこ病とか糖尿病とか高血圧、高脂血症、そういう慢性疾患が中心になりました。いろいろな検査をするといっても、検査が必要な人もいなくなりました。そして軽い脳梗塞とか軽い心筋梗塞が一気に増えました。その時期に心臓を診るためのカラードップラーの機械とか軽い脳梗塞を知るためにＭＲＩの機械を入れて対応しました。そして生活指導ができるようにということで栄養士や理学療法士と一緒になって糖尿病教室をやったり高血圧の運動療法をして、生活習慣を変えるということを一生懸命やりました。

しかしお医者さんは一人じゃないから、お医者さんがタバコをやめろ、次のお医者さんは酒をやめろ、次の人は運動しろというふうに、みんながいろいろ親切にアドバイスをやるんですけれど、全部守るとなると、今度は元気がなくなってしまう。そういうふうになる人というのが多かったんです。藤沢町の人は真面目だからね。聞いたら一応守らないといけないと思うんだけれど行き詰まってしまう。

漫画で描くと、こういうことですね。あれやっちゃ、だめだ、これやっちゃ、だめだとがんじがらめにしてしまう。そういう感じの五年間だったと思います。それは安全な社会だけれど、窮屈な社会です。そしてなんとなく怒られはしないか、人に褒められたいという医療になってしまうんです。お酒飲みたいけれど、怒られるからやめた。タバコを吸いたいけれど、吸って、あんた吸ったなと言われるんだったらやめようか。それで褒められる、喜んでもらえるための医療という感じになって、だんだん何のために生きているのか分からなくなる。それなりにいいことだし必要なことだと思うんですけれど、そういう時代だったんではないかと思います。

### ③最近の五年――自己管理型

［二〇〇三から〇七年まで。／患者中心の医療。／患者が元気になる医療。］

そこで病気がよくなるだけではなくて、患者が中心になって元気になる医療をしようと考え方を変えました。時間がかかっても患者さんが本当にタバコをやめたら健康になれると思うまで待って、止めやすいアドバイスをしよう。お酒は健康に悪いんだけれど、自分からお酒をやめますと言うまで、あまりせかさないようにしよう。そうするとだいたい自分で止める。自分の意志で止めるというのは長続きする。そして怒られるとかいったことを気にするのではなくて、患者と医者とが診察室で大人の付き合いができるようになる。〝また飲んじゃった〟、〝でも六カ月も飲まないでがんばったもんね〟という話ができるような診察室にしようと、だんだんと変わってきたんです。

漫画で描くと、こうですね。好きな方向に好きな泳ぎ方で泳いでください。しかし泳ぐと溺れる危険もあるから、ぜひ、私たちにいいタイミングでアドバイスさせてくださいねという医療に変えていこうと思っています。〝酒飲むなよ〟、〝働き過ぎるなよ〟、〝薬飲めよ〟とドリフターズみたいに言っていたらいいかというと、そういうわけにいかないんです。だって、みんな自分の生活・人生と医療とを同時に考えなければいけないですから。その人がどういう考えでどういう生活をしているかは、その人にしか分からない。だからみんな自分の頭で考えましょうと、やり方を少しずつ変えようと思ってやっています。健康増進外来というのはこういう考えでやっているのです。

## 藤沢町民病院の強み

［住民・行政と病院の良好な関係。／病院事業として垂直統合が行われている。／良好な財務内容。／将来への投資（医療器械、新人の採用など）。］

私たちの病院はいまでは非常に珍しい病院になっています。どういう点で珍しいかというと、いま全国で医療崩壊しているのは小さい病院なんです。一〇〇床以下の病院がどんどん診療所になったり閉鎖したりしています。それなのに続いているのは珍しいことです。つぎに全国で医療崩壊している病院はどこかというと、市町村や県がやっている病院です。民間の大病院は大丈夫です。市町村や県の病院、公立病院がどんどんつぶれている。このように公立病院のなかでなんとか保っているのは珍しいのです。

いま、公立病院の赤字はおよそ一兆円あるんですが、そのうちの三〇〇億ぐらいが不良債権で焦げ付きになっているんです。そういったことが問題になっていて、公立病院はダメだ、一つも許すなみたいな雰囲気になっているんです。幸い、私たちの病院は、今日、皆さんに集まっていただいているように、住民と行政と病院とが良好な関係でやれている。

事業としても病院だけではなくて在宅介護とか訪問看護とか老人保健とか、そういったものを一体として運営することによっていい経営が得られている。良好な財務内容になっている。そういった良好な財務内容を基盤として、他所の病院ではなかなか入れることができない高額な機械も入れて、町内外からまた患者さんが集まって新しい病院ができるので、将来、新人を雇って教育することもできているのです。

## 藤沢町民病院の不安材料

［全国的な医師確保の困難。／公立病院改革プラン。／藤沢町人口の減少。／未収金。］

他方、不安材料もあるんです。これについて、ぜひ、皆さんも一緒に考えてもらいたい。全国的な医師不足があります。もちろん、ここに日本中の医者を集めたいわけではないです。三〇〇人とか四〇〇人とかが来てもらっても困るんですけれど、ここの病院にあと七、八人は欲しいんです。それなのにいま五人しかいないのです。だから病院の仕事をしている先生方には大変な負担を強いているんです。たとえば診療所の先生は当直しなくていい。ですが、病院は必ず一人は当直しなければいけない。一カ月当直を五人でこなすためには一人が六回当直しなければいけないんです。当直の次の日に帰って休めるんならまだいいんです。朝帰って何もしなくてもいいならいいんですけれど、次の日も普通に往診がある、外来もある、手術もあるんです。だから非常に大変なんです。そこのところを、ぜひ、分かってください。

医師の確保は私の仕事なので、町の皆さんに、日本中に散らばって医者を確保して帰ってきてくださいとは申し上げません。しかし、来た先生が嫌になるのだけは住民と一緒に防ぎたい。若い先生というのは別に何歳という年齢じゃない。私より若かったらみんな若い先生なんです。若い先生が楽しく暮らせる町、若い先生とその家族が楽しく暮らせる町。そしてみんなに〝よく来てくれたね、先生に来てもらって助かっているよ〟と言われて、〝おれは頼りにされているな〟と思えるような、本人もやり甲斐を感じられるような町にしてもらいたいのです。だけれど、これは私だけではできない。住民の皆さんにしかできないことです。そこで、こうした町づくりを、ぜひ、皆さんにお願いしたいと思います。

それから公立病院改革プランというのがあるのですが、

これは何とベッドの利用率が七〇％以下だったら診療所にしよう、赤字だったら店仕舞いをしようというプランなんです。たとえば藤沢町だったら店仕舞いをして、千厩病院と統合して診療所にして、そして医者を派遣してもらえばいいではないかというふうなことをやろうとするんです。一九六八年に県立藤沢病院がなくなったときと同じ理屈なんです。そうして統合しても診療所はいつかなくなるに決まっているんです。だから私はこの動きに非常に危機感をもっています。

これには藤沢町の人口の減少も影響しています。これが激しい。私が来たときは一万二〇〇〇弱だったんです。それがいま九五〇〇ぐらいでしょう。これほどどんどん減っていったらいつかマイナスになる。そういうことはないでしょうけれど、ゼロになったら大変です。ゼロになってお医者さんしかいない町になったら患者がいないからやっていけない。だからこのことも、ぜひ、皆さん、何とかしてください。一つは、今日、おうちへ帰って励んでいただいて子供をつくる。それが難しいとしたら長生きして人口が減らないようにしてもらいたい。そっちは皆さんも協力できるでしょう。ぜひ、早死にしないで長生きして藤沢町の人口減少を食い止めてください。

他所の町からお年寄りでも病気の人でも、いい町だからと伝え聞いて移って来てもらえるようだったらいい。それから皆さんのところにも長男とか長女とかで東京、大阪に行っている人がいるんじゃないかと思いますけれど、そういう人たちが年を取ったら帰ってくればいいのですけれど、だいたいは帰ってこない。それはいま暮らしているところに比べたらここの町が住みにくい町だからではないですか。そうではなくて、そういう人たちが定年になったら早く帰りたい、おれはあの町で暮らしたいんだと思うような町にしてください。

そうでない限り、皆さんの息子や娘や孫が帰ってこない町だったら、この町に来たお医者さんの家族だって長くはいないかもしれない。そういう意味で住みやすい、長生きできる町づくりを、ぜひ、皆さんも真剣になって考えて、息子などから〝そろそろ東京のほうに来ないか〟とか声をかけられたら、〝おまえこそ、ここに帰ってこい〟って言ってあげてください。そうやって一人でも二人でも人口を増やしてもらいたいと思っています。

それから未収金の問題があります。何のことか分かりますか。病院にかかった、老健にかかったけれど、払ってもらっていないお金がまだあるのです。難しい問題です。全部、その日に現金払いをしてくれなくてもいいんですけれど、あとで必ず払ってほしいんです。だいぶ前のことですけれど、ある人と話をしていたら、すごく病院のことを褒めるんです。〝町民病院はすごくいい、大したもんだ〟と言うんです。〝どういうことですか〟と言ったら、〝何がいいってお金を払わなくてもいい〟。〝金がなくても、さすが町民病院だからうるさいことを言わない〟、〝これが県立とか民間だったら払わなければ診てくれない〟という話をするんです。だけれど町民病院というのは〝町民が支える病院〟であっても〝町民をただで診る病院〟ではないんです。ですから大変でしょうけれど、やっぱりルールを守って、そのつどお会計をすることをお願いしたいと思います。

時間外診療のことは来たことがある人は分かると思いますけれど、いま前金制になっています。今日のような会においでいただく方で未収の人はもちろんいないのは分かっているんですけれど、ぜひ、町を挙げてやってもらいたいと思っています。公立病院にはかなり未収金がありますが、言いにくいんですね。言うと、いろいろな攻撃の対象になって、怒って物を壊したり暴れたりというのがあるので、なかなか未収のことというのは言いにくいんです。

だけれど、これを放置しておけば借金というか赤字の元になります。だいたい病院というのは一〇〇万円ぐらいの仕事をしないと一万円も稼げないんです。だから一〇〇万円の未収金があることは、それを穴埋めするためには職員が一億円分生み出さないとダメなんです。そんなことは不可能です。だから、ぜひ、このこともよろしくお願いしたいと思います。

## 公立病院改革プラン

［経営効率化―経営指標改善に数値目標を。／再編・ネットワーク化―小さい病院は診療所化して中核病院から医師の派遣を受ける。／経営形態の見直し―できるだけ民間運営に。］

公立病院改革プランというのは、数値目標を決めて、もっと効率のよい運営をしてくださいということを掲げて小さい病院は診療所にする、再編・ネットワーク化するということです。医師の派遣を受けるというのも昭和四三（一九六八）年の県立千厩病院付属藤沢出張診療所のような形です。経営計画の見直しというのもありますが、何かというと、できるだけ民間病院にしてくださいということが書いてあります。しかし藤沢町のように民間の診療所すらない、民間の力の弱いところで、それをやるのは難しいんじゃないかと僕は思っています。

## 県内国保病院経営状況（図1）

県内に国保病院がいくつあるかというと、七つあります。種市、藤沢、沢内、葛巻、西根、まごころ病院、水沢です。私は岩手県の国保連（岩手県国民健康保険団体連合会）に設けられている岩手県地域医療研究会の第四代会長をやっているのですけれど、僕が会長になった二〇〇一年にはまだ一二か一三あったんです。だけれど金ヶ崎も田老も、それから石鳥谷も診療所になったり、民間になってしまいました。

この図でみると、これらの病院のなかで財政をみてわずかですけど経常収支がプラスなのは藤沢町だけで、あとは全部マイナスです。それでも過疎だからとか、医療をやっても採算がとれない地域だからとか、救急をやっているからとか、学校保健をやっているからということで、いろいろな交付税というのが入ってくる。理由がなくて入ってくるお金はないんですが、そういうことで付いたお金を入れて、ようやく水沢ぐらいのいくつかの病院がなんとか黒字になっている。

このことで何が言いたいかというと、うちの病院が黒字だといっても、みんながお金を払ってくれなくても何をしても耐えられる体力のある黒字ではないということなんです。ほんのちょっとなんです。そういう黒字なんです。それに、いまは町にも病院が赤字になっても一般会計でそれを負担するという力はないんです。だから病院はなんとしても黒字を成し遂げなければいけないということで、私も月曜日から土曜日まで休まずがんばって働いているのですが、ぜひ、皆さんにも経営存続へのご協力をお願いしたいと思っているからです。

## 県内国保病院医業収益（図2）

医業収益のなかには入院の分―入院収益、外来の分―外来収益があります。藤沢の場合は、個人でしている開業先生がいないので、外来がかなり多い。外来の収益分が多いというのが特徴です。またベッドが五四床と少ないので、長い入院の人などは、みんな老人保健施設に移るので入院の収益部分が少ない。

## 県内国保病院医業費用（図3）

そこで今度、費用はどんなところにかかっているかを見ると、薬代です。藤沢の場合は入院したり外来を診察

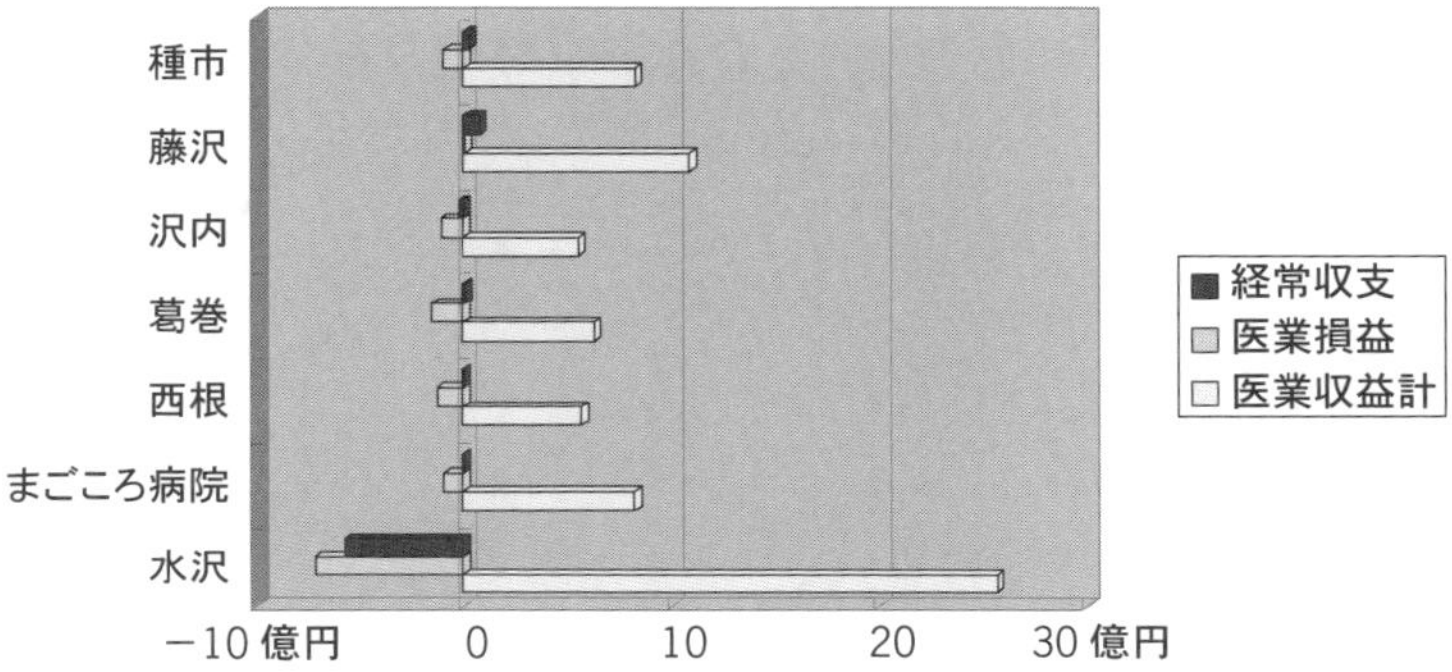


図 1　県内国保病院経営状況

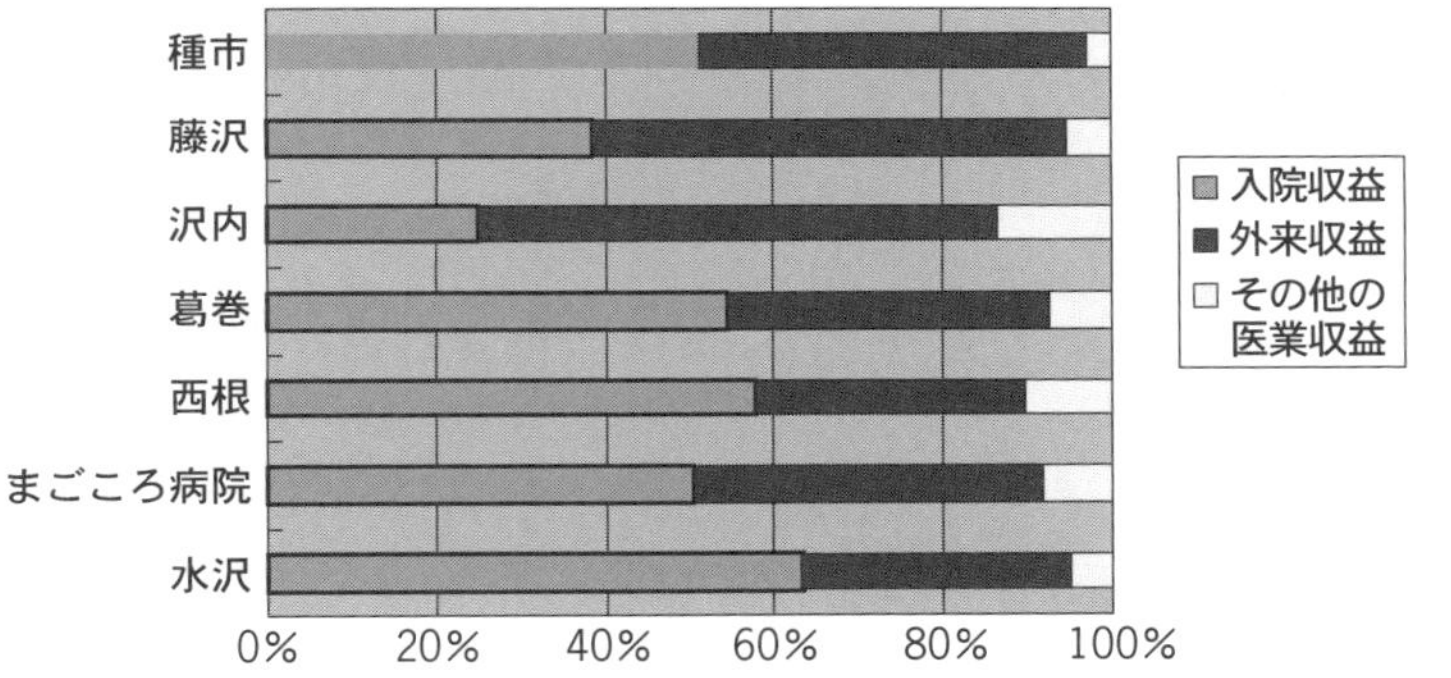


図 2　県内国保病院医業収益

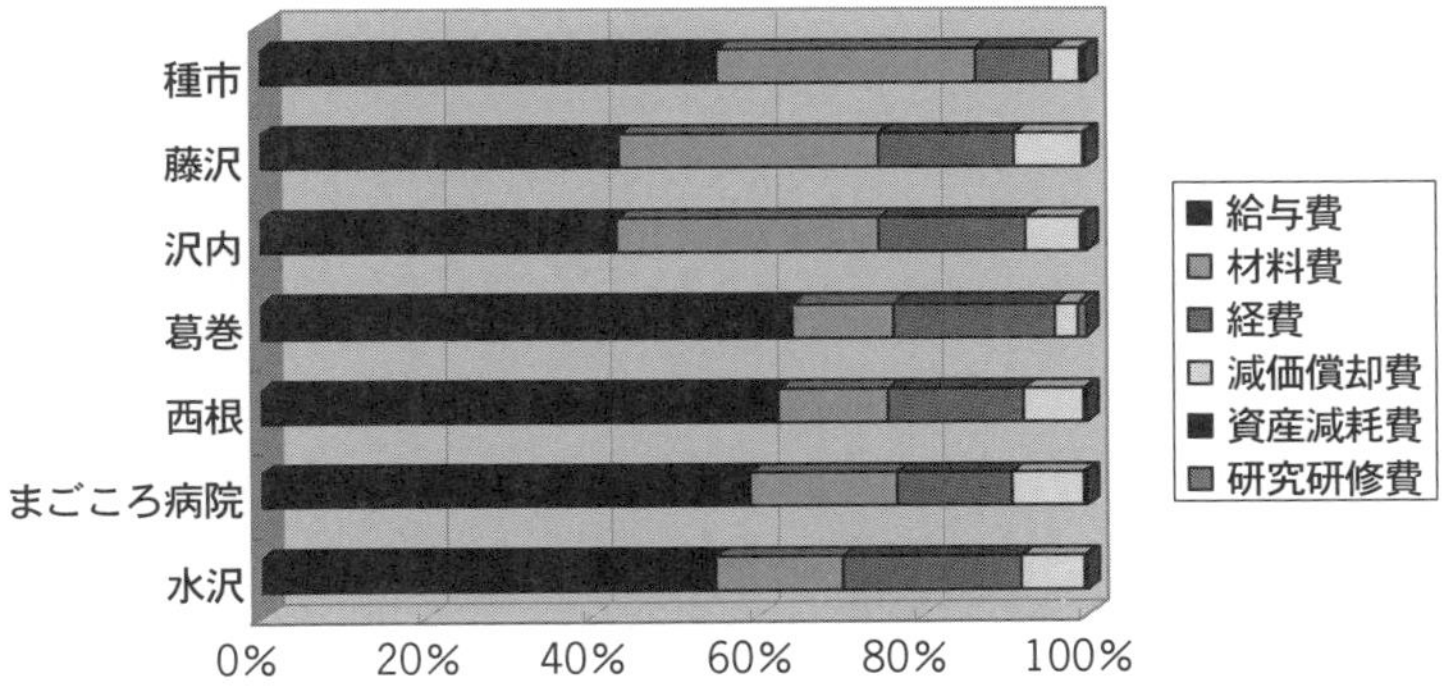


図 3　県内国保病院医業費用

していますから薬代が大きい。他方、給与費を見てください。給与費はとても少ないんです。少ない理由は内科の先生が、数年、岩手県からの派遣だった。県からの派遣の人は給与費ではなくて経費から支払うことになっているので、給与費に入ってないんです。私たちのところは常勤の医者はもちろん給与費から出ている。それに対して臨時の先生は経費から出ている。そういったふうな兼ね合いなのです。とにかく給与費が五割を超えると、どんなにがんばっても赤字になると言われているんです。要するに、何を言いたいかと言うと、一人ひとりで考えればいろいろなこともあるかもしれないけれど、スタッフ全体としては給与に見合うぐらいの仕事はしているということが言えるということです。

## 住民のみなさんへのお願い

［若い医師とその家族が住みやすいまちづくり・環境を。／若い医師を町で育てましょう。時間外診療がコンビニ感覚にならないように。／そのたびに会計をお願いします。／年をとって歩けなくなってから町民病院に移るのではなく、若いときから利用しましょう。］

これは最後のスライドです。ぜひ皆さんにお願いがあります。もう一度、言いますが若い医師とその家族が住みやすい町づくり。別に医者だけではなくて、皆さんのお子さんやお孫さんが住みたいと思うような町づくりを真剣になって考えましょう。他所の町の人も移って住みたいような町づくりができたらもっといいですね。人口が増えて、いろいろな人が集まって、働く場所も増えて、モノも売れるとなれば、いい循環に変わっていくんではないかと思います。

自治医大、それから県立磐井病院、実績はありませんけれど県立千厩病院、それから千葉県立病院ネットワークというところから研修医の先生をお引き受けすることになっています。卒業して二年間の研修の間に一カ月だけ「地域保健研修」という研修があって、地域に行くことになっているんですけれど、それをお引き受けしているので年間で最低一〇人ぐらい来ています。その先生方の研修報告会をやっています。その研修報告会に住民の皆さんが参加できるようにしていますから、ぜひ、参加して、〝よく来てくれた〟、〝どんなところで生まれたのか〟とか、〝どうしてお医者さんになったのか〟とか、いろいろなことを聞いて、若いお医者さんと言葉を交わしてください。

どういうふうにしてお医者さんを育てていくかということ、若い医者といっても誰かの息子であり、誰かの娘であり誰かの孫なんです。だから、まずそういう気持で若い先生に接してください。自分ちの子供でないから二四時間働いたっていいや、過労死したっていいやというのではなくです。

それから医者の一年目というのは医者の一年目だけじゃないんです。社会人の一年目でもあるんです。今まで住んだところを離れて、今まで勉強してきたところを離れ、社会人一年目、二年目で藤沢に来て医療を勉強しているわけです。そういう人たちに〝がんばれよ〟と声を掛けてほしいと思います。

それから外来は大勢のお医者さんで担当しています。今日は研修医の先生が代理で担当しているので看護師が〝研修医の先生でどうですか〟と声を掛けると、〝おれは嫌だ、診てもらいたくない〟とか、〝代理の先生は嫌だ〟と言えば、せっかく来てくれたけれど勉強になりません。診察しないで勉強するという方法はないですもの。だから若い先生が今日来ていると言ったら、〝よし、おれが行って挨拶してやろう〟、〝おれが行って教えてやろう〟という気持で、ぜひ、若い先生の診察室に行ってください。これはすごく大事なことだと思うんです。

ここに来た先生に嫌いだというふうに接したら、来年からその先生が藤沢に来ることは絶対ない。もともと心臓外科をやりたいとか形成外科をやりたいとか決まっている研修医の誰かが〝すごくいい町だよ、あそこに行ったら、きっとおまえなら合っていると思うよ〟と言ってくれるならば、〝みんなが一度は行ってみたい町〟、〝勉強して実力を付けたら一度は行って勤めたい病院〟ということになると思います。

そうでないと、いっぱいお金を積んで、名前だけでいいから、仕事をしなくていいから、一〇時に来て一時に帰っていいといった条件で、頭数だけは集めることはできるでしょうけれど、それでは病院は保たないんです。〝人の役に立ちたい〟、〝がんばっていい医療をしたい〟という人が集まるのでなければ病院は成り立たない。いいお医者さんが集まってこそ病院なのです。ぜひ、皆さん、若いドクターを見かけたら、話しかけて、かわいがってください。実際、そうやってもらっています。すでに今年の四月から研修医の研修報告会を意見交換会という名前にして三回ほどやった実績があります。皆さん方のなかにも参加していただいている方がいます。ありがとうございました。これからもどうぞお願いします。

もう一つ、藤沢町ではあまりこんなことはないのですが、少し気になることがあります。私たちは午前も午後も土曜日もやっています。そして入院患者さんもいっぱいなので、先程言ったように、みんなが平等にやるとすると、転勤してすぐに当直を月六回こなさなければいけないんです。私は病院長なのでいま月に一回しかやっていません。大変ですよね。そうするとみんなは七回やらなければいけない。だから、ぜひ、日中に来れる人は日中に来てください。土曜日の午前で済む人は土曜日の夜でない時に来てください。

気が付いたら日曜日だった、薬を出してくださいという場合もあると思うのですけれど、時間外の場合は医者と看護師だけで検査も薬をつくるのも全部やるんです。すごくストレスになるんです。それでもそのことが重症の人に役に立つとは思うんですけれど、〝一週間前からずっと腹が痛くて、明日から出張だから今日のうちに薬がほしい〟とか、〝ずっと薬がなかったけれど、日曜日にようやく暇ができたから、また薬をください〟とか言われると、ちょっとがっくりするんです。ぜひ、お医者への配慮もよろしくお願いします。

いろいろな症状が出たときはご心配でしょうけれど、まず電話で相談してください。看護師が電話でいろいろお話しして、それだったら家で水分を取って、もう少し様子を見るとかいってくれるでしょう。だけれど、直接、来られると、事情をいって診ないということはなかなか難しいので、ぜひ、電話で相談してからおいでください。できるだけ看護師が相談に乗るようにしていますから。

繰り返しですが、そのたびにお会計をお願いします。それなしには病院はもう成り立ちません。あまりお金のことばかり言って恐縮ですけれど、私のお金ならいくらおごってもいいんですけれど、公のお金なので、ぜひ、そのたびごとにお会計をお願いします。

最後に、これも一つお願いしたいんです。年を取っていよいよ歩けなくなったからといって〝先生、ただいま〟といってくる人がけっこういます。たしかにそれが病院の大きな役割です。でも動ける間は遠くの病院に行って、いよいよ動けなくなったからといって来られるのは悪いことではないんですが、そういう人によい医療を施すことは難しいのです。というのは、若い時からここに来ている人ですとずっと長い治療の歴史がありますから、もう治療の方針は決まっているんです。これから私たちが何か治療方法を考えたり診断するということはあまりいらないんです。そしていよいよ終わりに近づいている。そういう関係でありたいと思います。

だから、〝痛い〟とか、〝かゆい〟とか、〝苦しい〟というときには、ぜひ、ここに来て下さい。それでこそ病院の検査とか治療のスタッフが役に立つんです。私たちのほうで難しい病例はもちろん専門のところに送る用意をしていますので、ぜひ、若いときから病院を利用してください。老人になって病院ということになっても、今の医療制度では残念ながら病院は収入を確保できません。〝年を取ったからちょっと入院させてください〟という人ばっかりになったらすぐ潰れます。本当に医療が必要なとき、医療のことが心配なときこそ病院を利用していただきたい。難しいことでも解決できる能力を身に付けるために毎日努力しているつもりですので、ぜひ、早期来院をお願いしたいと思っています。

だいたい一時間、お話させていただきました。これから皆さんと意見交換をして、少し補足をしながらやっていきたいと思います。どうも、ご清聴、ありがとうございました。

**注**

（1）ナイトスクールは、藤沢町における全四四地区自治会を旧大字にあたる四つの地域に分けて年間行事として毎年七月から九月にかけて開催されている。藤沢地区（第一地区自治会〜第一一地区自治会・第四四地区自治会）、黄海（きのみ）地区（第一二地区自治会〜第二三地区自治会）、矢沢地区（第二四地区自治会〜第三五地区自治会）、大津地区（第三六地区自治会〜第四三地区自治会）。

## 2　意見交換

**司会：吉田浩和**（藤沢町福祉医療センター事務局長）　それではこれから時間の許す限り、懇談に移らせていただきたいと思います。発言を、ぜひ、いただければと思いますが、どなたか、いらっしゃいませんでしょうか。

**千葉弘**さん（一二区）　われわれの町はこんな小さな町で、そんなに豊かな町でもありません。そのなかで医療がしっかりしているというのは大変頼もしいと思っています。私は一関市で仕事をしておりますが、まず自慢したいのは藤沢の病院なのです。これは本当にうれしく思っています。佐藤院長先生、こういう病院をつくっていただいたことを本当に感謝しています。

われわれがやっぱり一番心配なのは老後のことです。病気になったとき、町の病院や施設が一番安心を与えてくれるんではないかと思います。だからわれわれもこの病院の体制をこれからも維持して、われわれも若い人たちが遠くに行かないでやっていける地元をつくりたいと思いますのでよろしくお願いします。

私の母がショート・ステイでお世話になっていますのでちょっと言いにくいんですが、ショートから帰って来たときに怪我があったんです。夜、気が付いたのですけれど、これはバスの中かどこかでぶつけたんだろうなとは思ったんですけれど、ただ、それに担当者の方が気が付かなかったのか、あるいは気が付いていてそのままにしちゃったのか。それがちょっと気になりまして、せっかく今まで信頼関係がよかったのに、ちょっとしたことで信頼関係が崩れることもあり得るなと思いました。一生懸命やってもらっているのは分かっているのですが、ただ間違いはあったときでも、何かあったら言っていただかないと家族も安心してまかせられないことになりますので、よろしくお願いします。

**佐藤**　ありがとうございます。実は、ドーナツ現象と言って役場の人とか議員さんとかいった人は大きな病院に行って、田舎の病院ほど周辺の人だけが来るという風潮があるんですけれど、藤沢の病院にはそういうことはなくて、本当に議員さん方や役場の方に随時ご利用いただいています。ただ、もう少し若い人たちが使ってくれるといいなと思っています。

それからショート・ステイのことは申し訳ありませんでした。多分、施設を利用された時であれば何かしら施設から説明があるだろうと思いますけれど、実は病院事業全体でヒヤッとしたとか、事故になりそうだったとか、傷ができたとか、骨が折れたとかでハッとしたと言うのを全部合わせて、〝ヒヤリハット〟と言っているんです。こういう〝ヒヤリハット〟の事例をここの職員は大きい病院とは比較にならないぐらいいっぱい書いているんです。一年間にだいたい一〇〇〇枚になります。

この前、医療のマネージメント学会が盛岡市であって、三〇〇床ある病院の先生がうちの病院では最近ヒヤリハットがすごく増えて、年間二七〇枚と言っていましたけれど、これは本当に事故があったのではなくても、事故が起きそうだったというケースもみんな報告して、それを予防につなげようということでやっているものです。

千葉さんのお母様の場合、看護師が少ない人数で輸送するので、何か気付かない点、足りない点があったのではないかと想像します。もし気付いたことがあったら、今後のこともあるので、ぜひ、そのつど言っていただけたらと思っています。それから自分が老後のときにこの病院があってほしいというのは、まったくその通りだと思うんです。皆さん、頭のなかには合併するとどうなるのかということが不安としてあるのではないかと思いますけれど、まだ合併したわけではないから分かりませんけれど、合併してもその影響をあまり受けないようにやるつもりですので、そうでない場合よりは悪くなるということはないと思います。

しかし、いま、合併後の室根医科歯科診療所とか川崎弥栄診療所とか、いろいろなところを見ていると、直営の国保診療所を大事に育てていくというよりは、早く民営化させてほしいという市の意向があるのかなと思って、私も皆さんと同じように不安を感じています。もし合併が具体的な協議に入りましたら、ぜひ町長さんにも市長さんにもお願いして、そのプロセスのなかに参加して、藤沢の医療と福祉と健康づくりが一体になった町づくりを地域の住民と一緒になって守っていく気持をお伝えしたいし、ぜひ、そうなるように皆さんと一緒にがんばっていかなければと思っています。

**司会**　そのほか何かありませんでしょうか。お手が挙がらないようでしたら、こちらからご意見を聞きたいと思うんですが。

**佐藤行雄**さん（一三区）　病院は外来患者の診療向けに患者送迎バスの運行をしていますね。平成五年（一九九三年）から始まって町内の患者さんや町外からの患者さんもときどきいらしておられるんですけれど、近年になってから津谷川方面では何曜日、それから現在、小梨方面のほうは何曜日の運行となっているのですか。

**佐藤**　室根方面は、現在は休止しております。

**佐藤行雄**さん（一三区）　外来の患者の三〇％ぐらいの人が町外から来ているということを私はありがたいと思いますが、もし室根地域まで拡大して増えるというのは複雑な気持です。患者が増えることはいいのですが、医師方には、負担になるのでね。

**司会**　ただいまのお話はバス路線のお話ですか。

**佐藤行雄さん**（一三区）　そうです。

**佐藤**　患者さんのバスは新しいバスを購入したのをきっかけに、住民の要望がありましたので小梨と、それから室根、津谷川にバスを出していたんですけれど、津谷川のほうは結局、バスが一週間に一本しか出ないのでなかなか自分の都合に合わないということで、津谷川のほうは需要がどんどん減っているので、バスを出してくださいと言った人から申し訳ないから結構ですと言ってきました。病院にも負担が掛かるからというので休止しました。それから小梨のほうは、初めは大きなバスだったので、その当時はガラガラだったんですけれど、もうちょっと効率よくということで八～一〇人乗りのバスに替えました。そうしたらすぐに満員になりましてね。人間の心理って不思議ですね。早い者勝ちで埋まると思うと埋まるんだなあと妙に感じました。そちらのほうは非常にいま需要が高い状態になっています。

バスがすべてというわけではないけれど、自分で車を運転しなくなると、どうやって病院に行く足を確保するかというのは本当に大きなテーマですが、それにはある程度まとめ役の人がいないとダメなんです。室根診療所との連携のなかで、そういったこともうまくやれるようになるかなと期待していますが、今は町内と、それから小梨地区に週一回、具体的には火曜日の午前だと思いますが、バスの運行をしています。

**熊谷郁雄さん**（二三区）　院長先生、ご苦労さんでございます。本町は住民の自治意識が高いと私どもは感じています。それで改めて話されると、やはり自分たちの地域は自分たちでつくって、将来、子供たちにも安心して暮らせる町づくりが必要なんだということを再認識いたしました。

実は町民病院に私の両親がお世話になっていまして、手厚い医療で本当にありがたいのですが、知合いの患者さんも同じように話していました。患者さん個人個人に医療スタッフの皆さん、先生、看護師さんがこれだけ手厚くやっている病院はない。給食までそれぞれの患者によって違っている、これだけやってもらって本当にありがたいって涙を流しながら話されたのを思い出しました。

実は私も何年か前にここの町民病院ではなかったのですけれど、入院した経験がありますが、改めて若いうちからというか、早いうちに病院に行って自分の身体を監視してもらいたいと思いました。院長先生も健康には十分注意されまして、町は一万人を切りましたけれど、いつかはまた戻ってくると思いますので、自信をもって取り組んでいってもらいたいという思いでいっぱいです。

**佐藤**　ありがとうございます。小さい町なのに病院がよくやっていると新聞やテレビとかでずいぶん取り上げてもらっているのですけれど、病院は医者とか看護師だけでは成り立たないんです。やっぱり住民がいて患者さんがこられるのが一番です。藤沢の町の人たちの我慢強さ、礼儀正しさとか、そういったものはかなり大きいんです。僕も岩手県をいろいろ歩きましたけれど、そういうところをよく感じるんです。医者が忙しいとか大変だということもよく分かってもらっているので、このままのそういうところに仕事のやり甲斐を求めてくる人は多いのではないかと思っています。

私もここで仕事を続けていい医療をつくっていきたい。

しかし私も皆さんと一緒で永遠に生きるわけではないんです。六五歳とか七〇歳になれば、体の調子も悪くなったりすることがあるんじゃないかと思います。だから最近、なんとかこれからの一〇年間、二〇年間は、僕もがんばるだけじゃなくて、次の体制をつくっていくということをやって、自分が欠けた後でもなんとか皆さんに支えてもらえるような病院にしたいと思っています。そのことを心がけていろいろな人と付き合っていますので、すぐにはできませんが、だんだんにいろいろなスタッフをかき集めてこれるようにしたいと思っていますので、よろしくお願いします。

**小野寺源七**さん（一七区）　私も地元に平成三年（一九九一年）に戻って来ましたから一七年目になります。他所に出て初めて地域医療の大事さを感じました。先生から藤沢町は自治組織の活動がすばらしいと言われましたけれど、そのことを特段、意識しないで暮らしていて、これが当たり前のようになっています。

反面、近年、意識の変化が非常に早いスピードで現れているという気がします。先程お話があった医療費の不払い。たぶん払える能力がありながら払わない方もいらっしゃるんです。私どもは仕事を通じて、その姿を見る機会があるんですけれど、意識の変化が非常に激しいと感じています。そのことを踏まえてこれから病院と自治組織とのかかわりをどうしていくのか、その辺にも目を向けていく必要があるという印象をもっています。いま先生から強い決意をいただいて、一つ、われわれも補助していければいいと思いますし、こういった場を定期的に設けていただくのは非常にありがたいことだなと思いますので、今後も続けていただければすばらしいと思います。今後ともよろしくお願いいたします。

**西功雄**さん（一六区）　私も最近感じたことをお話をさせていただきます。私は役場に四〇年近くお世話になりました。話のあった広島の御調町のこと、病院開設での県当局とのさまざまなやりとり、国とのやりとりなどを含めていろいろいきさつがありました。町づくりのこともほとんど分かっているつもりです。私たち町民がこれから町民病院をなくさないために何をすればいいかということにかかわっていいますと、実は、五年ぐらい前に院長先生に自治医大の先生になってもらいたいという話があったのですが、先生は私たち藤沢町民のために病院を続けたいということでその話を断りました。いま話にありました通り、全国的にみても公立病院は地域と行政と病院の三者が力を合わせないとなかなかうまい経営ができない時代になってきているのではないかと思いいます。

私も公私ともに病院にはたいへんお世話になっていまして、現在も私の母親がお世話になっております。そこで何かありましたら気軽に声を掛けていただければと思っています。何とか頑張りますのでよろしくお願いしたいと思います。

**佐藤**　ありがとうございます。いまのお話、皆さんに誤解がないように言っておきますけれど、すぐにという話ではないんです。母校の自治医大から地域医療学教室の教員として戻ってほしいという要請はありました。将来、地域医療学部門をつくっていく大事なメンバーの一人として卒業生を教員に残していきたいのでという話でした。しかしもともと大学には全然関心がないので、藤沢で仕事をしながら大学のためにできることがあれば何でもやりますと言っちゃったんです。余計なことを言わなければよかったなと思っています。

というのは、そのために大学の授業だとか学生の実習だとか、社会人教育のための講義だとか、年に四、五回は大学に行かなければいけないということになっていたからです。だけれど、その分、大学からいろいろな面で強力な応援をしてもらっているので、そういう意味ではいいかなと思います。そういうわけですので〝なんだ、また今日も院長は出張か〟というふうに思わずに温かく見守っていただければと思います。

いろいろな歴史的なことがあって、私も卒業生の一人としてなんとか自治医大を盛り上げたい、またそうしなくちゃいけないという気持もあるんです。同窓会の副会長もやっていまして、いろいろな機会になんとか大学を盛り上げていきたいと思っていますので、極力、皆さんに迷惑がかからないようにはしたいと思っているのですが、授業はどうしても平日になるので不在のさいには、そういうやむを得ない事情だなと思って、ぜひ、ご理解をお願いしたいと思います。

**司会**　ここでPRをさせていただきたいと思います。実は先ほど院長先生のお話のなかにもありましたが、町民病院は自治医科大学や県立磐井病院から臨床研修のドクターが一カ月研修ということで来てもらっています。今年に入って四月からですけれど、自治医大のお三人の若いドクターが研修のために町民病院に来られています。またこれからのことをご紹介しますと、一〇月と一一月にそれぞれ自治医科大学から一人ずつお見えになります。それと磐井病院からお二人。たしか一一月と二月だったと思いますが、お越しになる予定です。

保健・医療・福祉意見交換会のなかで臨床研修医の先

生方の研修報告をさせていただけるという機会を設けています。有線放送でも流しておりますが、そういった時期、時期にぜひ皆さんにもご出席いただいて励ましていただければと思っております。

それと町民病院でＮＳＴ（栄養サポートチーム＝病院内の委員会の一つ）ということで、毎月学習会をしています。老健の会議室で夜間にやっています。これもそのつど有線放送で流しております。それぞれテーマを決めて毎月やっているのですが、十何回になっています。そういったことで町民の皆さんにいろいろな情報に提供をさせていただく取り組みをしておりますので、ご都合のつく方は、ぜひ、お出でいただければと思います。

**佐藤**　自治医大と、それから県立磐井病院からの研修医の方々とのおつき合い、ぜひ、皆さんよろしくお願いします。まだ不確実なのですが、一昨年研修に来た人で、この病院で勤務したいという希望をもっている人も出てきています。それはなぜかというと、やはり職員とか患者さんとか、患者さんの家族と接して、こういう町で仕事をしたいという思いをもったんだと思うんです。

ＮＳＴのほうは渡邉龍太郎内科長が主催しているのですが、院内の勉強だけではなくて、住民の皆さん、患者の皆さん、家族の皆さんも参加しての勉強会としてやっていますので、そのつどご案内しています。今年の秋は糖尿病の勉強会です。これは専門職向き勉強会ですが、一関市で東北六県から糖尿病の専門職の人に集まっていただいて勉強会をする予定です。ぜひ、関心のある方は参加していただければと思っております。

私の考えでは、医者と皆さんが一対一で、診察室の密室で話し合うのも、診療という意味ではいいと思うんです。しかし藤沢の医療を育てていくには、やっぱり一対一で診察室、密室で話し合っても、お互い、自分の気持だけでいっぱいになってしまい、なかなかうまくいかないんです。診察室の外で、明るいところで、大勢でこれからの藤沢の医療を考えるというのがすごく大事だと思います。そういったことに、ぜひ、参加したいという思いで来る先生も多いわけです。住民の皆さんも、ぜひ、積極的に参加していただけたらと思います。

**佐藤行雄**さん（一三区）　病院の駐車場のことでございますけれど、この機会ですからお願いしておきます。雪が降って積雪の状態になった場合、駐車場が非常に危ないです。とくに老健側、「老健ふじさわ」の玄関近くに山のように雪が積まれている状態を見たことがあるんですが、非常に危ないので除雪を早めにしてほしいのです。駐車場が足りないところでは足元に不自由なものがあると、これも危ないです。いま業者がいくつもあるのでいちはやく除雪してもらって安全で、怪我人がでないようにお願いしたいと思います。

**佐藤**　除雪は大変難しい問題です。雪が降りますと職員は八時前、早い人は七時半ぐらいに来て除雪をしています。それでもどんどん降っていくうえに、車もどんどん止まっていくので完全な除雪は難しいのですが、足の不自由な人が通るということで、できるだけ除雪をしています。フジテック岩手㈱というところから除雪機を寄付していただいたりしてやっています。近所の方で腕に自信がある方はぜひ病院に駆けつけていただいて、除雪に協力していただければと思います。結局、病院が除雪するときは、ここら当たり全部、除雪が必要なんです。だから、自分ちの前とか道路とかが優先になるでしょうけれど、雪が多いときは、ぜひ、病院に駆けつけて応援していただければというふうに思います。

先程言いましたように、お金を掛ければいろいろなことが解決するのは私もよく分かるんです。しかし病院にはそれだけの資金的な余裕がないんです。除雪をどんどんやるために常時契約しておいて、何センチになったら一冬何百万でやってくれというふうにはなかなかできない。そういったことをやって、もし病院が赤字になったときに町の会計からお金が入ってくるということも大変難しい状況なので、数少ない職員で当たっているというのが現状なんです。というわけで、雪が降ったら一人でも多く、ぜひ、病院に駆けつけていただいて、お手伝いいただけたらうれしいと思います。

今日あまり女性の方の意見がないので、これからマイクを回していただいて、ぜひ、女性の皆さんのご意見を伺いたいと思います。

**司会**　女性の方からご発言いただけないでしょうか。

**佐々木ゆり子**さん（二一区）　いろいろ先生のお話を聞いて、地域にいい病院があり施設があるので私もおばあさんがおりますけれど、老後を安心して暮らせると感じています。わたしもこういう勉強会には時間の許す限り参加させていただいております。やはり病院の先生方、それから事務局の皆さん方も毎日の仕事があるなかナイトスクールを開催するというのは大変なことでしょうけれど、一人でも多く参加するように地域のなかで声を上げていきたいと思います。どうぞ、これからもいろいろなことを教えていただき、またこういう勉強する機会を与えていただきたいと思います。

**佐藤**　どうもありがとうございます。これからもこのナイトスクールに限らず、皆さんと一緒にやっていきたいと思います。この間も一五周年の節目で勉強会をしました。これは非常に私が尊敬している千葉の東金病院の平井先生の真似をして研修医の報告会をやっているんです。その勉強会にも大勢参加していただいて、来られた先生方も非常に喜んでお帰りになりました。そういうことがやれるというのもやはり藤沢の力だと思うんです。勉強会、意見交換会に出てきて自分の意見を言ってくれたりするのは非常に大事なので、これからも企画しますので、ぜひ、よろしくお願いしたいと思います。

**阿部毅**さん（二三区）　深萱の阿部でございます。二つ、お尋ねしたいことがあります。

一つは、私は若い頃からあまり丈夫なほうではございませんので病院によくかかるんです。入院するとかそれほど重病ではないんですが、風邪を引いたり、体力的に調子が悪いときがあります。そういうときに、半日行けば治るというものなのに病院に行かなくて、二、三日後に行って一週間休む。それではいかんのじゃないか。調子が悪かったらすぐ医者に行こうと決心したのです。

有給休暇は一日だったんですけれど、会社に半日休暇を認めてもらって、休みは取ったんですが、いざ病院に行くと、朝の七時とか八時とかに行っても、もう札が取れないんです。五時、六時、七時あたりぐらいから並んでいる年配の方々がいるわけです。そんなわけですが、仕事をしていて医者にかかりたいという人を早く診ていただいて早く回復させるほうが、本人のためにも会社のためにもいいんじゃないかという思いをずっと前から思っていたんです。その辺のところは、大変難しい判断だと思いますけれど、待っている方に気分の悪い方はいらっしゃいませんかとか、声を掛けてもらえば、私はすぐに手を挙げて言いたいんです。そういう配慮があれば助かるんですがどうでしょうか。

もう一点は医薬分業の話なんですが、今はどこの病院に行っても医薬品、薬が非常に多くあります。それにどういうわけなのか、とにかく薬局へ行ってくださいといいます。公立病院は赤字だ、赤字だというのにどういうわけなんだろうかと大変気になっているんです。私は間違っているのでしょうか。

**佐藤**　大変いい質問とご意見だと思うんです。私も待たせるのは得意ですけれど、待つのは苦手です。去年、ここに腫瘍ができまして大学病院歩きしたんです。予約を取っていても一時間、二時間待つのがざらなんです。何時に来いと書いてあるのに待たせられるんです。それはうちの病院もそうです。九時と書いてあっても一〇時、一一時になってしまう。病気の治療と仕事との両立というのは大事だと思うんです。仕事を何回も休まなければいけないとなると支障が出る。そうすると結果的に長いこと仕事を休んでしまうことになりますから、おっしゃるように気軽に早くかかれるというのは大事ですね。

**椎名くに医師**（藤沢病院医師）　外来の混み具合についてなんですけれど、ぜひ、電話をご活用いただきたいと思います。電話でのおたずねのときに聞いていただければ事務のほうで混み具合いは分かりますのでお話できるかと思います。それと、どうしても予約の方や救急の方を優先しますので、救急車が入ってしまいましたら、時間がずれていくことがございますけれど、それにつきましてはやはり病院の性質上、皆様のご理解、ご協力を、ぜひ、お願いしたいと思います。

**佐藤**　もし具合が悪い方、お急ぎの方がいましたら受付のときに言っていただければ早めにカルテが回ってくるようになっていますので、ぜひ、ご活用をお願いしたいと思います。

その他、できましたら午後の外来を活用していただいたらいいんじゃないでしょうか。午前中だと、たとえば七時に来られても外来が始まるのは、流れからして九時からなんです。そうすると八時に行っても九時に行っても一、二時間待ち時間がある。午前中は、バスの人が黄海地区三〇人とか、五〇人とかそれぞれ予約して来ますからしっかり入っています。ですけれど午後はバスも入っていません。午後は二時からスタートして三時半で受付が終わるんです。ですから、もし早くというならば三時頃に来てもらえば、どんなに待っても四時か四時半ぐらいには終わります。働く人のためにということで午後の外来と土曜日の外来をやっています。午後は年金受給の人は少ないでしょうから、ぜひ、お出でください。本人一人では来れないので、付き添いの人と午後に来るという方がいらっしゃるのでガラガラというわけではないのですが、比較的、空いております。午後もできるだけ大勢のドクターを集めるつもりです。幸い、かつてここで勤務して自治医科大学に戻った方のうちにも、一週間に一回位は応援にいきたいといってくれている人たちがおりますので、そういう人たちにも応援をいただいて、何とかあまり待たせないようにしたいと思います。

医師も少ないなかで毎日がんばっておりますので、ぜひ、皆様のご理解、ご協力、それからこちらの制度のご活用をお願いしたいと思います。

それからもう一つ、医薬分業。非常にいい質問をいただいたなと思っております。実は二次医療圏といっているんですが、昔の両磐、今の一関地方で、一番最初に医薬分業を始めたのはうちなんです。医薬分業というのは患者さんが希望したときに、どこに行っても薬と交換できる処方箋を出す。院外処方箋というんですが、それを出してやれるようにするため、平成八年（一九九六年）に医薬分業推進協議会というのをつくって二年ぐらい活動したんですけれど、うちの病院は最初でした。病院の薬局で薬を出す院内処方は安いのですが、院外処方箋は高いです。だから今でも希望の人は私たちの病院で院外処方箋をもらって丸久さんに行ったり佐庄薬局さんに行ったり、それから千厩、大東に住まれている人でも自分のお住まいの薬局で用が足せるということをやっているんです。

しかしいま、国が言っているのは一〇〇％院外処方にしろということなんです。これは私たちも検討しました。実は今年の一〇月一日からやる計画だったんですが、バスで受診にくる人が多いとか、いろいろな問題があり、院内でもいろいろな意見がありますので、延ばしております。

もう一つは、いま薬をかなりジェネリック薬品（後発薬品）というのに替えているんです。そうすると患者さんの負担は減るので、病院の取り分が割合としては増えるんです。そういったことでだいたい一年間に五〇〇万円とか一〇〇〇万円ぐらいの薬価差益の収入があるんですが、これが全部、院外処方になるとゼロになる。ということで病院の収入にもマイナスに働く。

では、なぜ、他の病院は院外処方になっているかというと、薬剤師の数を減らせるというメリットがあるからなんです。ですが私たちの病院は三人しかいないのに老健もやり特養もやり病院もやるのは難しいなということで、今回は院内処方ということにさせていただきました。

でも院内処方を続けていってもやっぱり経営は厳しいんです。なぜかというと、病院に来て薬をもらって薬がなくなるとまた来ますね。ところがその人しか飲まないという薬もあるんです。非常に少ない薬がある。ところがその人が別な病院に移ったとすると、薬だけが残る。それは全部捨てる薬になるんです。それから毎年、薬価改定というのがあって一〇〇円の薬を八〇円で仕入れて一〇〇円で患者さんに手渡していたのが、次の年には八五円で買って九〇円で手渡すみたいな変更がある。そして利幅がどんどん小さくなるような仕組みがあるんです。

そこで、安くて、なおかつ病院の取り分も多く取れるような薬に順次切り替えています。そうするとどうしても不便が起こるわけです。私たちは薬の名前を全部覚え直さなければいけない。そして患者さんには見かけの違う薬がいくということを了解していただかなければいけないということになります。

それで皆さんにお願いしたいのは、病院でお薬を続けてもらいたい方については、病院の薬が替わるということはお知らせします。説明もします。そういった背景があって病院経営のためにどうしても薬を定期的に替えていかなければならないので、見掛けが替わりますが、薬効については一緒だと理解していただき、ぜひ、ご協力をお願いしたい。

それから非常に少数しか飲んでいない特殊な薬というのは、できたら院外処方でお願いしたい。実は薬剤師会のなかでは、その人が通院しなくなったら残った薬を他所でまた処方できるんですけれど、私たち病院側は買い取ったらそれで終わりなんです。そういうことで、どうしても薬が無駄になりやすいということを、ぜひ、ご理解いただきたいと思います。バスで来られた方にも必ず調剤薬局まで歩いてもらわないといけないというのはなかなか難しいと思っていますので、当面、院内調剤でいきたいと思います。

それから実は、医局の先生とか薬剤師さんからは、僕らがもっとがんばって仕事するから患者さんに不便になるようなことはしないで、なんとか続けてほしいという意見もありました。大変立派な意見だと思うんです。そういうことで長期的にいうと院外処方、医薬分業のほうが多分メリットがあるのでしょうが、当面、地域の特性を考えたらある程度利益が生じて、病院の薬剤師とか事務の人に人件費をきちっと払えるような工夫をしてきているので当面は院内処方でいきたいと思います。

希望の方には必ず院外処方箋を出しますので遠慮なくおっしゃっていただければと思います。現在、ほぼ一％が院内処方です。みてみると町外の方が多いんです。訪問医療を受けている町外の方からも薬をうちまで持っていかれるので、便利だといっていただいております。こういうふうに病院のほうもいろいろ工夫をして、電子カルテでお薬の中身を確認しながら窓口で皆さんに安全にお渡しするということで続けていますので、ぜひご理解、ご協力をお願いしたいと思います。

**司会**　そのほか皆さんのほうからございますでしょうか。もしなければ、閉会にしたいと思います。

**佐藤**　遅くまでありがとうございました。また来年、再来年とお邪魔しまして、皆さんと意見交換をしたいと思っていますので、その折はどうぞ温かくお迎えいただけますよう、お願いして今日の会を終わりたいと思います。どうもありがとうございます。

**司会**　以上で二〇〇八年度の黄海地域ナイトスクールを閉じさせていただきます。ご苦労様でした。

## 3　ナイトスクール傍聴記

**大本**　私は、これで二回ほどナイトスクールに参加させていただきましたが、佐藤元美先生のお話は今回も明快でしたし、また住民の方々も意見をなかなか活発に出され感心しました。藤沢町では住民主体を旨として長い年月をかけて住民の方々を育ててこられましたが、住民が育ってくると今夜のナイトスクールの住民の方々のように自分の意見をはっきり述べるようになり、お役所も病院も緊張しますね。このような双方の対話のなかで、双方の改善が進んでいくのだなと深く感じ入り、とても素晴らしいことと思いました。これが民主主義なのだと改めて学ばせていただきました。

ここ藤沢町には小さな市民社会というのが形成されてきていると感じました。市民社会というのはなにも都会だけにあるのではなくて農村にもある。なかなかなものです。

**佐藤**　住民の方々がナイトスクールに参加するというのはここの伝統ですが、これは本当にすばらしい財産です。

**吉田**　ここのある町議会議員さんのいっていたことなんですけれど、私たちは当たり前だと思ってやってきた。常々やっていることは自分たちのためになる。誰もやってくれるわけじゃないから自分たちがやらなければというスタンスで物事を考えてきた。それが他所からみれば大変すばらしいことだと評価されると改めて本当にそうなのかなと気付かされる。

やっぱり第三者からそういう評価をいただくと、自分たちの積み重ねてきたことを改めてひもといたとき、自分たちが普通だと思って一生懸命やってきたことが、〝えっ、そんなにすごいこと〟だったのというところに立ち返るわけです。そうすると、じゃあ、〝もっとがんばろう〟とすごく励まされますね。

**大本**　本当に、すばらしいことです。いろいろと学ばせていただきお礼申し上げます。

**吉田**　でも議員さんたちが、そういうふうに自分たちのやってきたことを客観的にみてとれるというのも、いま、議員さんをやっていても前は自治会長さんをやられてきた経験があるからです。

**大本**　町長さんをはじめとして合併推進のように受け

止めましたが、合併するとこの病院がどうなるのか気掛かりです。どうしても合併しなければいけないのでしょうか。

**吉田**　この間の話し合いでもやっぱりそのことが出ました。町民の皆さんも合併でどうなるのという不安をお持ちです。あくまで仮定ですけれど、もし町民病院をつぶすなんていう話になったときには、住民はだまっていないという姿勢になるかもしれないですね。相手があることですから、私たちも軽々しくは言えないんですけれど、ただ、市民の生命と健康を守れない自治体というのがあっていいのかという思いは、こういう小さい自治体でも強くもっています。大きな市になったら市民の生命と健康を守るという発想がないんですかね。どうなんでしょう。私たちが今までやってきたことが否定されると、これからも守り育てようとする理念まで失ってしまうような反動があるようで、仕事に手がつくかわからないですね。

**大本**　政府は管理しやすいから中央集権的にやりたいのでしょうが、基本はやはり自治と分権におくべきでしょうね。

**吉田**　そう思いますよ。

**佐藤**　政府・総務省は一万以下のところは一人前の市町村とは見なさず、権限も減らして、補助金も減らすという方針なのです。そうすると学校一つ建てられなくなるし、形だけの自治体になってしまう。本当にじり貧になるんです。だからよほど高収入な人ばっかりが集まるような町にでもならない限り駄目なんです。ただ、僕の本意ではないですけれど、病院がどんどん大きくなって七〇〇床位あって、病院職員が一〇〇〇人も二〇〇〇人も住むことになると話は違ってくるでしょうけれど、合併しない限り、一万人を切った町には将来性はない。

では、どうすればよいか。公的病院といってもいろいろな運営方法があります。最初の段階は地方公営企業法の全部適用なんですけれど、次が独立行政法人。その次に公設民営。それからあとは社会福祉法人、社会医療法人とかの特殊法人。

公務員型の独立行政法人まではいいんですけれど、完全な公設民営は全員民間人ですから、そこの問題はある。でもまだ少し時間的に余裕がありそうなので、僕の友だちがやっている公設民営の形態などをつぶさに観察しながら、どういうのがいいか考えていこうと考えております。

公設民営のいいところは、設置主体は公のままだから、赤字が出たら民営化しても援助しますよということができる。公設民営のための社会医療法人をつくって、建物や土地は町の共有財産、市の共有財産に移行してという公設民営は完全な民営というよりは一・五みたいな相違がある。

いまでも黒字を出して職員みんなで経営を考えているから公設民営もできるんです。ただ公設民営になれば、その瞬間から契約していないサービスはできなくなる。どんどん削っていくということになって、たとえばこういった住民との対話集会に今日も大勢職員が来ているのですが、果たしてそういうことが自然にできる病院でいられるかということはちょっと疑問なんです。今は公務員ですけれど八時間過ぎると、民間だからどうしても超勤だよねっていうことになる。

それから昔と違って住民立のような法人化もできるんです。だから場合によっては、住民立という形にすることもできるのではないかと思うんです。

ともかく、財政支援がだんだん減ってきており、高額な機械や建物への起債など、公益法人として受けてきたさまざまな財政的な支援なしに僻地医療を続けるのは不可能なんです。だからその辺がこれからの課題です。

**大本**　生き残り策にも苦労されていて大変ですね。お疲れのところ貴重なご意見を聞かせていただきましてどうもありがとうございました。

また、この度のヒアリング調査に当たり、藤沢町福祉医療センター事務局長の吉田浩和さんには調査のお手配をいただき大変お世話になりましたこと、お礼申し上げます。

（このナイトスクールの講話と意見交換と傍聴記は、二〇〇八年九月三日午後七時～九時に黄海《きのみ》地区公民館和室でおこなわれたものをテープを起こして整理したものである。）

**付記**――本稿は、佐藤先生にご一読いただき加筆訂正のうえ、大本の責任で補正したものである。

# あとがき

私が、市民社会と生活保障のつながりにかかわる研究に携わるようになったのは、二〇〇二年六月に鳥取市において開催された日本居住福祉学会で、藤沢町民病院院長である佐藤元美先生が講演されたのがご縁で、学会の有志五人で同年八月に藤沢町を視察したことが始まりである。訪問したさい、藤沢町の医療・保健・介護をはじめ農業、工業誘地などの産業政策に関する取り組みと地区自治会についての説明を受け、藤沢町の見るからに豊かさがしのばれる大きな藁葺き屋根の家屋を見学した。そのさい、私がもっとも興味を惹かれたのは藤沢町の自治会活動であった。それがきっかけとなり、再度、二〇〇三年八月に藤沢町を訪問して町全体のまちづくりの取り組みをヒアリングするようになった。それからゼミの学生と二度にわたり実地調査をしたこともあった。足かけ一〇年にわたり訪問している。そのたびに、企画室長であられた佐藤和威治氏をはじめ福祉医療センター事務局長の吉田浩和氏にはスケジュールから宿のお手配まで、至れりつくせりのお世話をしていただいた。感謝の限りです。

八千穂村・佐久病院を調査するにあたり、どこから切り込んでいいのか手探りしていたところ、二〇〇四年一一月に取りあえず佐久病院が存在する臼田町の総合福祉センターに飛び込み井出和夫所長と出会い、八千穂村役場保健福祉課係長の小林俊彦氏、八巻好美保健師、佐々木都氏など地元のキー・パーソンのご紹介をいただいた。お陰で調査の道筋が開かれたこと、感謝に耐えません。

二〇〇五年三月に八千穂村を訪問したさい、佐久町と合併した直後で忙しいなか小林俊彦氏には村の住民活動などの情報・資料収集でお世話になった。また女性企業家であり文筆家でもある清集館の佐々木都氏には、地域の状況、人の繋がりなどについて懇切丁寧にお教えいただき、佐久平地方の様子の分からない私には大変ありがたかった。

佐久病関係では、病院の医師である長純一先生から佐久病院の近況についてご教示いただいき病院の状況を把握するのに役立った。

三鷹市では、二〇〇九年に生活コミュニティ室の室長清水富美夫氏および職員の橋本和彦氏などの方々から大石田久宗氏を紹介いただき、故鈴木平三郎市長、安田養次郎前市長の仕事ぶりなどを伺うことができた。また井口コミュニティ・センターの海老澤誠氏をご紹介いただき大いに研究が前進しましたこと、厚くお礼申し上げます。

本書は、私が勤務していた東京経済大学において研究助成を受け、その成果を学会誌に研究資料という形で掲載したものを補正し、再録したものである。ともかく膨大な分量であるにもかかわらず快く継続して掲載していただきましたことに敬意を表します。掲載は以下の通りである。

本書の第一章は、『自治先進都市三鷹はいかに築かれたか（上）（下）』東京経済大学会誌二六七号（二〇一〇年一〇月）、同二六九号（二〇一一年二月）にもとづく。

第二章は、『戦後日本における予防・健康運動の生成・発展・現段階――佐久病院と八千穂村との歴史的協働（コラボレーション）を中心に（上）（下）』東京経済大学会誌二六一号（二〇〇八年一二月）、同二六一号（二〇〇九年三月）にもとづく。

第三章は、『真の住民自治こそ地域再生・創造の原動力――岩手県藤沢町長　佐藤守氏に聞く』東京経済大学会誌二四九号（二〇〇六年三月）、『二一世紀の住民自治と生活保障を考える――大本圭野ゼミの藤沢町ケース調査を中心に』東京経済大学会誌二五三号（二〇〇七年三月）、『住民が医療の運営者であってこそ医療の再生がはじまる――岩手県藤沢町立病院保健・医療・介護の一体化戦略を中心に』東京経済大学会誌二六五号（二〇一〇年二月）にもとづく。

その他、千葉県我孫子市および福島県西会津町に関する事例調査を、同様に東京経済大学会誌に発表したが、本書には掲載できなかった。興味をもたれる方は以下を参照されたい。

都市型モデルの一つである我孫子市の調査は、三期一二年間にわたり市民自治の形成と新しい公共性の実現に努力されていた福嶋浩彦前市長からインタビューしたものである。我孫子市もＮＰＯなど市民組織の活動拠点、かつ市民の学習・交流の場として市民センターを設置し、市民により湖沼の環境整備をおこなうとともに、障がい者が住みやすいまちを形成している。ユニークな事業としては市当局が、「提案型公共サービス民営化制度」で市民が事業を提案し採用されれば公共サービスを担える仕組みをつくっていることがあげられる。福嶋浩彦前市長とのインタビューは「市民自治の可能性の実現をめざして」と題して『東京経済大学会誌』二五五号（二〇〇七年一〇月）に掲載されている。

また農村型モデルの一つである福島県西会津町の調査は、山口博續前町長をはじめ関係者の多大のご協力をえて「〝百歳への挑戦〟を支えるコミュニティーの創造」と題して『東京経済大学会誌』二五七号（二〇〇八年二月）に掲載されている。内容は、①「〝百歳への挑戦〟を支えるコミュニティーの創造」（山口博續西会津町長へのインタビュー）、②「保健・医療・福祉の連携の現場から」（西会津町保健センター・健康支援係長の新田幸恵氏へのインアタビュー）、③「産業おこしとしてのミネラル農法」経済振興課長・斎藤久氏、④「にしあいづ健康ミネラル野菜普及会の活動と課題」（にしあいづミネラル普及会」前会長・宇多川洋氏）からなる。

調査をおこなったが、未発表である調査に長野県松川町の活動を取り上げた「住民の主体の学習活動による健康づくり—長野県松川町の事例を中心に」というインタビューがある。内容は、社会教育主事の松下拡氏がリーダーとなり昭和三〇年代前半から公民館活動の一環として保健師の指導を仰ぎながら、住民自身が健康学習と住民の自主的な実態調査活動をもとに健康づくり運動を展開し、市民意識の向上を実現してきた。ここにも市民が主体となって生活保障を築く土壌の形成がみられる。いずれ発表の予定である。

最後に、日本経済評論社の社長栗原哲也氏には出版にあたり快くお引き受けいただきましたこと、編集担当の清達二氏からは丁寧なご指摘を数々いただきましたことに、この場をお借りして改めてお礼を申し上げます。

二〇一二年二月二七日

大本圭野

［編著者紹介］
大本《おおもと》圭野《けいの》
広島県福山市生まれ．東京教育大学大学院理学研究科修士課程修了．特殊法人社会保障研究所（現 社会保障・人口問題研究所）主任研究員，立教大学，東京大学社会科学研究所，成城大学、東洋学園大学の各非常勤講師，東京経済大学教授などを経て，現在，生命地域研究所代表，学術博士．
主著に，『生活保障論』（ドメス出版，1979年），『証言 日本の住宅政策』（日本評論社，1991年），『講座 現代居住1 歴史と思想』（編著，東京大学出版会，1996年）『戦後改革と都市政策』（日本評論社，2000年），『日本の居住政策と障害をもつ人』（東信堂，2006年）ほか．

わが町はいかにして先進自治体となったか
交響する地域自治と生活保障

2012年 3 月20日　第1刷発行

定価（本体6800円＋税）

編著者　大本圭野
発行者　栗原哲也
発行所　株式会社日本経済評論社
〒101-0051 東京都千代田区神田神保町3-2
電話 03-3230-1661　FAX 03-3265-2993
E-mail: info8188@nikkeihyo.co.jp
振替 00130-3-157198

装丁＊渡辺美知子　中央印刷・高地製本

落丁本・乱丁本はお取替えいたします　Printed in Japan

ISBN 978-4-8188-2202-3

# 巻末資料

●資料1

## 第3回　コミュニティ・カルテ アンケート調査

駅前周辺住区

昭和62年9月　実施

調査のお願い

三鷹市では、昭和56年・59年と、これまで2回のコミュニティ・カルテを実施しています。これは、アンケート調査の結果分析等をもとに、市民の皆さんから「コミュニティ・カルテ」(地域の生活環境の診断書)を提出していただき、地域のまちづくりに生かしていくというものです。

今回の第3回コミュニティ・カルテも、こうしたこれまでの方法と基本的に同じように進めますが、特に次の2点に目標をおいて、アンケート調査を行います。

つまり、市民の皆さんの意向の中から、

①　現在の「基本計画(改定)」の計画期間中(昭和65年まで)の残された課題を探り、最後の実施計画(第4次)に反映させていく。

②　21世紀に向けた地域の将来像を探り、昭和65年度以降の新しい基本構想・基本計画に生かしていく。

というものです。

また、地域の皆さんが地域ごとに行う第2部の「住区独自アンケート」(市内7つの住区でそれぞれ異なる調査票です)も、同様に市の実施計画や今後の住区の活動を進める上での重要な調査となります。

以上のことなどをご理解の上、ありのままのご意見をお聞かせいただきたく、ご協力をお願いいたします。

三鷹市長　坂本貞雄

## 駅前周辺住区各位

三鷹市では、「ふれあいをもつ生活都市」を実現するために市民の積極的な市政参加により、快適で安全な住みよい都市づくりを進めています。

この市政参加の一環として、コミュニティ・カルテ（市民の意識アンケート）を実施しております。

今回のアンケート調査は、第3回コミュニティ・カルテとして、前回までのカルテで未着手の課題や取り組みの遅れている課題等について、もれなく市民の皆さまのご意見を聞かせていただきたいという主旨で行うものです。

駅前周辺住区アンケート調査についても、前回同様未解決な放置自転車問題・駅前再開発・コミュニティセンター建設の三つの課題を中心に作成し、駅前周辺住区の皆様の意見を伺い、市政に広く取り入れられ速やかに実現することを望むところであります。

つきましては、市民の皆さまにはお忙しいところ恐縮ですが、駅前周辺住区独自アンケートへのご協力をよろしくお願い申し上げます。

昭和62年9月

駅前周辺住区コミュニティ研究会準備会
会長　○○○○

---

◎お答えを記入される際のご注意

①　記入は、黒色の万年筆、ボールペンまたは鉛筆でお願いします。

②　お答えは、あらかじめ用意された回答項目の番号または項目を「○」印で囲んでください。

③　お答えは、原則として1つだけ「○」印をつけてください。ただし、質問に「2つまで」等の指定があるものは、それに従ってください。

④　お答えは、ご家族と相談していただいても結構です。

⑤　ご記入いただきましたら、9月30日（水）までに、同封の返信用封筒（切手不要）にて調査実施機関の㈱社会調査研究所あてに、ご返送くださるようお願いいたします。

⑥　この調査に関して、不明な点等がございましたら下記へご連絡ください。

| 三　鷹　市 | 調査実施機関 |
|---|---|
| 企画部企画調整室 | ㈱社会調査研究所 |
| 担当：○○、○○ | 担当：○○、○○、○○ |
| 0422(45)1151　内線313 | 03(267)6871 |

## 〈全住区共通アンケート〉

### I　生活環境についておたずねします。

**問 1**　あなたは、現在お住まいの環境にどの程度満足していますか。次の(1)〜(12)のそれぞれについて、あてはまるものを1つ選び、○印で囲んでください。

また、以前から三鷹市にお住まいの方は、3年ぐらい前と比較してどうかについてもお答えください。

| | 現在 | | | 3年ぐらい前と比べて（ここの回答は三鷹市に3年以上お住まいの方だけお答えください。） | | |
|---|---|---|---|---|---|---|
| | 満足している | どちらともいえない | 不満足である | 良くなった | 変わらない | 悪くなった |
| (1)　交通対策等、道路の安全性について | 1 | 2 | 3 | 1 | 2 | 3 |
| (2)　火事や地震の際の防災対策について | 1 | 2 | 3 | 1 | 2 | 3 |
| (3)　風紀や防犯対策について | 1 | 2 | 3 | 1 | 2 | 3 |
| (4)　悪臭・騒音・空気のよごれについて | 1 | 2 | 3 | 1 | 2 | 3 |
| (5)　通勤・通学の際の交通の便について | 1 | 2 | 3 | 1 | 2 | 3 |
| (6)　緑や公園、散策する道について | 1 | 2 | 3 | 1 | 2 | 3 |
| (7)　子供の遊べる広場などについて | 1 | 2 | 3 | 1 | 2 | 3 |
| (8)　病院や診療所について | 1 | 2 | 3 | 1 | 2 | 3 |
| (9)　図書館やホールなど、文化施設について | 1 | 2 | 3 | 1 | 2 | 3 |
| (10)　グランドや体育館など、スポーツ施設について | 1 | 2 | 3 | 1 | 2 | 3 |
| (11)　日常の買物の便について | 1 | 2 | 3 | 1 | 2 | 3 |
| (12)　以上を総合した生活環境全体について | 1 | 2 | 3 | 1 | 2 | 3 |

### II　将来課題の選択についておたずねします。

**問 2-1**　三鷹市で文化施設を建設する場合、そのあり方として、あなたはどれが一番よいとお考えですか。次の中から、近いものを1つだけ選び、○印で囲んでください。

1　建設経費が高くついても、大型で多目的な総合文化施設を1つ建設すべきだ
2　運営経費がやや割高でも、小規模の専門施設を複数建設すべきだ　→ 問 2-2 へ
3　その他（　　　　　　　　　　　　　　　　）
4　特に考えたことがない

〈問 2-1 で 2 と答えた方に〉

**問 2-2** では、特に建設してほしい施設を 2 つまで選び、○印で囲んでください。

1 散歩がてら気軽に入れる小美術館
2 室内楽が聞ける程度の小さな音楽ホール
3 市民が音楽の練習をしたり、絵のデッサンができるような練習室等の施設
4 演劇などが気軽に見られる小演劇ホール
5 その他（ ）
6 特に考えたことがない

**問 2-3** あなたが希望する文化施設は、どこにあれば一番いいと思いますか。次の中から、最もよいと思われる場所を 1 つだけ選び、○印で囲んでください。

1 三鷹駅南口周辺
2 三鷹市の中央部
3 市役所付近
4 その他（具体的に： ）
5 特に考えたことがない

〔参考〕

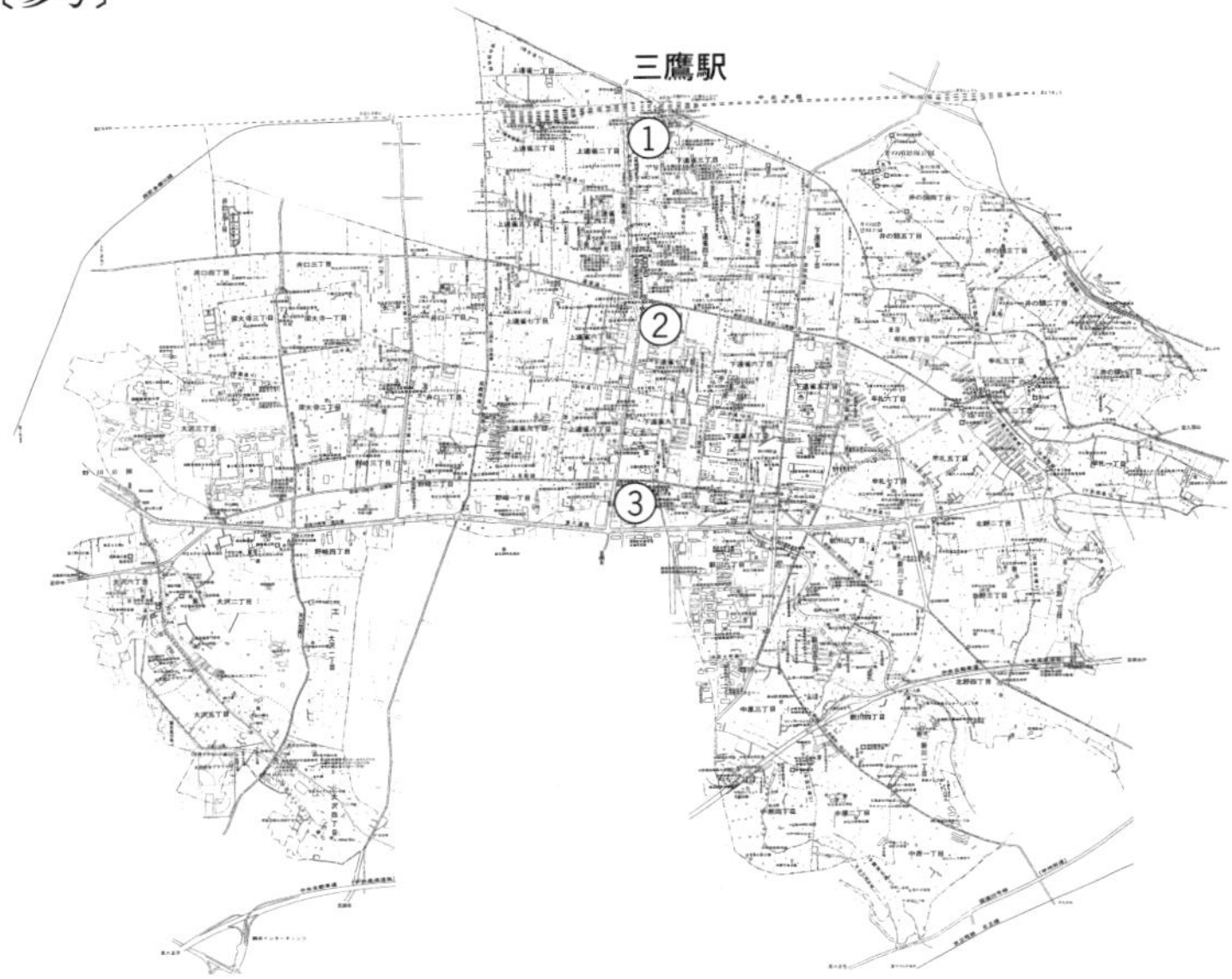

**問3**　三鷹市では、児童・生徒数の減少にともない、空き教室（余剰教室）が、小学校で105、中学校で23（いずれも昭和62年2月1日現在）も生まれています。現在、教育相談室やランチルーム、また多目的教室のほか防災倉庫といった形で活用されていますが、今後あなたは、こうした空き教室をどのように活用すべきだとお考えですか。次の中から近いものを2つまで選び、○印で囲んでください。

1　ランチルーム、多目的教室、クラブ室など学校教育の充実に使用すべきだ
2　地域の集会室など、近隣の市民の施設として活用すべきだ
3　防災倉庫など、地域に足りない施設に活用すべきだ
4　高齢者のための施設や学童保育所など、福祉の関連施設として活用すべきだ
5　1クラス当たりの児童・生徒数を減らして、30人学級の実現のために活用すべきだ
6　学区域の再編成を行い、学校の数を減らし、他の足りない公共施設への転用などを大胆に考えるべきだ
7　その他（　　　　　　　　　　　　　　　　　　　　）
8　特に考えたことがない

**問4**　三鷹市では、魅力ある教育環境づくりの一環として、校外学習施設の建設や青少年国際交流基金の設置などを行ってきましたが、今後、市がさらに力を入れて取り組むべきものとして、あなたは次の中からどれを選びますか。近いものを2つまで選び、○印で囲んでください。

1　30人学級などゆとりある教育の実現
2　教育内容を向上させるための校外学習施設や特別教室などのいっそうの充実
3　教材やクラブ活動などの充実
4　登校拒否や非行化を生まないための教育相談などの充実
5　ランチルームや多目的教室などの充実
6　外国人講師による英会話など国際交流教育の充実
7　INS（高度情報通信システム）による学校間の交換授業などの充実
8　高度情報化社会に向けたコンピュータ教育などの充実
9　公衆道徳や情操教育などの充実
10　その他（　　　　　　　　　　　　　　　　　　　　）
11　特に考えたことがない

**問5** 三鷹市内やその周辺には、井の頭公園や野川公園などの大きな公園があります。また、154箇所の市の公園（昭和62年4月1日現在）があります。

三鷹市では、「緑計画」を策定し、これらの公園の相互の連係を図りながら、計画的に整備を進めようとしています。

今後、あなたのご近所に公園がつくられるとするなら、あなたは、どのような公園をつくってほしいと考えますか。次の中から、近いものを1つだけ選び、○印で囲んでください。

1 幼児、子供たちの遊具の置いてある公園
2 樹木がたくさんある、避難場所もかねた自然公園
3 キャッチボールなどのできる公園
4 地区集会場、コミュニティ施設を含んだコミュニティ公園
5 学校の校庭を活用した学校公園
6 彫刻などを配置した文化性の高い公園
7 原っぱのような広場的な公園
8 その他（　　　　　　　　　　　　　　　　　　　　　）
9 特に考えたことがない

**問6** 東八道路（30ｍ道路）の三鷹市内分が開通することによって、三鷹市における交通の流れや都市としての構造が、大きく変わるといわれています。今後、この道路を三鷹市の新しい中心の街路として考えていく場合、あなたはどのような整備を進めていくべきだと考えますか。次の中から近いものを1つだけ選び、○印で囲んでください。

1 国や東京都等に働きかけ、東八道路に地下鉄やモノレールを整備し、都心への交通の便をいっそう良くしてほしい。
2 周囲に緑や公園を配置し、楽しく歩ける道にしてほしい。
3 商業の活発な地域になるよう大型店舗の誘致などを図ってほしい
4 高度情報産業に関連する業務施設を誘致してまちの活性化を図ってほしい
5 流通センターなどを誘致して産業振興を図ってほしい
6 その他（　　　　　　　　　　　　　　　　　　　　　）
7 特に考えたことがない

**問7** 最近、川や水辺が、治水の視点からだけでなく、まちづくりの視点からも注目を集めるようになっています。

三鷹市でも、東京都の「武蔵野の路コース」の指定を受けて、野川や玉川上水の整備を進めるなど、積極的な取り組みを行っています。

〔問６の参考〕

あなたは、今後、これらの整備を進めていく上で、どのような点に配慮すべきだと考えますか。次の中から近いものを２つまで選び、○印で囲んでください。

1　川や水辺は、都市における自然環境として重要なので、なるべく現状のまま保存すべきだ
2　川ぞいの道などは、楽しく歩ける遊歩道として整備すべきだ
3　小さな用水路などは、ふたかけをして、上に人工のせせらぎや遊歩道を設置すべきだ
4　川や水辺の周辺には、史跡なども多いので、「歴史の散歩路」として一体性をもたせた整備を考えるべきだ
5　子供たちが、川岸で水遊びできるような整備も考えるべきだ
6　川などにそった道は、歩行者だけでなく、車や自転車も共存できる新しい交通網として整備を考えるべきだ
7　植物や昆虫等の生息にも十分配慮した整備を考えるべきだ
8　その他（　　　　　　　　　　　　　　　　　　　　　　　　　）
9　特に考えたことがない

問8　地域で行う福祉施策として、あなたは次の中から、どれに最も力を入れてほしいと思いますか。あなたが望まれるものを次の中から2つまで選び、○印で囲んでください。

1　歩道の点字ブロック、オルゴール付き信号、車イス利用可能なトイレやスロープの設置など、福祉のまちづくりを進めてほしい
2　ホームヘルパー（家庭奉仕員）の派遣や心身障害者福祉手当てなど障害者（児）のための援護制度を強化してほしい
3　高齢者・障害者（児）の世話をするボランティア（奉仕）活動を盛り上げてほしい
4　障害者（児）が普通の社会生活を送れるよう訓練施設や福祉作業所機能を充実してほしい
5　安心して老後が暮らせるよう、有料でも福祉サービスが受けられるような施策を工夫してほしい
6　コミュニティセンターや病院の周辺などに、障害者や高齢者が安心して暮らせるような介護サービス付き住宅を建設してほしい
7　その他（　　　　　　　　　　　　　　　　　　　　　　　　　）
8　特に考えたことがない

問9　これまでお答えになったことを含めて、これからの市政であなたが特に力を入れて欲しいと思われる施策はどんなことですか。次の中から特に力を入れて欲しいものを3つまで選び、○印で囲んでください。

1　市民を病気などから守るため、保健や医療の施策に力を入れる
2　障害者や社会的に弱い立場にある人たちへの福祉の施策に力を入れる
3　保育所や学童保育所など児童福祉の施策に力を入れる
4　高齢化社会へ向けてお年寄りの生きがいづくりや健康管理に力を入れる
5　次代を担う子供たちを立派に育てるため、教育内容の充実や非行防止対策などに力を入れる
6　市民の教養を高め、余暇を楽しめるよう芸術文化や図書館活動、スポーツ活動などに力を入れる
7　幹線道路の整備や自転車対策など、道路・交通の施策に力を入れる
8　地震や災害に備えて、安心して住めるよう災害時の安全確保や防災知識のPRなど防災対策に力を入れる
9　三鷹駅前地区の再開発を推進して、市の表玄関にふさわしいものとする

10　自動車や工場による公害をなくしたり、犯罪を防止したり、快適な生活環境を守る
11　ごみ収集の強化や収集方法の改善など、ごみ処理対策に力を入れる
12　公園・緑地や遊歩道の整備などにより、うるおいのある文化的なまちづくりに力を入れる
13　海外姉妹都市の提携や青少年国際交流基金の活用など、国際交流施策に力を入れる
14　食品の安全性の確保や物価対策など、消費者対策に力を入れる
15　商工業や農業の振興対策など、経済活動に力を入れる
16　コミュニティ活動の支援や、地域のまちづくりなど地域活動のための施策を充実する
17　情報公開やコンピュータ化の推進など「情報化社会」へ向けての施策を充実する
18　合理的で効率的な市政の運営を図るため、行政改革に力を入れる
19　その他（　　　　　　　　　　　　　　　　　　　　　　　　　）
20　特に考えたことがない

**問 10**　あなたの近所で、何か気づかれた点、または希望する事項などがありましたら、次のページの白地図に場所を示し、その内容を具体的に記入してください。特に問 1 の(1)～(4)までの項目について、「3」に○印をつけた方は、その箇所を下の凡例の記号に基づいて記入してください。

〔凡例〕

交通事故などの点からみて危険な箇所…………×
火事や地震のとき危険と思われる箇所…………○
風紀や防犯上、心配な箇所………………………◎
悪臭や空気のよごれが目立つ箇所………………●
騒音のひどい箇所…………………………………△

**問 11**　上記問 1 から問 10 以外のことで、何か市に対するご意見やご希望等がありましたら、どんなことでも結構ですから記入してください。

| |
|---|
| |

※次にコミュニティ住区別（地域別）のアンケート調査にもお答え願します。

問10　記入地図

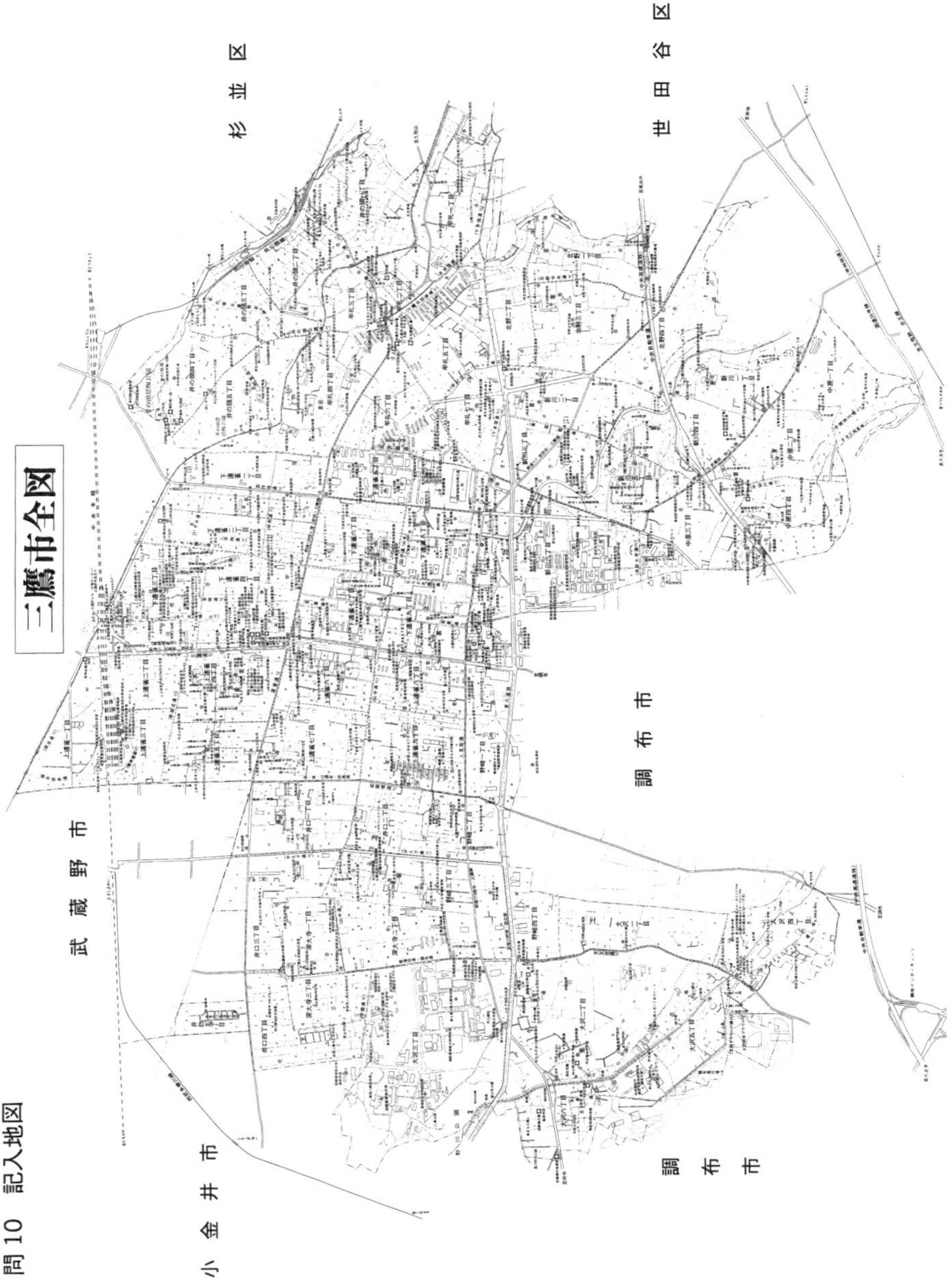

## 〈駅前周辺住区アンケート〉

問 12　駅前住区住民として、駅前とその周辺に限って進めて欲しい事業についておたずねします。次の中から 3 つ選び○印で囲んでください。

1　駅前再開発の早期完成
2　駅前コミュニティ・センターの建設
3　自転車・バイクの路上放置の解消
4　駅前広場のみの早期着工
5　大型駐車場ビルの建設
6　バス路線、運行回数・時間の拡大
7　駅前に市民ホールなどの多目的文化施設の建設
8　地震や災害に備えて防災対策を進める
9　その他（　　　　　　　　　　　　　　　　　　　　　　　　）

問 13　知的時代といわれる 21 世紀を目前にして、あなたはこれからの三鷹駅前をどのような街にしたいとお考えですか。
　次のうちから 1 つを選び○印で囲んでください。

1　百貨店、スーパーなどの大型店が集積している街（例　吉祥寺のイメージ）
2　事務所、専門店集団、文化施設が集積している街（例　原宿、青山のイメージ）
3　商業施設と住宅を中心とした静かな街（例　国立のイメージ）
4　その他（　　　　　　　　　　　　　　　　　　　　　　　　）

問 14　駅前周辺住区のコミュニティセンターの早期建設が望まれています。市は、その建設箇所の確保に努力中ですが、建設が近年中になされる場合“駅前にふさわしいコミュニティセンター”の内容を次の中から 2 つ選び番号を○印で囲んでください。
（注）　コミュニティセンターとは、市民相互の主体的な文化や自治の諸活動の活動拠点として、住民が設計し市が建設して、住民が運営する施設です。

1　駅前という立地上から、他のセンターのように幼児室、料理室、老人欲室など階層別部屋はやめて、各種展示や催しができる広いフロアーを確保する
2　気軽に 1 人でも立寄れる喫茶コーナーのあるロビーを設けるなど、個人利用に配慮していく
3　利用時間は、他のセンターのように夜 9 時閉館でなく、時間延長を考

えていくべきだ
4 駅前のセンターとはいえ、他のセンターのように、体育館や図書館の設置を検討すべきだ
5 商業振興を図る見地から、コミュニティセンタービル内に、商店やレストラン、駐車場等を設置していく
6 その他（ ）

**問15** 三鷹駅周辺の放置自転車は、今年5月の市の調査では1600台以上に及び、歩行者とくに視力障害者やお年寄、車椅子、乳母車等の交通を妨げるとともに、消防車、救急車の活動を阻害し、また都市美観をも損なっています。

市では、これらの状況に対応するために、新しく自転車駐車場を設置したり、「三鷹市自転車放置防止に関する条例」を市議会に提出し、現在総務委員会で審議されています。

市が講ずるべき対策として、もっとも必要だと思われるものを次のうちから2つ選び○印で囲んでください。

1 自転車駐車禁止区域を広範囲にして、パトロール員を配置し、厳しく監視する
2 市営の有料自転車駐車場を増設する
3 スーパーマーケット、銀行等に、充分な自転車駐車場の設置と整理員の配置を強く要望する
4 放置自転車だけでなく、道路の不法占用もあわせて厳しく取り締まる
5 その他（ ）

**問16** あなたが自転車利用者だとしたら、気をつけることを次のうちから3つ選び○印で囲んでください。

1 駅周辺に出掛けるときは、なるべく自転車の利用をひかえる
2 必ず決められた自転車駐車場にとめる
3 なるべく通行の妨げにならないような場所に自転車をとめる
4 自転車には必ず住所、氏名などを書き込む
5 自転車には必ず防犯登録をする
6 あまり気を使っていない
7 その他（ ）

**問17** あなたは、自転車をどの程度、利用していますか。目的別にあてはまるところに○印をつけてください。

| 目的　　頻度 | 毎　日 | 時　々 | 利用しない |
|---|---|---|---|
| 通　勤　・　通　学 | 1 | 2 | 3 |
| 買　　　　　　　物 | 1 | 2 | 3 |
| 趣　味　の　活　動 | 1 | 2 | 3 |
| 仕　　　　　　　事 | 1 | 2 | 3 |
| 駅周辺にでかけるとき | 1 | 2 | 3 |
| そ　の　他（　　　） | 1 | 2 | 3 |

〈最後に、統計上必要な事項についておたずねします。〉

F１　あなたの性別、年代をお聞かせください。あてはまるものを○印で囲んでください。

| | |
|---|---|
| 1 | 男 |
| 2 | 女 |

| | | |
|---|---|---|
| 1　20代 | 3　40代 | 5　60～64歳 |
| 2　30代 | 4　50代 | 6　65歳以上 |

F２　あなたのお住まいの地域は、次のどれにあたりますか。地名だけでなく、（　）内も○印で囲んでください。

1　下　連　雀（一、二、三、四、五、六、七、八、九丁目）
2　上　連　雀（一、二、三、四、五、六、七、八、九丁目）
3　井　の　頭（一、二、三、四、五丁目）
4　牟　　　礼（一、二、三、四、五、六、七丁目）
5　北　　　野（一、二、三、四丁目）
6　中　　　原（一、二、三、四丁目）
7　新　　　川（一、二、三、四、五、六丁目）
8　野　　　崎（一、二、三、四丁目）
9　大　　　沢（一、二、三、四、五、六丁目）
10　深　大　寺（一、二、三丁目）
11　井　　　口（一、二、三、四、五丁目）

F３　三鷹市にお住まいになって何年ぐらいになりますか。世帯主の方を基準にして、あてはまるものを○印で囲んでください。（一度、三鷹市から移られ現在またお住まいになっている方は、両方の通算年数でお答えください。）

| | |
|---|---|
| 1　3年未満 | 4　10年以上20年未満 |
| 2　3年以上5年未満 | 5　20年以上 |
| 3　5年以上10年未満 | |

F4　あなたのお住まいは、どのような形態ですか。あてはまるものを○印で囲んでください。

| | |
|---|---|
| 1　持家(一戸建て) | 5　公団・公社・公営の賃貸住宅 |
| 2　持家(分譲マンションなどの集合住宅) | 6　社宅、官公舎 |
| 3　民営借家(一戸建て) | 7　寮、間借り、下宿 |
| 4　民営アパート(賃貸マンションなどの集合住宅) | 8　その他(具体的に：　　　　) |

F5　お宅の家族人数、世帯構成は次のどれにあたりますか。あてはまるものを○印で囲んでください。

| | |
|---|---|
| 1　単身(1人世帯) | 4　3人以上で夫婦と子供の世帯 |
| 2　夫婦2人世帯 | 5　その他の3人以上の世帯 |
| 3　その他(夫婦以外)の2人世帯) | |

F6　お宅の家族に次の人がおられますか。あてはまるものすべてを○印で囲んでください。

| | |
|---|---|
| 1　5歳以下の子供がいる | 6　65歳以上の人がいる |
| 2　小・中学生がいる | 4　いずれもいない |

※ご協力どうもありがとうございました。皆さんのご意見を参考にしながら、住みよいまちづくりを計画しますので、今後とも積極的なご協力をお願いいたします。

●資料 2

# みたか市民プラン 21 会議の基本ルール

## ルールづくりの必要性

21 世紀に向けた市民プランを作成し、市や関係機関に提言を行うために発足するこの会議は、市民が主体的に参加し自立した活動を展開することになる。市民参加の場は、開かれた自由闊達な発言や新たな発想を最大限尊重するものであるが、同時に会議は「言いっぱなし、聞きっぱなし」でなく、その実効性や日程に責任をもつことにもなる。従って、これを円滑かつ効率よく運営するため、下記の基本ルールを定める。

### 1　会議の目標

別に定められる計画策定の全体手順により、市民プランを作成し、2000 年秋を目途に市に提言する。

### 2　参加者と会議

市民 21 会議のメンバーは、分科会又はコミュニケーション推進委員会等のいづれかに必ず参加するものとし、複数に参加することもできる。

分科会の参加にあたっては、それぞれの視点・関心を基に、公平性と普遍性を考慮し、課題を提起し、計画策定に寄与する。課題提起にあたっては、地域、団体の個別利益優先の立場に陥らないよう配慮する。

参加者は、検討に必要な情報を得、発言できる。参加者は、自身も会議の主体者として公平・公正を重視し、会の進行に協力する。会議は、その時の出席者をもって成立するものとする。

### 3　四つの原則・9 つのルール

(1)時間の厳守：時間は全員の共有であり、これを大切にする。

- 会の開始、終了、それぞれの発言時間、持ち時間を厳守する。
- 事情により会に遅刻、欠席する場合はその都度、必ず事務局に連絡する。

(2)自由な発言：自由な発言を最大限に尊重する。

- 参加者の見解は、全て 1 単位として扱う。(所属団体の公的見解であっても同じ)
- 特定の個人や団体の批判中傷は行わない。

(3)徹底した議論：徹底した議論から相互信頼の土壌をつくる。

- 議論は冷静にフェアプレイの精神で行う。
- 議論をすすめる場合は、実証的かつ客観的なデータを尊重する。

(4)合意の形成：合意に基づく実効性のあるプランづくりをめざす。

- 問題の所在を明確にした上で、合意形成をめざし、いったん合意した内容はそれぞれが尊重する。
- 事例を取り上げる場合は、客観的な立場で扱う。
- プログラムづくりにあたっては、長期的取り組みと短期的にとりくむものを区分し、実現可能な提言をめざす。

**4　発言の公平性（順序）**

進行役は発言が偏らないよう順序を含め公平な運営に配慮する。

**5　意見集約方法**

少数意見を尊重する。決定は全員合意を原則とするが、必要な時は両論併記とする。但し、迅速な決定等を要する場合は、出席者の3分の2以上の賛成でその結論とする。

**6　会議の公開**

会議は全て公開を原則とする。会場の許す範囲で傍聴も自由とする。傍聴者（在住・在勤・在学で市民21会議メンバーでない人及び在住・在勤・在学以外の人）が意見ある場合は、進行役の許可を得て書面等で行うことができる。

**7　その他**

本ルールは、あくまで基本を定めたものである。上記のルールが予測しない問題への対応並びに新たなルールが必要となったときは、運営委員会で対処する。

●資料3

## みたか市民プラン21作成に関するパートナーシップ協定

市民の自立的な組織である「みたか市民プラン21会議」(以下「市民21会議」と略します。)と三鷹市(以下「市」と略します。)は、2001年に予定されている市の基本構想・基本計画の策定に向けて「みたか市民プラン21作成に関するパートナーシップ協定」(以下「パートナーシップ協定」と略します。)を次のとおり締結します。

### 1 パートナーシップ協定の目的

このパートナーシップ協定は、市の政策形成や三鷹のまちづくりに市民の意見を反映させるための「みたか市民プラン21」(以下、「市民プラン」と略します。)を作成するにあたり、市民21会議と市との間の関係や役割分担、相互協力の内容などを定めるものです。

### 2 市民プランの構成

市民プランは「三鷹市への提言」「関係機関への提言」「市民自らの行動計画」という3つの要素を含んでおり、三鷹市基本構想の見直しと第3次基本計画の策定へ反映されるための提言として市長に提出されるものです。市民プランの作成から実現に至るまでの過程は別添の図のとおりです。

### 3 協働に関する3つの原則

市民21会議と市とは、協働の精神に基づいて、互いに次の原則を遵守します。

1. 対等な立場に立って議論や意見交換を行うこと。
2. それぞれの自主性を尊重すること。
3. 進捗状況について相互に連絡を密にし、互いに協力すること。

### 4 役割と責務に関する8つの約束

市民21会議と市とは、市民21会議の活動と市民プラン作成に関連して、以下に示すそれぞれ8つずつの役割と責務を持つものとします。

(1) 市民21会議の役割と責務

[1] 市民21会議は自立的な組織として市民プランを作成します。

市民プランの検討・作成・実現に向けて、自ら進んで積極的に参加し、行動します。また、市民プランを作成するために、検討内容に関する情報の収集、市民プランの起草などのさまざまな取り組みを行います。

[2] 市民21会議は市民の意見や要望を幅広く集めて市民プランを作成します。

幅広い市民の要望をできる限り多く収集するために、各種フォーラム、ワークショップ、アンケート、学習会などを開催し、極力公正で実現性のある市民プランを作成します。

[3]　市民 21 会議は市民相互の意見調整に努めます。
多様な意見を集約して市民プランに反映するために、既存の団体との情報や意見の交換、相互調整などを行います。
[4]　市民 21 会議は情報を公開します。
市民プラン作成の経過・内容・成果などについて、より多くの市民の目に触れるように広く一般に情報公開や情報提供をするよう努めます。
[5]　市民 21 会議はプライバシーを守ります。
市民プランを作成する過程で知り得た情報のうち、プライバシーに関するものなどについては、市の個人情報保護条例に基づいて個人情報の保護に努めます。
[6]　市民 21 会議は計画素案への意見表明を積極的に行います。
市民プランに基づいて市が作成する計画素案等に対しても、その反映の度合いなどについて報告を受け、検討する機会を積極的に設定し、速やかに意見表明を行います。
[7]　市民 21 会議は費用の使途を明確にします。
市民プランの作成にかかる費用のうち市が補助したものについては、その使途を明らかにし、適宜その額および内容を市に報告します。
[8]　市民 21 会議は 2000 年 10 月末を目標に市民プランを作成し、市への提言を行います。
21 世紀に向けて市の基本構想・基本計画が策定されるために、市に対する市民プランの提出は、2000 年 10 月末を目標にして作業を進めます。
(2)　三鷹市の役割と責務
[1]　市は市民 21 会議に対して情報を提供します。
市民プランの検討に必要な情報を収集、提供、公開します。
[2]　市は市民 21 会議と市の各セクションとの間の連絡及び意見調整を行います。
具体的な検討に関して、市民 21 会議と市の各セクションとの連絡及び意見調整を必要に応じて行い、その結果を報告します。
[3]　市は市民 21 会議の活動に必要な場所を提供します。
市民 21 会議が自立的な活動を行うための場所を提供します。
[4]　市は専門家の派遣や調査活動などについて支援を行います。
市民プランの作成に関する専門的立場からの知識や情報の提供、各種調査活動の支援、講師などの人材の斡旋・派遣について、㈶三鷹市まちづくり公社のまちづくり研究所等の協力を得て、市民 21 会議を支援します。
[5]　市は市民相互の意見調整を行うための支援を行います。
市民 21 会議による市民相互の意見調整について、その情報交換や意見調整を行う際の支援を行います。
[6]　市は市民 21 会議が作成する市民プランを最大限、計画に反映します。

市は市民21会議が作成する市民プランについて、その提言内容を最大限反映して、基本構想・基本計画の素案を作成します。

[7]　市は市民21会議に計画素案を提示し意見を求め、内容を調整します。

市民プランに盛り込まれた提言内容が基本構想・基本計画の素案に反映されているかどうか、反映できないとすればその理由について、市は市民21会議に対して提示し説明します。また、素案に対する市民21会議からの再提案を受け、相互に意見調整を行って最大限反映するよう努めます。

[8]　市は運営上必要な経費を予算の範囲内で負担します。

市は、市民21会議が市民プランを作成するために必要な、会議の開催や調査、講師などの人材派遣、事務局人件費など、運営に関する諸経費を予算の範囲内で負担します。また、この経費のうち市民21会議に補助金として支出する部分については、その使途のチェックを行います。

**5　相互の連絡調整について**

市民21会議と市は、相互の連絡調整を円滑に行うため、全体の運営に関して調整を必要とする事項については、適宜、連絡調整会議を開催して協議します。

**6　パートナーシップ協定の有効期限**

パートナーシップ協定は、市民21会議と市との合意を以って発効し、新しい基本構想・基本計画の策定までをその有効期限とします。

**7　市民プラン作成後の検証・評価について**

市民21会議を構成する市民と市とは、基本構想・基本計画策定後も、三鷹のまちづくりに対して共に責任を持ち、協力を続けます。また、市民プランの着実な実現を図るため、市はその実施状況を市民に報告する義務を負うものとします。

**8　その他**

パートナーシップ協定に定めていない事項で、今後パートナーシップ協定を遂行する上で必要と認められるものについては、市民21会議と市との合意を得て、パートナーシップ協定に加えることができるものとします。

1999年（平成11年）10月9日

みたか市民プラン21会議

代表

代表

代表

三鷹市長

## ●資料４

# 三鷹市西部地区住民協議会会則

（名　称）

第１条　本会は西部地区住民協議会（以下「協議会」という。）と称し、事務所を井口コミュニティセンター（以下「センター」という。）内におく。

（範　囲）

第２条　本会の範囲は井口、深大寺、野崎の地域とする。

（目　的）

第３条　本会は地域住民相互の連帯と責任のもとに、快適で生きがいのある生活が営めるよう、「人間性豊かなふれあいをもつまち」をつくることを目的とする。

（事　業）

第４条　本会はその目的を達成するため、つぎの事業を行う。

(1)　センター管理運営に関すること。

(2)　地域住民の健康と福祉の増進に関すること。

(3)　地域住民間の情報交換および交流、親睦に関すること。

(4)　地域の各団体の協調関係に関すること。

(5)　その他、本会の目的達成に必要な事業に関すること。

（構　成）

第５条　本会は井口、深大寺、野崎の住民をもって構成し、次に掲げる委員によって運営する。

(1)　地域住民によって組織する団体の会員で当該団体より推せんされた者および一般公募により選出された者。

(2)　その他、地域住民で本会が必要と認めた者。

２．委員の数は別に定める。

（役　員）

第６条　本会に次の役員をおく。役員は委員の互選により選出する。

(1)　会　　長　　１人

(2)　副 会 長　　３人

(3)　各 部 会 長

(4)　各副部会長

(5)　会　　計　　２人

(6)　監　　査　　２人

２．前項各号の他に相談役をおくことができる。

（部　会）

第７条　本会に次の部会をおき、委員は各部会のうちその一つを選び所属するものとする。

(1)　総務部会　　　　(4)　広報部会
(2)．厚生部会　　　　(5)　文化部会
(3)　体育部会　　　　(6)　防災部会

２．前項各号に掲げる部会の運営業務については別に定める。

（役員の任務）

第８条　役員の任務は次のとおりとする。

(1)　会長は本会を代表して会務を処理する。
(2)　副会長は会長を補佐し、会長事故あるときは会長指名の副会長が会務を処理する。
(3)　部会長は部会を代表し、部会の運営および事業を遂行する。
(4)　副部会長は部会長を補佐して部会の運営、業務にあたり、部会長事故あるときはその職務を代行する。
(5)　会計は本会事業に係わる経理全般の処理を行う。
(6)　監査は本会会計監査の任にあたる。
(7)　相談役は本会事業の円滑な遂行を図るため、諸般に係わる相談に応ずる。

（任　期）

第９条　委員および役員の任期は二年とし、再任を妨げない。

２．補欠により選任された委員および役員の任期は前任者の残任期間とする。

（組織、運営）

第10条　本会の組織運営は次のとおりとする。

(1)　協議会：本会運営の基本方針の決定をする。
(2)　役員会：協議会の決定した基本方針に従い、具体的な方策を協議決定する。
(3)　部　会：部会に関する事項等を協議、決定し事業を遂行する。
(4)　運営委員会：センターの管理、運営に関する事項を協議、決定する。その組織は次のとおりとする。
　イ．会長　　　ロ．副会長　　　ハ．各部から２名
(5)　事務局：本会の事務事業を処理する。その組織は次のとおりとする。
　イ．事務局長　１人　　　ロ．その他、必要な職員

２．職員の服務、給与、その他必要事項は別に定める。

（会議の招集）

第11条　会議は定期総会、臨時総会、役員会、部会、運営委員会とし、次のとおり

招集する。

(1)　定期総会は毎年3月および6月に会長が招集する。

(2)　臨時総会は会長が必要と認めたとき招集する。ただし、委員の三分の一以上の要求があるときは、会長は一か月以内に招集しなければならない。

(3)　役員会は月一回以上会長が招集する。ただし、役員の過半数の要求があるときは、会長は速やかに招集しなければならない。

(4)　各部会は月一回以上部会長が招集する。

(5)　運営委員会は月一回以上会長が招集する。

（会議の議決、承認事項）

第12条　会議は次の事項を議決または承認する。

(1)　定期総会

イ．事業計画及び予算　　ロ．会則の改廃

ハ．事業報告及び決算　　ニ．役員の選出

(2)　臨時総会

緊急または重要提案事項

(3)　役 員 会

イ．会務一般事項　　ロ．総会提案事項

ハ．部会ならびに運営委員会よりの提案事項等

(4)　部　　会

イ．部会運営に関する事項

ロ．運営委員会等からの提案または依頼事項

(5)　運営委員会

センターの管理運営に関する事項

（会議の成立）

第13条　会議は当該会議の所属する委員の過半数の出席を得て成立し、出席者の二分の一以上をもって決する。

2.　総会は委任状の提出により成立を認める。

（会費及び会計）

第14条　本会の経費は会費、助成金、寄附金、その他の収入をもって充てる。

2.　会費は必要に応じ、地域内の諸団体等が応分に納付することがある。

3.　助成金は三鷹市と協議会との間に行なわれる委託契約に伴う助成金とする。

4.　寄附金は本会の行事、その他事業等に対し、個人、団体からの寄附をいう。

（会計年度）
第15条　本会の会計年度は毎年4月1日に始まり、翌年3月31日をもって終る。
（委員等の報酬）
第16条　役員および委員は無報酬とする。ただし、交通費等については別に定める。
（その他）
第17条　本会の運営についての細則は役員会において定めることができる。

付　則
本会則は昭和53年11月26日から施行する。
付　則
本会則は昭和56年3月29日から施行する。
付　則
本会則は昭和58年6月26日から施行する。
付　則
本会則は昭和59年4月1日から施行する。
付　則
1.　本会則は昭和59年7月1日から施行する。
2.　本会則による改正後の西部地区住民協議会会則第9条に規定する委員および役員の任期の起算は昭和59年7月1日からとする。

**●資料 5**

# 平成 20 年度事業報告書【三鷹市西部地区住民協議会】

| | 事業名 | | 内　　容 |
|---|---|---|---|
| 総務部会事業活動 | 1、雑学大学 | 12 月 7 日・14 日<br>1 月 25 日 | 参加人員　39 人(全 3 回)<br>(クリスマス、松竹梅・寄せ植え講座)<br>「植木の剪定」の講演<br>(講師　宇田川晴敏氏)<br>(西社会教育会館と共催) |
| | 2、コミュニティ運動会 | 10 月 19 日 | 参加人員　1,418 人<br>第二中学校校庭 |
| | 3、二中地区児童生徒健全育成連絡協議会 | 2 月 27 日 | 参加人員　32 人 |
| | 4、住協委員研修会 | 3 月 11 日 | 参加人員　23 人<br>茨城県つくば方面 |
| | 5、コミュニティまつり | 3 月 28 日・29 日 | 参加人員　2,900 人<br>演芸大会、模擬店、防災フェアー、映画会<br>販売コーナー、パネル展示、ミニ SL<br>健康づくりコーナー、本のリサイクル、他<br>作品展(体育館にて 546 点出品)<br>住区内小中学校幼稚園保育園作品展<br>(展示ホールにて 384 点出品) |
| 厚生部会事業活動 | 1、健康づくり栄養教室 | 4 月～3 月 | 参加人員　180 人(8 回)<br>(三鷹市健康推進課と共催) |
| | 2、修理市 | 4 月～3 月 | 参加人員　476 人(12 回・1,015 件) |
| | 3、野菜即売会 | 4 月～3 月 | 市内産野菜の即売(87 回) |
| | 4、牛乳パック回収事業 | 4 月～3 月 | 420 Kg |
| | 5、機能訓練事業 | 4 月～3 月 | 参加人員　1,198 人<br>(三鷹市・東京弘済苑と共催、リハビリ実行委員会) |
| | 6、施設見学会 | 5 月 22 日 | 参加人員　45 人<br>千葉方面(ヤマサ醤油工場・銚子電鉄) |
| | 7、機能訓練事業バスハイク | 5 月 30 日 | 参加人員　28 人<br>品川アクアスタジアム<br>(三鷹市・東京弘済園と共催、リハビリ実行委員会) |
| | 8、自然研修会 | 10 月 16 日 | 参加人員　29 人<br>山梨勝沼方面(ぶどう狩り) |

| | 事業名 | | 内　　容 |
|---|---|---|---|
| 厚生部会事業活動 | 9、厚生部会<br>研修会 | 11月13日 | 参加人員　8人<br>川越方面 |
| | 10、お食事会 | 7月2日・<br>3月14日 | 参加人員　81人<br>60歳以上の市民を対象に会食と<br>健康についてのお話<br>（三鷹市健康推進課と共催） |
| | 11、センター美化 | 6月・9月<br>12月・3月 | 花いっぱい運動の一環として、<br>サルビア・インパチェンス・ベコニア<br>葉牡丹・パンジーが市より配布 |
| | 12、トイレット<br>ペーパー販売 | 3月28日・29日 | 71パック(6個入り)<br>（コミュニティ祭にて） |
| 体育部会事業活動 | 1、校庭開放打ち<br>合わせ会議 | 4月～3月 | 参加人員　103人<br>（三鷹市教育委員会と共催） |
| | 2、グラウンド<br>ゴルフ大会 | 4月29日 | 参加人員　108人<br>井口特設グラウンド |
| | 3、子供スポーツ<br>大会 | 5月20日 | 参加人員　425人<br>二小校庭<br>キックベース、ドッチビー |
| | 4、住協親睦<br>スポーツ大会 | 6月1日 | 参加人員17人<br>井口特設グラウンド<br>グラウンドゴルフ　（西部住協主催） |
| | 5、水上ゲーム<br>大会 | 7月6日 | 参加人員　322人<br>井口C・C「プール」 |
| | 6、プール開場 | 7月12日～<br>9月7日 | 利用人員　2,998人<br>井口C・C「プール」 |
| | 7、住区内ソフト<br>ボール大会 | 11月23日 | 参加人員　123人<br>二中・二小校庭 |
| | 8、体育部会<br>研修会 | 11月29日 | 参加人員　11人<br>大宮、川越方面 |
| | 9、新春剣道大会 | 1月18日 | 参加人員　241人<br>井口C・C「体育館」 |
| | 10、三鷹市民駅伝 | 2月8日 | 参加人員　24人 |
| | 11、ダブルダッチ<br>教室 | 2月21日 | 参加人員　39人<br>井口C・C「体育館」<br>（西児童館と共催） |
| 広報部会事業活動 | 1、広報紙発行 | 4月～3月 | 『コミュニティにしみたか』12カ月発行<br>(1カ月12,500部発行) |
| | 2、コミュニティ<br>祭特集号発行 | 3月1日 | 12,500部発行 |

| | 事業名 | | 内　　容 |
|---|---|---|---|
| 文化部会事業活動 | 1、憲法・平和事業 | 6月30日 | 参加人員　24人<br>防衛省市ヶ谷台・小石川後楽園 |
| | 2、ハンドベルコンサート | 11月22日 | 参加人員　60人<br>チャペルでハンドベルの音色を楽しむ<br>（演奏：ルーテル学院大ハンドベル同好会） |
| | 3、プリザーブドフラワーアレンジ講習会① | 12月1日・8日<br>15日 | 参加人員　60人(全3回)<br>プリザーブドフラワーを使ってフラワーアレンジメントをしてみましょう<br>（社会教育会館と共催） |
| | 4、プリザーブドフラワーアレンジ講習会② | 2月16日・23日<br>3月2日 | 参加人員　63人(全3回)<br>春の季節の花をアレンジしてみましょう<br>（社会教育会館と共催） |
| | 5、おはなし会 | 4月～3月 | 参加人員　334人(14回)<br>幼児・児童への本の読み聞かせ<br>（講師　大野恭子氏） |
| | 6、DVDシアター | 3月29日 | 参加人員　50人<br>（コミュニティ祭にて） |
| 防災部事業活動 | 1、上級救急救命講習会 | 7月13日 | 参加人員　18人<br>井口C・C「大ホール」 |
| | 2、防災訓練関係機関打合せ会議 | 8月6日 | 参加人員　15人<br>井口C・C「会議室」 |
| | 3、防災訓練打合せ会議(住協役員) | 8月12日 | 参加人員　25人<br>井口C・C「大ホール」 |
| | 4、炊き出し訓練 | 8月30日 | 参加人員　14人<br>井口C・C |
| | 5、可搬ポンプ操法訓練 | 8月26日・27日<br>30日・31日 | 参加人員　19人<br>井口C・C、深大寺公園<br>東野児童公園、野崎かきの木児童公園 |
| | 6、総合防災訓練 | 9月1日 | 参加人員　687人<br>第二中学校校庭 |
| | 7、防災関係者研修会 | 10月3日 | 参加人員　34人<br>井口C・C「大ホール」<br>総合防災訓練の反省、防災に関する講和<br>（講師　三鷹消防署大沢出張所長） |
| | 8、秋の火災予防週間 | 11月9日～15日 | 参加人員　18人<br>拍子木による夜間広報、のぼり旗で啓発<br>可搬ポンプ操法訓練<br>井口C・C、深大寺公園<br>東野児童公園、野崎かきの木児童公園 |

| | 事業名 | | 内　　容 |
|---|---|---|---|
| 防災部事業活動 | 9、防災部会<br>研修会 | 2月6日 | 参加人員　12人<br>井口C・C「会議室」<br>阪神淡路大震災記録DVDの上映 |
| | 10、春の火災予防<br>週間 | 3月1日～7日 | 参加人員　49人<br>のぼり旗で啓発、街頭消火器点検<br>可搬ポンプ操法訓練<br>井口C・C、深大寺公園<br>野崎かきの木児童公園、東野児童公園 |
| | 11、救急法<br>講習会 | 3月28日・29日 | 参加人員　217人<br>(応急救護、三角巾の使用方法)<br>(コミュニティ祭にて) |
| ※全体の事業活動…リハビリ実行委員会、健康づくり推進委員会の事業を実施<br>※井口ウォーキング会(4月～3月)　参加人員　131人(10回)<br>※三鷹市ウォーキング大会　11月2日　参加人員　57人 | | | |

## ●資料6

# 平成20年度井口コミュニティ・センター利用状況

※利用者総数※

62,129人（1カ月当たり　5,177人）
（1日当たり　222人）
《平成19年度…　73,614人》

個人利用者（一般来館者・老人施設・図書室・娯楽室
体育館・プール）……　15,282人
《平成19年度…19,487人》

団体利用者……………　46,847人
《平成19年度…54,127人》

【個人利用者】（開館日数　280日）

| 体育館 | 図書室 | 老人施設 | プール | 一般来館者 | 娯楽室 | 計 |
|---|---|---|---|---|---|---|
| 3,491 | 5,233 | 1,450 | 3,320 | 1,780 | 8 | 15,282 |

体育館　（開館日数　239日）

| | 利用人員 | 1カ月当たり | 1日当たり |
|---|---|---|---|
| 大　人 | 1,345 | 112 | 6 |
| 小　人 | 2,146 | 179 | 9 |
| 計 | 3,491 | 291 | 15 |

娯楽室

| | 利用人員 |
|---|---|
| 男 | 8 |
| 女 | 0 |
| 計 | 8 |

図書室　（開室日数　211日）

| | 利用人員 | 1カ月当たり | 1日当たり |
|---|---|---|---|
| 大人 | 4,031 | 336 | 19 |
| 子供 | 1,202 | 100 | 6 |
| 計 | 5,233 | 436 | 25 |

老人施設(開室日数　221日)

| | 利用人員 | 1日当たり |
|---|---|---|
| 男 | 1,023 | 5 |
| 女 | 427 | 2 |
| 計 | 1,450 | 7 |

プール(7月7日～9月7日）42日間開場

| | 利用人員 | 1日当たり |
|---|---|---|
| 大人 | 995 | 24 |
| 子供 | 2,325 | 55 |
| 計 | 3,320 | 80 |

コミュニティ祭り・3月28日・29日…　2,900人
コミュニティ運動会・10月19日…　1,418人

一般来館者

| | 会社員 | 公務員 | 主婦 | 自営業 | 学生 | その他 | 子供 | 計 |
|---|---|---|---|---|---|---|---|---|
| 人 員<br>構成比 | 135<br>7.58% | 21<br>1.18% | 302<br>16.97% | 13<br>0.73% | 176<br>9.89% | 320<br>17.98% | 813<br>45.67% | 1,780<br>100.0% |

住居区分別利用状況　　（住区内構成比合計　%）

| 住居区分 | 井口 | 深大寺 | 野崎 | 上連雀 | 下連雀 | 大沢 | その他 | 計 |
|---|---|---|---|---|---|---|---|---|
| 人 員<br>構成比 | 8,651<br>56.61% | 2,730<br>17.86% | 1,158<br>7.58% | 1,811<br>11.85% | 212<br>1.39% | 213<br>1.39% | 507<br>3.32% | 15,282<br>100.0% |

【団体利用者】

部屋別利用件数と利用者数

| 施設名 | 午前 | 午後 | 夜間 | 合計(件) | 利用者数 |
|---|---|---|---|---|---|
| 会議室 | 123 | 180 | 170 | 473 | 7,227 |
| 視聴覚室 | 103 | 126 | 101 | 330 | 4,816 |
| 料理講習室 | 26 | 87 | 1 | 114 | 1,929 |
| 和室 | 37 | 67 | 11 | 115 | 1,086 |
| 工作室 | 138 | 120 | 2 | 260 | 3,262 |
| クラブ室 | 100 | 121 | 46 | 267 | 2,533 |
| 大ホール | 79 | 70 | 69 | 218 | 5,414 |
| 幼児室 | 93 | 143 | 0 | 236 | 1,081 |
| 娯楽室 | 9 | 19 | 8 | 36 | 378 |
| 合計 | 708 | 933 | 408 | 2,049 | 27,726 |
| 割合 | 34.55% | 45.53% | 19.91% | 100.0% | |

| | |
|---|---|
| 体育館団体利用者 | 10,614 |
| テニスコート利用者 | 3,860 |
| 視察・見学者 | 329 |

※6月2日～7月13日、体育館電球取替工事　9月8日～12月27日、空調改修工事
12月21日～2月28日、テニスコートフェンス改修工事

## ●資料 7

# 藤沢町民意向調査

※　この調査は、みなさんが「町政の主人公は町民である」という気持ちで、又、これからの町づくりをすすめてゆくのは自分達であるという気持ちで書いて下さい。

※　できれば家族みんなで話し合って書いていただけたら素晴らしいと思います。

※　かきたいと思うところだけ書いてくださっても結構です。

（藤沢町役場企画課）

藤沢町民意向調査

| 行政区 | 性　別 | 年　齢 | 職　業 |
|---|---|---|---|
| 区 | 男・女 | 才 | |

1　最初に、藤沢町のことについておたずねします。（該当するものを○で囲んで下さい。）

①　あなたは、藤沢に永く住みたいと思いますか。

ア、　はい　　イ、　いいえ　　ウ、　わからない（考えたことがない）

②　永住したくないわけは何でしょうか。（①でイに○をした方は記入下さい。）

ア、　農地が少ない　　オ、　地域の人達の口がうるさい

イ、　交通が不便である　　カ、　土地条件が悪く農業が難しい

ウ、　収入が少ない　　キ、　その他（理由を記入して下さい。）

エ、　レクリエーションの場が少ない

③　あなたは、過疎という言葉を聞いたことがありますか。この言葉は自分や自分達の部落に関係のある言葉と思っていますか。

ア、　思っている　　イ、　思っていない　　ウ、　わからない

④　あなたは家族ぐるみで、部落を出てくらしたいと考えたことがありますか。

ア、　ある　　イ、　ない

⑤　あるとすれば、どこへいきたいと思いますか。（④でアに○をした方のみ記入）

ア、　町内　　イ、　町外　　ウ、　県外

⑥　部落内で、皆んなで別の土地に住居を移転することを、まじめに話し合われたことがありましたか。

ア、　ある　　イ、　ない

⑦　あなたは、過疎を解消するにはどんなことをしたらよいと思いますか。

※「過疎」とは、急激かつ大巾な人口の減少により、地域社会の構成の維持が困難となる状況をいいます。(次の項の一つに○をして下さい)

ア、　工場を誘致する　　　　　イ、　農業経営を改善する

ウ、　若い人達が楽しく暮せる町とする。例えば（　　　　　　　　　）

エ、　道路を良くし、都市に住む人と同じような生活ができるようにする。

オ、　その他（具体的に記入して下さい。　　　　　　　　　　　　　）

2　次に、あなたの家庭のことについて、おうかがいします。

①　あなたが、暮らしのなかで一番困っていることは何でしょうか。(困っている順に1．2．3の番号を記入下さい。)

（　　）お金のないこと　　　　（　　）財産の相続

（　　）家族の病気　　　　　　（　　）息子の嫁

（　　）子供の教育　　　　　　（　　）部落民との人間関係

（　　）家族の不和　　　　　　（　　）借金

（　　）後継者問題　　　　　　（　　）

（　　）　　　　　　　　　　　（　　）

②　あなたの家の収入は主に何ですか。収入の割合を記入下さい。

農　業（収入割合　　　　　　割）

給　料（　〃　　　　　　　　）

日　雇（　〃　　　　　　　　）

出　稼（　〃　　　　　　　　）

商　売（　〃　　　　　　　　）

農業収入のある方は下に記入下さい。

米　　（　　　割）　果　樹（　　　割）

畜　産（　　　）　タバコ（　　　）

そ　菜（　　　）　林産物（　　　）

養　蚕（　　　）　その他（　　　）

③　あなたのくらしについて、次のことに答えて下さい。(該当するものに○をして下さい。)

ア、　だいたい普通の暮らしと思っている。

イ、　自分のくらし方の方が高いと思っている。

ウ、　自分のくらし方の方が低いと思っている。

④　あなたは、あなたの後継者に現在又は将来どのようなくらし方をさせたいと思いますか。(該当するものに○をして下さい。)

ア、　立派に農業だけで生活できるようにさせたい。

イ、　自宅通勤のサラリーマンにして、農業も片手間にやらせたい。

ウ、　大工、左官等の職人にさせたい。

エ、　商人にして、ゆくゆくは店をもたせたい。

オ、　どこへいってもよいからサラリーマンにしたい。

カ、　農業を中心にして食えないときは出稼ぎに行くようにしても農業をつづけさせたい。

キ、　まだ、はっきりしない。

3　町の行政（しごと）について、あなたの御意見をお聞かせ下さい。

①　現在どんな方法で役場のようすをおわかりになっておりますか。(該当するものに○をして下さい。)

ア、　有線放送　　　エ、　町会議員さん等からの話

イ、　広報紙　　　オ、　公民館活動の折

ウ、　行政区長さんからの話　　　カ、　その他（　　　　　　）

②　今後、町の広報紙にとりあげてほしいことはどんなことがありますか。

③　今日「町民総参加」という言葉がいわれています。これは一人一人の町民が町政に理解を持ち、町と町民とが一緒に問題を解決しようとすることです。町民の皆さんが何によってどんな方法で町政に参加したいと思いますか。(該当するものに○をして下さい。)

ア、　部落座談会での発言　　　エ、　自主的な町内会、部落会を通して

イ、　模ぎ会議を通して　　　オ、　その他（具体的に　　　　　　）

ウ、　落部又は地域の町民集会で

④　観光開発がさけばれておりますが、観光資源として利用できそうだと思うところがあればおしえて下さい。又開発の方法、アイディアがありましたならその方法をおしえて下さい。

⑤　これから、町内に道路や橋をつくるとしたならどこからどこへ結ぶ線でしょうか、必要だと思う理由、その利用価値は、

⑥　町民の皆さんから町当局に要望や問題を伝える方法として、何か良いアイディアはありませんか。おしえて下さい。

⑦　町に対して、あなたが希望するもの二つをあげて下さい。

ア、

イ、

4　次は、農業についておうかがいします。

①　あなたの農業を、これからどのようにしていこうと思いますか。(一つだけに○をして下さい。)

ア、　資金をかけて経営を拡大する。

イ、　今の状態のままつづけてゆく。

ウ、　兼業をすすめて、現金収入の増大をはかる。

エ、　なるべく経営を縮小し、将来転職を考えていく。

②　藤沢の農業は、これからどうなると思いますか。(該当と思われるものに○をつけて下さい。)

ア、　耕作反別の多い農家は発展し、少ない農家はおとろえる。

イ、　立地条件がわるいので、どんなに努力しても今と変らない。

ウ、　工夫をこらして、いろいろの作物を栽培して所得をふやすことができる。

エ、　作業を共同で行ない、機械や労力の無駄を少くし、余った労力を他産業に廻す。

③　農業を発展させる対策のうち、必要性のたかいと思われるものを二つおしえて下さい。

(　　) 土地基盤の整備 (区画整理、交換分合等)

(　　) 土地開発による経営規模拡大 (山林、原野の農地転用)

(　　) 経営改善資金の大巾導入 (制度金融、補助金の高度利用)

(　　) 観光農業など特殊な農業経営投資

(　　) 牧野の造成 (草地造成)

(　　) 林産資源の開発

(　　) 国有林野の払下げ

(　　)

④　農業を発展させる上で必要と思われることについて記入して下さい。

5　町民福祉についておうかがいします。

①　今の人達は子供を沢山生めないと思うわけは何でしょうか。(該当のものに○をして下さい。)

ア、　収入が足りない。

イ、　将来の高度な教育を与えることができない。

ウ、　家庭教育を充分に出来ない不安がある。

エ、

② 出稼ぎにいったことのある人におうかがいします。(該当のものに○)

ア、　出稼ぎ地での仕事は、たいして苦しいとは思わない。

イ、　家で働くときよりもずっと苦しい。

ウ、　どちらでも同じようなものだ。

③ 出稼ぎに行かなければならない理由はどんなためですか。(該当のものに○)

ア、　家計費にあてるため

イ、　農機具を購入するお金をつくるため

ウ、　生活用品（車等）を購入するお金をつくるため

エ、　農閑期に仕事がないため

④ 交通安全についてあなたの地区では、何がもっとも必要だと思いますか。(該当のものに○をし、ケ所を記入して下さい。)

ア、　道路の整備（次の○の中に必要順に1．2．3の番号を記入して下さい。)

○ 拡巾　○ 舗装　○ 砂利敷　○ その他

イ、　交通安全施設の設置　横断歩道（どこに　）

歩道（〃　）

ガードレール（〃　）

カーブミラー（〃　）

信号機（〃　）

ウ、　交通安全指導

⑤ 今、いろいろ、公害が問題になっていますが、あなたのところでもっともなやまされているものは何ですか。

ア、　水のよごれ　（原因と思われるものは　）

イ、　空気のよごれ　（　）

ウ、　悪いにおい　（　）

エ、　やかましい音　（　）

オ、　その他（　）（　）

⑥ 幼児が少くなり、保育施設も経営が困難となりますが、整理統合をどう思いますか。

ア、　統合もやむを得ない。(町内に（　）施設位がよい。)

イ、　現在のままでよい。

6 藤沢町の教育について、おたずねいたします。(該当のものに○をして下さい。)

① 小学校の児童数が年々減っておりますが、次のことについておこたえ願います。

ア、　複式学級（2つの学級がいっしょに授業をうける。）までなら、今のまま

の方が望ましい。

イ、　複式学級となるのであれば統合した方がよい。

ウ、　どんなことがあっても統合しない方がよいと思う。

② 町内中学校は統合整備されましたが、中学校教育で問題と思われることがあればお知らせ下さい。(該当のものに○をして下さい。)

ア、　学力向上問題

イ、　師弟関係

ウ、　クラブ活動の指導

エ、　進路（高校進学、就職あっせん）指導

オ、　通学問題

カ、　P. T. A 行事出席

③ 高等学校教育についておたずねします。(該当のものに○をして下さい。)

ア、　自分の子弟は高等学校だけには進学させたい。

(藤沢高校、千厩高校、大東高校、花泉高校、津谷高校、その他の校)

イ、　進学させたいが、お金がないので就職させなければならない。

藤沢高校学校について町に《ママ》

④ 社会教育について

ア、　現在の社会教育に望む事があればおしえて下さい。

イ、　公民館の分館について御希望な点一、二おしえて下さい。

(1)

(2)

7　最後に明日の藤沢町のことについておうかがいします。

① まず今いろいろの町の仕事を郡一本になって行なうとすることが多くなりましたが、町の区画を大きくしようとすることにどのように思いますか。(該当するものに○をして下さい。)

(例えば、東磐井市・千厩市というような市になることについて)

ア、　大きくなることもやむを得ない。

イ、　いまのままの藤沢でよい。

ウ、　考えたことがない。

② 藤沢町はどんな町とすべきですか。(該当するものに○をして下さい。)

ア、　農林業を中心とする町

イ、　一関市を中心とするベッドタウン的町
ウ、　半農半商工的町
エ、　その他（例えば　　　　　　　　　　）

8　その他

①　行政区の再編制について

現在の行政区は、旧町村の区のままで行なわれておりますが、世帯数や面積において、平等を欠く面があり、これを編制替するとともに、行政区のかたちを、区民が自分達の地域のことは、自分達で発展させようとする自治的かたちにすることはいかがでしょうか。

ア、　賛成します。
イ、　いまのままでよいと思う。
ウ、　行政区はいまのままで、かたちは改正する。
エ、　行政区域のみ再編成する。

大変ありがとうございました。

町民皆さんの貴重な御意見をもととし、明日の藤沢町のための一助といたしたいと思います。

●資料8

## 藤沢町自治会協議会規約

（名　称）

第1条　この会は、藤沢町自治会協議会という。

（目　的）

第2条　この会は、加盟自治会が、協調して自治組織推進に伴う組織運営の状況等の問題について調査研究し部落自治の確立を図ることを目的とする。

（組　織）

第3条　この会は、前条の目的に賛同する部落自治会をもって構成する。

（事務所）

第4条　この会の事務所は、藤沢町公民館内におく。

（役　員）

第5条　この会に次の役員をおく。

(1)　会　　長　　　1名
(2)　副 会 長　　　3名
(3)　理　　事　　　8名
(4)　監　　事　　　2名

（役員の選任）

第6条　役員は総会において選任する。

2　役員に欠員が生じた場合は理事会において選任する。

（役員の職務）

第7条　会長は、この会を代表し会務を総理する。

2　副会長は、会長を補佐し、会長に事故あるときはその職務を代行する。

3　理事は、理事会を組織し、この規約に定める事項を審査する。

4　監事は、この会の会計及び会務を監査する。

（役員の任期）

第8条　役員の任期は1年とする。ただし再任を妨げない。

2　役員は、その任期が満了したときにおいても後任者が就任するまでの間、引き続きその職務を行うものとする。

3　第6条第2項の規定により選任された役員の任期は、その残任期間とする。

（会　議）

第9条　この会の会議は、総会及び理事会とする。

2　定期総会は、毎年1回4月に開催する。

3　臨時総会は、理事会においてその必要を認めたとき及び会員半数以上の要

請があったときに開催する。

4　理事会は必要に応じて随時開催する。

5　会議はすべて会長が招集する。

（総会の議決事項）

第10条　総会は次の事項を議決する。

(1)　規約の制定又は改正

(2)　負担金の額及び徴収の方法

(3)　事業計画及び収支予算の承認

(4)　事業報告及び収支決算の承認

(5)　その他理事会において必要と認めた事項

（理事会の審議事項）

第11条　理事会は次の事項を審議する。

(1)　総会に付議すべき事項

(2)　その他理事会において必要と認めた事項

（会議の運営）

第12条　総会及び理事会は、その構成員の2分の1以上の出席がなければ会議を開くことができない。

2　総会及び理事会の議長は構成員のなかから選任する。

（議事の表決）

第13条　会議の議事は、出席者の過半数でこれを決し、可否同数のときは議長の決するところによる。

（経　費）

第14条　この会の経費は、負担金、寄付金、その他の収入をもって充てる。

（会計年度）

第15条　この会の会計年度は、毎年4月1日に始まり、翌年の3月31日に終る。

（委　任）

第16条　この規約に定めるもののほか、この会の会務の執行に関し必要な事項は会長が定める。

附　則

この規約は、昭和50年3月20日から施行する。

この規約は、昭和52年4月7日から施行する。

この規約は、昭和57年5月1日から施行する。

## ●資料 9

# 地域ミニ振興計画（参考例）

1　交通通信体系（道路、橋、交通安全施設等）（第 3 区自治会長　~~○　○　○~~）

| 事　業　名 | 事　業　の　内　容<br>（路線名、名称、事業量、施工場所等について具体的に記入して下さい。） | 施工の内容方法 | 優先順位 | 事業の実施に対する自治会としての対応策 | （この欄は役場で記入します。） |
|---|---|---|---|---|---|
| 上町裏線<br>（仮称） | 袋小路解消と改良・舗装<br>早道(国道)～上町裏屯所～丸谷住宅(国道)<br>L＝140 m、W＝4.0 m | | ①③ | | |
| 仁郷住宅線<br>（仮称） | 改良・舗装及び側溝整備<br>L＝150 m、W＝3.0 m —— ①<br>L＝250 m、W＝3.0 m<br>もしくは 4.0 m ——② | | ⑤② | | |
| ~~やまきち脇線~~<br>~~（仮称）~~ | ~~改良・舗装及び側溝整備~~（実施済）<br>~~L＝100 m、W＝5.0 m~~ | | ~~③~~ | | |
| ~~国道丸谷角付近~~ | ~~道路拡幅整備~~　（施工中） | | ~~⑧~~ | | |
| 館平線 | 改良・拡幅整備<br>L＝100 m、W＝5.0 m | | ④① | | |

2　生活環境、保健衛生、教育文化、福祉関係（第 3 区自治会長　~~○　○　○~~）

| 事　業　名 | 事　業　の　内　容<br>（路線名、名称、事業量、施工場所等について具体的に記入して下さい。） | 施工の内容方法 | 優先順位 | 事業の実施に対する自治会としての対応策 | （この欄は役場で記入します。） |
|---|---|---|---|---|---|
| 防犯灯整備 | やまきち裏　1 基、<br>現岩手銀行裏　1 基<br>上町裏（館平線）1 基、<br>雇用促進向い　1 基<br>古川兵一宅前　1 基 | | ⑥④ | | |
| 公園整備<br>（子供の遊び場含む） | 500 $m^2$～1,000 $m^2$ | | ⑧⑥ | | |
| 案内標識設置 | 官公署及び観光地案内標識の設置<br>石橋金物店前　1 基<br>丸谷住宅　　　1 基<br>藤中入口付近　1 基 | | ⑦⑤ | | |
| 館山公園環境整備 | 館山公園のアクセス道路の整備、歴史資料館建設、駐車場及び遊具類の整備 | | ⑨⑩ | | |
| 下水道整備 | 生活環境、衛生面の整備 | | ⑪⑦ | | |
| 自治会センターの設置 | 自治会機能の集中、強化 | | ⑫⑧ | | |
| そ　の　他<br>参　考　事　項 | | | | | |

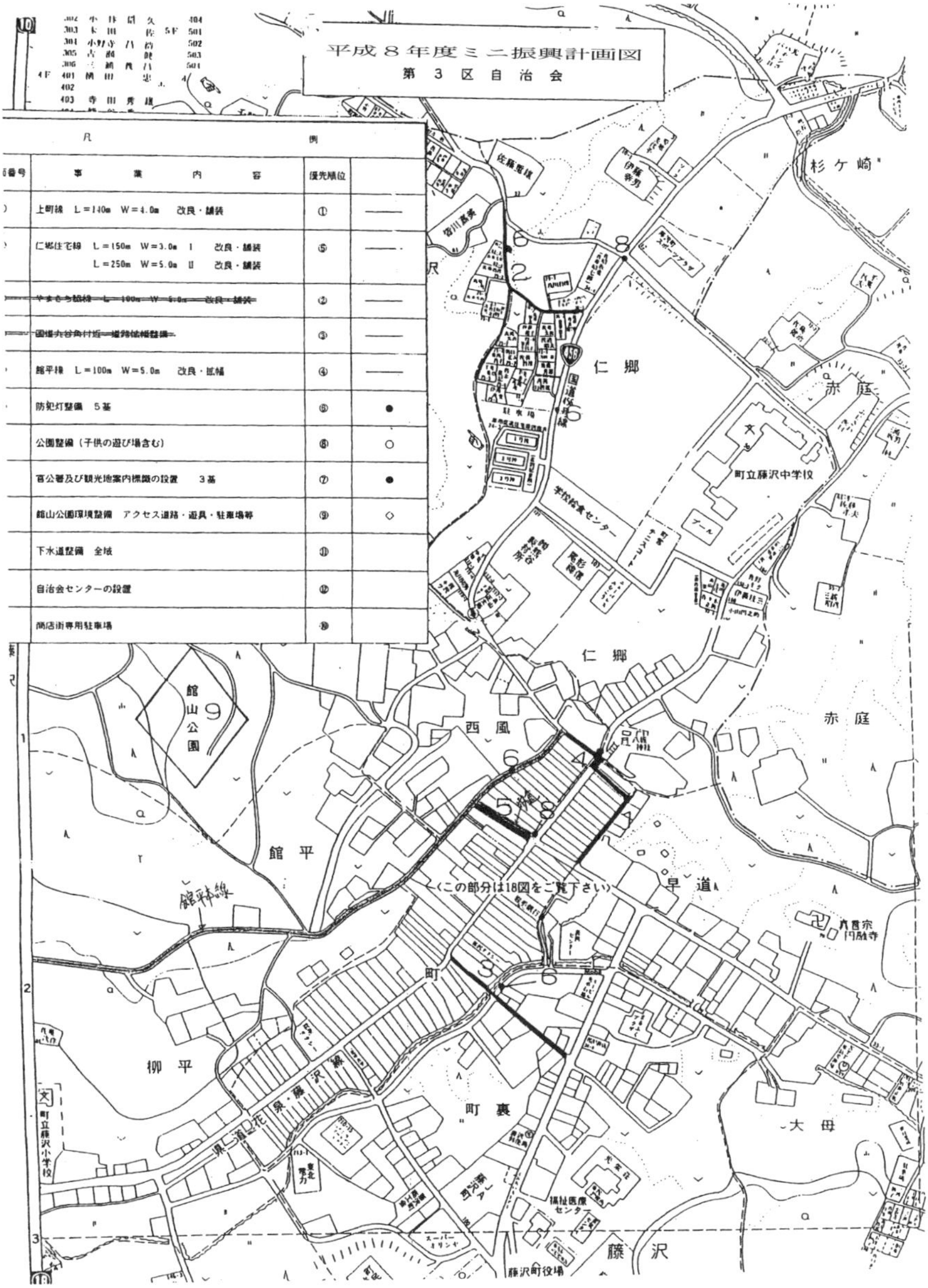


| □番号 | 事業内容 | 優先順位 | |
|---|---|---|---|
| ) | 上町線　L＝140m　W＝4.0m　改良・舗装 | ① | ―― |
| ) | 仁郷住宅線　L＝150m　W＝3.0m　Ⅰ　改良・舗装<br>L＝250m　W＝5.0m　Ⅱ　改良・舗装 | ⑤ | ―― |
| | ~~やまも与館線　L＝100m　W＝5.0m　改良・舗装~~ | ② | ―― |
| | ~~国道九谷角付近　道路拡幅整備~~ | ③ | ―― |
| | 館平線　L＝100m　W＝5.0m　改良・拡幅 | ④ | ―― |
| | 防犯灯整備　５基 | ⑥ | ● |
| | 公園整備（子供の遊び場含む） | ⑧ | ○ |
| | 官公署及び観光地案内標識の設置　３基 | ⑦ | ● |
| | 館山公園環境整備　アクセス道路・遊具・駐車場等 | ⑨ | ◇ |
| | 下水道整備　全域 | ⑪ | |
| | 自治会センターの設置 | ⑫ | |
| | 商店街専用駐車場 | ⑩ | |

●資料 10

## 地域営農計画書

――これからの藤沢町農業確立のための――

地 域 営 農 計 画 書

自治会名　　中山部落自治会
代 表 者　　会長　○○　○

1　この計画書は、各地域（自治会）毎に作成するものです。地域内の農家みんなで相談しながら計画をたてて下さい。

2　この計画書を作成するため、自治会毎に相談会を開催します。

3　この計画書は、昭和 52 年 8 月 31 日までに作成し、役場開発室へ提出して下さい。

4　この計画書の作成に当って、わからないこと等がありましたら役場開発室へお問い合わせ下さい。

### 1　計画の前提

(1)　計画の期間

計画基準年次　　昭和 50 年
計画目標年次　　昭和 60 年

(2)　計画の目標

| 区　分 | 昭和 50 年現状 | | 昭和 60 年目標 | | | | 摘　　要 |
|---|---|---|---|---|---|---|---|
| | | | 計 | 専業農家 | 第 1 種兼業 | 第 2 種兼業 | |
| 所得目標（1農家平均） | 農業粗収益<br>農業所得<br>農外所得 | 2,068 千円<br>1,226 千円<br>1,720 千円 | | 6,700<br>4,000<br>― | 5,000<br>3,000<br>1,000 | | 所得率 60%<br>給与所得及び事業収入等 |
| | 計 | 2,946 千円 | | 4,000 | 4,000 | | |
| 農用地目標 | 水田<br>普通畑<br>草地 | 981<br>773<br>201 | 980<br>1,050<br>550 | | | | <br>+277 ha<br>+349 ha |

<table>
<tr><td rowspan="2">区　分</td><td rowspan="2" colspan="2">昭和 50 年現状</td><td colspan="4">昭和 60 年目標</td><td rowspan="2">摘　　要</td></tr>
<tr><td>計</td><td>専業農家</td><td>第 1 種<br>兼　業</td><td>第 2 種<br>兼　業</td></tr>
<tr><td rowspan="2">(ha)</td><td>桑　　園<br>果 樹 園<br>そ の 他</td><td>128<br>23<br>28</td><td>250<br>35<br>35</td><td></td><td></td><td></td><td>＋122 ha<br>＋ 12 ha<br>＋　7 ha</td></tr>
<tr><td>計</td><td>2,134</td><td>2,900</td><td></td><td></td><td></td><td>＋766 ha</td></tr>
<tr><td>農家数<br>(戸)</td><td>計</td><td>2,096</td><td>2,000</td><td>500</td><td>700</td><td>800</td><td></td></tr>
</table>

藤沢町農業の確立を図り、「明るく豊かな住みよい農業の町、ふじさわ」をつくるために以上の目標を設定しました。

地域的な農業を展開し、計画目標達成のため、「国営農地開発事業」の導入による農用地開発拡大、用排水施設の整備、生産団地造成、主産地の形成、「農用地利用増進事業等」による農地の流動化と有効利用、「農業振興条例」による共同、協業化及び資金の融通等、「畜産開発公社の設立」「機械化銀行」「堆肥銀行」「農産物の市場開拓」等々、町、農協、関係機関団体が一体となってあらゆるものを準備し、実施にむけて計画を進めております。その場合、あなたの地域としては、これからの営農をどのように進めていきますか。地域内農家の意向を次の表により記入して下さい。

(3)　これからの営農方向

<table>
<tr><td rowspan="2">区 分 ＼ 農家名</td><td colspan="4">該当するところに○印を記入</td><td rowspan="2">農用地を拡大したい農家はその拡大面積を記入して下さい</td><td rowspan="2">所有農用地を他の農家等に譲渡及び貸してもよいと思う農家はその面積を記入して下さい</td></tr>
<tr><td>1.　農業所得だけでやっていきたい</td><td>2.　農業所得と農外所得の両方でやるが農業中心でやっていきたい</td><td>3.　農業所得と農外所得の両方でやるが農外中心でやっていきたい</td><td>4.　離農して農外所得だけでやっていきたい</td></tr>
</table>

## 2　望ましい農家像

本町における経営類型は、「米＋葉たばこ」「米＋畜産」「米＋養蚕」等々の米を中心とした複合経営です。今後もこの経営類型で進むものと思われますが、各地域毎農家がバラバラに作目を選んでは生産性も向上しませんし、主産地も形成されません。地域として何か重点作目を選定し、その作目と米を中心とした経営類型を設定し、地域的な農業を展開しましょう。

◎　作目別の経営指標は次のとおりです。又、地域内の農業現状は、参考資料のとおりです。これらを参考にしながら計画目標達成にむけて、重点作目を選定して下さい。

| 作目＼区分 | | 規模別経営指標 | | | | | |
|---|---|---|---|---|---|---|---|
| 基幹作目 水稲 | 規模 | 10 a | 30 | 50 | 100 | 150 | 200 |
| | 労働時間 | | | | | | |
| | 所得 | 87千円 | 261 | 435 | 870 | 1,305 | 1,740 |

(1) 重点作目の選定と経営類型の設定

地域としてこれから何を重点的に生産していくか、その作目を選んで下さい。次に水稲と重点作目の組合せによる営農類型を設定して下さい。これからの作付（面積）及び飼養（頭羽数）計画には、これからの拡大を見込んだ規模で記入して下さい。

| 農家名 | 農業所得の目標 | 規模及び所得区分 | 基幹作目 水稲 | 地域として選んだ重点作目（これからの作付、飼養計画） | | | | | |
|---|---|---|---|---|---|---|---|---|---|
| | | | | 椎茸 | 養蚕 | たばこ | はんしょく 肉牛 | 乳牛計 | 今後の農用地拡大面積 |

## 3 土地利用計画

| これからの計画（別添1万分、2万5千分の図面に位置を記入） | | | | | 遊休農地の利用計画（別添図面に位置を記入） | | | | 摘要 |
|---|---|---|---|---|---|---|---|---|---|
| 区画整理 | | 用排水施設及びダム・溜池整備 | | | | | | | |
| 参加者 戸 | 整理する面積 ha | 参加者 戸 | 受益面積 a | 用排水路・ダム溜池等の別 | 面積及び場所 (a) | 土地の所有者 | 利用希望者 | 利用方法（売買・賃借 交換等の別） | |

(1) 基盤整備計画

| 地目＼区分 | 地域内の現況 | | | | |
|---|---|---|---|---|---|
| | 農家数 戸 | 面積計 a | 区画整理済面積 a | 未整理面積 ha | 用排水施設整備済面積 a |

## 4 望ましい経営形態

## 5 藤沢町農業確立のための提言

## ●資料 11

### 藤沢町自治会総合補助金交付要綱

平成 13 年 3 月 28 日
告示第 17 号

（目的）
第 1　住民自治を推進するため、町内自治会が取り組む事業に要する経費に対し、予算の範囲内で、藤沢町補助金交付規則（平成 8 年藤沢町規則第 22 号）及びこの要綱により補助金を交付する。
（補助金の交付対象）
第 2　補助金の交付対象は、藤沢町自治会協議会とする。
（補助金の交付対象経費）
第 3　補助金の交付対象経費は、藤沢町自治会協議会が実施する事業とする。ただし、国、県、町の他の補助事業で実施している事業については、補助対象外とする。
（補助金の額）
第 4　補助金の額は、予算に定める補助金の範囲内での額とする。
（補助金の申請）
第 5　藤沢町自治会協議会は、藤沢町自治会総合補助金交付申請書（様式第 1 号）並びに藤沢町自治会総合補助金事業計画書（様式第 2 号）を町長に提出しなければならない。
（補助金の交付決定）
第 6　町長は、第 5 に規定する申請書の提出があったときは、その申請内容を審査し、補助金の交付が適当であると認めたときは、藤沢町自治会総合補助金交付決定通知書（様式第 3 号）及び指令書（様式第 4 号）により通知するものとする。
（変更承認申請）
第 7　第 6 の規定により補助金の交付の決定を受けた以後に当該申請の内容を変更するときは、あらかじめ藤沢町自治会総合補助金変更承認申請書（様式第 5 号）を町長に提出しなければならない。
（変更の承認等）
第 8　町長は、第 7 に規定する変更承認申請書の提出があったときは、その申請内容を審査し、承認することが適当であることを認めたときは、藤沢町自治会総合補助金変更承認通知書（様式第 6 号）により通知するものとする。

（前金払）

第 9　補助金の前金払を請求しようとする場合は、藤沢町自治会総合補助金前金払請求書（様式第 7 号）を町長に提出しなければならない。

（補助金の交付）

第 10　藤沢町自治会協議会は、当該事業が完了したときは、藤沢町自治会総合補助金交付請求書（様式第 8 号）並びに藤沢町自治会総合補助金事業実績書（様式第 2 号）を町長に提出しなければならない。

自治会総合補助金（藤沢町 → 藤沢町自治会協議会）

| | | |
|---|---|---|
| 創設の意義 | | 地方分権に対応した自立できる町づくりを推進するため、地域づくりを担っている自治会が重要な役割を演じていることは周知の事実である。地域づくりの主体として自治会活動を積極的に支援するため、藤沢町総合発展計画で目指す藤沢町の将来像に合致する事業や、自治会挙げて取り組む事業に対し補助金を交付し、まちづくりを協働の取り組みにより推進すると共に、煩雑化している補助金申請手続きを簡素化することを目的とする。 |
| 補助金の仕組み | | 12 年度まで各自治会に対する補助金及び助成金等は、自治会協議会からの補助金①～③及びリサイクルの売上金④と藤沢町からの自治会館運営費補助金⑤の他には上記各団体から助成を受けている以外はなかった。<br>自治会総合補助金は、下記の従来からの補助金と地域づくりのために加算された 2 種類からなる補助金で構成し、自治会及び自治会協議会等の特色ある地域づくりを支援するものである。16 年度からは、従来の道路愛護費補助金を追加した。 |
| 自治会総合補助金 | 従来からの補助金 | **総額　3,000 千円**<br>自治会協議会の事業計画に基づく事業に対する補助金<br>①ビューティフル藤沢整備事業に要する経費（1,510 千円）<br>ア．コミュニティ花壇・フラワーロード事業補助金（15 千円×44 自治会）<br>イ．クリーンアップ一斉清掃事業補助金（5 千円×44 自治会）<br>ウ．花の苗無料配布分（20,700 本×25 円）<br>エ．黄海地区公民館シンボル花壇管理費（50 千円）<br>オ．花壇審査・優秀花壇表彰等に要する経費（62 千円）<br>②生活物質リサイクル集団回収事業補助金（9 千円×44 自治会＝396 千円）<br>生活物資リサイクル集団回収事業の売上金（13 年分実績で 499,937 円）は、従来どおり実施した各自治会に支払うものとする。<br>③地域づくりフォーラム開催に要する経費（160 千円）<br>④自治会協議会運営に要する経費（60 千円）<br>⑤自治会館運営事業補助金（874 千円）<br>自治会館の運営経費の一部として助成する補助金（38 会館×23 千円） |
| | 地域づくり事業補助金 | **総額　2,000 千円**<br>自治会、複数の自治会の連携、地区自治会協議会が地域づくりのために独自に取り組む事業に対する補助金とし、他の補助事業で実施されるものは対象としない。 |

| | | |
|---|---|---|
| 自治会総合補助金 | 道路環境美化事業補助金 | **総額　1,000千円（H16年度から）**<br>自治会、地区自治会協議会が道路環境美化事業を実施する場合の経費に対する補助金。<br>(1)　路面、橋面の清掃及び路面均し並びに排水、除草<br>(2)　道水路の障害物除去<br>(3)　暗渠の維持<br>(4)　沿道美化運動（3万円限度）<br>①花木、苗木の植栽、②藤棚等の設置、③法面雑木伐採、④花壇の拡張、増設、⑤所有者不明の土木資材の撤去、⑥その他これらに類する美化運動<br>(5)　上記以外の道路の維持 |

藤沢町自治会館建設整備事業補助金（藤沢町 → 自治会）

| | |
|---|---|
| 目　　的 | 住民自治を推進するため |
| 交付対象 | 町内自治会が自治会館を建設（新築をいう。）する経費に対し交付する。 |
| 補助金の額 | 1 $m^2$ 当たり15千円。補助金の限度額2,000千円 |

藤沢町自治会協議会補助金（藤沢町自治会協議会 → 自治会）

| | |
|---|---|
| 目　　的 | 住民自治を推進するため、町内自治会等が取り組む事業に要する経費に対し、予算の範囲内で補助金を交付する。 |
| 補助金の交付対象 | (1)　自治会<br>(2)　複数の自治会の連携<br>(3)　地区自治会協議会 |
| 補助金の交付対象経費 | (1)　コミュニティ花壇・フラワーロード事業<br>(2)　クリーンアップ一斉清掃事業<br>(3)　生活物資リサイクル集団回収事業<br>(4)　道路環境美化事業<br>(5)　自主防災組織づくり事業<br>(6)　自治会館運営事業<br>(7)　別紙に定める、地域づくり事業<br>ただし、国、県、町の他の補助事業で実施している事業については、補助対象外とする。 |
| 交付規程第3条に定める地域づくり事業 | 1.　自治会、複数の自治会の連携、地区自治会協議会が地域づくりのために独自に取り組む事業に対する補助金とする。<br>ただし、防犯座談会、交通安全教室など他の補助事業で実施されるもの、町民総参加体育祭や地区民運動会など自治会で取り組む事業に対しては助成の対象としないものとする。<br>2.　下記の(1)から(8)の事業、または新規に取り組む地域づくり事業を実施する自治会に対し、自治会協議会が適当と認めた場合は、1事業につき5,000円の定額助成を行う。<br>ただし、子供会や女性部などに自治会で定額支援をしている事業は、助成の対象としない。また、同一期日に複数の事業を実施する場合は、1事業に対してのみ助成を行うものとする。 |

| | |
|---|---|
| 交付規程第3条に定める地域づくり事業 | (1) 総務関係……視察研修、新年会、年祝い、結婚を祝う会、自治会報発行など<br>(2) 環境関係……粗大ゴミ回収（自治会独自事業）など<br>(3) 運動関係……自治会スポーツ大会の開催、綱引き大会など<br>(4) 文化関係……自治会演芸会、伝統芸能教室、梵燈まつり、どんと祭、川まつり、夏祭り、地区の演芸会、カラオケ大会、料理教室、子ども会との共催行事など<br>(5) 教育関係……家庭教育等の学習会や研修会、礼儀作法教室、IT 推進研修等<br>(6) 女性関係……女性の学習会や研修会など<br>(7) 農政関係……農産物品評会など<br>(8) 福祉関係……介護教室、救急救命教室、自治会敬老会、福祉芸能祭、お茶飲み会、世代間交流会、ウォークラリー、ふれあいウォーキング、高齢者訪問事業、健康教室など |
| | 3. 自治会が指定する場所（自治会館または自治会長宅や総務部長等の自宅など）に設置したパソコンに限り、インターネット接続のために要する経費（回線工事費、プロバイダとの契約料等）に対し、初年度につき20,000円の定額助成を行う。 |
| | 4. 一会一創運動<br>自治会毎あるいは地区協議会毎オンリーワンの顔の創造によって、新たな活力ある地域づくりが可能とされる事業に対し、平成15・16年度で20万円／1自治会を限度として助成を行う。 |
| | 5. 自主防災組織づくり事業<br>自主防災組織を設置する自治会及び地区自治会協議会等に対し5万円を限度として助成を行う。 |
| | 6. その他地域づくり推進事業<br>地域づくり推進事業として、特に必要と認められる事業に対し助成を行う。 |

## ●資料 12

日本語 PAID 質問表　　H 18・2/21 作

# PAID 質問

答え方：あなた自身の考えでは、以下に示すような糖尿病に関連することがらが、あなたにとってどのくらい問題になっていますか？　それぞれの質問理由について、最も当てはまる答の番号に○をつけて下さい。例えば、ある質問項目があなたにとって、心配でもなく、あてはまらず、問題になっていなければ、1 に○をつけて下さい。もし、そのことでたいへん悩んでおられれば、5 に○をして下さい。

それぞれの質問について、1 から 5 の 5 段階の中から番号で選んで下さい。

1、自分の糖尿病の治療法（食事療法、運動療法、飲み薬、インスリン注射、自己血糖測定など）について、はっきりとした、具体的な目標がない。

私にとってそれは　1　2　3　4　5　私はそのことで
まったく問題ではない。　たいへん悩んでいる。

2、自分の糖尿病の治療法がいやになる。

私にとってそれは　1　2　3　4　5　私はそのことで
まったく問題ではない。　たいへん悩んでいる。

3、糖尿病を持ちながら生きていくことを考えるとこわくなる。

私にとってそれは　1　2　3　4　5　私はそのことで
まったく問題ではない。　たいへん悩んでいる。

4、糖尿病の治療に関連して、周りの人たちから不愉快な思いをさせられる（例えば、他人があなたに何を食べるべきか指示するなど）。

私にとってそれは　1　2　3　4　5　私はそのことで
まったく問題ではない。　たいへん悩んでいる。

5、食べ物や食事の楽しみを奪われたと感じる。

私にとってそれは　1　2　3　4　5　私はそのことで
まったく問題ではない。　たいへん悩んでいる。

6、糖尿病を持ちながら生きていくことを考えると、ゆううつになる。

私にとってそれは　1　2　3　4　5　私はそのことで
まったく問題ではない。　たいへん悩んでいる。

7、自分の気分や感情が糖尿病と関係しているかどうかがわからない。

私にとってそれは　1　2　3　4　5　私はそのことで
まったく問題ではない。　たいへん悩んでいる。

8、糖尿病に打ちのめされたように感じる。

私にとってそれは　1　2　3　4　5　私はそのことで
まったく問題ではない。　たいへん悩んでいる。

9、低血糖が心配である。

私にとってそれは　1　2　3　4　5　私はそのことで
まったく問題ではない。　たいへん悩んでいる。

10、糖尿病を持ちながら生きていくことを考えると腹が立つ。
私にとってそれは　1　2　3　4　5　私はそのことで
まったく問題ではない。　たいへん悩んでいる。
11、つねに食べ物や食事が気になる。
私にとってそれは　1　2　3　4　5　私はそのことで
まったく問題ではない。　たいへん悩んでいる。
12、将来のことや重い合併症になるかもしれないことが心配である。
私にとってそれは　1　2　3　4　5　私はそのことで
まったく問題ではない。　たいへん悩んでいる。
13、糖尿病を管理していくことから脱線したとき、罪悪感や不安を感じる。
私にとってそれは　1　2　3　4　5　私はそのことで
まったく問題ではない。　たいへん悩んでいる。
14、自分が糖尿病であることを受けいれていない。
私にとってそれは　1　2　3　4　5　私はそのことで
まったく問題ではない。　たいへん悩んでいる。
15、糖尿病をみてもらっている医者に対して不満がある。
私にとってそれは　1　2　3　4　5　私はそのことで
まったく問題ではない。　たいへん悩んでいる。
16、糖尿病のために、毎日多くの精神的エネルギーや肉体的エネルギーが奪われていると思う。
私にとってそれは　1　2　3　4　5　私はそのことで
まったく問題ではない。　たいへん悩んでいる。
17、糖尿病のせいでひとりぼっちだと思う。
私にとってそれは　1　2　3　4　5　私はそのことで
まったく問題ではない。　たいへん悩んでいる。
18、自分が糖尿病管理のために努力していることに対して、友人や家族は協力的でないと感じる。
私にとってそれは　1　2　3　4　5　私はそのことで
まったく問題ではない。　たいへん悩んでいる。
19、自分が今持っている糖尿病の合併症に対処していくことが難しいと感じる。
私にとってそれは　1　2　3　4　5　私はそのことで
まったく問題ではない。　たいへん悩んでいる。
20、糖尿病を管理するために努力しつづけて、疲れ燃え尽きてしまった。
私にとってそれは　1　2　3　4　5　私はそのことで
まったく問題ではない。　たいへん悩んでいる。
20項目すべての度合いを表す数字に○をつけてありますか、もう一度ご確認下さい。


日本語版　天理よろづ相談所病院内分泌・糖尿病センター

## ●資料 13

日本語版 SF-36（V. 1.20）

| | | | |
|---|---|---|---|
| | | | |

### アンケートのお願い

このアンケートはあなたがご自分の健康をどのように考えているかをおうかがいするものです。あなたが毎日をどのように感じ、日常の活動をどのくらい自由にできるかを知るうえで参考になります。

このアンケートの結果はすべて責任者のみが扱いとりまとめて統計的に処理しますので、個人のプライバシーがもれるようなことはございません。お手数をおかけしますが、何卒ご協力のほど宜しくお願い申し上げます。

ご記入上のご注意

- ご記入は、原則的にご本人にお願いいたします。ただし、ご記入がむずかしい場合には、ご本人がお答えになりそれをご家族あるいは介護の方などがご記入されてもかまいません。その場合あくまでもご本人の意見をご記入ください。
- ご記入の済んだアンケート用紙は、封筒に入れ封をして係の人にお渡しください。



**問 1**　あなたの健康状態は？（一番よくあてはまる番号に○印をつけて下さい）

| | |
|---|---|
| 1　最高に良い | 4　あまり良くない |
| 2　とても良い | 5　良くない |
| 3　良い | |

問２　１年前と比べて、現在の健康状態はいかがですか。
（一番よくあてはまる番号に○印をつけて下さい）

| | |
|---|---|
| 1　１年前より、はるかに良い | 4　１年前ほど、良くない |
| 2　１年前よりは、やや良い | 5　１年前より、はるかに悪い |
| 3　１年前と、ほぼ同じ | |

問３　以下の質問は、日常よく行われている活動です。あなたは健康上の理由で、こうした活動をすることがむずかしいと感じますか。むずかしいとすればどのくらいですか。（ア～コまでのそれぞれの質問について、一番よくあてはまる番号に○をつけて下さい）

| | とても むずかしい | すこし むずかしい | ぜんぜん むずかしくない |
|---|---|---|---|
| ア）激しい活動、例えば、一生けんめい走る、重い物を持ち上げる、激しいスポーツをするなど → | 1 | 2 | 3 |
| イ）適度の活動、例えば、家や庭のそうじをする、1～2時間散歩するなど → | 1 | 2 | 3 |
| ウ）少し重い物を持ち上げたり、運んだりする（例えば買い物袋など）→ | 1 | 2 | 3 |
| エ）階段を数階上までのぼる → | 1 | 2 | 3 |
| オ）階段を１階上までのぼる → | 1 | 2 | 3 |
| カ）体を前に曲げる、ひざまずく、かがむ → | 1 | 2 | 3 |
| キ）１キロメートル以上歩く → | 1 | 2 | 3 |
| ク）数百メートルくらい歩く → | 1 | 2 | 3 |
| ケ）百メートルくらい歩く → | 1 | 2 | 3 |
| コ）自分でお風呂に入ったり、着がえたりする → | 1 | 2 | 3 |

問４　過去１カ月間に、仕事やふだんの活動をした時に、身体的な理用で次のような問題がありましたか。（ア～エまでのそれぞれの質問について、「はい」「いいえ」のどちらかに○をつけて下さい）

| | は　い | いいえ |
|---|---|---|
| ア）仕事やふだんの活動をする時間をへらした → | 1 | 2 |
| イ）仕事やふだんの活動が思ったほど、できなかった → | 1 | 2 |
| ウ）仕事やふだんの活動の内容によっては、できないものがあった → | 1 | 2 |
| エ）仕事やふだんの活動をすることがむずかしかった → （例えばいつもより努力を必要としたなど） | 1 | 2 |

問5　過去1カ月間に、仕事やふだんの活動をした時に、心理的な理由で（例えば、気分がおちこんだり不安を感じたりしたために）、次のような問題がありましたか。（ア～ウまでのそれぞれの質問について、「はい」「いいえ」のどちらかに○をつけて下さい）

| | はい | | いいえ |
|---|---|---|---|
| ア）仕事やふだんの活動をする時間をへらした → | 1 | ………… | 2 |
| イ）仕事やふだんの活動が思ったほど、できなかった → | 1 | ………… | 2 |
| ウ）仕事やふだんの活動がいつもほど、集中してできなかった → | 1 | ………… | 2 |

問6　過去1カ月間に、家族、友人、近所の人、その他の仲間とのふだんのつきあいが、身体的あるいは心理的な理由で、どのくらいさまたげられましたか。（一番よくあてはまる番号に○をつけて下さい）

1　ぜんぜん、さまたげられなかった
2　わずかに、さまたげられた
3　すこし、さまたげられた
4　かなり、さまたげられた
5　非常に、さまたげられた

問7　過去1カ月間に、体の痛みをどのくらい感じましたか。（一番よくあてはまる番号に○をつけて下さい）

1　ぜんぜんなかった
2　かすかな痛み
3　軽い痛み
4　中くらいの痛み
5　強い痛み
6　非常に激しい痛み

問8　過去1カ月間に、いつもの仕事（家事も含みます）が痛みのために、どのくらいさまたげられましたか。（一番よくあてはまる番号に○をつけて下さい）

1　ぜんぜん、さまたげられなかった
2　わずかに、さまたげられた
3　すこし、さまたげられた
4　かなり、さまたげられた
5　非常に、さまたげられた

**問 9**　次にあげるのは、過去１カ月間に、あなたがどのように感じたかについての質問です。(ア～ケまでのそれぞれの質問について、一番よくあてはまる番号に○をつけて下さい)

過去１カ月間のうち

| | いつも | ほとんどいつも | たびたび | ときどき | まれに | ぜんぜんない |
|---|---|---|---|---|---|---|
| ア）元気いっぱいでしたか → | 1 | 2 | 3 | 4 | 5 | 6 |
| イ）かなり神経質でしたか → | 1 | 2 | 3 | 4 | 5 | 6 |
| ウ）どうにもならないくらい、気分がおちこんでいましたか → | 1 | 2 | 3 | 4 | 5 | 6 |
| エ）おちついていて、おだやかな気分でしたか → | 1 | 2 | 3 | 4 | 5 | 6 |
| オ）活力(エネルギー)にあふれていましたか → | 1 | 2 | 3 | 4 | 5 | 6 |
| カ）おちこんで、ゆううつな気分でしたか → | 1 | 2 | 3 | 4 | 5 | 6 |
| キ）疲れはてていましたか → | 1 | 2 | 3 | 4 | 5 | 6 |
| ク）楽しい気分でしたか → | 1 | 2 | 3 | 4 | 5 | 6 |
| ケ）疲れを感じましたか → | 1 | 2 | 3 | 4 | 5 | 6 |

**問 10**　過去１カ月間に、友人や親せきを訪ねるなど、人とのつきあいをする時間が、身体的あるいは心理的な理由でどのくらいさまたげられましたか。(一番よくあてはまる番号に○をつけて下さい)

1　いつも
2　ほとんどいつも
3　ときどき
4　まれに
5　ぜんぜんない

**問 11**　次にあげた各項目はどのくらいあなたにあてはまりますか。(ア～エまでのそれぞれの質問について、一番よくあてはまる番号に○をつけて下さい)

| | まったくそのとおり | ほぼあてはまる | 何とも言えない | ほとんどあてはまらない | ぜんぜんあてはまらない |
|---|---|---|---|---|---|
| ア）私は他の人に比べて病気になりやすいと思う → | 1 | 2 | 3 | 4 | 5 |
| イ）私は、人並みに健康である → | 1 | 2 | 3 | 4 | 5 |
| ウ）私の健康は、悪くなるような気がする → | 1 | 2 | 3 | 4 | 5 |
| エ）私の健康状態は非常に良い → | 1 | 2 | 3 | 4 | 5 |

これでこのアンケートはおわりです。ご協力ありがとうございました。

## ●資料 14

### 研究対象と方法

・研究対象：増進外来の患者（2003 年 10 月～2007 年 3 月）
・研究デザイン：横断研究
・調査項目：―対象者基本情報（年齢、性別）
　　―以下の初診時および 3 ヶ月時点の値
　　　・糖尿病問題領域質問表（PAID）
　　　・健康関連 QOL（SF-36）
　　　・HbA1c
・統計解析：―単純集計
　　―対応のある t 検定（PAID、SF-36、HbA1c の推移）

### 結果〈対象者〉

・対象者：22 名
・年　齢：54.6±6.6 歳（平均±標準偏差）
・性　別：男性 15 名（68.2%）
　　　　　女性　7 名（31.8%）

PAID および HbA1c の推移　(N＝22)

| | 初診時 | 3 ヶ月後 | P 値 |
|---|---|---|---|
| PAID* | 42.4±13.7 | 34.4±11.1 | 0.011 |
| HbA1c(%)* | 7.5±1.1 | 6.8±0.9 | 0.019 |

PAID スコア：高いほどストレスが多い　＊平均±標準偏差

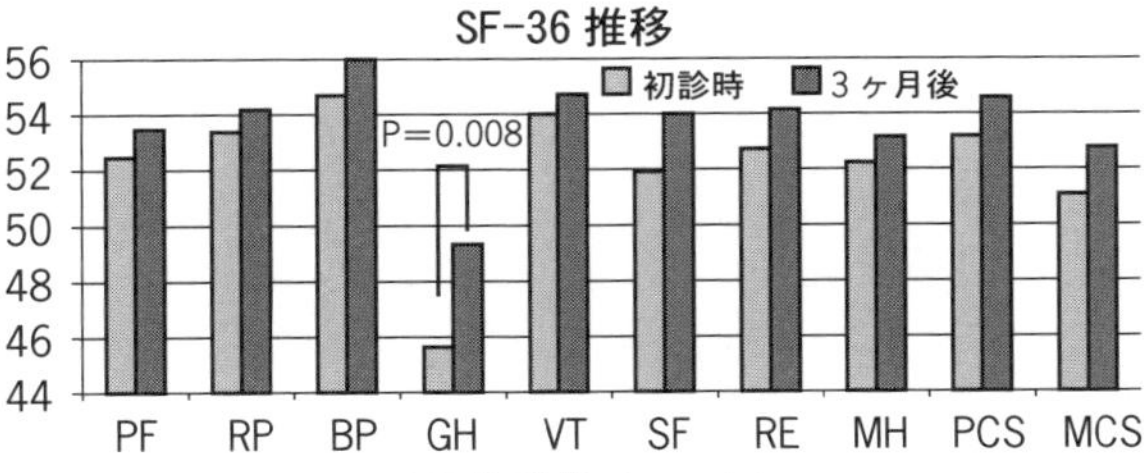


いずれのスコアも 50 が国民標準値（2002 年）.
PF：身体機能，RP：身体・日常役割機能，BP：体の痛み，GH：全体的健康感，VT：活力，SF：社会生活機能，RE：精神・日常役割機能，MH：心の健康，PCS：身体的サマリースコア，MCS：精神的サマリースコア